La logique
de la découverte scientifique

Du même auteur

Aux Éditions Payot

Conjectures et réfutations, *1985.*

Chez d'autres éditeurs

Misère de l'historicisme, *1956, Plon.*

La Société ouverte et ses ennemis/*1* – L'Ascendant de Platon, *1979, Seuil.*

La Société ouverte et ses ennemis/*2* – Hegel et Marx, *1979, Seuil.*

La Quête inachevée, *1981, Calmann-Lévy.*

La Connaissance objective, *1982, Complexe.*

Bibliothèque scientifique Payot

Karl R. Popper
La logique
de la découverte scientifique

Traduit de l'anglais
par Nicole Thyssen-Rutten
et Philippe Devaux

Préface de Jacques Monod
Prix Nobel

Titre original :

THE LOGIC OF SCIENTIFIC DISCOVERY
(Hutchinson C°, London)

Institut International de Philosophie
Président : Sir Alfred Ayer
Commission des Traductions : Philippe Devaux
Réviseur : Dr Gochet

Préface à l'édition française

PRÉFACE

de

JACQUES MONOD

Voici enfin que nous parvient, traduit en français, ce grand et puissant livre. Qu'une œuvre d'une telle importance ne soit publiée en France que près de quarante ans après l'édition originale allemande et plus de vingt ans après la traduction anglaise, cela paraîtra incroyable aux hommes de science, dont les disciplines ne connaissent pas de frontières nationales ou idéologiques. Cette carence, aujourd'hui heureusement réparée, est sans doute, comme d'autres, imputable à cette « sociologie fermée » de la philosophie française qui semble ne s'être largement ouverte, depuis nombre d'années, qu'aux plus obscures extravagances de la métaphysique allemande. Quoi qu'il en soit, l'œuvre entière de Popper (et pas seulement le présent ouvrage) a été jusqu'à présent presque ignorée dans notre pays, non seulement du public cultivé, mais aussi de la plupart des philosophes professionnels et de leur enseignement. Ailleurs qu'en France toute « présentation » de ce philosophe illustre ou de l'un de ses livres serait inutile. Peut-être une introduction n'est-elle pas chez nous tout à fait superflue, et c'est là ma seule excuse pour avoir accepté cette tâche, si mal préparé que j'y fusse.

Il serait moins difficile de situer Popper et son œuvre s'il était possible, sans le trahir, de le rattacher à une école, à un courant de pensée établi. Pour être né à Vienne en 1902 et y être demeuré jusqu'au delà de la trentaine, Popper ne doit rien à la métaphysique allemande du XIXᵉ siècle (si ce n'est l'aversion et le mépris quasi schopenhaueriens que lui inspire Hegel). Contemporain des beaux jours du « wiener Kreis », lié personnellement avec plusieurs de ses membres, il n'y adhère pas, mais au contraire élabore son épisté-mologie en opposition à celle du fameux cercle, jugée par lui insuffi-sante, sinon stérilisante. Émigré en Nouvelle-Zélande en 1937, éta-bli en Angleterre depuis 1946, pleinement adopté par la commu-nauté intellectuelle anglo-saxonne sur laquelle il exerce une pro-fonde influence, il demeure éloigné des écoles régnantes, notamment de la philosophie linguistique oxfordienne qu'il critique sans merci. En outre, et malgré l'étendue de son influence, je ne pense pas que l'on puisse parler d'une école popperienne. Son œuvre ne constitue pas un système au sens habituel. Il estime d'ailleurs qu'il n'existe pas de question philosophique *en soi* ni d'ailleurs de méthodologie ou de technique propre à la philosophie. Pour autant il ne va pas, bien au contraire, jusqu'à nier (tel Wittgenstein) l'existence même de problèmes philosophiques. Mais à ses yeux les vraies questions ne sauraient être posées par, ou dans, la philosophie elle-même : les seuls problèmes authentiques sont ceux qui d'eux-mêmes s'imposent à l'homme pensant et agissant, créant la science et la société. L'activité du philosophe, légitime, nécessaire, lorsqu'il s'attache à de tels problèmes pour tenter de les éclairer, sinon de les résoudre, n'est que futile et vaine s'il se contente de « parler philosophie » ou de « relire » les œuvres de ses prédécesseurs.

Popper philosophe ne s'intéresse que fort peu en somme à la philosophie en tant que telle. En revanche, dès son extrême jeunesse, sa réflexion s'attache à tous les grands courants de pensée qui, au lendemain de la première guerre, parcourent l'Europe bouleversée. Formé aux disciplines mathématiques et physiques, le jeune Popper s'interroge d'abord sur la théorie de la relativité dont une première confirmation expérimentale, éclatante, vient d'être obtenue. Mais, dans les années vingt, la révolution russe touche à la victoire, tandis qu'à Vienne même un puissant mouvement socialiste ouvrier gouverne la ville ex-impériale. Comment ne pas chercher, sinon trouver, dans ces événements confirmation des thèses « scientifiques » du Marxisme ? C'est de Vienne enfin que rayonne alors et se répand la nouvelle science psychologique dont Freud et ses disciples, bravant le scandale, trouvent de nouvelles vérifications dans chacune de leurs analyses. De tout cela l'étudiant Popper discute et dispute avec ses camarades dans les jardins publics de Vienne, et surtout il s'interroge. Dans le Marxisme et la Psychanalyse il voit de grandes entreprises de la pensée, jetant un regard nouveau et parfois pénétrant sur la société, sur l'histoire, sur l'homme. Mais il sent bien aussi, et très tôt (il n'a que dix-huit ans), que le statut de ces puissantes idéologies, qui se veulent pourtant et se croient scientifiques, est profondément différent de celui de la théorie de la relativité qu'il étudie alors. En quoi consiste, où réside exactement, cette différence qu'il perçoit si clairement, alors même qu'il entend ne pas tenir compte du contenu éventuel de vérité ou d'erreur de ces différentes théories, ni de leur exactitude, c'est-à-dire de leur caractère quantitatif ou non ? Pourquoi Psychanalyse et Marxisme lui paraissent-ils, malgré l'importance qu'il leur reconnaît, plus proches en somme « de l'astrologie que de l'astronomie » ? Quel critère appliquer pour évaluer la scientificité d'une proposition quelconque ? Les critères de signification et de vérifiabilité que propose l'école néo-positiviste sont inopérants. Il serait évidemment absurde de considérer comme non-signifiants tous les textes freudiens ou marxistes. En outre les marxistes et les psychanalystes disposent d'innombrables vérifications de leurs théories, alors que celle d'Einstein n'en a reçu qu'une seule jusqu'alors. Faut-il en conclure que la théorie de la Relativité est moins solidement fondée que celles du Matérialisme historique ou de l'Inconscient ?

C'est dans ces remarques, longuement méditées, que Popper trouve la clé de son problème, ce qu'il appellera le « critère de démarcation » : le Marxisme et la Psychanalyse sont hors de la science précisément en ce que et parce que, par nature, par la structure même de leurs théories, ils sont *irréfutables*. Leur pouvoir d'interprétation est infini ; il n'est pas un fait historique, pas une observation clinique que de telles théories ne puissent assimiler (1). La théorie d'Einstein au contraire est réfutable, vulnérable à l'expérience. Celle, récente, qu'on dit avoir « vérifié » cette théorie, n'était, si on l'analyse correctement, pas autre chose qu'une *tentative de réfutation* dont le résultat a été négatif : la Théorie n'a pas été réfutée ; elle n'a pas été et ne pouvait être *prouvée*.

Le critère de démarcation (ou de falsifiabilité) a été l'origine, il est demeuré au centre de l'épistémologie de Popper. Il ne s'agit pas seulement, comme il le voit bientôt, d'un instrument critique, utilisable *a posteriori* pour l'évaluation d'une théorie, mais d'un principe essentiel, sur quoi s'est édifié réellement et repose tout l'édifice, jamais achevé, de la connaissance scientifique. C'est ce qu'il montre, tout au long du présent livre (paru en 1934) avec autant de passion contenue que de minutie, de richesse et de rigueur. C'est ce qui fait de ce livre, à mes yeux, l'un des rares ouvrages d'épistémologie où un homme de science puisse reconnaître, sinon parfois découvrir, le mouvement même de sa pensée, l'histoire vraie, rarement écrite, du progrès auquel il a pu personnellement contribuer.

La « Logique de la Découverte » est aussi l'une de ces rarissimes œuvres philosophiques qui puissent contribuer réellement à la formation d'un homme de science, à l'approfondissement, sinon même à l'efficacité de sa réflexion. Pour évident, pour nécessaire que paraisse le principe de réfutabilité dès lors qu'il est formulé, un homme de science peut parfois l'oublier. Il ne faudrait pas croire que les propositions qui tombent du « mauvais côté » de la ligne de démarcation popperienne se rencontrent seulement dans les écrits des théoriciens du Marxisme, de la Psychanalyse, ou d'autres « sciences » que je ne nommerai pas. De telles propositions se rencontrent parfois aussi dans des ouvrages qui se veulent strictement

(1) Popper a pris soin de souligner que *dans sa forme originale* le matérialisme historique était réfutable, et avait du reste été réfuté ; mais que, grâce aux amendements, additions et interprétations des Epigones, le « Marxisme » était devenu essentiellement irréfutable.

scientifiques. La biologie et surtout la théorie de l'évolution ont été, sont encore, pour de telles constructions un terrain d'élection, comme le sont aussi, semble-t-il, certaines branches de la physique et de la chimie théoriques.

Peut-être faut-il prévenir un malentendu possible. Popper (contrairement aux néo-positivistes) ne récuse nullement la spéculation, fût-elle de caractère métaphysique ou mythologique, comme source possible de progrès dans la connaissance. La spéculation est à l'origine de « conjectures », éventuellement réfutables, qui constituent la richesse même à quoi s'alimente la connaissance, dont l'édifice s'accroît par une succession d'essais, de tentatives, dont la fonction n'est pas d'établir une impossible « vérité » empirique mais *d'éliminer l'erreur*. Qu'on ne s'y trompe pas cependant, la conception popperienne ne fait nullement de la science une construction incertaine, fragile, révocable. Popper n'élimine pas la certitude objective, mais montre que les certitudes scientifiques sont toujours, en dernière analyse, négatives et non positives.

Il peut être difficile, au premier abord, de se convaincre que le précieux trésor de la connaissance ait pu se constituer, s'enrichir, acquérir une structure aussi puissante grâce, exclusivement, à un processus de sélection négative, de rejet. On songera, par exemple, que dans la constitution de la science moderne, un processus qui paraît strictement positif, *la découverte* au sens propre, c'est-à-dire l'observation de phénomènes absolument, totalement inattendus, a joué un rôle capital. Mais il est clair qu'une découverte de cet ordre tient sa valeur de ce qu'elle constitue la réfutation d'une théorie (explicite ou implicite) qui excluait la possibilité de l'effet observé, ou du moins son intervention dans les conditions initiales de l'observation. Conjecture et réfutation jouent en somme dans l'enrichissement de la connaissance, selon Popper, le même rôle logique (comme source d'information) que mutation et sélection, respectivement, dans l'évolution du monde vivant. Et si la sélection naturelle a pu, dans le monde vivant, construire l'œil du mammifère ou le cerveau d'*Homo sapiens*, la sélection des idées ne pouvait-elle pas, dans son royaume, construire la théorie darwinienne, ou celle d'Einstein ?

Il n'entrait pas dans mon propos, en écrivant ces quelques pages, d'analyser le livre lui-même, mais seulement de présenter ce philosophe, encore mal connu du public français. On me permettra cependant d'attirer l'attention sur certains développements de l'épistémologie popperienne qui me paraissent particulièrement importants, tels son analyse de l'idée de causalité, son traitement du problème de l'induction, sa clarification de la notion de « simplicité » théorique, la critique de l'empirisme classique, comme celles du positivisme logique et de l'instrumentalisme (terme par lequel il désigne l'école illustrée, après Berkeley, par Mach et Poincaré notamment). Peut-être pourrait-on marquer brièvement l'extrême importance de l'œuvre de Popper de la manière suivante : il a su restituer et justifier en épistémologie l'attitude réaliste qui est, et qui demeure sans aucun doute, celle même de l'homme de science à l'œuvre dans son effort créateur ; attitude dont cependant la théorie de la connaissance tendait, sans doute dangereusement, à s'écarter depuis plus d'un siècle.

Composée il y a près de cinquante ans, complétée et explicitée par Popper lui-même sur certains points (1), la « Logique de la Découverte » conserve entière son actualité. Je n'irai pas jusqu'à écrire que l'ouvrage est définitif. Popper serait le premier à me le reprocher : il ne peut y avoir d'œuvre achevée que dans l'art. L'épistémologie doit suivre l'évolution de la connaissance, qui est radicalement imprévisible, comme Popper lui-même l'a démontré. Disons cependant que le mouvement de la science depuis les années vingt, si rapide qu'il ait été, n'a pas réfuté, bien au contraire, les analyses de Popper. Appliquées par exemple à la biologie contemporaine elles apparaissent aussi pénétrantes, aussi proches de la réalité théorico-empirique, qu'elles l'étaient à l'égard de la physique de 1920.

Une telle œuvre pourrait suffire à la gloire d'un philosophe. Pourtant elle serait incomplète. Car, ainsi que le dit Popper lui-même, il ne peut être d'épistémologie réelle, vécue, à quoi ne corresponde une éthique. Ou mieux encore : à la base de l'épistémologie, discipline normative, il faut bien que se trouve un choix de valeurs, une éthique. Contrairement à beaucoup d'autres philosophes de la connaissance (tels les néo-positivistes) il n'a pas esquivé cette difficulté majeure, ni renoncé devant les dangers et la grandeur de la tâche. Réfugié en Nouvelle-Zélande à partir de 1937, il est sauvé de l'horreur totalitaire. Elle demeure pourtant présente à son âme, et c'est pour l'exorciser sans doute qu'il écrit (en anglais) son autre œuvre maîtresse (*La Société ouverte et ses Ennemis*). Dans sa forme ce grand livre de philosophie politique se présente comme analyse et critique exhaustive des grandes philosophies totalitaires (ou « totalisantes » ce qui revient au même) de Platon à Hegel et à Marx. De sa critique, minutieuse, rigoureuse autant que destructrice, émerge sa propre éthique politique, étroitement associée à son épistémologie de la conjecture, de la réfutation, de l'erreur

(1) Cf. *Conjectures and Refutations* (Routledge and Kegan Paul, Londres, 1963) dans lequel Popper a réuni nombre d'articles et de textes de conférences postérieurs aux éditions allemande et anglaise de la « Logique ».

corrigée. Pour Popper, la philosophie de l'action, comme celle de la connaissance, n'est pas un délire mais une sagesse. Sagesse fondée sur un acte de foi dans le pouvoir de la rationalité éprouvée et de la « mesure », comme aurait dit Camus ; acte de foi délibéré et lucide en l'homme, pour qui il a cette admirable formule : « l'homme peut savoir, donc il peut être libre. »

Jacques MONOD.

août 1972.

NOTE DES TRADUCTEURS

Cet ouvrage a connu trois versions : la première, celle de l'original, parut à Vienne, chez Julius Springer, en 1935, sous le titre *Logik der Forschung*. Celle-ci fut rééditée avec des additions en 1966. Une édition anglaise, traduite sur la première édition de 1935 amenaee, parut en 1959 sous le titre *The Logic of Scientific Discovery*. A cette version des appendices furent ajoutés au cours des réimpressions (1960, 1962, 1965, 1968). Ils sont typographiquement indiqués par des astérisques dans la présente traduction. Au cours de l'ouvrage les renvois à un certain *Postcript* : *vingt ans après*, encore inédit, complément faisant suite à la *Logique*, tout en demeurant indépendant de celle-ci, ont été mentionnés chaque fois que l'auteur l'avait indiqué. Prête depuis 1957, la publication de ce Postcript a été retardée jusqu'à présent. Une traduction italienne a vu le jour dans l'intervalle : « *Logica della Scoperta scientifica* — Il carattere autocorrettivo della Scienza » (Einaudi Paperbacks 14) (Turin 1970). La troisième version enfin consiste dans une réédition allemande parue en 1969 et réimprimée comme quatrième édition améliorée et augmentée (440 p.) en 1971 chez Mohr (Paul Siebeck) à Tubingen. La présente traduction française a tenu compte de ces versions en se basant en ordre principal sur la dernière édition anglaise revue et corrigée parue en Angleterre chez Hutchinson de Londres, en 1968. Une nouvelle édition anglaise parut en 1972.

Afin de ne pas alourdir le texte nous n'avons introduit que quelques notes de traducteur indispensables dans le cours de la traduction.

P. D. et N. Th.-R.

NOTE DU TRADUCTEUR DE L'ÉDITION ANGLAISE

The Logic of Scientific Discovery, est une traduction de *Logik der Forschung*, ouvrage publié à Vienne en automne 1934 (avec la mention « 1935 »). C'est l'auteur qui a fait cette traduction, aidé du Dr Julius Freed et de Lan Freed.

Le texte original de 1934 a été laissé tel quel mais, comme c'est habituellement le cas, la traduction est un peu plus longue que l'original. Lorsque certaines expressions n'ont pas d'équivalent, la paraphrase s'impose. Certaines phrases ont du être scindées et reconstruites et ceci d'autant plus que le texte à traduire était très concis : d'énergiques coupures y avaient été pratiquées à plusieurs reprises pour satisfaire aux demandes de l'éditeur. Pourtant, l'auteur a décidé d'augmenter ultérieurement le texte et même d'y faire de nouveau figurer certains passages précédemment coupés.

Afin de mettre à jour l'ouvrage, l'auteur a ajouté d'autres appendices et notes en bas de pages. Il s'agit soit de simples développements du texte ou de corrections, soit de notes expliquant pourquoi l'auteur a changé d'avis ou de quelle manière il voudrait à présent structurer ses arguments.

Toutes les nouvelles additions — appendices et notes en bas de pages — sont signalées par des chiffres précédés d'un astérisque ; lorsqu'il s'agit d'extensions d'anciennes notes en bas de pages, celles-ci se trouvent également signalées par un astérisque (sauf si elles consistent seulement en références, pour l'édition anglaise, à des livres originellement cités dans l'édition allemande).

Dans ces nouvelles additions marquées d'un astérisque, on trouvera des références à un ouvrage qui fait suite à celui-ci et qui s'intitule POSTSCRIPT : *After twenty years* (non publié jusqu'à présent). Ses chapitres et sections sont également précédés de chiffres accompagnés d'un astérisque. (Puisqu'il n'a pas d'appendices, toutes les références aux appendices, marqués ou non d'un astérisque, sont faites au présent ouvrage.) Les deux ouvrages traitent des mêmes problèmes. Ils sont indépendants bien qu'ils se complètent mutuellement.

Il convient également de mentionner que la numération des chapitres a été modifiée dans le présent ouvrage. Originellement, ils étaient numérotés de I et II (Partie I) et de I à VIII (Partie II). Ils sont à présent numérotés de I à X.

A mon épouse
qui m'a encouragé
à reprendre cet ouvrage.
K. R. P.

Les théories sont des filets : seul celui qui lance, pêchera.

NOVALIS.

Nous tenons à exprimer notre gratitude aux responsables de la traduction de cet ouvrage : le Professeur Philippe Devaux, membre de l'Académie Royale de Belgique et Madame Nicole Thyssen-Rutten. Ils ont apporté généreusement et inlassablement tous leurs soins à la présentation de cette publication.

Karl R. POPPER.

Rien de plus nécessaire à l'homme de science que l'histoire de cette science et la logique de sa découverte ... la manière dont l'erreur est mise à jour, l'utilisation de l'hypothèse et de l'imagination, la manière de les tester.

Lord ACTON.

PRÉFACE A LA PREMIÈRE ÉDITION, 1934

L'idée que l'homme a finalement
résolu ses problèmes les plus ardus est
une maigre consolation pour le philosophe averti car il ne peut s'empêcher
de craindre que la philosophie ne parvienne jamais à poser un problème
authentique.

M. SCHLICK (1930).

Pour ma part je soutiens l'opinion
exactement inverse et j'affirme que chaque
fois qu'une discussion s'est envenimée
pour quelque temps, singulièrement en
philosophie, elle n'avait jamais pour fondement un simple problème de mots
mais toujours un problème authentique
concernant les choses.

I. KANT (1786).

L'homme de science engagé dans une recherche, dans le domaine de la physique par exemple, peut attaquer son problème immédiatement. Il peut aller tout de suite au cœur du sujet, c'est-à-dire au centre d'une structure organisée. C'est qu'il existe déjà un corps structuré de doctrines scientifiques et avec lui un état du problème généralement accepté. Il peut donc laisser à d'autres le soin d'ajuster sa contribution à l'édifice en construction de la connaissance scientifique.

Le philosophe se trouve dans une situation différente ; il n'est pas confronté à une structure organisée mais plutôt à une sorte d'amoncellement de ruines (qui recouvrent peut-être un trésor enseveli). Il ne peut invoquer un état du problème généralement accepté car le seul fait généralement accepté est qu'il n'y a rien de tel. Savoir si la philosophie parviendra un jour à poser un problème authentique est, en effet, une question qui revient périodiquement aujourd'hui dans les cercles philosophiques. Néanmoins, certains croient encore que la philosophie peut poser des problèmes authentiques à propos des choses et, en conséquence, espèrent que ces problèmes seront discutés et qu'on en aura fini de ces monologues déprimants qui passent à présent pour des discussions philosophiques. Et, s'ils se trouvent par chance incapables d'accepter l'une quelconque des croyances établies, il leur reste à reprendre tout au commencement.

Vienne, Automne 1934.

PRÉFACE A L'ÉDITION ANGLAISE, 1959

Dans mon ancienne préface de 1934, *j'ai essayé d'expliquer — trop brièvement, je le crains — mon attitude à l'égard de l'orientation qui prévalait alors en philosophie et, plus particulièrement en ce qui concernait la philosophie linguistique et l'école des analystes du langage de cette époque. Dans cette nouvelle préface, j'ai l'intention d'expliquer mon attitude à l'égard de l'orientation actuelle de la philosophie et des deux principales écoles contemporaines d'analyse du langage. Maintenant comme alors, les analystes du langage m'intéressent, non seulement comme adversaires mais aussi comme alliés, dans la mesure où ils semblent être à peu près les seuls philosophes qui continuent à garder vivantes certaines des traditions de la philosophie rationnelle. Les analystes du langage croient qu'il n'y a pas de problèmes philosophiques authentiques ou que les problèmes de la philosophie, s'il y en a, concernent l'usage linguistique ou la signification des mots. Pourtant, je crois personnellement qu'il y a au moins un problème philosophique qui intéresse tous les hommes qui pensent. C'est le problème de la cosmologie :* le problème de comprendre le monde, nous-mêmes, et notre connaissance en tant qu'elle fait partie du monde. *Je crois que toute science est cosmologie et, pour moi, l'intérêt de la philosophie aussi bien que celui de la science, résident uniquement dans leurs contributions à l'étude du monde. Pour moi, en tout cas, la philosophie comme la science perdraient tout leur attrait si elles devaient renoncer à un effort dans ce sens. Comprendre les fonctions du langage constitue une part importante de cet effort, sans doute. En revanche, il n'en est pas de même de l'élucidation de nos problèmes comme des énigmes purement linguistiques.*

Les analystes du langage se considèrent comme les praticiens d'une méthode particulière à la philosophie. Je pense qu'ils ont tort car je crois à la thèse suivante : les philosophes sont aussi libres que d'autres d'utiliser, dans leur recherche de la vérité, n'importe quelle méthode. Il n'y a pas de méthode particulière à la philosophie.

Et voici une seconde thèse que j'aimerais proposer : le problème central de l'épistémologie a toujours été et reste le problème de la croissance de la connaissance et la meilleure façon d'étudier cette dernière est d'étudier la croissance de la connaissance scientifique. Je ne pense pas que l'on puisse remplacer l'étude de la croissance de la connaissance par celle des usages linguistiques ou des systèmes de langage.

Je suis, pourtant, tout prêt à admettre qu'il y a une méthode que l'on pourrait décrire comme « la méthode de la philosophie ».
Mais elle n'est pas caractéristique de la seule philosophie. C'est plutôt la méthode de toute discussion rationnelle *et donc des sciences naturelles aussi bien que de la philosophie. La methode que j'ai à l'esprit consiste à poser les problèmes avec clarté et à examiner* avec un esprit critique *les diverses solutions qu'on en propose. J'ai mis en italique les mots «* discussion rationnelle *» et «* avec un esprit critique *» afin de souligner l'assimilation que j'opère entre l'attitude rationnelle et l'attitude critique. Chaque fois que nous tentons de donner une solution à un problème, nous devrions essayer aussi rigoureusement que possible de la dépasser plutôt que de la défendre. C'est de cela qu'il s'agit. Peu d'entre nous, hélas, observent ce précepte mais d'autres, heureusement, pourvoiront pour nous à la critique si nous manquons d'y pourvoir nous-mêmes. Pourtant, cette critique ne sera féconde que si nous posons nos problèmes aussi clairement que possible et donnons notre solution dans une forme suffisamment définie : une forme qui permette la discussion critique.*

Je ne nie pas que « l'analyse logique *», comme on peut l'appeler, puisse jouer un rôle dans ce processus de clarification et d'évaluation de nos problèmes et des solutions que nous en proposons. Je ne prétends pas davantage que les méthodes de «* l'analyse logique *» ou «* analyse du langage *» soient nécessairement inutiles. Ma thèse est plutôt que ces méthodes sont loin d'être les seules qu'un philosophe puisse utiliser avec profit et qu'elles ne sont en aucune façon caractéristiques de la philosophie. Elles ne sont pas plus caractéristique de la philosophie que de n'importe quelle autre recherche scientifique ou simplement rationnelle.*

On peut se demander quelles autres « méthodes *» pourrait utiliser un philosophe. Il y a autant de «* méthodes *» différentes que l'on veut mais je n'ai vraiment pas intérêt à les énumérer, voilà ma réponse. Peu m'importent les méthodes que peut utiliser un philosophe (ou qui que ce soit d'autre) pourvu qu'il ait un problème intéressant et qu'il essaie sincèrement de le résoudre. Parmi les nombreuses méthodes qu'il peut utiliser — elles dépendent toujours, naturellement, du problème en question — l'une d'entre elles me paraît digne d'être mentionnée. Elle consiste, tout simplement, à essayer de découvrir ce que d'autres ont pensé et dit à propos de ce problème, pourquoi ils s'y sont attaqués, comment ils l'ont formulé, comment ils ont tenté de le résoudre. Ceci me semble important car c'est là un élément de la méthode générale de discussion rationnelle. Si nous ignorons ce*

*que d'autres pensent ou ont pensé dans le passé, la discussion ration-
nelle prend fin, même s'il reste à chacun de nous la possibilité de se
parler avec bonheur à soi-même. Certains philosophes ont fait du
soliloque une vertu. Peut-être était-ce parce qu'ils avaient le sentiment que personne d'autre ne méritait qu'on lui parle ; je crains que
la pratique de la philosophie à ce niveau tant soit peu élevé ne puisse
être un symptôme du déclin de la discussion rationnelle. Sans doute
est-ce à lui-même que Dieu parle principalement car il n'a pas d'inter-
locuteur digne de lui, mais les philosophes devraient savoir qu'ils ne
sont pas plus semblables à Dieu que ne le sont les autres hommes.*

*Plusieurs raisons historiques intéressantes peuvent rendre compte
du fait que beaucoup croient que l'analyse linguistique, comme on
l'appelle, est la véritable méthode de la philosophie.*

Nous trouvons une raison de ce genre dans la croyance que les
paradoxes logiques, *comme ceux du menteur («je suis en train de
mentir») ou ceux trouvés par Russell, Richard et d'autres, requièrent
pour leur solution la méthode de l'analyse du langage et sa fameuse
distinction entre expressions linguistiques pourvues de sens («ou bien
formées») et expressions linguistiques dépourvues de sens. Cette
croyance exacte s'allie alors à la croyance erronée que les problèmes
philosophiques traditionnels surgissent de la tentative visant à résoudre
des paradoxes philosophiques de structure analogue à celle des paradoxes logiques. La distinction entre le discours pourvu de sens et le
discours dépourvu de sens doit donc revêtir une importance capitale
pour la philosophie également. Il est très facile de montrer que cette
croyance est erronée. On peut, en fait, le montrer par l'analyse logique. Celle-ci révèle, en effet, qu'une sorte de réflexivité, ou d'auto-
référence caractéristique, présente dans tous les paradoxes logiques,
est absente de tous les prétendus paradoxes philosophiques, y compris
même des antinomies de Kant.*

*La principale raison d'exalter la méthode de l'analyse linguistique
semble, cependant, avoir été la suivante. On a senti que ce qu'on a
appelé « nouvelle voie des idées » de Locke, Berkeley et Hume, c'est-
à-dire la méthode psychologique ou plutôt pseudopsychologique qui
consiste à analyser nos idées et leur origine dans nos sensations, devait
faire place à une méthode plus « objective » et moins génétique ; on
a senti que l'on devrait donc analyser des propositions, des énoncés
ou des phrases plutôt que des « pensées », « croyances », ou « jugements ».
Je suis tout prêt à admettre que cette substitution « d'une nouvelle
voie des mots » à « la nouvelle voie des idées » de Locke constitua un
progrès qu'il était urgent de réaliser.*

*On peut comprendre que ceux qui virent un jour dans la « nouvelle
voie des idées » la seule méthode authentique de la philosophie puissent
en être arrivés à croire que la « nouvelle voie des mots » était la seule*

méthode authentique de la philosophie. Je m'écarte résolument de cette croyance provocatrice mais ne ferai à son propos que deux commentaires. Tout d'abord, la « nouvelle voie des idées » n'aurait jamais dû être considérée comme la principale méthode de la philosophie, à supposer seulement que ce soit une véritable méthode. Locke lui-même l'introduisit dans le seul but de fournir une méthode pour traiter certains préliminaires (des préliminaires à une science éthique). Quant à Berkeley et Hume, ils s'en servirent surtout comme d'un harpon pour accrocher leurs adversaires. L'interprétation personnelle du monde — du monde des choses et des hommes — qu'ils furent soucieux de nous faire partager ne fut jamais fondée sur cette méthode. Berkeley ne fonda pas sur elle ses vues religieuses non plus que Hume son déterminisme ou ses théories politiques.

Mais mon objection la plus sérieuse à la croyance que la « nouvelle voie des idées » ou la nouvelle voie des mots est la principale méthode de l'épistémologie ou peut-être même de la philosophie, la voici :

On peut aborder le problème de l'épistémologie de deux façons ; (1) en le considérant comme le problème de la connaissance ordinaire ou connaissance du sens commun *ou (2) en le considérant comme le problème de* la connaissance scientifique.

Les philosophes qui préfèrent la première approche pensent à juste titre, que la connaissance scientifique ne peut être qu'une extension de la connaissance du sens commun. Mais ils pensent aussi, et cela à tort, que la connaissance du sens commun est des deux la plus facile à analyser. Ainsi ces philosophes en viennent à remplacer la « nouvelle voie des idées » par une analyse du langage ordinaire, du langage dans lequel la connaissance du sens commun se trouve formulée. Ils remplacent l'analyse de la vision, de la perception ou de la connaissance par l'analyse des expressions « je vois », « je perçois », « je connais », « je crois », « je tiens qu'il est probable », ou encore par celle de l'expression « peut-être ».

Or à ceux qui préfèrent approcher ainsi la théorie de la connaissance voici ce que j'objecterais : bien que je sois d'accord sur le fait que la connaissance scientifique est un pur développement de la connaissance ordinaire ou connaissance du sens commun, je prétends que les problèmes épistémologiques les plus importants et les plus excitants doivent demeurer complètement invisibles aux yeux de ceux qui se bornent à analyser la connaissance du sens commun, ou sa formulation dans un langage ordinaire.

Je souhaite ne me rapporter ici qu'à un seul exemple du genre de problème auquel je songe : le problème de la croissance de notre connaissance. Si nous réfléchissons un peu, nous verrons que la plupart des problèmes liés à la croissance de notre connaissance doivent nécessairement transcender toute étude limitée à la connaissance du sens

*commun dans la mesure où celle-ci se distingue de la connaissance
scientifique. En effet, la manière la plus intéressante de croître, pour
la connaissance du sens commun, est précisément de se muer en
connaissance scientifique. En outre, il semble clair que la croissance
de la connaissance scientifique est le cas le plus important et le plus
intéressant de croissance de la connaissance.*

*On devrait se rappeler, dans ce contexte, que presque tous les pro-
blèmes de l'épistémologie rationnelle sont liés au problème de la crois
sance de la connaissance. Je suis même tenté d'aller plus loin ; de
Platon à Descartes, Leibniz, Kant, Duhem et Poincaré, de Bacon,
Hobbes et Locke à Hume, Mill et Russell, la théorie de la connaissance
a été animée par le désir de nous rendre aptes non seulement à en
connaître davantage au sujet de la connaissance, mais encore à contribuer au progrès de celle-ci, c'est-à-dire au progrès de la connaissance
scientifique. (Si je considère les grands philosophes, la seule exception que je puisse imaginer à cette règle est Berkeley.) La plupart des
philosophes qui croient que la méthode caractéristique de la philosophie
consiste à analyser le langage ordinaire, paraissent avoir perdu cet
optimisme admirable qui inspira jadis la tradition rationaliste.
Leur attitude, semble-t-il, est devenue de la résignation sinon du déses-
poir. Non seulement ils abandonnent aux savants le progrès de la
connaissance mais ils vont même jusqu'à définir la philosophie de telle
façon qu'elle devient, par définition, incapable de fournir la moindre
contribution à notre connaissance du monde. L'automutilation que
cette définition requiert d'une façon si étonnamment persuasive, me
répugne. L'essence de la philosophie ne doit pas être distillée et condensée
dans une définition. Une définition du mot « philosophie » ne peut
qu'avoir le caractère d'une convention, d'un accord, et, personnellement, je ne vois pas l'avantage qu'il y a à proposer arbitrairement
de définir le mot « philosophe » d'une manière telle que cela puisse
empêcher un étudiant de philosophie d'essayer de contribuer, en tant
que philosophe, au progrès de notre connaissance du monde.*

*Et ceci me semble paradoxal : ces philosophes se piquent d'être
spécialisés dans l'étude du langage ordinaire mais croient néanmoins
en savoir assez à propos de la cosmologie pour être assurés que cette
science est dans son essence tellement différente de la philosophie que
celle-ci ne peut d'aucune façon contribuer à sa tâche. Ils sont réellement dans l'erreur. Car c'est un fait que des idées métaphysiques et
donc des idées philosophiques ont été d'une extrême importance pour
la cosmologie. De Thalès à Einstein, de l'atomisme primitif aux spéculations cartésiennes sur la matière, des spéculations de Gilbert, New
ton, Leibniz et Boscovic sur les forces, à celles de Faraday et Einstein
sur les champs de forces, ce sont les idées métaphysiques qui ont ouvert
la voie. Telles sont, en bref, mes raisons de croire que même dans*

le domaine de l'épistémologie, la première approche mentionnée plus haut, à savoir l'analyse de la connaissance par la voie d'une analyse du langage ordinaire, est trop étroite et vouée à ignorer les problèmes les plus intéressants.

Je suis cependant loin d'être en accord avec tous ces philosophes qui préfèrent aborder l'épistémologie de l'autre manière, au moyen d'une analyse de la connaissance scientifique. Afin d'expliquer plus aisément mes points d'accord et de désaccord, je vais subdiviser les philosophes qui adoptent cette seconde manière en deux groupes : les chèvres et les moutons, si l'on peut dire.

Le premier groupe se compose de ceux qui visent à étudier « le langage de la science » et pour qui la méthode philosophique privilégiée consiste à construire des modèles artificiels de langage, c'est-à-dire à construire ce qu'ils croient être des modèles du « langage de la science ».

Le second groupe ne se limite pas à l'étude du langage de la science ou de tout autre langage et n'a pas de méthode philosophique ainsi privilégiée. Ses membres font de la philosophie de maintes façons différentes ; toute méthode leur est bienvenue s'ils pensent qu'elle peut les aider à considérer leurs problèmes avec plus de discernement ou à découvrir une solution, même si celle-ci n'est que provisoire.

Je me tourne d'abord vers ceux dont la méthode privilégiée consiste à construire des modèles artificiels du langage de la science. Historiquement, ils ont eux aussi leur origine dans la « nouvelle voie des idées ». Ils remplacent, eux aussi, la méthode pseudo-psychologique de l'ancienne «nouvelle voie» par l'analyse linguistique. Mais en raison peut-être des consolations spirituelles qu'offre l'espoir d'une connaissance « exacte », « précise », ou «formalisée», l'objet choisi de leur analyse linguistique est « le langage de la science » plutôt que le langage ordinaire. Malheureusement, pourtant, il semble qu'il n'y ait rien de tel qu'un « langage de la science ». Il leur est donc nécessaire d'en construire un. La construction d'un modèle de langage scientifique qui soit applicable à tous les niveaux et puisse être utilisé pour une science authentique paraît cependant assez difficile à réaliser. Aussi trouvons-nous ces philosophes engagés dans la construction de modèles miniatures fonctionnant de manière confuse : de vastes systèmes de minuscules gadgets.

A mon avis, ce groupe de philosophes perd sur les deux tableaux. Cette méthode qui consiste à construire des modèles miniatures de langages leur fait manquer les problèmes les plus excitants de la théorie de la connaissance, ceux qui sont liés à son progrès. La complexité de l'équipement n'est pas proportionnée à son efficacité et pratiquement aucune théorie scientifique de quelque intérêt, ne peut être exprimée dans ces vastes systèmes d'éléments minuscules. Ces modèles de langage n'ont de rapport ni avec la science, ni avec le sens commun.

Et en effet, les modèles du langage de la science construits par ces philosophes n'ont rien à voir avec le langage de la science moderne. Les remarques suivantes qui s'appliquent aux trois modèles de langage les plus largement connus, le montrent. (Les notes 13 et 15 de l'appendice VII et la note 2 de la section 38 s'y réfèrent.) Le premier de ces modèles de langage n'a même pas les moyens d'exprimer l'identité. Il ne peut, en conséquence, exprimer une équation ; il ne contient même pas l'arithmétique la plus rudimentaire. Le second modèle de langage ne fonctionne plus dès que nous y ajoutons les moyens de prouver les théorèmes habituels de l'arithmétique tel le théorème d'Euclide sur l'infinitude de la suite des nombres premiers ou même le principe que tout nombre a un successeur. Les mathématiques ne peuvent davantage être formulées dans le troisième modèle de langage, le plus élaboré et le plus réputé, et, ce qui est le plus important, on n'y peut exprimer de propriétés mesurables. Pour ces raisons et pour beaucoup d'autres, les trois modèles de langage sont trop pauvres pour servir à une science. Ils sont aussi, naturellement, intrinsèquement plus pauvres que les langages ordinaires, y compris même les plus rudimentaires.

Les limitations mentionnées plus haut ont été imposées à ces modèles de langage pour la simple raison que sans elles les solutions proposées par les auteurs à leurs problèmes n'auraient aucune valeur. On peut aisément le prouver et les auteurs eux-mêmes l'ont fait partiellement. Tous néanmoins, semblent prétendre deux choses :

a) que leurs méthodes permettent en un sens ou en un autre de résoudre des problèmes de la théorie de la connaissance scientifique ou en d'autres termes sont applicables à la science (alors qu'en fait elles ne sont applicables avec quelque précision qu'à un discours d'une espèce extrêmement primitive) et

b) que leurs méthodes sont « exactes » ou « précises ». Il est clair que l'on ne peut soutenir ces deux prétentions à la fois.

Aussi la méthode consistant à construire des modèles de langage est-elle incapable d'aborder les problèmes que posent la croissance de notre connaissance. Elle est encore moins capable de le faire que la méthode qui consiste à analyser les langages ordinaires : ces modèles de langage sont plus pauvres que les langages ordinaires. Il résulte de leur pauvreté qu'ils ne fournissent que le plus grossier et le plus fallacieux des modèles de croissance de la connaissance, celui d'un amoncellement progressif d'énoncés d'observations.

Je me tourne à présent vers le dernier groupe d'épistémologues, ceux qui ne s'engagent pas à l'avance à pratiquer une méthode philosophique et qui utilisent, en épistémologie, l'analyse des problèmes scientifiques, des théories, des procédures et, ce qui est le plus important, des discussions scientifiques. Ce groupe peut revendiquer comme ancêtres presque tous les grands philosophes de l'Occident. (Il peut même revendiquer l'ascendance de Berkeley, bien que celui-ci fût, pour une grande part, un ennemi de l'idée authentique de connaissance scientifique rationnelle et qu'il redoutât son progrès.) Ses représentants les plus importants durant les deux siècles derniers furent Kant, Whewell, Mill, Pierce, Duhem, Poincaré, Meyerson, Russell et, du moins à certaines de ses périodes, Whitehead. La plupart de ceux qui appartiennent à ce groupe conviendraient du fait que la connaissance scientifique résulta de la croissance de la connaissance du sens commun. Mais tous ont découvert que l'on peut étudier la connaissance scientifique plus facilement que la connaissance du sens commun, car elle est, pour ainsi dire, la connaissance du sens commun écrite en gros caractères et ses véritables problèmes sont des problèmes élargis de la connaissance du sens commun. Ainsi remplace-t-elle le problème humain de «la croyance raisonnable» par celui de la justification rationnelle de l'acceptation et du rejet des théories scientifiques et puisque nous avons à notre disposition maints rapports détaillés de discussions relatives à l'acceptation ou au rejet de théories telles celles de Newton ou celles de Maxwell et d'Einstein, nous pouvons considérer ces discussions comme des microscopes qui nous permettraient d'examiner en détail et avec objectivité certains des problèmes importants de la « croyance raisonnable ».

Cette façon d'aborder les problèmes de l'épistémologie élimine (comme le font les deux autres approches mentionnées) la méthode pseudo-psychologique ou « subjective » de la nouvelle voie des idées (encore utilisée par Kant). Mais elle nous permet en outre d'analyser des états problématiques de la science et des discussions scientifiques. Elle peut également nous aider à comprendre l'histoire de la pensée scientifique.

J'ai essayé de montrer que les problèmes les plus importants de l'épistémologie traditionnelle — ceux qui sont liés à la croissance de la connaissance — transcendent les deux méthodes-types d'analyse linguistique et requièrent l'analyse de la connaissance scientifique. Mais je voudrais, pour terminer, défendre encore une cause. L'analyse de la science, la « philosophie de la science » elle-même court le risque de devenir une mode, une spécialisation. Les philosophes ne devraient pourtant pas être des spécialistes. Pour ma part, je ne m'intéresse à la science et à la philosophie que parce que je souhaite apprendre quelque chose au sujet de l'énigme que constitue la connaissance que l'homme a de ce monde. Et je crois que seul un renouveau d'intérêt pour ces énigmes peut sauver les sciences et la philosophie de la spécialisation étroite et de la croyance obscurantiste en l'habileté particulière de l'expert, en ses connaissances et en son autorité personnelle. Cette croyance s'adapte d'ailleurs tout particulièrement à notre époque

« *post-rationaliste* » et « *post-critique* », *époque qui s'applique orgueilleusement à détruire la tradition de la philosophie rationnelle et la pensée rationnelle elle-même.*

Penn, Buckingamshire, *Printemps* 1958.

REMERCIEMENTS.

Je désire remercier M. David G. Nicholls de m'avoir transmis l'admirable passage, imprimé à la page 14, qu'il découvrit à la Bibliothèque de l'Université de Cambridge parmi les manuscrits d'Acton (Add. MSS 5011 : 266). La réimpression du livre me donne l'heureuse occasion de citer ce passage.

Penn, Buckingamshire, *Été* 1959.

Dans cette seconde édition anglaise ont été ajoutés quatre courts Addenda aux appendices. Il s'agit de petites corrections et de certaines améliorations linguistiques qui me furent suggérées par Imre, Lakatos, David Miller, et Alan Musgrave. Ceux-ci m'ont également suggéré l'introduction d'un grand nombre de nouveaux termes dans l'index ; je leur en suis très reconnaissant.

Cependant, c'est surtout à Paul Bernays que je suis redevable ; peu après la sortie de cet ouvrage, il a bien voulu contrôler mon axiomatisation du calcul des probabilités, et en particulier le nouvel appendice V. Son approbation revêt pour moi une valeur inexprimable. Ceci n'empêche évidemment pas que je sois seul responsable des erreurs qui pourraient avoir été commises.

Novembre 1967. K.R.P.

PREMIÈRE PARTIE

INTRODUCTION A LA LOGIQUE
DE LA SCIENCE

CHAPITRE PREMIER

EXAMEN DE
CERTAINS PROBLÈMES FONDAMENTAUX

Un savant, qu'il soit théoricien ou praticien, propose des énoncés ou des systèmes d'énoncés et les teste pas à pas. Dans le domaine des sciences empiriques, plus particulièrement, il bâtit des hypothèses ou des systèmes théoriques et les soumet à l'épreuve de l'expérience par l'observation et l'expérimentation.

C'est la tâche de la logique de la découverte scientifique ou de la logique de la connaissance de fournir une analyse logique de cette procédure, c'est-à-dire d'analyser les méthodes des sciences empiriques. Voilà ma thèse.

Mais quelles sont ces « méthodes des sciences empiriques » ? Et qu'appelons-nous « sciences empiriques » ?

1° LE PROBLÈME DE L'INDUCTION.

Selon une vue largement répandue, combattue d'ailleurs dans ce livre, on peut caractériser les sciences empiriques par le fait qu'elles utilisent des « méthodes » dites « inductives ».

Conformément à cette conception, la logique de la découverte scientifique serait identique à la logique inductive, c'est-à-dire à l'analyse logique de ces méthodes inductives.

Il est courant d'appeler « inductive » une inférence si elle passe d'*énoncés singuliers* (parfois appelés aussi énoncés particuliers), tels des comptes rendus d'observations ou d'expériences, à des *énoncés universels*, telles des hypothèses ou des théories.

Or il est loin d'être évident, d'un point de vue logique, que nous soyons justifiés d'inférer des énoncés universels à partir d'énoncés singuliers aussi nombreux soient-ils ; toute conclusion tirée de cette manière peut toujours, en effet, se trouver fausse : peu importe le grand nombre de cygnes blancs que nous puissions avoir observé, il ne justifie pas la conclusion que *tous* les cygnes sont blancs.

La question de savoir si les inférences inductives sont justifiées ou à quelles conditions elles le sont, est connue comme constituant *le problème de l'induction*. On peut encore rendre explicite le problème de l'induction en disant qu'il correspond à la question de savoir comment établir la vérité d'énoncés universels fondés sur l'expérience, tels les hypothèses et systèmes théoriques des sciences empiriques. En effet, beaucoup croient que la vérité de ces énoncés universels est « *connue par expérience* » ; il est clair cependant que l'exposé d'une expérience   d'une observation ou de résultats d'une expérimentation — n'est d'abord qu'un énoncé singulier, et non universel. Sans doute, ceux qui disent d'un énoncé universel que nous connaissons sa vérité par expérience, veulent-ils habituellement dire que l'on peut, d'une certaine façon, ramener la vérité de cet énoncé universel à celle d'énoncés singuliers et que nous connaissons par expérience la vérité de ces derniers, ce qui revient à dire que l'énoncé universel est fondé sur l'inférence inductive. Il apparaît ainsi que la question de savoir s'il y a des lois naturelles connues comme vraies n'est qu'une autre version de celle de savoir si les inférences inductives sont logiquement justifiées.

Pourtant, si nous désirons trouver un moyen de justifier les inférences inductives nous devons, avant toute autre chose, essayer d'établir un *principe d'induction*. Ce dernier serait un énoncé à l'aide duquel nous pourrions faire des inférences inductives dans une forme logique acceptable. Aux yeux des défenseurs de la logique inductive un principe de ce genre est d'une extrême importance pour la méthode scientifique : « ce principe », dit Reichenbach, « détermine la vérité des théories scientifiques. L'éliminer de la science ne signifierait rien de moins que priver celle-ci de son pouvoir de décider de la vérité ou de la fausseté de ses théories. Il est clair que sans lui la science ne garderait plus longtemps le droit de distinguer ses théories des créations fantasques et arbitraires de l'esprit du poète (1). »

Or ce principe d'induction ne peut être une vérité purement logique comme l'est une tautologie ou un énoncé analytique. En effet, s'il y avait quelque chose comme un principe d'induction purement logique, il n'y aurait pas de problème lié à l'induction car dans ce cas toutes les inférences inductives devraient être considérées comme des transformations purement logiques ou tautologiques, tout comme les inférences pratiquées dans la logique déductive.

Le principe d'induction doit donc être un énoncé synthétique, c'est-à-dire un énoncé dont la négation n'est pas contradictoire

---

(1) H. Reichenbach, *Erkenntnis*, 1930, p. 186 (*cf.* également pp. 64 et suiv.). *Cf.* l'avant-dernier paragraphe du chapitre XII que B. Russell consacre à Hume dans son *History of Western Philosophy*, 1946, p. 699.

mais bien logiquement possible. Aussi la question se pose-t-elle de savoir pourquoi, en définitive, devoir accepter un tel principe et comment justifier son acceptation sur des bases rationnelles.

Parmi ceux qui croient en la logique inductive, certains sont soucieux de signaler, avec Reichenbach, que « le corps scientifique tout entier accepte sans réserves le principe d'induction et que, dans la vie quotidienne également, personne ne met ce principe sérieusement en doute » (2). A supposer même que ce fût le cas — car après tout « le corps scientifique tout entier » pourrait se tromper — je prétendrais encore qu'un principe d'induction est superflu et doit mener à des incohérences logiques.

L'œuvre de Hume (* 1) devrait avoir montré clairement que le principe d'induction peut aisément engendrer des incohérences qu'on ne peut éviter — si cela est possible — que difficilement. Car le principe d'induction doit être lui-même un énoncé universel. Si nous tentons de considérer sa vérité comme connue par expérience, nous verrons resurgir des problèmes exactement semblables à ceux pour la solution desquels ce principe a été introduit. Pour le justifier, nous devrions pratiquer des inférences inductives et pour justifier ces dernières nous devrions assumer un principe inductif d'un ordre supérieur et ainsi de suite. La tentative visant à fonder le principe d'induction sur l'expérience échoue donc puisque celle-ci doit conduire à une régression à l'infini.

Pour sortir de cette difficulté, Kant a tenté de se frayer un chemin en considérant le principe d'induction (qu'il a formulé comme le « principe de causalité universelle ») comme « valide a priori ». Mais je ne pense pas que son ingénieux essai en vue de fournir une justification a priori des énoncés synthétiques fut concluant.

Personnellement, je considère que les diverses difficultés attachées à la logique inductive, esquissées ici, sont insurmontables. Insurmontables également, je le crains, sont celles que suscite la doctrine, si largement répandue aujourd'hui, selon laquelle l'inférence inductive — quoique non valide au sens strict — *peut atteindre un certain degré de « véridicité » ou de « probabilité »*. Suivant cette doctrine, les inférences inductives sont des « inférences probables » (3). « Nous avons décrit », dit Reichenbach « le principe d'induction comme le moyen par lequel la science décide de la vérité. Pour être plus exacts, nous devrions dire qu'il sert à décider

(2) Reichenbach, *ibid.*, p. 67.
(* 1) Les passages significatifs de l'œuvre de Hume sont cités dans l'appendice VII, notes 4, 5 et 6 ; voyez aussi la note 2 de la section 81, plus bas.
(3) Cf. J. M. Keynes, *A Treatise on Probability* (1921) ; O. Külpe, *Vorlesungen über Logic* (ed. par Selz, 1923) ; Reichenbach (qui utilise le terme « implication de probabilité »), *Axiomatik der Wahrscheinlichkeitrechnung, Mathem. Zeitschr.* 34 (1932), et en beaucoup d'autres endroits.

de la probabilité. Car il n'est donné à la science d'atteindre ni la vérité ni la fausseté, les énoncés scientifiques ne peuvent qu'atteindre des degrés continus de probabilité dont les limites supérieures et inférieures, hors d'atteinte, sont la vérité et la fausseté » (4).

Ceux qui croient en la logique inductive se font de la probabilité une idée que je rejetterai plus loin : elle est tout à fait inadéquate à leurs propres propos. Je peux méconnaître ce fait pour le moment car un recours à la notion de probabilité n'effleure même pas les difficultés mentionnées. En effet, s'il faut assigner un certain degré de probabilité à des énoncés fondés sur une inférence inductive, on devra justifier cette démarche en faisant appel à un nouveau principe d'induction modifié de façon appropriée. Ce nouveau principe devra à son tour être justifié et ainsi de suite. Rien n'est gagné, du reste, si le principe d'induction est à son tour considéré non comme « vrai » mais comme « probable ». En somme, comme toute autre forme de logique inductive, la logique de l'inférence probable ou « logique de la probabilité » conduit soit à une régression à l'infini, soit à la doctrine de *l'apriorisme* (* 2).

La théorie que je vais développer dans les pages suivantes s'oppose directement à tous les travaux tentant d'utiliser les notions de la logique inductive. On pourrait la décrire comme la *méthode déductive de contrôle* ou comme la conception selon laquelle une hypothèse ne peut être que *soumise à des tests* empiriques et seulement *après* avoir été avancée.

Avant de pouvoir élaborer cette conception (que l'on pourrait appeler le « déductivisme », par opposition à l' « inductivisme » (5), je dois éclaircir la distinction qui s'impose entre la *psychologie de la connaissance*, qui traite des faits empiriques, et la *logique de la connaissance*, que concernent les seules relations logiques. La croyance en la logique inductive est en effet due, pour une grande part, à une confusion des problèmes psychologiques avec les problèmes épistémologiques. Il peut être intéressant de noter, à

---

(4) Reichenbach, *Erkenntnis* 1, 1930, p. 186.
(* 2) Voyez aussi le chapitre X de cet ouvrage, en particulier la note 2 de la section 81, et le chapitre * II de mon *Postscript*. On y trouvera un exposé plus complet de cette critique.
(5) J. Liebig (dans *Induktion und Deduktion*, 1865) fut probablement le premier à rejeter la méthode inductive du point de vue de la science naturelle ; sa critique était dirigée contre Bacon. Duhem (dans *La théorie physique, son objet et sa structure*, 1966 ; traduction anglaise par P. P. Wiener : *The Aim and Structure of physical Theory*, Princeton, 1954) a nettement soutenu des vues déductivistes. (* Mais on peut également trouver des vues inductivistes dans le livre de Duhem, par exemple dans le troisième chapitre de la première partie, où il nous dit que seules l'expérimentation, l'induction et la généralisation ont donné la loi cartésienne de la réfraction. *Cf.* la traduction anglaise, p. 34.) Voyez aussi V. Kraft, *Die Grundformen der Wissenchaftlichen Methoden*, 1925 et Carnap, *Erkenntnis* 2, 1932, p. 440.

ce propos, que cette confusion sème le trouble non seulement dans la logique de la connaissance mais aussi dans sa psychologie.

2. — ÉLIMINATION DU PSYCHOLOGISME.

J'ai dit plus haut que le travail du savant consiste à avancer des théories et à les soumettre à des tests. Le stade initial, cet acte de concevoir ou d'inventer une théorie, ne me semble pas requérir une analyse logique ni même être susceptible d'en être l'objet. La question de savoir comment une idée nouvelle peut naître dans l'esprit d'un homme — qu'il s'agisse d'un thème musical, d'un conflit dramatique ou d'une théorie scientifique — peut être d'un grand intérêt pour la psychologie empirique mais elle ne relève pas de l'analyse logique de la connaissance scientifique. Cette dernière se trouve concernée non par des *questions de fait* (le *quid facti* ? de Kant) mais seulement par des questions de *justification ou de validité* (le *quid juris* ? de Kant). Ces questions sont de l'espèce suivante : un énoncé peut-il être justifié ? S'il en est ainsi, comment ? Peut-on le soumettre à des tests ? Est-il logiquement sous la dépendance de certains autres énoncés ? Ou encore, est-il en contradiction avec eux ? Pour qu'un énoncé puisse être examiné ainsi d'un point de vue logique, il doit auparavant nous avoir été soumis. Quelqu'un doit l'avoir formulé et soumis à un examen logique.

Je distinguerai donc soigneusement le processus de conception d'une nouvelle idée, des méthodes et résultats de son examen logique. En ce qui concerne la tâche de la logique de la connaissance — par opposition à la psychologie de la connaissance — j'affirmerai au départ qu'elle consiste seulement à examiner les méthodes employées dans ces tests systématiques auxquels chaque idée nouvelle doit être soumise pour être prise au sérieux.

Certains pourraient objecter que ce serait davantage servir notre propos que de considérer comme la besogne de l'épistémologie le fait de procéder à ce qu'on a appelé « une reconstruction rationnelle » des étapes qui ont conduit le savant à une trouvaille, à la découverte d'une nouvelle vérité. Mais la question se pose : que désirons-nous précisément reconstruire ? S'il s'agit des processus impliqués dans la stimulation et le jaillissement d'une inspiration, je refuse de considérer leur reconstruction comme la tâche de la logique de la connaissance. De tels processus constituent l'objet de la psychologie empirique mais non celui de la logique. Le cas est différent si nous souhaitons reconstruire rationnellement les *tests consécutifs à cette inspiration* et grâce auxquels on peut décou-

vrir qu'elle est une découverte ou connaître qu'elle est une connaissance. Dans la mesure où le savant émet un jugement critique,
modifie ou rejette sa propre inspiration, nous pouvons, si nous
le voulons, considérer l'analyse méthodologique entreprise ici
comme une sorte de « reconstruction rationnelle » des processus
de pensée correspondant à ces attitudes. Mais cette reconstruction ne doit pas décrire ces processus tels qu'ils se déroulent
réellement ; elle ne peut donner que la charpente logique de
la procédure de testabilité (*testing*). Mais c'est peut-être ce que
veulent dire ceux qui parlent de « reconstruire rationnellement »
nos modes d'acquisition de connaissances.

Il se trouve que les arguments présentés dans cet ouvrage sont
tout à fait indépendants de ce problème. Cependant, j'estime à
ce propos que la méthode logique ne se confond en rien avec le
fait d'avoir de nouvelles idées ou de reconstruire logiquement
ce processus. Je puis exprimer ma conception en disant que chaque
découverte contient « un élément irrationnel » ou « une intuition
créatrice », au sens bergsonien de ces termes. C'est ainsi qu'Einstein
parle de la « recherche de ces lois hautement universelles grâce
auxquelles il est possible d'obtenir par pure déduction une image
du monde. Il n'y a pas de voie logique », dit-il, « qui conduise à
ces lois. On ne peut les atteindre que par une intuition fondée sur
une sorte d'amour intellectuel (« *Einfühlung* ») des objets d'expérience » (1).

3. — PROCÉDÉ DÉDUCTIF DE MISE A L'ÉPREUVE (*testing*) DES THÉORIES.

Selon la conception que je vais exposer ici, la méthode qui consiste à mettre les théories à l'épreuve dans un esprit critique et
à les sélectionner conformément aux résultats des tests, suit toujours
la même démarche : en partant d'une nouvelle idée, avancée à
titre d'essai et nullement justifiée à ce stade — et qui peut être
une prévision, une hypothèse, un système théorique ou tout ce
que vous voulez —, l'on tire par une déduction logique des conclusions. L'on compare alors ces conclusions les unes aux autres et
à d'autres énoncés relatifs à la question de manière à trouver les
relations logiques (telles l'équivalence, la déductibilité, la compatibilité ou l'incompatibilité) qui les unissent.

(1) Allocution au 60ᵉ anniversaire de Max Planck. Le passage cité commence
ainsi : « La tâche suprême du physicien est de rechercher ces lois hautement
universelles » etc... (citation d'A. Einstein), *Mein Weltbild*, 1934, p. 186, traduction anglaise de A. Harris : *The World as I see it*, p. 125. On trouve des idées
semblables chez Liebig, *op.cit.* ; *cf.* également E. Mach, *Die Prinzipien der Wärme-
lehre* (1896), p. 443 et suiv. (*) Le mot allemand « Einfühlung » est difficile à
traduire. Harris traduit « Sympathetic Understanding of Experience ».

Nous pouvons, si nous le voulons, distinguer quatre étapes différentes au cours desquelles pourraient être réalisée la mise à l'épreuve d'une théorie. Il y a, tout d'abord, la comparaison logique des conclusions entre elles par laquelle on éprouve la cohérence interne du système. En deuxième lieu s'effectue la recherche de la forme logique de la théorie, qui a pour objet de déterminer si celle-ci a les caractéristiques d'une théorie empirique ou scientifique ou si elle est, par exemple, tautologique. Il y a, en troisième lieu, la comparaison de la théorie à d'autres théories, dans le but principal de déterminer si elle constituerait un progrès scientifique au cas où elle survivrait à nos divers tests. Enfin, la théorie est mise à l'épreuve en procédant à des applications empiriques des conclusions qui peuvent en être tirées.

Le but de cette dernière espèce de test est de découvrir jusqu'à quel point les conséquences nouvelles de la théorie — quelle que puisse être la nouveauté de ses assertions — font face aux exigences de la pratique, surgies d'expérimentations purement scientifiques ou d'applications techniques concrètes. Ici encore, la procédure consistant à mettre à l'épreuve est déductive. A l'aide d'autres énoncés préalablement acceptés, l'on déduit de la théorie certains énoncés singuliers que nous pouvons appeler « prédictions » et en particulier des prévisions que nous pouvons facilement contrôler ou réaliser. Parmi ces énoncés, l'on choisit ceux qui ne sont pas déductibles de la théorie en cours et plus spécialement ceux qui sont en contradiction avec elle. Nous essayons ensuite de prendre une décision en faveur (ou à l'encontre) de ces énoncés déduits en les comparant aux résultats des applications pratiques et des expérimentations. Si cette décision est positive, c'est-à-dire si les conclusions singulières se révèlent acceptables, ou *vérifiées*, la théorie a provisoirement réussi son test : nous n'avons pas trouvé de raisons de l'écarter. Mais si la décision est négative ou, en d'autres termes, si les conclusions ont été *falsifiées*, cette falsification falsifie également la théorie dont elle avait été logiquement déduite.

Il faudrait noter ici qu'une décision positive ne peut soutenir la théorie que pour un temps car des décisions négatives peuvent toujours l'éliminer ultérieurement. Tant qu'une théorie résiste à des tests systématiques et rigoureux et qu'une autre ne la remplace pas avantageusement dans le cours de la progression scientifique, nous pouvons dire que cette théorie a « fait ses preuves » ou qu'elle est « corroborée » (* 1).

(* 1) Pour ce terme, voyez la note (* 1) précédant la section 79 et la section 29 de mon *Postscript*.

Dans la procédure esquissée ici, il n'y a rien qui ressemble à de la logique inductive. Je n'affirme à aucun moment que nous pouvons partir de la vérité d'énoncés singuliers pour tirer argument qu'à force de « *vérifier* » leurs conclusions, l'on peut établir que des théories sont « vraies » ou même simplement « probables ».

J'ai l'intention de donner dans cet ouvrage une analyse plus détaillée des méthodes déductives de mise à l'épreuve. J'essaierai aussi de montrer que dans le cadre de cette analyse, on peut traiter tous les problèmes qu'on a coutume d'appeler « épistémologiques ». On peut, plus particulièrement, éliminer les problèmes qu'engendre la logique inductive, sans en créer d'autres à leur place.

4. — LE PROBLÈME DE LA DÉMARCATION.

Parmi les nombreuses objections que peut susciter la conception proposée ici, la plus sérieuse est peut-être la suivante. En rejetant la méthode inductive, pourrait-on dire, je prive la science empirique de ce qui parait être sa caractéristique la plus importante et ceci signifie que je lève les barrières qui séparent la science de la spéculation métaphysique. Je répondrai à cette objection que ma principale raison de rejeter la méthode inductive est précisément qu'*elle ne fournit pas de marque distinctive appropriée* au caractère empirique, non métaphysique, d'un système théorique ; en d'autres termes, je la rejette parce qu'*elle ne fournit pas de critère de démarcation adéquat*.

Trouver un critère qui nous permettrait de distinguer les sciences empiriques, d'une part, et les systèmes mathématiques et logiques, de l'autre, constitue pour moi le *problème de la démarcation* (1).

Ce problème fut connu de Hume qui tenta de le résoudre (2). Il devint avec Kant le problème central de la théorie de la connaissance.

Si, à la suite de Kant, nous appelons le problème de l'induction « le problème de Hume », nous pourrions appeler le problème de la démarcation « le problème de Kant ».

De ces deux problèmes — qui sont à la source de presque tous les problèmes de la théorie de la connaissance — le problème de la démarcation est à mon avis fondamental. En effet si les épisté-

---

(1) En plus de ceci (et des sections 1 à 6 et 13 à 24) *cf.* ma note dans *Erkenntnis*, 3, 1933, p. 426. (*) Elle est à présent reprise dans cet ouvrage et en constitue l'appendice (* 1).
(2) *Cf.* la dernière phrase de son *Enquiry Concerning Human Understanding*.
(*) Comparez au prochain paragraphe la citation de Reichenbach dans le texte de la note 1, section 1, par exemple.

mologues aux penchants empiristes ont tendance à monter en épingle leur confiance en la « méthode inductive », il semble que ce soit principalement parce qu'ils croient que seule cette méthode peut leur fournir un critère de démarcation adéquat. Ceci s'applique tout particulièrement aux empiristes qui suivent le drapeau du « positivisme ».

Les anciens positivistes ne voulaient admettre comme scientifiques ou légitimes que les concepts (ou notions, ou idées) « dérivés de l'expérience », comme ils le disaient, c'est-à-dire les concepts qu'ils croyaient logiquement réductibles à des éléments d'expériences sensorielles telles les sensations (ou données-des-sens), les impressions, les perceptions, les souvenirs visuels ou auditifs, etc. Les positivistes modernes sont mieux en mesure de voir que la science n'est pas un système de concepts mais plutôt un système d'*énoncés* (* 1). Ils ne sont, en conséquence, disposés à admettre comme scientifiques ou logiques que des énoncés réductibles à des énoncés d'expériences élémentaires (ou « atomiques »), à des « jugements de perception », à des « propositions atomiques », des « phrases protocolaires » ou je ne sais quoi d'autre (* 2). Il est clair que le critère de démarcation que ce choix implique est identique à l'exigence d'une logique inductive.

Puisque je rejette la logique inductive, je dois également rejeter toutes les tentatives de ce genre en vue de résoudre le problème de la démarcation. Avec ce rejet, le problème de la démarcation gagne en importance dans la présente recherche. Trouver un critère de démarcation acceptable doit être une tâche cruciale pour toute épistémologie qui refuse la logique inductive.

Les positivistes ont l'habitude d'interpréter le problème de la démarcation d'une manière *naturaliste*. Ils l'interprètent comme un problème de science naturelle. Au lieu de considérer que leur tâche consiste à proposer une convention adéquate, ils croient qu'ils doivent découvrir une différence existant dans la nature des choses pour ainsi dire, entre, la science empirique d'une part, et la

(* 1) Je m'aperçois à présent qu'en écrivant ce paragraphe, j'ai surestimé les « positivistes modernes ». J'aurais dû me rappeler qu'*à cet égard* le début prometteur du *Tractatus* de Wittgenstein : « Le monde est une totalité de faits, non de choses » était démenti par sa fin, laquelle dénonçait l'homme qui « n'avait pas donné de signification à certains signes dans sa proposition ». Voyez également mon ouvrage : *The Open Society and its Enemies*, chapitre II, sect. II, et le chapitre *I de mon *Postscript*, spécialement les sections *1 (note 5), * 24 (les cinq derniers paragraphes) et * 25 .

(* 2) Naturellement, rien ne dépend des noms. Lorsque j'ai inventé la nouvelle dénomination « énoncé de base » (ou « proposition de base », voyez plus loin les sections 7 et 28), je ne l'ai fait que parce que j'avais besoin d'un terme qui ne connote *pas* un énoncé de perception. Mais il fut malheureusement bientôt adopté par d'autres et utilisé pour véhiculer le genre de signification que je souhaitais précisément éviter. *Cf.* également mon *Postscript*, * 29.

métaphysique de l'autre. Ils tentent inlassablement de prouver que la métaphysique n'est, de par sa véritable nature, qu'un conte dépourvu de sens ; « sophisme et illusion », comme dit Hume, que nous devrions « livrer aux flammes » (* 3).

Si nous ne voulons, par définition, par les termes « dépourvu de sens » ou « dépourvu de signification », rien exprimer de plus que « n'appartenant pas à la science empirique », il serait alors banal de caractériser la métaphysique comme un non-sens dépourvu de signification. En effet, on a habituellement défini la métaphysique comme une recherche non empirique. Mais, bien entendu, les positivistes estiment pouvoir nous dire à propos de la métaphysique bien plus que le caractère non empirique de certains de ses énoncés. Les expressions « dépourvu de signification » ou « dépourvu de sens » véhiculent et sont destinées à véhiculer une dévaluation. Et il ne fait point de doute que ce que les positivistes désirent réellement réaliser ce n'est pas tant une démarcation satisfaisante que la défaite finale (3) et l'anéantissement de la métaphysique. Quoi qu'il en soit, nous constatons que chaque fois que les positivistes ont essayé de dire plus clairement ce que signifiait l'expression « pourvu de signification », la tentative a conduit au même résultat, à savoir à une définition de ce qu'il faut entendre par « phrase pourvue de sens » (par opposition à une « pseudophrase dépourvue de sens ») qui reproduisait purement et simplement le critère de démarcation de leur *logique inductive*.

Ceci « se révèle » très clairement dans le cas de Wittgenstein. Selon lui, toute proposition pourvue de sens doit être *logiquement réductible* (4) à des propositions élémentaires (ou atomiques) qu'il caractérise comme des descriptions ou « images de la réalité » (5) (cette caractérisation doit, soit dit en passant, englober toutes les propositions pourvues de sens). Ceci nous montre que le critère qui, selon Wittgenstein, nous permet de reconnaître les propositions pourvues de sens, coïncide avec le critère de démarcation des inductivistes. Il suffit pour cela que nous remplacions leurs termes « scientifique » ou « légitime » par l'expression « pourvu de sens ». Et c'est précisément sur le problème de l'induction qu'échoue cette tentative en vue de résoudre le problème de la

(* 3) Hume condamna ainsi son propre traité *Enquiry* à la dernière page de cet ouvrage, tout comme, plus tard, Wittgenstein condamna son propre *Tractatus*, à la dernière de ses pages (voyez la note 2 de la section 10).

(3) Carnap, *Erkenntnis* 2, 1932, p. 219 et suiv. Précédemment, Mill avait utilisé les termes « dépourvu de signification » (« *meaningless* ») de la même façon, * sans doute sous l'influence de Comte. *Cf. Early Essays on Social Philosophy* de Comte, éd. par H. D. Hutton, 1911, p. 223. Voyez aussi mon *Open Society*, note 51 du chap. II.

(4) Wittgenstein, *Tractatus logico-philosophicus* (1918 et 1922) proposition 5. Comme le présent ouvrage fut écrit en 1934, j'y traite uniquement du *Tractatus*.

(5) Wittgenstein, *op.cit.*, proposition 4.01 ; 4.03 ; 2.221.

démarcation : soucieux d'anéantir la métaphysique, les positivistes anéantissent avec elle la science naturelle. Pas plus que les énoncés métaphysiques les lois scientifiques ne peuvent, en effet, être logiquement réduites à des énoncés d'expérience élémentaires. S'il est appliqué de manière cohérente, le critère de pleine signification de Wittgenstein rejette, comme étant dépourvues de signification, ces lois naturelles dont la recherche est, « la tâche suprême du physicien », comme le dit Einstein (6) ; l'on ne peut à aucun moment les accepter comme des énoncés véritables ou légitimes.

Cette conception qui tente avec Wittgenstein de démasquer le problème de l'induction comme un pseudo-problème dépourvu de consistance, fut exprimée par Schlick (* 4) dans les termes suivants : « le problème de l'induction consiste à vouloir justifier logiquement les *énoncés universels relatifs à la réalité* ... Nous reconnaissons avec Hume qu'il n'existe pas de justification logique de cette espèce ; il ne peut tout simplement pas y en avoir, parce que ces énoncés ne sont pas de véritables énoncés » (7).

Ceci montre que le critère inductiviste de démarcation échoue à tracer une ligne de séparation entre les systèmes scientifiques et les systèmes métaphysiques et pourquoi il doit, en conséquence, leur accorder un statut équivalent. La conclusion de la doctrine positiviste de la signification est, en effet, que les uns et les autres sont des systèmes de pseudo-énoncés dépourvus de signification. Au lieu donc d'extirper la métaphysique des sciences empiriques, le positivisme conduit à l'incursion de la métaphysique dans le règne scientifique (8).

(6) *Cf.* la note 1 de la section 2.

(* 4) L'idée de traiter les lois scientifiques comme des pseudo-propositions et de résoudre ainsi le problème de l'induction, a été attribuée par Schlick à Wittgenstein (*cf.* mon *Open Society*, notes 46, 51 et suiv. du chapitre II). Mais elle est en fait beaucoup plus ancienne ; elle fait partie de la tradition instrumentaliste que l'on peut faire remonter à Berkeley et au-delà. (Voyez par exemple mon article : « *Three Views Concerning Human Knowledge* », paru dans *Contemporary British Philosophy*, 1956 et « *A note on Berkeley as precursor of Mach* » dans le *British journal for the Philosophy of science*, IV, 4, 1953, p. 26 et suiv., et à présent, dans mes *Conjectures and Refutations*, 1959. Supplément de référence dans la note * 1 précédant la section 12. Le problème est également traité dans mon *Postscript*, section * 11 à * 14 et * 19 à * 26).

(7) Schlick, *Naturwissenschaften* 19, 1931, p. 156 (la mise en italique est de moi). A propos des lois naturelles, Schlick écrit (p. 151) : « On a souvent remarqué que nous ne pouvons jamais parler au sens strict de la vérification absolue d'une loi « puisque nous faisons pour ainsi dire toujours la réserve tacite qu'elle peut être modifiée à la lumière de l'expérience ultérieure. Si en manière de parenthèses », poursuit Schlick, « je peux ajouter quelques mots à propos de la situation logique, le fait mentionné plus haut signifie qu'une loi naturelle n'a en principe pas le caractère logique d'un énoncé mais constitue plutôt une règle pour la formation des énoncés ». * Le mot « formation » était sans doute censé inclure la transformation ou la déduction. Schlick a attribué cette théorie à une communication personnelle de Wittgenstein. Voyez aussi la section * 12 de mon *Postscript*.

(8) *Cf.* la section 78 (par ex. la note 1), * voyez aussi mon *Open Society*, notes 46, 51 et 52 du chapitre II et mon article *The Demarcation between science and Metaphysics*, contribution de janvier 1955 à l'ouvrage dédié à Carnap dans la *Library of living Philosophers*, éd. par A. P. Schilpp.

Contrairement à ces stratagèmes anti-métaphysiques, entendez d'intention anti-métaphysique, mon objectif tel que je l'envisage n'est pas d'entraîner la défaite de la métaphysique mais plutôt de caractériser la science empirique de manière adéquate ou de définir les concepts de « science empirique » et de « métaphysique » de telle façon que nous soyons en mesure de dire d'un système d'énoncés donné s'il est ou non du ressort de la science empirique d'en faire une étude plus approfondie.

Mon critère de démarcation devra, en conséquence, être considéré comme une *invite à un accord ou à une convention*. Les opinions peuvent diverger quant au bien-fondé d'une convention de ce type et une discussion raisonnable de ces questions n'est possible qu'entre parties ayant certains propos en commun. Le choix de ce propos doit, naturellement, être finalement matière à décision, par-delà l'argumentation rationnelle (* 5).

Ainsi quiconque considère l'édification d'un système d'énoncés absolument certains, irrévocablement vrais (9), comme la fin et le but de la science, rejettera à coup sûr les propositions que je vais faire ici. Et ce sera également l'attitude de ceux qui voient « l'essence de la science dans sa dignité » laquelle réside, pensent-ils, dans sa « totalité », « sa réelle vérité et son essentialité » (10). Ils auront bien du mal à concéder cette dignité à la physique théorique moderne dans laquelle je vois pourtant, avec d'autres, la réalisation la plus complète à ce jour de ce que j'appelle « la science empirique ».

Pour moi, les buts de la science sont différents. Je n'essaie pourtant pas de les justifier en les présentant comme les objectifs véritables ou essentiels de la science. Cela ne ferait que vicier les conclusions et signifierait que je retombe dans le dogmatisme des positivistes. Autant que j'en puisse juger, il n'y a qu'une seule manière de présenter des arguments rationnels en faveur de mes propositions. C'est d'analyser leurs conséquences logiques : mettre en évidence leur fécondité, leur pouvoir d'élucider les problèmes de la théorie de la connaissance.

J'admets donc, en toute liberté, que pour arriver à mes propositions j'ai été guidé en dernière analyse par des jugements de valeur et des prédilections. J'espère pourtant que ces propositions seront acceptables pour ceux qui accordent de la valeur non seulement à la rigueur logique mais encore à la ruine du dogmatisme, pour ceux qui, sans doute, recherchent l'application pratique,

---

(* 5) Je crois qu'une discussion raisonnable est toujours possible entre parties intéressées à la vérité et prêtes à s'accorder mutuellement de l'attention (*cf.* mon *Open Society, op. cit.*, chap. 24).
(9) Ceci est une conception de Dingler ; *cf.* note 1 de la section 19.
(10) Ceci est la conception de O. Spann (*Kategorienlehre*, 1924).

mais sont encore davantage attirés par l'aventure de la science et par les découvertes qui nous confrontent sans cesse à des questions nouvelles et inattendues, nous forçant à risquer des réponses nouvelles dont on n'avait jamais rêvé.

Le fait que des jugements de valeur influencent mes propositions ne signifie pas que je commets l'erreur dont j'accuse les positivistes : essayer d'abattre la métaphysique en l'appelant de tous les noms. Je ne vais même pas jusqu'à dire que la métaphysique est dépourvue de valeur pour la science empirique. En effet, on ne peut dénier qu'à côté des idées métaphysiques qui ont fait obstacle au progrès scientifique, il y en eut d'autres tel l'atomisme spéculatif, qui y ont contribué. Et, en considérant le sujet sous un angle psychologique, je suis enclin à penser que la découverte scientifique est impossible si l'on ne possède une foi en des idées purement spéculatives et parfois tout à fait imprécises, une foi que rien ne garantit d'un point de vue scientifique et qui est, dans cette mesure, « métaphysique » (11).

Pourtant, après tous ces avertissements, je continuerai à soutenir que la première tâche de la logique de la connaissance est de fournir un *concept de science empirique* qui rende son usage dans la langue, passablement incertain pour l'instant, aussi défini que possible et de tracer une ligne de démarcation précise entre la science et les idées métaphysiques, même si, par ailleurs, ces idées peuvent avoir favorisé le progrès scientifique tout au long de son cours.

5. — L'EXPÉRIENCE COMME MÉTHODE.

La tâche qui consiste à formuler une définition acceptable de la notion de science empirique ne va pas sans difficultés. Certaines d'entre elles proviennent du *fait qu'il doit y avoir de nombreux systèmes théoriques* pourvus d'une structure logique très semblable à celle du système qui a été, à un moment particulier quelconque, le système reconnu de la science empirique. On décrit parfois la situation en disant qu'il y a un très grand nombre — un nombre probablement infini — de « mondes logiquement possibles ». Cependant, le système que l'on appelle « la science empirique » est censé représenter *un seul* monde : « le monde réel » ou le « monde de notre expérience » (* 1).

(11) Cf. aussi : Planck, *Positivismus und reale Aussenwelt* (1931) et Einstein, *Die Religiosität der Forschung*, dans *Mein Weltbild* (1934), p. 43. Traduction anglaise de A. Harris : *The World as I see it* (1935), p. 23 et suiv. * Voyez aussi la section 85 de mon *Postscript*.
(* 1) Cf. Appendice * X.

Afin de préciser cette idée, nous pouvons distinguer trois exigences auxquelles devra satisfaire théoriquement notre système empirique. Il devra, tout d'abord, être *synthétique*, de manière à pouvoir représenter un monde *possible*, non contradictoire. En deuxième lieu, il devra satisfaire au critère de démarcation (*cf.* les sections 6 et 21), c'est-à-dire qu'il ne devra pas être métaphysique mais devra représenter un monde de l'*expérience* possible. En troisième lieu, il devra constituer un système qui se distingue de quelque manière des autres systèmes du même type dans la mesure où il est le seul à représenter *notre* monde de l'expérience.

Mais comment distinguer le système qui représente notre monde de l'expérience ? La réponse est la suivante : par le fait qu'il a été soumis à des tests et qu'il a résisté à des tests. Ceci signifie qu'il faut le distinguer en lui appliquant cette méthode déductive dont l'analyse et la description constituent mon propos.

Selon cette conception, « l'expérience » apparaît comme une *méthode* caractéristique qui permet de distinguer un système théorique d'autres systèmes théoriques. De sorte que la science empirique semble se caractériser non seulement par sa forme logique mais aussi par la *spécificité de sa méthode*. (C'est aussi, naturellement, la conception des inductivistes, qui essaient de caractériser la science empirique par son utilisation de la méthode inductive.)

La théorie de la connaissance, dont la tâche consiste à analyser la méthode ou la procédure spécifique de la science empirique peut en conséquence être décrite comme une théorie de la méthode empirique : *une théorie de ce qu'on appelle habituellement l'* « *expérience* ».

6. — Un critère de démarcation : la falsifiabilité.

Le critère de démarcation inhérent à la logique inductive — à savoir le dogme positiviste de la signification — revient à la condition suivante : l'on doit pouvoir décider de manière définitive de la vérité *et* de la fausseté de tous les énoncés de la science empirique (ou encore tous les énoncés « pourvus de sens ») ; nous dirons qu'il doit être « *possible de décider de leur vérité ou de leur fausseté de manière concluante* ». Ceci signifie que leur forme doit être telle qu'il soit logiquement possible tant de *les vérifier que de les falsifier*. C'est ainsi que Schlick dit : « ... un énoncé authentique doit être susceptible de « vérification concluante » (1) et Waismann, plus clairement encore : « S'il n'y a pas de manière possible de *déter-*

(1) Schlick, *Naturwissenschaften* 19, 1931, p. 150.

miner si un énoncé est vrai, cet énoncé n'a absolument aucune signification. Car la signification d'un énoncé, c'est sa méthode de vérification (2). »
Or dans ma conception, il n'y a rien qui ressemble à de l'induction (* 1). Aussi, pour nous, est-il logiquement inadmissible d'inférer des théories à partir d'énoncés singuliers « vérifiés par l'expérience » (quoi que cela puisse vouloir dire). Les théories ne sont donc *jamais* vérifiables empiriquement. Si nous désirons éviter l'erreur positiviste qui consiste à exclure, en vertu de notre critère de démarcation, les systèmes théoriques de la science naturelle (* 2) nous devons choisir un critère qui nous permette d'admettre également dans le domaine de la science empirique des énoncés qui ne peuvent pas être vérifiés.

Toutefois, j'admettrai certainement qu'un système n'est empirique ou scientifique que s'il est susceptible d'être soumis à des tests expérimentaux. Ces considérations suggèrent que c'est la falsibiabilité et non la vérifiabilité d'un système, qu'il faut prendre comme critère de démarcation (* 3).

En d'autres termes, je n'exigerai pas d'un système scientifique qu'il puisse être choisi, une fois pour toutes, dans une acception positive mais j'exigerai que sa forme logique soit telle qu'il puisse être distingué, au moyen de tests empiriques, dans une acception négative : *un système faisant partie de la science empirique doit pouvoir être réfuté par l'expérience* (3).

(2) Waismann, *Erkenntnis*, 1930, p. 229.
(* 1) Je n'envisage naturellement pas ici ce qu'on appelle « l'induction mathématique ». Ce que je nie, c'est qu'il y ait quelque chose comme de l'induction dans les prétendues « sciences inductives » ; je nie qu'il y ait des « procédures inductives » ou des « inférences inductives ».
(* 2) Dans *Logical Syntax* (1937, p. 321 et suiv.), Carnap a admis que c'était une erreur (il se référait à ma critique) et il l'a fait de manière plus déclarée encore dans *Testability and Meaning* où il reconnaît le fait que les lois universelles sont non seulement « commodes » mais encore « essentielles », pour la science (*Philosophy of Science* 4, 1937, p. 27). Pourtant, dans son ouvrage inductiviste, *Logical Foundations of Probability* (1950), il revient à une position fort semblable à celle que j'ai critiquée ici : en constatant que les lois universelles ont une probabilité zéro (p. 511), il est contraint de dire (p. 575), que la science peut très bien s'en passer, même s'il n'est pas nécessaire qu'on les expulse de son domaine.
(* 3) Notez que je suggère de prendre la falsifiabilité comme critère de démarcation et *non comme critère de signification*. Notez en outre que j'ai déjà (section 4) critiqué très précisément l'utilisation de la notion de signification comme critère de démarcation et que j'attaque de nouveau la doctrine de la signification, et même plus nettement encore, dans la section 9. C'est donc pure invention (bon nombre de réfutations de ma théorie ont toutefois été fondées sur ce mythe) de dire que j'ai jamais proposé la falsifiabilité comme critère de signification. La falsifiabilité sépare deux espèces d'énoncés parfaitement pourvus de signification : les falsifiables et les non falsifiables. Elle trace une ligne à l'intérieur du langage pourvu de sens, non autour de lui. Voyez également l'Appendice * 1 et le chap. * 1 de mon *Postscript* (sections * 17 et * 19 en particulier).
(3) On peut trouver des idées proches de celle-ci chez Frank, par exemple : *Die Kausalität und ihre Grenzen* (1931), ch. I, § 10 (p. 15 et suiv.) ; W. Dubislav, *Die Definition* (3e éd. 1931), p. 100 et suiv. (*Cf.* aussi la note 1 de la section 4, plus haut).

(Ainsi l'énoncé « Il pleuvra ou il ne pleuvra pas ici demain » ne sera-t-il pas considéré comme empirique pour la simple raison qu'il ne peut être réfuté, alors que l'énoncé « Il pleuvra ici demain » sera considéré comme empirique.)

On pourrait soulever diverses objections à l'encontre du critère de démarcation proposé ici. Tout d'abord, il peut sembler quelque peu subversif de suggérer que la science qui est censée nous donner une information positive doive être caractérisée par le fait qu'elle répond à une exigence négative comme la réfutabilité. Pourtant je montrerai dans les sections 31 à 46 que cette objection a peu de poids puisque le montant d'information positive sur le monde véhiculé par un énoncé scientifique est d'autant plus élevé que cet énoncé est plus susceptible d'entrer en conflit, de par son caractère logique, avec des énoncés singuliers possibles. (Il est significatif que nous appelions les lois de la nature des « lois » : plus elles interdisent, plus elles disent.)

L'on pourrait encore essayer de retourner contre moi ma propre critique du critère inductiviste de démarcation. En effet, il pourrait sembler que des objections semblables à celles que j'ai soulevées contre la vérifiabilité puissent être soulevées contre la falsifiabilité comme critère de démarcation.

Cette critique ne me gênerait pas. Ma proposition est fondée sur une *asymétrie* entre la vérifiabilité et la falsifiabilité, asymétrie qui résulte de la forme logique des énoncés universels (* 4). En effet, ceux-ci ne peuvent être déduits d'énoncés singuliers mais ils peuvent être en contradiction avec eux. Il est, en conséquence, possible de conclure de la vérité d'énoncés singuliers à la fausseté d'énoncés universels, à l'aide d'inférences purement déductives (*le modus tollens* de la logique classique).

Cette manière de prouver la fausseté d'énoncés universels constitue la seule espèce d'inférence strictement déductive qui procède, pour ainsi dire, dans la « direction inductive », c'est-à-dire qui va des énoncés singuliers aux énoncés universels.

Une troisième objection peut paraître plus sérieuse. On pourrait dire que même en admettant l'asymétrie en question, il reste impossible pour diverses raisons, qu'un système théorique quelconque soit jamais falsifié de façon concluante. En effet, il est toujours possible de trouver certains moyens d'échapper à la falsi-fication en introduisant, par exemple, une hypothèse auxiliaire *ad hoc* ou en modifiant *ad hoc* une définition. Il est même possible, sans incohérence logique, de refuser tout simplement de reconnaître

---

(* 4) Cette asymétrie fait à présent l'objet d'un examen plus complet dans la section (*) 22 de mon *Postscript*.

toute expérience falsifiante. Sans doute, les savants ne procèdent-ils habituellement pas de cette façon mais une telle procédure est logiquement possible. Ce fait, pourrait-on prétendre, rend pour le moins douteuse la valeur logique de mon critère de démarcation.

Je dois admettre le bien-fondé de cette critique mais ne dois pas pour autant renoncer à mon idée d'adopter la falsifiabilité comme critère de démarcation. En effet, je proposerai (dans les sections 20 et suiv.) de caractériser la *méthode empirique* comme une méthode qui exclut précisément ces moyens d'échapper à la falsification, logiquement admissibles par ailleurs comme le souligne très justement mon adversaire fictif. Ce qui caractérise la méthode empirique, dans la conception que je propose, c'est sa manière d'exposer à la falsification le système à éprouver, de toutes les façons concevables. Son but n'est pas de sauvegarder des systèmes insoutenables mais, au contraire, de choisir le système qui est comparativement le plus apte en les exposant tous à la plus acharnée des luttes pour la survivance.

Le critère de démarcation proposé nous conduit également à une solution du problème humien de l'induction : le problème de la validité des lois naturelles. Ce problème s'enracine dans la contradiction apparente entre ce qu'on peut appeler « la thèse fondamentale de l'empirisme », thèse selon laquelle seule l'expérience peut décider de la vérité ou de la fausseté des énoncés scientifiques, et la prise de conscience par Hume que les arguments inductifs sont inadmissibles. Or cette contradiction n'apparaît que si l'on affirme qu'il doit être possible de « décider de manière concluante de la vérité ou de la fausseté » de tous les énoncés de la science empirique, c'est-à-dire si l'on affirme qu'il doit être possible en principe de les vérifier et de les falsifier. Si nous renonçons à cette exigence et admettons aussi comme empiriques des énoncés dont il est possible de décider en un sens seulement, unilatéralement, et plus précisément, des énoncés falsifiables seulement et susceptibles d'être contrôlés par des essais systématiques visant à les falsifier, la contradiction disparaît. La méthode de la falsification ne présuppose donc aucune inférence inductive mais seulement les transformations tautologiques de la logique déductive dont la validité n'est pas en question (4).

7. — LE PROBLÈME DE LA « BASE EMPIRIQUE ».

Pour pouvoir vraiment appliquer la falsifiabilité comme critère de démarcation, il faut que nous disposions d'énoncés singuliers

(4) A ce propos, voyez également mon article mentionné à la note 1 de la section 4, * repris à présent ici comme appendice * 1, et mon *Postscript*, spécialement la section * 2.

qui puissent servir de prémisses dans les inférences falsifiantes.
Il semble donc que notre critère ne fait que modifier le problème,
nous ramenant de la question du caractère empirique des théories
à celle du caractère empirique des énoncés singuliers.

Pourtant, même ainsi, un gain a été réalisé car dans la pratique
de la recherche scientifique, il est parfois d'une nécessité pressante
de tracer la démarcation en question entre des systèmes théoriques, alors qu'il est rare que naissent des doutes à l'endroit du
caractère empirique d'énoncés singuliers. Il est vrai que des erreurs
d'observation se produisent et suscitent de faux énoncés singuliers mais le savant n'a pratiquement jamais l'occasion de qualifier
un énoncé de non empirique ou de métaphysique.

Les problèmes de la base empirique, c'est-à-dire les problèmes
qui concernent le caractère empirique des énoncés singuliers et
la manière de les soumettre à des tests, jouent donc, dans la logique
de la science, un rôle quelque peu différent de celui que jouent la
plupart des autres problèmes qui vont nous occuper. En effet, la
majorité d'entre eux sont en relation étroite avec la *pratique* de la
recherche alors que le problème de la base empirique relève exclusivement de la *théorie* de la connaissance. J'en traiterai cependant
puisqu'il a donné naissance à de nombreuses incompréhensions.
Ceci est tout particulièrement vrai pour la relation qui existe entre
les *expériences perceptives* et les *énoncés de base* (ce que j'appelle
« énoncé de base » ou « proposition de base » est un énoncé qui
peut servir de prémisse dans une falsification empirique ; en bref
c'est l'énoncé d'un fait singulier).

On a souvent considéré que les expériences perceptives fournis-
saient une sorte de justification aux énoncés de base. On a dit
que ces énoncés étaient « fondés sur » ces expériences, que leur
vérité devenait « manifeste à l'examen » de ces expériences ou que
ces expériences la rendaient « évidente » etc. Toutes ces expressions reflètent une tendance parfaitement saine qui consiste à
mettre l'accent sur l'étroite relation qu'il y a entre les énoncés de
base et nos expériences perceptives. Pourtant on a senti, également
à juste titre, que *des énoncés ne peuvent être logiquement justifiés
que par des énoncés*. Aussi la relation entre les perceptions et les
énoncés est-elle restée obscure ; pour la décrire, on la mit en correspondance avec d'obscures expressions qui n'élucidaient rien mais
esquivaient les difficultés ou, dans les meilleurs cas, les faisaient
pressentir par des métaphores.

Ici encore, je crois que nous pouvons trouver une solution, si
nous séparons nettement les aspects psychologiques des aspects
logiques et les aspects logiques des aspects méthodologiques du
problème. Nous devons distinguer, d'une part, *nos expériences*

subjectives ou nos sentiments de conviction, lesquels ne peuvent jamais justifier aucun énoncé (bien qu'ils puissent faire l'objet d'un examen psychologique) et, d'autre part, *les relations logiques objectives* existant entre les divers systèmes d'énoncés et à l'intérieur de chacun d'eux.

Les problèmes de la base empirique seront examinés en détail dans les sections 25 à 30. Pour le moment, il est préférable que j'aborde le problème de l'objectivité scientifique puisque les termes « objectif » et « subjectif » que je viens d'utiliser ont besoin d'être éclaircis.

8. — OBJECTIVITÉ SCIENTIFIQUE ET CONVICTION SUBJECTIVE.

Les mots « objectif » et « subjectif » sont des termes philosophiques qui ont été lourdement chargés par un héritage d'usages contradictoires et de discussions interminables et non concluantes. Mon usage des termes « objectif » et « subjectif » ressemble assez à celui de Kant. Ce dernier utilise le mot « objectif » pour indiquer que la connaissance scientifique devrait *pouvoir être justifiée* indépendamment du caprice de quiconque : une justification est « objective » si elle peut, en principe, être contrôlée et comprise par n'importe qui. « Si quelque chose est valide », écrit-il, « pour quiconque en possession de sa raison, les fondements sont objectifs et suffisants » (1).

Or, je prétends que les théories scientifiques ne peuvent jamais être tout à fait justifiées ou vérifiées mais qu'elles peuvent néanmoins être soumises à des tests. Je dirai donc que *l'objectivité* des énoncés scientifiques réside dans le fait qu'ils peuvent être intersubjectivement *soumis à des tests* (* 1).

Le terme « subjectif » est appliqué par Kant à nos sentiments de conviction (lesquels peuvent être de degrés divers) (2). C'est la besogne de la psychologie d'examiner leur genèse. Ils peuvent naître, par exemple, « conformément aux lois d'association » (3).

(1) *Kritik der reinen Vernunft*, Methodenlehre, 2. Haupstück, 3. Abschnitt (2ᵉ éd. p. 48 ; traduction anglaise de N. Kemp Smith, 1933 : *Critique of pure Reason*, The transcendental Doctrine of Method, chapitre II, sect. 3, p. 645).

(* 1) Depuis, j'ai généralisé la manière de formuler ceci car le *test* intersubjectif n'est qu'un aspect très important de l'idée plus générale de *critique* intersubjective ou, en d'autres termes, de l'idée de contrôle mutuel par examen critique. Cette idée plus générale, examinée longuement dans mon *Open Society and its Enemies*, chap. 23 et 24 et dans mon *Poverty of Historicism*, section 32, est également examinée dans mon *Postscript*, en particulier dans les chapitres * I, * II et * VI.

(2) *Cf. Kritik der reinen Vernunft*, Methodenlehre, *loc. cit.*

(3) *Cf. Kritik der reinen Vernunft*, Transcendentale Elementarlehre, § 19 (2ᵉ éd., p. 142 ; traduction anglaise de N. Kemp Smith, 1933 : *Critique of Pure Reason*, Transcendental of Elements, § 19, p. 159). Trad. fr. Pacaud et Tremesagges.

Des raisons objectives peuvent également servir de « *causes* subjectives des jugements » (4) dans la mesure où nous pouvons réfléchir sur ces raisons et être convaincus de leur nécessité.

Kant fut peut-être le premier à s'apercevoir que l'objectivité des énoncés scientifiques est étroitement liée à la construction de théories et à l'utilisation d'hypothèses et d'énoncés universels qui accompagne cette construction. C'est seulement lorsque certains événements se reproduisent selon des règles ou des régularités, comme c'est le cas pour les expériences reproductibles, que nos observations peuvent, en principe, être soumises à des tests intersubjectifs. Même nos propres observations, nous ne les prenons tout à fait au sérieux, ou ne les acceptons comme observations scientifiques, qu'après les avoir répétées et soumises à des tests. Seules de telles répétitions peuvent nous convaincre que nous n'avons pas affaire à une simple « coïncidence » isolée mais à des événements qui, en raison de leur régularité et de la possibilité qu'ils ont d'être reproduits, peuvent en principe être soumis à des tests intersubjectifs (5).

Tout physicien expérimentateur connaît ces « effets » surprenants et apparemment inexplicables qu'il peut même parfois reproduire dans son laboratoire pendant un certain temps mais qui disparaissent finalement sans laisser de trace. Bien sûr, aucun physicien ne dirait dans un cas de ce genre qu'il a fait une découverte scientifique (bien qu'il puisse essayer de reconstruire son expérience de manière à ce que l'effet puisse être reproduit). C'est que l'*effet physique* pourvu d'une signification scientifique peut être défini comme celui que n'importe qui peut reproduire régulièrement s'il exécute l'expérience appropriée de la façon prescrite. Aucun physicien sérieux ne voudrait présenter comme une découverte scientifique, un tel « effet occulte », comme je propose de l'appeler, pour la reproduction duquel il ne pourrait donner de consignes. La « découverte » serait bientôt abandonnée comme une découverte chimérique pour la simple raison que les tentatives en vue de la

---

(4) *Cf. Kritik der reinen Vernunft*, Methodenlehre, 2. Hauptück, 3. Abschnitt (2ᵉ éd., p. 849, traduction anglaise, chap. II, sev. 3, p. 646).

(5) Kant s'est aperçu que l'objectivité nécessaire des énoncés scientifiques entraîne qu'ils doivent à tout moment pouvoir être soumis à des tests intersubjectifs et donc avoir la forme de lois universelles ou de théories. Il formula cette découverte de façon quelque peu obscure dans son « principe de succession temporelle conforme à la loi de causalité » (principe qu'il crut pouvoir prouver *a priori* en utilisant le raisonnement indiqué ici). Je ne postule aucun principe de ce genre (*cf.* la section 12) mais je suis d'accord que, puisqu'ils doivent pouvoir être soumis à des tests intersubjectifs, les énoncés scientifiques doivent toujours avoir le caractère d'hypothèses universelles. (*) Voyez également la note* 1 de la section 22.

soumettre à des tests conduiraient à des résultats négatifs (6). (Il s'ensuit que toute controverse relative à la question de savoir s'il y a des événements qui ne se produisent qu'une fois et qui ne peuvent être répétés, ne peut être tranchée par la science ; il s'agit d'une controverse métaphysique.)

Nous pouvons à présent retourner à un point traité dans la section précédente à savoir ma thèse selon laquelle une expérience subjective ou un sentiment de conviction ne peut jamais justifier un énoncé scientifique et ne peut jouer dans la science d'autre rôle que celui d'objet d'une enquête empirique (psychologique). Aussi intense soit-il, un sentiment de conviction ne peut jamais justifier un énoncé. Ainsi, je puis être intimement convaincu, tout à fait certain, de l'évidence de mes perceptions, confondu par l'intensité de mon expérience, le moindre doute peut me sembler absurde. Mais cela fournit-il à la science la moindre raison d'accepter mon énoncé ? Un énoncé peut-il être justifié par le fait que K.R.P. est intimement convaincu de sa vérité ? La réponse est négative et toute autre réponse serait incompatible avec l'idée d'objectivité scientifique. Même le fait, si fermement établi pour moi, que j'éprouve ce sentiment de conviction, ne peut apparaître dans le champ de la science objective sinon sous la forme d'une *hypothèse psychologique* qui appelle naturellement un test intersubjectif : de la conjecture que j'ai cette conviction, le psychologue, à l'aide de théories psychologiques et autres, peut déduire certaines prévisions relatives à mon comportement, qui peuvent être confirmées ou réfutées au cours de tests expérimentaux. Mais du point de vue de l'épistémologie, il est tout à fait hors de propos de savoir si ma conviction était forte ou faible, si elle venait d'une impression forte ou même irrésistible de certitude indubitable (ou d'une « évidence en soi ») ou simplement d'une présupposition douteuse. Aucune de ces informations n'a un rapport quelconque avec la question de savoir comment les énoncés scientifiques peuvent être justifiés.

Des considérations de cet ordre ne fournissent naturellement pas de réponse au problème de la base empirique mais elles nous aident au moins à voir la principale difficulté que ce dernier pré-

---

(6) On trouve dans les livres de physique des exemples de rapports établis par des chercheurs sérieux relativement à la production d'effets ne pouvant être reproduits en raison des résultats négatifs des tests ultérieurs.

Un exemple récent bien connu est celui du résultat positif inexpliqué de l'expérience de Michelson observée par Miller (1921-26) au Mont Wilson, après que ce dernier eut lui-même (comme Morley d'ailleurs) précédemment reproduit le résultat négatif de Michelson. Mais, puisque dans la suite, les tests donnèrent de nouveau des résultats négatifs, on considère habituellement ces derniers comme décisifs et on explique le résultat divergent de Miller comme « dû à des sources d'erreur inconnues ».

Voyez également la section 22, spécialement la note * 1.

sente. En requérant l'objectivité des énoncés de base aussi bien que des autres énoncés scientifiques, nous nous privons de la possibilité d'utiliser tout moyen logique à l'aide duquel nous aurions pu espérer ramener à nos expériences la vérité d'énoncés scientifiques. En outre, nous nous interdisons d'octroyer un statut privilégié quelconque à des énoncés qui représentent des expériences, tels ceux qui décrivent nos perceptions (et que l'on appelle parfois « énoncés protocolaires »). Ils ne peuvent se produire dans la science qu'à titre d'énoncés psychologiques et ceci signifie à titre d'hypothèses susceptibles de n'être soumises qu'à des tests intersubjectifs dont les normes ne sont certes pas très élevées (eu égard à l'état présent de la psychologie).

Quelle que puisse être notre réponse éventuelle à la question de la base empirique, une chose doit être claire : si nous acceptons la nécessité d'être objectifs pour les énoncés scientifiques, ces énoncés qui font partie de la base empirique doivent également être objectifs, c'est-à-dire qu'ils doivent pouvoir être soumis à des tests intersubjectifs. Pourtant, cette possibilité implique toujours qu'à partir des énoncés à contrôler, l'on puisse déduire d'autres énoncés susceptibles d'être soumis à des tests. Ainsi donc, si les énoncés de base doivent à leur tour pouvoir être soumis à des tests intersubjectifs, *il ne peut y avoir en science d'énoncés ultimes* : en science il ne peut y avoir d'énoncés qui ne puissent être soumis à des tests et donc qui ne puissent en principe être réfutés par la falsification de certaines des conclusions que l'on peut en déduire.

Nous en arrivons donc à la conception suivante. On soumet des systèmes de théories à des tests en déduisant de ceux-ci des énoncés d'un niveau d'universalité inférieure. Ces énoncés doivent à leur tour, pouvoir être contrôlés de la même manière, puisqu'ils doivent être susceptibles d'être soumis à des tests intersubjectifs. Et ainsi *ad infinitum*.

On pourrait penser que cette conception conduit à une régression à l'infini et qu'elle est donc insoutenable. Dans la section I, lorsque j'ai fait la critique de l'induction, j'ai soulevé l'objection qu'elle pouvait mener à une régression à l'infini et il se pourrait bien à présent que le lecteur imagine que l'on pourrait soulever une objection tout à fait semblable contre cette procédure déductible de contrôle que je défends personnellement. Il n'en va cependant pas ainsi. La méthode déductive de contrôle ne peut prouver ni justifier les énoncés qui sont soumis à des tests ; elle n'est pas davantage destinée à le faire. Il n'y a donc pas de danger de régression à l'infini. Mais il faut admettre que la situation sur laquelle j'ai attiré l'attention — à savoir la possibilité d'être soumis *ad infinitum* à des tests et l'absence d'énoncés ultimes qui ne nécessiteraient pas de tests — crée un problème. Car, il est évident qu'on ne peut en fait poursuivre des tests *ad infinitum* : tôt ou tard nous devons nous arrêter. Sans vouloir examiner ici ce problème en détail, je souhaite néanmoins souligner que le fait que les tests ne peuvent se poursuivre indéfiniment n'est pas incompatible avec l'exigence que tout énoncé scientifique puisse en principe être soumis à des tests. En effet, je n'exige pas que chaque énoncé scientifique ait en fait été soumis à des tests avant d'être accepté mais seulement que tout énoncé de cette espèce *puisse* être soumis à des tests ou, en d'autres termes, je refuse d'accepter l'idée selon laquelle il y aurait des énoncés scientifiques que nous devons accepter comme vrais, avec résignation, simplement parce qu'il ne semble pas possible, pour des raisons logiques, de les soumettre à des tests.

CHAPITRE II

LE PROBLÈME D'UNE THÉORIE
DE LA MÉTHODE SCIENTIFIQUE

Conformément à la conception que j'ai proposée plus haut, l'on devrait identifier l'épistémologie, ou la logique de la découverte scientifique, à la théorie de la méthode scientifique. Dans la mesure où elle va au-delà de l'analyse purement logique des relations entre énoncés scientifiques, la théorie de la méthode concerne *le choix des méthodes*, les décisions portant sur la manière de traiter les énoncés scientifiques. Naturellement, ces décisions dépendront à leur tour de l'*objectif* que nous choisissons parmi un certain nombre d'objectifs possibles. La décision, proposée ici, de fixer des règles appropriées à ce que j'appelle « la méthode empirique » est étroitement liée à mon critère de démarcation : je propose d'adopter un type de règles qui assurera aux énoncés scientifiques la possibilité d'être soumis à des tests, c'est-à-dire la falsifiabilité.

9. — LA RAISON POUR LAQUELLE DES DÉCISIONS MÉTHODOLOGIQUES SONT INDISPENSABLES.

En quoi consistent les règles de la méthode scientifique et pourquoi en avons-nous besoin ? Peut-il y avoir une théorie de ces règles, une méthodologie ?

La réponse à ces questions dépendra largement de l'attitude que l'on adopte à l'égard de la science. Ceux qui, à l'instar des positivistes, considèrent la science empirique comme un système d'énoncés qui satisfont à certains *critères logiques*, telle la propriété de se trouver pleinement pourvu de sens (*meaningfulness*) ou la vérifiabilité, donneront un certain type de réponse. Une réponse très différente nous viendra de ceux qui ont tendance à considérer (comme je le fais) que le caractère distinctif des énoncés empiriques réside dans la possibilité qu'ils ont d'être révisés, dans le fait qu'ils peuvent être critiqués et supplantés par de meilleurs. Ceux-là estiment que leur tâche consiste à analyser la progression de la science comme son aptitude caractéristique ainsi que la manière particulière dont s'effectue, dans les cas cruciaux, le choix entre des systèmes de théories rivaux.

Je suis tout prêt à admettre la nécessité d'une analyse purement logique des théories, qui ne tienne aucun compte de la façon dont elles changent ni se développent. Mais ce type d'analyse n'éclaire pas ces aspects des sciences empiriques dont je fais, pour ma part, si grand cas. Un système comme celui de la mécanique classique peut être aussi « scientifique » que l'on veut mais ceux qui le soutiennent de manière dogmatique — croyant sans doute qu'aussi longtemps qu'il n'a pas été *infirmé de façon décisive*, c'est leur besogne de défendre contre la critique un système aussi réussi — adoptent exactement le contraire de cette attitude critique qui est, à mon avis, l'attitude propre du savant. C'est un fait qu'on ne peut jamais réfuter une théorie de manière concluante car il est toujours possible de dire qu'on ne peut se fier aux résultats expérimentaux ou que les divergences qui existent prétendument entre ces derniers et la théorie ne sont qu'apparentes et disparaîtront avec le progrès de notre compréhension. (Dans la polémique engagée avec Einstein, ces deux types d'arguments furent souvent utilisés pour défendre la mécanique de Newton et des arguments similaires abondent dans le champ des sciences sociales). Dans le domaine des sciences empiriques, si l'on exige une preuve rigoureuse (ou une réfutation au sens strict) (*1), l'on ne profitera jamais de l'expérience et l'on n'apprendra jamais d'elle à quel point l'on est dans l'erreur.

En conséquence, si nous caractérisons la science empirique par la simple structure formelle ou logique de ses énoncés, nous ne serons pas en mesure d'en exclure cette forme courante de métaphysique qui résulte de l'élévation d'une théorie scientifique surannée au rang de vérité incontestable.

Telles sont mes raisons de proposer que la science empirique soit caractérisée par ses méthodes, par notre manière de traiter les systèmes scientifiques, par ce que nous faisons avec eux et ce que nous faisons d'eux. Aussi essaierai-je d'établir les règles, ou si vous voulez les normes, qui guident le savant lorsqu'il est engagé dans une recherche ou une découverte, au sens entendu ici.

(* 1) J'ai à présent ajouté ici au texte [antérieur] les mots entre parenthèses « ou une réfutation au sens strict » (*a*) parce qu'ils sont nettement impliqués par ce qui a été dit tout juste avant (« on ne peut jamais réfuter une théorie de manière concluante ») et (*b*) parce que sans cesse, m'interprétant mal, on a cru que je soutenais un critère (et de plus un critère de *signification* et non de *démarcation*) fondé sur une doctrine de la falsifiabilité « complète » ou « définitive ».

10. — LA MANIÈRE NATURALISTE D'ABORDER LA THÉORIE DE LA MÉTHODE.

L'allusion que j'ai faite dans la section précédente à la profonde différence qui sépare ma position de celle des positivistes requiert un certain développement.

Le positiviste repousse l'idée qu'il puisse y avoir en dehors du champ de la science empirique « positive » des problèmes pourvus de sens, des problèmes susceptibles d'être traités par une théorie philosophique authentique. Il rejette l'idée qu'il puisse y avoir une authentique théorie de la connaissance, une épistémologie ou une méthodologie (* 1). Il préfère voir dans les problèmes philosophiques en question de purs « pseudo-problèmes » ou des « puzzles ». Or ce souhait — qu'il n'exprime pas comme un souhait ou une proposition mais plutôt comme un énoncé de fait (*2) peut toujours être satisfait. En effet rien n'est plus facile que de considérer un problème comme « dépourvu de signification » ou comme « pseudo ». Il suffit de s'arrêter à un sens suffisamment étroit du terme « signification » : vous serez bientôt amenés à dire de toute question qui suscite des difficultés que vous êtes incapables de lui trouver la moindre signification. De plus, si vous n'acceptez comme pourvus de signification que les problèmes de la science naturelle (1), toute discussion relative au concept de « signification » apparaîtra comme dépourvue de signification (2). Une fois consacré, le dogme de la signification est à jamais porté au-dessus des débats. Il est désormais hors d'atteinte. Il est devenu (selon les propres termes de Wittgenstein) « inattaquable et définitif » (3).

La controverse relative à l'existence de la philosophie, ou à son droit à l'existence, est presqu'aussi vieille que la philosophie elle-même. Fréquemment, un mouvement philosophique entièrement neuf surgit, qui finit par dénoncer les vieux problèmes philoso-

---

(* 1) Au cours des deux années qui précédèrent la première publication de cet ouvrage, la critique à la mode soulevée par les membres du Cercle de Vienne contre mes idées consistait à dire qu'une théorie de la méthode, qui n'est ni une science empirique, ni de la logique, est impossible, puisque ce qui se situe en dehors de ces deux champs doit être du pur non-sens. (Wittgenstein soutenait une vue semblable en 1948 encore ; cf, mon article « The nature of Philosophical Problems », *The British Journal for the Philosophy of Science* 3, 1952, note de la p. 128). Plus tard, la critique courante s'ancra dans la légende, que j'avais proposé de remplacer la vérifiabilité par la falsifiabilité comme critère de *signification*. Voyez mon *Postscript*, spécialement les sections * 19 à * 22.
(* 2) Certains positivistes ont, depuis, modifié leur position : Voyez la note 6, plus bas.
(1) Wittgenstein, *Tractatus Logico-Philosophicus*, Proposition 6.53.
(2) Wittgenstein écrit à la fin du *Tractatus* (où il explique le concept de signification) : « Mes propositions sont éclairantes de la manière suivante : celui qui me comprend finit par les reconnaître comme dépourvues de sens... »
(3) Wittgenstein, *op. cit.*, fin de la préface.

phiques comme des pseudo-problèmes, et qui oppose le mauvais non-sens de la philosophie au bon sens de la science empirique, positive et pleinement pourvue de signification. Et, fréquemment, les dédaigneux défenseurs de la « philosophie traditionnelle » tentent d'expliquer aux meneurs du dernier assaut positiviste que le problème fondamental de la philosophie est celui de l'analyse critique du recours à l'autorité de l'« expérience » (4), cette « expérience » précisément que tous les derniers champions du positivisme prennent toujours avec naïveté pour garantie. Pourtant, le positiviste ne répond à ces objections que d'un haussement d'épaules : elles ne signifient rien pour lui puisqu'elles ne font pas partie de la science empirique, qui seule est vraiment pourvue de sens. L' « expérience » est pour lui un programme, non un problème (à moins qu'elle ne fasse l'objet de l'examen de la psychologie empirique).

Je ne pense pas que les positivistes soient disposés à répondre de façon tant soit peu différente à mes propres tentatives en vue d'analyser « l'expérience », que j'interprète comme la méthode de la science empirique. C'est qu'il n'existe pour eux que deux espèces d'énoncés : les tautologies [logiques] et les énoncés empiriques. Si la méthodologie n'est pas de la logique, ils en concluront qu'elle doit être une branche de la science empirique, disons la science du comportement des savants à l'œuvre.

Cette conception, selon laquelle la méthodologie est elle-même une science empirique — l'étude du véritable comportement des savants ou de la véritable procédure de la « science » — peut être qualifiée de « naturaliste ». Une méthodologie naturaliste (parfois appelée « théorie inductive de la science » (5)) a, sans aucun doute, sa valeur. Un étudiant de la logique de la science peut y prendre de l'intérêt et en apprendre quelque chose. Pourtant, il ne faudrait pas considérer comme une science empirique ce que j'appelle « méthodologie ». Je ne crois pas qu'en utilisant les méthodes d'une science empirique, il soit possible de trancher des questions controversées comme celle de savoir si la science utilise réellement ou non un principe d'induction. Et mes doutes s'accroissent lorsque je me souviens que ce qu'il y a lieu d'appeler « science » et ce qu'il y a lieu d'appeler « savant » doit demeurer matière à convention ou à décision.

(4) H. Gomperz (*Weltanschauungslehre* I, 1905, p. 35) écrit : « Si nous considérons combien problématique est le concept d'*expérience*... nous pourrions bien être contraints de croire qu'en ce qui le concerne, une affirmation enthousiaste est bien moins appropriée... que la critique la plus prudente et la plus réservée. »
(5) Dingler, *Physik und Hypothesis*, Versuch einer induktiven Wissenschaftslehre (1921) ; et V. Kraft, *Die grundformen der Wissenschaftlichen Methoden* (1925).

Je crois qu'il conviendrait de traiter des questions de ce type d'une manière différente. Nous pouvons, par exemple, prendre en considération et comparer deux systèmes différents de règles méthodologiques, l'un avec, et l'autre sans principe d'induction. Nous pouvons alors examiner si un tel principe, une fois introduit, peut être appliqué sans donner naissance à des incohérences, s'il nous aide et si nous en avons réellement besoin. C'est ce type de recherche qui m'amène personnellement à me dispenser du principe d'induction : ce n'est pas parce qu'un tel principe n'est en fait jamais utilisé en science mais parce que je pense qu'il n'y est pas nécessaire, qu'il ne nous aide pas et qu'il donne même naissance à des incohérences.

C'est ainsi que je rejette la conception naturaliste. Le sens critique lui fait défaut. Ses défenseurs ne parviennent pas à comprendre que chaque fois qu'ils croient avoir découvert un fait, ils ont seulement proposé une convention (6). C'est ainsi que la convention est susceptible de dégénérer en dogme. Cette critique de la conception naturaliste s'applique non seulement à son critère de signification mais aussi à ses idées sur la science et en conséquence à ses idées sur la méthode empirique.

11. — LES RÈGLES MÉTHODOLOGIQUES CONSIDÉRÉES COMME DES CONVENTIONS.

Les règles méthodologiques sont ici considérées comme des *conventions*. On pourrait les décrire comme les règles du jeu de la science empirique. Elles diffèrent des règles de la logique pure un peu à la manière des règles du jeu d'échecs que bien peu estimeraient faire partie de la pure logique. Si l'on considère que les règles de la logique gouvernent des transformations de formules linguistiques, le résultat d'un examen des règles du jeu d'échecs pourrait peut-être s'intituler « Logique des Échecs » mais non purement et simplement « Logique ». (De même, le résultat d'un examen des règles du jeu de la Science, c'est-à-dire de la décou-

(6) (Addition de 1934, alors que cet ouvrage était sous presse). Je soutiens depuis des années la conception qui n'est exposée ici que brièvement et selon laquelle l'attribution des qualifications d' « énoncé authentique » et de « pseudo-énoncé dépourvu de sens » est matière à décision. (Je soutiens également depuis des années que l'exclusion de la métaphysique est matière à décision). Mais ma présente critique du positivisme (et de la conception naturaliste) ne s'applique plus, autant que je le sache, à la *Logische Syntax der Sprache* (1934) de Carnap dans laquelle de telles questions reposent sur des décisions (le principe de tolérance). Selon la préface de Carnap, Wittgenstein a exposé pendant des années des idées similaires dans des ouvrages inédits. (* Voyez cependant la note * 1 plus haut). La *Logische Syntax* de Carnap a été publiée lorsque le présent ouvrage était sous presse. Je regrette de n'avoir pu en discuter dans mon texte.

verte scientifique, peut s'intituler « Logique de la Découverte Scientifique »).

Je puis donner deux exemples simples de règles méthodologiques. Ils suffiront à montrer qu'il conviendrait mal de placer une recherche sur la méthode au même niveau qu'une recherche purement logique.

(1) Le jeu de la Science est en principe sans fin. Celui-là se retire du jeu qui décide un jour que les énoncés scientifiques ne requièrent pas de test ultérieur et peuvent être considérés comme définitivement vérifiés.

(2) Une fois qu'une hypothèse a été proposée, soumise à des tests, et qu'elle a fait ses preuves (* 1), on n'est plus autorisé à la supprimer sans « bonne raison ». Une « bonne raison » peut, par exemple, être son remplacement par une autre qui peut plus aisément être soumise à des tests ; la falsification de l'une de ses conséquences peut encore être une « bonne raison ». (Le concept de « degré supérieur de falsifiabilité » fera plus loin l'objet d'une analyse plus complète.)

Ces deux exemples montrent à quoi ressemblent des règles méthodologiques. Il est clair qu'elles sont très différentes des règles habituellement appelées « règles logiques ». Bien que la logique puisse peut-être établir des critères de décision pour savoir si un énoncé peut être soumis à des contrôles, il est certain que la question de savoir si qui que ce soit s'emploie à le contrôler ne la concerne pas.

J'ai essayé, dans la section 6, de définir la science empirique à l'aide du critère de falsifiabilité mais,comme j'étais contraint d'admettre le bien-fondé de certaines objections, j'ai promis de donner un complément méthodologique à ma définition. De même que l'on pourrait définir le jeu d'échecs par les règles qui lui sont propres, ainsi peut-on définir la science empirique au moyen de ses règles méthodologiques. Nous pouvons, pour établir ces règles, procéder de façon systématique. On commence par poser une règle suprême qui sert en quelque sorte de norme décidant des autres règles ; c'est donc une règle de type supérieur. C'est elle qui nous dit que les autres règles de la procédure scientifique doivent être établies de manière à ne mettre à l'abri de la falsification aucun énoncé scientifique.

Les règles méthodologiques sont donc intimement liées les unes aux autres et à notre critère de démarcation. Mais il ne s'agit

(* 1) En ce qui concerne la traduction de « sich bewähren » en anglais par « to prove one's mettle » [« faire ses preuves »], voyez la note en bas de page au commencement du chapitre X (La Corroboration).

ni d'un rapport strictement déductif, ni d'un rapport logique (1).
Ce rapport résulte plutôt du fait que les règles ont été élaborées
en vue d'assurer l'applicabilité de notre critère de démarcation.
Leur formulation et leur acceptation dépendent donc d'une règle
pratique d'un type supérieur. J'ai donné plus haut un exemple
de ceci (cf. règle I) : des théories que nous déciderions de ne soumettre à aucun test ultérieur ne serait plus falsifiables. C'est à
cause de ce lien systématique entre les règles que nous pouvons
parler au sens propre d'une *théorie* de la méthode. Sans doute les
déclarations de cette théorie sont-elles pour la plupart des conventions d'une espèce fort évidente, comme le montrent nos exemples.
Il ne faut pas attendre d'une méthodologie de profondes vérités
(* 2). Dans bien des cas, on peut néanmoins y trouver une aide
pour clarifier la situation logique et même pour résoudre certains
problèmes importants que l'on n'a pu traiter jusqu'ici comme, par
exemple, celui de décider de l'acceptation ou du rejet d'un énoncé
de probabilité. (*Cf.* section 68.)

On s'est souvent demandé si les divers problèmes de la théorie
de la connaissance sont vraiment les uns par rapport aux autres
dans une relation systématique et s'ils peuvent être traités de manière systématique. J'espère montrer dans ce livre que ces doutes
sont injustifiés. La question est assez importante. Ma seule raison
de proposer mon critère de démarcation est sa fécondité : bon nombre de questions peuvent être clarifiées et expliquées grâce à son
aide. « Les définitions sont des dogmes ; seules les conclusions que
nous en tirons peuvent nous offrir un nouvel aperçu des choses »
dit Menger (2). C'est certainement vrai de la définition du concept
de « science ». Seules les conséquences de ma définition de la science
empirique et les décisions méthodologiques qui en dépendent mettront le savant en mesure de voir jusqu'à quel point cette définition est conforme à l'idée intuitive qu'il se fait du but de ses
efforts (* 3).

Le philosophe lui non plus ne reconnaîtra l'utilité de ma définition que s'il peut accepter ses conséquences. Nous devons le convaincre que ces conséquences nous permettent de découvrir des
incohérences et des inexactitudes dans d'anciennes théories de la
connaissance et de les ramener aux hypothèses et conventions

---

(1) *Cf.* K. Menger, *Moral, Wille und Weltgestaltung* (1934), p. 58 et suiv.
(* 2) Je suis toujours enclin à soutenir quelque chose de ce genre même si
des théorèmes comme « degré de corroboration ≒ probabilité » ou mon « théorème
relatif au contenu de vérité » (*Cf.* le *Festschrift* en l'honneur de Feigl : *Mind,
Matter and Method*, édité par P. K. Feyerabend et G. Maxwell, 1964, pp. 343-
353) sont peut-être inattendus et pas du tout manifestes.
(2) K. Menger, *Dimensionstheorie* (1928), p. 76.
(* 3) Voyez également la section * 15, « Le but de la Science », de mon *Postscript*.

fondamentales dont elles proviennent. Mais nous devons aussi le convaincre que nos propres propositions ne risquent pas d'être en butte au même genre de difficultés. Cette méthode de découverte et de résolution des contradictions est également appliquée dans la science elle-même mais elle est d'une importance particulière dans la théorie de la connaissance. C'est pour cette méthode, pour autant que cela puisse se faire méthodiquement, que pourraient être justifiées les conventions méthodologiques et que pourrait être prouvée leur valeur (3).

Il est bien douteux, je le crains, que des philosophes considèrent ces recherches comme faisant partie de la philosophie mais cela n'a vraiment pas beaucoup d'importance. Il peut cependant valoir la peine de mentionner à ce propos que bon nombre de doctrines métaphysiques, et donc certainement philosophiques, pourraient être interprétées comme les hypostases typiques de règles méthodologiques. Nous en examinerons un exemple, dans la prochaine section, sous la forme de ce que j'ai appelé « le principe de causalité ». Le problème de l'objectivité constitue un autre exemple, déjà rencontré. En effet, l'exigence d'objectivité scientifique peut être, elle aussi, interprétée comme une règle méthodologique : à savoir comme la règle selon laquelle peuvent seuls être introduits dans le domaine de la science, les énoncés susceptibles d'être soumis à des tests intersubjectifs. (Voyez les sections 8, 20, 70, entre autres.) On pourrait même dire que la majorité des problèmes, et les plus intéressants, peuvent être ainsi réinterprétés comme des problèmes de méthode.

(3) J'ai, dans le présent ouvrage, relégué en seconde place la méthode critique ou, si vous préférez, « dialectique » de résolution des contradictions car ce qui m'importe ici, c'est d'essayer de développer la méthodologie pratique de mes conceptions. Dans un ouvrage encore inédit, j'ai essayé de prendre la voie critique et de démontrer que les problèmes de la théorie de la connaissance, tant classique que moderne, (de Hume à Russell et Whitehead en passant par Kant) peuvent être ramenés au problème de la démarcation, c'est-à-dire au problème de la découverte d'un critère du caractère empirique de la science.

DEUXIÈME PARTIE

COMPOSANTES STRUCTURALES D'UNE THÉORIE DE L'EXPÉRIENCE

CHAPITRE III

LES THÉORIES

Les sciences empiriques sont des systèmes de théories. L'on peut donc décrire la logique de la connaissance scientifique comme une théorie des théories.

Les théories scientifiques sont des énoncés universels. Comme toutes les représentations linguistiques, elles sont des systèmes de signes ou de symboles. Je ne pense donc pas qu'il soit utile d'exprimer la différence entre théories universelles et énoncés singuliers en disant que ces derniers sont « concrets » alors que les théories sont de *simples* formules ou schémas symboliques ; en effet l'on peut dire exactement la même chose des énoncés les plus « concrets » eux-mêmes (* 1).

Les théories sont des filets destinés à capturer ce que nous appelons « le monde » ; à le rendre rationnel, l'expliquer et le maîtriser. Nous nous efforçons de resserrer de plus en plus les mailles.

12. — LA CAUSALITÉ, L'EXPLICATION ET LA DÉDUCTION DE PRÉVISIONS

Donner une *explication causale* d'un événement signifie déduire un énoncé le décrivant en utilisant comme prémisses de la déduction une ou plusieurs *lois universelles* et certains énoncés singuliers. Nous pouvons, par exemple, dire que nous avons donné une expli-

(* 1) Ceci est une allusion critique à la conception que j'ai décrite ultérieurement comme un « instrumentalisme » et que représentèrent à Vienne Mach, Wittgenstein et Schlick (*cf.* les notes 4 et 7 de la section 4 et la note 5 de la section 27). C'est la conception selon laquelle une théorie n'est *rien d'autre* qu'un outil ou un instrument servant à prédire. J'en ai fait l'analyse et la critique dans mes articles « A note on Berkeley as a Precursor of Mach », *Brit. Journ. Philos. Science* 6, 1953, pp. 26 et suiv. ; « Three views concerning Human Knowledge », in *Contemporary British Philosophy* III, 1956, éd. par H. D. Lewis, pp. 355 et suiv. ; et, de manière plus complète, dans mon *Postscript*, sections * 11 à * 15 et * 19 à * 26. Mon point de vue est, en bref, que notre langage ordinaire est plein de théories, que l'observation est toujours une *observation faite à la lumière de théories*, que seul le préjugé inductiviste conduit à penser qu'il pourrait y avoir un langage phénoménal, exempt de théories et susceptible d'être distingué d'un « langage théorique », et qu'enfin, le théoricien s'intéresse à l'explication comme telle, c'est-à-dire à des théories explicatives et falsifiables ; les applications et les prédictions ne l'intéressent que pour des raisons théoriques : parce qu'elles peuvent être utilisées comme *tests* de théories. (Voir également le nouvel appendice * X.)

cation causale de la rupture d'un morceau de fil si nous avons trouvé qu'il peut supporter une charge d'une livre et qu'il a été soumis à une charge de deux livres. Si nous analysons cette explication causale, nous y trouvons plusieurs éléments. Nous avons, d'une part, l'hypothèse « chaque fois qu'un fil est soumis à un poids excédant celui qui caractérise sa résistance, il casse » ; il s'agit là d'un énoncé qui a le caractère d'une loi universelle de la nature. Nous avons, d'autre part, des énoncés singuliers (deux en l'occurrence) qui s'appliquent au seul événement particulier en question : « le poids caractéristique de la résistance de ce fil est une livre » et « le poids auquel ce fil a été soumis était de deux livres » (* 1).

Nous avons donc deux espèces différentes d'énoncés, toutes deux nécessaires à une explication causale complète : 1º des *énoncés universels*, c'est-à-dire des hypothèses ayant le caractère de lois naturelles et 2º des *énoncés singuliers* se rapportant à l'événement particulier en question et que j'appellerai (dorénavant) « conditions initiales ». C'est de la conjonction des énoncés universels et des conditions initiales que nous déduisons l'énoncé singulier « ce fil cassera ». Nous appelons cet énoncé une *prévision* (* 2) spécifique ou singulière.

Les conditions initiales décrivent ce qu'on appelle habituellement la « *cause* » de l'événement en question. (Le fait qu'un poids de 2 livres a été suspendu à un fil d'une résistance d'une livre fut la « cause » de la rupture du fil.) La prédiction décrit, quant à elle, ce qu'on appelle habituellement l' « effet ». J'éviterai ces deux termes. La physique restreint en général l'utilisation de l'expression « explication causale » en cas particulier où les lois universelles ont la forme de lois « d'action par contact » ou, plus précisément, de l'action à distance tendant vers zéro qu'expriment les équations différentielles. Je ne présupposerai pas ici cette restriction. De plus, je ne ferai aucune espèce d'affirmation générale concernant l'applicabilité. universelle de cette méthode déductive d'explication théorique. Je ne ferai donc appel à aucun « *principe de causalité* » (ou « principe du rapport universel de cause à effet »).

(* 1) On pourrait donner une analyse plus précise de cet exemple, qui distinguerait deux lois et deux conditions initiales : « pour tout fil d'une structure donnée S (déterminée par son matériau, sa grosseur, etc...) il y a un poids caractéristique p tel que le fil casse si un poids quelconque excédant p y est suspendu », « pour tout fil de la structure S1, le poids caractéristique $p1$ est égal à 1 livre ». Ce sont là les deux lois universelles. Les deux conditions initiales sont respectivement : « ceci est un fil de la structure S1 » et « le poids suspendu à ce fil est égal à 2 livres ».

(* 2) Le terme *prediction*, (prévision) tel qu'il est utilisé ici, comprend des énoncés concernant le passé (« rétrodictions ») ou même des énoncés « donnés » que nous désirons expliquer (« *explicanda* ») ; *cf.* mon ouvrage *Poverty of Historicism* (1945), p. 133 de l'édition de 1957 et mon *Postscript*, section * 15.

Le « principe de causalité » consiste dans l'affirmation que n'importe quel événement *peut* être expliqué par un lien causal, *peut* être prévu de manière déductive. Selon la manière dont on interprète le mot « peut » dans cette affirmation, le principe sera une tautologie (analytique) ou une affirmation relative à la réalité (synthétique). En effet, si « peut » signifie qu'il est toujours logiquement possible de construire une explication causale, l'affirmation est tautologique puisque pour toute prévision nous pouvons toujours trouver des énoncés universels et des conditions initiales dont la prévision peut être déduite. (La question de savoir si ces énoncés ont été soumis à des tests et corroborés dans d'autres cas, est naturellement tout à fait différente.) Pourtant, si « peut » doit signifier que le monde est gouverné par des lois strictes, qu'il est construit de telle façon que chaque événement particulier est un cas d'une régularité universelle, ou loi, l'affirmation est sans aucun doute synthétique. Mais dans ce cas, elle n'est *pas falsifiable*, comme nous le verrons plus loin à la section 78. Je n'adopterai donc ni ne rejetterai le « principe de causalité » ; je me contenterai seulement de l'exclure de la sphère de la science en tant que principe « métaphysique ». Je proposerai, cependant, une règle méthodologique correspondant si étroitement au « principe de causalité » que l'on pourrait considérer ce dernier comme sa version métaphysique. C'est tout simplement la règle selon laquelle nous ne devons pas nous arrêter de chercher des lois universelles et un système théorique cohérent ni jamais renoncer à nos essais en vue d'expliquer par un lien causal toute espèce d'événement que nous pouvons décrire (1). Cette règle guide dans son travail le praticien de la

(1) L'idée de considérer le principe de causalité comme l'expression d'une règle ou d'une décision est due à H. Gomperz ; *cf. Das Problem der Willensfreiheit* (1907). *Cf.* Schlick, *Die Kausalität in der gegenwartigen Physik, Naturwissenschaften* 19, 1931, p. 154.

* Je sens que je devrais dire ici de manière plus explicite que la décision de rechercher une explications causale équivaut pour le théoricien à choisir son objectif, ou l'objectif de la science théorique. Il s'agit de trouver des théories explicatives (si possible des théories explicatives *vraies*), c'est-à-dire des théories décrivant certaines propriétés structurales du monde et nous permettant de déduire, à l'aide des conditions initiales, les effets qui doivent être expliqués. C'était le propos de la présente section d'expliquer, ne fût-ce que très brièvement, ce que nous entendons par explication causale. On trouvera un exposé un peu plus complet sur la question dans l'appendice * 10, et dans la section * 15 de mon *Postscript*. Ma manière de rendre compte de l'explication a été adoptée par certains positivistes ou « instrumentalistes » qui y ont vu la tentative suivante : les théories explicatives ne seraient *rien d'autre que* des prémisses servant à la déduction de prédictions. Je souhaite donc qu'il soit tout à fait clair que je considère que l'intérêt du théoricien pour l'explication, c'est-à-dire pour la découverte de théories explicatives, est irréductible à l'intérêt qu'il porte à la déduction de prédictions permettant des applications pratiques. L'intérêt du théoricien pour les *prévisions* peut, d'autre part, s'expliquer par l'intérêt qu'il porte à la question de savoir si ses théories sont vraies ou, en d'autres termes, par l'intérêt qu'il a à soumettre ses théories à des tests pour essayer de voir si l'on ne peut pas prouver leur fausseté. Voyez aussi l'appendice * X, note 4 et texte.

recherche scientifique. Je rejette ici la conception selon laquelle les derniers développements de la physique exigent qu'on y renonce ; selon cette conception la physique aurait aujourd'hui établi que du moins dans un domaine il est hors de propos de chercher plus longtemps des lois (2). Nous examinerons cette question dans la section 78 (* 3).

13. — UNIVERSALITÉ AU SENS STRICT ET UNIVERSALITÉ NUMÉRIQUE.

Nous pouvons distinguer deux sortes d'énoncés synthétiques universels : les énoncés « universels au sens strict » et les énoncés « numériquement universels ». Ce sont les *énoncés universels au sens strict* dont il s'agit chaque fois que je parle d'énoncés universels : théories ou lois naturelles. Les énoncés numériquement universels qui constituent l'autre espèce équivalent en fait à certains énoncés singuliers ou à des conjonctions d'énoncés singuliers et ils seront classés ici parmi les énoncés singuliers.

Comparez, par exemple, les deux énoncés suivants : (*a*) Il est vrai de tous les oscillateurs harmoniques que leur énergie ne tombe jamais en dessous d'un certain point (*viz.*$h\nu/2$). (*b*) Il est vrai de tous les êtres humains vivant aujourd'hui sur la terre que leur hauteur n'excède jamais un certain point (disons 8 pieds). La logique formelle (y compris la logique symbolique), qui ne concerne que la seule théorie de la déduction, traite sans distinction ces deux énoncés comme des énoncés universels (des implications « formelles » ou « générales ») (1). Je pense, cependant, qu'il est nécessaire de souligner la différence. L'énoncé (*a*) se présente comme vrai à n'importe quel endroit et à n'importe quel moment.

(2) La conception à laquelle je m'oppose ici est soutenue, entre autres, par Schlick, voyez *op. cit.*, p. 155 : «... cette impossibilité » (il fait référence à l'impossibilité dénoncée par Heisenberg de faire des prédictions exactes) «... signifie qu'il n'est pas possible de *rechercher* cette formule » (*cf.* aussi la note 1 de la section 78).

(* 3) Voyez à présent aussi les chapitres * IV à * VI de mon *Postscript.*

(1) La logique classique (de même que la logique symbolique ou « logistique ») distingue des énoncés universels, des énoncés particuliers et des énoncés singuliers. Un énoncé universel se réfère à tous les éléments d'une classe ; un énoncé particulier se réfère à certains éléments de cette classe et un énoncé singulier à un élément donné, à un individu. Cette classification n'est pas fondée sur des raisons ayant un rapport à la théorie de la connaissance. Ceux qui la développèrent avaient en vue la technique de l'inférence. Nous ne pouvons donc identifier nos « énoncés universels » ni avec les énoncés universels de la logique classique ni avec les implications « générales » ou « formelles » de la logistique. (*Cf.* la note 6 de la section 14.)

(*) Voyez à présent aussi l'appendice *X et mon *Postscript*, surtout la section *15.

L'énoncé (*b*) ne se réfère qu'à une classe finie d'éléments spécifiques dans une région spatio-temporelle, individuelle (ou particulière) et limitée. Les énoncés de cette dernière espèce peuvent, en principe, être remplacés par une conjonction d'énoncés singuliers car si un temps suffisant est donné, l'on peut *énumérer* tous les éléments de la classe (finie) en question. C'est la raison pour laquelle nous parlons en de tels cas d' « universalité numérique ».

L'énoncé (*a*) concernant les oscillateurs ne peut, lui, être remplacé par la conjonction d'un nombre fini d'énoncés singuliers concernant une région spatio-temporelle déterminée. Ou, plus exactement, pour pouvoir effectuer ce remplacement, il faudrait postuler que le monde est limité dans le temps et qu'il existe un nombre fini d'oscillateurs. Mais nous ne postulons rien de tel et surtout pas dans la définition des concepts de la physique. Nous considérons plutôt un énoncé du type (*a*) comme un *énoncé-à-propos-de-tous*, c'est-à-dire une affirmation universelle relative à un monde illimité d'individus. Si on l'interprète ainsi, il est manifeste qu'on ne peut le remplacer par la conjonction d'un nombre fini d'énoncés singuliers.

Mon usage du concept d'énoncé universel au sens strict (ou « énoncé-à-propos-de-tous ») s'oppose à la conception selon laquelle tout énoncé synthétique universel doit en principe pouvoir se traduire en une conjonction comportant un nombre fini d'énoncés singuliers. Ceux qui adoptent cette conception (2) insistent sur le fait que les énoncés que j'appelle « universels au sens strict » ne peuvent jamais être vérifiés. Ils les écartent donc, s'en rapportant à leur critère de signification — lequel exige la vérifiabilité — ou à quelque considération similaire.

Il est clair que si l'on conçoit ainsi les lois naturelles, passant outre à la distinction entre énoncés singuliers et énoncés universels, le problème de l'induction doit paraître résolu. En effet, il est évident qu'il est parfaitement admissible d'inférer à partir d'énoncés singuliers des énoncés qui ne sont que numériquement universels. Mais il est également clair que le problème méthodologique de l'induction n'est pas concerné par cette solution. Car pour vérifier une loi naturelle, il faudrait relever de manière empirique chaque événement singulier auquel pourrait s'appliquer la loi et constater que chacun s'y conforme effectivement, ce qui constitue une tâche manifestement impossible.

En tout cas, la question de savoir si les lois de la science sont universelles au sens strict ou au sens numérique ne peut être

---

(2) *Cf.* par exemple, F. Kaufmann, *Bemerkungen zum Grundlagenstreit in Logik und Mathematik*, *Erkenntnis* 2, 1931, p. 274.

tranchée par un argument [concluant]. Elle est de ces questions
que seuls peuvent clore un accord ou une convention. Or, en ce
qui concerne la situation méthodologique à laquelle je viens de
faire référence, j'estime utile et fécond de considérer les lois naturelles comme des énoncés synthétiques et universels au sens strict
(« énoncés-à-propos-de-tous »). Ceci revient à les considérer comme
des énoncés non vérifiables pouvant se présenter sous la forme
suivante : « de tous les points de l'espace et du temps (ou dans
toutes les régions de l'espace et du temps), il est vrai que... » Par
contre, j'appelle « spécifiques » ou « singuliers », les énoncés qui ne
se rapportent qu'à certaines régions de l'espace et du temps.

La distinction entre énoncés universels au sens strict et énoncés
universels au seul sens numérique (c'est-à-dire en fait une espèce
d'énoncés singuliers) ne sera appliquée qu'aux énoncés synthétiques. Je puis, cependant, mentionner la possibilité d'appliquer
également cette distinction à des énoncés analytiques (par exemple
à certains énoncés mathématiques) (3).

14. — Concepts universels et concepts individuels.

La distinction entre énoncés universels et énoncés singuliers
est étroitement liée à celle que nous pouvons faire entre concepts,
ou noms, universels et individuels. Il est courant d'éclairer cette
distinction à l'aide d'exemples de ce genre : « dictateur », « planète »,
« H_2O », sont des concepts, ou noms, universels ; « Napoléon », « la
Terre », « l'Atlantique » sont des concepts ou noms individuels. Dans
ces exemples, les concepts ou noms individuels se trouvent caractérisés soit par le fait qu'ils sont des noms propres, soit par le fait
qu'ils doivent être définis à l'aide de noms propres, alors que les
concepts ou noms universels peuvent être définis sans qu'il soit
fait usage de noms propres.

Je considère que la distinction entre les concepts ou noms universels et les concepts ou noms individuels est d'une importance
fondamentale. Toute application scientifique est fondée sur une
inférence : à partir d'hypothèses scientifiques (lesquelles sont universelles), l'on infère des cas singuliers, c'est-à-dire que l'on déduit
des prédictions singulières. Mais, dans tout énoncé singulier
doivent figurer des concepts ou noms individuels.

Les noms individuels qui apparaissent dans les énoncés singuliers
de la science se présentent souvent sous la forme de coordonnées

_____

(3) Exemples : (*a*) Tout nombre naturel a un successeur.
         (*b*) A l'exception des nombres 11, 13, 17 et 19, tous les nombres
         entre 10 et 20 sont divisibles.

spatio temporelles. On le comprend aisément, si l'on considère que l'*application* d'un système spatio-temporel de coordonnées implique toujours une référence à des noms individuels. Nous devons en effet fixer les points d'origine de ce système et nous ne pouvons le faire qu'en utilisant des noms propres (ou leurs équivalents). L'utilisation des noms « Greenwich » et « l'année de la naissance du Christ » illustre ce que je veux dire. Par cette méthode, on peut réduire à un nombre très petit un nombre arbitrairement grand de noms individuels (1).

Des expressions imprécises et générales du genre de « cette chose-ci », « cette chose-là », etc... peuvent parfois être utilisées comme des noms individuels, à condition peut-être d'y joindre certains signes ostensifs. Bref, nous pouvons utiliser des signes qui ne sont pas des noms propres, mais qui sont dans une certaine mesure interchangeables avec des noms propres ou des coordonnées individuelles. Mais des concepts universels peuvent également être désignés, ne fût-ce que vaguement, à l'aide de signes ostensifs. Ainsi, nous pouvons désigner certaines choses individuelles (ou événements) et exprimer alors par une phrase comme « et autres choses semblables » (ou « *et cetera* ») notre intention de ne considérer ces individus qu'en tant que représentants d'une classe à laquelle il faudrait, pour être exact, donner un nom universel. Il ne fait pas de doute que *nous apprenons l'usage* des mots universels, c'est-à-dire leur *application* à des individus par des signes ostensifs et des moyens similaires. La base logique d'applications de ce genre réside dans le fait que les concepts individuels peuvent être des concepts non seulement d'éléments, mais aussi de classes, et qu'ils peuvent donc entretenir avec des concepts universels non seulement des relations d'éléments à classes, mais aussi de sous-classes à classes. Ainsi mon chien Lux n'est pas seulement un élément de la classe des chiens viennois, c'est-à-dire un concept individuel ; il est aussi un élément de la classe (universelle) des mammifères, c'est-à-dire un concept universel. Et les chiens viennois à leur tour, ne sont pas seulement une sous-classe des chiens autrichiens ; ils sont aussi une sous-classe de la classe (universelle) des mammifères.

L'utilisation du mot « mammifère » comme exemple de nom universel pourrait susciter un malentendu. L'usage ordinaire de mots comme « mammifère », « chien », etc... n'est en effet pas

(1) Mais les unités de mesure du système de coordonnées qui furent établies par référence à des noms individuels (la rotation de la terre ; le mètre-étalon de Paris) peuvent en principe être définies au moyen de noms universels, par exemple au moyen de la longueur d'une onde ou de la fréquence de la lumière monochromatique émise par une certaine espèce d'atomes traités d'une certaine façon.

dépourvu d'ambiguïté. Il dépend de nos intentions que ces mots soient considérés comme des noms de classes individuelles ou comme des noms de classes universelles : nous pouvons souhaiter parler d'une race d'animaux vivant sur notre planète (un concept individuel) ou d'une espèce de corps physiques pourvus de propriétés qui peuvent être décrites en termes universels. Des ambiguïtés de ce genre surgissent avec l'usage de concepts tels que « pasteurisé », « système linéen » et « latinisme » : il est possible d'éliminer les noms propres auxquels ils se rapportent (ou de les définir à l'aide de ces noms propres) (* 1).

Ces exemples et explications devraient montrer ce qu'il faudra entendre ici par « concepts universels » et « concepts individuels ». Si l'on me demandait des définitions, je dirais probablement comme je l'ai dit plus haut : « un concept individuel est un concept dans la définition duquel des noms propres (ou des équivalents) sont indispensables. Si l'on peut éliminer complètement toute référence à des noms propres, le concept est universel. » Pourtant une telle définition n'a que très peu de valeur car elle ne fait que réduire la notion de nom ou concept individuel à celle de nom propre (dans le sens de nom d'une chose physique individuelle).

Je crois que mon usage correspond très étroitement à l'usage habituel des termes « universel » et « individuel ». Mais, quoi qu'il en soit, je suis persuadé qu'il est indispensable de faire cette distinction sous peine de masquer la distinction entre énoncés universels et énoncés singuliers qui y correspond. (L'analogie entre le problème des termes universels et le problème de l'induction est complète.) Tenter d'identifier une chose individuelle par les *seules* propriétés et relations universelles qui paraissent n'appartenir qu'à elle est voué à l'échec. Un tel procédé ne décrirait pas une seule chose individuelle, mais la classe universelle de tous ces individus auxquels ces propriétés et relations appartiennent. Même l'usage d'un système universel de coordonnées spatio-temporelles n'y changerait rien (2). La question de savoir s'il y a des choses individuelles correspondant à une description faite au moyen de noms universels et, dans ce cas, combien il y en a, est destinée à demeurer une question toujours ouverte.

(* 1) « Pasteurisé » peut être défini soit comme « traité selon la méthode donnée par M. Louis Pasteur » (ou quelque chose de ce genre) ou comme « chauffé à 80 degrés centigrades et maintenu à cette température pendant dix minutes ». La première définition fait de « pasteurisé » un concept individuel ; la seconde en fait un concept universel (voir également la note 4, plus bas).
(2) Ce ne sont pas « l'espace et le temps » en général, mais des déterminations individuelles (spatiales, temporelles, ou autres) basées sur des noms propres, qui peuvent être des « principes d'individuation ».

Toute tentative en vue de définir des noms universels à l'aide de noms individuels, est également vouée à l'échec. On a souvent négligé ce fait et beaucoup croient qu'il est possible de s'élever, par le processus appelé « abstraction », de concepts individuels à des concepts universels. Cette conception est étroitement liée à la logique inductive et au passage d'énoncés singuliers à des énoncés universels qu'elle avalise. D'un point de vue logique, ces méthodes sont également impraticables (3). Il est vrai que l'on peut obtenir des classes d'individus de cette façon, mais celles-ci resteront des concepts individuels, des concepts définis à l'aide de noms propres. (Comme par exemple, « les généraux de Napoléon » et « les habitants de Paris »). Nous voyons ainsi que la distinction que je fais entre les noms ou concepts universels et les noms ou concepts individuels n'a aucun rapport avec la distinction entre classes et éléments de classes. Les noms universels et les noms individuels peuvent les uns et les autres figurer dans un énoncé comme nom de classes ou comme nom d'éléments de classes.

Il n'est donc pas possible de supprimer la distinction entre concepts individuels et concepts universels en utilisant des arguments comme ceux de Carnap : « La distinction n'est pas justifiée », dit-il, « tout concept peut être considéré comme individuel ou comme universel selon le point de vue adopté ». Carnap essaie de soutenir ceci en affirmant « ... que (presque) *tous les prétendus concepts individuels sont des* (noms de) *classes*, tout comme les concepts universels » (4). Cette dernière affirmation est tout à fait exacte, comme je l'ai montré, mais n'a rien à voir avec la distinction en question.

D'autres chercheurs dans le domaine de la logique symbolique (qu'on appela à un moment « logistique ») ont également confondu

(3) De même, la « méthode de l'abstraction » utilisée en logique symbolique est incapable de réaliser le passage de noms individuels à des noms universels. Si la classe définie au moyen de l'abstraction est définie de manière extensive à l'aide de noms individuels, elle est elle-même un concept individuel.
(4) Carnap, *Der logische Aufbau der Welt*, p. 213 (addition faite en 1934, alors que l'ouvrage était sous presse). Dans la *Logical Syntax of Language* (1934 ; éd. anglaise 1937), la distinction entre noms individuels et noms universels ne semble pas avoir été prise en considération ; cette distinction ne semble pas davantage pouvoir être exprimée dans le « langage de coordonnées » construit par Carnap. On pourrait peut-être penser que les « coordonnées » étant des signes de type inférieur (*cf.* pp. 12 et suiv.), il faut les interpréter comme des noms *individuels* (et que Carnap utilise un système de coordonnées défini à l'aide de termes individuels). Mais cette interprétation ne tient pas puisque Carnap écrit (p. 87. Voyez aussi la p. 12 de l'édition anglaise, et p. 97, paragraphe 4) que dans le langage qu'il utilise «... toutes les expressions de type inférieur sont des expressions numériques » en ce sens qu'elles dénotent ce qui rentrerait dans la classe du signe primitif non-défini « nombre » de Peano (*cf.* pp. 31 et 33). Il est donc clair qu'il ne faut pas interpréter les signes numériques apparaissant comme coordonnées comme des noms propres ou des coordonnées individuelles, mais comme des noms universels. Ils ne sont « individuels » qu'au sens pikwickien du terme (*cf.* note 3 (b) de la section 13).

la distinction entre noms universels et noms individuels et la distinction entre classes et éléments de classes (5). Certes, il est permis d'utiliser le terme « nom universel » comme synonyme de « nom d'une classe », et « nom individuel » comme synonyme de « nom d'un élément de classe », mais cet usage est peu recommandable. On ne peut résoudre les problèmes de cette façon ; de plus, cet usage peut très bien les masquer. Cette situation est tout à fait semblable à celle devant laquelle nous nous sommes trouvés lorsque nous avons examiné la distinction entre énoncés universels et énoncés singuliers. Les instruments que fournit la logique symbolique ne sont pas plus adaptés au problème des termes universels qu'ils ne le sont à celui de l'induction (6).

15. — ÉNONCÉS UNIVERSELS AU SENS STRICT ET ÉNONCÉS EXISTENTIELS.

Il n'est naturellement pas suffisant de caractériser les énoncés universels comme des énoncés où n'apparaissent pas de noms individuels. Si le mot « corbeau » est utilisé comme un nom universel, il est clair que l'énoncé « tous les corbeaux sont noirs » est un énoncé universel au sens strict. Mais dans beaucoup d'autres énoncés comme « beaucoup de corbeaux sont noirs » ou, peut-être, « certains corbeaux sont noirs » ou « il y a des corbeaux noirs », etc., il ne se rencontre également que des noms universels ; pourtant, nous ne qualifierons pas d'universels des énoncés de ce type. Les énoncés dans lesquels n'apparaissent que des noms

(5) La distinction établie par Russell et Whitehead entre les individuels (ou particuliers) et les universels n'a rien à voir avec la distinction introduite ici entre noms universels et noms individuels. Selon la terminologie de Russell dans la phrase « Napoléon est un général français », Napoléon est, comme il l'est pour moi, un individuel mais « général français » est un universel ; par contre, dans la phrase « Le nitrogène est un non-métal », « non-métal » est, comme dans ma théorie, un « universel », mais nitrogène est un individuel. De plus, ce que Russell appelle « descriptions » ne correspond pas à mes « noms individuels » puisque, par exemple, la classe des « points géométriques situés dans mon corps » est pour moi un concept individuel mais ne peut être représenté au moyen d'une « description ». *Cf.* Whitehead et Russell, *Principia Mathematica*, (seconde édition 1925, vol. I), Introduction à la seconde édition, II /1, pp. XIX et suiv.

(6) On ne peut davantage exprimer la différence entre énoncés universels et énoncés singuliers dans le système de Whitehead et Russell. Il n'est pas correct de dire que les implications « formelles » ou « générales », comme on les appelle, doivent être des énoncés universels. En effet, tout énoncé singulier peut recevoir la forme d'une implication générale. Ainsi, l'énoncé « Napoléon est né en Corse » peut être exprimé so us la forme (x) $(x = N \rightarrow \varphi x)$: pour toutes les valeurs de x, il est vrai que, si x est identique à Napoléon, x est né en Corse. Une *implication générale* s'écrit : « (x) $(\varphi x \rightarrow fx)$ »; l'opérateur universel « (x) » peut se lire « il est vrai pour toutes les valeurs de x » que « φx » et « fx » sont des « fonctions propositionnelles (e.g. « x est né en Corse » sans que soit dit qui est x ; une fonction propositionnelle ne peut être ni vraie ni fausse) ; « $\rightarrow$ » signifie « s'il est vrai que... alors il est vrai que... ») ; l'on peut appeler la fonction propositionnelle φ x précédant « $\rightarrow$ » la *fonction propositionnelle antécédante* ou *conditionnelle* et fx la *fonction propositionnelle conséquente* ou la *« prédication »* ; quant à *l'implication générale* (x) $(\varphi x \rightarrow fx)$, elle affirme que toutes les valeurs qui satisfont φ satisfont aussi f.

universels (et pas un seul nom individuel) seront appelés ici « stricts » ou «purs». Les plus importants parmi eux sont les *énoncés universels au sens strict* dont j'ai déjà parlé. Outre ceux-ci, les énoncés de la forme « il y a des corbeaux noirs » m'intéressent tout particulièrement ; on peut considérer qu'ils signifient la même chose que « il existe au moins un corbeau noir ». Nous appellerons les énoncés de ce type *énoncés existentiels au sens strict* ou *purs énoncés existentiels* (ou « *énoncés il-y-a* »).

La négation d'un énoncé universel au sens strict est toujours équivalente à un énoncé existentiel au sens strict et *inversement*. Ainsi, l'énoncé « tous les corbeaux ne sont pas noirs » dit la même chose que « il existe un corbeau qui n'est pas noir » ou « il y a des corbeaux non noirs ».

Les théories de la science naturelle et spécialement ce que nous appelons les lois naturelles, ont la forme logique d'énoncés universels au sens strict ; on peut donc les exprimer sous la forme de négations d'énoncés existentiels au sens strict ou sous la forme d'*énoncés de non existence* (ou énoncés « il-n'y-a-pas »). Par exemple, on peut exprimer la loi de la conservation de l'énergie sous la forme : « il n'y a pas de machine à mouvement perpétuel » et l'hypothèse de la charge électrique élémentaire sous la forme : « il n'y a pas de charge électrique qui ne soit un multiple de la charge électrique élémentaire. »

Si on les formule ainsi, l'on voit que les lois naturelles pourraient être comparées à des « proscriptions » ou à des « prohibitions ». Elles n'affirment pas que quelque chose existe ou se produit, elles le dénient. Elles mettent l'accent sur la non-existence de certaines choses ou de certains états de choses, proscrivant ou défendant, en quelque sorte, ces choses ou états de choses : elles les excluent. Et c'est précisément pour cela qu'elles sont *falsifiables*. Si nous reconnaissons pour vrai un énoncé singulier qui enfreint en quelque sorte la prohibition en affirmant l'existence d'une chose (ou l'occurrence d'un événement) exclue par la loi, la loi est réfutée. (Un exemple serait : « à tel et tel endroit, il y a un dispositif qui est une machine à mouvement perpétuel »). Par contre, les énoncés existentiels au sens strict ne peuvent être falsifiés. Aucun énoncé singulier (c'est-à-dire aucun « énoncé de base », aucun énoncé d'événement observé) ne peut être en contradiction avec l'énoncé existentiel « il y a des corbeaux blancs ». Seul un énoncé universel pourrait l'être. Conformément au critère de démarcation adopté ici, je devrai donc traiter les énoncés existentiels au sens strict comme non empiriques ou « métaphysiques ». A première vue, cette façon de les caractériser peut paraître contestable et mal en accord avec la pratique de la science empirique. En manière d'objection, l'on pourrait affirmer (à bon droit) que même en physique il existe des théories qui ont la forme d'énoncés existentiels au sens strict. Un énoncé déductible du système des éléments chimiques affirmant l'existence d'éléments ayant certains nombres atomiques pourrait en constituer un exemple. Mais si l'hypothèse selon laquelle il existe un élément ayant un certain nombre atomique doit être formulée de manière à pouvoir être soumise à des tests, il faudra bien plus qu'un énoncé existentiel au sens strict. Ainsi, l'élément ayant le nombre atomique 72 (l'Hafnium) n'a pas été découvert sur la, simple base d'un énoncé existentiel au sens strict. Au contraire, toutes les tentatives visant à le trouver furent vaines jusqu'à ce que Bohr réussisse à prédire plusieurs de ses propriétés en les déduisant de sa théorie. Or la théorie de Bohr et celles de ses conclusions qui concernaient cet élément et qui aidèrent à le découvrir sont loin d'être de purs énoncés existentiels isolés (* 1). Ce sont des énoncés universels au sens strict. Son application à des énoncés de probabilité et au problème consistant à les soumettre à des tests empiriques montrera que ma décision de considérer les énoncés existentiels au sens strict comme non empiriques — parce que non falsifiables — est utile et conforme à l'usage ordinaire. (*Cf.* les sections 66-68.)

Des énoncés purs ou stricts, qu'ils soient universels ou existentiels, ne sont pas limités quant à l'espace et au temps. Ils ne se réfèrent pas à une région spatio-temporelle particulière limitée. C'est la raison pour laquelle les énoncés existentiels au sens strict ne peuvent être falsifiés. Nous ne pouvons pas examiner avec minutie le monde entier afin d'établir que quelque chose n'existe pas, n'a jamais existé et n'existera jamais. Et c'est exactement pour la même raison que les énoncés universels ne sont pas vérifiables. Nous ne pouvons pas non plus examiner le monde entier pour nous assurer que rien n'existe qui soit exclu par la loi. L'on peut néanmoins, en principe, décider de la valeur de vérité de ces deux espèces d'énoncés : les énoncés universels au sens strict et les énoncés existentiels au sens strict. Mais l'on ne peut trancher à propos de chacun *que d'une seule manière* : ils *peuvent être tranchés unilatéralement*. Chaque fois que quelque chose

---

(* 1) J'ai introduit le mot « isolé » pour éviter que le passage soit mal interprété. J'ai pourtant le sentiment que son orientation est suffisamment claire : un énoncé *isolé* n'est jamais falsifiable. Mais si on le prend dans un contexte d'autres énoncés, un énoncé existentiel *peut dans certains cas* ajouter au contenu empirique du contexte tout entier : il peut enrichir la théorie à laquelle il appartient et augmenter son degré de falsifiabilité. Dans ce cas, il faut qualifier l'énoncé en question de scientifique plutôt que de métaphysique.

existe ici ou là, un énoncé existentiel au sens strict peut être vérifié ou un énoncé universel falsifié.

L'asymétrie décrite ici, avec sa conséquence — la falsifiabilité unilatérale des énoncés de la science empirique — semblera peut-être à présent moins contestable qu'auparavant (section 6). Nous voyons en effet que ce n'est pas l'asymétrie de quelque relation purement logique qui se trouve impliquée ici. Au contraire, les relations logiques présentent de la symétrie. Les énoncés universels et les énoncés existentiels sont construits de façon symétrique. Seule (* 2) la ligne que trace notre critère de démarcation produit une asymétrie.

16. — LES SYSTÈMES THÉORIQUES.

Les théories scientifiques changent continuellement. Ce fait n'est pas dû au hasard : nous pouvions nous y attendre, compte tenu de la manière dont nous avons caractérisé la science empirique.

C'est peut-être pour cette raison qu'en règle générale seules des *branches* de la science, et pour un temps seulement, acquièrent la forme d'un système de théories élaboré et logiquement bien construit. En dépit de ce fait, on peut habituellement très bien considérer comme un tout un système construit à titre d'essai assorti de toutes ses conséquences importantes. Et ceci est vraiment nécessaire car pour soumettre un système à des tests rigoureux, il faut au préalable que ce dernier ait acquis une forme suffisamment définie et définitive pour y rendre impossible l'intrusion de nouvelles hypothèses. En d'autres termes, le système doit être formulé avec assez de clarté et de précision pour qu'on puisse facilement y reconnaître ce que chaque nouvelle hypothèse y représente : une modification et donc une *révision* du système.

C'est là, à mon avis, la raison pour laquelle on s'efforce de donner à un système une forme rigoureuse. C'est la forme de ce qu'on appelle un « système axiomatisé », la forme qu'Hilbert, par exemple, est parvenu à donner à certaines branches de la physique théorique. On essaie de rassembler toutes les hypothèses requises, mais seulement celles-là, pour former le sommet du système. On les appelle habituellement les « axiomes » (ou « postulats » ou « propositions primitives » ; le terme « axiome » tel qu'il est utilisé ici

(* 2) Le mot « seule » ne doit pas être pris trop au sérieux ici. La situation est très simple. S'il est caractéristique de la science empirique de considérer des énoncés *singuliers* comme des énoncés-tests, l'asymétrie provient de ce que *eu égard à des énoncés singuliers*, les énoncés universels ne peuvent être que falsifiés. Voyez également la section * 22 de mon *Postscript*.

n'impliquant aucune prétention à la vérité). Les axiomes sont choisis de telle façon que tous les autres énoncés appartenant au système théorique peuvent en être dérivés par des transformations purement logiques ou mathématiques.

L'on peut dire qu'un système théorique est axiomatisé si on a formulé une série d'énoncés, les axiomes, qui satisfont aux quatre conditions fondamentales suivantes : (*a*) le système d'axiomes doit être *exempt de contradiction* (auto-contradiction ou contradiction mutuelle). Ceci équivaut à requérir qu'on ne puisse en déduire n'importe quel énoncé choisi arbitrairement (1) ; (*b*) le système doit être *indépendant*, c'est-à-dire qu'il ne doit pas contenir d'axiome déductible d'autres axiomes. (En d'autres termes, l'on doit appeler un énoncé « axiome » si, et seulement si, il ne peut pas être déduit dans le restant du système.) Ces deux conditions concernent le système d'axiomes comme tel ; pour ce qui est de la relation du système d'axiomes au corps de la théorie, les axiomes doivent être (*c*) *suffisants* pour déduire tous les énoncés appartenant à la théorie axiomatisée et (*d*) *nécessaires* à cette déduction, ce qui signifie qu'ils ne doivent pas contenir de présuppositions superflues (2).

Dans une théorie ainsi axiomatisée, il est possible de rechercher les liens d'interdépendance qui unissent les différentes parties du système. Par exemple, nous pouvons chercher à savoir si une certaine partie de la théorie peut être dérivée d'une certaine partie des axiomes. Des recherches de ce genre (dont on parlera davantage dans les sections 63 et 64, et 75 à 77) ont un rapport important avec le problème de la falsifiabilité. Elles montrent clairement pourquoi la falsification d'un énoncé déduit logiquement d'un système peut parfois ne pas affecter le système tout entier, mais seulement l'une de ses parties, laquelle peut alors être considérée comme falsifiée. Ceci est possible parce que les théories de la physique — bien que n'étant en général pas complètement axio- matisées — peuvent présenter entre leurs différentes parties des liaisons suffisamment claires pour nous permettre de décider quels sont les sous-systèmes touchés par une observation falsi- fiante particulière (* 1).

(1) *Cf.* la section 24.
(2) En rapport à ces quatre conditions et à la section suivante, voyez, par exemple, l'exposé quelque peu différent de Carnap dans *Abriss der Logistik* (1927), p. 70 et suiv.
(* 1) La discussion de ce point est plus complète dans mon *Postscript*, parti- culièrement dans la section * 22.

17. — INTERPRÉTATIONS POSSIBLES D'UN SYSTÈME D'AXIOMES.

Nous ne discuterons pas ici la conception du rationalisme classique selon laquelle les « axiomes » de certains systèmes, ceux de la géométrie d'Euclide par exemple, doivent être considérés comme immédiatement ou intuitivement vrais, évidents en soi. Je mentionnerai seulement que je ne partage pas cette conception. J'estime que l'on peut admettre deux interprétations différentes de tout système d'axiomes. L'on peut considérer les axiomes soit (I) comme des *conventions*, soit (II) comme des *hypothèses* empiriques ou scientifiques.

(I) Si les axiomes sont considérés comme des *conventions*, ils déterminent l'usage ou la signification des notions fondamentales (termes primitifs ou concepts) qu'ils introduisent ; ils déterminent ce que l'on peut dire et ce que l'on ne peut pas dire à propos de ces notions fondamentales. L'on décrit parfois les axiomes comme des « définitions implicites » des notions qu'ils introduisent. Il y a peut-être moyen d'éclairer cette conception en établissant une analogie entre un système axiomatique et un système d'équations (cohérent et résoluble).

Les valeurs admissibles à attribuer aux « inconnues » (ou variables) apparaissant dans un système d'équations sont d'une façon ou d'une autre déterminées par ce système. Et même si ce dernier ne suffit pas à fournir une solution de type univoque, il ne permet pas en tout cas que toute combinaison concevable de valeurs soit substituée aux « inconnues » (variables). Il caractérise plutôt certaines combinaisons de valeurs comme admissibles et d'autres comme inadmissibles : il distingue la classe des systèmes de valeurs admissibles de celle des systèmes de valeurs inadmissibles. De même, des systèmes de concepts peuvent être répartis en admissibles et en inadmissibles au moyen de ce qu'on pourrait appeler une « équation-énoncé ». On obtient une équation-énoncé à partir d'une fonction propositionnelle ou fonction-énoncé (*cf.* la note 6 de la section 14) ; il s'agit d'un énoncé incomplet dans lequel apparaissent un ou plusieurs « blancs ». Voici deux exemples de ces fonctions propositionnelles ou fonctions-énoncés : « un isotope de l'élément x a le poids atomique 65 » ; « $x+y = 12$ ». Toute fonction-énoncé se transforme en un *énoncé* si l'on substitue certaines valeurs aux blancs x et y. Cet énoncé sera soit vrai, soit faux, selon les valeurs (ou combinaisons de valeurs) que l'on substitue aux inconnues. Ainsi, dans le premier exemple, la substitution du mot « cuivre » ou « zinc » à « x » donne un énoncé vrai, alors que d'autres substitutions donnent des énoncés faux. Or, l'on obtient ce que j'appelle une « équation-énoncé » en décidant, eu égard à certaine fonction-énoncé, de n'admettre pour ces substitutions que les valeurs faisant de cette fonction un *énoncé vrai*. Au moyen de cette équation-énoncé se trouve définie une classe précise de systèmes de valeurs admissibles, à savoir la classe des valeurs qui y satisfont. L'analogie avec une équation mathématique est claire. Si nous interprétons notre second exemple non comme une fonction-énoncé, mais comme une équation-énoncé, il devient une équation au sens (mathématique) ordinaire.

Puisque l'on peut considérer comme des blancs ces notions fondamentales ou termes primitifs indéfinis, un système axiomatique peut dès l'abord être traité comme un système de fonctions-énoncés. Mais si nous décidons que seuls peuvent être substitués aux blancs les systèmes ou combinaisons de valeurs qui y satisfont, il devient un système d'équations-énoncés. Comme tel il définit implicitement une classe de systèmes de concepts (admissibles). L'on peut appeler *modèle de ce système d'axiomes* (* 1) tout système de concepts satisfaisant à un système d'axiomes.

L'interprétation d'un système axiomatique comme un système de (conventions ou de) définitions implicites peut encore être exprimée en disant que cela équivaut à la décision suivante : seuls des modèles peuvent être admis comme substituts (* 2). Or si l'on substitue aux blancs un modèle, il en résultera un système d'énoncés analytique (puisqu'il sera vrai par convention). On ne peut donc considérer un système axiomatique interprété de cette manière comme un système d'hypothèses empiriques ou scientifiques (au sens que nous avons adopté) puisqu'il ne peut être réfuté par la falsification de ses conséquences, celles-ci devant également être analytiques.

(II) Il est permis de se demander alors comment on peut interpréter un système axiomatique comme un système d'*hypothèses* empiriques ou scientifiques. Selon la conception habituelle, les termes primitifs qui apparaissent dans le système axiomatique ne doivent pas être considérés comme définis implicitement, mais comme des « constantes extra-logiques ». Par exemple, des concepts comme ceux de « ligne droite » et de « point » qui apparaissent dans tout système axiomatique de géométrie peuvent être interprétés comme « rayon lumineux » et « intersection de rayons lumineux ». Ainsi, pense-t-on, les énoncés du système d'axiomes

(* 1) Voyez la note * 2.
(* 2) Je ferais à présent une nette distinction entre les *systèmes d'objets* qui satisfont un axiome et le *système des noms de ces objets* qu'on peut leur substituer dans les axiomes (les rendant ainsi vrais) ; je réserverais le nom de « modèle » au premier système seulement. Je devrais donc écrire à présent : « seuls les noms d'objets constituant un modèle peuvent être admis comme substituts ».

deviennent des énoncés relatifs à des objets empiriques, c'est-à-dire des énoncés synthétiques.

A première vue, cette façon de concevoir la question peut paraître parfaitement satisfaisante. Elle engendre pourtant des difficultés qui sont liées au problème de la base empirique. En effet, *ce que pourrait être une manière empirique de définir un concept*, n'est pas du tout clair. L'on a l'habitude de parler de « définitions ostensives ». Ceci signifie qu'on attribue à un concept une signification empirique déterminée en le *mettant en corrélation* avec certains objets appartenant au monde de la réalité. Il est alors considéré comme un symbole de ces objets. Mais il devrait à présent être clair que seuls les noms ou concepts individuels peuvent être déterminés par référence ostensive à des « objets réels » — disons, en désignant une chose et en prononçant un nom, ou en attachant à cette chose une étiquette, etc... Cependant, les concepts utilisés dans les systèmes axiomatiques devraient être des noms universels, lesquels ne peuvent être définis par des indications empiriques, désignations, etc... Ils ne peuvent être définis, si même cela est possible de manière explicite, *qu'à l'aide d'autres noms universels* ; ou alors ils doivent rester non définis. Il est donc inévitable que certains noms universels restent non définis et c'est là que réside la difficulté. Car ces concepts non définis peuvent toujours être employés dans le sens non empirique (I), c'est-à-dire comme s'ils étaient des concepts définis de manière implicite. Or cet usage doit inévitablement supprimer le caractère empirique du système. L'on ne peut, à mon avis, surmonter cette difficulté qu'au moyen d'une décision méthodologique. J'adopterai donc la règle de ne pas employer de concepts non définis comme s'ils étaient définis de manière implicite. (Nous traiterons ce point plus loin, dans la section 20.)

Je puis peut-être ajouter ici qu'il est habituellement possible que les concepts primitifs d'un système axiomatique tel celui de la géométrie soient mis en corrélation avec — ou interprété par — les concepts d'un autre système, par exemple la physique. Cette possibilité revêt une importance particulière lorsque, au cours de l'évolution d'une science, un système d'énoncés est *expliqué* au moyen d'un système d'hypothèses nouveau — ou plus général — qui permet de déduire non seulement des énoncés du premier système, mais aussi des énoncés d'autres systèmes. Dans de tels cas, il est possible de définir les concepts fondamentaux du nouveau système à l'aide de concepts originairement employés dans certains des anciens systèmes.

18. — NIVEAUX D'UNIVERSALITÉ. LE MODUS TOLLENS.

Dans un système théorique, nous pouvons distinguer des énoncés appartenant à divers niveaux d'universalité. Les énoncés du niveau le plus élevé sont les axiomes ; des énoncés de niveau inférieur peuvent en être déduits. Les énoncés empiriques de niveau supérieur ont toujours le caractère d'hypothèses relatives aux énoncés de niveau inférieur qui peuvent en être déduits : ils peuvent être falsifiés par la falsification de ces énoncés moins universels. Mais dans tout système hypothético-déductif, ces derniers sont eux-mêmes encore des énoncés universels au sens strict, tel que nous l'entendons ici. Ils doivent donc avoir eux aussi le caractère d'*hypothèses*. On a souvent méconnu ce fait. Mach, par exemple, considère (1) la théorie de Fourier sur la conduction de la chaleur comme « un modèle de théorie physique » pour la curieuse raison que « cette théorie se fonde non pas sur une *hypothèse*, mais sur un *fait observable* ». Or, Mach décrit le fait observable auquel il fait référence par l'énoncé suivant : « ... la vitesse de réduction des différences de température est proportionnelle à ces différences elles-mêmes, pourvu qu'elles soient petites. » Or c'est là un énoncé universel dont le caractère hypothétique devrait être suffisamment manifeste.

Je dirai même que certains énoncés sont hypothétiques compte tenu du fait que l'on peut en dériver des conclusions (à l'aide d'un système théorique) dont la falsification peut entraîner leur propre falsification.

Le mode d'inférence falsifiant auquel il est fait référence ici — la manière dont la falsification d'une conclusion entraîne la falsification du système dont il est dérivé — est le *modus tollens* de la logique classique. On peut le décrire comme suit (* 1) :

Soit *p* l'une des conclusions d'un système *t* d'énoncés pouvant consister en théories et en conditions initiales (pour des raisons de simplicité, je ne les distinguerai pas ici). Nous pouvons symbo-

---

(1) Mach, *Principien der Wärmlehre* (1896), p. 115.
(* 1) En ce qui concerne le présent passage et deux passages plus loin (*cf.* notes (* 1) de la section 35 et (* 1) de la section 36) dans lesquels j'utilise le symbole « → », je souhaite que l'on sache que, lorsque j'ai écrit cet ouvrage, mes idées étaient encore confuses quant à la distinction entre un énoncé conditionnel (énoncé si-alors, parfois appelé, de façon quelque peu trompeuse, « implication matérielle ») et un énoncé à propos de la possibilité de déduction (ou énoncé affirmant que certain énoncé conditionnel est logiquement vrai, ou analytique, ou que son antécédent entraîne son conséquent). Alfred Tarski m'a fait comprendre cette distinction quelques mois après la publication de mon ouvrage. Le problème n'a pas grand rapport au contexte du livre, mais il convenait néanmoins de signaler la confusion (Ces problèmes font l'objet d'un examen plus approfondi dans l'article que j'ai publié dans *Mind* 56, 1947, pp. 193 et suiv.).

liser la relation par laquelle p peut être dérivé de t (implication analytique) par « $t \rightarrow p$ » qu'on peut lire « p suit de t ». Soit p faux, ce que nous pouvons écrire « p » et lire « non-p ». Étant donné la relation de déductibilité « $t \rightarrow p$ » et l'hypothèse p, nous pouvons alors inférer t (lire « non-t ») ; c'est-à-dire que nous considérons t comme falsifié. Si nous signifions la conjonction (l'affirmation simultanée) de deux énoncés en plaçant un point entre les symboles qui les représentent, nous pouvons aussi écrire l'inférence falsifiante $((t \rightarrow p).p) \rightarrow t$ ou, en langage non symbolique : « si on peut dériver p de t et si p est faux, alors t est faux également. »

Au moyen de ce mode d'inférence, nous falsifions *tout le système* (la théorie aussi bien que les conditions initiales) qui a été requis pour déduire p, à savoir l'énoncé falsifiant. L'on ne peut donc affirmer d'aucun énoncé du système qu'il est, ou n'est pas, particulièrement touché par la falsification. C'est seulement au cas où p est *indépendant* d'une partie du système que nous pouvons dire que cette partie ne subit pas la falsification (2). Est liée à ce fait la la possibilité suivante : nous pouvons, dans certains cas, peut-être en considération des *niveaux d'universalité*, attribuer la falsification à une hypothèse déterminée, à une hypothèse nouvellement introduite, par exemple. Ceci peut se faire si une théorie bien corroborée, qui continue à être corroborée ultérieurement, a été expliquée par une nouvelle hypothèse de niveau supérieur. L'on devra alors essayer d'éprouver cette nouvelle hypothèse en soumettant, à des tests certaines de ses conséquences qui n'y ont pas encore été soumises. Si l'une d'elles est falsifiée, l'on est en droit d'attribuer la falsification à cette nouvelle hypothèse uniquement. On recherchera alors, pour la remplacer, d'autres généralisations de haut niveau sans nous sentir contraints de considérer que l'ancien système, de moindre généralité, a été falsifié (*cf.* également les remarques, sur la « quasi-induction », de la section 85).

(2) Nous ne pouvons donc pas savoir d'emblée lequel parmi les divers énoncés restants du sous-système t' (dont p n'est pas indépendant) est responsable de la fausseté de p ; nous ne pouvons pas savoir lequel nous devons modifier, lequel nous devons retenir. (Je ne parle pas ici des énoncés interchangeables.) C'est souvent le seul instinct scientifique du chercheur (influencé naturellement par les résultats de tests répétés) qui lui fait deviner quels énoncés de t' doivent être considérés comme inoffensifs et quels autres nécessitent une modification. Cependant, il vaut la peine de rappeler que c'est souvent la modification de ce que nous avons tendance à considérer comme manifestement inoffensif (à cause de son accord complet avec nos normes habituelles de pensée) qui peut réaliser un progrès décisif. Un exemple bien connu en est la modification einsteinienne du concept de simultanéité.

CHAPITRE IV

LA FALSIFIABILITÉ

Nous prendrons plus loin en considération la question de savoir s'il se trouve quelque chose qui ressemble à un énoncé singulier (ou « énoncé de base ») falsifiable. Je vais supposer ici que la réponse est positive et examiner jusqu'à quel point mon critère de démarcation est applicable à des systèmes théoriques, — pour autant qu'il soit absolument applicable. L'examen critique d'une position habituellement connue sous le nom de « conventionalisme » va commencer par nous poser des problèmes de méthode que nous résoudrons en adoptant certaines décisions méthodologiques. J'essaierai ensuite de caractériser les propriétés logiques de ces systèmes théoriques qui sont falsifiables — entendez falsifiables dans la mesure où nos décisions méthodologiques sont adoptées.

19. — OBJECTIONS CONVENTIONALISTES.

Ma proposition d'adopter la falsifiabilité comme critère nous permettant de décider du caractère empirique d'un système théorique, ne peut manquer de soulever des objections. En soulèveront, par exemple, ceux qu'influence l'école de pensée connue sous le nom de « conventionalisme » (1).

Nous avons déjà suggéré certaines de ces objections dans les sections 6, 11 et 17. Nous allons à présent les examiner d'un peu plus près.

(1) Les principaux représentants de l'école sont Poincaré et Duhem (cf. La théorie physique, son objet et sa structure, 1906 ; traduction anglaise de P. P. Wiener : The Aim and Structure of Physical Theory, Princeton, 1954). H. Dingler y adhéra, il n'y a guère (parmi ses nombreux ouvrages, l'on peut mentionner : Das Experiment et Der Zusammenbruch der Wissenschaft und das Primat der Philosophie, 1926). * Il ne faut pas confondre l'Allemand Hugo Dingler et l'Angais Herbert Dingle. Le principal représentant du conventionalisme dans le monde anglo-saxon est Eddington. On peut mentionner ici que Duhem dénie (traduction anglaise, p. 188) la possibilité d'expériences cruciales parce qu'il les considère comme des vérifications alors que je prétends qu'il peut y avoir des expériences cruciales aboutissant à des falsifications.
Cf. également mon article « Three Views Concerning Human Knowledge », dans Contemporary British Philosophy, III, 1956 et mes Conjectures and Refutations, 1959.

Il semblerait qu'à la source de la philosophie conventionaliste, il y ait un émerveillement à propos de la *simplicité du monde* telle que les lois de la physique nous la révèle dans sa sobre beauté. Les conventionalistes paraissent éprouver le sentiment que cette simplicité serait incompréhensible, et vraiment miraculeuse, si nous étions tenus de croire, avec les réalistes, que les lois de la nature nous révèlent la simplicité structurale, interne, de notre monde, en deçà de son apparence de prodigue diversité. L'idéalisme kantien cherche à expliquer cette simplicité en disant que c'est notre intellect qui impose ses lois à la nature. De même, mais plus audacieusement encore, le conventionaliste traite cette simplicité comme notre propre création. Cependant, elle n'est pas pour lui l'effet des lois de notre intellect s'imposant à la nature pour la rendre simple, car il ne croit pas que la nature soit simple. Seules, les « lois de la nature » le sont et ces dernières sont les produits de nos libres créations ; ce sont nos inventions, nos décisions arbitraires : nos conventions. Pour le conventionaliste, la science théorique de la nature n'est pas une image de la nature mais une simple construction logique. Ce ne sont pas les propriétés du monde qui déterminent cette construction, c'est au contraire la construction qui détermine les propriétés d'un monde artificiel : un monde de concepts implicitement définis par les lois naturelles que nous avons choisies. La science ne parle que de *ce* monde-*là*.

Selon le point de vue conventionaliste, les lois de la nature ne peuvent être falsifiées par l'observation car elles sont elles-mêmes requises pour déterminer ce qu'est une observation et, plus particulièrement, ce qu'est une mesure scientifique. Ces lois que nous établissons constituent la base indispensable à la mise au point de nos horloges, et à la correction de nos règles « fixes ». On ne dit d'une horloge qu'elle est « exacte » et d'une règle à mesurer qu'elle est « fixe » que si les mouvements mesurés à l'aide de ces instruments satisfont aux axiomes de la mécanique que nous avons décidé d'adopter (2).

(2) L'on peut également considérer cette conception comme une tentative pour résoudre le problème de l'induction. Ce problème se dissiperait en effet si les lois naturelles étaient des définitions et donc des tautologies. Ainsi, selon les conceptions de Cornelius (cf. *Zur Kritik der Wissenschaftlichen Grundbegriffe, Erkenntnis* 2, 1931, Numéro 4), l'énoncé : « le point de fusion du plomb est environ 335° C. » fait partie de la définition du concept « plomb » (suggéré par l'expérience inductive) et ne peut donc être réfuté : une substance ressemblant par ailleurs au plomb mais ayant un point de fusion différent ne serait tout simplement pas du plomb. Or, selon ma conception, l'énoncé du point de fusion du plomb est synthétique *en tant qu'énoncé scientifique*. Il affirme, entre autres choses, qu'un élément d'une structure atomique donnée (nombre atomique 82) a toujours ce point de fusion quel que puisse être le nom donné à cet élément.
(Ajouté à l'ouvrage sous presse) Ajdukiewicz paraît d'accord avec Cornelius (cf. *Erkenntnis* 4, 1934, p. 100 et suiv., de même que l'ouvrage qui y est annoncé, *Das Weltbild und die Begriffsapparatur*) ; il appelle son point de vue un « conventionalisme radical ».

Nous sommes grandement redevables à la philosophie conventionaliste pour la manière dont elle a aidé à clarifier les relations entre la théorie et l'expérience. Elle a reconnu l'importance, si peu signalée par les inductivistes, du rôle joué dans la conduite et l'interprétation de nos expériences scientifiques, par les actions et opérations que nous concevons en accord avec nos conventions et notre raisonnement déductif.

Je considère le conventionalisme comme un système autonome et défendable. Les tentatives visant à y trouver des incohérences sont vouées à l'échec. Malgré tout ceci, je le trouve néanmoins inacceptable. Il est sous-tendu par une conception de la science, de ses objectifs et propos, entièrement différente de la mienne. Alors que je n'exige de la science aucune certitude définitive (et n'en obtiens en conséquence pas), le conventionaliste recherche en elle un « système de connaissances fondé sur des bases ultimes », pour employer une expression de Dingler. Cet objectif est hors d'atteinte. Il est en effet possible d'interpréter n'importe quel système scientifique donné comme un système de définitions implicites. Les périodes où la science se développe lentement fourniront peu d'occasions de conflits — sinon purement académiques — entre les savants de tendance conventionaliste et les autres, favorables peut-être à une conception semblable à celle que je défends. Il en ira tout différemment en temps de crise. Chaque fois que le système « classique » du jour sera menacé par les résultats de nouvelles expériences qui pourraient, selon mon point de vue, être interprétés comme des falsifications, le système paraîtra inébranlé aux yeux d'un conventionaliste. Il dissipera les incohérences pouvant s'être manifestées, soit en rendant responsable notre maîtrise insuffisante du sujet traité, soit en suggérant l'adoption *ad hoc* de certaines hypothèses auxiliaires, voire de certains ajustements de nos instruments de mesure.

En temps de crise, ce conflit à propos des objectifs de la science, deviendra aigu. Nous-mêmes, et ceux qui partagent notre attitude, espérerons faire de nouvelles découvertes et espérerons recevoir l'aide, à cette fin, d'un système scientifique nouvellement édifié. L'expérience falsifiante nous intéressera donc énormément. Nous la saluerons comme un succès parce qu'elle nous aura ouvert de nouvelles perspectives sur un monde d'expériences nouvelles. Et nous l'accueillerions ainsi au cas même où ces nouvelles expériences devraient nous pourvoir d'arguments nouveaux contre les plus récentes de nos propres théories. Mais l'édification d'une nouvelle structure, l'audace qui fait notre admiration, équivalent pour le conventionaliste à « la ruine totale de la science », selon l'expression de Dingler. Aux yeux du conventionaliste un seul principe peut nous aider à choisir un système parmi tous les systèmes possibles. Nous devons choisir le système le plus simple, à savoir le système de définitions implicites le plus simple. En pratique, cela signifie naturellement : le système « classique » du moment.

(En ce qui concerne le problème de la simplicité, voyez les sections 41 à 45 et surtout la section 46.)

Mon désaccord avec les conventionalistes, on le voit, n'est pas de ceux qu'une simple discussion théorique finit par dissiper. Je crois pourtant qu'il est possible d'emprunter au mode de penser conventionaliste certains arguments intéressants contre mon critère de démarcation. Celui-ci, par exemple : j'admets, pourrait dire un conventionaliste, que les systèmes théoriques de la science naturelle ne peuvent pas être vérifiés mais je prétends qu'ils ne peuvent davantage être falsifiés. L'on peut en effet toujours « ... atteindre, pour tout système axiomatique choisi, ce qu'on appelle sa " correspondance avec la réalité " (3) ». Et ceci peut se faire d'un certain nombre de manières (dont certaines ont été suggérées plus haut). Ainsi, nous pouvons introduire des hypothèses *ad hoc* ; ou nous pouvons modifier les « définitions ostensives », comme on les appelle (ou les « définitions explicites », que nous pouvons remplacer comme indiqué dans la section 17). Nous pouvons adopter une attitude sceptique quant à la confiance à accorder à l'expérimentateur. Nous pouvons exclure de la science celles de ses observations qui menacent notre système en invoquant le prétexte qu'elles n'ont pas de support suffisant, qu'elles ne sont pas scientifiques ou pas objectives ou même en prétextant que l'expérimentateur a menti. (C'est le type d'attitude que le physicien peut parfois adopter de plein droit, envers de prétendus phénomènes occultes.) Enfin, nous pouvons toujours mettre en doute la clairvoyance du théoricien (s'il ne croit pas, par exemple, comme le fait Dingler, que la théorie de l'électricité sera un jour dérivée de la loi de la gravitation de Newton).

Ainsi, n'est-il pas possible, selon la conception conventionaliste de répartir les systèmes théoriques en systèmes pouvant être falsifiés et systèmes ne pouvant pas l'être ou plus exactement une telle distinction sera ambiguë dans la perspective conventionaliste. Notre critère se révèle donc inutile comme critère de démarcation.

(3) Carnap, *Über die Aufgabe der Physik*, *Kantstudien* 28 (1923), p. 100.

20. — Règles méthodologiques.

Ces objections d'un conventionaliste imaginaire me semblent incontestables, tout comme la philosophie conventionaliste elle-même. J'admets que mon critère de falsifiabilité ne permet pas une classification exempte d'ambiguïté. Il est en effet impossible de décider, à la simple analyse de sa forme logique, si un système d'énoncés est un système conventionnel de définitions implicites irréfutables, où s'il est un système empirique au sens où je l'entends, c'est-à-dire un système réfutable. Mais ceci montre seulement que mon critère de démarcation ne peut s'appliquer immédiatement à un *système d'énoncés*, fait que j'ai déjà souligné dans les sections 9 et 11. C'est donc un faux problème de se demander si un système d'énoncés donné doit être considéré comme conventionaliste ou comme empirique. C'est *seulement en référence à la méthode appliquée* à un système théorique qu'il est vraiment possible de se demander si nous avons affaire à une théorie conventionaliste ou à une théorie empirique. La seule manière d'éviter le conventionalisme est de prendre une *décision* : la décision de ne pas appliquer ses méthodes. Nous devons décider que si notre système se trouve menacé, nous ne le sauverons par aucune sorte de *stratagème conventionaliste*. Ainsi nous garderons-nous d'exploiter la possibilité toujours offerte qui vient d'être mentionnée : la possibilité d' «... atteindre, pour tout système choisi, ce qu'on appelle sa " correspondance avec la réalité " ».

Une centaine d'années avant Poincaré, Black formula clairement une appréciation de ce qu'on peut gagner (et perdre) en utilisant les méthodes conventionalistes. Il écrivait : « Si nous adaptons soigneusement les conditions, presque toute hypothèse concordera avec les phénomènes. Ceci satisfera l'imagination mais ne contribuera pas au progrès de notre connaissance (1). »

Si nous voulons formuler des règles méthodologiques qui nous empêchent d'adopter les stratagèmes conventionalistes, nous devrions prendre connaissance des diverses formes que peuvent revêtir ceux-ci afin de parer chacune d'elles de la manière anti-conventionaliste appropriée. Nous devrions en outre décider que chaque fois que nous nous rendrons compte qu'un système a été sauvé par un stratagème conventionaliste, nous le soumettrons à nouveau à des tests et l'éliminerons dans la mesure où les circonstances pourront l'exiger.

(1) Black, *Lectures on the Elements of Chemistry*, Vol. I, Edinburgh 1803, p. 193.

Les quatre principaux stratagèmes conventionalistes ont déjà été énumérés à la fin de la section précédente. La liste ne prétend pas être complète ; il reste au praticien de la recherche, dans le champ de la sociologie et de la psychologie surtout (le physicien n'a guère besoin de l'avertissement), à se garder constamment de la tentative d'utiliser de nouveaux stratagèmes conventionalistes, tentation à laquelle succombent souvent les psychanalystes par exemple.

En ce qui concerne les *hypothèses auxiliaires*, nous décidons d'instituer la règle selon laquelle seules sont acceptables celles dont l'introduction ne diminue pas le degré de falsifiabilité du système en question mais, au contraire, l'élève. (La manière dont il convient d'évaluer ces degrés de falsifiabilité sera indiquée dans les sections 31 à 40.) Si le degré de falsifiabilité est élevé, l'introduction de l'hypothèse a réellement renforcé la théorie : le système exclut à présent plus qu'il ne le faisait précédemment, il défend davantage. Nous pouvons également présenter les choses ainsi : nous devrions toujours considérer l'introduction d'une hypothèse auxiliaire comme une tentative pour construire un nouveau système et évaluer alors ce dernier sur cette base : si on l'adoptait, cela constituerait-il un réel progrès dans notre connaissance du monde ? Un exemple d'hypothèse auxiliaire parfaitement acceptable en ce sens est le principe d'exclusion de Pauli (*cf.* la section 38). Un exemple d'hypothèse auxiliaire insatisfaisante pourrait être l'hypothèse de contraction de Fitzgerald et Lorentz qui n'avait pas de conséquences falsifiables (* 1) mais servait purement et simplement à rétablir l'accord entre la théorie et l'expérience — principalement les découvertes de Michelson et Morley. Seule la théorie de la relativité constitua ici un progrès : elle prédit de nouvelles conséquences, de nouveaux effets physiques et ouvrit ainsi la voie à de nouvelles possibilités de soumettre la théorie à des tests et de la falsifier. Nous pouvons atténuer notre règle méthodologique en faisant remarquer que nous ne sommes pas tenus de considérer comme conventionaliste toute hypothèse qui manque de satisfaire à ces normes. Il est, en particulier, des énoncés *singuliers* qui n'appartiennent pas réellement au système théorique ; on les appelle parfois « hypothèses auxiliaires » et ces énoncés bien qu'introduits au secours de la théorie, sont tout à fait inoffentifs. (Un exemple serait la supposition qu'une observation ou mesure non reproductible, peut avoir été due à une erreur, cf., la note 6 de la section 8 et les sections 27 et 68.)

(* 1) Comme A. Grünbaum l'a mis en évidence dans *B.J.P.S.*, 10 (1959), pp. 48 et suiv., *ceci est une erreur.* Cependant, comme ces hypothèses sont moins susceptibles d'être soumises à des tests que celles de la relativité spéciale, elles peuvent représenter des *degrés de la propriété d'* « *être ad hoc* ».

J'ai fait mention dans la section 17 des *définitions explicites* qui fournissent une signification aux concepts d'un système axiomatique dans les termes d'un système d'un niveau inférieur d'universalité. On peut modifier ces définitions si cela est utile mais il faut considérer que ces modifications atteignent le système qui doit par la suite être réexaminé, comme s'il était nouveau. En ce qui concerne les noms universels non définis, on peut distinguer deux possibilités : (I) Il existe certains concepts non définis qui n'apparaissent que dans des énoncés du niveau d'universalité le plus élevé et dont l'usage est établi par le fait que nous savons quelle relation logique les autres concepts ont avec eux. On peut les éliminer dans le cours de la déduction (un exemple en est le concept d'énergie) (2).

(II) Il existe d'autres concepts non définis qui apparaissent également dans des énoncés de niveaux inférieurs d'universalité et dont la signification est établie par l'usage (par exemple « mouvement », « masse ponctuelle », « position »). En ce qui concerne ces concepts, nous interdirons les altérations clandestines de l'usage et procéderons, par ailleurs, en accord avec les décisions méthodologiques prises plus haut.

Quant aux deux autres points de notre liste   lesquels concernent la compétence de l'expérimentateur ou du théoricien, nous adopterons des règles similaires.

Nous devons soit accepter, soit rejeter, à la lumière de contre expériences, les expériences pouvant être soumises à des tests intersubjectifs. Nous pouvons écarter le recours pur et simple à des dérivati ns logiques devant être découvertes par la suite.

21.   E AMEN LOGIQUE DE LA FALSIFIABILITÉ.

Ce n'est que dans le cas de systèmes qui pourraient être falsifiés s'ils étaient traités conformément à nos règles de méthode empirique qu'il est nécessaire de se prémunir contre les stratagèmes conventionalistes. Supposons que nous ayons réussi, à l'aide de nos règles, à interdire ces stratagèmes. Nous pouvons dès lors nous préoccuper de caractériser, *d'un point de vue logique*, des systèmes de ce type. Nous allons essayer de rendre compte du caractère fal-

(2) Comparez, par exemple, Hahn, *Logik, Mathematik und Naturerkennen* dans *Einheitswissenschaft* 2, 1933, p 22 et suiv En ce qui concerne ceci, je souhaite simplement dire qu'à mon avis il n'existe pas de termes « constituables » (ne pouvant être définis empiriquement). J'emploie à leur place des noms universels qui ne peuvent être définis et qu'établissent le seul usage linguistique Voyez également la fin de la section 25.

sifiable d'une théorie par les relations logiques qui unissent cette dernière à la classe des énoncés de base.

Nous examinerons de manière plus approfondie dans le prochain chapitre les caractéristiques de ce que j'appelle « énoncés de base » ainsi que la question de savoir si eux aussi peuvent être falsifiés. Nous supposerons pour le moment qu'il existe des énoncés de base falsifiables. Il faut avoir présent à l'esprit que lorsque je parle d' « énoncés de base », je ne fais pas référence à un système d'énoncés *acceptés*. Le système des énoncés de base doit plutôt, selon mon usage du terme, inclure *tous les énoncés singuliers non-contradictoires* ayant une forme logique déterminée ; tous les énoncés factuels singuliers concevables, en quelque sorte. Le système groupant tous les énoncés de base contiendra donc beaucoup d'énoncés incompatibles.

En première approche, l'on pourrait peut-être essayer de qualifier une théorie d' « empirique », chaque fois que l'on peut en déduire des énoncés singuliers. Cependant, cette tentative échoue car pour déduire d'une théorie des énoncés singuliers, d'autres énoncés singuliers sont toujours requis, à savoir les conditions initiales qui nous disent ce qu'il faut substituer aux variables de la théorie.

On pourrait tenter, en second lieu, de qualifier une théorie d' « empirique » si l'on peut en déduire des énoncés singuliers à l'aide d'autres énoncés singuliers jouant le rôle de conditions initiales. Mais ceci ne conviendra pas davantage car une théorie non empirique, tautologique par exemple, nous permettrait également de dériver certains énoncés singuliers d'autres énoncés singuliers. (Conformément aux règles de la logique, nous pouvons par exemple dire qu'il suit, entre autres, de la conjonction de « deux fois deux font quatre » et « voici un corbeau noir » que « voici un corbeau noir ».) Il ne suffirait même pas d'exiger que nous puissions déduire *davantage* de la théorie conjointe à des conditions initiales que de ces seules conditions initiales. En effet, les théories tautologiques se trouveraient ainsi exclues mais non les énoncés synthétiques de caractère métaphysique. (Par exemple, de « tout événement a une cause » et « une catastrophe est en train de se produire ici », l'on peut déduire que « cette catastrophe a une cause ».)

Nous sommes ainsi amenés à exiger que la théorie nous permette de déduire, en gros, plus d'énoncés singuliers *empiriques* que nous ne pouvons en déduire des seules conditions initiales (* 1).

(* 1) Sans cesse depuis la publication de cet ouvrage, l'on a proposé des formulations équivalentes à celles-ci comme critère de *signification* des *énoncés* (et non comme critère de *démarcation* applicable à des *systèmes* théoriques). Cela a même été fait par des critiques ayant peu de considération pour mon critère de

Ceci signifie que nous devons fonder notre définition sur une classe particulière d'énoncés et c'est à cette fin que les énoncés de base nous sont nécessaires. Me rendant compte qu'il serait malaisé de dire en détail comment un système théorique compliqué sert à la déduction d'énoncés singuliers ou d'énoncés de base, je propose la définition suivante : l'on qualifie une théorie d' « empirique » ou de « falsifiable » si elle divise, de manière précise, la classe de tous les énoncés de base en deux sous-classes non vides : celles de tous les énoncés de base avec lesquels elle est en contradiction (ou qu'elle exclut ou défend) et que nous appelons la classe des *falsificateurs virtuels* de la théorie et celle des énoncés de base avec lesquels elle n'est pas en contradiction (ou qu'elle « permet »). Nous pouvons poser ceci plus brièvement en disant qu'une théorie est falsifiable si la classe de ses falsificateurs virtuels n'est pas vide.

On peut ajouter qu'une théorie ne fait d'assertion qu'à propos de ses falsificateurs virtuels (elle affirme qu'ils sont faux). Des énoncés permis, elle ne dit rien. Et surtout pas qu'ils sont vrais (* 2).

falsifiabilité. Il est pourtant facile de voir que si on l'utilise comme critère de *démarcation*, la formulation en question est équivalente à la falsifiabilité. En effet, si l'énoncé de base $b2$ ne peut être déduit de $b1$ mais bien de $b1$ conjoint à la théorie t (c'est la formulation dont il s'agit), cela revient à dire que la conjonction de $b1$ avec la négation de $b2$ contredit la théorie t. Or, la conjonction de $b1$ et de la négation de $b2$ est un énoncé de base (*cf.* section 28). Notre critère requiert donc l'existence d'un énoncé de base pouvant falsifier la théorie, c'est-à-dire qu'il requiert la falsifiabilité, précisément au sens où j'emploie ce terme (Voyez également la note (* 1) de la section 82).

Cependant, comme critère de *signification* (ou de « faible vérifiabilité »), cette formulation ne convient pas, pour diverses raisons. D'abord, parce que, conformément à ce critère, les négations de certains énoncés pourvus de sens en deviendraient dépourvus. Ensuite, parce que la conjonction d'un énoncé pourvu de sens et d'une « pseudo-phrase dépourvue de sens » aurait un sens, ce qui est également absurde.

Si nous essayons à présent d'appliquer ces deux critiques à notre critère de *démarcation*, elles apparaissent l'une et l'autre inoffensives. En ce qui concerne la première, voyez plus haut la section 15, particulièrement la note * 2 (et la section * 22 de mon *Postscript*.). Quant à la seconde, des théories empiriques (telles celles de Newton) peuvent contenir des éléments « métaphysiques ». Mais ceux-ci ne peuvent être éliminés par une règle fixe et rigoureuse ; pourtant, si nous réussissons à présenter la théorie de façon à ce qu'elle apparaisse comme la conjonction d'une partie pouvant être soumise à des tests et d'une partie ne pouvant pas l'être, nous savons, naturellement, que nous pouvons éliminer l'une de ses composantes métaphysiques.

Le paragraphe précédent de cette note peut être considéré comme l'illustration d'une autre *règle de la méthode* (*cf.* la fin de la note (* 4) de la section 80) : après avoir présenté certaine critique d'une théorie rivale, nous devrions toujours essayer sérieusement d'appliquer cette critique ou une critique semblable à notre propre théorie.

(* 2) En fait, beaucoup d'énoncés de base « permis », se contrediront mutuellement en présence de la théorie (*cf.* la section 38). Ainsi, la loi universelle : « toutes les planètes se meuvent sur des orbites circulaires » (c'est-à-dire tout ensemble de positions de l'une quelconque des planètes est cocirculaire ») est banalement « exemplifiée » par n'importe quel ensemble ne groupant pas plus de trois positions d'une planète ; cependant la réunion de deux « exemples » de ce genre contredira la loi dans la plupart des cas.

22. — FALSIFIABILITÉ ET FALSIFICATION.

Nous devons nettement distinguer falsifiabilité et falsification. Nous n'avons introduit la falsifiabilité que comme critère du caractère empirique d'un système d'énoncés. En ce qui concerne la falsification, nous devons introduire des règles qui déterminent à quelles conditions un système doit être considéré comme falsifié. Nous disons qu'une théorie est falsifiable dans le seul cas où nous avons accepté des énoncés de base qui sont en contradiction avec elle. (*Cf.* la section 11, règle 2.) Cette condition est nécessaire mais non suffisante. En effet, nous avons vu que des événements singuliers non reproductibles n'ont pas de signification pour la science. Aussi quelques énoncés de base isolés en contradiction avec une théorie ne nous décideront-ils guère à rejeter cette théorie comme falsifiée. Nous ne la considérerons falsifiée que si nous découvrons un *effet reproductible* qui la réfute. En d'autres termes, nous ne reconnaissons la falsification que si une hypothèse empirique d'un niveau d'universalité peu élevé décrivant un effet de ce type est proposée et corroborée. L'on peut appeler cette espèce d'hypothèse une *hypothèse falsifiante* (1).

La nécessité pour l'hypothèse d'être empirique et par là falsifiable signifie seulement qu'elle doit être dans un certain rapport logique avec les énoncés de base possibles. Cette condition concerne donc la seule forme logique de l'hypothèse. La condition annexe qui requiert la corroboration de l'hypothèse fait référence à des tests qu'elle devrait avoir passés, tests qui la confrontent à des énoncés de base acceptés (* 1).

(1) L'hypothèse falsifiante peut être d'un niveau d'universalité très peu élevé (obtenu, d'habitude, en généralisant les coordonnées individuelles du résultat d'une observation ; je pourrais citer en exemple le prétendu « fait » de Mach auquel il est fait référence dans la section 18). Même si elle doit pouvoir être soumise à des tests intersubjectifs, il n'est pas nécessaire qu'elle soit un énoncé universel au sens strict. Ainsi, pour falsifier l'énoncé « tous les corbeaux sont noirs » l'énoncé susceptible d'être soumis à des tests intersubjectifs disant qu'il y a une famille de corbeaux blancs au zoo de New York suffirait. * Tout ceci montre la nécessité urgente de remplacer une hypothèse falsifiée par une meilleure. Dans la plupart des cas, lorsque nous falsifions une hypothèse, nous en avons une autre en réserve. En effet, l'expérience falsifiante est habituellement une *expérience cruciale* destinée à décider entre ces deux hypothèses, c'est-à-dire qu'elle a été suggérée par le fait que les deux hypothèses diffèrent à certains égards et elle utilise cette différence pour réfuter l'une d'elles (au moins).

(* 1) Cette référence à des énoncés de base acceptés peut paraître contenir les germes d'une régression à l'infini. Notre problème ici est en effet le suivant : puisqu'une hypothèse est falsifiée par l'*acceptation* d'un énoncé de base, nous devons avoir des *règles méthodologiques d'acceptation des énoncés de base*. Or, si ces règles se réfèrent à leur tour à des énoncés de base acceptés, nous pouvons être entraînés dans une régression à l'infini. Je répondrai à cette objection éventuelle que des règles qui nous sont nécessaires sont de simples règles d'acceptation des énoncés de base qui falsifient une hypothèse déjà soumise à des tests et les ayant jusqu'alors passés avec succès. Or, il n'est pas nécessaire que les énoncés de base

Les énoncés de base jouent donc deux rôles différents. Nous avons, d'une part, utilisé le système de tous les énoncés de base *logiquement possibles* dans le but de pouvoir, avec son aide, caractériser d'un point de vue logique ce que nous étions en train de rechercher, à savoir la forme des énoncés empiriques. D'autre part, les énoncés de base *acceptés* constituent le fondement de la corroboration des hypothèses. Si les énoncés de base acceptés sont en contradiction avec une théorie, nous ne considérons qu'ils suffisent à la falsifier que s'ils corroborent en même temps une hypothèse falsifiante.

23. — OCCURRENCES ET ÉVÉNEMENTS.

L'exigence de falsifiabilité, quelque peu imprécise au départ, se trouve à présent scindée en deux éléments. L'on peut difficilement rendre le premier — à savoir le postulat méthodologique (*cf.* la section 20) — tout à fait précis. Le second, le critère logique, se trouve parfaitement défini dès que l'on voit clairement les énoncés auxquels il faut attribuer le qualificatif « de base » (*cf.* la section 28). Ce critère logique a été jusqu'ici présenté d'une manière quelque peu formelle comme une relation logique entre énoncés : entre la théorie et les énoncés de base. Peut-être puis-je rendre ce sujet plus clair et plus conforme à l'intuition en exprimant à présent mon critère dans un langage plus « réaliste ». Bien qu'équivalent au mode d'expression formel, il se trouve peut-être un peu plus proche du langage ordinaire.

Utilisant ce mode d'expression « réaliste », nous pouvons dire qu'un énoncé singulier (un énoncé de base) décrit une *occurrence*. Au lieu de parler d'énoncés de base exclus ou prohibés par une théorie, nous pouvons donc dire que la théorie exclut certaines occurrences possibles et qu'elle sera falsifiée si ces occurrences possibles se produisent en fait.

---

auxquels la règle a recours aient cette caractéristique. En outre, la règle formulée dans le texte est loin d'épuiser la situation : elle ne fait que mentionner un aspect important de l'acceptation des énoncés de base falsifiant une hypothèse par ailleurs couronnée de succès ; cet aspect fera l'objet d'un développement au chapitre V (surtout dans la section 29).

Le Professeur J. H. Woodger a posé, dans une communication personnelle, la question suivante : combien de fois un effet doit-il être réellement reproduit pour être un « *effet reproductible* » (ou une « *découverte* ») ? Voici ma réponse : dans certains cas, *même pas une fois*. Si j'affirme qu'il y a une famille de corbeaux blancs au zoo de New York, j'affirme quelque chose qui peut, *en principe*, être contrôlé. Si quelqu'un, désirant soumettre mon assertion à des tests, est informé, à son arrivée sur place, que la famille s'est éteinte ou qu'on n'en a jamais entendu parler, il lui reste à accepter ou à rejeter mon énoncé de base falsifiant. En règle générale, il aura la possibilité de se faire une opinion en examinant les témoignages, documents, etc. C'est-à-dire en faisant appel à d'autres faits pouvant être contrôlés et reproduits (*cf.* la section 27 et 30).

L'usage de cette expression imprécise d' « occurrence » suscitera peut-être la critique. On a parfois dit (1) que des expressions telles que « occurrence » ou « événement » devraient être entièrement bannies de la discussion épistémologique, que nous ne devrions pas parler d' « occurrences », ou de « non-occurrences », « d'événements » qui « se produisent », mais seulement d'énoncés vrais ou faux. Je préfère cependant garder le terme « occurrence ». Il est assez facile de définir son usage de manière à ce qu'on n'y puisse faire d'objections. Nous pouvons en effet employer ce terme de façon à pouvoir, chaque fois, parler à sa place de certains énoncés singuliers qui y correspondent.

Au moment de définir le mot « occurrence », nous pouvons nous rappeler qu'il serait tout à fait naturel de dire que deux énoncés singuliers logiquement équivalents (c'est-à-dire pouvant être déduits l'un de l'autre) décrivent la même occurrence. Ceci suggère la définition suivante. Soit p_k un énoncé singulier (l'indice « k » fait référence aux noms ou coordonnées individuelles qui apparaissent dans p_k). Nous appelons occurrence P_k la classe de tous les énoncés équivalents à p_k. Nous dirons donc, par exemple, que c'est une occurrence « *qu'il tonne ici maintenant* ». Et nous pouvons considérer cette occurrence comme la classe des énoncés « Il tonne ici maintenant », « Il tonne dans le 13e District de Vienne le 10 juin 1933 à 5 h 15 de l'après-midi » et de tous les autres énoncés équivalents à ceux-ci. L'on peut donc considérer que la formulation réaliste « l'énoncé p_k représente l'occurrence P_k » signifie la même chose que l'énoncé quelque peu banal « L'énoncé P_k est un élément de la classe P_k que constituent tous les énoncés équivalents à cet énoncé ». De même, nous considérons que l'énoncé « L'occurrence P_k s'est produite » (ou « se produit ») signifie la même chose que « p_k et tous les énoncés à lui équivalents sont vrais ».

En proposant ces règles de traduction, je n'ai pas l'intention de prétendre que quiconque utilise le mot « occurrence » dans le mode d'expression « réaliste » songe à une classe d'énoncés ; je souhaite simplement donner du mode d'expression réaliste une interprétation qui rende intelligible ce que l'on signifie en disant, par exemple, qu'une occurrence P_k contredit une théorie t. Doré-

---

(1) Et surtout certains auteurs d'ouvrages sur la probabilité ; *cf.* Keynes, *A Treatise on Probability* (1921), p. 5. Keynes fait référence à Ancillon comme au premier auteur qui proposa le « mode d'expression formel ». Il se réfère également à Boole, Czuber et Stumpf. * Je considère encore que les définitions (syntaxiques) d' « occurrence » et d' « événement », données plus bas, sont appropriées à mon propos mais je ne crois plus qu'elles représentent de·manière appropriée notre usage et nos intentions. C'est Alfred Tarski qui m'a fait remarquer (à Paris en 1935) qu'une définition « sémantique » serait préférable à une définition « syntaxique ».

navant, cet énoncé signifiera tout simplement que tout énoncé équivalent à p_k contredit la théorie t et en constitue donc un falsificateur virtuel.

Nous allons à présent introduire un autre terme, celui d' « événement », pour dénoter ce qui, dans une occurrence, peut être *typique* ou *universel* ou ce qui peut être décrit à l'aide de noms universels (Nous n'entendons donc pas par événement une occurrence compliquée ou peut-être prolongée, quoi qu'en puisse suggérer l'usage ordinaire).

Voici notre définition : Soient P_k, P_e ... des éléments d'une classe d'occurrences qui *ne* diffèrent *qu'*eu égard aux termes individuels (les positions ou régions spatio-temporelles) qu'elles comportent. Nous appelons cette classe « l'événement (P) ». Conformément à cette définition, nous dirons, par exemple, que la classe des événements équivalant à l'énoncé « on vient de renverser un verre d'eau ici » est un élément de l'événement « renversement d'un verre d'eau ».

A propos de l'énoncé singulier p_k, lequel représente une occurrence P_k, nous pouvons dire, en utilisant le mode d'expression réaliste, qu'il affirme l'occurrence de l'événement (P) à la position spatio-temporelle k. Et nous considérons que ceci signifie la même chose que la « classe P_k des énoncés singuliers équivalents à p_k est un élément de l'événement (P) ».

Nous allons à présent appliquer cette terminologie (2) au problème qui nous préoccupe. Pourvu qu'elle soit falsifiable, nous pouvons dire qu'une théorie exclut, ou interdit, non seulement une occurrence mais toujours *au moins un événement*. Aussi la classe des énoncés de base prohibés, c'est-à-dire des falsificateurs virtuels de la théorie, contiendra-t-elle toujours, si elle n'est pas vide, un nombre illimité d'énoncés de base car une théorie ne se réfère pas à des termes individuels comme tels. Nous pouvons appeler « homotypiques » les énoncés de base singuliers qui relèvent d'*un* événement « homotypique », de manière à souligner l'analogie qu'il y a entre les énoncés *équivalents* qui décrivent *une* occurrence et les énoncés *homotypiques* qui décrivent un événement (typique). Nous pouvons dire que toute classe non vide de falsifi-

---

(2) Il faut noter que, bien que les énoncés singuliers *représentent* des occurrences, les énoncés universels ne représentent pas des événements : ils en excluent. Comme on l'a fait pour le concept d'occurrence, l'on peut définir une « uniformité » ou « régularité », en disant que les énoncés universels *représentent* des uniformités. Mais nous n'avons nul besoin ici d'un concept de ce type puisque nous ne sommes intéressés qu'à ce qu'*excluent* les énoncés universels. C'est pour cette raison que des questions comme celle de savoir s'il existe des uniformités (« états de choses » universels, etc...) ne nous concernent pas. Des questions de ce genre font l'objet de notre examen dans la section 79 et également dans l'appendice *X et dans la section *15 du *Postscript*.

cateurs virtuels d'une théorie contient au moins une classe non vide d'énoncés de base homotypiques.

Imaginons que la classe de tous les énoncés de base possibles soit représentée par une aire circulaire. L'on peut considérer que la surface du cercle représente quelque chose comme l'ensemble de *tous les mondes d'expérience possibles* ou de tous les mondes empiriques possibles. Imaginons en outre, que chaque événement soit représenté par l'un des rayons (ou plus précisément par une surface très étroite ou un secteur très étroit pris le long d'un des rayons) et que deux occurrences quelconques faisant intervenir les mêmes coordonnées (ou termes individuels) soient situées à la même distance du centre et soient donc sur le même cercle concentrique. Nous pouvons alors illustrer le postulat de falsifiabilité par la condition suivante : toute théorie empirique doit interdire au moins *un* rayon (ou secteur très étroit) de notre diagramme.

Cette illustration peut se révéler utile dans la discussion de nos divers problèmes (* 1), tel celui du caractère métaphysique des énoncés existentiels purs. (Auxquels référence rapide a été faite dans la section 15.) Il est clair que pour chacun de ces énoncés, il y aura un événement (un rayon) tel que les divers énoncés de base relatifs à cet événement vérifieront chacun l'énoncé existentiel en question. Néanmoins, la classe de ses falsificateurs virtuels est vide ; aussi de l'énoncé existentiel *ne suit-il rien* ayant trait aux mondes d'expérience possibles. (Un tel énoncé n'exclut ou n'interdit aucun des rayons.) Le fait qu'inversement l'on puisse déduire de tout énoncé de base un énoncé existentiel pur, ne peut être utilisé comme un argument en faveur du caractère empirique de ce dernier type d'énoncés. En effet, l'on peut également déduire une tautologie de tout énoncé de base puisqu'on peut le faire de n'importe quel énoncé.

Je puis peut-être dire ici un mot à propos des énoncés contradictoires.

Alors que les tautologies, les énoncés existentiels purs, et autres énoncés non falsifiables constituent en quelque sorte des assertions *trop faibles* relativement à la classe des énoncés de base possibles, les énoncés contradictoires constituent des assertions *trop fortes*. D'un énoncé contradictoire, l'ont peut déduire validement n'importe quel énoncé (* 2). La classe des falsificateurs virtuels d'un énoncé de ce type est, en conséquence, identique à celle de tous les énoncés de base possibles : n'importe quel énoncé le falsifie.

(* 1) Cette illustration sera utilisée, plus particulièrement, dans les sections 31 et suiv., plus loin.
(* 2) Ce fait n'a en général pas encore été compris dix ans après la parution de cet ouvrage. L'on peut résumer la situation comme suit : un énoncé faux en

24. — FALSIFIABILITÉ ET COHÉRENCE.

La condition de cohérence joue un rôle particulier parmi les diverses conditions auxquelles un système théorique, ou un système axiomatique, doit satisfaire. On peut la considérer comme la première des conditions auxquelles doit satisfaire *tout* système théorique, qu'il soit ou non empirique.

Pour montrer l'importance fondamentale de cette condition, il ne suffit pas de mentionner le fait évident qu'un système contradictoire doit être rejeté parce qu'il est « faux ». Nous utilisons fréquemment des énoncés qui, bien qu'effectivement faux, donnent des résultats adéquats à certains propos (* 1). (L'approximation de Nernst pour l'équation de l'équilibre des gaz en constitue un exemple.) Mais l'on évaluera l'importance de la condition de cohérence si l'on réalise qu'un système incohérent ne nous fournit aucune information puisque nous pouvons en dériver toute conclusion qui nous satisfait. Aucun énoncé ne se caractérise donc comme incompatible ou comme déductible : tous les énoncés peuvent être dérivés d'un tel système. Un système cohérent, au contraire, divise en deux groupes l'ensemble de tous les énoncés possibles : ceux avec lesquels il est en contradiction et ceux avec lesquels il est compatible. (Nous trouvons parmi ces derniers les conclusions qui peuvent en être dérivées.) Voilà pourquoi la cohérence est la condition la plus générale à laquelle doit satisfaire un système — qu'il soit empirique ou non empirique — s'il doit être d'un usage quelconque.

---

fait « implique matériellement » tout énoncé (mais il n'implique pas logiquement (*« entails »*) tout énoncé). Il est par suite essentiel de distinguer nettement un énoncé qui n'est faux qu'en fait (synthétique) d'un énoncé *logiquement faux*, ou *incohérent*, ou *contradictoire en soi* ; c'est-à-dire un énoncé dont l'on peut déduire un énoncé de la forme $p \cdot \bar{p}$.

L'on peut montrer comme suit qu'un énoncé incohérent entraîne tout énoncé :
Les « propositions primitives » de Russell nous donnent tout de suite :

(1) $p \rightarrow (p \ v \ q)$.

Ensuite, en substituant, d'abord « $\bar{p}$ » à « p » puis « $p \rightarrow q$ » à « $\bar{p} \ v \ q$ », nous obtenons :

(2) $\bar{p} \rightarrow (p \rightarrow q)$.
qui donne, conformément à la règle d' « importation ».

(3) $\bar{p} \cdot p \rightarrow q$.
Or à l'aide du *modus ponens*, (3) nous permet de déduire n'importe quel énoncé q à partir de tout énoncé de la forme « $\bar{p} \cdot p$ » ou « $p \cdot \bar{p}$ » (Voyez également ma note du *Mind* 52, 1943, pp. 47). Le fait que l'on peut tout déduire d'une série incohérente de prémisses est à bon droit considéré par P. P. Wiener comme notoire (*The Philosophy of Bertrand Russell*, édité par P. A. Schilpp, 1944, p. 264) ; mais il est assez surprenant que Russell ait mis ce fait en question dans sa réponse à Wiener (*op. cit.*, p. 695 et suiv.) en parlant cependant de « propositions *fausses* » là où Wiener parlait de « prémisses *incohérentes* » (*Cf.* mes *Conjectures and Refutations*, 1963, 1965 ; pp. 317).
(* 1) *Cf.* mon *Postscript*, section * 3 (ma réponse à la « seconde proposition ») ; et la section * 12, point (2).

Outre la cohérence, un système empirique doit satisfaire à une condition supplémentaire : il doit être *falsifiable*. Les deux conditions sont dans une large mesure analogues (1). Les systèmes ne satisfaisant pas à la condition de cohérence sont incapables de différencier deux énoncés pris dans l'ensemble des énoncés possibles. Les systèmes ne satisfaisant pas à la condition de falsifiabilité sont incapables de différencier deux énoncés quelconques pris dans l'ensemble des énoncés de base empiriques possibles.

(1) *Cf.* mon article dans *Erkenntnis* 3, 1933, p. 426. * Repris à présent dans l'appendice * 1 de cet ouvrage.

CHAPITRE V

LE PROBLÈME DE LA BASE EMPIRIQUE

Nous voilà ramenés de la question de la falsifiabilité des théories à celle de la falsifiabilité de ces énoncés singuliers auxquels j'ai donné le nom d'énoncés de base. Mais quelle espèce d'énoncés singuliers ces énoncés de base constituent-ils ? Comment peuvent-ils être falsifiés ? Ces questions manquent peut-être d'intérêt pour le praticien de la recherche mais les obscurités et malentendus qui entourent le problème rendent opportun de le débattre ici de manière quelque peu détaillée.

25. — L'EXPÉRIENCE PERCEPTIVE COMME BASE EMPIRIQUE : LE PSY-CHOLOGISME.

La doctrine selon laquelle les sciences empiriques sont réductibles à des perceptions sensorielles et donc à nos expériences est de celles que beaucoup reçoivent comme évidente, au-delà de toute mise en question. Pourtant, le sort de cette doctrine dépend de celui de la logique inductive : elle se trouve ici rejetée en même temps que cette dernière. Je ne souhaite pas dénier qu'il y ait un grain de vérité dans la conception selon laquelle les mathématiques et la logique sont fondées sur la réflexion alors que les sciences naturelles le sont sur les perceptions de nos sens. Mais la parcelle de vérité que comporte cette conception a peu de rapport au problème épistémologique. En effet l'on pourrait difficilement trouver dans le domaine de l'épistémologie un problème qui plus que ce problème de la base des énoncés d'expérience ait souffert d'avoir été confondu par ceux qui l'abordèrent en psychologie et en logique.

Le problème de la base de l'expérience a préoccupé peu de penseurs aussi profondément que Fries (1). Ce dernier pensait que si l'on ne veut pas accepter les énoncés scientifiques comme des dogmes, l'on doit être en mesure de les *justifier*. Si nous exigeons que cette justification se fasse au moyen d'arguments conformes au raisonnement logique, nous devons bien admettre que

(1) J. F. Fries, *Neue oder anthropologische Kritik der Vernunft* (1828-1831).

seuls des énoncés peuvent justifier des énoncés. L'exigence que *tous* les énoncés soient logiquement justifiés (dépeinte par Fries comme une « prédilection pour les démonstrations ») doit donc immanquablement conduire à une *régression à l'infini*. Or, si nous désirons éviter le danger du dogmatisme aussi bien que celui de la régression à l'infini, il semble que nous ne puissions avoir recours qu'au psychologisme, c'est-à-dire à la doctrine selon laquelle des énoncés peuvent être justifiés non seulement par des énoncés mais aussi par des expériences perceptives. Face à ce trilemme : le dogmatisme, la régression à l'infini ou le psychologisme, Fries, et avec lui presque tous les épistémologues qui souhaitaient rendre compte de notre connaissance empirique, a opté pour le psychologisme. Dans l'expérience sensorielle, nous avons, pensait-il, une « connaissance immédiate » (2) qui peut justifier la connaissance médiate que nous exprimons dans le symbolisme de quelque langage. Et cette connaissance médiate inclut, bien entendu, les énoncés scientifiques.

Le problème n'est habituellement pas aussi approfondi. Dans les épistémologies du sensualisme et du positivisme, l'on prend pour garanti que les énoncés des sciences empiriques « parlent de nos expériences » (3). En effet, comment pourrions-nous jamais avoir une connaissance quelconque des faits sinon par l'intermédiaire des perceptions de nos sens ? Par la simple réflexion, un homme ne peut ajouter un iota à sa connaissance du monde des faits : l'expérience perceptive doit donc être la seule « source de connaissance » de toutes les sciences empiriques. Tout ce que nous savons relativement au monde des faits doit donc pouvoir être exprimé sous la forme d'*énoncés relatifs à nos expériences*. Nous ne pouvons constater que cette table est rouge ou bleue qu'en nous référant à notre expérience sensorielle. Le sentiment immédiat de conviction qu'elle provoque en nous nous permet de distinguer l'énoncé vrai, à savoir celui dont les termes concordent avec notre expérience, de l'énoncé faux dont les termes ne concordent pas avec elle. La science consiste tout simplement en une tentative en vue de classifier et de décrire cette connaissance perceptive, ces expériences immédiates dont la vérité ne peut être mise en doute : *elle est la présentation systématique de nos convictions immédiates*.

Cette doctrine s'embourbe, à mon avis, dans les problèmes de l'induction et des termes universels. En effet, nous ne pouvons

(2) *Cf.* par exemple, J. Kraft, *Von Husserl zu Heidegger* (1932), p. 102 et suiv. (* Seconde édition, 1957, p. 108 et suiv.).
(3) Je suis ici presque littéralement les exposés de P. Frank (*cf.* la section 27, note 4) et Hahn (*cf.* la section 27, note 1).

exprimer aucun énoncé scientifique qui n'aille au-delà de ce qu'on peut connaître avec certitude « sur la base de l'expérience immédiate ». (L'on peut se référer à ce fait comme à la « transcendance inhérente à toute description. ») Chaque fois que nous décrivons, nous utilisons des noms (ou symboles ou notions) *universels* ; tout énoncé a le caractère d'une théorie, d'une hypothèse. L'énoncé « voici un verre d'eau » ne peut être vérifié par aucune espèce d'observation. En effet, les termes universels qui apparaissent dans cet énoncé ne peuvent être mis en corrélation avec aucune expérience sensible spécifique. (Une « expérience immédiate » n'est « donnée immédiatement » *qu'une seule fois* ; elle est unique.) Par le mot « verre », par exemple, nous dénotons des corps physiques qui présentent un certain *comportement régulier* (quasi légal) ceci vaut également pour le mot « eau ». Les termes universels ne peuvent être réduits à des classes d'expériences ; ils ne peuvent être « constitués » (4).

26. — A propos des prétendus « énoncés protocolaires ».

La conception qui a fait l'objet de notre examen dans la section précédente, et que j'appelle « psychologisme » est aussi sous-jacente, me semble-t-il, à une théorie moderne de la base empirique, encore que ses défenseurs ne parlent pas d'expériences ou de perceptions mais d' « énoncés » : d'énoncés représentant des expériences. Neurath (1) et Carnap les appellent des énoncés protocolaires (2).

Reininger a soutenu, plus anciennement encore, une théorie semblable. Son point de départ était la question de savoir en quoi consiste la correspondance ou l'accord entre un énoncé et le fait ou état de choses qu'il décrit. Il en vint à conclure que les énoncés ne peuvent être comparés qu'avec des énoncés. La correspondance d'un énoncé avec un fait ne peut dès lors être qu'une correspondance logique entre énoncés appartenant à des niveaux d'universalité différents : c'est (3) « ... la correspondance entre des énoncés de niveau supérieur avec des énoncés de contenu similaire, et en dernier ressort, avec des énoncés relatant des expériences. [Reininger appelle parfois ces derniers « énoncés élémentaires » (4)].

Carnap part d'une question un peu différente. Selon sa thèse, toutes les enquêtes philosophiques parlent « des formes de lan-

(4) *Cf.* la note 2 de la section 20 et le texte. « Constitué » est le terme utilisé par Carnap.
(1) Nous devons le terme à Neurath ; *cf.* par exemple, *Soziologie*, dans *Erkenntnis* 2, 1932, p. 393.
(2) Carnap, *Erkenntnis* 2, 1932, p. 432 et suiv. *Ibid.* 3 (1932), p. 107 et suiv.
(3) Reininger, *Metaphysik der Wirklichkeit* (1931), p. 134.
(4) Reininger, *op. cit.*, p. 132.

gage » (5). La logique de la science doit rechercher « les formes du langage scientifique » (6).

Elle parle non d' « objets » (physiques) mais de mots ; non de faits mais d'énoncés. A ce langage correct, c'est-à-dire au « *mode d'expression formel* », Carnap oppose le langage ordinaire ou, comme il l'appelle, le « *mode matériel d'expression* ». Pour éviter la confusion, le mode matériel d'expression ne devrait être utilisé que là où il est possible de le traduire dans le mode d'expression correct, dans le mode formel d'expression.

Or cette conception — avec laquelle je puis être d'accord — amène Carnap (tout comme Reininger) à affirmer que, dans la logique de la science, nous ne devons pas dire que l'on contrôle des énoncés en les comparant à des états de choses ou à des expériences : la seule façon de les contrôler est de les comparer à d'autres *énoncés*. Cependant, Carnap retient en fait les idées fondamentales de la manière psychologiste d'aborder le problème ; il ne fait que les traduire dans le « mode formel d'expression ». Les énoncés de la science sont contrôlés « à l'aide d'énoncés protocolaires », nous dit-il (7) mais puisque ces derniers sont présentés comme des énoncés ou phrases « qui n'ont pas besoin de confirmation et servent de base à tous les autres énoncés de la science », cela revient à dire — dans le mode d'expression « matériel » ordinaire — que les énoncés protocolaires se réfèrent au « donné » : aux « données des sens ». Ils décrivent (comme le prétend Carnap lui-même) « les contenus de l'expérience immédiate ou phénomènes et donc les faits les plus simples qui puissent être connus » (8). Ceci montre avec suffisamment de clarté que la théorie des énoncés protocolaires n'est rien d'autre que le psychologisme traduit dans le mode d'expression formel. L'on peut dire bien des choses semblables à propos de la conception de Neurath (9) ; celui-ci voudrait que des mots comme « percevoir », « voir » etc... apparaissent dans les énoncés protocolaires accompagnés des nom et prénom de l'auteur de l'énoncé protocolaire. Les énoncés protocolaires devraient, comme leur nom l'indique, être *des rapports ou des protocoles d'observations ou de perceptions immédiates.*

Comme Reininger (10), Neurath soutient que les énoncés perceptifs relatant des expériences, c'est-à-dire « les énoncés proto-

(5) Carnap, *Erkenntnis* 2, 1932, p. 435, « *These der Metalogik* ».
(6) Carnap, *Ibid.* 3, 1933, p. 228.
(7) Carnap, *Ibid.* 2, 1932, p. 437.
(8) Carnap, *Ibid.*, p. 438.
(9) Neurath, *Erkenntnis* 3, 1933, p. 205 et suiv. ; Neurath donne l'exemple suivant : « Un énoncé protocolaire complet pourrait être : . Le protocole d'Otto à 3 h 17 mn [l'expression de la pensée d'Otto était à 3 h 16 mn : (dans la chambre à 3 h 15 mn, il y avait une table observée par Otto)].. »
(10) Reininger, *op. cit.*, p. 133.

colaires », ne sont pas irrévocables : l'on peut parfois les rejeter. Il n'est pas d'accord (11) avec la conception de Carnap [révisée depuis par ce dernier (12)] selon laquelle les énoncés protocolaires sont ultimes et ne *requièrent pas de confirmation*. Mais alors que Reininger décrit une méthode pour soumettre, en cas de doute, ses énoncés « élémentaires » à des tests au moyen d'autres énoncés (c'est la méthode qui consiste à faire des déductions et à soumettre les conclusions à des tests), Neurath ne donne aucune méthode de ce genre. Il fait seulement remarquer que nous pouvons soit « éliminer » un énoncé protocolaire contredisant un système », « ... soit l'accepter et modifier le système de façon à ce qu'il reste cohérent si l'énoncé en question lui est ajouté ».

La conception de Neurath selon laquelle les énoncés protocolaires ne sont pas inviolables, représente, à mon avis, un progrès remarquable. Mais, mis à part la substitution des énoncés perceptifs aux perceptions, qui consiste en une simple traduction dans le mode formel d'expression, la doctrine selon laquelle les énoncés protocolaires peuvent faire l'objet d'une révision constitue son seul progrès par rapport à la théorie (dont nous sommes redevables à Fries) de l'immédiateté de la connaissance perceptive. C'est un pas dans la bonne direction mais il ne mène nulle part car il n'est pas suivi : nous avons besoin d'une série de règles pour limiter le caractère arbitraire de « l'élimination » (ou de « l'acceptation ») de l'énoncé protocolaire. Or Neurath ne parvient à nous donner aucune règle de ce genre et jette ainsi, malgré lui, l'empirisme par-dessus bord. En effet, en l'absence de telles règles, les énoncés empiriques ne peuvent plus être distingués d'aucune espèce d'énoncés. N'importe quel système peut être défendu s'il est permis (comme il l'est à chacun dans la perspective de Neurath) d' « éliminer » purement et simplement un énoncé protocolaire qui devient inopportun. De cette manière, il deviendrait possible non seulement de sauver n'importe quel système en danger mais même de le confirmer grâce au rapport de témoins ayant attesté ou enregistré ce qu'ils ont vu et entendu. Neurath évite cette forme de dogmatisme mais prépare un terrain où n'importe quel système arbitraire pourra se donner comme une « science empirique ».

Il n'est donc pas tellement facile de voir le rôle que les énoncés protocolaires sont censés jouer dans le plan de Neurath. Dans le premier état de la pensée de Carnap, le système d'énoncés protocolaires était la pierre de touche qui devait servir à évaluer toute assertion de la science empirique. Aussi ces énoncés devaient-ils

(11) Neurath, *op. cit.*, p. 209 et suiv.
(12) Carnap, *Erkenntnis* 3, 1933, pp. 215 et suiv. ; *cf.* la note 1 de la section 29.

être « irréfutables ». Eux seuls en effet pouvaient éliminer des énoncés ; à savoir des énoncés non protocolaires, naturellement. Mais s'ils sont privés de cette fonction et s'ils peuvent eux-mêmes être éliminés par des théories, à quoi servent-ils ? Puisque le propos de Neurath n'est pas de résoudre le problème de la démarcation, il semble que sa notion d'énoncé protocolaire ne soit qu'une relique : un souvenir persistant de la conception traditionnelle selon laquelle la science empirique prend sa source dans la perception.

27. — L'OBJECTIVITÉ DE LA BASE EMPIRIQUE.

Je propose de considérer la science d'une manière légèrement différente de celle qui est en faveur auprès des diverses écoles psychologistes : je désire *distinguer avec précision la science objective, d'une part*, et « *notre connaissance* », *de l'autre*.

Je suis tout prêt à admettre que seule l'observation peut nous donner une « connaissance relative aux faits » et que, (comme le dit Hahn), « nous ne pouvons prendre conscience des faits que par l'observation » (1). Mais cette conscience, cette connaissance que nous pouvons avoir ne justifie ni n'établit la vérité d'aucun énoncé. Je ne crois donc pas que l'épistémologie doive se poser la question de savoir « ... sur quoi notre *connaissance* repose... ou plus exactement comment je puis, ayant eu *l'expérience* S, justifier la description que j'en fais et la défendre contre le doute » (2). Le problème n'est pas là, même si nous substituons les termes « énoncé protocolaire » au terme « expérience ». A mon avis, l'épistémologie doit plutôt s'interroger sur la manière de contrôler les énoncés scientifiques à l'aide des conséquences que nous en déduisons(* 1) et sur *le genre* de conséquences que nous pouvons choisir à cette fin s'il faut qu'elles aussi puissent être soumises à des tests intersubjectifs.

Cette voie d'approche objective, non psychologique, est aujourd'hui assez généralement acceptée lorsqu'il s'agit d'énoncés logiques ou tautologiques. Il n'y a pas si longtemps pourtant, l'on soutenait que la logique était une science qui traitait des processus

(1) H. Hahn, *Logik, Mathematik und Naturerkennen,* dans *Einheitswissenschaft,* 2, 1933, pp. 19 et 24.
(2) *Cf.* Carnap, par exemple, *Scheinprobleme in der Philosophie* (1928), p. 15 (il n'y a pas d'italique dans l'original).
(* 1) Je formulerais à présent cette question de la manière suivante : « Comment pouvons-nous le mieux *critiquer* nos théories (nos hypothèses, nos conjectures) et non les défendre contre le doute ? » Naturellement, *l'action de soumettre à des tests* fit toujours, pour moi, partie de la critique. (*Cf.* mon *Postscript.* Sections * 7, texte entre les notes 5 et 6, et fin de * 52.)

mentaux et de leurs lois : les lois de notre pensée. Selon cette conception, le prétendu fait de ne pouvoir justement pas penser d'une autre manière suffisait à justifier la logique. Une inférence logique semblait justifiée parce qu'on l'éprouvait comme une nécessité de la pensée, parce qu'on avait l'impression d'être contraint de penser suivant certaines règles. Dans le domaine de la logique, cette sorte de psychologisme fait peut-être aujourd'hui partie du passé. Personne ne songerait plus à justifier une inférence logique ou à la défendre contre les doutes en écrivant dans la marge l'énoncé protocolaire suivant : « Protocole : en vérifiant aujourd'hui cette suite d'inférences, j'ai éprouvé un vif sentiment de conviction ».

Les positions sont très différentes lorsqu'il s'agit des *énoncés de la science empirique*. Chacun croit que ces derniers sont fondés sur des expériences, telles que des perceptions ou, si l'on utilise le mode d'expression formel, sur des énoncés protocolaires. La plupart s'accorderaient pour voir un cas de psychologisme dans tout essai de fonder des énoncés logiques sur des énoncés proto-colaires mais, chose assez curieuse, lorsqu'elle s'applique à des énoncés empiriques, la même démarche revêt aujourd'hui le nom de « physicalisme ». Pourtant je pense que la réponse est la même, qu'il s'agisse d'énoncés de logique ou d'énoncés de sciences empi-riques : notre *connaissance*, que l'on peut décrire en termes imprécis comme un système de *dispositions* pouvant intéresser la psychologie, est susceptible d'être, dans l'un et l'autre cas, liée à des sentiments de croyance ou de conviction ; dans l'un des cas, il s'agit peut-être du sentiment d'être contraint de penser d'une certaine manière, dans l'autre, de celui d'une « garantie perceptive ». Mais tout ceci n'a d'intérêt que pour le psychologue et n'effleure même pas des problèmes comme ceux des rapports logiques entre les énoncés scientifiques, qui seuls intéressent les épistémologues.

(Selon une croyance répandue, l'énoncé « je vois que cette table est blanche » possède, d'un point de vue épistémologique, un avantage sérieux sur l'énoncé « cette table-ci est blanche ». Pourtant, s'il s'agit d'évaluer les tests objectifs auxquels ils peuvent être soumis, le premier énoncé, qui parle de moi, ne m'apparaît pas plus sûr que le second, qui parle de cette table-ci.)

Il n'y a qu'une manière de garantir la validité d'une chaîne de raisonnements logiques, c'est de lui donner la forme sous laquelle on pourra le plus facilement la soumettre à des tests : la scinder en un grand nombre de petites étapes dont chacune peut facilement être contrôlée par quiconque a appris les techniques mathématiques ou logiques de transformation des phrases. Si alors quelqu'un émet encore des doutes, nous ne pouvons que lui demander de désigner une erreur dans les étapes de la démonstration ou de réexaminer la question. S'il rejette finalement l'énoncé, il ne nous satisfera pas en nous racontant tout ce qui concerne les sentiments de doute ou de conviction que suscitent en lui ses perceptions. Ce qu'il doit faire, c'est formuler un énoncé qui contredise le nôtre et nous donner ses instructions pour qu'il soit soumis à des tests. S'il n'y parvient pas, il ne nous reste qu'à lui demander de considérer une nouvelle fois notre expérience, plus prudemment peut-être, et d'y réfléchir à nouveau.

Une assertion qui ne peut être soumise à des tests en raison de sa forme logique peut, dans les meilleurs cas, jouer dans la science le rôle d'un stimulus : elle peut suggérer un problème. Le problème de Fermat dans le domaine de la logique et des mathématiques, et, dans celui des sciences naturelles, les rapports concernant les serpents de mer, en constituent des exemples. Dans les cas de ce genre, la science ne dit pas que les rapports ne sont pas fondés, que Fermat s'est trompé ou que toutes les relations d'observations de serpents de mer sont des mensonges ; elle se contente de suspendre son jugement (3).

L'on peut envisager la science de divers points de vue et pas seulement de celui de l'épistémologie. Nous pouvons, par exemple, la considérer comme un phénomène biologique ou sociologique. Comme telle, on pourrait la décrire comme un outil ou un instrument, comparable peut-être à certains de nos appareils industriels. On peut voir dans la science un moyen de production : le dernier mot de la « production indirecte » (4). Même de ce point de vue, la science n'est pas plus étroitement liée à « notre expérience » que d'autres instruments ou moyens de production. Et même si nous considérons qu'elle comble nos besoins intellectuels, sa relation à nos expériences ne diffère en principe pas de celle de n'importe quelle autre structure objective. Sans doute n'est-il pas incorrect de dire que la science est « ... un instrument » destiné à « ... prédire, à partir d'expériences données, des expériences ultérieures et même à les contrôler autant que possible » (5). Mais je ne pense pas que ces propos contribuent à clarifier le sujet. C'est à peine plus topique que, disons, de caractériser, correctement sans doute, un derrick d'huile en disant qu'il est destiné à nous donner certaines expériences : non pas celle de l'huile mais plutôt celles de l'aspect et

(3) *Cf.* la remarque sur les « effets occultes » dans la section 8.
(4) L'expression est de Böhm-Bawerk (« *Produktionsumweg* »).
(5) Frank, *Das Kausalgesetz und seine Grenzen* (1932), p. 11.
* En ce qui concerne l'instrumentalisme, voyez la note (* 1) précédant la section 12 et mon *Postscript*, particulièrement les sections * 12 à * 15.

de l'odeur de l'huile ; non pas celle de l'argent mais plutôt celle du sentiment d'avoir de l'argent.

28. — LES ÉNONCÉS DE BASE.

J'ai déjà indiqué brièvement le rôle que jouent les énoncés de base dans la théorie épistémologique que je défends. Nous avons besoin de ces énoncés pour décider si une théorie doit être qualifiée de falsifiable, c'est-à-dire d'empirique (*cf.* la section 21). Ils nous sont également nécessaires pour la corroboration des hypothèses falsifiantes, et donc pour la falsification des théories. (*Cf.* la section 22.)

Les énoncés de base doivent, en conséquence, satisfaire aux conditions suivantes :

a) D'un énoncé universel sans conditions initiales, il n'est pas possible de déduire un énoncé de base (* 1).

(* 1) En écrivant ceci, je croyais qu'il était suffisamment évident que de la seule théorie de Newton, non accompagnée de conditions initiales, l'on ne pouvait rien déduire qui soit de la nature d'un énoncé d'observation (et donc certainement pas de celle d'énoncés de base). Il se trouva, malheureusement, que ce fait et son retentissement sur le *problème des énoncés d'observation* ou « énoncés de base » ne furent pas appréciés par certains critiques de mon ouvrage. Il m'est donc permis d'ajouter ici quelques remarques.

Et tout d'abord, rien d'observable ne suit d'aucun énoncé universel au sens strict, tel « tous les cygnes sont blancs », par exemple. On le voit aisément si l'on considère que « tous les cygnes sont blancs » et « tous les cygnes sont noirs » ne se contredisent manifestement pas mais impliquent ensemble qu' « il n'y a pas de cygnes », ce qui n'est évidemment pas un énoncé d'observation non plus que l'un de ces énoncés « vérifiables ». (A ce propos, un énoncé unilatéralement falsifiable comme « tous les cygnes sont blancs » a la même forme logique que « il n'y a pas de cygnes » car il équivaut à l'énoncé « il n'y a pas de cygnes non blancs »).

Or, si l'on admet ceci, l'on verra tout de suite que les énoncés singuliers qui *peuvent* être déduits d'énoncés universels au sens strict ne peuvent être des énoncés de base. Je songe à des énoncés de la forme : « s'il y a un cygne à l'endroit *k*, alors il y a un cygne blanc à l'endroit *k*, » (Ou, « A l'endroit *k*, il n'y a pas de cygne, ou alors il y a un cygne blanc »). Or nous voyons immédiatement pourquoi ces « énoncés illustratifs » (*instantial statements*) comme on peut les appeler ne sont pas des énoncés de base : *ils ne peuvent pas jouer le rôle d'énoncés-tests* (ou de falsificateurs virtuels), or c'est précisément le rôle que les énoncés de base sont censés jouer. Si nous acceptions des énoncés illustratifs comme énoncés-tests, nous obtiendrions pour toute théorie (et donc *aussi bien pour* « tous les cygnes sont blancs » *que pour* « tous les cygnes sont noirs ») un nombre écrasant de vérifications ; en effet, ce nombre est infini dès que nous acceptons comme un fait que la majeure partie du monde est vide de cygnes.

Puisqu'il est possible de dériver des « énoncés illustratifs » à partir d'énoncés universels, leurs négations doivent être des falsificateurs virtuels et *peuvent* donc être des énoncés de base (si les conditions établies plus bas dans le texte sont remplies). *Inversement*, les énoncés illustratifs auront la forme de négations d'énoncés de base (voyez également la note * 4 de la section 80). Il est intéressant de noter que les énoncés de base (qui disent trop pour être dérivés des seules lois universelles) ont un contenu informatif plus grand que leurs négations illustratives, ce qui veut dire que le contenu des énoncés de base excède leur probabilité logique (puisqu'il doit excéder $\frac{1}{2}$).

Voilà certaines des considérations qui sous-tendent ma théorie de la forme logique des énoncés de base. (Voyez aussi la section * 43 de mon *Postscript.*)

D'autre part, (*b*) un énoncé universel et un énoncé de base peuvent se contredire mutuellement. La condition (*b*) ne peut être remplie que s'il est possible de dériver la négation d'un énoncé de base à partir de la théorie qu'il contredit. Il suit de ceci et de la condition (*a*) qu'un énoncé de base doit avoir une forme logique telle que sa négation ne puisse être elle aussi un énoncé de base. Nous avons déjà rencontré des énoncés dont la forme logique différait de celle de leurs négations. Il s'agissait des énoncés universels et des énoncés existentiels : ils sont les négations les uns des autres et ils ont des formes logiques différentes. Des énoncés *singuliers* peuvent être construits de manière analogue. L'on peut dire que l'énoncé « Il y a un corbeau dans la région spatio-temporelle k » a une forme logique — et non seulement linguistique — différente de celle de l'énoncé : « Il n'y a pas de corbeau dans la région spatio-temporelle k ». Un énoncé de la forme « Il y a telle chose dans la région k » ou « tel événement se produit dans la région k » peut être appelé « énoncé singulier existentiel » ou « énoncé *singulier* il-y-a ». Et l'on peut appeler « énoncé *singulier* de non-existence » ou « énoncé *singulier* il-n'y-a-pas », l'énoncé qui résulte de sa négation, à savoir « Il n'y a pas de chose de ce genre dans la région k » ou « un événement de cette espèce ne se produit pas dans la région k ».

Nous pouvons à présent établir, relativement aux énoncés de base, la règle suivante : *les énoncés de base doivent avoir la forme d'énoncés existentiels singuliers.* Cette règle signifie qu'ils satisferont à la condition (*a*) puisqu'un énoncé existentiel singulier ne peut jamais être déduit d'un énoncé universel au sens strict, c'est-à-dire d'un énoncé de non-existence pur. Ils satisferont également à la condition (*b*), comme le montre le fait qu'à partir de tout énoncé existentiel singulier l'on peut dériver un énoncé existentiel au sens strict par la simple omission de toute référence à une région quelconque de l'espace-temps ; et, comme nous l'avons vu, un énoncé existentiel au sens strict peut en effet contredire une théorie.

Il convient de faire remarquer que la conjonction de deux énoncés de base d et r qui ne se contredisent pas mutuellement forme à son tour un énoncé de base. Nous pouvons même, dans certains cas, obtenir un énoncé de base en réunissant un énoncé de base et un énoncé d'une autre espèce. Ainsi, nous pouvons former la conjonction de l'énoncé de base r : « Il y a une aiguille à l'endroit k », avec l'énoncé singulier de non-existence $\bar{p}$: « Il n'y a pas d'aiguille en mouvement à l'endroit k ». Il est en effet clair que la conjonction $r.\bar{p}$ (« r et non p ») des deux énoncés est équivalente à l'énoncé existentiel singulier : « Il y a une aiguille au repos à l'endroit k ».

En conséquence, si l'on nous donne une théorie t et des conditions initiales r, dont nous déduisons la prédiction p, l'énoncé $r.\bar{p}$ sera un falsificateur virtuel de la théorie et donc un énoncé de base. (Par contre, l'énoncé conditionnel « $r \to p$ », c'est-à-dire « Si r, alors p », n'est pas plus un énoncé de base que ne l'est la négation $\bar{p}$, puisqu'il est équivalent à la négation d'un énoncé de base, à savoir à la négation de $r.\bar{p}$.)

Ce sont là les exigences formelles auxquelles doivent satisfaire les énoncés de base ; tous les énoncés existentiels singuliers y satisfont. Un énoncé de base doit en outre satisfaire à une exigence matérielle, à savoir une exigence relative à l'événement qui, comme l'énoncé de base nous le dit, a lieu à l'endroit k. Cet événement doit être « *observable* », c'est-à-dire que l'on doit pouvoir soumettre les énoncés de base à des tests intersubjectifs faisant intervenir l' « observation ». Puisqu'il s'agit d'énoncés singuliers, cette exigence ne peut évidemment se rapporter qu'à des observateurs placés dans l'espace et le temps de manière appropriée. (Je n'élaborerai pas ce point.)

Sans doute va-t-il sembler à présent qu'en exigeant que les événements soient observables, j'ai finalement autorisé l'incursion tranquille du psychologisme dans ma théorie. Mais il n'en va pas ainsi. Je veux bien admettre qu'il est possible d'interpréter le concept d'*événement observable* en un sens psychologiste. Mais je l'utilise de telle façon que l'on pourrait aussi bien le remplacer par « un événement impliquant la position et le mouvement de corps physiques macroscopiques ». Ou nous pourrions stipuler, plus précisément, que tout énoncé de base doit être lui-même un énoncé concernant les positions relatives des corps physiques ou équivaloir à un énoncé de base de cette espèce « mécaniste » ou « matérialiste ». (La possibilité de remplir cette condition est liée au fait qu'une théorie susceptible d'être soumise à des tests intersubjectifs pourra également être soumise à des tests « intersensoriels » (1), c'est-à-dire que des tests impliquant la perception de l'un de nos sens pourront, en principe, être remplacés par des tests impliquant d'autres sens.) Le grief qui me serait fait de réadmettre subrepticement le psychologisme en recourant à la nécessité pour les événements d'être observables ne devrait donc pas avoir plus de poids que celui qui me serait fait d'admettre le mécanisme ou le matérialisme.

Ceci montre que ma théorie est en fait tout à fait neutre et qu'aucune de ces étiquettes ne devrait lui être apposée. Je ne dis tout ceci que pour préserver le terme « observable », tel que je l'emploie,

---

(1) Carnap, *Erkenntnis* 2, 1932, p. 445.

des stigmates du psychologisme. (Les observations et les perceptions peuvent être psychologiques mais pas la possibilité d'être observé.) Je n'ai pas l'intention de définir le terme « observable » ou « événement observable » mais je suis tout prêt à l'éclairer à l'aide d'exemples de type psychologiste ou mécaniste. Je pense qu'on devrait le présenter comme un terme indéfini que l'usage précise suffisamment : comme un concept primitif dont l'épistémologue doit apprendre l'usage, tout comme il doit apprendre l'usage du terme « symbole » ou comme le physicien doit apprendre l'usage du terme « masse ponctuelle » (mass-point).

Les énoncés de base sont donc — dans le mode d'expression matériel — des énoncés affirmant qu'un événement observable a lieu dans une région particulière déterminée de l'espace et du temps. Les divers termes utilisés dans cette définition, à l'exception du terme primitif « observable » ont été expliqués, avec plus de précision, dans la section 23 ; le terme « observable » est indéfini mais l'on peut également l'expliquer assez précisément, comme nous l'avons vu ici.

29. — LE CARACTÈRE RELATIF DES ÉNONCÉS DE BASE. — RÉSOLUTION DU TRILEMME DE FRIES.

Chaque fois que nous soumettons une théorie à des tests, qui la corroborent ou la falsifient, nous devons nous arrêter à un énoncé de base que nous *décidons* d'accepter. Si nous n'arrivons pas à prendre de décision et n'acceptons pas l'un ou l'autre énoncé de base, le test n'aura mené nulle part. Cependant, si nous la considérons d'un point de vue logique, la situation ne nous contraint jamais à nous arrêter à cet énoncé particulier plutôt qu'à cet autre non plus qu'à renoncer complètement à des tests ultérieurs. En effet, tout énoncé de base peut à son tour être soumis à des tests, si l'on utilise comme pierre de touche l'un quelconque des énoncés de base que l'on peut en déduire à l'aide d'une théorie, celle que l'on est en train d'éprouver ou une autre. Ce processus n'a pas de fin naturelle (1). Si nous voulons donc que le test mène quelque

(1) *Cf.* Carnap, *Erkenntnis* 3, 1933, p. 224. Je puis accepter cette version carnapienne de ma théorie, mis à part quelques détails sans trop d'importance. Il s'agit d'abord de la suggestion que les énoncés de base (que Carnap appelle « énoncés protocolaires ») sont les fondations sur lesquelles la science est construite ; ensuite, de la remarque (p. 225) selon laquelle un énoncé protocolaire peut être confirmé « avec tel ou tel degré de certitude » ; enfin, de l'affirmation selon laquelle les « énoncés relatifs à nos perceptions » constituent » dans la chaîne, des maillons également valides auxquels nous recourons dans les cas critiques ». *Cf.* la citation dans le texte correspondant à la prochaine note. Je souhaite profiter de l'occasion pour remercier le Professeur Carnap pour les mots aimables qu'il m'adresse à l'endroit mentionné, à propos de mon ouvrage non encore publié.

part, il ne nous reste qu'à nous arrêter à un point ou à un autre et signifier que nous sommes provisoirement satisfaits.

Il est assez facile de voir que nous en arrivons ainsi à ne nous arrêter qu'à une espèce d'énoncé particulièrement facile à soumettre à des tests. Ceci revient en effet à s'arrêter à des énoncés sur l'acceptation ou le rejet desquels les divers chercheurs peuvent s'entendre. Et s'ils ne s'entendent pas, ils poursuivront tout simplement leurs tests ou les recommenceront tous. S'ils n'obtiennent pas plus de résultat de cette manière, nous pourrions alors dire que les énoncés en question ne pouvaient pas être soumis à des tests intersubjectifs ou, qu'après tout, ils ne traitaient pas d'événements observables. S'il devait un jour n'être plus possible pour les observateurs scientifiques de s'entendre au sujet des énoncés de base, cela équivaudrait à l'échec du langage comme moyen de communication universel. Cela équivaudrait à une nouvelle « Tour de Babel », la découverte scientifique s'en trouverait réduite à une absurdité. Dans cette nouvelle Babel le haut édifice de la science tomberait bientôt en ruines.

Un argument logique a atteint une forme satisfaisante lorsque le travail difficile est terminé et que chaque élément peut être facilement contrôlé. Ainsi, lorsque la science a achevé son travail de déduction ou d'explication nous nous arrêtons à des énoncés de base que nous pouvons facilement soumettre à des tests. Il est clair que les énoncés relatifs à des expériences personnelles — c'est-à-dire les énoncés protocolaires — ne sont *pas* de cette espèce. Ils ne conviendront donc pas très bien comme énoncés auxquels nous arrêter. Nous utilisons évidemment les rapports ou protocoles comme des certificats de tests délivrés par un département de recherche scientifique et industrielle. Ces derniers peuvent, si besoin en est, être réexaminés. Il peut, par exemple, devenir nécessaire de soumettre à des tests les temps de réaction des experts qui exécutent les tests (c'est-à-dire de déterminer leurs équations personnelles). Mais en général et tout particulièrement « ... dans les cas critiques », nous nous arrêtons à des énoncés que nous pouvons facilement mettre à l'épreuve et *non*, comme le recommande Carnap, à des énoncés de perception ou énoncés protocolaires. C'est dire que nous *refusons* de « ... nous arrêter précisément à ceux-ci ... parce qu'il est relativement compliqué et difficile de soumettre des énoncés relatifs à des perceptions à des tests intersubjectifs » (2).

(2) *Cf.* la note précédente. * Cet article de Carnap contenait le premier compte rendu publié de ma théorie des tests ; et la conception citée ci-dessus m'y était par erreur attribuée.

Mais quelle est notre position à l'égard du trilemme de Fries, à savoir du choix entre le dogmatisme, la régression à l'infini et le psychologisme ? (*cf.* la section 25). Sans doute les énoncés de base auxquels nous nous arrêtons, ceux que nous décidons d'accepter comme satisfaisants et suffisamment éprouvés, ont-ils le caractère de *dogmes* mais seulement dans la mesure où nous pouvons renoncer à les justifier par des arguments (ou des tests) ultérieurs. Or, cette espèce de dogmatisme est inoffensive puisque, si le besoin s'en faisait sentir, nous pourrions facilement continuer à soumettre ces énoncés à des tests. J'admets que ceci rend en principe la chaîne déductive également infinie. Mais cette sorte de « *régression à l'infini* », est, elle aussi, inoffensive puisqu'il n'est pas question dans notre théorie d'essayer de prouver grâce à elle le moindre énoncé. Enfin, en ce qui concerne le *psychologisme*, j'admets, de nouveau, que la décision d'accepter un énoncé de base et de s'en contenter est causalement liée à nos expériences et surtout à nos *expériences perceptives* mais nous n'essayons pas de *justifier* des énoncés de base par ces expériences. Des expériences peuvent *motiver une décision* et par là l'acceptation ou le rejet d'un énoncé mais elles ne peuvent pas *justifier* un énoncé de base pas plus que ne peuvent le faire des coups de poing sur la table (3).

30. — THÉORIE ET EXPÉRIENCE.

Notre acceptation des énoncés de base résulte d'une décision ou d'un accord et à cet égard ces énoncés sont des conventions. Nos décisions sont prises conformément à une procédure gouvernée par des règles. Parmi celles-ci, il en est une d'une importance toute particulière qui nous prescrit de ne pas accepter des *énoncés de bases isolés*, à savoir logiquement isolés ; il convient d'accepter des énoncés de base au cours des tests auxquels nous soumettons des *théories*, lorsque ces théories suscitent des questions pénétrantes auxquelles l'acceptation de ces énoncés de base nous permet de répondre.

(3) Il me semble que la manière de voir soutenue ici est plus proche de celle de l'école (kantienne) de philosophie « critique » (peut-être sous la forme que lui donne Fries) que du positivisme. Dans sa théorie de notre « prédilection pour les preuves », Fries fait remarquer que les relations (logiques) entre énoncés sont tout à fait différentes des relations entre énoncés et expériences sensorielles ; le positivisme, pour sa part, essaie toujours d'abolir la distinction : ou bien toute la science fait partie de ma connaissance, de « mon » expérience sensorielle (monisme sensualiste) ou bien les expériences sensorielles font partie du système scientifique des arguments objectifs, sous la forme d'énoncés protocolaires (monisme des énoncés).

La situation est donc en réalité tout à fait différente de celle qu'imagine l'empiriste naïf ou le partisan de la logique inductive. Lui pense que nous commençons par rassembler et ordonner nos expériences et gravissons de cette manière les échelons de la science, ou, pour employer le mode d'expression formel, il pense que si nous désirons construire une science, nous devons commencer par rassembler des énoncés « protocolaires ». Pourtant, si l'on m'ordonnait : « Faites un rapport sur les expériences que vous êtes en train de faire », j'aurais du mal à obéir à cet ordre ambigu. Devrais-je rapporter que j'écris, que j'entends sonner une cloche, crier un vendeur de journaux, bourdonner un haut-parleur ou devrais-je peut-être rapporter que ces bruits m'irritent ? Et à supposer même que cet ordre puisse être exécuté, jamais la collection susceptible d'être formée de cette façon, aussi riche soit-elle, ne pourra constituer une *science*. Une science requiert des points de vue et des problèmes théoriques. L'on s'entend en général sur l'acceptation ou le rejet d'énoncés de base, à l'occasion de *l'application* d'une théorie. L'accord constitue une partie de l'application qui soumet la théorie aux tests. Parvenir à un accord au sujet d'énoncés de base c'est, comme d'autres espèces d'applications, accomplir une action intentionnelle, guidée par diverses considérations théoriques.

Je pense que nous sommes à présent en mesure de résoudre des problèmes comme, par exemple, celui de Whitehead : comment se fait-il que le petit déjeuner tactile doive toujours être servi avec le petit déjeuner visuel et le *Times* tactile avec le *Times* visible et bruissant (* 1). Le partisan de la logique inductive, qui croit que toute science part de perceptions élémentaires isolées, doit considérer comme une énigme ces coïncidences régulières ; ces dernières doivent lui paraître tout à fait « accidentelles ». Il ne peut expliquer la régularité par des théories car il fait profession de l'opinion selon laquelle les théories ne sont rien d'autre que des énoncés de coïncidences régulières.

Nous avons quant à nous atteint ici une position qui nous permet d'expliquer les liaisons entre nos diverses expériences et de les déduire en termes de *théories* que nous sommes occupés à soumettre à des tests. (Nos *théories* ne nous amènent pas à escompter qu'avec la lune visible nous sera servie une lune tactile ni à redouter d'être tourmentés par un cauchemar auditif.) Certes, il reste une question — une question à laquelle on ne peut manifestement répondre par aucune théorie falsifiable et qui est donc

(* 1) A. N. Whitehead, *An Enquiry concerning the Principles of Natural Knowledge* (1919), p. 194.

« métaphysique » : comment se fait-il que nous réussissions aussi souvent dans la construction de nos théories, comment se fait-il qu'il y ait des « lois naturelles » (* 2) ?

Toutes ces considérations sont importantes pour la *théorie épistémologique* de *l'expérimentation*. Le théoricien pose certaines questions déterminées à l'expérimentateur et ce dernier essaie, par ses expériences, d'obtenir une réponse décisive à ces questions-là et non à d'autres. Il essaie obstinément d'éliminer toutes les autres questions. (C'est ici que peut être importante l'indépendance relative des sous-systèmes d'une théorie.) Il rend donc son test « ... aussi sensible que possible » eu égard à cette question précise « mais aussi insensible que possible eu égard à toutes les autres questions qui y sont associées. Une partie de son travail consiste à se prémunir contre toutes les sources possibles d'erreur » (1). Mais il est faux de supposer que l'expérimentateur procède de cette manière « afin d'éclaircir la tâche du théoricien » (2) ou peut-être pour lui fournir une base à des généralisations inductives. Au contraire, c'est bien avant l'expérience que le théoricien doit avoir fait son travail ou du moins ce qui en constitue la part la plus importante : il doit avoir formulé sa question avec autant de précision que possible. Aussi est-ce lui qui montre la voie à l'expérimentateur. Mais ce dernier lui-même n'a pas pour tâche principale de faire des observations précises ; son travail à lui aussi est pour une large part d'espèce théorique. La théorie commande le travail expérimental de sa conception aux derniers maniements en laboratoire (* 3).

Les cas où le théoricien a réussi à prédire un effet observable, produit dans la suite expérimentalement, illustrent bien ceci. Le plus bel exemple en est peut-être la prédiction faite par de Broglie du caractère ondulatoire de la matière, prédiction qui fut pour la première fois confirmée expérimentalement par Davisson et

---

(* 2) Nous examinerons cette question dans la section 79 et dans l'appendice * X ; voyez également mon *Postscript*, les sections * 15 et * 16 en particulier.
(1) H. Weyl, *Philosophie der Mathematik und Naturwissenschaft* (1927), p. 113. Édition anglaise : *Philosophy of Mathematics and Natural Science*, Princeton, 1949, p. 116.
(2) Weyl, *ibid.*
(* 3) Je sens à présent que j'aurais dû mettre ici en relief une conception que l'on peut trouver ailleurs dans l'ouvrage (voyez, par exemple, le quatrième et les derniers paragraphes de la section 19).
Je songe à la conception selon laquelle des observations et plus encore des énoncés d'observation et des énoncés de résultats d'observations sont toujours des *interprétations* de faits observés ; ce sont des *interprétations faites à la lumière de théories*. C'est là l'une des principales raisons pour lesquelles il est toujours fallacieusement facile de trouver des *vérifications* d'une théorie. Nous devons, en conséquence, adopter une attitude hautement critique à l'égard de nos théories si nous ne voulons pas présenter d'arguments circulaires : nous devons adopter l'attitude qui consiste à essayer de les *falsifier*.

Germer (* 4). Mais les cas où des expériences ont eu une influence frappante sur le progrès de la théorie en constituent peut-être une illustration meilleure encore. Ce qui dans ces cas-ci pousse le théoricien à rechercher une meilleure théorie est presque toujours la *falsification* expérimentale d'une théorie jusqu'alors acceptée et corroborée : c'est, de nouveau, le résultat de tests désignés par la théorie. Des exemples fameux en sont l'expérience de Michelson et Morley qui conduisit à la théorie de la relativité ainsi que la falsification par Lummer et Pringsheim de la formule de radiation de Rayleigh et Jeans et de celle de Wien, falsification qui conduisit à la théorie quantique. Il se produit aussi, naturellement, des découvertes fortuites mais elles sont comparativement assez rares. Dans de tels cas, Mach (3) parle à juste titre d'une « correction des opinions scientifiques par les circonstances fortuites » (il reconnaît ainsi malgré lui l'importance des théories).

Il nous est à présent permis de répondre à la question de savoir comment et pourquoi nous acceptons une théorie de préférence à d'autres. La préférence n'est certes pas due à quelque chose comme une justification par l'expérience des énoncés constituant la théorie ; elle n'est pas due à une réduction logique de la théorie à l'expérience. Nous choisissons la théorie qui se défend le mieux dans la compétition avec d'autres théories, celle qui, par la sélection naturelle, prouve qu'elle est la plus apte à survivre.

Ce sera celle qui non seulement a jusqu'alors résisté à l'épreuve des tests les plus sévères mais est aussi susceptible d'être soumise à des tests de la manière la plus rigoureuse. Une théorie est un outil que nous éprouvons en l'appliquant et dont nous estimons la convenance aux résultats de ses applications (* 5).

D'un point de vue logique, les tests auxquels nous soumettons une théorie dépendent des énoncés de base et l'acceptation ou le rejet de ces derniers dépendent, à leur tour, de nos décisions. Ce sont donc nos décisions qui décident du destin de nos théories. A cet égard, ma réponse à la question de savoir comment nous choisissons nos théories ressemble à celle que nous donne le conventionaliste. Comme ce dernier, je tiens également que ce choix est partiellement déterminé par des considérations d'utilité. Mais en dépit de ce point commun, il y a entre mes conceptions et les

(* 4) L'histoire est racontée brièvement et à merveille par Max Born dans *Albert Einstein, Philosopher-Scientist*, édité par P. A. Schilpp, 1949, p. 174.
Il y a de meilleures illustrations encore, telles que la découverte de Neptune par Adam et Leverier ou celle des ondes hertziennes.
(3) Mach, *Die Prinzipien der Wärmlehre* (1896), p. 438.
(* 5) Pour une critique de la conception « instrumentaliste », voyez cependant les références faites dans la note (* 1), précédant la section 12 (p. 59) et dans l'addendum, à la note 1, marquée d'un astérisque, section 12.

siennes une grande différence. Je prétends en effet que ce qui caractérise la méthode empirique, c'est très précisément ceci : la convention ou la décision ne détermine pas immédiatement notre acceptation d'énoncés *universels* mais fait au contraire partie de notre acceptation des énoncés *singuliers*, c'est-à-dire des énoncés de base.

Pour le conventionaliste, c'est son principe de *simplicité* qui régit l'acceptation des énoncés universels : il choisit le système le plus simple. Je propose, pour ma part, que la première chose dont l'on tienne compte soit la rigueur des tests. (Il y a un rapport étroit entre ce que j'appelle « simplicité » et la rigueur des tests mais ma conception de la simplicité diffère largement de celle du conventionaliste : voyez la section 46.) Et je prétends que ce qui décide en dernier ressort du destin d'une théorie, c'est le résultat d'un test, c'est-à-dire un accord relativement à des énoncés de base. Avec le conventionaliste je tiens que le choix de toute théorie particulière est un acte, une question pratique. Mais pour moi, ce choix se trouve influencé de manière décisive par l'application de la théorie et par l'acceptation des énoncés de base liés à son application alors que pour le conventionaliste des motifs esthétiques sont décisifs.

Je diffère donc du conventionaliste en soutenant que les énoncés en faveur desquels on décide par un accord ne sont *pas des énoncés universels mais des énoncés singuliers*. Et je diffère du positiviste en soutenant que les énoncés de base ne peuvent être justifiés par nos expériences immédiates mais que, du point de vue logique, leur acceptation résulte d'un acte, d'une décision libre. (Du point de vue psychologique, il s'agit d'une réaction intentionnelle bien adaptée.)

Cette distinction importante, entre une *justification* et une *décision* — décision prise conformément à une série organisée de règles — pourrait peut-être être éclaircie par une analogie avec l'ancienne procédure du jugement par jury.

Le *verdict* du jury (*vere dictum* = dit vrai) est, comme celui de l'expérimentateur, une réponse à une question de fait (*quid facti ?*) qui doit être posée au jury sous la forme la plus précise, la plus définie possible. Mais la question posée et la manière de la poser dépendront pour une grande part de la situation légale, c'est-à-dire du système de législation criminelle en cours (ce dernier correspond à un système de théories). Par sa décision, le jury accepte, d'un commun accord, un énoncé concernant une occurrence de fait : un énoncé de base, en quelque sorte. L'importance de cette décision réside dans le fait que, de sa conjonction aux énoncés universels du système (de législation criminelle), l'on peut déduire

certaines conséquences. En d'autres termes, la décision constitue
la base de *l'application* du système ; le verdict joue le rôle d'un
« énoncé de fait vrai ». Mais il est clair qu'il ne suffit pas que le
jury l'accepte pour que l'énoncé soit nécessairement vrai. On
reconnaît ce fait dans la règle permettant qu'un verdict soit cassé
ou revu.

L'on prononce le verdict selon une procédure régie par des
règles. Celles-ci sont basées sur certains principes fondamentaux
qui sont essentiellement, sinon exclusivement, destinés à mener
à la découverte de la vérité objective. Parfois, ceux-ci font place
non seulement à des convictions subjectives mais même à des
partis-pris individuels. Cependant, même si, méconnaissant ces
aspects particuliers de l'ancienne procédure, nous imaginons une
procédure fondée exclusivement sur le propos de promouvoir
la découverte de la vérité objective, la situation resterait la même :
le jury ne justifie ni ne fonde jamais la vérité de son verdict.

L'on ne peut pas non plus considérer que ce sont les convictions
subjectives des jurés qui justifient la décision prise, bien qu'il y
ait entre elles et cette dernière une étroite liaison causale que l'on
peut établir par des lois psychologiques. L'on peut donc appeler
ces convictions les « motifs » de la décision. Le fait que les convictions ne sont pas des justifications est lié au fait que des règles
différentes peuvent gouverner la procédure du jury (par exemple,
la décision peut être emportée à la majorité simple ou à une
majorité déterminée). Ceci montre que la relation entre les convictions des jurés et leur verdict peut varier dans une forte mesure.

Contrairement au verdict du jury, le *jugement* du juge est « rai-
sonné » ; il requiert, comporte, une justification. Le juge essaie de
le justifier par — ou de le déduire logiquement à partir — d'autres
énoncés : les énoncés du système légal joint au verdict qui joue le
rôle de conditions initiales. C'est la raison pour laquelle l'on peut
faire appel au jugement pour des raisons logiques alors que le
verdict du jury ne peut être contesté qu'eu égard à sa conformité
aux règles de procédure acceptées, c'est-à-dire formellement mais
non sur le plan de son contenu. (Il est significatif que l'on appelle
la justification du contenu d'une décision « rapport motivé » et non
« rapport logiquement motivé ».)

L'analogie entre cette procédure et celle par laquelle nous décidons en faveur de certains énoncés de base est claire. Elle jette
une lumière, par exemple, sur leur relativité et sur la manière dont
elles dépendent des questions posées par la théorie. Dans le cas
du jugement par jury, il serait manifestement impossible *d'appliquer* la « théorie » avant d'être parvenus, par une décision, à un
verdict ; cependant, l'on doit trouver le verdict en suivant une

procédure qui se conforme à — et donc applique — une partie du code légal général. Le cas est analogue à celui des énoncés de base : leur acceptation fait partie de l'application d'un système théorique et seule cette application rend possibles toutes les applications ultérieures du système en question.

La base empirique de la science objective ne comporte donc rien d' « absolu » (4). La science ne repose pas sur une base rocheuse. La structure audacieuse de ses théories s'édifie en quelque sorte sur un marécage. Elle est comme une construction bâtie sur pilotis. Les pilotis sont enfoncés dans le marécage mais pas jusqu'à la rencontre de quelque base naturelle ou « donnée » et, lorsque nous cessons d'essayer de les enfoncer davantage, ce n'est pas parce que nous avons atteint un terrain ferme. Nous nous arrêtons, tout simplement, parce que nous sommes convaincus qu'ils sont assez solides pour supporter l'édifice, du moins provisoirement.

(4) Weyl (*op. cit.* p. 83, édition anglaise, p. 116) écrit : «... ce couple d'antinomiques, *subjectif-absolu* et *objectif-relatif* me semble contenir l'une des vérités épistémologiques les plus profondes que l'on puisse recueillir de l'étude de la nature. Quiconque désire l'absolu, doit prendre la subjectivité — l'égo-centricité — par surcroît, et quiconque souhaite l'objectivité ne peut éviter le problème du relativisme. » Et ainsi, nous découvrons que « ce qui fait l'objet d'une expérience immédiate est *subjectif et absolu*... ; ... tandis que le monde objectif, celui que la science cherche à précipiter sous forme de pur cristal ... est relatif ». Born s'exprime en termes similaires (*Die Relativitätstheorie Einsteins und ihre physikalischen Grundlagen*, 3e édition, 1922, Introduction). Cette conception est en substance celle de la théorie kantienne de l'objectivité développée de manière cohérente (*cf.* la section 8 et sa note 5). Reininger se réfère également à cette situation. Il écrit dans *Das Psycho-Physische Problem* (1916), p. 29 : « La métaphysique est impossible *en tant que science*... car, bien que l'absolu y fasse vraiment l'objet d'une expérience et puisse, pour cette raison être senti de manière intuitive, il refuse pourtant de se laisser exprimer par un discours. Car « *Spricht die Seele, so spricht, ach ! Schon die Seele nicht mehr* » (Si l'âme *parle*, ce n'est d jà plus, hélas *l'âme* qui parle) ».

CHAPITRE VI

LES DEGRÉS DE FALSIFIABILITÉ

Les théories sont susceptibles de pouvoir être soumises à des tests plus ou moins rigoureux, c'est-à-dire que l'on peut les falsifier avec plus ou moins de facilité. Le degré de falsifiabilité des théories a de l'importance pour leur sélection.

Dans ce chapitre, je comparerai les divers degrés auxquels les théories peuvent être soumises à des tests, c'est-à-dire leurs divers degrés de falsifiabilité, en comparant les classes de leurs falsificateurs virtuels. Cette recherche est tout a fait indépendante de la question de savoir s'il est ou non possible de distinguer d'une manière absolue des théories falsifiables de théories non falsifiables. L'on pourrait en effet dire du présent chapitre qu'il « relativise » l'exigence de falsifiabilité en montrant que cette dernière peut comporter des degrés.

31. — UN PROGRAMME ET UNE ILLUSTRATION.

Une théorie est falsifiable, comme nous l'avons vu dans la section 23, s'il existe au moins une classe non vide d'énoncés de base homotypiques qu'elle proscrit, c'est-à-dire si la classe de ses falsificateurs virtuels n'est pas vide. Si, comme nous l'avons fait à la section 23, nous représentons la classe de tous les énoncés de base possibles par une aire circulaire et les événements possibles par les rayons du cercle, nous pouvons dire qu'il faut qu'*un* rayon au moins — ou mieux peut-être, un secteur étroit dont la largeur peut représenter le fait que l'événement doit être observable — soit incompatible avec la théorie et proscrit par elle. L'on pourrait dès lors représenter les falsificateurs virtuels de la théorie pardes secteurs de diverses largeurs. Et, selon la plus ou moins grande largeur des secteurs qu'elles excluraient, l'on pourrait alors dire que les théories ont plus ou moins de falsificateurs virtuels. (La question de savoir si l'on pourrait préciser avec exactitude ce « plus » ou ce « moins » restera ouverte pour le moment.) L'on pourrait dire, en outre, que si la classe des falsificateurs virtuels d'une théorie est « plus grande » que celle d'une autre, la première théorie aura plus d'occasions d'être réfutée par l'expérience ; si on la compare de cette manière à la seconde théorie, l'on pourra dire que la première est « falsifiable à un degré plus élevé ».

Cela signifie également qu'elle nous *dit plus* à propos du monde de l'expérience car elle exclut une plus grande classe d'énoncés de base. La classe des énoncés permis est d'autant plus petite, mais ceci n'entame en rien notre argument car nous avons vu qu'une théorie n'affirme rien au sujet de cette classe. On peut donc dire que la quantité d'information empirique communiquée par une théorie, c'est-à-dire son *contenu empirique*, s'accroît avec son degré de falsifiabilité.

Imaginons à présent que nous soit donnée une théorie et que le secteur représentant les énoncés de base qu'elle interdit s'élargisse de plus en plus jusqu'à ce qu'il reste enfin un dernier secteur étroit représentant les énoncés qu'elle n'interdit *pas*. (Si la théorie est cohérente, il doit toujours rester un secteur de ce type.) Une théorie comme celle-là devrait évidemment pouvoir être falsifiée très facilement puisqu'elle n'accorde au monde empirique qu'un tout petit éventail de possibilités. Elle interdit en effet presque tous les événements concevables, c'est-à-dire logiquement possibles. Elle nous dit tellement de choses au sujet du monde de l'expérience, son contenu est si grand, qu'elle a en principe peu de chances d'échapper à la falsification.

Or la science théorique vise précisément à obtenir des théories aisément falsifiables en ce sens. Son but est de restreindre au minimum l'éventail des événements permis. Et si c'est possible, au point que toute restriction supplémentaire conduise en fait à la falsification de la théorie par l'expérience. Si nous pouvions réussir à obtenir une théorie comme celle-ci, elle décrirait notre « monde particulier » avec toute la précision que l'on peut attendre d'une théorie. Elle distinguerait en effet le monde de « notre expérience » de la classe de tous les mondes d'expérience possibles avec la plus grande précision que puisse atteindre une science théorique. Tous les événements ou classes d'occurrences que nous éprouvons et observons réellement seraient, à l'exclusion de tout autre, caractérisés comme « permis » (* 1).

(* 1) Pour des remarques supplémentaires à propos des objectifs de la science, voyez l'appendice *X et la section * 15 du *Postscript* ainsi que mon article *The Aim of Science*, paru dans *Ratio*, 1, 1957, pp. 24-35.

32. — Comment comparer des classes de falsificateurs virtuels ?

Les classes de falsificateurs virtuels sont des classes infinies. Or, les notions intuitives de « plus » et de « moins » que l'on peut appliquer sans précautions particulières à des classes finies ne peuvent être appliquées de la même façon à des classes infinies.

Il n'est pas facile de tourner cette difficulté ; considérer aux fins de la comparaison des classes d'*événements* interdits au lieu d'énoncés de base ou *occurrences,* en vue de constater lesquelles d'entre elles contiennent le « plus » d'événements interdits, ne modifie pas la situation. Le nombre d'événements interdits par une théorie est, en effet, lui aussi infini puisque la conjonction d'un événement interdit et de tout autre événement (interdit ou non) constitue à son tour un événement interdit.

Je vais considérer trois moyens de donner une signification précise, dans le cas même de classes infinies, aux notions intuitives de « plus » et de « moins » afin de voir si l'on peut utiliser l'une d'elles pour comparer des classes d'événements interdits.

1) *Le concept de cardinalité (ou puissance) d'une classe.*
Il ne peut nous aider à résoudre notre problème : l'on peut en effet facilement montrer que les classes de falsificateurs virtuels ont le même nombre cardinal pour toutes les théories (1).

2) *Le concept de dimension.* La vague idée intuitive qu'un cube contient d'une certaine façon plus de points, disons qu'une ligne droite, peut être formulée avec clarté dans les termes courants de la logique, grâce au concept de dimension de la théorie des ensembles.

Ce concept différencie des classes ou ensembles de points selon l'abondance des « relations de voisinage » de leurs éléments : des ensembles de dimension plus grande ont des relations de voisinage plus nombreuses. Le concept de dimension, qui nous permet de comparer des classes de dimension « plus grande » et « plus petite », sera utilisé ici en vue de résoudre le problème de la comparaison des degrés de falsifiabilité des théories. Ceci est possible car les conjonctions d'énoncés de base avec d'autres énoncés de base donnent à leur tour des énoncés de base, qui ont toutefois un « degré de composition supérieur » à celui de leurs composants. Or l'on peut mettre ce degré de composition des énoncés de base

___
(1) Tarski a prouvé qu'à certaines conditions, toute classe d'énoncés est dénombrable (*cf. Monatshefte f. Mathem. u. Physik* 40, 1933, p. 100, note 10).
* Le concept de mesure est inapplicable pour des raisons similaires (c'est-à-dire parce que l'ensemble de tous les énoncés d'un langage est dénombrable).

en rapport avec le concept de dimension. Cependant, ce n'est pas la composition des événements interdits mais celle des événements permis qui devra être utilisée. Les événements interdits par une théorie peuvent en effet atteindre n'importe quel degré de composition ; d'autre part, certains événements permis ne le sont qu'en raison de leur forme ou, plus précisément, parce que leur degré de composition est trop bas pour qu'ils puissent être en contradiction avec la théorie en question. Ce fait peut être utilisé pour comparer des dimensions (* 1).

3) *La relation de classe à sous-classe.*

Soient tous les éléments d'une classe α également éléments d'une classe β de telle sorte qu' α est une sous-classe de β (en langage symbolique : α ⊂ β). Alors, ou bien tous les éléments de β sont à leur tour des éléments de α — et dans ce cas on dira que les deux classes ont la même extension, ou sont identiques — ou bien il y a des éléments de β qui ne font pas partie d' α. Dans ce dernier cas, ces éléments de β ne faisant pas partie d' α forment « la classe excédante » ou *complèmentaire* de α eu égard à β et α est une *sous-classe particulière* de β. La relation de classe à sous-classe correspond très bien aux notions intuitives de « plus » et de « moins » mais elle souffre de l'inconvénient de ne pouvoir servir à comparer deux classes que si l'une inclut l'autre. Si deux classes de falsificateurs virtuels sont en intersection sans que l'une soit incluse par l'autre ou si elles n'ont pas d'éléments en commun, les degrés de falsifiabilité des théories correspondantes ne peuvent être comparés à l'aide de la relation de classe à sous-classe : ils ne sont pas comparables en fonction de cette relation.

33. — LA COMPARAISON DES DEGRÉS DE FALSIFIABILITÉ AU MOYEN DE LA RELATION DE CLASSE A SOUS-CLASSE.

Nous introduisons les définitions suivantes à titre provisoire avec l'intention de les améliorer dans la suite, lorsque nous traiterons des dimensions des théories (* 1).

(* 1) Le terme allemand « komplex » a été traduit ici et dans les passages similaires par « composite » (dans la traduction française : « ayant une certaine composition (N. d. t.)) plutôt que par « complex » (« complexe »). La raison en est qu'il ne signifie pas comme l'anglais « complex », le contraire de « simple ». C'est plutôt le terme allemand « kompliziert » (*cf.* le premier paragraphe de la section 41 où « kompliziert » est traduit par « complex ») qui signifie le contraire de « simple » (« einfach »). En considérant que le *degré de simplicité* est l'un des principaux sujets de cet ouvrage, cela aurait induit en erreur de parler ici (et dans la section 38) de *degré de complexité.* J'ai donc décidé d'utiliser l'expression « degré de composition » qui semble tout à fait approprié au contexte.
(* 1) Voyez la section 38 et les appendices I, * VII et * VIII.

(I) On dit qu'un énoncé x est « falsifiable à un plus haut degré » ou qu'il est « susceptible d'être soumis à de meilleurs tests » qu'un énoncé y, soit en langage symbolique : $Fsb(x) > Fsb(y)$ si et seulement si la classe des falsificateurs virtuels de x inclut celle des falsificateurs virtuels de y comme l'une *de ses sous-classes*.

(II) Si les classes des falsificateurs virtuels des deux énoncés x et y sont identiques, les deux énoncés ont le même degré de falsifiabilité, c'est-à-dire : $Fsb(x) = Fsb(y)$.

(III) Si aucune des deux classes de falsificateurs virtuels de deux énoncés n'inclut l'autre comme l'une de ses sous-classes, les deux énoncés ne peuvent être comparés quant à leur degré de falsifiabilité $[Fsb(x) \; // \; Fsb(y)]$.

En (I), il y aura toujours une classe complémentaire non vide. Dans le cas d'énoncés universels, cette classe complémentaire sera infinie. Il n'est donc pas possible que deux théories universelles (au sens strict) diffèrent en ce que l'une d'elles interdit un nombre fini d'occurrences permises par l'autre. Conformément à (II) elles sont donc identiques (car les classes vides sont les sous-classes de toutes les classes et donc également des classes vides, de telle sorte que toutes les classes vides sont identiques. On peut exprimer ceci en disant qu'il n'existe qu'*une* classe vide). Si nous dénotons un énoncé empirique par « e » et une tautologie ou un énoncé métaphysique (e.g. un énoncé purement existentiel) par « t » ou par « m » respectivement, nous pouvons attribuer aux énoncés tautologiques et métaphysiques un degré o de falsifiabilité et nous pouvons écrire : $Fsb(t) = Fsb(m) = $ o, et $Fsb(e) > $ o.

L'on peut dire qu'un énoncé contradictoire (dénotons-le par « c ») a pour classe de falsificateurs virtuels la classe de tous les énoncés de base logiquement possibles. Ceci signifie que tout énoncé peut être comparé à un énoncé contradictoire en fonction de son degré de falsifiabilité. Nous aurons $Fsb(c) > Fsb(e) > $ o ($*$2). Si nous posons arbitrairement : $Fsb(c) = $ 1, c'est-à-dire si nous assignons arbitrairement le nombre 1 au degré de falsifiabilité d'un énoncé contradictoire, nous pouvons également définir un énoncé empirique e par la condition : 1 > $Fsb(e) > $ o. Conformément à cette formule, $Fsb(e)$ tombe toujours dans l'intervalle, entre o et 1, à l'exclusion de ces limites, c'est-à-dire dans « l'intervalle ouvert » limité par ces nombres. En excluant la contradiction et la tautologie (aussi bien que les énoncés métaphysiques) la formule exprime à la fois l'*exigence de cohérence et celle de falsifiabilité*.

($*$ 2) Voyez cependant l'appendice $*$ VII.

34. — LA STRUCTURE DE LA RELATION DE CLASSE A SOUS-CLASSE.
LA PROBABILITÉ LOGIQUE.

Nous avons déterminé la comparaison des degrés de falsifiabilité de deux énoncés à l'aide de la relation de classe à sous-classe ;
elle partage donc toutes les propriétés structurales de cette dernière.
L'on peut expliciter cette question de la possibilité de comparer
des degrés de falsifiabilité au moyen d'un diagramme.

A gauche, sont représentées certaines relations de classe à sous-
classe(s) tandis que les degrés de falsifiabilité correspondants sont
représentés à droite.

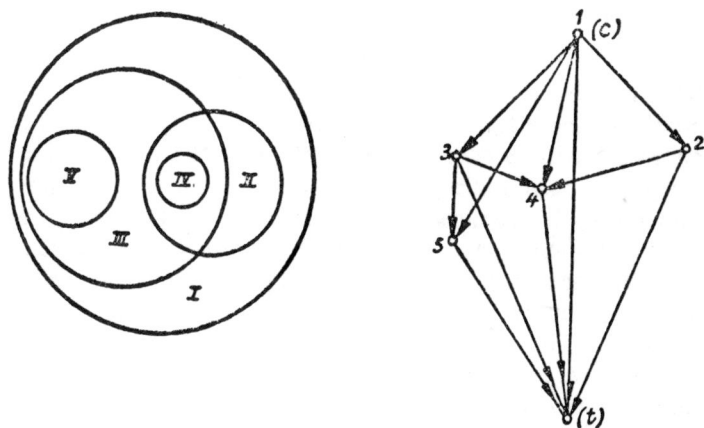

Figure 1

Les chiffres arabes à droite correspondent aux chiffres romains
à gauche de telle manière qu'un chiffre romain donné dénote la
classe des falsificateurs virtuels de l'énoncé que dénote le chiffre
arabe correspondant. Les flèches du diagramme représentant les
degrés de falsifiabilité vont des énoncés les plus falsifiables aux
énoncés les moins falsifiables. (Elles correspondent donc assez
précisément aux flèches représentant les relations de déduction
[derivability].) (Voyez la section 35.)

Le diagramme montre que l'on peut distinguer et tracer diverses
séquences de sous-classes, la séquence I-II-IV ou I-III-V, par
exemple, et qu'il serait possible de donner à ces séquences plus de
« densité » en introduisant de nouvelles classes intermédiaires.
Dans le cas particulier envisagé ici, toutes les séquences commencent avec I et finissent avec la classe vide puisque cette dernière
est incluse par chaque classe. La classe vide ne peut être repré-

sentée dans notre diagramme de gauche puisqu'elle est précisément une sous-classe de chaque classe et devrait donc en principe apparaître partout. Si nous choisissons d'identifier la classe I à celle de tous les énoncés de base possibles, I devient la contradiction (*c*), et o (correspondant à la classe vide) peut alors dénoter la tautologie (*t*). Il est possible de passer de I à la classe vide ou de (*c*) à (*t*) par diverses voies. Certaines d'entre elles peuvent se croiser, comme le montre notre diagramme de droite. Nous pouvons donc dire que la structure de la relation envisagée est celle d'un treillis (un « treillis de séquences » ordonné par la flèche, soit la relation de classe à sous-classe). Il y a des nœuds (par exemple les énoncés 4 et 5) où les fils du treillis se trouvent partiellement connectés. Mais leur réunion n'est totale que dans les cas de la classe universelle et de la classe vide correspondant respectivement à la contradiction *c* et à la tautologie *t*.

Est-il possible de disposer les degrés de falsifiabilité de divers énoncés sur une échelle graduée, c'est-à-dire de mettre en corrélation avec les divers énoncés des nombres qui les ordonnent selon leur degré de falsifiabilité ? Il est clair que nous ne pouvons pas ordonner tous les énoncés de cette manière (* 1). Pour le faire nous devrions, en effet, considérer arbitrairement comme comparables des énoncés non comparables. Rien, pourtant, ne nous empêche de choisir l'une des séquences du treillis et d'indiquer l'ordre de ses énoncés en leur attribuant des nombres. Nous devrions procéder de manière telle qu'à un énoncé plus proche de la contradiction *c* soit attribué un nombre plus élevé qu'à un énoncé plus proche de la tautologie *t*. Puisque nous avons déjà attribué les nombres o et 1, à la tautologie et à la contradiction respectivement, nous devrions attribuer aux énoncés empiriques de la séquence choisie des nombres fractionnaires inférieurs à l'unité.

Je n'ai pourtant pas l'intention de choisir l'une des séquences. Il serait d'ailleurs tout à fait arbitraire d'attribuer des nombres aux énoncés de l'une d'elles. Néanmoins, le fait qu'il soit possible

(* 1) Je continue à croire que la tentative en vue de rendre tous les énoncés comparables en introduisant une *métrique* doit comporter un élément arbitraire, extralogique. Ceci est tout à fait évident dans le cas d'énoncés tel « tous les hommes adultes ont plus de deux pieds de haut » (ou « tous les hommes adultes ont moins de neuf pieds de haut »), c'est-à-dire dans le cas d'énoncés dont les prédicats expriment une propriété mesurable. On peut en effet montrer que la métrique du contenu ou de la falsifiabilité devrait être une fonction de la métrique du prédicat ; or cette dernière doit toujours contenir un élément arbitraire ou, en tout cas, extra-logique. Nous pouvons naturellement construire des langages artificiels pour lesquels nous établirons une métrique. Mais la mesure qui en résultera ne sera pas purement logique, quelque « évidente » que puisse paraître la métrique, aussi longtemps que seuls seront admis des prédicats discontinus, qualitatifs, « oui-ou-non » (par opposition à des prédicats quantitatifs, mesurables). Voyez aussi l'appendice * IX, les seconde et troisième notes.

de leur attribuer de telles fractions est très intéressant en raison surtout de la lumière qu'il jette sur la liaison entre le degré de falsifiabilité et la notion de *probabilité*. Chaque fois que nous pouvons comparer les degrés de falsifiabilité de deux énoncés, nous pouvons dire que celui qui est le moins falsifiable est également le plus probable en vertu de sa forme logique. J'appelle (* 2) cette espèce de probabilité « probabilité logique » (1) ; il ne faut pas la confondre avec la probabilité numérique utilisée dans la théorie des jeux de hasard et en statistique. *La probabilité logique d'un énoncé est complémentaire de son degré de falsifiabilité* : elle croît lorsque le degré de falsifiabilité s'abaisse. La probabilité logique 1 correspond au degré de falsifiabilité 0 et inversement. L'énoncé le plus susceptible d'être soumis à de bons tests, c'est-à-dire celui qui a le degré de falsifiabilité le plus élevé, est logiquement le moins probable et l'énoncé le moins falsifiable est logiquement le plus probable.

Comme le montrera la section 72, l'on peut mettre la probabilité *numérique* en relation avec la probabilité logique et donc avec le degré de falsifiabilité. Il est possible d'interpréter la probabilité numérique comme une probabilité s'appliquant à une sous-séquence (choisie à partir de la relation de probabilité logique, pour laquelle on peut définir un système de mesure sur la base d'évaluations de fréquences).

Ces observations relatives à la comparaison des degrés de falsifiabilité ne valent pas seulement pour des énoncés universels ou pour des systèmes de théories ; nous pouvons les développer de manière à les appliquer à des énoncés singuliers. C'est ainsi qu'elles valent, par exemple, pour la conjonction de théories et de conditions initiales. Il faut éviter, dans ce cas, de prendre la classe des falsificateurs virtuels pour une classe d'événements — c'est-à-dire pour une classe d'énoncés de base homotypiques — car il s'agit d'une classe d'occurrences. (Cette remarque concerne d'une certaine façon la liaison entre probabilité logique et probabilité numérique qui fera l'objet de notre analyse dans la section 72.)

(* 2) J'utilise à présent (depuis 1938 ; *cf.* appendice * II) l'expression « probabilité logique absolue » plutôt que « probabilité logique » afin de distinguer cette espèce de probabilité de la « probabilité relative » (ou « probabilité conditionnelle »). Voyez également les appendices * IV et * VII à * IX.
(1) A cette notion de probabilité logique (qui est en raison inverse de la falsifiabilité) correspond la notion de validité de Bolzano, surtout lorsqu'il l'applique à la *comparaison d'énoncés*. Par exemple, il décrit les majeures, dans une relation de déduction, comme les propositions les moins valides et les conclusions comme les plus valides (*Wissenschaftslehre*, 1837, vol. II, § 157, n° 1). Bolzano explique la relation de son concept de validité à celui de probabilité dans l'*op. cit.*, § 147 ; *cf.* également Keynes, *A Treatise on Probability* (1921), p. 224. Les exemples donnés ici montrent que ma comparaison des probabilités logiques est identique à la comparaison faite par Keynes « des probabilités que nous attribuons *a priori* à des généralisations ». Voyez également les notes 1 de la section 36 et de la section 83.

35. — Contenu empirique, implication nécessaire (*entailment*) et degrés de falsifiabilité.

Nous avons dit dans la section 31 que ce que j'appelle le contenu empirique d'un énoncé croît avec son degré de falsifiabilité : plus un énoncé interdit, plus il dit de choses au sujet du monde de l'expérience (*cf.* la section 6). Il y a un rapport étroit mais non identité entre ce que j'appelle « contenu empirique » **et** le concept de « contenu», tel que le définit Carnap (1), par exemple. J'emploierai pour ce dernier concept les termes « contenu logique » afin de le distinguer du concept de contenu *empirique*.

Je définis le *contenu empirique* d'un énoncé *p* comme la classe de ses falsificateurs virtuels (*cf.* la section 31). Le *contenu logique* est défini, quant à lui, à l'aide du concept de déductibilité, comme la classe de tous les énoncés non tautologiques pouvant être déduits de l'énoncé en question. (On peut l'appeler « classe conséquente » de cet énoncé.) Ainsi le contenu logique de *p* est-il au moins égal à (c'est-à-dire plus grand que ou égal à) celui d'un énoncé *q*, si *q* peut être déduit de *p* (ou, en langage symbolique, si « $p \rightarrow q$ ») (*1). Si la déductibilité est réciproque (en langage symbolique, si $p \leftarrow . \rightarrow q$) (* 1), l'on dit que *p* et *q* ont un contenu égal (2). Si *q* peut être déduit de *p* mais non *p* de *q*, la classe conséquente de *q* doit être l'un des sous-ensembles de la classe conséquente de *p* ; *p* possède dès lors la plus grande classe conséquente et donc le plus grand contenu logique (ou la plus grande force logique) (* 2).

Il suit de ma définition du contenu empirique que la comparaison du contenu logique et du contenu empirique de deux énoncés conduit au même résultat, si les énoncés comparés ne comportent pas d'éléments métaphysiques. Nous poserons donc les conditions suivantes (*a*) deux énoncés de contenu logique égal doivent également avoir le même contenu empirique ; (*b*) un énoncé *p* dont le contenu logique est plus grand que celui d'un énoncé *q* doit aussi avoir un contenu empirique plus grand, ou au moins un contenu

---

(1) Carnap, *Erkenntnis* 2, 1932, p. 458.

(* 1) « $p \rightarrow q$ » signifie, conformément à cette explication, que l'énoncé conditionnel ayant *p* pour antécédent et *q* comme conséquent est *tautologique* ou logiquement vrai. (À l'époque où j'écrivis ce texte, je n'avais pas une vue claire de cette question et ne comprenais pas la signification du fait qu'une assertion relative à une relation de déductibilité était une assertion métalinguistique. Voyez également la note (* 1) de la section 18, plus haut.) On peut donc lire ici « $p \rightarrow q$ » par « *p implique nécessairement q* » (*entails*).

(2) Carnap, *op. cit.*, dit : « Le terme métalogique « de contenu égal » se définit par « réciproquement déductible ». La *Logische der Syntax der Sprache* (1934) de Carnap et son *Die Aufgabe der Wissenschaftslogik* (1934) ont été publiés trop tard : Je n'ai pas pu les prendre ici en considération.

(* 2) Si le contenu logique de *p* excède celui de *q*, nous disons aussi que *p* est *logiquement plus fort* que *q* ou que sa *force logique* excède celle de *q*.

empirique égal ; et, enfin (c) si le contenu empirique d'un énoncé p est plus grand que celui d'un énoncé q, son contenu logique doit être plus grand ou non comparable.

La restriction en (b) « ou au moins un contenu empirique égal » est nécessaire parce que p pourrait être, par exemple, la conjonction de q avec quelque sorte d'énoncé métaphysique auquel nous devrions attribuer un certain contenu logique ; dans ce cas, le contenu empirique de p ne serait pas plus grand que celui de q. Des considérations du même type ont rendu nécessaire l'addition en (c) de la restriction « ou non comparable » (* 3).

En comparant les degrés d'assujettissement à un test ou les degrés de contenu empirique, nous arriverons donc, en principe — c'est-à-dire dans le cas d'énoncés empirique purs — aux mêmes résultats qu'en comparant les contenus logiques ou les relations de déductibilité. Il sera donc possible de fonder dans une large mesure la comparaison des degrés de falsifiabilité sur les relations de déductibilité. Les deux types de relation présentent l'un et l'autre la forme de treillis dont les réseaux sont tous interconnectés dans les cas de contradiction en soi et de tautologie (cf. la section 34). L'on peut exprimer ceci en disant qu'une contradiction implique nécessairement tout énoncé et qu'une tautologie est impliquée nécessairement par tout énoncé. L'on peut en outre, comme nous l'avons vu, caractériser les énoncés empiriques comme ceux dont le degré de falsifiabilité se situe dans l'intervalle ouvert que limitent les degrés de falsifiabilité des contradictions, d'une part, et celui des tautologies, de l'autre. De la même façon, les énoncés synthétiques en général (ceux qui ne sont pas empiriques inclus) seront placés, par l'intermédiaire de la relation d'implication nécessaire, dans l'intervalle ouvert entre la contradiction et la tautologie.

A la thèse positiviste selon laquelle tous les énoncés non empiriques (métaphysiques) sont « dépourvus de sens », correspondrait donc la thèse selon laquelle ma distinction entre énoncés empiriques et énoncés synthétiques, ou entre contenus empiriques et contenus logiques, est superflue ; tous les énoncés synthétiques devraient en effet, selon cette thèse, être empiriques pour peu qu'ils soient des énoncés authentiques et non des pseudo-énoncés. Sans doute peut-on parler ainsi mais il me semble que cela doit embrouiller la question plutôt que la clarifier.

Je considère donc la comparaison des contenus empiriques de deux énoncés comme équivalente à la comparaison de leurs degrés de falsifiabilité. Ceci assimile la règle méthodologique qui nous dit de donner la préférence aux théories les plus falsifiables (cf. les

(* 3) Voyez, de nouveau, l'appendice * VII.

règles anti-conventionalistes de la section 20) à une règle favorisant les théories qui ont le contenu empirique le plus grand possible.

36. — NIVEAUX D'UNIVERSALITÉ ET DEGRÉS DE PRÉCISION.

D'autres exigences méthodologiques peuvent encore être ramenées à celle du plus grand contenu empirique possible. Deux d'entre elles sont particulièrement intéressantes ; ce sont respectivement la recherche du plus haut niveau (ou degré) d'*universalité* possible et celle du plus haut degré de *précision* accessible.

Ayant ceci présent à l'esprit, nous pouvons concevoir et examiner les lois naturelles suivantes :

p : Tous les corps célestes qui se meuvent sur des orbites fermées se meuvent sur des orbites circulaires ; ou, plus brièvement : *Toutes les orbites des corps célestes sont des cercles.*

q : Toutes *les orbites des planètes* sont des *cercles.*

r : Toutes les *orbites des corps célestes* sont des *ellipses.*

s : Toutes les *orbites des planètes* sont des *ellipses.*

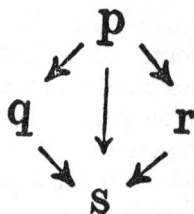

Les flèches de notre diagramme montrent les relations de déductibilité qui unissent ces quatre énoncés, Tous dérivent de *p* ; de *q* dérive *s*, lesquel dérive également de *r* ; de telle sorte que *s* dérive de tous les autres.

Si l'on va de *p* à *q*, le *degré d'universalité* décroît : *q* dit moins que *p* car les orbites des planètes forment une sous-classe des orbites des corps célestes. En conséquence, *p* est plus facilement falsifié que *q* : si *q* est falsifié, *p* l'est aussi mais l'inverse n'est pas vrai. Si l'on va de *p* à *r*, le *degré de précision* (du prédicat) décroît : les cercles constituent une sous-classe des ellipses ; si *r* est falsifié, *p* l'est également mais l'inverse n'est pas vrai. Des remarques correspondantes s'appliquent aux autres démarches : si l'on va de *p* à *s*, le degré d'universalité *et* le degré de précision diminuent ; de *q* à *s*, la précision diminue, et de *r* à *s*, l'universalité. A un degré d'universalité ou de précision plus élevé correspond un contenu empirique (ou logique) plus grand, et donc un degré de falsifiabilité plus élevé.

L'on peut écrire les énoncés universels aussi bien que les énoncés singuliers sous la forme d' « énoncés conditionnels universels »

(ou d' « implications générales », comme on les appelle souvent).
Si nous donnons cette forme à nos quatre lois nous verrons peut-
être avec plus de facilité et d'exactitude, comment comparer les
degrés d'universalité et de précision.
On peut écrire un énoncé conditionnel universel (*cf.* la note 6
de la section 14) sous la forme : (x) $(\varphi x \rightarrow fx)$ ou, en langage non
symbolique « toutes les valeurs de x satisfaisant la fonction propositionnelle φx satisfont également la fonction propositionnelle
fx ». Dans notre diagramme, *s* donne l'exemple suivant : « (x)
(x est une orbite planétaire $\rightarrow$ x est une ellipse) », ce qui signifie
« Pour toutes les valeurs de x, si x est une orbite planétaire, alors
x est une ellipse ». Soient p et q deux énoncés écrits sous cette forme
« normale » ; nous pouvons alors dire que p a un degré d'universalité supérieur à q si la fonction propositionnelle antécédente de p
(que l'on peut dénoter par « $\varphi_p x$ ») est tautologiquement impliquée
par (ou logiquement déductible de) — mais pas équivalent à — la
fonction propositionnelle correspondante de q (que l'on peut dénoter
par « $\varphi_q x$ ») ; ou, en d'autres termes si « (x) ($\varphi_q x \rightarrow \varphi_p x$) » est *tautologique* (ou logiquement vrai). De la même façon, nous dirons que
p est plus précis que q si « (x) ($f_p x \rightarrow f_q x$) » est tautologique, c'est-
à-dire si le prédicat (ou la fonction propositionnelle conséquente)
de p est plus restreint que celui de q, ce qui signifie que le prédicat
de p implique celui de q (* 1).
L'on peut étendre cette définition à des fonctions propositionnelles à plus d'une variable. Des transformations logiques élémentaires nous mènent alors aux relations de déductibilité dont
nous avons parlé et que nous pouvons exprimer par la règle suivante (1) : Si l'on peut comparer l'universalité et la précision de
deux énoncés, le moins universel ou le moins précis peut être
dérivé du plus universel ou du plus précis, à moins naturellement
que l'un soit plus universel et l'autre plus précis (comme dans le
cas de q et r dans notre diagramme) (2).

(* 1) On remarquera que dans la présente section (par opposition aux sections
18 et 35) la flèche est utilisée pour exprimer une relation conditionnelle et non
une relation d'implication ; *cf.* également la note * 1 de la section 18.
(1) Nous pouvons écrire : $[(\varphi_q x \rightarrow \varphi_p x) . (f_p x \rightarrow f_q x)] \rightarrow [(\varphi_p x \rightarrow f_q x) \rightarrow$
$(\varphi_q x \rightarrow f_q x)]$ ou, plus brièvement : $[(\varphi_q \rightarrow \varphi_p . (f_p \rightarrow f_q)] \rightarrow (p \rightarrow q)$. * Le caractère élémentaire de cette formule conservé dans le texte, devient évident, si nous
écrivons : « $[(a \rightarrow b) . (c \rightarrow d)] \rightarrow [(b \rightarrow c) \rightarrow (a \rightarrow d)]$ ». Nous remplaçons alors
conformément au texte, « $b \rightarrow c$ » par « p », « $a \rightarrow d$ » par « q », etc.
(2) Ce que j'appelle universalité plus élevée correspond, en gros, pour un
énoncé, à ce que la logique classique pourrait appeler une plus grande « extension
du sujet » ; et ce que j'appelle précision plus grande correspond à une plus petite
extension ou à une « restriction du prédicat ». On peut considérer que la règle
concernant la relation de déductibilité que nous venons d'examiner, clarifie et
associe le classique « *dictum de omni et nullo* » et le principe « *nota-notae* », le « principe fondamental de l'attribution médiate des prédicats ». *Cf.* Bolzano, *Wissenschaftslehre* II (1837), § 263, n°s 1 et 4 ; Külpe, *Vorlesungen über Logik* (éd. par
Selz, 1923), § 34, 5 et 7.

Nous pourrions à présent dire que notre décision méthodologique — parfois interprétée métaphysiquement comme le principe de causalité — nous amène à ne rien laisser inexpliqué, c'est-à-dire à toujours essayer de déduire des énoncés d'autres énoncés d'universalité supérieure. Cette décision découle de la recherche de degré d'universalité et de précision les plus hauts possibles et l'on peut la ramener à l'exigence, ou à la règle, que la préférence soit donnée aux théories qui peuvent être soumises aux tests les plus rigoureux (* 2).

37. — DOMAINES LOGIQUES. NOTES SUR LA THÉORIE DE LA MESURE.

S'il est plus facile de falsifier un énoncé p qu'un énoncé q parce que cet énoncé a un niveau d'universalité ou de précision supérieur, la classe des énoncés de base permis par p est une sous-classe des énoncés de base permis par q. Cette relation d'inclusion non réciproque des classes d'énoncés permis est l'inverse de celle des classes d'énoncés interdits (falsificateurs virtuels) : l'on peut dire que ces deux relations sont réciproques (ou peut-être complémentaires). On peut appeler « domaine » (range) d'un énoncé la classe des énoncés permis par cet énoncé (1). Le « domaine » qu'un énoncé accorde à la réalité est, pour ainsi dire, le taux de «libre jeu» (ou degré de liberté) qu'il accorde à la réalité. Le « domaine » et le « contenu empirique » sont des concepts inversement proportionnels (ou complémentaires). Les domaines de deux énoncés sont donc dans la même relation que les probabilités logiques de ces énoncés (cf. sections 34 et 72).

J'ai introduit ce concept de domaine parce qu'il peut nous aider à traiter certaines questions liées au degré de précision dans la mesure. Supposons que les conséquences de deux théories diffèrent très peu dans tous leurs champs d'application et qu'en raison de l'insuffisance de la précision atteinte par nos mesures nous ne puissions détecter les très petites différences que donnent les calculs des événements observables auxquels elles se rapportent. Il sera dès lors impossible que l'expérience décide en faveur de l'une des deux théories si l'on n'améliore pas d'abord la technique de mesure (* 1).

(* 2) Voyez aussi à présent la section * 15 et le chapitre * IV de mon *Postscript*, surtout la section * 76, texte correspondant à la note 5.
(1) Le concept de domaine (*Spielraum*) fut introduit par von Kries (1886) ; On trouve chez Bolzano des idées similaires. Waismann (*Erkenntnis* I, 1930, p. 228 et suiv.) essaie d'associer la théorie du domaine avec la théorie de la fréquence ; *cf.* section 72. * Keynes (*Treatise*, p. 88) traduit « *Spielraum* » par «*field*» («champ»). Il utilise aussi le terme «*scope*» (p. 224) («portée», «étendue») pour ce qui revient, à mon avis, exactement au même.
(* 1) Je crois que Duhem a mal interprété cette question. Voyez son ouvrage *Aim and structure of Physical Theory*, p. 137 et suiv.

Ceci montre que la technique courante de mesure détermine un certain domaine, une région, où des divergences entre les observations sont permises par la théorie.

C'est ainsi que la règle selon laquelle les théories devraient avoir le degré de falsifiabilité le plus élevé possible (et par conséquent le domaine le plus étroit possible) entraîne la recherche de mesures aussi précises que possible.

L'on dit souvent que toute mesure consiste à déterminer des coïncidences de points. Mais toute détermination de ce type ne peut être exacte que dans certaines limites. Il n'y a pas de coïncidences de points au sens strict (* 2). Deux « points » physiques, disons un trait sur une règle et un autre sur le corps à mesurer, peuvent au mieux être étroitement rapprochés. Ils ne peuvent coïncider, c'est-à-dire se fondre en *un* point. Si banale que puisse être cette remarque dans un autre contexte, elle est importante pour la question de la précision des mesures. Elle nous rappelle, en effet, qu'il conviendrait de décrire une mesure dans les termes suivants : nous constatons que le point du corps à mesurer se situe *entre* deux graduations ou marques sur la règle ou encore, que l'aiguille de notre appareil de mesure se situe *entre* deux graduations sur le cadran. Nous pouvons alors, soit considérer ces graduations ou marques comme nos deux limites optimales d'erreur, soit commencer à estimer, par exemple, la position de l'aiguille dans l'intervalle entre les graduations afin d'obtenir ainsi un résultat plus précis. Dans ce cas, nous supposons que l'aiguille se situe entre deux graduations imaginaires. Il reste donc toujours un intervalle, un écart. Les physiciens ont l'habitude d'évaluer cet intervalle pour toute mesure. (C'est ainsi qu'à la suite de Millikan, ils donnent, par exemple, la charge élémentaire de l'électron mesurée en unités électrostatiques : $e = 4.774.10^{-10}$, en ajoutant que l'imprécision est $\pm$ de l'ordre de $0.005.10^{-10}$.) Mais ceci soulève un problème. Quel avantage peut-il y avoir à remplacer en quelque sorte une graduation sur un cadran par *deux* graduations — les deux limites de l'intervalle — quand pour chacune de ces limites doit de nouveau se poser la question de savoir quelles en sont les limites de précision ?

Il est clair qu'il est inutile de donner les limites de l'intervalle si ces deux bornes ne peuvent à leur tour être fixées avec un degré de précision excédant largement celui que nous pouvons espérer atteindre pour la mesure initiale ; entendons : fixées dans leurs propres intervalles d'imprécision qui devraient en conséquence

(* 2) Il s'agit ici de mesurer et non de compter (la différence entre ces deux démarches est intimement liée à celle qu'il y a entre les nombres réels et les nombres rationnels).

être de plusieurs ordres de grandeur plus petits que l'intervalle qu'elles déterminent pour l'évaluation de la mesure primitive. En d'autres termes, les limites de l'intervalle ne sont pas des limites précises ; ce sont en réalité de très petits intervalles dont les limites sont à leur tour des intervalles plus petits encore et ainsi de suite. C'est ainsi que nous parvenons à la notion de ce qu'on peut appeler des « limites imprécises » ou « *limites de condensation* » de l'intervalle.

Ces considérations ne présupposent ni la théorie mathématique des erreurs, ni la théorie de la probabilité. C'est plutôt le contraire : l'analyse de la notion de mesure d'un intervalle fournit une base sans laquelle la théorie statistique des erreurs aurait très peu de sens. Si nous mesurons une grandeur un grand nombre de fois, nous obtenons une série de valeurs de densités diverses distribuées sur un intervalle : l'intervalle de précision dépendant de la technique de mesure en cours. C'est seulement si nous savons ce que nous recherchons — à savoir les limites de condensation de cet intervalle — qu'il nous est possible d'appliquer à ces valeurs la théorie des erreurs et de déterminer les limites de l'intervalle (* 3).

Tout ceci éclaire, à mon avis, le fait de la *supériorité des méthodes qui utilisent la mesure* sur les méthodes purement qualitatives. Il est vrai que même dans le cas d'évaluations quantitatives, telle l'estimation du degré de hauteur d'un son musical, il est parfois possible de donner un intervalle d'exactitude. Mais, en l'absence de mesure, un intervalle de ce type ne peut être que très imprécis, puisque le concept de limites de condensation est inapplicable à de tels cas. Ce concept n'est applicable que lorsque nous parlons d'ordre de grandeur et donc lorsque des méthodes de mesure sont définies. J'utiliserai la notion de limites de condensation des intervalles de précision dans la section 68, dans son rapport avec la théorie de la probabilité.

38. — LA COMPARAISON DES DEGRÉS DE FALSIFIABILITÉ EN FONCTION DES DIMENSIONS.

Nous n'avons jusqu'ici envisagé la comparaison des degrés de falsifiabilité des théories que dans la mesure où cette comparaison pouvait se faire par l'intermédiaire de la relation de classe à sous-classe. Dans certains cas, cette méthode réussit parfaitement

---

(* 3) Ces considérations sont intimement liées à — et s'appuient sur — certains des résultats examinés dans les points 8 et suivants et dans ma « Troisième Note », reprise dans l'appendice * IX. Voyez également la section * 15 du *Post-script* pour l'importance de la mesure quant à la « profondeur » des théories.

à guider notre choix entre diverses théories. Ainsi, nous pouvons dire à présent que le principe d'exclusion de Pauli, mentionné à titre d'exemple dans la section 20, se révèle très satisfaisant comme hypothèse auxiliaire. Il accroît en effet grandement le degré de précision et avec lui le degré de falsifiabilité de l'ancienne théorie quantique (comme l'énoncé correspondant de la nouvelle théorie quantique, disant que les états anti-symétriques sont réalisés par les électrons tandis que des particules non chargées ou pourvues de certaines charges multiples, réalisent les états symétriques).

Pour de nombreux propos cependant, la comparaison permise par la relation de classe à sous-classe ne suffit pas. C'est ainsi que Frank, par exemple, a mis en évidence le fait que des énoncés d'un niveau d'universalité élevé — tels le principe de la conservation de l'énergie dans la formulation de Planck — sont sujets à devenir tautologiques et à perdre ainsi leur caractère empirique à moins que les conditions initiales ne puissent être déterminées « ... par *quelques* mesures, ... c'est-à-dire au moyen d'un petit nombre de grandeurs caractéristiques de l'état du système (1) ». La question du nombre de paramètres qu'il faut constater et auxquels il faut substituer des valeurs dans les formules, ne peut être élucidée à l'aide de la relation de classe à sous-classe, bien qu'elle soit manifestement liée au problème de la falsifiabilité et à celui de ses degrés. Moins il y aura de grandeurs requises pour déterminer les conditions initiales, moins grand sera le degré de composition (* 1) des énoncés de base suffisant à falsifier la théorie. Un énoncé de base falsificateur consiste en effet dans la conjonction des conditions initiales et de la négation de la prédiction dérivée (*cf.* section 28). Il est donc possible de comparer les degrés de falsifiabilité de théories en prenant en considération le degré minima l de composition que doit avoir un énoncé de base pour pouvoir contredire chacune des théories. Il suffit que nous puissions toujours trouver un moyen de comparer les énoncés de base de façon à reconnaître s'ils ont un degré de composition plus (ou moins) grand, c'est-à-dire s'ils sont composés d'un nombre plus (ou moins) grand d'énoncés de base d'espèce plus simple. Quel que soit leur contenu, tous les énoncés de base dont les degrés de composition n'atteignent pas le minimum requis seraient permis par la théorie en raison seulement de ce degré insuffisant de composition.

Mais tout programme de ce type se heurte à des difficultés. C'est qu'il n'est en général pas facile de dire, simplement en l'examinant, si un énoncé est composé, c'est-à-dire s'il équivaut à une conjonc-

---

tion d'énoncés plus simples. Dans tous les énoncés se rencontrent des noms universels et l'analyse de ces derniers permet souvent de scinder l'énoncé en différents éléments conjoints. (Ainsi, l'énoncé « Il y a un verre d'eau à l'endroit k », pourrait peut-être être analysé et scindé en deux énoncés : « Il y a un verre contenant un liquide à l'endroit k », et « Il y a de l'eau à l'endroit k ».) L'on ne peut espérer trouver de fin naturelle à cette division des énoncés : nous pouvons toujours introduire de nouveaux termes universels définis de manière à rendre possible une division ultérieure.

En vue de rendre comparables les degrés de composition respectifs de tous les énoncés de base, l'on pourrait suggérer qu'une certaine classe d'énoncés soit choisie comme celle des énoncés *élémentaires* ou *atomiques* (2) à partir desquels il serait alors possible d'obtenir tous les autres énoncés, par conjonctions et autres opérations logiques. Un « zéro absolu » de composition serait ainsi défini et, en principe, l'on pourrait dès lors exprimer la composition de tout énoncé en degrés absolus de composition (* 2). Mais, pour la raison donnée plus haut, une procédure de ce genre devrait être considérée comme fort peu appropriée car elle imposerait de sérieuses restrictions au libre usage du langage scientifique (* 3). Il reste pourtant possible de comparer les degrés de composition d'énoncés de base et par là ceux d'autres énoncés aussi. On peut le faire en choisissant arbitrairement une classe d'énoncés *relativement* atomiques et en la prenant comme base de comparaison.

(2) « Les propositions élémentaires » chez Wittgenstein, *Tractatus Logico-Philosophicus*, Proposition 5 : « Les propositions sont des fonctions de vérité de propositions élémentaires ». « Les propositions atomiques » (par oppostion aux « propositions moléculaires » qui résultent d'une composition) dans les *Principia Mathematica*, Vol. I, Introduction à la 2ᵉ édition (1925), pp. XV et suiv. ; C. K. Ogden a traduit le terme « Elementarsatz » de Wittgenstein par « *Elementary proposition* » (*cf. Tractatus* 4.21), alors que Bertrand Russell l'a traduit par « *Atomic proposition* » dans sa préface au *Tractatus* (1922), p. 13. C'est cette dernière expression qui est devenue la plus courante.

(* 2) Des degrés absolus de composition détermineraient, évidemment, des degrés absolus de contenu et donc une improbabilité logique absolue. Le programme indiqué ici, qui consiste à introduire l'improbabilité et donc la probabilité en désignant une classe d'énoncés absolument atomiques, (programme esquissé précédemment chez Wittgenstein, par exemple), a été récemment élaboré par Carnap dans ses *Logical Foundations of Probability*, 1950, dans le but de construire une théorie de l'induction. Voyez également les remarques que j'ai faites à propos des modèles de langage dans ma Préface à l'édition anglaise ; j'y fais allusion au fait que le troisième modèle de langage (le système de langage élaboré par Carnap) n'admet pas de propriétés mesurables. (Dans sa forme actuelle, il n'autorise pas davantage l'introduction d'un ordre spatial ou temporel.)

(* 3) J'ai employé ici l'expression « langage scientifique » de façon tout à fait naïve ; il ne conviendrait pas de l'interpréter dans le sens technique de ce qu'on appelle aujourd'hui un « système linguistique ». Au contraire, mon intention a surtout été de faire remarquer que nous devrions nous rappeler que des savants ne peuvent utiliser un « système linguistique » puisqu'ils doivent constamment — à chacun de leurs nouveaux pas — modifier leur langage. Les mots « matière » ou « atome » après Rutherford et « matière » ou « énergie » après Einstein ont signifié autre chose que ce qu'ils signifiaient auparavant : la signification de ces concepts est fonction de la *théorie*, laquelle change continuellement.

L'on peut définir une telle classe d'énoncés relativement atomiques au moyen d'un *schéma générateur* ou d'une *matrice* (par
exemple, « Il y a un appareil de mesure de ... à l'endroit.., dont
l'aiguille est située entre les graduations... et... »). Nous pouvons
alors définir comme relativement atomique et comme groupant
donc des énoncés d'un même degré de composition, la classe de
tous les énoncés obtenus à partir de ce genre de matrice (ou fonction d'énoncé ou fonction propositionnelle) en substituant aux
blancs des valeurs déterminées. L'on peut appeler « *champ* » la
classe de ces énoncés et de toutes les conjonctions qu'ils permettent. L'on peut appeler « n-tuple du champ » la conjonction de n
énoncés différents relativement atomiques d'un champ et nous
pouvons dire que son degré de composition est égal au nombre n.

S'il existe pour une théorie t, un champ d'énoncés singuliers
(mais pas nécessairement de base) tel que, pour certain nombre d,
la théorie t ne peut être falsifiée par aucun d-tuple du champ bien
qu'elle puisse l'être par certain $d + 1$ tuple, nous appelons d le
nombre caractéristique de la théorie relativement à ce champ. Tous
les énoncés du champ dont le degré de composition est inférieur ou
égal à d sont donc compatibles avec la théorie et permis par elle,
indépendamment de leur contenu.

Or, il est possible de prendre ce nombre caractéristique d comme
base de comparaison des degrés de falsifiabilité de théories. Cependant, si l'on veut éviter les incohérences que pourrait engendrer
l'usage de champs différents, il est nécessaire d'utiliser un concept
un peu plus étroit que celui de « champ », à savoir celui de *champ
d'application*. Si une théorie t nous est donnée, nous disons qu'un
champ est un *champ d'application de la théorie t* s'il existe un
nombre caractéristique d de la théorie t relativement à ce champ et
si celui-ci satisfait en outre à certaines conditions (exposées dans
l'appendice I).

Au nombre caractéristique d d'une théorie t, relativement à un
champ d'application, je donne le nom de *dimension* de t relativement
à ce champ d'application. Le terme « dimension » vient spontanément à l'esprit car nous pouvons imaginer tous les n-tuples possibles
du champ localisés dans l'espace (dans une configuration spatiale
de dimensions infinies). Si, par exemple, $d = 3$, les énoncés permis
en raison de l'insuffisance de leur degré de composition forment
un sous-espace tridimensionnel de cette configuration. Le passage
de $d = 3$ à $d = 2$ correspond au passage d'un solide à une surface.
Plus la dimension d est petite, plus se trouve sévèrement restreinte
la classe des énoncés permis qui, quel que soit leur contenu, ne
peuvent être en contradiction avec la théorie parce que leur degré

de composition est trop bas ; plus la dimension d est petite, plus élevé sera le degré de falsifiabilité de la théorie.

Le concept de champ d'application n'a pas été limité à des énoncés de base : des énoncés singuliers de toutes sortes peuvent constituer un champ d'application. Mais, en comparant leurs dimensions à l'aide du champ, nous pouvons évaluer le degré de composition des énoncés de base. (Nous supposons qu'à des énoncés singuliers ayant un degré de composition élevé correspondent des énoncés de base ayant également un degré de composition élevé.) L'on peut donc présumer qu'à une théorie de dimension supérieure correspond une classe d'énoncés de dimension supérieure telle que la théorie permet tous les énoncés de cette classe, indépendamment de ce qu'ils affirment.

Ceci répond à la question de savoir dans quel rapport se trouvent les deux méthodes de comparaison des degrés de falsifiabilité, celle qui utilise la dimension d'une théorie et celle qui utilise la relation de classe à sous-classe. Dans certains cas, aucune des deux méthodes ne pourra être appliquée ou seulement l'une des deux. Il n'y aura alors, naturellement, pas place pour un conflit entre les deux méthodes. Mais si, dans un cas particulier, les deux méthodes sont applicables, l'on peut concevoir que deux théories d'égale dimension puissent avoir des degrés de falsifiabilité différents si ces derniers sont évalués par la méthode qui se base sur la relation de classe à sous-classe. Dans tous les autres cas où les deux méthodes sont applicables, elles doivent conduire au même résultat. En effet on peut montrer à l'aide d'un simple théorème de la théorie des dimensions que la dimension d'une classe doit être supérieure ou égale à celle de ses sous-classes (3).

39. — LA DIMENSION D'UN ENSEMBLE DE COURBES.

Nous pouvons parfois tout simplement identifier ce que j'ai appelé le « champ d'application d'une théorie » au *champ de sa représentation graphique*, c'est-à-dire à la surface d'un papier quadrillé où les théories se trouvent représentées par des courbes : l'on peut considérer que chaque point de ce champ de représentation graphique correspond à un énoncé relativement atomique. La dimension de la théorie relativement à ce champ (définie dans

---

(3) *Cf.* K. Menger, *Dimensionstheorie* (1928), p. 81. * On peut supposer que les conditions de validité de ce théorème sont toujours remplies par les « espaces » qui nous concernent ici.

l'appendice I) est alors identique à la dimension de l'ensemble de courbes correspondant à la théorie. Je vais examiner ces relations à l'aide des deux énoncés q et s de la section 36. (Notre comparaison des dimensions s'applique à des énoncés comportant des prédicats différents.) L'hypothèse q — selon laquelle toutes les orbites planétaires sont des cercles — est tridimensionnelle : sa falsification requiert, en effet, au moins quatre points de sa représentation graphique. L'hypothèse s selon laquelle toutes les planètes se meuvent sur des orbites elliptiques a cinq dimensions puisque six énoncés au moins, correspondant à six points du graphique, sont nécessaires à sa falsification. Nous avons vu dans la section 36 que q peut être falsifié plus facilement que s. Puisque tous les cercles sont des ellipses, il était possible, dans ce cas, de fonder la comparaison sur la relation de classe à sous-classe. Mais l'utilisation des dimensions nous permet de comparer des théories que nous étions auparavant incapables de comparer. Par exemple, nous pouvons à présent comparer une hypothèse circulaire avec une hypothèse parabolique (laquelle est quadridimensionnelle). Chacun des termes « cercle », « ellipse », « parabole », dénote une classe ou un *ensemble de courbes* et chacun de ces ensembles a la dimension d si d points sont nécessaires et suffisants pour distinguer, ou caractériser, une courbe particulière de l'ensemble. Dans le cas d'une représentation algébrique, la dimension de l'ensemble de courbes dépend du nombre de *paramètres* dont nous pouvons choisir librement les valeurs. Nous pouvons donc dire que le nombre de paramètres variables d'un ensemble de courbes représentant une théorie est caractéristique du degré de falsifiabilité (ou de la capacité d'être mise à l'épreuve) de cette théorie. A propos des énoncés q et s utilisés dans mon exemple, j'aimerais faire certains commentaires méthodologiques concernant la découverte de ses lois par Kepler (* 1).

Je ne désire pas suggérer que la croyance en la perfection — le principe heuristique qui conduisit Kepler à sa découverte — fut inspiré, consciemment ou inconsciemment, par des considérations méthodologiques sur les degrés de falsifiabilité. Mais je crois que Kepler dut en partie son succès au fait que l'hypothèse circulaire dont il partait était relativement facile à falsifier. S'il était parti d'une hypothèse moins facilement falsifiable en vertu de sa forme logique, il n'aurait peut-être obtenu aucun résultat, compte tenu des difficultés de calcul dont la base véritable était « dans l'air »,

(* 1) Les vues développées ici ont été accueillies, avec reconnaissance, par W. C. Kneale, *Probability and Induction* (1949) et J. G. Kemeny, « *The Use of Simplicity in Induction* », *Philos. Review* 57, 1953 ; voyez sa note au bas de la page 404.

à la dérive dans les cieux, si l'on peut dire, et se déplaçant sur une voie inconnue. Le résultat manifestement *négatif* qu'atteignit Kepler par la falsification de son hypothèse circulaire fut en fait son premier succès réel. Sa méthode était ainsi suffisamment justifiée : il pouvait poursuivre ses recherches, d'autant plus que sa première tentative avait déjà donné certaines solutions approchées.

Sans doute, les lois de Kepler auraient-elles pu avoir été découvertes d'une autre manière mais je pense que ce ne fût pas purement accidentel si ce fût ce chemin-là qui conduisit au succès. Il correspond à *la méthode de l'élimination* qui n'est applicable que si la théorie est suffisamment facile à falsifier, suffisamment *précise* pour pouvoir entrer en conflit avec les résultats observables de l'expérience.

40. — Deux manières de diminuer le nombre caractérisant la dimension d'un ensemble de courbes.

Des ensembles de courbes tout à fait différents peuvent avoir la même dimension. L'ensemble de tous les cercles, par exemple, est tridimensionnel ; mais tous les cercles passant par un point

Classes (1) de dimension *zéro*	Classes de dimension *un*	Classes de dimension *deux*	Classes de dimension *trois*	Classes de dimension *quatre*
—	—	ligne droite	cercle	parabole
—	ligne droite passant par un point donné	cercle passant par un point donné	parabole passant par un point donné	conique passant par un point donné
ligne droite passant par deux points donnés	cercle passant par deux points donnés	parabole passant par deux points donnés	conique passant par deux points donnés	—
cercle passant par trois points donnés	parabole passant par trois points donnés	conique passant par trois points donnés	—	—

(1) Nous pourrions aussi naturellement, commencer par la classe vide (surdéterminée) de dimension moins 1.

donné constituent un ensemble bidimensionnel (de même que l'ensemble des lignes droites). Si nous voulons que les cercles passent par *deux* points donnés, nous obtenons un ensemble unidimensionnel et ainsi de suite. Chaque fois que toutes les courbes d'un ensemble doivent passer par un point donné supplémentaire, le nombre caractérisant la dimension de l'ensemble se trouve diminué d'une unité.

Le nombre caractéristique d'une dimension peut encore être diminué par d'autres méthodes que celle consistant à accroître le nombre de points donnés. Ainsi l'ensemble des ellipses dont on donne le rapport des axes est-il quadridimensionnel (comme l'est celui des paraboles) de même que l'ensemble des ellipses dont l'excentricité est exprimée par un nombre donné. Passer de l'ellipse au cercle revient naturellement à spécifier une excentricité (l'excentricité o) ou un rapport particulier des axes (l'unité).

Comme c'est l'évaluation des degrés de falsibiabilité des théories qui nous intéresse, nous pouvons à présent nous demander si les diverses méthodes visant à diminuer le nombre caractéristique des dimensions sont équivalentes pour nos propos ou s'il conviendrait de considérer plus attentivement leurs mérites respectifs. La condition imposée à une courbe de passer par un certain *point singulier* (ou petite région) sera souvent liée ou correspondra à l'acceptation d'un énoncé singulier, c'est-à-dire d'une condition initiale. D'autre part, le passage, disons d'une hypothèse elliptique à une hypothèse circulaire, correspondra évidemment à une réduction de la dimension de *la théorie elle-même*. Mais comment est-il possible de distinguer ces deux méthodes visant à réduire des dimensions ?

Nous pouvons appeler « *réduction matérielle* » la méthode (de réduction des dimensions) qui *ne* pose *pas* de conditions relatives à la « forme » ou « configuration » de la courbe, c'est-à-dire à des réductions obtenues par la spécification d'un ou de plusieurs points, par exemple, ou par quelque spécification équivalente. L'autre méthode, qui procède en spécifiant de manière plus étroite la forme ou configuration de la courbe, en passant, par exemple, de l'ellipse au cercle ou du cercle à la ligne droite, je l'appellerai la méthode de « *réduction formelle* » du nombre caractéristique des dimensions.

Il n'est cependant pas très facile de préciser cette distinction. Ceci le montre : réduire la dimension d'une théorie signifie, en termes algébriques, remplacer un paramètre par une constante, or, nous ne savons pas exactement comment faire la distinction entre les différentes méthodes de remplacement d'un paramètre par une constante. On peut dire de la *réduction formelle*, laquelle passe de l'équation générale d'une ellipse à l'équation d'un cercle, qu'elle donne à un paramètre la valeur zéro et à un autre la valeur un. Mais si un autre paramètre (le terme absolu) était remplacé par zéro, il s'agirait d'une *réduction matérielle*, à savoir la spécification d'un point de l'ellipse. Je pense pourtant qu'il est possible de clarifier la distinction en question si nous considérons son rapport au problème des noms universels. En effet, la réduction matérielle introduit dans la définition de l'ensemble de courbes un nom individuel alors que la réduction formelle y introduit un nom universel.

Imaginons que nous soit donné, peut-être par « définition ostensive », un plan particulier. L'ensemble de toutes les ellipses situées dans ce plan peut être défini au moyen de l'équation générale de l'ellipse et l'ensemble des cercles peut l'être par l'équation générale du cercle. Ces définitions sont *indépendantes de l'endroit* du plan *où nous traçons les coordonnées* (*cartésiennes*) auxquelles elles se rapportent ; elles sont, en conséquence, indépendantes du choix de l'origine et de l'orientation des coordonnées. Un système spécifique de coordonnées ne peut être déterminé que par des noms individuels, disons par spécification ostensive de son origine et de son orientation. Puisque la définition de l'ensemble des ellipses (ou des cercles) est la même pour toutes les coordonnées cartésiennes, elle est indépendante de la spécification de ces noms individuels : elle est *invariante* pour toutes les transformations de coordonnées du groupe euclidien (déplacements et transformations dans les cas de similitude). Si, d'autre part, nous désirons définir un ensemble d'ellipses (ou de cercles) ayant dans le plan un point particulier, spécifique, en commun, nous devons utiliser une équation qui, non invariante eu égard aux transformations du groupe euclidien, se rapporte à un système de coordonnées particulier, c'est-à-dire spécifié individuellement ou ostensivement. La définition de cet ensemble fera donc référence à des noms individuels (2).

On peut hiérarchiser les transformations. Une définition invariante pour un groupe plus général de transformations est également invariante pour des transformations plus particulières. Pour chaque définition d'un ensemble de courbes, il y a un groupe caractéristique de transformations — le plus général. Dès lors, l'on pourra dire que la définition D_1 d'un ensemble de courbes est « aussi générale » (ou plus générale) qu'une définition D_2 d'un ensemble de courbes si elle est invariante pour un même groupe

---

(2) A propos des rapports entre groupes de transformation et « individuation », *cf.* Weyl, *Philosophie der Mathematik u. Naturwissenschaft* (1927), p. 59, édition anglaise, p. 73 et suiv. Référence y est faite au *Erlanger Programm* de Klein.

de transformations D_1 (ou que pour un groupe plus général). On peut donc appeler *formelle* la réduction de la dimension d'un ensemble de courbes si cette réduction ne diminue pas la généralité de la définition ; dans le cas contraire, on peut l'appeler *matérielle*.

Si nous comparons les degrés de falsifiabilité de deux théories en considérant leurs dimensions, il est clair que nous devrons également tenir compte de la *généralité* de celle-ci, c'est-à-dire de leur invariance au cours des transformations de [leurs] coordonnées allant de pair avec leurs dimensions.

La procédure devra, naturellement, être différente selon que la théorie propose de véritables énoncés géométriques relatifs au monde ou qu'elle n'est « géométrique » qu'en vertu du fait qu'elle peut être représentée par un graphique, tel, par exemple, celui qui représente la dépendance de la pression par rapport à la température. Il serait hors de propos d'exiger que la définition de cette dernière espèce de théories ou de l'ensemble de courbes qui y correspond soit invariante relativement par exemple aux rotations du système de coordonnées. En effet, dans les cas en questions, les différentes coordonnées peuvent représenter des choses tout à fait différentes (l'une la pression, et l'autre la température).

Cela conclut mon exposé des méthodes permettant la comparaison des degrés de falsifiabilité. Je crois que ces méthodes peuvent nous aider à éclaircir des questions épistémologiques tel le *problème de la simplicité*, lequel fera l'objet de notre prochain chapitre. Mais il y a d'autres problèmes encore que notre examen des degrés de falsifiabilité place sous un jour nouveau. Je pense tout spécialement au problème de la « probabilité des hypothèses », comme on l'appelle, ou problème de la *corroboration*.

CHAPITRE VII

LA SIMPLICITÉ

Il semble que l'on s'accorde difficilement sur l'importance qu'il faut accorder au « problème de la simplicité », comme on l'appelle. Weyl a dit, il n'y a pas longtemps, que « le problème de la simplicité est d'une importance capitale pour l'épistémologie des sciences naturelles » (1). Pourtant l'intérêt accordé à ce problème a décru, semble-t-il, depuis peu. Peut-être est-ce parce qu'il a paru y avoir bien peu de chances de le résoudre, surtout après la pénétrante analyse de Weyl.

Il n'y a guère, l'on utilisait la notion de simplicité sans discernement, comme si la nature de la simplicité et les raisons que nous pouvions avoir de la rechercher étaient évidentes. Bon nombre de philosophes des sciences ont mis le concept de simplicité au centre de leurs théories sans même s'apercevoir des difficultés qu'il soulève. C'est ainsi que les disciples de Mach, Kirchhoff et Avenarius ont essayé de remplacer la notion d'explication causale par celle de « description la plus simple ». Sans le qualificatif « la plus simple », cette doctrine ne voudrait rien dire. Comme elle est censée expliquer les raisons qui nous font préférer une description du monde à l'aide de théories à une description utilisant des énoncés singuliers, elle semble présupposer que les théories sont plus simples que les énoncés. Cependant, bien peu ont jamais essayé d'expliquer pourquoi elles devraient être plus simples ou ce qu'il faut entendre, plus précisément, par simplicité.

De plus, si nous admettons que, pour des raisons de simplicité, nous devons utiliser des théories, il est clair que nous devrions utiliser les théories les plus simples. C'est ainsi que Poincaré, pour qui le choix des théories est matière à convention, en vient à formuler son principe de sélection des théories : il choisit les conventions les *plus simples* possibles. Mais quelles sont les plus simples ?

---

(1) *Cf.* Weyl, *op. cit.*, p. 115 et suiv. ; Édition anglaise, p. 155. Voyez également la section 42, plus bas.

41. — ÉLIMINATION DES CONCEPTS PRAGMATIQUE ET ESTHÉTIQUE DE SIMPLICITÉ.

Le mot « simplicité » est utilisé dans de très nombreux sens différents. La théorie de Schrödinger, par exemple, est d'une grande simplicité en un sens méthodologique mais en un autre sens, l'on pourrait bien trouver qu'elle est « complexe ». Nous pouvons dire de la solution d'un problème qu'elle n'est pas simple, mais difficile, ou d'une présentation ou d'un exposé qu'ils ne sont pas simples mais compliqués.

Je commencerai par exclure de notre discussion l'application du terme simplicité à quelque chose comme une présentation ou un exposé. L'on dit parfois de deux exposés d'une même preuve mathématique que l'un est plus simple ou plus élégant que l'autre. Cette distinction a peu d'intérêt du point de vue de la théorie de la connaissance ; elle ne tombe pas dans le champ de la logique mais indique seulement une préférence d'ordre *esthétique ou pragmatique.* C'est de la même chose qu'il s'agit, lorsqu'on dit qu'une tâche peut être « réalisée par des moyens plus simples » qu'une autre, signifiant par là qu'elle peut être réalisée avec plus de facilité ou que pour l'exécuter moins d'entraînement ou moins de connaissance sont requis. Dans de tels cas, l'on peut facilement éliminer le mot « simple ». Son usage est extra-logique.

42. — LE PROBLÈME MÉTHODOLOGIQUE DE LA SIMPLICITÉ.

Que reste-t-il alors, s'il reste quelque chose, lorsque nous avons éliminé les notions esthétique et pragmatique de la simplicité ? Y a-t-il un concept de simplicité qui ait quelque importance pour le logicien ? Est-il possible de distinguer des théories qui ne sont pas logiquement équivalentes en fonction de leur degré de simplicité ?

La réponse à cette question peut sembler sujette à caution si l'on considère combien la plupart des efforts pour définir ce concept ont été peu heureux. Schlick y donne, pour sa part, une réponse négative. Il nous dit que « la simplicité est ... un concept qui indique des préférences de caractère partiellement pratique et partiellement esthétique » (1). Et il vaut la peine de noter qu'il donne cette réponse à propos du concept qui nous intéresse ici et que j'appellerai le *concept épistémologique de simplicité,* car il con-

---

(1) Schlick, *Naturwissenschaften* 19, 1931, p. 148. * J'ai traduit librement le terme « pragmatischer » employé par Schlick.

tinue : « même si nous sommes incapables d'expliquer ce que signifie réellement ici le terme " simplicité ", nous devons reconnaître le fait que tout savant qui a réussi à représenter une série d'observations par une formule très simple (*e.g.* une fonction linéaire, du second degré, ou exponentielle) est aussitôt persuadé qu'il a découvert une loi. »

Schlick examine la possibilité de définir le concept de régularité conforme à une loi et surtout la distinction entre «loi» et « hasard », à l'aide du concept de simplicité. Il l'écarte finalement en faisant remarquer que « la simplicité est manifestement un concept tout à fait relatif et imprécis ; l'on ne peut obtenir de définition rigoureuse de la causalité grâce à elle pas plus qu'elle ne permet de distinguer avec précision la loi du hasard » (2). Ce passage nous éclaire sur ce que Schlick attend réellement du concept de simplicité : il doit nous fournir une mesure de la conformité à une loi ou de la régularité des événements. Feigl exprime une conception semblable lorsqu'il parle de l' « idée de définir le degré de régularité ou de conformité à une loi à l'aide du concept de simplicité » (3).

La notion épistémologique de simplicité joue un rôle particulier dans les théories de la logique inductive lorsqu'il est question, par exemple, du problème de la « courbe la plus simple ». Les défenseurs de la logique inductive tiennent pour établi que nous obtenons des lois naturelles en généralisant des observations particulières. Si nous imaginons les divers résultats d'une série d'observations comme des points rapportés dans un système de coordonnées, la représentation graphique de la loi sera une courbe passant par tous ces points. Mais, par un nombre fini de points, nous pouvons toujours tracer un nombre illimité de courbes de formes les plus diverses. Puisque les observations ne déterminent pas la loi de manière univoque, la logique inductive se trouve donc confrontée au problème de décider la courbe qu'il faut choisir parmi toutes ces courbes possibles.

La réponse habituelle consiste à dire : « choisissez la courbe la plus simple. » Wittgenstein, par exemple, nous dit que « le processus d'induction consiste à admettre la loi *la plus simple* qui puisse concorder avec notre expérience » (4).

Pour choisir la loi la plus simple, l'on admet d'habitude tacitement qu'une fonction linéaire est plus simple qu'une fonction du second degré, un cercle plus simple qu'une ellipse etc. Mais l'on ne justifie ni le choix de cette hiérarchie particulière de simplicité ni la croyance que les lois « simples » ont des avantages sur les

(2) Schlick, *ibid.*
(3) Feigl, *Theorie und Erfahrung in der Physik* (1931), p. 25.
(4) Wittgenstein, *op. cit.*, Proposition 6. 363.

moins simples, mis à part le côté esthétique et pratique (5). Schlick et Feigl font mention (6) d'un article non publié de Natkin qui, selon le compte rendu de Schlick, propose que l'on dise qu'une courbe est « plus simple » qu'une autre si sa courbure moyenne est plus petite ou, selon ce qu'en rapporte Feigl, si elle s'écarte moins de la ligne droite. (Les deux comptes rendus ne sont pas équivalents.) Cette définition semble s'accorder assez bien avec nos intuitions mais manque, d'une certaine manière, le cœur du problème. Il faudrait, selon elle, considérer que certaines parties (les parties asymptotiques) d'une hyperbole sont beaucoup plus simples qu'un cercle, etc. Je ne pense vraiment pas qu'on puisse résoudre la question par des « artifices » de ce genre, comme Schlick les appelle. En outre, nos raisons de préférer la simplicité définie de cette manière particulière, resteraient mystérieuses.

Weyl examine et rejette un essai très intéressant de fonder la simplicité sur la probabilité. « Supposons, par exemple, que vingt couples de valeurs coordonnées (x, y) de la même fonction $y = f(x)$ soient situées (dans les limites de l'exactitude escomptée) sur une ligne droite lorsqu'on les rapporte sur un papier quadrillé. Nous conjecturerons, dans ce cas, que nous sommes en face d'une loi rigoureuse et naturelle et que y est par rapport à x dans une dépendance linéaire. Et nous conjecturerons ceci en raison de la *simplicité* de la ligne droite, ou parce qu'il serait *extrêmement improbable* que ces vingt couples d'observations arbitrairement choisies se situent précisément très près de la ligne droite si la loi en question était différente.

Or si nous utilisons la ligne droite pour interpoler et extrapoler nous obtenons des prévisions qui dépassent ce que nous disent les observations. Mais cette analyse donne prise à la critique. Il sera toujours possible de définir toutes sortes de fonctions mathématiques... que satisferont les vingt observations, et certaines de ces fonctions dévieront considérablement de la ligne droite. Or, pour chacune d'elles, nous pouvons prétendre qu'il serait *extrêmement improbable* que les vingt observations soient précisément situées sur cette courbe si celle-ci ne représentait pas la véritable loi. Il est donc essentiel, en dernier ressort, que la fonction, ou plus exactement la classe de fonctions nous soit offerte *a priori* par les mathématiques à cause de sa simplicité mathématique. Il

(5) La remarque de Wittgenstein sur la simplicité de la logique (*op. cit.*, Prop. 5.4541) établissant « la norme de la simplicité » ne donne pas d'indication à ce sujet. Le « principe de la courbe la plus simple » de Reichenbach (*Mathematische Zeitschrift* 34, 1932, p. 616) repose sur son Axiome d'induction (qui ne peut, à mon avis, être soutenu) et ne nous aide pas davantage.
(6) Aux endroits auxquels référence a été faite.

conviendrait de noter que cette classe de fonctions ne doit pas compter autant de paramètres qu'il y a d'observations à prendre en considération. » (7). La remarque de Weyl, selon laquelle « la classe de fonctions devrait nous être offerte *a priori* par les mathématiques à cause de sa simplicité mathématique » et la référence qu'il fait au nombre de paramètres concorde avec ma conception (développée dans la section 43). Mais Weyl ne nous dit pas ce qu'est la « simplicité mathématique ». Et surtout, il ne nous dit pas quels *avantages logiques* ou *épistémologiques* la loi la plus simple est censée posséder sur la plus complexe (8).

Les divers passages cités jusqu'ici sont très importants à cause du rapport qu'ils ont avec notre propos présent, à savoir l'analyse du concept épistémologique de simplicité. En effet ce concept n'est pas encore déterminé avec précision. Il est donc possible de rejeter toute tentative (telle la mienne) pour préciser ce concept en disant que le concept de simplicité qui intéresse les épistémologues est en fait tout à fait différent. A des objections de ce genre, je pourrais répondre que je n'attache pas la moindre importance au *mot* « simplicité ». Le terme n'a pas été introduit par moi et je suis conscient des inconvénients qu'il présente. Je prétends seulement que le concept de simplicité que je vais essayer de clarifier nous aide à répondre à ces questions qui, comme le montrent ces citations, ont souvent été effectivement soulevées par des philosophes de la science relativement à leur « problème de la simplicité ».

43. — Simplicité et degré de falsifiabilité.

Nous pouvons répondre à toutes les questions épistémologiques que suscite le concept de simplicité si nous assimilons cette notion à celle de *degré de falsifiabilité*. Certains s'opposeront vraisemblablement à cette proposition (* 1), aussi essaierai-je d'abord de la rendre intuitivement plus acceptable.

(7) Weyl, *op cit.*, p. 116 ; édition anglaise, p. 156. * En écrivant mon ouvrage, je ne savais pas (et Weyl ne le savait sans doute pas davantage en écrivant le sien) que Harold Jeffreys et Dorothy Wrinch avaient suggéré, six ans avant Weyl, que nous devrions mesurer la simplicité d'une fonction à la rareté de ceux de ses paramètres dont nous pouvons librement choisir les valeurs (voyez l'article qu'ils ont écrit en commun dans *Phil. Mag.* 42, 1921, pp. 369 et suiv.). Je désire profiter de l'occasion pour exprimer ma reconnaissance à ces auteurs.

(8) Les commentaires ultérieurs de Weyl sur le rapport entre simplicité et corroboration relèvent également de cette question ; ils concordent largement avec mes propres vues — exprimées dans la section 82 — bien que ma voie d'approche et mes arguments soient tout à fait différents ; *cf.* la note 1 de la section 82, * et la nouvelle note ci-dessous (note (* 1) de la section 43).

(* 1) Ce fut un plaisir pour moi de découvrir que cette théorie de la simplicité (y compris les idées de la section 40) a été acceptée par un épistémologue au

J'ai déjà montré que des théories de moindre dimension peuvent être plus facilement falsifiées que des théories de dimension supérieure. Une loi qui se présente sous la forme d'une fonction du premier degré, par exemple, peut être plus facilement falsifiée qu'une loi exprimable au moyen d'une fonction du second degré. Mais cette dernière fait encore partie des plus falsifiables parmi les lois dont la forme mathématique est celle d'une fonction algébrique. Ceci correspond bien à la remarque de Schlick relative à la simplicité : « Il est certain que nous devrions être enclins à considérer qu'une fonction du premier degré est plus simple qu'une fonction du second degré bien que la dernière représente aussi sans doute une loi parfaitement bonne... » (1).

moins. Il s'agit de William Kneale qui écrit dans son ouvrage *Probability and Induction*, 1949, p. 229 et suiv. : « ... il est aisé de voir que l'hypothèse la plus simple en ce sens est aussi celle dont nous pouvons espérer l'élimination la plus rapide si elle est fausse ... En bref, la ligne de conduite consistant à toujours adopter l'hypothèse la plus simple qui concorde avec les faits connus est celle qui nous permettra de nous débarrasser le plus rapidement des hypothèses fausses. » Kneale ajoute une note en bas de page dans laquelle il fait référence à la p. 116 de l'ouvrage de Weyl et à mon ouvrage. Mais je n'arrive pas à trouver dans cette page — dont j'ai cité plus haut les parties concernant notre propos — ni ailleurs dans le grand ouvrage de Weyl (ni dans aucun autre) ne fût-ce qu'une trace de la conception selon laquelle la simplicité d'une théorie est liée à sa falsifiabilité, c'est-à-dire à la facilité avec laquelle elle peut être éliminée. Je n'aurais d'ailleurs pas écrit (comme je l'ai fait à la fin de la section précédente) que Weyl » ne dit pas quels *avantages logiques ou épistémologiques* la loi la plus simple est censée posséder si Weyl (ou qui que ce soit d'autre à ma connaissance) avait déjà élaboré la même théorie que moi.

Les faits sont les suivants. Dans son minutieux examen du problème (cité ici dans la section 42 ; texte auquel se rapporte la note 7), Weyl commence par mentionner la conception intuitive selon laquelle une courbe simple — disons une ligne droite — a un avantage sur une courbe plus complexe *parce que l'on pourrait considérer comme un accident extrêmement improbable que toutes les observations correspondent à une courbe aussi simple*. Mais au lieu d'aller au bout de cette conception intuitive (qui l'aurait à mon avis, amené à se rendre compte que la théorie la plus simple est la plus falsifiable), Weyl la *rejette* sous prétexte qu'elle ne résiste pas à la critique rationnelle ; il fait remarquer que l'on pourrait dire la même chose de n'importe quelle courbe donnée, aussi complexe fût-elle. (Cet argument est correct, mais ne tient plus si nous considérons les *falsificateurs virtuels* et leur degré de composition plutôt que les cas vérifiant la théorie.) Weyl en arrive alors à examiner un nouveau critère de simplicité : la rareté des paramètres ; mais il ne relie d'aucune façon ceci à la conception intuitive qu'il vient de rejeter ni à quoi que ce soit qui, comme la falsifiabilité ou le contenu, pourrait expliquer notre préférence épistémologique pour la théorie la plus simple.

La spécification de Weyl de la simplicité d'une courbe par la rareté de ses paramètres avait déjà été imaginée en 1921 par Harold Jeffreys et Dorothy Wrinch (*Phil. Mag.* 42, 369 et suiv.). Mais si Weyl n'est tout simplement pas parvenu à voir ce qu'il est à présent « facile de voir » (selon Kneale) Jeffreys, lui, a réellement vu — et voit encore — exactement l'inverse : il attribue à la loi la plus simple la plus grande probabilité *a priori* au lieu de la plus grande improbabilité *a priori*. (Ainsi, les conceptions de Jeffreys et Kneale peuvent-elles illustrer ensemble la remarque de Schopenhauer selon laquelle la solution d'un problème commence souvent par apparaître comme un paradoxe, puis apparaît comme une truisme.) Je souhaite ajouter ici que j'ai continué à développer mes vues sur la simplicité et que ce faisant j'ai essayé sérieusement — pas en pure perte, j'espère — d'apprendre quelque chose de Kneale. Cf. Appendice * X et la section * 15 de mon *Postscript*.

(1) Schlick, *Naturwissenschaften* 19, 1931, p. 148 (*cf.* la note 1 de la section précédente).

Le degré d'universalité et de précision d'une théorie croît avec son degré de falsifiabilité, comme nous l'avons vu. Aussi pouvons-nous peut-être identifier le *degré de rigueur* d'une théorie — le degré auquel une théorie impose à la nature la rigueur de la loi — à son degré de falsifiabilité. Ceci montre que ce dernier remplit exactement le rôle que Schlick et Feigl attendaient du concept de simplicité. Je puis ajouter que la distinction que Schlick espérait faire entre « loi » et « hasard » peut également être clarifiée à l'aide de la notion de degré de falsifiabilité : les énoncés de probabilité relatifs à des séquences aléatoires se révèlent de dimension infinie (*cf.* la section 65) ; elles ne sont pas simples mais complexes (*cf.* la section 58 et la dernière partie de la section 59) ; elles ne sont falsifiables que dans certaines conditions particulières (section 68).

La comparaison des degrés de falsifiabilité a fait l'objet d'un examen approfondi dans les sections 31 à 40. Certains des exemples et particularités qui y furent donnés peuvent facilement être appliqués au problème de la simplicité. Ceci est particulièrement vrai pour le degré d'universalité d'une théorie : un énoncé plus universel peut prendre la place de plusieurs énoncés moins universels et, pour cette raison, a souvent été qualifié de « plus simple ». L'on peut dire que le concept de dimension d'une théorie précise l'idée weylienne d'utiliser le nombre de paramètres pour déterminer le concept de simplicité (* 2). De plus, notre distinction entre réduction formelle et réduction matérielle de la dimension d'une théorie (*cf.* la section 40), nous permet de répondre à certaines objections qui pouvaient être faites à l'encontre de la théorie de Weyl. En effet, l'une d'elles consiste à dire que l'ensemble des ellipses dont les axes sont dans un rapport donné et dont l'excentricité numérique est connue a exactement autant de paramètres que l'ensemble des cercles, bien qu'il soit évidemment moins « simple ».

(* 2) Comme mentionné dans les notes 7 de la section 42 et * 1 de la présente section, ce furent Harold Jeffreys et Dorothy Wrinch qui proposèrent les premiers de mesurer la simplicité d'une fonction à la rareté de ses paramètres variables. Mais ils proposèrent également d'attribuer à l'hypothèse plus simple une plus grande probabilité *a priori*. L'on peut donc représenter leur conception par le schéma :

    simplicité = rareté des paramètres = haute probabilité a priori

Il apparaît ainsi que j'ai abordé le sujet d'un angle tout différent. Intéressé par l'évaluation de degrés de falsifiabilité, j'ai commencé par trouver qu'on peut mesurer la falsifiabilité par l'improbabilité « logique » (qui correspond exactement à l'improbabilité *a priori* de Jeffreys). J'ai alors trouvé que la falsifiabilité — et donc l'improbabilité *a priori* — peut être assimilée à la rareté des paramètres et c'est seulement alors que j'ai assimilé la grande falsifiabilité à la grande simplicité. Ma conception peut donc être représentée par le schéma :

    haute improbabilité a priori = *rareté des paramètres* = *simplicité*

On verra que les deux schémas coïncident partiellement mais sont en opposition directe sur le point décisif : probabilité *vs* improbabilité ; voyez également l'appendice * VIII.

Et avant tout, notre théorie explique *pourquoi la simplicité est tellement désirable.* Pour le comprendre, il n'est pas besoin d'adopter un « principe d'économie de la pensée » ou quelque chose de ce genre. Si la connaissance est notre objectif, des énoncés simples doivent être plus appréciés que des énoncés moins simples *parce qu'ils nous disent davantage, parce que leur contenu empirique est plus grand et qu'il est plus facile de les soumettre à des tests.*

44. — Configuration géométrique et forme fonctionnelle.

Notre manière d'envisager le concept de simplicité nous permet de résoudre un certain nombre de contradictions qui ont pu, jusqu'à ce jour, faire douter que ce concept fût d'un usage quelconque.

Bien peu considéreraient *la configuration géométrique,* d'une courbe logarithmique, par exemple, comme particulièrement simple. Pourtant, l'on considère habituellement comme simple une *loi* qui peut être représentée par une fonction logarithmique. De même, l'on dit communément qu'une fonction-sinus est simple bien que la forme géométrique de la courbe sinusoïdale ne le soit peut-être pas tellement.

L'on peut éclairer des difficultés comme celles-ci si l'on se rappelle la connexion établie entre le nombre de paramètres et le degré de falsifiabilité et si l'on distingue la réduction formelle de la réduction matérielle des dimensions. (Nous devons également nous rappeler le rôle de l'invariance relativement aux transformations de systèmes de coordonnées.) Lorsqu'il est question de la forme ou configuration géométrique d'une courbe, nous sommes en droit d'exiger son invariance relativement à toutes les transformations qui font partie du groupe de déplacements, et nous pouvons exiger son invariance relativement aux transformations dans les cas de similitude.

En effet, une forme ou configuration géométrique n'est pas liée dans notre représentation, à une *position* déterminée.

En conséquence, si nous songeons que la configuration d'une courbe logarithmique à un paramètre ($y = log_a x$) est située n'importe où dans un plan, elle aura *cinq* paramètres (si nous autorisons les transformations dans les cas de similitude). Ce ne sera donc d'aucune façon une courbe particulièrement simple. D'autre part, lorsqu'une *théorie* ou une *loi* est représentée par une courbe logarithmique, les transformations de coordonnées sont hors de propos. Dans de tels cas, il n'est question ni de rotations, ni de déplacements parallèles, ni de transformations dans les cas de similitudes. Car une courbe logarithmique est en principe une représentation graphique dans laquelle les coordonnées ne sont pas interchangeables. (Par exemple, l'axe des x pourrait représenter la pression atmosphérique et l'axe des y la hauteur à partir du niveau de la mer.)

C'est pour la même raison que les transformations dans les cas de similitude sont également dépourvues de signification ici. Des considérations analogues valent pour les oscillations sinusoïdales le long d'un axe déterminé, l'axe du temps par exemple, et pour beaucoup d'autres cas.

45. — LA SIMPLICITÉ DE LA GÉOMÉTRIE EUCLIDIENNE.

La simplicité de la géométrie euclidienne fut l'une des questions qui jouèrent un rôle de première importance dans la plupart des discussions relatives à la théorie de la relativité. Personne ne mit jamais en doute que la géométrie euclidienne comme telle fût plus simple que n'importe quelle géométrie non euclidienne à courbure constante, et *a fortiori* que les géométries non euclidiennes à courbures variables.

L'espèce de simplicité dont il s'agit ici semble, à première vue, avoir peu de chose à voir avec des degrés de falsifiabilité. Pourtant, si nous formulons les énoncés en question comme des hypothèses empiriques, nous voyons que les deux concepts — de simplicité et de falsifiabilité — coïncident dans ce cas aussi.

Examinons le genre d'expérience susceptible de nous aider à constituer des tests de l'hypothèse «Dans notre monde, nous devons utiliser certaine géométrie métrique ayant tel et tel rayon de courbure ». Un test ne sera possible que si nous identifions certaines entités géométriques à certains objets physiques, des lignes droites à des rayons lumineux ou des points à des intersections de fils, par exemple. Si l'on accepte une identification de ce genre (une définition établissant une corrélation ou, peut-être, une définition ostensive ; *cf.* la section 17), l'on peut voir que l'hypothèse d'une géométrie euclidienne-à-rayons-lumineux est falsifiable à un degré plus élevé que n'importe laquelle des hypothèses rivales assurant la validité de l'une ou l'autre géométrie non euclidienne. En effet, si nous mesurons la somme d'un triangle tracé en rayons lumineux, toute déviation significative de 180 degrés falsifiera l'hypothèse euclidienne alors que l'hypothèse d'une géométrie de Bolyai-Lobatschevski à courbure donnée serait compatible avec toute mesure déterminée n'excédant pas 180 degrés. De plus, pour falsifier l'hypothèse, il serait nécessaire de mesurer non seulement la somme des angles mais aussi la dimension (absolue) du triangle et ceci signifie qu'outre celle des angles, il est nécessaire de définir une unité de mesure, telle une unité de surface. Nous voyons ainsi que la falsification d'une hypothèse de ce genre requiert plus de mesures, que l'hypothèse est compatible avec de plus grandes variations dans les résultats des mesures et qu'il est donc plus difficile de la falsifier : elle est falsifiable à un degré moins élevé. En d'autres termes, la géométrie euclidienne est la seule géométrie à courbure déterminée permettant les transformations dans les cas de similitude.

En conséquence, les figures de la géométrie euclidienne sont invariantes pour plus de transformations, c'est-à-dire qu'elles peuvent avoir une dimension inférieure : elles peuvent être plus simples.

46. — LE CONVENTIONALISME ET LE CONCEPT DE SIMPLICITÉ.

Ce que le conventionaliste appelle « simplicité » ne correspond *pas* à ce que j'appelle « simplicité ». L'idée centrale du conventionaliste, qui est également son point de départ, est que l'expérience ne détermine aucune expérience sans ambiguïté. Je suis d'accord sur ce point. Il croit qu'il doit donc choisir la théorie « la plus simple ». Mais étant donné que le conventionaliste ne traite pas ses théories comme des systèmes falsifiables mais comme des conventions, il entend évidemment par « simplicité » quelque chose de différent d'un degré de falsifiabilité.

En effet le concept de simplicité qu'utilise le conventionaliste se révèle en partie esthétique et en partie pratique. Ce commentaire de Schlick (*cf.* la section 42) s'applique donc au concept conventionaliste de simplicité mais pas au mien : « Il est certain qu'on ne peut définir le concept de simplicité que par une convention toujours arbitraire » (1). Il est curieux que les conventionalistes aient pour leur part méconnu le caractère conventionnel de leur propre concept fondamental, à savoir celui de simplicité. Il est manifeste qu'ils doivent l'avoir méconnu. Sans cela ils se seraient aperçus que leur recours à la simplicité ne les sauverait jamais de l'arbitraire dès lors qu'ils avaient choisi la voie de la convention arbitraire.

A mon point de vue, l'on doit dire qu'un système est *complexe au plus haut degré* si, conformément à la pratique conventionaliste, on y tient comme à un système à jamais établi qu'on est résolu à sauver, chaque fois qu'il est menacé, par l'introduction d'hypothèses auxiliaires. En effet, le degré de falsifiabilité d'un système ainsi protégé est égal à *zéro*. Ainsi sommes-nous ramenés, par notre concept de simplicité, aux règles méthodologiques de la section 20 ; et surtout à cette règle ou principe qui nous prévient d'être indulgent envers les hypothèses *ad hoc* et les hypothèses auxiliaires : au principe de parcimonie dans l'usage des hypothèses.

(1) Schlick, *ibid.*, p. 148.

CHAPITRE VIII

LA PROBABILITÉ

Je ne traiterai dans ce chapitre que de la *probabilité d'événements* et des problèmes qu'elle soulève.

Ceux-ci se posent à propos de la théorie des jeux de hasard et des lois probabilistes de la physique. J'écarterai pour le moment les problèmes liés à ce qu'on peut appeler la *probabilité des hypothèses*, telle la question de savoir si une hypothèse qui a été fréquemment soumise à des tests est plus probable qu'une hypothèse qui l'a été un petit nombre de fois. Nous examinerons ces questions dans les sections 79 à 85 groupées sous le titre « Corroboration ».

Les idées liées à la théorie de la probabilité jouent un rôle décisif dans la physique moderne. Pourtant, nous manquons toujours d'une définition satisfaisante, cohérente, de la probabilité. Ou, ce qui est sensiblement la même chose, un système axiomatique satisfaisant du calcul des probabilités nous fait toujours défaut. Les relations entre probabilité et expérience ont, elles aussi, encore besoin d'être éclaircies. En examinant avec soin ce problème, nous découvrirons ce qui pourra apparaître, à première vue, comme une objection insurmontable à mes conceptions méthodologiques. En effet, malgré le rôle vital que jouent dans la science empirique les énoncés de probabilité, ils se trouvent être en principe *inaccessibles à une falsification au sens strict*. Pourtant, cette pierre d'achoppement réel deviendra une pierre de touche qui permettra d'éprouver ma théorie et de découvrir ce qu'elle vaut.

Nous nous trouvons donc en présence de deux tâches. La première consiste à fournir de nouvelles bases au calcul des probabilités. J'essaierai d'y pourvoir en développant la théorie de la probabilité comme une théorie fréquentielle, empruntant ainsi la voie suivie par Richard Von Mises mais sans utiliser ce qu'il appelle « l'axiome de hasard ». *La seconde tâche consiste à éclaircir les relations existant entre probabilité et expérience*, c'est-à-dire à résoudre ce que j'appelle *le problème de la décidabilité des énoncés de probabilité* (« *the problem of decidability* »).

J'espère que ces recherches aideront à améliorer l'état guère satisfaisant de la situation actuelle où les physiciens font grand usage de probabilités sans être en mesure de dire, de manière cohérente, ce qu'ils entendent exactement par « probabilité » (* 1).

47. — Le problème de l'interprétation des énoncés de probabilité.

Je commencerai par distinguer deux sortes d'énoncés de probabilité : ceux qui établissent une probabilité en termes de nombres et que j'appellerai énoncés de probabilité numériques et ceux qui ne le font pas.

Ainsi, l'énoncé « la probabilité d'obtenir onze en jetant deux dés (non pipés) est $\frac{1}{18}$ » serait un exemple d'énoncé de probabilité numérique. Les énoncés de probabilité non numériques peuvent être d'espèces diverses. « Il est très probable que nous obtenions un mélange homogène en mélangeant de l'eau et de l'alcool » illustre une espèce d'énoncé que l'on pourrait peut-être transformer en un énoncé de probabilité numérique en l'interprétant de manière appropriée. (Par exemple : « La probabilité d'obtenir... est très proche de 1. » Une espèce très différente d'énoncé de probabilité serait par exemple, « La découverte d'un effet physique contredisant la théorie quantique est hautement improbable ». C'est là un énoncé que l'on ne peut, à mon avis, transformer en un énoncé de probabilité numérique sans gauchir sa signification. Je commencerai par m'occuper des énoncés de probabilité *numériques* ; les énoncés non numériques, que j'estime moins importants, seront considérés ensuite.

(* 1) J'ai, depuis 1934, modifié de trois manières ma théorie de la probabilité :
1) J'y ai introduit un calcul formel (axiomatique) des probabilités susceptible d'être interprété de maintes façons, par exemple dans le sens des interprétations logiques et fréquentielles examinées dans cet ouvrage aussi bien que dans celui — proposé dans mon *Postscript* — des probabilités interprétées comme tendances (« *propensity interpretation* »).
2) J'ai simplifié la théorie fréquentielle de la probabilité en mettant à exécution — complètement et plus directement qu'en 1934 — le programme de reconstruction de cette théorie qui sous-tend le présent chapitre.
3) J'ai remplacé l'interprétation objective de la probabilité en termes de fréquences par une autre interprétation objective — la *propensity interpretation* — et remplacé le calcul de fréquences par le formalisme néo-classique (ou la théorie des mesures).
De ces modifications, les deux premières, remontent à 1938 et sont indiquées dans cet ouvrage : la première dans les nouveaux appendices, * IV à * V et la seconde — qui affecte l'argumentation du présent chapitre — dans un certain nombre de notes au bas des pages de ce chapitre et dans le nouvel appendice * VI. La principale modification est exposée ici, dans la note * 1 de la section 57.
La troisième modification (que j'introduisis pour la première fois, à titre d'essai, en 1953) est expliquée et développée dans le *Postscript*, où elle se trouve également appliquée aux problèmes de la théorie quantique.

A propos de tout énoncé de probabilité numérique se pose la question suivante : Comment devons-nous interpréter un énoncé de cette espèce et en particulier l'affirmation numérique qu'il représente ?

48. — INTERPRÉTATIONS SUBJECTIVE ET OBJECTIVE.

La théorie classique (laplacienne) de la probabilité définit la valeur numérique d'une probabilité comme le quotient obtenu en divisant le nombre de cas favorables par le nombre de cas également possibles. Nous pourrions écarter les objections qui ont été soulevées au nom de la logique à l'encontre de cette définition (1) telle celle consistant à dire qu' « également possible » n'est qu'une autre expression pour « également probable ». Mais même alors nous pourrions difficilement accepter que cette définition nous fournit une interprétation applicable de manière univoque. Elle permet en effet plusieurs interprétations différentes que je classerai en subjectives et objectives.

Une *interprétation subjective* de la théorie de la probabilité nous est suggérée par l'utilisation fréquente d'expressions à résonance psychologique, telles « *espérance* mathématique » ou, « loi normale de *l'erreur* » etc. Dans sa forme originale, cette interprétation est *psychologiste*. Elle traite le degré de probabilité comme une mesure des sentiments de certitude ou d'incertitude, de croyance ou de doute, que peuvent faire naître en nous certaines assertions ou conjectures. Lorsqu'il se rapporte à des énoncés non numériques, le mot « probable » peut être traduit de manière tout à fait satisfaisante de cette façon mais une interprétation allant dans ce sens ne me semble pas très heureuse pour des énoncés de probabilité numérique.

Cependant une variante plus récente de l'interprétation subjective (* 1) mérite plus d'attention. Il s'agit ici d'interpréter les énoncés de probabilité non pas en un sens psychologique mais en un sens *logique*, comme des assertions relatives à ce qu'on peut

---

(1) *Cf.* par exemple von Mises, *Warscheinlichkeit, Statistik und Wahrheit* (1928), pp. 62 et suiv. ; 2ᵉ édition (1936), pp. 84 et suiv. ; traduction anglaise de J. Neyman, D. Sholl et E. Rabinowitsch, *Probability, Statistics and Truth* (1939), pp. 98 et suiv. * Bien que la doctrine classique soit souvent appelée *laplacienne* (elle l'est dans cet ouvrage également), elle est aussi vieille que la *Doctrine of Chances* de De Moivre, 1718. Pour trouver une objection plus ancienne à l'expression « également possible », voyez C.S. Pierce, *Collected Papers* 2, 1932 (1ᵉʳᵉ édition 1878), p. 417, paragraphes 2, 673.

(* 1) Les raisons pour lesquelles je compte l'interprétation logique au nombre des variantes de l'interprétation *subjective* font l'objet d'un examen plus complet dans le chapitre * II du *Postscript*, où je fais une critique détaillée de l'interprétation subjective. *Cf.* également l'appendice * IX.

appeler la « proximité logique » (2) entre énoncés. Les énoncés, comme nous le savons tous, peuvent être dans divers rapports logiques telles la déductibilité, l'incompatibilité ou la dépendance mutuelle. La théorie logico-subjective dont Keynes (3) est le principal interprète traite la *relation de probabilité* comme un type spécial de relation entre deux énoncés. Les deux cas extrêmes de cette relation de probabilité sont respectivement la déductibilité et la contradiction : un énoncé q « donne » (4), dit-on, la probabilité 1 à un autre énoncé, p, si p suit de q. Dans le cas où p et q se contredisent mutuellement, la probabilité donnée par q à p est zéro. Entre ces extrêmes se situent d'autres relations de probabilité qui peuvent être interprétées sommairement de la manière suivante : la probabilité numérique d'un énoncé p (étant donné q) est d'autant plus grande que son contenu excède moins ce que comprend déjà cet énoncé q dont dépend la probabilité de p (et qui « donne » à p une probabilité).

Le fait que Keynes définisse la probabilité comme le « degré de croyance rationnelle » montre la parenté de cette interprétation avec la théorie psychologiste. Cet auteur entend par là le taux de confiance qu'il convient d'accorder à un énoncé p, à la lumière de l'information ou de la connaissance fournie par l'énoncé q qui donne à p sa probabilité.

Une troisième espèce d'interprétation, l'*interprétation objective*, traite tout énoncé de probabilité numérique comme un énoncé indiquant la *fréquence relative* à laquelle un événement d'un certain type se produit *dans* une *suite d'occurrences* (5) (5').

Selon cette interprétation, l'énoncé « la probabilité qu'au prochain coup ce dé donne un cinq est de $\frac{1}{6}$ » ne constitue pas

(2) Waismann, *Logische Analyse des Wahrscheinlichkeitsbegriffs, Erkenntnis* I, 1930, p. 237. « La probabilité ainsi définie est donc, en quelque sorte, une mesure de la proximité logique, du rapport déductif, entre les deux énoncés. » *Cf.* également Wittgenstein, *op. cit.*, propositions 5,15 et suiv.

(3) J. M. Keynes, *A treatise on Probability* (1921), pp. 95 et suiv.

(4) Wittgenstein, *op. cit.*, Proposition 5.152 : « Si p suit de q, la proposition q donne à la proposition p la probabilité 1. La certitude de la conclusion logique est un cas limite de probabilité. »

(5) A propos de la première théorie fréquentielle de la probabilité, *cf.* la critique de Keynes, *op. cit.*, pp. 95 et suiv., qui fait une référence spéciale à *The Logic of Chance* de Venn. En ce qui concerne la conception de Whitehead, *cf.* section 80 (note 2). Les principaux représentants de la nouvelle théorie fréquentielle sont R. Von Mises (*cf.* note 1 de la section 50), Dörge, Kamke, Reichenbach et Tornier. * Une nouvelle interprétation objective, très étroitement liée à la théorie fréquentielle mais en différant pourtant par son formalisme mathématique est l'*interprétation en termes de tendance* (« *propensity interpretation* »). Elle est exposée dans les sections* 53 et suiv. de mon *Postscript*.

(5') Le terme « suite » a été adopté afin d'éviter de traduire « *sequence* » et « *Folge* » par un terme à connotation causale. Toutefois, comme il s'agit aussi de récupérer de proche en proche et de reconstruire l'acception « quasi-aléatoire » et aléatoire (hasard) de la probabilité, le terme *séquence* serait de mise. On voudra bien lire, selon le contexte approprié « suite ou séquence » partout où « suite » se rencontre dans la traduction de l'ouvrage. (N. du T.)

55555

---

vraiment une assertion relative au prochain coup de dé ; c'est plutôt une assertion relative à toute une *classe de coups* dont le prochain n'est qu'un élément. Tout ce que l'énoncé en question nous dit, c'est que la fréquence relative des cinq dans cette classe de coups égale $\frac{1}{9}$.

Selon cette conception, les énoncés de probabilité ne sont admissibles que si nous pouvons en donner une *interprétation en termes de fréquences*. Les défenseurs de la théorie évitent généralement les énoncés de probabilité qui ne sont point susceptibles de recevoir une interprétation en termes de fréquences et tout particulièrement les énoncés de probabilité non numériques.

Je vais essayer, dans les pages qui suivent, de reconstruire la théorie de la probabilité comme une *théorie fréquentielle* (modifiée). Je crois donc au bien-fondé d'une *interprétation objective*. C'est surtout parce que j'estime que seule une théorie objective peut rendre compte de l'application du calcul des probabilités à la science empirique. Sans doute la théorie subjective est-elle en mesure de donner une solution cohérente au problème de savoir comment décider de la vérité ou de la fausseté des énoncés de probabilité et est-elle, en général, moins exposée à des difficultés d'ordre logique que ne l'est la théorie objective. Mais sa solution consiste à nier le caractère empirique des énoncés de probabilité ; elle en fait des tautologies. Or cette solution se révèle manifestement inacceptable lorsqu'on se rappelle l'usage que font les physiciens de la théorie de la probabilité. (Je rejette cette variante de la théorie subjective selon laquelle des énoncés de fréquence objectifs proviendraient de présuppositions subjectives, grâce peut-être à l'utilisation du théorème de Bernoulli qui serait comme un « pont » (6) ; je considère ce programme irréalisable pour des raisons logiques.)

49. — LE PROBLÈME FONDAMENTAL DE LA THÉORIE DU HASARD OU DES PHÉNOMÈNES ALÉATOIRES.

La théorie de la probabilité s'applique principalement à ce que nous pouvons appeler des événements ou occurrences se produisant de manière « aléatoire » ou « au hasard ». Ils semblent être caractérisés par une espèce particulière d'incalculabilité qui nous incite

(6) C'est la plus grande erreur de Keynes ; *cf.* plus bas, section 62 et tout particulièrement la note 3. * Je n'ai pas modifié mes idées sur ce point bien que je croie à présent que le théorème de Bernoulli puisse servir de « pont » dans une théorie objective : un pont qui relie les tendances aux statistiques. Voyez également l'appendice * IX et les sections * 35 de mon *Postscript*.

à croire, après maints essais infructueux, que toutes les méthodes
de prévision rationnelle connues sont dans leur cas vouées à
l'échec. Nous avons en quelque sorte le sentiment qu'il faudrait
non pas un savant mais un prophète pour pouvoir les prédire. Et
pourtant, c'est précisément ce caractère incalculable qui nous
amène à conclure que le calcul des probabilités peut être appliqué
à ces événements.

Conclure ainsi de l'impossibilité de calculer à la calculabilité
(c'est-à-dire à la possibilité d'appliquer un certain calcul) est
quelque peu paradoxal et cesse de l'être, il est vrai, si nous acceptons la théorie subjective. Cependant, cette manière d'éviter le
paradoxe est extrêmement peu satisfaisante. Elle entraîne, en effet,
que nous ne concevions pas le calcul des probabilités, contrairement à toutes les autres méthodes de la science empirique, comme
une méthode servant à calculer des prédictions. Ce n'est, selon
la théorie subjective, qu'une méthode permettant de transformer
logiquement ce que nous savons déjà ou plutôt ce que nous ne
savons *pas* car c'est précisément lorsque la connaissance nous fait
défaut que nous recourons à ces transformations (1). Cette conception dissipe, à vrai dire, le paradoxe mais n'explique pas *comment
un énoncé d'ignorance, interprété comme un énoncé de fréquence, peut
être soumis à des tests empiriques et corroboré.* Pourtant, c'est précisément là notre problème. Comment pouvons-nous expliquer le
fait qu'à partir de l'impossibilité de calculer — c'est-à-dire de
l'ignorance — nous puissions tirer des conclusions susceptibles
d'être interprétées comme des énoncés relatifs à des fréquences
empiriques et d'être dès lors brillamment corroborées dans la
pratique ?

Jusqu'à présent, la théorie fréquentielle n'a pas davantage été
en mesure de nous fournir une solution satisfaisante de ce problème — *le problème fondamental de la théorie du hasard (Theory of
Chance)* comme je l'appellerai. La section 67 nous montrera que
ce dernier est lié à l' « axiome de convergence », lequel fait corps
avec la théorie dans sa forme actuelle. Mais l'élimination de cet
axiome permettra de trouver une solution satisfaisante dans la
conception de la théorie fréquentielle. L'analyse des présuppositions nous permettant de tirer de la succession irrégulière d'occurrences singulières un argument en faveur de la régularité ou de la
stabilité de leurs fréquences, nous en convaincra.

(1) Waismann, *Erkenntnis* I, p. 238, dit : « Il n'y a d'autre raison d'introduire
le concept de probabilité que l'incomplétude de notre connaissance. » C. Stumpf
soutient une conception semblable (*Sitzungsbericht der Bayerischen Akademie der
Wissenschaften*, phil.-hist. Klasse, 1892, p. 41). Je crois que cette conception largement répandue est responsable des pires conclusions. J es chapitres * II et * V
de mon *Postscript* le montreront.

50. — LA THÉORIE FRÉQUENTIELLE DE VON MISES.

Richard von Mises (1) fut le premier à nous proposer une théorie fréquentielle pouvant servir de base à tous les principaux théorèmes du calcul des probabilités.

Le calcul des probabilités est une théorie relative à certaines suites d'événements ou d'occurrences qui se produisent de manière aléatoire ou au hasard, c'est-à-dire d'événements qui se répètent à la manière d'une série de coups de dé. L'on définit ces suites comme produites « de manière aléatoire » ou « au hasard », au moyen de deux conditions axiomatiques : *l'axiome de convergence* (ou *limit-axiom*) et *l'axiome de hasard*. Von Mises appelle « collectif » une suite d'événements satisfaisant à l'une et à l'autre de ces conditions.

Un collectif est, en gros, une suite d'événements ou d'occurrences pouvant, en principe, se poursuivre indéfiniment ; ainsi une suite de coups réalisée avec un dé indestructible est-elle un collectif. Chacun de ces événements a une caractéristique déterminée ou *propriété* ; par exemple, le coup de dé peut donner un cinq et avoir ainsi la *propriété cinq*. Si nous prenons tous les coups ayant la propriété cinq réalisés jusqu'à certain élément de la suite et divisons leur nombre par le nombre total de coups effectués jusqu'à cet élément (c'est-à-dire son nombre ordinal dans la suite), nous obtenons la *fréquence relative* des cinq jusqu'à cet élément. Si nous déterminons la fréquence relative des cinq jusqu'à chaque élément de la suite, nous obtenons alors une nouvelle suite : *la suite des fréquences relatives des cinq*. Cette suite des fréquences est distincte de la suite primitive d'événements à laquelle elle correspond et que l'on peut appeler la « suite des événements » (« *event-sequences* ») ou la « suite des propriétés » (« *property-sequence* »).

Comme exemple simple de collectif, je choisirai ce que nous pouvons appeler une « *alternative* ». Nous dénotons par ce terme une suite d'événements qui est supposée n'avoir *que deux propriétés*, telle une suite du jeu de pile ou face. Nous dénoterons l'une des propriétés (face) par « 1 » et l'autre (pile) par « 0 ». L'on peut dès lors représenter ainsi une suite d'événements (ou « séquence de propriétés ») :

(1) R. von Mises, *Fundamentalsätze der Wahrscheinlichkeitsrechnung, Matematische Zeitschrift* 4, 1919, p. 1 ; *Grundlagen der Wahrscheinlichkeitsrechnung, Mathematische Zeitschrift*, 5, 1919, p. 52 ; *Wahrscheinlichkeit, Statistik, und Wahrheit* (1928), 2ᵉ édition 1936, traduction anglaise de J. Neyman, D. Sholl et E. Rabinowitsch : *Probability, Statistics and Truth*, 1939 ; *Wahrscheinlichkeitsrechnung und ihre Anwendung in der Statistik und theoretischen Physik (Vorlesungen über angewandte Mathematik* I), 1931.

0 1 1 0 0 0 1 1 1 0 1 0 1 0 .... (A)

Correspondant à cette « alternative » — ou, plus précisément, à la propriété « 1 » de cette alternative — nous avons la suite de fréquences relatives, ou « suite ou séquence fréquentielle » (« *frequency sequence* ») suivante (2) :

$$0 \quad \frac{1}{2} \quad \frac{2}{3} \quad \frac{2}{4} \quad \frac{2}{5} \quad \frac{2}{6} \quad \frac{3}{7} \quad \frac{4}{8} \quad \frac{5}{9} \quad \frac{5}{10} \quad \frac{6}{11} \quad \frac{6}{12} \quad \frac{7}{13} \quad \frac{7}{14} \ldots \text{(A')}$$

Or, l'*axiome de convergence* postule qu'au fur et à mesure que s'allonge la suite des événements, la suite des fréquences tend vers une *limite* définie. Von Mises utilise cet axiome pour nous garantir l'utilisation d'une *valeur de fréquence fixe* (même si les fréquences réelles ont des valeurs fluctuantes). Dans tout collectif il y a au moins deux propriétés ; si l'on nous donne les limites des fréquences correspondant à toutes les propriétés d'un collectif, l'on nous donne ce qu'on appelle sa « *distribution* ».

L'*axiome de hasard* ou, comme on l'appelle parfois, « le principe du système de jeu exclu (*gambling*) » vise à donner une expression mathématique au caractère aléatoire de la suite. Il est clair qu'un joueur pourrait augmenter ses chances en utilisant un système de jeu si les séquences des jeux de pile ou face présentaient des régularités, telle, par exemple, l'apparition assez régulière de pile après chaque suite de trois faces. Or, l'axiome de hasard postule qu'il n'y a pas de système de jeu qui puisse être appliqué avec succès à aucun collectif. Il postule que, quel que soit le système de jeu que nous puissions choisir pour sélectionner les coups supposés favorables, nous verrons, si le jeu se poursuit suffisamment longtemps, les fréquences relatives dans la suite des *coups supposés favorables* tendre vers la même limite que celles calculées dans la suite de *tous les coups*. Aussi une suite pour laquelle il existe un système de jeu permettant au joueur d'augmenter ses chances n'est-elle pas un collectif au sens où l'entend von Mises.

La probabilité est donc, pour von Mises un autre terme pour « limite de fréquence relative dans un collectif ». La notion de probabilité n'est donc applicable qu'*à des suites d'événements* ; cette restriction est vraisemblablement tout à fait inacceptable d'un

(2) Nous pouvons mettre en correspondance avec chaque suite de propriétés autant de suites distinctes de fréquences relatives qu'il y a de propriétés définies dans la suite. Dans le cas d'une alternative, il y aura donc deux suites distinctes. Cependant ces deux suites peuvent être dérivées l'une de l'autre puisqu'elles sont complémentaires (les termes correspondants totalisent 1). Aussi, pour être bref, m'en référerai-je à « la (seule) suite de fréquences relatives correspondant à l'alternative (α) », par laquelle j'entendrai toujours la suite de fréquences correspondant à la propriété « 1 » de cette alternative (α).

point de vue comme celui de Keynes. A des critiques qui lui reprochaient l'étroitesse de son interprétation, von Mises a répondu en faisant ressortir la différence qu'il y a entre l'usage scientifique de la probabilité, en physique par exemple, et son usage populaire. Il a fait remarquer que ce serait une erreur d'exiger qu'un terme scientifique correctement défini corresponde à tous égards à un usage préscientifique inexact.

La tâche que doit remplir le calcul des probabilités consiste, selon von Mises, simplement et exclusivement en ceci : inférer certains « collectifs déduits » ayant des « distributions déduites » à partir de certains « collectifs initiaux » donnés avec certaines « distributions initiales » données ; bref, calculer des probabilités qui ne sont pas données à partir de probabilités données.

Von Mises a résumé en quatre points les traits distinctifs de sa théorie (3). Le concept de collectif précède celui de probabilité ; ce dernier est défini comme la limite des fréquences relatives ; un axiome de hasard est formulé ; la tâche du calcul des probabilités est définie.

51. — Plan pour une nouvelle théorie de la probabilité.

Les deux axiomes ou postulats formulés par Von Mises en vue de définir le concept de collectif ont fait l'objet d'une critique sévère et, selon moi, justifiée. L'on a, en particulier, soulevé des objections à l'encontre de la combinaison des axiomes de convergence et de hasard (1) en invoquant la raison qu'il est inadmissible d'appliquer le concept mathématique de limite ou de convergence, à une suite qui, par définition (c'est-à-dire à cause de l'axiome de hasard), ne doit être soumise à aucune règle ou loi mathématique. La limite mathématique n'est en effet rien d'autre qu'une *propriété caractéristique de la règle ou loi mathématique qui définit la suite.* C'est tout simplement une propriété de cette règle ou de cette loi que, pour toute fraction choisie aussi proche que l'on veut de zéro, il y ait un élément dans la suite tel que tous les éléments qui le suivent s'écartent d'une quantité inférieure à cette fraction d'une certaine valeur déterminée, qu'on appelle alors leur limite.

Pour répondre à des objections de ce genre, l'on a proposé de renoncer à associer l'axiome de convergence à celui de hasard et de ne postuler que la convergence, c'est-à-dire l'existence d'une

(3) *Cf.* Von Mises, *Wahrscheinlichkeitsrechnung* (1931), p. 22.
(1) Waismann, *Erkenntnis* I, 1930, p. 232.

limite. Quant à l'axiome de hasard, on a suggéré, soit de l'abandonner complètement (Kamke), soit de le remplacer par une exigence plus faible (Reichenbach). Ces suggestions présupposent que la responsabilité de la difficulté incombe à l'axiome de hasard.

Je suis, au contraire, enclin à condamner l'axiome de convergence autant que celui de hasard. Je pense donc qu'il y a deux tâches à accomplir : l'amélioration de l'axiome de hasard — problème mathématique en ordre principal — et l'élimination complète de l'axiome de convergence, tâche d'intérêt tout particulier pour l'épistémologue (2). (*Cf.* section 66.)

Dans ce qui suit, je me propose de commencer par régler la question mathématique et de passer ensuite à la question épistémologique.

La première des deux tâches — la reconstruction de la théorie mathématique (3) — vise principalement à déduire le théorème de Bernoulli — la première « Loi des grands Nombres » — en partant d'un *axiome de hasard modifié* ; modifié de manière à ce que l'exigence n'excède pas ce qui est requis pour la réalisation de cet objectif. Ou, pour être plus précis, mon objectif est de déduire la formule binomiale (parfois appelée formule de Newton) sous ce que j'appelle sa « troisième forme ». A partir de cette formule, l'on peut en effet obtenir de la manière habituelle le théorème de Bernoulli et les autres théorèmes de convergence de la théorie de la probabilité.

Je compte commencer par élaborer une *théorie fréquentielle pour classes finies* et développer la théorie, dans ce cadre, aussi loin que possible, c'est-à-dire jusqu'à la dérivation de la (« première ») formule binomiale. Il se fait que cette théorie fréquentielle pour classes finies se ramène à une partie tout à fait élémentaire de la théorie des classes. Je ne la développerai qu'en vue de disposer d'une base pour analyser l'axiome de hasard.

Je passerai ensuite à des *suites infinies*, c'est-à-dire à des suites d'événements pouvant se poursuivre indéfiniment ; j'utiliserai pour cela l'ancienne méthode consistant à introduire un axiome de convergence, puisque l'examen de l'axiome de hasard requiert quelque chose de ce genre. Puis, après avoir déduit et critiqué le théorème de Bernoulli, j'envisagerai *la manière dont pourrait être éliminé l'axiome de convergence* et le type de système axiomatique qui résulterait de cette élimination.

(2) Cet intérêt est exprimé par Schlick dans *Naturwissenschaften* 19, 1931. * Je continue à croire en l'importance de ces deux tâches. Bien que j'aie presque réussi à réaliser dans cet ouvrage ce que j'y avais entrepris, elles ne furent achevées de manière satisfaisante que dans le nouvel appendice * VI.
(3) Un exposé complet de la construction mathématique sera donné séparément. * *Cf.* le nouvel appendice *VI.

Au cours de la déduction mathématique, j'utiliserai *trois* symboles différents pour représenter des fréquences : F'' symbolisera la fréquence relative dans des classes finies. F' la limite des fréquences relatives d'une suite de fréquences infinie ; et enfin F symbolisera la probabilité objective, c'est-à-dire la fréquence relative dans une suite « irrégulière » ou « produite au hasard » ou encore « quasi aléatoire ».

52. — FRÉQUENCE RELATIVE DANS UNE CLASSE FINIE.

Considérons une classe α, constituée d'un nombre *fini* d'occurrences, par exemple la classe des coups joués hier avec ce dé déterminé. Cette classe α, que l'on suppose n'être pas *vide*, sert en quelque sorte de cadre de référence ; nous l'appellerons *classe* (finie) *de référence*. Nous désignerons par « N (α) » — qu'il faut lire : « le nombre de α » — le nombre d'éléments faisant partie de α, c'est-à-dire le nombre cardinal de cette classe. Soit, d'autre part une classe β, finie ou non. Nous appellerons β notre classe de propriétés. Il peut s'agir, par exemple, de la classe de tous les coups de dés qui donnent un cinq ou (comme nous dirons dorénavant) qui ont la propriété cinq.

La classe des éléments qui appartiennent à la fois à α et à β — par exemple, la classe des coups joués hier avec ce dé déterminé et ayant la propriété cinq —, constitue le produit des classes α et β, lequel se trouve désigné par « $\alpha.\beta$ » que nous lirons « α et β ». Puisque $\alpha.\beta$ est une sous-classe de α, elle ne peut au plus, contenir qu'un nombre fini d'éléments. (Elle peut être vide.) Nous désignerons par « $N(\alpha.\beta)$ » le nombre d'éléments d'$\alpha.\beta$.

Tandis que nous symbolisons par N les *nombres* (finis) d'éléments, nous symboliserons par F'' les *fréquences relatives*. Ainsi « la fréquence relative de la propriété β dans la classe de référence α » s'écrit-elle « $_\alpha F''(\beta)$ », que nous pouvons lire « la fréquence de β dans α ». Nous pouvons à présent donner une définition :

$$_\alpha F''(\beta) = \frac{N(\alpha.\beta)}{N(\alpha)} \quad \text{(Définition 1)}$$

Dans notre exemple ceci signifierait : « la fréquence relative des cinq parmi les coups joués hier avec ce dé est, par définition, égale au quotient obtenu en divisant le nombre de cinq joués hier avec ce dé par le nombre total de coups joués hier avec ce dé (* 1). »

(* 1) La définition I a naturellement un lien avec la définition classique de la probabilité comme rapport des cas favorables aux cas également possibles mais il convient de l'en distinguer avec précision : l'on ne présuppose pas ici que les éléments de α sont « également possibles ».

LA PROBABILITÉ
157

A partir de cette définition assez banale, l'on peut obtenir très facilement les théorèmes du *calcul de fréquences dans des classes finies* (et plus particulièrement le théorème général de multiplication, le théorème de l'addition et les théorèmes de division, c'est-à-dire les règles de Bayes) (*cf.* appendice II). Il est caractéristique que jamais des nombres cardinaux (nombres-*N*) n'apparaissent dans les théorèmes de ce calcul de fréquences et du calcul des probabilités en général ; il n'y apparaît que des fréquences relatives, c'est-à-dire des rapports ou nombres-*F*. Les nombres-*N* ne se rencontrent que dans les démonstrations d'un nombre restreint de théorèmes fondamentaux directement déduits de la définition mais ne se rencontrent pas dans les théorèmes eux-mêmes (* 2).

Un exemple très simple montrera comment il faut comprendre ceci (l'on trouvera d'autres exemples dans l'appendice II). Dénotons par « $\bar{\beta}$ » (lisez : « le complément de β » ou, simplement, « non-β ») la classe de tous les éléments qui ne font pas partie de β. Nous pouvons alors écrire :

$$_\alpha F''(\beta) + _\alpha F''(\beta) = 1$$

Alors que ce théorème ne contient que des nombres-*F* sa démonstration fait usage de nombres-*N*. Le théorème suit, en effet, de la définition (I) à l'aide d'un théorème simple du calcul des classes qui nous dit que $N(\alpha.\beta) + N(\alpha.\bar{\beta}) = N(\alpha)$.

53. — SÉLECTION, INDÉPENDANCE, INDIFFÉRENCE, NON-PERTINENCE.

Parmi les opérations que l'on peut réaliser avec des fréquences relatives dans des classes finies, l'opération de *sélection* (1) est d'une importance particulière pour ce qui suit.

Soit une classe finie de référence, α par exemple, la classe des boutons contenus dans une boîte et deux classes de propriétés : soit β (les boutons rouges) et γ (les grands boutons). Nous pouvons alors considérer le produit de classes $\alpha.\beta$ comme une *nouvelle classe de référence* et nous interroger sur la valeur de $_{\alpha.\beta}F''(\gamma)$, c'est-à-dire de la fréquence de γ dans la nouvelle classe de référence (2). L'on peut appeler la nouvelle classe de référence $\alpha.\beta$ « le résultat de la sélection des éléments β dans α » ou « la sélection

(* 2) En sélectionnant un ensemble de formules-*F* dont peuvent être dérivées les autres formules-*F*, nous obtenons *pour la probabilité un système formel d'axiomes* ; comparez les appendices * II, * IV et * V.
(1) Le terme de von Mises est « choix » (*Auswahl*).
(2) Le théorème général de division donne la réponse à cette question (*cf.* appendice II).

faite dans α eu égard à la propriété β ». Nous pouvons en effet considérer que nous l'avons obtenue en sélectionnant dans la classe α tous les éléments (boutons) qui ont la propriété β (d'être rouges). Or il est possible que la propriété γ puisse se rencontrer dans la nouvelle classe de référence α.β avec la même fréquence relative que dans la classe de référence originale α, c'est-à-dire qu'il peut se faire que :

$$\alpha.\beta F''(\gamma) = \alpha F''(\gamma)$$

Dans ce cas, nous disons [à la suite de Hausdorf (3)], que les propriétés β et γ sont « *indépendantes l'une de l'autre* » dans la classe de référence α. La relation d'indépendance est une relation triadique, symétrique pour les propriétés β et γ (4). Si deux propriétés β et γ sont indépendantes (l'une de l'autre) dans une classe de référence α, nous pouvons aussi dire que la propriété γ est, dans la classe α, *indifférente* à la sélection d'éléments β ; ou, peut-être, qu'eu égard à cette propriété γ, la classe de référence α est indifférente à une sélection effectuée en fonction de la propriété β.

L'indépendance, ou l'indifférence mutuelle de β et γ dans la classe α, pourrait également — du point de vue de la théorie subjective — être interprétée comme suit : Si β et γ sont indépendantes l'une de l'autre dans la classe α, l'information selon laquelle un élément déterminé de la classe α a la propriété β est non pertinente, c'est-à-dire étrangère à la question de savoir si cet élément a ou non la propriété γ (* 1). Par ailleurs, si nous savons que γ se rencontre plus fréquemment (ou moins fréquemment) dans la sous-classe α.β (formée par la sélection des éléments β dans la classe α), l'information selon laquelle un élément à la propriété β est pertinente quand il s'agit de savoir si cet élément a également ou non la propriété γ (5).

(3) Hausdorf, *Berichte über die Verhandlungen der sächsischen Ges. d. Wissenschaften*, Leipzig, mathem.-physik.Klasse 53, 1901, p. 158.
(4) Elle est même triplement symétrique, c'est-à-dire qu'elle l'est pour α, β et γ, si nous présupposons que β et γ sont également des classes *finies*. Pour la démonstration de la symétrie, *cf.* appendice II, (I^s et I$_s$). * Cette condition de finitude est insuffisante. Mon intention était peut-être d'exprimer la condition que β et γ soient unies par la classe finie de référence, α, ou, plus vraisemblablement, qu'α constitue notre univers fini du discours. (Ce sont là des conditions suffisantes). Le contre-exemple suivant prouve que la condition telle qu'elle est formulée dans ma note est insuffisante. Prenez un univers de 5 boutons : 4 sont ronds (α) ; 2 sont ronds et noirs (αβ) ; 2 sont ronds et grands (αγ) ; 1 est rond, noir et grand (αβγ) ; et 1 est carré, noir et grand (ᾱβγ). Nous n'avons pas, dans ce cas, de triple symétrie puisque $_\alpha F''(\gamma) \neq _\beta F''(\gamma)$.
(* 1) Ainsi toute information relative à la possession de propriétés est-elle pertinente ou non dans la mesure — et dans la seule mesure — où *les propriétés en question sont respectivement dépendantes ou indépendantes*. On peut donc définir la pertinence en termes de dépendance, mais l'inverse ne peut se faire. *Cf.* la note suivante et la note * 1 de la section 55.
(5) Keynes présenta des objections à l'encontre de la théorie fréquentielle parce qu'il croyait qu'il était impossible de définir la pertinence (*relevance*) en

**54. — Suites finies. Sélection ordinale et sélection de voisi-
nage.**

Supposons que les éléments d'une classe finie de référence α
soient dénombrés (par exemple qu'un nombre soit inscrit sur
chaque bouton de la boîte) et qu'ils constituent une *suite*, conformément à ces nombres ordinaux. Dans une telle suite, nous pouvons distinguer deux sortes de sélection particulièrement importantes, à savoir une sélection relative au nombre ordinal d'un
élément ou, plus brièvement, une sélection ordinale, et une
sélection relative au voisinage de cet élément.

La *sélection ordinale* est une sélection faite dans la suite α, eu
égard à une propriété β, qui dépend du nombre ordinal de l'élément (de la sélection duquel il s'agit). Par exemple, β peut être
la propriété d'être *pair*, et nous sélectionnons alors dans la classe α
tous les éléments dont le nombre ordinal est pair. Les éléments
ainsi sélectionnés forment une *suite subordonnée (subsequence) sélectionnée*. Dans le cas où une propriété γ est indépendante d'une
sélection ordinale relative à β, nous pouvons également dire que la
sélection ordinale est indépendante relativement à γ ; nous pouvons
aussi dire que la suite α est, relativement à γ, indifférente à une
sélection d'éléments-β.

La *sélection de voisinage* est rendue possible par le fait qu'en
ordonnant les éléments dans une suite dénombrée, on crée certaines relations de voisinage. Ceci nous permet, par exemple, de
sélectionner tous les membres dont le prédécesseur immédiat
a la propriété γ ; ou, par exemple, ceux dont le premier et le second
prédécesseurs ou encore dont le second successeur ont la propriété
γ ; et ainsi de suite.

Si nous avons une suite d'événements — disons un jeu de pile
ou face — nous devons donc distinguer deux sortes de propriétés :
les propriétés primaires, telles « pile » ou « face » que chaque élément peut avoir indépendàmment de sa position dans la suite ;
et les propriétés secondaires, tel « pair » et « successeur de pile »,
etc... qu'un élément acquiert en raison de sa position dans la suite.

Nous avons donné le nom d' « alternative » à une suite ayant deux
propriétés primaires. Comme von Mises l'a montré, il est possible,
à condition d'être prudent, de développer l'essentiel de la théorie
de la probabilité comme une théorie des alternatives sans que la

ermes fréquentiels ; *cf. op. cit.*, pp. 103 et suiv. * En fait, la théorie subjective
ne peut définir l'*indépendance* (objective), ce qui constitue une objection sérieuse
à l'encontre de cette théorie, comme je l'ai montré dans mon *Postscript*, chapitre
* II, notamment sections * 40 et * 43.

généralité en souffre. Si nous désignons par « 1 » et « o » les deux propriétés primaires d'une alternative, toute alternative peut être représentée comme une suite de 1 et de o.

D'autre part, la structure d'une alternative peut être *régulière* ou plus ou moins *irrégulière*. Dans ce qui suit, la régularité ou l'irrégularité de certaines alternatives finies vont faire l'objet d'un examen plus attentif (* 1).

55. — DEGRÉ-N DE LIBERTÉ DANS LES SUITES FINIES.

Prenons une alternative finie α, constituée, par exemple, d'un millier de uns et de zéros régulièrement ordonnés de la manière suivante :

$$1\ 1\ 0\ 0\ 1\ 1\ 0\ 0\ 1\ 1\ 0\ 0\ 1\ 1\ 0\ 0\ \ldots \tag{α}$$

Dans cette alternative nous avons une distribution égale, c'est-à-dire que les fréquences des 1 et des o sont égales. Si nous désignons la fréquence relative de la propriété 1 par « $F''(1)$ » et celle de o par « $F''(0)$ », nous pouvons écrire :

$$_\alpha F''(1) = {_\alpha}F''(0) = \frac{1}{2} \tag{1}$$

Nous pouvons alors sélectionner dans la classe α tous les termes qui ont la propriété de voisinage consistant à être le *successeur immédiat d'un* 1 (dans la suite α). Si nous désignons par « β » cette propriété, nous pouvons appeler la suite sélectionnée subordonnée « α.β ». Cette dernière aura la structure suivante :

$$1\ 0\ 1\ 0\ 1\ 0\ 1\ 0\ 1\ 0\ \ldots \tag{$\alpha.\beta$}$$

Cette suite est elle-même une alternative à distribution égale. En outre, ni la fréquence relative des 1, ni celle des o n'ont été modifiées ; c'est-à-dire que nous avons

$$_{\alpha.\beta}F''(1) = {_\alpha}F''(1)\ ;\ {_{\alpha.\beta}}F''(0) = {_\alpha}F''(0) \tag{2}$$

Utilisant la terminologie introduite dans la section 53, nous pouvons dire que les propriétés primaires de l'alternative α sont *indifférentes* à la sélection opérée selon la propriété β ou, plus brièvement, qu'α est indifférente à une sélection selon β.

Puisque chaque élément de la suite α possède soit la propriété β (consistant à être le successeur d'un 1), soit celle d'être le sucesseur d'un o, nous pouvons désigner cette dernière par « β̄ ». Or,

(* 1) Je suggère qu'à la première lecture l'on saute les sections 55 à 64 ou peut-être 56 à 64 seulement. Il convient peut-être même de passer tout de suite d'ici, ou de la fin de la section 55, au chapitre X.

si nous sélectionnons les membres de la classe ayant la propriété β nous obtenons l'alternative suivante :

$$0 \quad 1 \quad 0 \quad 1 \quad 0 \quad 1 \quad 0 \quad 1 \quad 0 \dots \dots \qquad (\alpha.\overline{\beta})$$

Cette suite a une distribution qui s'écarte légèrement d'une distribution égale puisqu'elle commence et finit par un zéro (car l'alternative α se termine elle-même par « o, o » en raison de sa distribution égale). Si α contient 2000 éléments, α.β contiendra 500 zéros et seulement 499 uns. De tels écarts par rapport à une distribution égale (ou par rapport à d'autres distributions) dont sont seuls responsables les premiers ou les derniers éléments de la suite, peuvent être réduits autant que nous le voulons si nous allongeons suffisamment la suite. Aussi les tiendrons-nous pour négligeables dans ce qui suit, d'autant plus que nous allons étendre nos recherches à des suites infinies, où ces écarts disparaissent. Nous dirons donc que l'alternative α.β présente une distribution égale et que l'alternative α est *indifférente* à la sélection d'éléments ayant la propriété β. Aussi, α, ou plutôt la fréquence relative des propriétés primaires d'α est-elle indifférente tant à une sélection opérée selon β qu'à une sélection opérée selon β et nous pouvons donc dire qu'α est indifférente à *toute* sélection effectuée en tenant compte de la propriété du *prédécesseur immédiat*.

Il est évident que cette indifférence est due à certaines caractéristiques de la structure de l'alternative α ; caractéristiques qui permettent de la distinguer d'autres alternatives. Par exemple, les alternatives α.β et α.β ne sont *pas* indifférentes à une sélection opérée en fonction de la propriété d'un prédécesseur.

Nous pouvons à présent examiner l'alternative α en vue de nous assurer si elle est indifférente à d'autres sélections et en particulier à une sélection opérée en tenant compte de la propriété d'une *paire* de prédécesseurs. Nous pouvons, par exemple, sélectionner dans α tous les éléments qui sont successeurs d'une paire 1, 1. Nous voyons immédiatement que l'alternative α n'est *pas* indifférente à la sélection des successeurs de quelqu'une des quatre paires possibles : 1, 1 ; 1, 0 ; 0, 1 ; 0, 0. Dans aucun de ces cas les suites subordonnées obtenues n'ont une distribution égale ; au contraire, elles consistent toutes en *blocs* (ou « *itérations*. ») ininterrompus, c'est-à-dire de 1 seulement ou de 0 seulement.

Du point de vue de la théorie subjective le fait qu'α soit indifférente à une sélection effectuée en fonction des prédécesseurs singuliers mais non à une sélection effectuée en fonction des paires de prédécesseurs pourrait s'exprimer de la manière suivante. Une information relative à la propriété d'un prédécesseur d'un élément quelconque dans α ne peut nous renseigner sur la propriété de ce dernier élément. Par ailleurs, une information relative aux propriétés de l'une de ses paires de prédécesseurs est de la plus grande importance (*relevant*) ; en effet si l'on nous donne la loi selon laquelle la suite α a été construite, cette information nous met en mesure de *prédire* la propriété de l'élément en question : elle nous fournit pour ainsi dire les conditions initiales requises pour en déduire la prédiction. (La loi selon laquelle α est construite requiert une paire de propriétés comme conditions initiales ; elle est donc « bidimensionnelle » en ce qui concerne ces propriétés. La signification d'*une* propriété est « non pertinente » (*irrelevant*) pour la seule raison que l'insuffisance de son degré de composition *ne lui permet pas de servir de condition initiale* (*Cf.* section 38) (* 1).

Ayant à l'esprit l'étroite liaison existant entre la notion de causalité — de *cause* et d'*effet* — et la déduction de prédictions, je vais m'exprimer autrement. L'assertion faite précédemment à propos de l'alternative α, à savoir « α est indifférente à une sélection opérée en fonction d'un prédécesseur unique », je l'exprimerai à présent en disant : « α est exempte de tout effet provenant de prédécesseurs individuels » ou, en d'autres termes, « α est libre-un (*1-free*) » ; au lieu de dire, comme précédemment, qu'α est (ou n'est pas) indifférente à une sélection opérée en fonction de *paires* de prédécesseurs », je dirai à présent : « « α » est (ou n'est pas) exempte des effets provenant de *paires* de prédécesseurs », ou, plus brièvement, « α est (ou n'est pas) libre-2 (*2-free*) » (* 2) (2').

(* 1) Ceci constitue un autre indice du fait que les termes « important » et « non pertinent » (*relevant* and *irrelevant*) qui figurent si souvent dans la théorie subjective, sont fort trompeurs. En effet, si *p* est non pertinent, ainsi que *q* il est un peu surprenant d'apprendre que *p.q* peuvent être hautement importants. Voyez l'appendice * IV, en particulier les points 5 et 6 de la première note.

(* 2) L'idée générale de faire la distinction entre voisinages selon leur grandeur, c'est moi qui l'ai introduite ; mais c'est à Reichenbach que nous devons l'expression « exempt d'effet subséquent » (« *nachwirkungsfrei* »). Cependant Reichenbach l'utilisa, à l'époque, au seul sens absolu de « indifférent à une sélection opérée selon un groupe *quelconque* d'éléments antérieurs ». L'idée d'introduire les expressions « libre-un », « libre-deux », ... et « n-libre » *qui puissent être définies de manière récursive*, et l'idée d'utiliser ainsi la méthode récursive pour analyser les sélections de voisinage et surtout pour *construire des suites aléatoires*, sont de moi. (J'ai également utilisé cette même méthode récursive pour définir l'indépendance mutuelle de *n* événements.) Cette méthode est tout à fait différente de celle de Reichenbach. Voyez aussi la note 4 de la section 58 et surtout la note 2 de la section 60, plus loin. Addendum de 1968 : j'ai découvert que Smoluchowski a utilisé l'expression en question bien avant Reichenbach.

(2') Le terme « one-free » et ses congénères « two-free », etc., « n-free », « absolument free », exige une explication. Entendu comme une abréviation en anglais, il ne peut se rendre en français que par une assez longue périphrase circonstancielle. Si donc nous parlons d'une « suite dont la formation comporte de proche en proche des termes *sans contrainte* d'un certain ordre, dépendant de l'effet rétro-actif dû à un-deux-ou-n prédécesseurs immédiats » on aura de la sorte le sens de « one-free », « two-free », etc... Cette « liberté », cette « indépendance », ou cette « indifférence » peuvent s'entendre *finalement* d'une manière absolue et, dans ce cas-limite, se trouve construite de proche en proche une « suite quasi aléatoire ». (N. d. T.)

Utilisant comme prototype l'alternative α, libre-un, nous pouvons à présent facilement construire d'autres suites, pourvues elles aussi d'une distribution égale et affranchies non seulement des effets consécutifs à un prédécesseur unique, c'est-à-dire libre-un (comme α), mais affranchies également des effets consécutifs à une paire de prédécesseurs, c'est-à-dire libres-deux ; nous pouvons ensuite en venir à des suites qui sont libres-trois et ainsi de suite. Nous arrivons de cette manière à une notion générale, qui est d'une importance fondamentale pour ce qui suit : il s'agit de la notion d'affranchissement des effets consécutifs de tous les prédécesseurs jusqu'à un certain nombre n ; ou comme nous le dirons, de « n-liberté ». Pour être plus précis, nous dirons qu'une suite est « n-libre » si, et seulement si, les fréquences relatives de ses propriétés primaires sont indifférentes à une sélection opérée selon des prédécesseurs uniques *et* selon des paires de prédécesseurs *et* selon des trios de prédécesseurs... *et* selon des n-tuples de prédécesseurs, en d'autres termes si elle est « n-indifférente » (1).

On peut construire une alternative α, n-libre, en répétant la *période génératrice*

$$1 \ 1 \ 0 \ 0 \ \ldots\ldots \tag{A}$$

autant de fois que l'on veut. De la même façon, nous obtiendrons une alternative libre-deux, de distribution égale, si nous prenons

$$1 \ 0 \ 1 \ 1 \ 1 \ 0 \ 0 \ 0 \ \ldots\ldots \tag{B}$$

comme période génératrice. Nous obtiendrons une alternative libre-trois à partir de la période génératrice

$$1 \ 0 \ 1 \ 1 \ 0 \ 0 \ 0 \ 0 \ 1 \ 1 \ 1 \ 1 \ 0 \ 1 \ 0 \ 0 \ \ldots \tag{C}$$

et une alternative libre-quatre à partir de la période génératrice

$$0 \ 1 \ 1 \ 0 \ 0 \ 0 \ 1 \ 1 \ 1 \ 0 \ 1 \ 0 \ 1 \ 0 \ 0 \ 1 \ 0 \ 0 \ 0 \ 0 \ 0 \ 1 \ 0 \ 1 \ 1 \ 1 \ 1 \ 1 \ 0 \ 0 \ 1 \ 1 \ \ldots \tag{D}$$

On remarquera que l'impression intuitive d'être en présence d'une suite irrégulière devient plus forte au fur et à mesure que croît le nombre n.

La période génératrice d'une alternative n-libre, de distribution égale, doit contenir au moins 2^{n+1} éléments. Les périodes données comme exemples peuvent naturellement commencer à des endroits différents ; (C), par exemple, peut commencer par son quatrième élément, ce qui nous donne, au lieu de (C) :

$$1 \ 0 \ 0 \ 0 \ 0 \ 1 \ 1 \ 1 \ 1 \ 0 \ 1 \ 0 \ 0 \ 1 \ 0 \ 1 \ \ldots \tag{C'}$$

(1) Comme le Dr K. Schiff me l'a fait remarquer, il est possible de simplifier cette définition. Il suffit que soit requise l'indifférence à la sélection de n'importe quel n-tuple de prédécesseurs (pour un n donné). On peut alors facilement prouver l'indifférence à la sélection de n-1 tuple (etc.).

Il existe d'autres transformations ne modifiant pas le caractère que possède une suite d'être n-libre. Nous décrirons ailleurs une méthode permettant de construire des périodes génératrices de suites n-libres pour n'importe quel nombre n (* 3).

Si nous ajoutons à la période génératrice d'une alternative n-libre les n premiers éléments de la période suivante, nous obtenons une suite de longueur $2^{n+1}+n$. Cette dernière a, entre autres, la propriété suivante : toute combinaison de $n + 1$ zéros et uns, c'est-à-dire tout $n + 1$-tuple possible, s'y rencontre au moins une fois (* 4).

56. — Suites de segments. La première forme de la formule binomiale.

Étant donné une suite finie α, nous appelons « segment de α de longueur n » ou, plus brièvement, « n-segment de α », une suite subordonnée de α constituée de n éléments consécutifs. Si, outre la suite α, nous est donné un certain nombre défini n, nous pouvons ordonner les n-segments d'α en une suite : *la suite de n-segments* de α. Étant donné une suite α, nous pouvons construire une nouvelle suite, constituée de n-segments de α, de manière à pouvoir commencer avec le segment des n premiers éléments de α. Viendra ensuite le segment des éléments de 2 à $n + 1$ de α. En général, nous prenons comme $x$ème élément de la nouvelle suite le segment constitué des éléments x à $x + n - 1$ de α. On peut appeler la nouvelle suite ainsi obtenue la « suite des n-segments à recouvrement (*overlapping*) de α ». Ce nom indique que deux éléments (c'est-à-dire 4 segments) consécutifs quelconques de la nouvelle suite se recouvrent de telle façon qu'ils ont $n - 1$ éléments de la suite initiale α en commun.

Par sélection, nous obtiendrons alors, à partir d'une suite de segments se recouvrant, d'autres n-suites et en particulier *des suites de* n-*segments* contigus.

(* 3) *Cf.* note (* 1) de l'appendice IV. Il en résulte une suite de longueur $2^n + n$-1 telle que l'omission de ses n-1 derniers éléments donne une période génératrice pour une alternative m-libre avec $m = n$-1.

(* 4) La définition suivante applicable à toute alternative donnée A, longue mais finie, ayant une distribution égale semble appropriée. Soit N la longueur de A et n le plus grand entier tel que $2^n + 1 \leqslant N$. On dira alors qu'A est une suite *parfaitement aléatoire* si et seulement si le nombre relatif d'occurrences de toute paire, de tout triplet, ..., de tout m-tuple (jusqu'à m n) donnés ne s'écarte pas de celui de toute autre paire, de tout autre triplet, ... de tout autre m-tuple respectivement de plus de, disons, $m/N\frac{1}{2}$. Cette définition nous permet de dire qu'une alternative A est proche d'aléatoire ; elle nous permet même de définir un degré d'approximation. La méthode (qui consiste à faire passer au maximum ma fonction-E), décrite aux points 8 et suiv. de ma Troisième Note (reprise dans l'appendice * IX), peut servir de base à une Définition plus élaborée.

Une suite de n-segments contigus ne contient que des n-segments se suivant sans intermédiaire dans α, sans se recouvrir. Une telle suite peut, par exemple, commencer par les n-segments des éléments, dénombrés de 1 à n, de la séquence initiale α et se poursuivre par les éléments de $n + 1$ à $2\,n$, de $2\,n + 1$ à $3\,n$, etc. En général, une suite de segments contigus contiendra les éléments de α dénombrés de k à $n + k - 1$, de $n + k$ à $2\,n + k - 1$, de $2\,n + k$ à $3\,n + k - 1$, et ainsi de suite.

Dans ce qui suit, nous désignerons par « $\alpha_{(n)}$ », des suites de n segments de α se recouvrant et par « α_n » des suites de n-segments contigus.

Considérons à présent d'un peu plus près les suites de segments se recouvrant $\alpha_{(n)}$. Chaque élément d'une telle suite est un n-segment de α. Comme propriété primaire d'un élément de $\alpha_{(n)}$ nous pourrions considérer, par exemple, le n-tuple ordonné de o et de 1 qui constitue le segment. Ou plus simplement nous pourrions considérer *le nombre de 1 qu'il comporte* (négligeant ainsi *l'ordre* des 1 et des o). Si nous désignons par « m » le nombre de 1, nous aurons, évidemment, $m \leqslant n$.

Or, toute suite $\alpha_{(n)}$ nous donne à son tour une *alternative* si nous sélectionnons un m ($m \quad n$) particulier, attribuant à chaque élément de la suite $\alpha_{(n)}$ qui a exactement un nombre m de 1 et donc un nombre $n - m$ de o la propriété « m » et la propriété « m » (non-m) à tous les autres éléments de $\alpha_{(n)}$. Tout élément de α_{n} doit donc avoir l'une ou l'autre de ces deux propriétés.

Imaginons à présent de nouveau que nous soit donnée une alternative finie α dotée des propriétés primaires « 1 » et « o ». Supposons que la fréquence des 1, $\alpha' F(1)$, soit égale à p et celle des o, $\alpha F''(o)$, égale à q. (Nous ne présupposons pas que la distribution est égale, c'est-à-dire que $p = q$.)

Soit cette alternative α au moins n-1 libre (n étant un nombre naturel choisi arbitrairement). Nous pouvons alors poser la question suivante : quelle est la fréquence avec laquelle la propriété m se rencontre dans la suite $\alpha_{(n)}$? Ou, en d'autres termes, quelle sera la valeur de $\alpha_{(n)}F''(m)$?

Sans présupposer quoi que ce soit en dehors du fait qu'α est au moins $n - 1$ libre, nous pouvons résoudre cette question (1) par l'arithmétique élémentaire. La formule suivante (dont on trouvera la démonstration dans l'appendice III), donne la réponse :

---

(1) J'appelle « problème de Bernoulli » (à la suite de von Mises, *Wahrscheinlichkeitsrechnung*, 1931, p. 128) le problème correspondant relatif à des suites infinies de segments contigus ; et, lorsqu'il se pose relativement à des suites infinies de segments à recouvrement, je l'appelle « le problème quasi-bernoullien » (*cf.* note 1 de la section 60). Le problème dont il est question ici serait donc le *problème quasi bernoullien relatif à des suites finies*

$$\alpha_{(n)}F''(m) = {}^nC_m p^m q^{n-m} \qquad (I)$$

Le membre de droite de la formule « binomiale » (I) fut donné —
à un autre propos — par Newton. (C'est pourquoi on l'appelle
parfois formule de Newton.) Je l'appellerai pour ma part « la
première forme de la formule binomiale » (* 1).

Avec la dérivation de cette formule, j'abandonne à présent la
théorie fréquentielle dans la mesure où les classes de référence
qu'elle prend en considération sont *finies*. La formule nous fournira une base d'examen de l'axiome de hasard.

57. — SUITES INFINIES. — ÉVALUATIONS HYPOTHÉTIQUES DE FRÉQUENCE.

Il est très aisé d'étendre les résultats obtenus pour des suites
finies n-libres à des suites infinies n-libres définies par une *période
génératrice* (*cf.* section 55). Nous pouvons donner le nom de « suite
de référence » à une suite infinie jouant le rôle de la classe
de référence à laquelle se rapportent nos fréquences relatives.
Celle-ci correspond plus ou moins à un « collectif » au sens de
von Mises (* 1). Le concept de n-liberté présuppose celui de
fréquence relative ; en effet, c'est la *fréquence relative* avec laquelle
une propriété se rencontre qui doit selon la définition de ce premier concept, être indifférente à une sélection opérée relativement

(* 1) Dans le texte original, j'ai employé l'expression « formule de Newton » ;
mais puisque ceci semble rarement employé en anglais, j'ai décidé de la traduire
par « formule binomiale ».

(* 1) J'en arrive ici au point où j'ai failli à réaliser complètement mon programme intuitif : analyser aussi profondément que possible le caractère aléatoire
de suites *finies* et ne passer qu'ensuite à des suites de référence *infinies* (lesquelles
requièrent des *limites* de fréquences relatives) en vue d'obtenir une théorie où
l'existence de limites de fréquence provient du caractère aléatoire de la suite.
J'aurais pu réaliser ce programme très facilement en construisant dans une étape
suivante, des suites (finies) de *longueur minimale n-libres* pour un n croissant,
comme je l'ai fait dans mon ancien appendice IV. L'on peut alors facilement voir
que si, dans ces suites très courtes, on laisse n croître sans limite, les suites
deviennent infinies et les fréquences deviennent, sans hypothèse supplémentaire,
des limites de fréquence. (Voyez la note 2 de l'appendice IV et mon nouvel appendice * VI.) Tout ceci aurait simplifié les sections suivantes qui gardent, cependant, leur importance. Cela aurait en outre résolu complètement et sans présupposition supplémentaire les problèmes des sections 63 et 64 ; en effet, si l'existence
de limites devient démontrable, il n'est plus besoin de mentionner les points
d'accumulation.

Cependant ces améliorations s'inscrivent toutes dans le cadre de la théorie
fréquentielle pure : à moins qu'elles ne définissent une norme idéale de désordre
objectif, elles cessent d'être nécessaires si nous adoptons l'interprétation tendancielle ou interprétation relative à la « propension à se produire » (*propensity interpretation*) du formalisme néo-classique (de la théorie des mesures), telle qu'elle
se trouve exposée dans les sections * 53 et suiv. de mon *Postscript*. Mais même
alors, il reste nécessaire de parler d'hypothèses de fréquence : d'évaluations hypothétiques et de leurs tests statistiques ; la présente section garde donc sa raison
d'être de même qu'une bonne partie des sections qui suivent, jusqu'à la section
64.

à certains prédécesseurs. Dans nos théorèmes traitant des suites infinies, j'utiliserai, mais à titre provisoire seulement (jusqu'à la section 64), la notion de *limite de fréquences relatives* (que je désignerai par F') à la place de celle de *fréquence relative dans des classes finies* (F''). L'usage de ce concept n'engendre aucun problème aussi longtemps que nous nous bornons à des suites de référence construites *conformément à une règle mathématique déterminée*. Nous pouvons toujours, pour ces suites, établir si la suite correspondante de fréquences relatives est convergente ou non. La notion de limite de fréquences relatives ne suscite de difficultés que dans le cas des suites pour lesquelles il n'a pas été donné de règle mathématique mais seulement une règle empirique (mettant la suite en rapport avec des lancements de « pile » ou « face » par exemple) ; en effet le concept de limite n'est alors pas défini (*cf.* section 51).

Voici un exemple de règle mathématique déterminant la construction d'une suite : « le $n$ième élément de la suite α sera o si, et seulement si, n est divisible par 4. » Cet énoncé définit l'alternative infinie

$$1 \quad 1 \quad 1 \quad 0 \quad 1 \quad 1 \quad 1 \quad 0 \quad \dots \qquad (\alpha)$$

dotée des limites des fréquences relatives suivantes : $_\alpha F'(1) = 3/4$; et $_\alpha F'(0) = 1/4$. Pour être bref, j'appellerai « *suites mathématiques* » les suites ainsi définies à l'aide d'une règle mathématique.

Par contre, une règle de construction s'il s'agit d'une *suite empirique* serait, par exemple : « Le $n$ième élément de la suite α sera o si, et seulement si, le $n$ième lancement de la pièce de monnaie c donne pile ». Mais des règles empiriques ne déterminent pas toujours nécessairement des suites ayant un caractère aléatoire. Ainsi, qualifierai-je d'empirique la règle suivante : « le $n$ième élément de la suite sera 1 si, et seulement si, à la $n$ième seconde (en comptant à partir de certain moment o), le balancier b se trouve à gauche de cette marque. »

L'exemple montre qu'il est parfois possible de remplacer une règle empirique par une règle mathématique, par exemple sur la base de certaines hypothèses et mesures relatives à un balancier. Nous pouvons, de cette manière, trouver une suite mathématique approchant de notre suite empirique avec un degré de précision qui peut ou non nous satisfaire selon nos propos. Dans le présent contexte apparaît particulièrement intéressante la possibilité (que notre exemple pourrait servir à établir) d'obtenir une suite mathématique dont les diverses *fréquences* approchent de celles d'une suite empirique déterminée.

En subdivisant les suites en suites mathématiques et en suites empiriques, j'utilise une distinction davantage en « compréhension » qu'en « extension », comme on pourrait le dire. En effet, si une suite nous est donnée « en extension », c'est-à-dire par énumération successive de ses éléments individuels, de telle sorte que nous ne puissions en connaître qu'un morceau déterminé — un segment fini, quoique long — il nous est impossible de déterminer, à partir des propriétés de ce segment, si la suite dont il fait partie est une suite mathématique ou une suite empirique. Ce n'est que lorsqu'une règle de construction a été donnée, c'est-à-dire une règle « en compréhension », que nous pouvons décider de la question de savoir si une suite est mathématique ou empirique.

Puisque nous désirons aborder nos suites infinies à l'aide du concept de limite (de fréquences relatives), nous devons confiner notre examen à des suites mathématiques et encore, à celles pour lesquelles la suite correspondante de fréquences relatives est convergente. Cette restriction revient à introduire un axiome de convergence. (Les problèmes liés à cet axiome ne seront pas envisagés avant les sections 63 à 66, car il paraît approprié de les examiner en même temps que la « loi des grands nombres ».)

Nous ne nous intéresserons donc qu'aux *suites mathématiques* ; et à ces seules suites mathématiques dont nous attendons ou conjecturons qu'elles approchent, sous le rapport des fréquences, des *suites empiriques de caractère quasi aléatoire ou de hasard*. En effet ce sont elles qui nous intéressent en ordre principal. Mais, espérer ou conjecturer d'une suite mathématique qu'elle sera proche, sous le rapport des fréquences, d'une suite empirique, revient à *construire une hypothèse*, une hypothèse relative aux fréquences de la suite empirique (1).

Le fait que nos évaluations de fréquences dans des suites empiriques aléatoires sont des hypothèses n'a aucune influence sur la manière dont nous pouvons calculer ces fréquences. Dans le cas de classes *finies*, il est clair que la manière dont nous obtenons les fréquences sur lesquelles nous fondons nos calculs n'a pas la moindre importance. Nous pouvons obtenir ces fréquences en comptant effectivement ou à partir d'une règle mathématique, ou à partir de l'une ou l'autre hypothèse. Nous pouvons encore tout simplement les inventer. En calculant des fréquences, nous accep-

---

(1) Plus loin, dans les sections 65 à 68, j'examinerai le *problème de la décidabilité* lorsqu'il s'agit des hypothèses de fréquence, c'est-à-dire le problème de savoir si une conjecture, ou hypothèse de cette espèce peut être soumise à des tests ; et si oui, comment ; si elle peut être corroborée en quelque manière ; et si elle est falsifiable.

* *Cf.* également l'appendice *IX.

tons certaines fréquences comme données et déduisons d'autres fréquences à partir de celles-ci.

Il en va de même pour les évaluations de fréquences dans des suites *infinies*. La question relative aux « sources » de nos évaluations de fréquences n'est donc pas un problème faisant partie du calcul des probabilités ; ce qui ne signifie pourtant pas que nous allons l'exclure de notre examen des problèmes posés par la théorie de la probabilité.

Dans le cas de suites empiriques infinies, nous pouvons distinguer deux « sources » principales de nos évaluations hypothétiques de fréquences, c'est-à-dire deux manières dont elles peuvent nous venir à l'esprit. Notre évaluation peut se fonder sur une « *hypothèse de chances égales* » (ou hypothèse d'équiprobabilité) ou sur une *extrapolation faite à partir de découvertes statistiques*.

Par « hypothèse de chances égales » j'entends une hypothèse affirmant que les probabilités des diverses propriétés primaires sont égales : il s'agit d'une hypothèse affirmant l'*égalité de distribution*. Les hypothèses de chances égales sont habituellement fondées sur des considérations de *symétrie* (2). La conjecture selon laquelle les fréquences sont égales dans un jeu de dé étant donné la symétrie et l'équivalence des six faces du cube, en constitue un exemple très typique.

Quant aux hypothèses de fréquences fondées sur une *extrapolation statistique*, les évaluations de taux de mortalité en fournissent un bon exemple. Ici, les données statistiques relatives à la mortalité sont constatées de manière empirique, et *en présupposant que les tendances passées continueront à être presque stables*, ou qu'elles ne changeront pas beaucoup — du moins dans un avenir immédiat — l'on fait une extrapolation : à partir de cas connus, c'est-à-dire d'occurrences classifiées et recensées empiriquement, on extrapole à des cas inconnus.

Ceux qui ont des penchants inductivistes seront peut-être enclins à méconnaître le caractère hypothétique de ces évaluations : ils confondront peut-être une évaluation hypothétique, c'est-à-dire une prédiction de fréquences fondée sur une extrapolation statistique, avec l'une de ses « sources » empiriques : la classification et le recensement effectif des occurrences et des séquences d'occurrences passées. L'on prétend souvent que nous « faisons dériver » des évaluations de probabilités, c'est-à-dire des prédictions de

(2) Keynes envisage ces questions dans son analyse du *principe d'indifférence*. *Cf. op. cit.*, Chapitre IV, pp. 41-64.

fréquences en partant d'occurrences passées classifiées et recensées (telles des statistiques de mortalité). Mais d'un point de vue logique cette affirmation n'est pas justifiée. Nous n'avons pratiqué aucune déduction logique. Nous n'avons fait qu'avancer une hypothèse non vérifiable que rien ne peut jamais justifier logiquement : la conjecture selon laquelle les fréquences resteront *constantes* autorisant ainsi l'extrapolation. Les *hypothèses de chances égales* elles-mêmes sont tenues pour « empiriquement dérivables » ou « empiriquement explicables » par certains défenseurs de la logique inductive qui les supposent fondées sur l'expérience statistique, c'est-à-dire sur des fréquences empiriquement observées. Personnellement, je crois pourtant qu'en faisant cette espèce d'évaluation hypothétique de fréquences, nous ne sommes souvent guidés que par nos réflexions relatives à l'importance de la symétrie et par des considérations du même ordre. Je ne vois aucune raison de penser que ces conjectures devraient n'être inspirées que par l'accumulation d'une longue série d'observations inductives. Mais, je n'attache pas beaucoup d'importance à ces questions relatives aux origines ou « sources » de nos évaluations (cf. section 2). Le plus important, à mon avis, c'est d'être tout à fait explicite à propos du fait que toutes les évaluations prédisant des fréquences, y compris celles que nous pouvons obtenir à partir d'une extrapolation statistique — et certainement toutes celles qui se rapportent à des suites empiriques infinies — seront toujours de pures conjectures puisqu'elles iront toujours bien au-delà de ce que nous sommes en droit d'affirmer sur la base d'observations.

La distinction que j'établis entre hypothèses de chances égales et extrapolations statistiques correspond très bien à la distinction classique entre probabilités « *a priori* » et probabilités « *a posteriori* ». Mais comme ces termes sont utilisés en tant de sens différents (3) et comme ils sont, en outre, lourdement chargés d'associations philosophiques, nous ferons mieux de les éviter.

En examinant dans la section suivante l'axiome de hasard, je vais essayer de trouver des suites mathématiques qui approchent des suites empiriques aléatoires ; ce qui signifie que je vais examiner des hypothèses de fréquences (* 2).

(3) Born et Jordan, par exemple, dans *Elementare Quantenmechanik* (1930), p. 308, utilisent le premier de ces termes pour dénoter une hypothèse de distribution égale. A. A. Tschuprow, d'autre part, utilise l'expression « probabilité *a priori* » pour toutes les hypothèses de fréquences afin de les distinguer de leurs *tests statistiques*, c'est-à-dire des résultats — obtenus *a posteriori* — d'un recensement empirique.
(* 2) Ceci constitue précisément le programme auquel il est fait ici allusion dans la note * 1, plus haut, et qui se trouve réalisé dans les appendices IV et * VI.

58. — EXAMEN DE L'AXIOME DE HASARD.

Le concept de sélection ordinale (c'est-à-dire d'une sélection relative à la position)et le concept de sélection de voisinage ont été introduits et expliqués dans la section 55. A l'aide de ces concepts, je vais à présent examiner l'axiome de hasard de von Mises — le principe d'exclusion d'un système de jeu de hasard — dans l'espoir de trouver une exigence plus faible qui puisse néanmoins le remplacer. Dans la théorie de von Mises, cet axiome fait partie de la définition du concept de collectif : les limites de fréquences dans un collectif doivent être indifférentes à toute espèce de sélection systématique. (Comme von Mises le fait remarquer, un système de jeu de hasard peut toujours être considéré comme une sélection systématique.) La majeure partie des critiques qui ont été soulevées à l'encontre de cet axiome est concentrée sur un aspect de sa formulation superficiel et relativement dépourvu d'importance. Elle est liée au fait que, parmi les sélections possibles, nous aurons par exemple, la sélection des lancements qui donnent un cinq et que dans cette sélection la fréquence des cinq sera, évidemment, tout à fait différente de ce qu'elle est dans la suite originale. C'est la raison pour laquelle, lorsqu'il formule l'axiome de hasard, von Mises parle de ce qu'il appelle des « sélections » ou des « choix » qui sont « indépendants du résultat » du coup de dé en question et sont donc définis sans qu'usage soit fait de la propriété de l'élément à sélectionner (1). Mais les nombreuses attaques dirigées contre cette formulation (2) peuvent toutes être parées en faisant simplement remarquer que l'axiome de hasard de Von Mises peut être formulé sans faire aucun usage des expressions contestables (3). En effet, nous pouvons par exemple, l'énoncer comme suit : les limites des fréquences, dans un collectif, seront indifférentes à une sélection ordinale comme à une sélection de voisinage ainsi qu'à toutes les combinaisons de ces deux méthodes de sélection qui peuvent être utilisées comme systèmes de jeu (* 1).

Les difficultés mentionnées plus haut disparaissent avec cette formulation. Pourtant d'autres difficultés demeurent. Il pourrait donc être impossible de *prouver* que le concept de collectif, défini

(1) *Cf.* par exemple von Mises, *Wahrscheinlichkeit, Statistik und Wahrheit* (1928), p. 25 ; traduction anglaise, 1939, p. 33.
(2) *Cf.*, par exemple, Feigl, *Erkenntnis* I, 1930, p. 256, où cette formulation est décrite comme « non exprimable mathématiquement ». La critique de Reichenbach dans *Mathematische Zeitschrift* 34, 1932, pp. 594 et suiv., est fort semblable.
(3) Ceci a également été observé par Dörge, mais sans commentaire.
(* 1) Ces huit derniers mots (qui sont essentiels) ne se trouvaient pas dans l'édition précédente.

au moyen d'un axiome de hasard aussi fort, n'est pas contradictoire en soi ou, en d'autres termes, que la classe des « collectifs »
n'est pas vide. [Kamke (4) a insisté sur la nécessité de prouver ceci.]
Il semble en tout cas impossible de construire un *exemple* de collectif et de prouver ainsi qu'il existe des collectifs. La raison en
est qu'un exemple de suite infinie devant remplir certaines conditions ne peut être donné que par une règle mathématique. Or
il ne peut y avoir, par définition, de telle règle pour un collectif
au sens de von Mises car toute règle pourrait être utilisée comme
système de jeu ou comme système de sélection. Il semble qu'on
ne puisse effectivement répondre à cette critique si *tous* les systèmes de jeu possibles sont prohibés (* 2).

L'on peut pourtant soulever une autre objection à l'encontre
de cette idée d'exclusion de tout système de jeu ; c'est qu'elle
requiert vraiment *trop*. Si nous voulions axiomatiser un système
d'énoncés — en l'occurrence les théorèmes du calcul des probabilités, et en particulier le théorème spécial de multiplication de
Bernoulli — les axiomes choisis devraient être non seulement
suffisants pour en déduire les théorèmes du système, mais aussi
(si nous pouvons les rendre tels) *nécessaires* à cette déduction.
Cependant l'on peut montrer que l'exclusion de *tous* les systèmes
de sélection n'est *pas nécessaire* à la déduction du théorème de
Bernoulli et de ses corrolaires. Il est tout à fait suffisant de postuler l'exclusion d'une classe particulière de sélection de voisinage :
il suffit de requérir que la suite soit indifférente à des sélections
relatives à des n-tuples de prédécesseurs choisis arbitrairement ;
c'est-à-dire qu'elle soit *n-libre d'effets de consécution pour tout n*
ou, plus brièvement, qu'elle soit « *absolument* » *libre* (*absolutely
free*).

Je propose donc de remplacer le principe d'exclusion du système de jeu de von Mises par la condition moins exigeante d'être
« absolument libre » dans le sens d'être n-libre pour n'importe
quel n et, en conséquence, de définir les suites *mathématiques*
quasi aléatoires comme étant celles qui remplissent cette condition.
Le principal avantage de cette proposition est qu'elle n'exclut

(4) Cf. par exemple, Kamke, *Einführung in die Wahrscheinlichkeitstheorie*
(1932), p. 147 et *Jahresbericht der Deutschen mathem. Vereinigung* 42, 1932.
L'objection de Kamke doit également être soulevée contre la tentative de Reichenbach visant à améliorer l'axiome de hasard par l'introduction de *séquences
normales* car il n'a pas réussi à prouver que ce concept n'est *pas vide*. Cf. Reichenbach, *Axiomatik der Wahrscheinlichkeitsrechnung, Mathematische Zeitschrift* 34,
1932, p. 606.
(* 2) L'on peut cependant y répondre si tout ensemble *dénombrable* de systèmes de jeu doit être prohibé car dans ce cas l'on peut construire un exemple
de séquence (par une sorte de méthode diagonale). Voyez la section * 54 du *Postscript* (le texte après la note 5), consacrée à A. Wald.

pas *tous* les système de jeu, de telle sorte qu'il est possible de fournir des règles mathématiques déterminant la construction de suites « absolument libres », au sens où nous l'entendons, et de construire des exemples à partir de là. [Cf. section (*a*) de l'appendice IV.] L'on rencontre ainsi l'objection de Kamke, examinée plus haut. En effet, nous pouvons à présent prouver que le concept de suites mathématiques quasi aléatoires n'est pas vide et qu'il est donc cohérent (* 3).

Il peut paraître singulier d'essayer de tracer les traits caractéristiques des suites aléatoires au moyen de suites mathématiques devant se conformer aux règles les plus strictes. A première vue l'axiome de hasard de von Mises peut sembler intuitivement plus satisfaisant. Il semble très satisfaisant d'apprendre qu'une suite aléatoire doit être tout à fait irrégulière au point que toute régularité supposée se trouvera faire défaut dans une partie ultérieure de la suite pour peu que nous persistions à essayer sérieusement de la falsifier en prolongeant suffisamment la suite. Mais cet argument intuitif sert également ma proposition. En effet, si les suites aléatoires sont irrégulières, elles ne seront, *a fortiori*, pas des suites régulières d'un type particulier. Or notre condition de « liberté absolue » ne fait qu'exclure un type particulier — important il est vrai — de suites régulières.

L'on peut voir qu'il s'agit d'un type important en raison du fait que cette condition exclut implicitement les trois types de systèmes de jeu suivants (cf. la section suivante). Elle exclut, en premier lieu, les sélections (* 4) de voisinage « normales » ou « pures » c'est-à-dire celles qui se font eu égard à une certaine *constante caractéristique du voisinage*. Elle exclut, en second lieu, la sélection ordinale « normale » en vertu de laquelle des éléments se trouvent choisis à un intervalle constant, tels les éléments dénombrés k, $n + k$, $2n + k$... et ainsi de suite. Elle exclut enfin maintes combinaisons de ces deux types de sélection (par exemple la sélection de tout *n*ième élément, à condition que son voisinage ait certaines caractéristiques constantes bien spécifiées). Une propriété caactéristique de toutes ces sélections est qu'elles ne se rapportent pas à un élément initial absolu de la suite ; la même suite subordonnée peut donc en résulter si le dénombrement de la suite d'origine commence par un autre élément (approprié). Les systèmes de jeu exclus par la condition que je propose d'imposer sont donc ceux que l'on pourrait utiliser sans connaître le premier élément

(* 3) La référence faite à l'appendice IV est très importante ici. Par ailleurs, je réponds dans le paragraphe qui suit à la plupart des objections qui ont été soulevées à l'encontre de ma théorie.

(* 4) *Cf.* le dernier paragraphe de la section 60, plus bas.

de la suite : les systèmes exclus sont invariants eu égard à certaines transformations (linéaires) ; ce sont les systèmes de jeu *simples* (cf. section 43). Il n'y a que (* 5) les systèmes de jeu se rapportant aux écarts absolus des éléments en fonction d'un élément (initial) absolu (5) qui ne sont pas exclus par cette condition.

La condition d'être *n*-libre pour tout *n* — c'est-à-dire « d'être absolument libre » semble également très bien concorder avec ce que la plupart d'entre nous, consciemment ou non, pensent être vrai des suites aléatoires ; par exemple, que le résultat du prochain coup de dé ne dépend pas des résultats des coups précédents. La pratique consistant à secouer le dé avant de le lancer vise à assurer cette indépendance.

59. — SUITES QUASI ALÉATOIRES. — PROBABILITÉ OBJECTIVE.

Compte tenu de ce qui a été dit, je propose à présent la définition suivante.

On dit d'une suite d'événements ou d'une suite de propriétés, et en particulier d'une alternative qu'elle est « quasi aléatoire » ou « due au hasard » si, et seulement si, les limites des fréquences de ses propriétés primaires sont « absolument libres », c'est-à-dire indifférentes à toute sélection se basant sur les propriétés d'un *n*-tuple quelconque de prédécesseurs. L'on appelle *probabilité objective* de la propriété en question dans la suite envisagée, une limite de fréquence correspondant à une suite aléatoire ; cette probabilité est symbolisée par *F*. Ceci peut également s'exposer comme suit. Soit la suite α une suite quasi aléatoire ou quasi-de-hasard ayant la propriété primaire β ; dans ce cas :

$$_\alpha F(\beta) = {}_\alpha F'(\beta)$$

Nous devrons à présent montrer que notre définition est suffisante pour que les principaux théorèmes de la théorie mathématique de la probabilité et en particulier le théorème de Bernoulli puisse s'en déduire. Ensuite — dans la section 64 — nous modifierons la définition qui vient d'être donnée de manière à la rendre indépendante du concept de *limite* de fréquence (* 1).

(* 5) La restriction «ne... que» n'est correcte *que* si nous parlons de systèmes de jeu (donnés *à titre de prédictions*) ; *cf.* la note * 3 de la section 60, plus bas et la note 6 de la section * 54 de mon *Postscript*.
(5) Exemple : la sélection de tous les termes auxquels correspond un nombre premier.
(* 1) Je serais à présent enclin à utiliser différemment le concept de « probabilité objective », à savoir dans un sens plus large qui permette de couvrir *toutes les interprétations* « objectives » du calcul formel des probabilités, telle l'interprétation fréquentielle et, plus particulièrement l'interprétation relative à la propension à se produire ou tendancielle (*propensity interpretation*) qui est exposée dans le *Postscript*. Ici, dans la section 59, le concept est utilisé comme un simple auxiliaire dans la construction d'une certaine forme de la théorie fréquentielle.

60. — LE PROBLÈME DE BERNOULLI.

La première formule binomiale, dont il a été fait mention dans la section 56, à savoir

$$\alpha_{(n)}F''(m) = {}^nC_m p^m q^{n-m} \qquad (1)$$

est valide pour des suites finies de segments à recouvrement. L'on peut la dériver si l'on présuppose que la suite *finie* α est au moins n-1 libre. La même présupposition nous donne immédiatement une formule exactement correspondante pour des suites infinies ; c'est-à-dire que, si α est une suite infinie et au moins n-1 libre

$$\alpha_{(n)}F'(m) = {}^nC_m p^m q^{n-m} \qquad (2)$$

Puisque les suites quasi aléatoires sont absolument libres, c'est-à-dire n-libres pour tout n, la formule (2), la *seconde* formule binomiale, doit également s'y appliquer ; et elle doit, en fait, s'y appliquer pour n'importe quelle valeur de n que nous puissions choisir.

Dans ce qui suit, nous ne nous préoccuperons *que* des suites quasi-aléatoires ou suites au hasard (telles qu'elles ont été définies dans la section précédente). Nous allons montrer que, dans les *suites quasi aléatoires*, une troisième formule binomiale (3) doit être valide, en plus de la formule (2) ; il s'agit de la formule

$$\alpha_n F(m) = {}^nC_m p^m q^{n-m} \qquad (3)$$

La formule (3) diffère de la formule (2) de deux manières : tout d'abord, elle est valide pour des suites de segments contigus α_n au lieu de l'être pour des suites de segments à recouvrement $\alpha_{(n)}$. Ensuite, elle comporte non pas le symbole F' mais le symbole F. Ceci signifie qu'elle affirme, par implication, que les *suites de segments contigus* sont également quasi-aléatoires, ou au hasard ; en effet F, c'est-à-dire la probabilité objective, n'a été définie que pour des suites quasi aléatoires.

A la suite de von Mises, j'appelle « problème de Bernoulli » la question à laquelle répond la formule (3), de la probabilité objective de la propriété m dans une suite de segments contigus, c'est-à-dire la question de la valeur de $\alpha_n F(m)$ (1). Pour résoudre ce problème et donc pour dériver la troisième formule binomiale (3), il suffit de présupposer que la suite α est quasi aléatoire ou au

(1) On peut appeler « quasi-problème de Bernoulli » la question correspondante relative à des suites de segments *à recouvrement*, c'est-à-dire le problème de la valeur de $\alpha_{(n)}F'(m)$, auquel répond la formule (2).

hasard (2). (Notre tâche équivaut à prouver que le théorème spécial de multiplication est valide pour la suite de segments contigus d'une suite ou séquence aléatoire α.)

On peut démontrer (* 1) la formule (3) en deux étapes. D'abord, montrer que la formule (2) n'est pas valide pour les seules suites de segments à recouvrement $\alpha_{(n)}$ mais qu'elle l'est aussi pour des suites de segments contigus α_n. Montrer ensuite que ces dernières sont « absolument libres ». (L'ordre de ces étapes ne peut être inversé car une suite de segments à recouvrement α n'est, par définition, pas « absolument libre » ; en fait, une suite de cette espèce fournit un exemple typique de ce qu'on peut appeler séquences avec effets de consécution [3]).

Première étape. Les suites de segments contigus α_n sont des suites subordonnées de $\alpha_{(n)}$. Elles peuvent être obtenues à partir de ces dernières par une sélection ordinale normale. En conséquence, si nous pouvons prouver que les limites des fréquences dans les suites à recouvrement, $\alpha_{(n)}F'(m)$ sont indifférentes à une sélection ordinale normale, nous aurons franchi notre première étape (et même un peu plus) ; nous aurons en effet prouvé la formule

$$\alpha_n F'(m) = \alpha_{(n)} F'(m) \qquad (4)$$

Je donnerai d'abord le schéma de cette démonstration dans le cas de $n = 2$; c'est-à-dire que je vais prouver que

$$\alpha_2 F'(m) = \alpha_{(2)} F'(m) \qquad (4\ a)$$

est vrai ; il sera alors facile de généraliser cette formule pour tout n.

A partir de la suite de segments à recouvrement $\alpha_{(2}$, nous pouvons sélectionner deux, et seulement deux, suites distinctes α_2 de segments contigus ; l'une, que nous désignerons par (A), contient les premier, troisième, cinquième, ... segments de $\alpha_{(2)}$, c'est-à-dire les paires de α constituées des nombres 1, 2 ; 3, 4 ; 5, 6 ; ... L'autre, désignée par (B), contient les second, troisième, sixième, ..., segments de $\alpha_{(2)}$, c'est-à-dire les paires d'éléments de α constituées des nombres 2, 3 ; 4, 5 ; 6, 7 ; ... etc. Présupposons à pré-

<hr/>

(2) Reichenbach (*Axiomatik der Wahrscheinlichkeitsrechnung, Mathematische Zeitschrift* 34, 1932, p. 603) conteste implicitement ceci lorsqu'il écrit : « ... les suites normales sont également affranchies d'effet de consécution, *alors que l'inverse n'est pas nécessairement vrai.* » Mais les suites normales de Reichenbach sont celles pour lesquelles la formule (3) est valide. (Ma démonstration est rendue possible par le fait que je suis sorti de l'ancienne procédure en définissant le concept de liberté relativement à un effet de consécution « non pas directement mais à l'aide de celui de « *n*-liberté relativement à un effet de consécution », ce qui me permet d'utiliser la procédure de l'induction mathématique.)

(* 1) Je ne donne ici qu'une esquisse de la démonstration. Les lecteurs que cette démonstration n'intéresse pas peuvent passer au dernier paragraphe de la présente section.

(3) Von Smoluchowski fonda sa théorie du mouvement brownien sur des séquences avec effets de consécution, à savoir sur des séquences de segments à recouvrement.

sent que la formule (4 *a*) n'est *pas* valide pour l'*une* des *deux* suites
(A) ou (B), de sorte que le segment (c'est-à-dire la paire) o,o, se
rencontre *trop souvent* dans la suite (A) par exemple ; un écart
complémentaire doit alors se rencontrer dans la suite (B) ; le segment o,o ne s'y rencontre *pas assez souvent* (« trop souvent » ou
« pas assez souvent » par rapport à la formule binomiale). Or ceci
contredit la condition de « liberté absolue » qui avait été présupposée
pour α. En effet, si la paire o,o se rencontre dans (A) plus souvent
que dans (B), dans des segments de α suffisamment longs la paire
o,o apparaîtra plus souvent à certains *intervalles caractéristiques*
qu'à d'autres. Les écarts les plus fréquents seraient ceux que nous
obtiendrions si les paires o,o appartenaient à l'une des deux suites
α_2. Les écarts les moins fréquents seraient ceux que nous obtiendrions si elles appartenaient à l'une et à l'autre des suites α_2. Mais
ceci contredirait la condition de «liberté absolue» présupposée pour
α ; en effet, selon la seconde formule binomiale la «liberté absolue» de α
implique que la fréquence avec laquelle une suite particulière de
longueur *n* se rencontre dans une suite quelconque $\alpha_{(n)}$ ne dépend
que du nombre de 1 et de o qui s'y rencontrent et non de leur *disposition* dans la suite (* 2).

Ceci prouve (4 *a*) ; et puisqu'il est facile de généraliser cette
démonstration pour tout *n*, il s'ensuit que (4) est valide ; la première étape de la démonstration est ainsi franchie.

Seconde étape. L'on peut prouver par un argument fort semblable
que les suites α_n sont « absolument libres ». Ici encore, nous n'envi-
sagerons tout d'abord que des séquences α_2 et allons montrer, pour
commencer, qu'elles sont libres-un. Supposons que l'une des
deux suites α_2, la suite (A) par exemple, ne soit *pas* libre-un. Alors,
dans cette suite, après au moins l'*un* des segments constitué de
deux éléments (une paire- α déterminée) disons après le segment o,o
un autre segment, disons 1, 1, doit se rencontrer plus souvent que
ce ne serait le cas si (A) était « absolument libre » ; ceci signifie
que le segment 1,1 apparaîtrait dans la suite subordonnée sélectionnée à partir de (A) eu égard au segment prédécesseur o,o, plus
fréquemment que la formule binomiale ne nous le ferait escompter.

Or cette présupposition contredit la « liberté absolue » de la
suite α. En effet, si le segment 1,1 suit, dans (A) le segment o,o
trop fréquemment, c'est l'inverse qui, par compensation, doit se
produire dans (B) ; car autrement, dans un segment de β suffi-

(* 2) La formulation suivante peut servir à une compréhension intuitive:
Si les paires o,o sont plus fréquentes à certains intervalles caractéristiques qu'à
d'autres, ce fait peut facilement servir de base à un système simple qui augmenterait quelque peu les chances d'un joueur. Or les systèmes de jeu de ce type sont
incompatibles avec la « liberté absolue » de la suite. La même considération sous-
tend la « seconde étape » de la preuve.

samment long, le quadruplet 0,0, 1,1 se rencontrerait trop souvent à certains *intervalles caractéristiques* : aux intervalles que nous obtiendrions si les doubles paires en question faisaient partie d'une seule et même suite α_2. De plus, à d'autres *intervalles caractéristiques*, le quadruplet ne se rencontrerait pas assez souvent, à savoir aux intervalles que nous obtiendrions si ces paires faisaient partie des *deux* suites α_2. Nous nous trouvons donc en face d'une situation semblable à la précédente et nous pouvons prouver, par des considérations analogues, que l'hypothèse d'une occurrence privilégiée à des intervalles caractéristiques est incompatible avec « l'indépendance absolue » présumée de α.

L'on peut généraliser cette démonstration de manière à pouvoir dire de suites-α qu'elles sont non seulement libres-un mais encore *n*-libres pour tout *n* et qu'elles sont donc *quasi aléatoires* ou distribuées au hasard.

Ici s'achève notre esquisse des deux étapes. Nous voilà donc en droit de remplacer dans (4) F' par F ; et ceci signifie que nous pouvons admettre que la troisième formule binomiale résout le problème de Bernoulli.

Nous avons incidemment montré que des suites $\alpha_{(n)}$ de segments à recouvrement sont indifférentes à une *sélection ordinale normale* chaque fois qu' α est « absolument libre ».

La même chose est vraie pour des suites α_n de segments contigus car toute sélection ordinale normale effectuée à partir d' α_n peut être considérée comme une sélection ordinale normale effectuée à partir de $\alpha_{(n)}$ et doit donc s'appliquer à la suite α elle-même, puisque α est indentique et à $\alpha_{(1)}$ et à α_1.

Nous avons donc prouvé, entre autres choses, que de « l'indépendance absolue » — ce qui signifie indifférence à un type particulier de sélection de voisinage — suit l'indifférence à une sélection ordinale normale. Une autre conséquence, comme on peut le voir facilement, en est l'indifférence à toute sélection de voisinage « pure » (c'est-à-dire à toute sélection relative à une caractéristique constante du voisinage — une caractéristique qui ne change pas avec le nombre ordinal de l'élément). Il s'ensuit, enfin, que « l'indépendance absolue » entraînera l'indifférence à toutes (* 3) les combinaisons de ces deux types de sélection.

(* 3) Je crois à présent que le mot « toutes » est ici erroné et devrait être remplacé, pour être un peu plus précis, par « toutes les ... qui pourraient être utilisées comme systèmes de jeu ». *Cf.* la note (* 4) de la section 58, plus haut ; et la note 6 (se rapportant à A. Wald) de la section * 54 de mon *Postscript*.

61. — LA LOI DES GRANDS NOMBRES (LE THÉORÈME DE BERNOULLI).

L'on peut déduire le théorème de Bernoulli ou (première) (1) « loi des grands nombres » par un raisonnement purement arithmétique à partir de la troisième formule binomiale, si l'on présuppose possible le passage de n à la limite : $n \to \infty$. Ce théorème ne peut donc se rapporter qu'à des suites infinies α car c'est seulement dans leur cas que les n-segments de suites α_n peuvent être allongés indéfiniment. Et l'on ne peut affirmer « l'indépendance absolue » que pour de telles suites car l'hypothèse de n-liberté pour tout n nous autorise à prendre n à la limite : $n \to \infty$.

Le théorème de Bernoulli nous fournit la solution d'un problème intimement apparenté au problème que j'ai appelé (à la suite de von Mises) le « problème de Bernoulli », à savoir le problème de la valeur de $\alpha_n F(m)$.

Comme je l'ai indiqué dans la section 56, l'on peut dire qu'un n-segment a la propriété « m » lorsqu'il contient précisément m fois 1 ; la fréquence relative des 1 dans ce segment (fini) est alors, naturellement, m/n. Nous pouvons à présent donner une définition : un n-segment de α a la propriété « Δp » si et seulement si la fréquence relative de ses 1 s'écarte de moins de δ de la valeur $\alpha F(1)$ $= p$, c'est-à-dire de la probabilité des 1 dans la séquence α. Ici δ est une petite fraction quelconque, choisie aussi proche de o que l'on veut (mais différente de o). Nous pouvons exprimer cette condition en disant : un n-segment a la propriété « Δp » si et

seulement si $\left| \dfrac{m}{n} - p \right| < \delta$; sinon le segment a la propriété

« $\overline{\Delta p}$ ». Or le théorème de Bernoulli répond à la question relative à la valeur de la fréquence, ou probabilité, de segments de cette espèce — à savoir de segments ayant la propriété Δp — dans les suites α_n ; il répond donc à la question relative à la valeur de $\alpha_n F(\Delta p)$.

Intuitivement, l'on pourrait penser que si la valeur δ (avec $\delta > o$) est définie, et que si n croît, la fréquence de ces segments ayant la propriété Δp — et donc la valeur de $\alpha_n F(\Delta p)$ — croîtra également (et que sa croissance sera uniforme). La démonstration de Bernoulli (que l'on peut trouver dans n'importe quel manuel sur le calcul des probabilités) se fait par évaluation de cette crois-

---

(1) Von Mises distingue le théorème de Bernoulli — ou de Poisson — de sa réciproque qu'il appelle « théorème de Bayes » ou « seconde loi des grands nombres ».

sance à l'aide de la formule binomiale. Son auteur découvre que si *n* croît sans limite, la valeur de $\alpha_n F(\Delta p)$ approche de la valeur maximale 1, pour toute valeur déterminée de δ, aussi petite soit-elle. L'on peut exprimer ceci en symboles, de la façon suivante :

$$\lim_{n \to \infty} \alpha_n F(\Delta p) = 1 \qquad \text{(pour toute valeur de } \Delta p) \quad (1)$$

Cette formule provient de la transformation de la *troisième* formule binomiale en vue de l'appliquer à des suites de segments *contigus*. La seconde formule binomiale analogue pour suites de segments *à recouvrement*, donnerait immédiatement, par la même méthode, la formule correspondante :

$$\lim_{n \to \infty} \alpha_n F'(\Delta p) = 1 \qquad\qquad (2)$$

valide pour les suites de segments à recouvrement et pour les sélections ordinales normales que l'on peut y prélever et donc pour les suites avec *effets consécutifs* (qui ont fait l'objet d'une étude de Smoluchowski) (2). La formule (2) donne elle-même (1) dans les cas où les suites sélectionnées ne se recouvrent pas et sont donc *n*-libres. L'on peut considérer (2) comme une variante du théorème de Bernoulli ; et ce que je vais dire ici à propos de ce dernier s'applique *mutatis mutandis* à cette variante.

Le théorème de Bernoulli, c'est-à-dire la formule (1), peut être exprimé dans les termes qui suivent. Appelons « bon échantillon » un long segment fini de longueur déterminée, sélectionné dans une suite aléatoire α, si, et seulement si, la fréquence des 1 *dans ce segment* ne s'écarte pas de *p*, c'est-à-dire de la valeur de la probabilité des 1, de plus d'une petite fraction déterminée (que nous pouvons choisir librement). Nous pouvons alors dire que la probabilité de rencontrer un bon échantillon approche autant de 1 que nous le voulons si nous rendons les segments en question suffisamment longs (* 1).

Dans cette formulation, le mot « *probabilité* » (ou « *valeur de la probabilité* ») se rencontre deux fois. Comment faut-il l'interpréter, ou le traduire, ici ? Dans le cadre de ma définition fréquentielle, il conviendrait de le traduire comme suit (je mets en italique les deux traductions du mot « probabilité » en langage fréquentiel) : *L'écrasante majorité* de tous les segments finis suffisamment longs seront de « bons échantillons » ; c'est-à-dire que leur fréquence relative s'écartera de la *valeur de fréquence p* de la suite aléatoire

---

(2) *Cf.* note 3 de la section 60, et note 5 de la section 64.
(* 1) J'ai reformulé cette phrase (sans altérer son contenu) dans la traduction anglaise en introduisant le concept de « bon échantillon », le texte original allemand n'utilise que le *definiens* de ce concept. [Il en est de même en traduction française (N.d.T.).]

en question d'une quantité déterminée arbitrairement petite ; ou, plus brièvement : la *fréquence p* est réalisée approximativement dans *presque tous* les segments suffisamment longs. (La manière dont nous obtenons la valeur *p* est ici hors de propos ; elle peut être, par exemple, le résultat d'une évaluation hypothétique.) Ayant à l'esprit que la fréquence $\alpha_n F (\Delta p)$ croît uniformément avec la croissance de la longueur *n* du segment et décroît uniformément avec la diminution de *n* et que la valeur de la fréquence relative se retrouve, en conséquence, rarement dans des segments courts, nous pouvons encore dire ceci :

Le théorème de Bernoulli établit que de courts segments prélevés sur des suites « absolument libres » [exemptes de toute contrainte de voisinage et d'ordre] ou aléatoires présenteront souvent des écarts relativement grands par rapport à *p* et donc des variations relativement grandes alors que les segments plus longs présenteront dans la plupart des cas des écarts de plus en plus petits par rapport à *p* au fur et à mesure qu'ils seront prolongés. La plupart des écarts deviendront donc aussi petits que nous le voudrons, dans des segments suffisamment longs ; ou, en d'autres termes, nous raréfierons à volonté les grands écarts.

Par suite, si nous prenons un très long segment d'une suite aléatoire en vue de trouver des fréquences dans ses suites subordonnées, par dénombrement ou peut-être en utilisant d'autres méthodes empiriques et statistiques, nous obtiendrons, dans la grande majorité des cas, le résultat suivant. Il y a une fréquence moyenne caractéristique, telle que les fréquences relatives dans l'entièreté du segment et dans presque tous les longs sous-segments, ne s'écarteront que légèrement de cette moyenne, alors que les fréquences relatives de sous-segments plus petits s'écarteront davantage de cette moyenne et, le plus souvent, d'autant plus que nous les choisirons plus courts. On peut faire allusion à ce fait — à ce comportement statistiquement observable des segments finis, — en invoquant leur « *comportement-quasi-convergent* » ; ou, encore, on peut faire allusion au fait que les *suites aléatoires présentent une stabilité statistique* (* 2).

Le théorème de Bernoulli établit donc que les plus petits segments de suites quasi aléatoires présentent souvent de grandes variations alors que les grands segments se comportent d'une manière qui suggère la constance ou la convergence ; en résumé, il établit que nous trouvons désordre et hasard dans le petit [nom-

(* 2) Keynes dit de la « Loi des grands nombres » que le nom de « stabilité des fréquences statistiques » lui conviendrait beaucoup mieux (*cf.* son *Treatise*, p. 336).

bre] et constance dans le grand [nombre]. C'est à ce comportement que se rapporte l'expression « la loi des grands nombres ».

62. — LE THÉORÈME DE BERNOULLI ET L'INTERPRÉTATION DES ÉNONCÉS DE PROBABILITÉ.

Nous venons de voir que dans la formulation verbale du théorème de Bernoulli, le mot « probabilité » se rencontre deux fois.

Le défenseur de la théorie fréquentielle n'éprouve pas de difficulté à trouver, dans les deux cas, une traduction de ce mot conforme à sa définition : il est en mesure de donner une interprétation claire de la formule de Bernoulli et de la loi des grands nombres. Le partisan de la théorie subjective dans sa forme logique peut-il en faire autant ?

Le défenseur de la théorie subjective, qui souhaite définir le terme «probabilité» par «le degré de croyance rationnelle» est parfaitement cohérent et dans son droit, lorsqu'il interprète la phrase « la probabilité de ... approche autant de 1 que nous le voulons » et lui donne la signification suivante : « il est *quasi certain* (1) que ... » Mais il masque simplement ses difficultés lorsqu'il poursuit « ... que la fréquence relative s'écartera *de sa valeur la plus probable p* d'une quantité plus petite qu'une quantité donnée ... » ou, en reprenant les termes de Keynes (2), « que la proportion d'occurrences de l'événement s'écartera de *la proportion la plus probable p* d'une quantité moindre qu'une quantité donnée... ». Ceci rend le son du bon sens, du moins à première audition. Mais ici encore si nous traduisons le mot « *probable* » (parfois supprimé) dans le sens de la théorie subjective, tout cela devient : « il est quasi certain que les fréquences relatives s'écartent de la valeur p du degré de croyance rationnelle d'une quantité moindre qu'une quantité donnée... » ce qui me paraît être un pur non-sens (* 1). L'on

(1) Von Mises utilise également l'expression « quasiment certain » mais il faut évidemment, selon lui, la considérer *comme définie* par « ayant une fréquence proche de [ou égale à] 1 ».
(2) Keynes, *A Treatise on Probability* (1921), p. 338. * Le passage cité *précédemment* devait être inséré ici car il retraduit le passage cité de l'édition allemande de Keynes sur laquelle mon texte s'appuyait.
(* 1) Il peut valoir la peine d'être plus explicite sur ce point. Keynes écrit (dans un passage qui précède celui qui a été cité plus haut) : « Si la probabilité de l'occurrence d'un événement dans certaines conditions est p, alors ... le rapport le plus probable de ses occurrences au nombre total des occasions est p ... ». Selon sa théorie, ceci devrait pouvoir être traduit en ces termes : « Si le degré de croyance rationnelle en l'occurrence d'un événement est p, p est aussi un rapport d'occurrences, c'est-à-dire une fréquence relative ; à savoir celle dont la formation atteint dans notre croyance rationnelle au degré le plus élevé. » Mon objection ne porte pas sur ce dernier usage de l'expression « croyance rationnelle ». (L'on pourrait encore rendre cet usage par « il est quasiment certain que ... ») Elle porte plutôt sur le fait que p est tantôt un degré de croyance rationnelle et tantôt une fréquence ; en d'autres termes, je ne vois pas pourquoi une fréquence empirique devrait être égale à un degré de croyance rationnelle ; ni qu'un théorème quelconque, même profond, puisse prouver qu'il en est ainsi (*cf.* également la section 42 et l'appendice * IX).

ne peut en effet comparer des fréquences relatives qu'avec des fréquences relatives et des fréquences relatives ne peuvent s'écarter ou ne pas s'écarter que de fréquences relatives. Et il doit manifestement être inadmissible de donner à *p après* la déduction du théorème de Bernoulli une signification différente de celle qui lui avait été donnée avant cette déduction (3).

Nous voyons ainsi que la théorie subjective est incapable d'interpréter la formule de Bernoulli en termes de loi *statistique* des grands nombres. On ne peut déduire des lois statistiques que dans le cadre de la théorie fréquentielle. Si nous partons d'une théorie strictement subjective, nous n'arriverons jamais à des énoncés statistiques, pas même en essayant de combler le fossé à l'aide du théorème de Bernoulli (* 2).

63. — LE THÉORÈME DE BERNOULLI ET LE PROBLÈME DE LA CONVERGENCE.

Du point de vue épistémologique, ma déduction de la loi des grands nombres, donnée plus haut dans ses grandes lignes, n'est pas satisfaisante : le rôle joué dans notre analyse par l'axiome de convergence est loin d'être clair.

J'ai en effet introduit de manière tacite un axiome de ce type puisque j'ai confiné mon analyse à des suites mathématiques ayant des limites de fréquences. (*Cf.* section 57.) On pourrait même, en conséquence, être tenté de penser que notre résultat — la déduction de la loi des grands nombres — est insignifiant ; on pourrait en effet considérer que le fait que des suites « absolument libres » sont *statistiquement stables* se trouve impliqué par leur convergence, laquelle a été présupposée axiomatiquement, sinon implicitement.

Mais cette idée serait erronée, von Mises l'a clairement montré. Il existe en effet des suites (1) qui satisfont l'axiome de convergence

(3) Von Mises fut le premier à faire remarquer ceci à semblable propos dans *Wahrscheinlichkeit, Statistik und Wahrheit* (1928), p. 85 (2e édition 1936, p. 136). On peut en outre faire observer que des fréquences relatives ne peuvent être comparées avec des « degrés de certitude de notre connaissance » ne serait-ce que parce que l'ordre de ces degrés est *conventionnel* et qu'il ne doit pas être établi en mettant des degrés en correspondance avec des fractions situées entre o et 1. C'est seulement si la métrique des degrés de certitude subjective a été *définie* par une mise en corrélation avec des fréquences relatives (mais *seulement* dans ce cas) qu'il est permis de déduire la loi des grands nombres dans le cadre de la théorie subjective (*cf.* section 73).

(* 2) Mais il est possible d'utiliser le théorème de Bernoulli comme un pont reliant aux statistiques l'interprétation objective donnée en termes de « tendances » (« *propensities* »). *Cf. Postscript cit.*, sections 49 et 57.

(1) Von Mises donne comme exemple la suite de chiffres occupant la dernière place d'une table de racines carrées à six chiffres. *Cf.* par exemple, *Wahrscheinlichkeit, Statistik und Wahrheit* (1928), pp. 86 et suiv. ; (2e édition 1936, p. 137 ; traduction anglaise, p. 165), et *Wahrscheinlichkeitsrechnung* (1931), pp. 181 et suiv.

bien que le théorème de Bernoulli ne s'y applique pas puisque, avec une fréquence proche de 1, des segments de toute longueur s'y rencontrent qui peuvent s'écarter par rapport à p dans n'importe quelle mesure. (L'existence de la limite p est dans ces cas due au fait que les écarts, qui peuvent cependant s'accroître sans limite, s'annulent mutuellement.) Ces suites *ont l'air* d'être divergentes dans des segments arbitrairement grands, bien que les suites de fréquence correspondantes soient en fait convergentes. La loi des grands nombres est donc rien moins qu'une conséquence insignifiante de l'axiome de convergence et cet axiome est tout à fait suffisant pour sa déduction. C'est la raison pour laquelle nous ne pouvons nous passer de mon axiome de hasard modifié, à savoir de l'exigence d' « indépendance absolue ».

Notre reconstruction de la théorie suggère, pourtant, la possibilité que la loi des grands nombres puisse être indépendante de l'axiome de convergence. Nous avons en effet vu que le théorème de Bernoulli suit immédiatement de la formule binomiale ; j'ai, en outre, montré qu'il est possible de déduire la première formule binomiale pour des *suites finies*, et naturellement, sans recourir à aucun axiome de convergence. Il nous a suffi de présupposer que la suite α servant de référence était au moins n-1 libre ; présupposition dont suivait la validité du théorème spécial de multiplication et avec elle, celle de la première formule binomiale. Pour passer à la limite et obtenir le théorème de Bernoulli, il n'est besoin que de présupposer que nous pouvons rendre n aussi grand que nous le voulons. Ceci montre que le théorème de Bernoulli est vrai d'une manière approchée même pour les suites *finies*, pourvu qu'elles soient n-libres pour un n suffisamment grand.

Il semble donc que la déduction du théorème de Bernoulli ne dépende pas d'un axiome postulant l'existence d'une limite de fréquence mais *seulement* de « l'indépendance absolue » ou encore du hasard. Le concept de limite ne joue qu'un rôle accessoire : nous l'utilisons en vue d'appliquer un concept de fréquence relative (d'abord défini pour les seules classes finies et sans lequel le concept de liberté ne peut être formulé) à des suites pouvant être prolongées indéfiniment.

En outre, il ne faudrait pas oublier que Bernoulli lui-même a déduit son théorème dans le cadre de la théorie classique, laquelle ne contient pas d'axiome de convergence ; ni non plus que la définition de la probabilité comme *limite* de fréquences n'est qu'une *interprétation* — et pas la seule possible — du formalisme classique.

Je vais essayer de justifier mon hypothèse — l'indépendance du théorème de Bernoulli par rapport à l'axiome de convergence —

en procédant à la déduction de ce théorème sans autre présupposition que celle de la *n*-liberté (définie de manière appropriée) (* 1).
Et je vais essayer de prouver que ce théorème est valide même dans le cas de suites mathématiques dont les propriétés primaires *n'ont pas de limites de fréquences.*

Je ne considérerai ma déduction de la loi des grands nombres comme satisfaisante du point de vue épistémologique que si je puis prouver cela. C'est en effet un « fait d'expérience » — ou du moins, on nous le dit parfois — que les suites empiriques quasi aléatoires présentent ce comportement particulier que j'ai qualifié de «quasi convergent» ou «statistiquement stable» (*cf.* section 61). Si l'on fait un compte rendu statistique du comportement de longs segments, l'on peut établir que les fréquences relatives approchent de plus en plus d'une valeur déterminée et que leurs marges de variation deviennent de plus en plus réduites. Ce «fait empirique», comme on l'appelle, tellement agité et analysé, et en réalité souvent considéré comme la corroboration empirique de la loi des grands nombres, peut être considéré sous divers angles. Les penseurs à penchants inductivistes le considèrent la plupart du temps comme une loi fondamentale de la nature qui ne peut être réduite à quelque énoncé plus simple ; comme une particularité de notre monde qu'il nous faut tout bonnement accepter. Ils croient qu'exprimée sous une forme appropriée — par exemple sous la forme de l'axiome de convergence — cette loi de la nature devrait servir de base à la théorie de la probabilité qui acquerrait ainsi le caractère d'une science naturelle.

Mon attitude personnelle à l'égard de ce prétendu « fait empirique » est différente. J'incline à croire qu'il est réductible au caractère quasi aléatoire des suites, qu'il peut être dérivé du fait que celles-ci sont *n*-libres. Je considère que le grand mérite de Bernoulli et de Poisson dans le domaine de la théorie de la probabilité consiste précisément à avoir découvert une manière de prouver que ce prétendu « fait d'expérience » est une tautologie et que du désordre dans le petit nombre (pourvu qu'il satisfasse à une

(* 1) Je continue à considérer mes anciens doutes relatifs à l'adoption d'un axiome de convergence et à la possibilité de faire sans lui, comme parfaitement justifiés : ils sont justifiés par les développements indiqués dans l'appendice IV, note * 2 et dans l'appendice * VI où il est prouvé que le hasard (défini comme « les suites quasi aléatoires de longueur minimale ») *entraîne* nécessairement la convergence et qu'il n'est donc pas nécessaire de la postuler séparément. De plus, ma référence au formalisme classique est justifiée par le développement de la théorie néo-classique (ou de la théorie des mesures) de la probabilité qui fait l'objet de notre examen dans le chapitre * III du *Postscript* ; en fait, elle est justifiée par les « nombres normaux » de Borel. Mais je ne suis plus d'accord avec la conception implicitement contenue dans la phrase suivante de mon texte, bien que je le sois avec les autres paragraphes de cette section.

condition de *n*-indépendance formulée de manière appropriée), suit logiquement une sorte d'ordre ou de stabilité dans le grand nombre.

Si nous parvenons à déduire le théorème de Bernoulli sans *présupposer* un axiome de convergence, nous aurons ramené le problème épistémologique de la loi des grands nombres à un problème d'indépendance axiomatique et donc à une question purement logique. Cette déduction expliquerait également pourquoi l'axiome de convergence convient parfaitement dans toutes les applications pratiques (dans les tentatives visant à calculer le comportement approché de séquences empiriques). En effet, même si la restriction à des suites convergentes se révélait nécessaire, il ne pourrait certes pas être incorrect d'utiliser des suites mathématiques convergentes pour calculer, sur des bases logiques, le comportement approché des séquences empiriques présentant une stabilité statistique.

64.—Élimination de l'axiome de convergence ; solution du « problème fondamental de la théorie du hasard ».

Jusqu'ici, les limites de fréquences n'ont eu dans notre reconstruction de la théorie de la probabilité d'autre fonction que celle de fournir un concept de fréquence relative dépourvu d'équivoque et applicable à des suites infinies, qui nous permette de définir le concept d' « indépendance absolue » (relativement à des effets de consécution). C'est en effet d'une *fréquence relative* que nous exigeons l'indifférence à une sélection effectuée en fonction de prédécesseurs.

Précédemment, nous avons limité nos recherches à des alternatives ayant des limites de fréquences et avons donc ainsi introduit tacitement un axiome de convergence. A présent, de manière à nous libérer de cet axiome, je vais lever cette restriction sans la remplacer par aucune autre. Ceci signifie que nous allons devoir construire un concept de fréquence qui puisse endosser la fonction de celui de limite de fréquence — que nous écartons — et qui soit applicable à *toutes* les suites de référence infinies (* 1).

Nous trouvons un concept de fréquence remplissant ces conditions dans le concept de *point d'accumulation de la suite de fréquences relatives*. (On dit qu'une valeur *a* est un point d'accumulation d'une

(* 1) Afin de ne pas *postuler* la convergence, j'ai fait appel dans le paragraphe suivant à l'existence de points d'accumulation, laquelle peut être *démontrée*.
Tout ceci perd son caractère nécessaire si nous adoptons la méthode décrite dans la note (* 1) de la section 57, et dans l'appendice * VI.

suite si après n'importe quel élément donné il y a des éléments s'écartant de *a* d'une quantité moindre qu'une quantité donnée, aussi petite soit-elle.) Ce concept est applicable sans restriction à toutes les suites de référence infinies. Le fait que pour toute alternative finie il doive exister *au moins un* tel point d'accumulation pour la suite de fréquences relatives correspondante, le prouve. Puisque des fréquences relatives ne peuvent jamais être supérieures à 1, ni inférieures à 0, les suites qu'elles constituent doivent être limitées par 1 et 0. Et, en tant que séquences infinies limitées, elles doivent (selon un théorème de Bolzano et Weirstrass bien connu) avoir *au moins un* point d'accumulation (1).

Pour être bref, nous appellerons « *fréquence moyenne de* α » tout point d'accumulation de la suite de fréquences relatives correspondant à une alternative α. Nous pouvons alors dire : si une suite α a *une et une seule* fréquence moyenne, celle-ci est en même temps sa *limite* de fréquence ; et inversement : si cette suite n'a pas de limite de fréquence, elle a plus d'une (2) fréquence moyenne.

Nous verrons que la notion de fréquence moyenne servira très bien notre propos. Tout juste comme précédemment nous *évaluions* — peut-être à titre hypothétique — que *p* était la limite de fréquence de α, ainsi utilisons-nous à présent l'évaluation selon laquelle *p* est une fréquence moyenne de α. Et, à condition de prendre certaines précautions nécessaires (3), nous pouvons, à l'aide de fréquences moyennes ainsi évaluées, faire des *calculs* analogues à ceux que nous faisons avec des limites de fréquence. Le concept de fréquence moyenne est en outre applicable à toutes les suites de référence infinies possibles, sans aucune restriction.

Si nous essayons à présent d'interpréter notre symbole $_\alpha F'(\beta)$ comme une fréquence moyenne, plutôt que comme une limite de fréquence et si nous modifions en conséquence la définition de la probabilité objective (section 59), la plupart de nos formules continueront à pouvoir en être déduites. Une difficulté surgit pourtant : les fréquences moyennes ne sont *pas uniques*. si nous évaluons ou conjecturons une fréquence moyenne : $_\alpha F'(\beta) = p$, ceci n'exclut pas la possibilité qu'il y ait des valeurs de $_\alpha F'(\beta)$ autres que *p*. Si nous postulons qu'il n'en sera pas ainsi, nous introduisons, par implication, l'axiome de convergence. D'autre part,

(1) Fait qui, de façon assez surprenante, n'a jusqu'à présent pas encore été utilisé dans la théorie de la probabilité.
(2) On peut facilement montrer que s'il existe plus d'*une* fréquence moyenne dans une séquence de référence, les valeurs de ces fréquences moyennes forment un *continuum*.
(3) Le concept de « sélection indépendante » doit être interprété de manière plus stricte que jusqu'ici ; sinon nous ne pourrons pas prouver la validité du théorème spécial de multiplication. Pour les détails, voyez l'appendice * VI.

si nous définissons la probabilité objective sans utiliser un postulat d'unicité (4) de ce genre, nous obtenons (du moins en premier lieu) *un concept de probabilité ambigu* ; en effet, dans certaines circonstances, une suite peut posséder en même temps plusieurs fréquences moyennes « absolument indépendantes » (*cf.* section *c* de l'appendice IV). Or ceci est difficilement acceptable car nous sommes habitués à utiliser des probabilités *non ambiguës ou uniques*, c'est-à-dire à présupposer que pour une seule et même propriété il ne peut y avoir qu'une et seulement une probabilité *p*, dans une seule et même suite de référence.

Mais, la difficulté qui consiste à définir un concept univoque de probabilité sans recourir à l'axiome de convergence peut être facilement surmontée. Nous pouvons introduire la condition d'unicité (c'est, après tout, la manière de procéder la plus naturelle) en dernier lieu, *après* avoir postulé « l'indépendance absolue » de la suite. Ceci nous amène à proposer, pour résoudre notre problème, la modification suivante de notre définition des suites quasi aléatoires et de la probabilité objective.

Soit α une alternative (avec une ou plusieurs fréquences moyennes).

Supposons que les 1 de cette alternative aient une et seulement une fréquence moyenne *p* « absolument indépendante » ; nous disons alors qu'α est quasi aléatoire ou au hasard et que *p* est la probabilité objective des 1 dans α.

Il sera utile de subdiviser cette définition en deux conditions axiomatiques (* 2).

(1) Condition de hasard : pour qu'une alternative soit quasi aléatoire, il doit y avoir au moins une fréquence moyenne « absolument indépendante », à savoir sa probabilité objective *p*.

(2) Condition d'unicité : pour une seule et même propriété d'une seule et même alternative quasi aléatoire, il ne doit y avoir qu'*une et une seule probabilité p*.

---

(4) Nous pouvons le faire parce qu'il doit être possible d'appliquer immédiatement à des fréquences moyennes la théorie relative aux classes finies (à l'exception du théorème d'unicité). Si une séquence α a une fréquence moyenne *p*, elle doit contenir — quelque soit le terme par lequel commence le dénombrement — des segments de quelque grandeur *finie*, dont la fréquence s'écarte de *p* aussi peu que nous le choisissons. Ceci peut être calculé. Le fait que *p* ne subit pas d'effet suivant signifiera alors que cette fréquence moyenne de α est aussi une fréquence moyenne de toute sélection effectuée dans α eu égard à un prédécesseur.

(* 2) Il est possible de combiner l'approche décrite dans la note * 1 de la section 57, et dans les appendices IV et * VI avec ces deux conditions en gardant la condition (1) et en remplaçant la condition (2) par la suivante :

(+ 2) *Condition de finitude* : la suite prise à son début, doit devenir, aussi rapidement que possible *n*-libre et pour le plus grand *n* possible ; ou, en d'autres termes, elle doit être (approximativement) une suite quasi aléatoire de *longueur minimale*.

L'exemple construit précédemment nous assure de la cohérence du nouveau système axiomatique. Il est possible de construire des suites n'ayant qu'une et une seule probabilité, et qui n'ont cependant pas de limite de fréquences (*cf.* section *b* de l'appendice IV). Ceci prouve que les nouvelles exigences axiomatiques sont réellement plus larges, ou moins exigeantes, que les anciennes. Ce fait deviendra encore plus patent si nous énonçons (comme cela nous est permis) nos anciens axiomes sous la forme suivante :

(1) Condition de hasard : comme plus haut.

(2) Condition d'unicité : comme plus haut.

(2') Axiome de convergence : pour une seule et même propriété d'une seule et même alternative quasi aléatoire il n'existe pas d'autre fréquence moyenne que sa probabilité *p*.

A partir du système de conditions proposé nous pouvons déduire le théorème de Bernoulli et avec lui tous les théorèmes du calcul classique des probabilités. Ceci résout notre problème ; il est à présent possible de déduire la loi des grands nombres dans le cadre de la théorie fréquentielle sans recourir à l'axiome de convergence. En outre, non seulement la formule (1) de la section 61 et la formulation verbale du théorème de Bernoulli (5) mais aussi l'interprétation qui en a été donnée, restent les mêmes : dans le cas d'une suite quasi aléatoire *sans* limite de fréquence, il sera vrai que presque tous les segments suffisamment longs ne s'écarteront que légèrement de *p*. Dans ces suites (comme dans les suites quasi aléatoires ayant des limites de fréquence) se rencontreront naturellement parfois des segments de toute longueur présentant un comportement quasi divergent, c'est-à-dire qui s'écarteront de *p* d'une quantité quelconque. Mais de tels segments seront proportionnellement rares car ils seront compensés par des parties extrêmement longues de la suite dans lesquelles tous (ou quasiment tous) les segments se comporteront de manière quasi convergente. Comme un calcul le prouve, ces parties devront être plus longues de plusieurs ordres de grandeur, en quelque sorte, que les segments divergents qu'elles compensent (* 3).

Voici également le moment de résoudre le « *problème fondamental de la théorie du hasard* » (comme on l'a appelé dans la section 49). L'inférence apparemment paradoxale concluant de l'impossibilité de prédire les événements et de leur irrégularité à la possi-

(5) Les formules quasi bernoulliennes (symbolisées par *F*') restent également dépourvues d'ambiguïté pour des suites quasi aléatoires (selon la nouvelle définition), bien que « *F*' » ne symbolise plus à présent qu'une fréquence moyenne.
(* 3) Je suis pleinement d'accord avec ce qui suit ici, même si toute référence à des « fréquences moyennes » devient redondante lorsque nous adoptons la méthode décrite dans la section 57, note (* 1), et dans l'appendice IV.

bilité de leur appliquer les règles du calcul des probabilités est en fait valide. Elle est valide à condition que nous puissions exprimer l'irrégularité avec un bon degré d'approximation, en termes conformes à l'hypothèse selon laquelle, dans toute sélection relative à des prédécesseurs, l'une seulement des fréquences récurrentes — c'est-à-dire des « fréquences moyennes » — se rencontre de telle manière qu'il n'en résulte aucun effet de consécution. A condition de présupposer ceci, il est en effet possible de prouver que la loi des grands nombres est tautologique. Il est permis et non contradictoire en soi (contrairement à ce que l'on a parfois affirmé (6)) de conclure que dans une suite irrégulière dans laquelle tout pour ainsi dire peut se produire à un moment ou à un autre — bien que certaines choses ne le fassent que rarement — une certaine régularité ou stabilité apparaîtra dans de très longues suites subordonnées. Et cette conclusion n'est pas davantage insignifiante puisqu'elle requiert des outils mathématiques spécifiques (à savoir le théorème de Bolzano et Weierstrass, le concept de n-liberté et le théorème de Bernoulli). Le paradoxe apparent d'un argument passant de l'impossibilité de prédire à la possibilité de prédire, ou de l'ignorance à la connaissance, disparaît lorsque nous nous rendons compte que la présupposition d'irrégularité peut être énoncée sous la forme d'une *hypothèse de fréquence* (celle d'indépendance relativement à des effets de consécution) et qu'elle doit être énoncée sous cette forme si nous désirons prouver la validité de cet argument.

Les raisons pour lesquelles les théories précédentes n'ont pas été en mesure de rendre justice à ce que j'appelle le « problème fondamental » apparaissent à présent également claires. Sans doute la théorie subjective peut-elle déduire le théorème de Bernoulli mais elle ne peut jamais l'interpréter de manière cohérente en termes de fréquences, à la manière de la loi des grands nombres (*cf.* section 62). Elle ne peut donc jamais expliquer le succès statistique de prédictions de probabilité. D'autre part, par son axiome de convergence, l'ancienne théorie fréquentielle postule explicitement la régularité dans le grand nombre. Aussi le problème du passage de l'irrégularité dans le petit nombre à la stabilité dans le grand nombre ne se pose-t-il pas dans cette théorie puisqu'elle implique seulement le passage de la stabilité dans le grand nombre

(6) *Cf.* par exemple, Feigl, *Erkenntnis* I, 1930, p. 254 : « Dans la loi des grands nombres, il y a un essai visant à réconcilier deux prétentions qu'une analyse plus serrée révèle en fait contradictoires. D'une part, ... l'on présuppose que toute combinaison et toute distribution peuvent se rencontrer une fois. D'autre part, ces occurrences ... doivent apparaître avec une fréquence correspondante ». (La construction de modèles de séquences prouve qu'il n'y a en fait ici pas d'incompatibilité ; *cf.* l'appendice IV.)

(axiome de convergence), unie à l'irrégularité dans le petit nombre (axiome de hasard), à une forme particulière de stabilité dans le grand nombre (théorème de Bernoulli, loi des grands nombres) (* 4).

L'axiome de convergence ne fait pas nécessairement partie des fondements du calcul des probabilités. C'est sur ce résultat que je conclus mon analyse du calcul mathématique (7).

Nous en revenons à présent à des problèmes plus spécifiquement méthodologiques et en particulier à celui de la décidabilité des énoncés de probabilité.

65. LE PROBLÈME DE LA DÉCIDABILITÉ DES ÉNONCÉS DE PROBABILITÉ.

De quelque façon que nous puissions définir le concept de probabilité, ou quelles que soient les formulations axiomatiques de notre choix, *les énoncés de probabilité ne seront pas falsifiables* tant que la formule binomiale pourra être déduite au sein du système. Les hypothèses de probabilité *n'excluent rien d'observable* ; les évaluations de probabilité ne peuvent contredire, ni être contredites, par un énoncé de base ; elles ne peuvent davantage être contredites par la conjonction d'un nombre fini quelconque d'énoncés de base et donc par aucun nombre fini d'observations.

Supposons que nous ayons proposé une hypothèse de chance égale pour une certaine alternative α ; par exemple, que nous avons évalué que les lancements d'une certaine pièce de monnaie donneront des « 1 » et des « o » à fréquence égale, de telle sorte que

$$_\alpha F(1) = {_\alpha}F(o) = \frac{1}{2} \ ;$$ supposons d'autre part que nous découvrons empiriquement que, la pièce lancée maintes et maintes fois, c'est toujours le « 1 » qui sort ; sans aucun doute abandonnerons-nous alors dans la pratique notre évaluation et la considérerons-nous comme falsifiée. Mais il ne peut être question de falsification

(* 4) Ce qui a été dit dans ce paragraphe met implicitement en valeur la signification d'une théorie néo-classique interprétée *objectivement*, relativement à la solution du « problème fondamental ». Une théorie de cette espèce est exposée dans le chapitre * III de mon *Postscript*.

(7) *Cf.* note 3 de la section 51. Rétrospectivement, je désire qu'il soit clair que j'ai adopté une attitude conservatrice à l'égard des quatre points de von Mises (*cf.* la fin de la section 50). Moi aussi, je définis la probabilité en me référant seulement à des suites aléatoires (que von Mises appelle « collectifs »). Moi aussi, je propose un axiome (modifié) de hasard et, je suis von Mises sans réserve en ce qui concerne la détermination de la *tâche du calcul des probabilités*. Aussi ne différons-nous qu'en ce qui concerne l'axiome de convergence dont j'ai prouvé le caractère superflu et que j'ai remplacé par la condition d'unicité, et l'axiome de hasard, que j'ai modifié de manière à pouvoir construire des suites modèles. (Appendice IV). L'objection de Kamke (*cf.* note 3 de la section 53) cesse par là d'être valable.

au sens logique. Car nous ne pouvons évidemment observer qu'une suite finie de coups. Et quoique, selon la formule binomiale, la probabilité de rencontrer un très long segment fini présentant de grands écarts par rapport à $\frac{1}{2}$, soit excessivement petite, elle doit néanmoins toujours rester supérieure à o. Une occurrence suffisamment rare d'un segment fini présentant même le plus grand écart ne peut donc jamais contredire l'évaluation. En fait, nous devons nous attendre à rencontrer ce segment : c'est une conséquence de notre évaluation. L'espoir que la *rareté* calculable d'un segment quelconque de ce type constituera un moyen de falsifier l'évaluation de probabilité se révèle illusoire puisque même l'apparition fréquente d'un long segment très divergent peut toujours être considérée comme n'étant que l'apparition d'un segment encore plus long et plus divergent. Il n'y a donc pas de suites d'événements qui nous soient données en extension et donc pas de *n*-tuple fini d'énoncés de base, susceptibles de falsifier un énoncé de probabilité.

Seule une suite infinie d'événements — définie en compréhension à l'aide d'une règle — pourrait contredire une évaluation de probabilité. Mais compte tenu des considérations exposées dans la section 38 (*cf.* section 43), ceci signifie que les hypothèses de probabilité ne peuvent être falsifiées parce que leur dimension est infinie. Nous devrions donc en fait les décrire comme ne nous fournissant aucune information empirique, comme vides de contenu empirique (1).

Cependant, il est clair que toute conception de ce type est inacceptable en face des *succès* obtenus par la physique grâce à des prédictions provenant d'évaluations hypothétiques de probabilités. (Ce même argument a été utilisé ici, beaucoup plus haut, à l'encontre de l'interprétation subjectiviste des énoncés de probabilité comme des tautologies.) Bon nombre de ces évaluations n'ont pas moins de signification scientifique que n'importe quelle autre hypothèse physique (par exemple qu'une hypothèse de caractère déterministe). Et un physicien est en général tout à fait capable de décider s'il peut, momentanément, accepter une hypothèse de probabilité particulière en tant qu'elle se trouve « empiriquement confirmée » ou s'il doit la rejeter en tant que « pratiquement falsifiée », c'est-à-dire inutile à des fins de prévision. Il est clair que

---

(1) Mais non vides de « contenu logique » (*cf.* section 35) ; il est en effet évident que toute hypothèse de fréquence n'est pas tautologiquement valide pour n'importe quelle suite.

cette « falsification pratique » ne peut résulter que de la décision méthodologique de considérer des événements hautement improbables comme exclus — prohibés. Mais de quel droit peut-on les considérer ainsi ? Où devons-nous tracer la ligne de séparation ? Où commence cette « haute improbabilité » ?

Puisque, d'un point de vue purement logique, il ne peut y avoir de doute : c'est un fait que des énoncés de probabilité ne peuvent être falsifiés, le fait également indubitable que nous les utilisons empiriquement doit apparaître comme un coup fatal porté à mes idées fondamentales sur la méthode scientifique, lesquelles dépendent de manière décisive de mon critère de démarcation. J'essaierai néanmoins de répondre aux questions que j'ai posées — et qui constituent le problème de la décidabilité — en appliquant résolument ces seules idées. Mais à cette fin, je devrai commencer par analyser la forme logique des énoncés de probabilité, en tenant compte et de leurs relations logiques mutuelles et de leurs relations logiques avec les énoncés de base (* 1).

66. — LA FORME LOGIQUE DES ÉNONCÉS DE PROBABILITÉ.

Les évaluations de probabilité ne sont *pas* falsifiables. Naturellement elles ne sont pas davantage vérifiables ; et ceci pour les mêmes raisons que celles qui jouent pour d'autres hypothèses : des résultats expérimentaux, aussi nombreux et favorables soient-ils ne pourront jamais établir de manière définitive que la fréquence relative des faces est $\frac{1}{2}$ et sera *toujours* $\frac{1}{2}$.

Des énoncés de probabilité et des énoncés de base ne peuvent donc ni se contredire, ni s'impliquer mutuellement. Et pourtant,

(* 1) Je crois qu'il était sain de mettre l'accent sur le caractère irréfutable des hypothèses de probabilité — voyez surtout la section 67 — : cela met à nu un problème qui n'avait pas encore été examiné précédemment (en raison de l'accent général mis sur la vérifiabilité plutôt que sur la falsifiabilité et du fait que les énoncés de probabilité sont — comme l'explique la section suivante — en un certain sens vérifiables ou « confirmables »). Cependant, la réforme que je propose dans la note * 1 de la section 57 (voyez aussi la note * 2 de la section 64), modifie complètement la situation. En effet, cette réforme revient entre autres choses à adopter une règle méthodologique, — comme celle proposée plus bas dans la section 67 — rendant les hypothèses de probabilité falsifiables. Le problème de la décidabilité s'en trouve transformé. Il devient le problème suivant : puisque des suites empiriques ne pourront jamais qu'*approcher* de suites quasi aléatoires de longueur minimale, que pouvons-nous accepter et que pouvons-nous refuser comme approximation ? La réponse est évidemment que l'exactitude de l'approximation est une question de degré et que la détermination de ce degré est l'un des principaux problèmes des statistiques mathématiques et de la théorie de la corroboration. Voyez également l'appendice * IX, en particulier ma « Troisième Note ».

ce serait une erreur d'en conclure qu'il n'y a aucune espèce de relations logiques entre eux. Et il serait également loin d'être exact de croire que bien qu'il y ait des relations logiques entre des énoncés de ces deux espèces (puisque des suites d'observations peuvent évidemment concorder plus ou moins avec un énoncé de fréquence), l'analyse de ces relations nous contraint à introduire une logique probabiliste particulière (1) qui rompt les entraves de la logique classique. Je crois, au contraire, que les relations en question peuvent faire l'objet d'une analyse complète effectuée en termes des relations logiques « classiques » de *déductibilité* et de *contradiction* (* 1).

A partir de la non-falsifiabilité et de la non-vérifiabilité des énoncés de probabilité, l'on peut inférer que ces énoncés n'ont pas de conséquences falsifiables et qu'ils ne peuvent être eux-mêmes des conséquences d'énoncés vérifiables. Mais les possibilités inverses ne sont pas exclues. Il peut en effet se faire (*a*) qu'ils aient des conséquences unilatéralement vérifiables [des conséquences purement existentielles ou conséquences du type-*il-y-a* (*there-is-consequences*)] ou (*b*) qu'ils soient eux-mêmes des conséquences d'énoncés universels des énoncés du type-*tous* (*all-statements*) unilatéralement falsifiables.

La possibilité (*b*) ne servira guère à clarifier la relation logique existant entre énoncés de probabilité et énoncés de base : il n'est que trop évident qu'un énoncé non falsifiable, c'est-à-dire un énoncé qui dit très peu, peut faire partie de la classe des conséquents d'un énoncé falsifiable et disant donc davantage.

La possibilité (*a*) nous intéresse bien plus : elle n'est d'aucune façon banale. Elle se révèle en fait fondamentale pour notre analyse de la relation existant entre énoncés de probabilité et énoncés de base. Nous découvrons en effet qu'une classe infinie d'énoncés existentiels peut être déduite de tout énoncé de probabilité sans que le contraire soit vrai. (L'énoncé de probabilité dit donc plus que n'importe quel énoncé existentiel de ce genre.) Par exemple, soit p une probabilité qui a été évaluée hypothétiquement, pour une certaine alternative (et soit $0 \neq p \neq 1$) ; nous pouvons alors déduire de cette évaluation la conséquence d'ordre existentiel que, par exemple, des 0 et des 1 apparaissent dans la suite. (Naturellement, beaucoup de conséquences moins simples en dérivent également, tel par exemple le fait que les segments qui s'y rencontreront ne s'écarteront que très peu de p.)

(1) *Cf.* section 80, notes 3 et 6 en particulier.
(* 1) Bien que je ne désavoue pas ceci, je crois à présent que les concepts probabilistes « quasi déductible » et « quasi contradictoire » sont extrêmement utiles relativement à notre problème ; voyez l'appendice * IX et le chapitre III du *Postscript*.

Mais de cette évaluation nous pouvons déduire bien davantage ; et par exemple, qu'il y aura « à plusieurs reprises » un élément ayant la propriété « 1 » et un autre élément ayant la propriété « 0 » ; c'est-à-dire qu'après tout élément x, il y aura dans la suite un élément y ayant la propriété « 1 » et également un élément « z » ayant la propriété « 0 ». Un énoncé de cette forme (« pour *tout* x, il y a un y ayant la propriété β qui est observable ou susceptible d'être soumise à des tests extensionnels ») est à la fois non falsifiable — puisqu'il n'a pas de conséquences falsifiables — et non vérifiable — en raison de la présence du « tous », ou « pour tout », qui le rend hypothétique (* 2). Il peut néanmoins être plus ou moins bien « confirmé », en ce sens que nous pouvons réussir à vérifier un grand nombre ou quelques-unes de ses conséquences d'ordre existentiel ou réussir à n'en vérifier aucune ; il a donc avec l'énoncé de base la relation qui paraît être caractéristique des énoncés de probabilité. On peut appeler « énoncés existentiels universalisés » ou « hypothèses existentielles » (universalisées) les énoncés de la forme mentionnée ci-dessus.

Je soutiens que l'on peut comprendre la relation qu'il y a entre les évaluations de probabilité et les énoncés de base, et la possibilité des premières d'être plus ou moins bien « confirmées », si l'on prend en considération le fait qu'à partir de toutes les évaluations de probabilité, des hypothèses d'ordre existentiel peuvent être logiquement déduites.

Ce qui suggère de se poser la question de savoir si les énoncés d'évaluation de probabilité eux-mêmes ne pourraient pas éventuellement avoir la forme d'hypothèses d'ordre existentiel.

Toute évaluation (hypothétique) de probabilité implique nécessairement la conjecture selon laquelle la suite empirique en ques-

---

(* 2) Je n'ai, naturellement, jamais voulu suggérer que *tout* énoncé de la forme « pour tout x, il y a un y ayant la propriété observable β » est non falsifiable et ne peut donc être soumis à des tests : il est évident que l'énoncé « pour tout lancement d'un penny qui donne 1, il y a un successeur immédiat qui donne 0 » est falsifiable et effectivement falsifié. Ce qui engendre la non-falsifiabilité n'est précisément pas la forme « pour tout x il y a un y tel que... » mais le fait que le « il y a » n'est *pas délimité*, que l'occurrence de y peut être remise au-delà de toutes limites : dans le cas d'un énoncé de probabilité, y peut, en quelque sorte, se rencontrer aussi tard que l'on veut. Un élément « 0 » peut se rencontrer tout de suite ou après un millier de coups ou après n'importe quel nombre de coups : c'est à ce fait qu'il faut imputer le caractère non falsifiable de ces énoncés. Par contre, si la distance entre l'occurrence de y et celle de x est déterminée dans certaines limites, l'énoncé « pour tout x, il y a un y tel que... » peut être falsifiable. A ma surprise, l'énoncé, quelque peu imprudent du texte (qui présupposait tacitement la section 15) a suggéré dans certains milieux, la croyance que *tous* les énoncés — ou que « la plupart » des énoncés, quoi que ceci puisse signifier — de la forme « pour tout x, il y a un y tel que ... » sont non-falsifiables ; et ceci a été à plusieurs reprises utilisé comme critique du critère de falsifiabilité. Voyez par exemple *Mind*, 54 ; 1945, pp. 119 et suiv. Tout le problème de ces énoncés relatifs à « tous et à certains » (« *all-and-some statements* ») (le terme est dû à J. W. N. Watkins) fait l'objet d'un examen plus complet dans mon *Postscript* ; voyez en particulier les sections * 24 et suiv.

tion est aléatoire ou due au hasard, de manière approchée. C'est dire qu'elle entraîne nécessairement l'applicabilité (approchée) de la vérité des axiomes du calcul des probabilités. Notre question revient donc à celle de savoir si ces axiomes représentent ce que j'ai appelé des « hypothèses d'ordre existentiel ».

Si nous examinons les deux exigences posées dans la section 64, nous voyons que l'exigence de hasard a en fait la forme d'une hypothèse d'ordre existentiel (2). L'exigence d'unicité, par contre, n'a pas cette forme. Elle ne peut l'avoir puisqu'un énoncé de la forme « Il *n'y* a *qu'un...* » doit avoir la forme d'un énoncé universel (on peut le traduire par « Il n'y a pas plus d'un... » ou « Tous les ... sont identiques »).

Or la thèse que je défends ici consiste à soutenir que seul ce qu'on pourrait appeler le « constituant existentiel » des évaluations de probabilité, établit une relation logique entre ces dernières et des énoncés de base. Par conséquent, la condition d'unicité, en tant qu'énoncé universel, ne devrait avoir aucune conséquence extensionnelle. Qu'une valeur p ayant les propriétés requises existe, peut en effet se « confirmer » de manière extensionnelle, encore que, bien entendu, ce soit à titre provisoire seulement, mais qu'il n'existe qu'*une seule* valeur de ce type ne peut se confirmer. Ce dernier énoncé, qui est universel, ne pourrait avoir de signification extensionnelle que si des énoncés de base pouvaient le *contredire*, c'est-à-dire si des énoncés de base pouvaient établir l'existence de plus d'une valeur de ce type. Puisque cela n'est pas possible (nous nous rappelons en effet que la non-falsifiabilité est liée à la formule binomiale), l'exigence d'unicité doit être dépourvue de signification extensionnelle (* 3).

C'est la raison pour laquelle les relations logiques existant entre une évaluation de probabilité et des énoncés de base, et la « confirmabilité » graduée de la première ne sont pas modifiées si nous éliminons du système l'exigence d'unicité. En agissant ainsi, nous pourrions donner à ce dernier la forme d'une pure hypothèse existentielle (3). Mais nous devrions alors renoncer à l'unicité

(2) On peut l'énoncer sous cette forme : Pour tout ε positif, pour tout n-tuple de prédécesseurs et pour tout élément ayant le nombre ordinal x, il y a un élément, sélectionné relativement à un (ou des) prédécesseur, ayant le nombre ordinal $y > x$ tel que la fréquence jusqu'au terme y s'écarte d'une valeur déterminée p d'une quantité inférieure à ε.

(* 3) La situation est tout à fait différente si l'on adopte l'exigence [de finitude] ($+$ 2) de la note (* 2) de la section 64 : celle-ci a une signification empirique et rend falsifiables les hypothèses de probabilité (comme l'indique la note * 1 de la section 65).

(3) Les formules du calcul des probabilités peuvent également être déduites dans cette axiomatisation, mais ces formules doivent s'interpréter comme des formules existentielles. Le théorème de Bernoulli, par exemple, ne soutiendrait plus que la valeur de probabilité unique d'un n particulier de $\alpha_n F (\Delta p)$ est proche de 1, mais seulement que (pour un n particulier) parmi les diverses valeurs de probabilité de $\alpha_n F (\Delta p)$, il y en a au moins une qui est proche de 1.

des évaluations de probabilité (* 4) et obtenir ainsi (dans la mesure où il est question d'unicité) quelque chose de différent du calcul habituel des probabilités.

L'exigence d'unicité n'est donc manifestement pas superflue. Quelle est dès lors sa fonction logique ?

Alors que l'exigence de hasard sert à établir une relation entre énoncés de probabilité et énoncés de base, l'exigence d'unicité réglemente les relations existant entre les divers énoncés de probabilité eux-mêmes. A défaut d'unicité, certains parmi ces derniers pourraient, en tant qu'hypothèses existentielles, être déduits de certains autres, mais il ne pourrait jamais y avoir de contradiction entre énoncés de ce type. Seule la condition d'unicité nous assure la possibilité de contradiction mutuelle entre énoncés de probabilité ; c'est elle en effet qui leur donne la forme d'une conjonction dont les composants sont respectivement un énoncé universel et une hypothèse existentielle ; d'autre part les énoncés de cette forme peuvent avoir exactement les mêmes relations logiques fondamentales (équivalence, déductibilité, compatibilité et incompatibilité) que les énoncés universels « normaux » de n'importe quelle théorie — d'une théorie falsifiable par exemple.

Si nous considérons à présent l'axiome de convergence, nous voyons que, comme l'exigence d'unicité, il a la forme d'un énoncé universel non falsifiable. Mais il requiert davantage. Cette exigence supplémentaire ne peut, cependant, avoir elle non plus, la moindre signification extensionnelle ; en outre, elle n'a de signification ni formelle ni logique, elle *n'a qu'une signification intentionnelle* : elle requiert l'exclusion de toutes les suites définies en compréhension (c'est-à-dire mathématiques) dépourvues de limites de fréquence. Mais, du point de vue des applications, cette exclusion se révèle sans signification, même intensionnelle, puisque nous n'utilisons naturellement pas les suites mathématiques elles-mêmes lorsque nous appliquons la théorie de la probabilité, mais seulement des évaluations hypothétiques relatives à des suites empiriques. L'exclusion des suites sans limites de fréquence ne pourrait donc servir qu'à nous éviter de traiter ces suites empiriques comme des suites quasi aléatoires dont nous présupposons hypothétiquement qu'elles n'ont pas de limite de fréquence. Mais quelle attitude pourrions-nous bien adopter en réponse à cet avertissement (4) ?

(* 4) Comme cela a été montré dans la nouvelle note * 2 de la section 64 l'on peut éliminer toute *exigence* particulière d'unicité sans renoncer à l'unicité elle-même.

(4) L'on peut à bon droit considérer l'axiome de hasard et celui d'unicité comme des avertissements (intentionnels) de ce type. Ainsi, l'axiome de hasard nous empêche de traiter des suites comme aléatoires si nous supposons (peu importe sur quelles bases) que certains systèmes de jeu pourront être bénéfiques. L'axiome d'unicité nous empêche d'attribuer une probabilité q (où $q \neq p$) à une suite que nous supposons pouvoir être décrite approximativement au moyen de l'hypothèse selon laquelle sa probabilité $= p$.

Quelle espèce de considérations ou de conjectures relatives à la convergence ou à la divergence possible des suites empiriques devrions-nous nous permettre ou éviter, pour tenir compte de cet avertissement, étant donné que les critères de convergence ne peuvent pas plus s'y appliquer que les critères de divergence ? Toutes ces questions embarrassantes (5) disparaissent dès que l'axiome de convergence est éliminé.

Notre analyse logique rend donc évidentes la forme et la fonction des diverses exigences partielles du système et nous montre les raisons qui plaident pour la condition d'unicité et contre l'axiome de hasard. En attendant, le problème de la décidabilité des énoncés de probabilité semble devenir de plus en plus menaçant. Et bien que nous ne soyons pas obligés de considérer nos exigences (ou axiomes) comme « dépourvues de signification » (6), il semble que nous soyons contraints de les qualifier de non empiriques. Mais quels que soient les termes que nous utilisons pour l'exprimer, ceci ne contredit-il pas l'idée fondamentale de notre approche ?

67. — UN SYSTÈME PROBABILISTE DE MÉTAPHYSIQUE SPÉCULATIVE.

L'usage le plus important des énoncés de probabilité en physique est le suivant : certaines régularités physiques ou certains effets physiques observables sont interprétés comme des « lois d'ordre macroscopique » ou « macro-lois », c'est-à-dire qu'ils sont interprétés, ou expliqués, comme des phénomènes de masse, ou comme les résultats observables de « micro-événements » hypothétiques ne pouvant faire l'objet d'une observation directe. L'on déduit les macro-lois à partir des évaluations de probabilité selon la méthode suivante : nous montrons que les observations concordant avec la régularité observée en question doivent être escomptées avec une probabilité très proche de 1, c'est-à-dire avec une probabilité s'écartant de 1 d'une quantité que nous pouvons à notre guise rendre aussi petite que nous voulons. Lorsque nous avons prouvé ceci, nous disons que par notre évaluation de probabilité nous avons « expliqué » l'effet observable en question en tant qu'effet d'ordre macroscopique.

(5) Ce sont des craintes similaires qui ont suscité l'objection de Schlick à l'encontre de l'axiome de convergence (*Die Naturwissenschaften* 19, 1931, p. 158).

(6) Le positiviste devrait reconnaître ici toute une hiérarchie d' « absences de signification ». Pour lui, des lois naturelles non vérifiables sont « dépourvues de signification » (*cf.* section 6 et citations des notes 1 et 2) et les hypothèses de probabilité qui ne sont ni vérifiables, ni falsifiables lui apparaissent donc *a fortiori* comme telles. Parmi nos axiomes, l'axiome d'unicité, qui n'a pas de signification intensionnelle serait davantage dépourvu de signification que l'axiome — dépourvu de signification — d'irrégularité qui a du moins des conséquences extensionnelles. L'axiome de convergence serait encore davantage dépourvu de signification, puisqu'il n'a même pas de signification intensionnelle.

Mais si nous utilisons ainsi des évaluations de probabilité pour
« expliquer » des régularités observables *sans adopter de précautions
particulières*, nous pouvons être immédiatement entraînés dans
des spéculations que l'on peut décrire, conformément à l'usage
général, comme étant typiquement de *métaphysique spéculative*.

En effet, puisque les énoncés de probabilité ne sont pas falsifiables, il doit toujours être possible d' « expliquer » de cette manière,
par des évaluations de probabilité, *n'importe quelle régularité*.
Prenons, par exemple, la loi de la gravitation. Nous pouvons imaginer que des évaluations hypothétiques de probabilité « expliquent » cette loi de la manière suivante. Nous choisissons comme
événements élémentaires ou atomiques des événements d'une
certaine sorte ; par exemple le mouvement d'une petite particule. Nous choisissons également ce qui doit constituer une propriété primaire de ces événements ; par exemple la direction et la
vitesse du mouvement d'une particule. Nous présupposons alors
que ces événements présentent une distribution quasi aléatoire.
Nous calculons, enfin, avec quelle probabilité toutes les particules vont se mouvoir dans une région finie de l'espace et durant
une période finie de temps — une « période cosmique » — avec
une précision déterminée, comme par hasard, de la manière requise
par la loi de la gravitation. La probabilité calculée sera, naturellement, très petite ; en fait négligeable, mais toutefois pas égale à
zéro. Ainsi pouvons-nous poser la question de savoir quelle longueur
un n-segment de la suite devrait avoir ou, en d'autres termes, quelle
est la durée qu'il faut présupposer pour l'entiéreté du processus
si l'on veut pouvoir escompter, avec une probabilité proche de 1
(ou ne s'écartant pas de 1 d'une valeur supérieure à ε, arbitrairement petite), l'occurrence d'une telle période cosmique pendant
laquelle, par suite d'une accumulation de phénomènes aléatoires,
nos observations concorderont avec la loi de la gravitation. Pour
toute valeur aussi proche de 1 que nous le voulons, nous obtenons
un nombre fini déterminé bien qu'extrêmement grand. Nous
pouvons dire alors : si nous présupposons que le segment de la
suite a cette très grande longueur — ou, en d'autres termes, que
le « monde » dure suffisamment longtemps — notre présupposition
de hasard (*randomness*) nous donne le droit d'attendre l'occurrence
d'une période cosmique pendant laquelle la loi de la gravitation
semblera valide, bien qu' « en réalité » il ne se produise jamais qu'une
répartition au hasard. Nous pouvons appliquer ce type d' « explication » fourni par une hypothèse de hasard à n'importe quelle
régularité. En fait, nous pouvons « expliquer » de cette manière
notre monde tout entier avec toutes les régularités que nous y

observons, comme une période dans un chaos fortuit — *comme une accumulation de coïncidences purement fortuites (accidental).*

Il me semble évident que des spéculations de cette espèce sont « métaphysiques » et dépourvues de toute importance scientifique. Et il me semble également évident que ce fait est lié à leur caractère non falsifiable, au fait que nous pouvons toujours, en toutes circonstances nous y livrer. Mon critère de démarcation semble donc parfaitement concorder ici avec l'usage général du terme « métaphysique ».

En conséquence, nous ne devrons pas considérer comme scientifiques des théories impliquant la probabilité, si elles sont appliquées sans précautions particulières. Nous devons interdire leur usage métaphysique si nous voulons qu'elles soient de quelque usage dans la pratique de la science empirique (* 1).

68. — La probabilité en physique.

Le problème de la possibilité de décider de la valeur de vérité des énoncés de probabilité ne préoccupe que le méthodologiste, non le physicien (** 1). Si on lui demandait de fournir un concept de probabilité applicable dans la pratique, le physicien pourrait peut-être proposer quelque chose comme une *définition physique de la probabilité* dans les termes suivants : certaines expériences,

(* 1) En écrivant ceci, je pensais que des spéculations de l'espèce décrite seraient facilement reconnues comme inutiles à cause précisément de leur possibilité illimitée d'être appliquée. Mais il semble qu'elles soient plus tentantes que je ne l'imaginais. En effet, l'on a soutenu, J. B. S. Haldane par exemple (dans *Nature* 122, 1928, p. 808 ; *cf.* également son *Inequality of Man*, pp. 163 et suiv.), que si nous acceptons la théorie probabiliste de l'entropie, nous devons considérer comme certain, ou quasi certain, que le monde se désagrégera de lui-même accidentellement pourvu que nous attendions suffisamment longtemps. Depuis, cet argument a naturellement été fréquemment reproduit par d'autres. C'est pourtant, à mon avis, un parfait exemple du genre d'argument critiqué ici, de ceux qui nous autoriseraient à attendre presque avec certitude, tout ce que nous voudrions. Tout ceci nous montre les dangers inhérents à la forme existentielle que les énoncés de probabilité partagent avec la plupart des énoncés métaphysiques (*cf.* section 15).

(** 1) Le problème examiné ici a été traité il y a longtemps, avec clarté et minutie, par les physiciens P. et T. Ehrenfest, *Encycl. d. Math. Wiss.*, Teilband 4 Heft 6 (12-12-1911) section 30. Ils l'ont traité comme un problème *conceptuel*, et épistémologique et ont introduit la notion d' « hypothèses probabilistes de premier, second, ..., $k^{ème}$ ordre » ; une hypothèse probabiliste de second ordre, par exemple, est une évaluation de la fréquence avec laquelle certaines fréquences se rencontrent dans un agrégat d'agrégats. Cependant, P. et T. Ehrenfest n'utilisent aucune notion correspondant à celle d'*effet réitérable*, laquelle est utilisée ici de manière décisive en vue de résoudre le problème qu'ils ont tellement bien exposé. Voyez en particulier l'opposition entre Boltzmann et Planck à laquelle ils renvoient dans les notes 247 et suiv. et qui peut à mon avis, se dissiper si l'on utilise la notion d'effet réitérable. En effet, dans des conditions expérimentales appropriées, des variations peuvent entraîner des effets réitérables comme la théorie einsteinienne du mouvement brownien l'a montré de manière si impressionnante. Voyez également la note * 1 de la section 65 et les appendices * VI et IX.

même réalisées dans des conditions de contrôle rigoureux, donnent des résultats variables. Dans le cas de certaines de ces expériences — celles qui sont « quasi aléatoires », du type pile ou face, par exemple — de fréquentes répétitions donnent des résultats avec des fréquences relatives qui, au fur et à mesure que l'expérience se répète, approchent de plus en plus de certaine valeur déterminée que nous pouvons appeler la probabilité de l'événement en question. Cette valeur « ... peut être déterminée empiriquement par de longues séries d'expériences, avec n'importe quel degré d'approximation » (1), ce qui explique, soit dit en passant, pourquoi il est possible de falsifier une évaluation hypothétique de probabilité.

A l'encontre de définitions de ce type, les mathématiciens comme les logiciens soulèveront des objections et en particulier les suivantes :

(1) La définition ne concorde pas avec le calcul des probabilités puisque, selon le théorème de Bernoulli, seuls la *quasi-totalité* des segments très longs sont statistiquement stables, c'est-à-dire se comportent comme s'ils étaient convergents ; la probabilité ne peut donc être définie par cette stabilité, c'est-à-dire par un comportement quasi convergent. L'expression « *quasi-totalité* » — qui devrait se trouver dans le *definiens* — n'est en effet elle-même qu'un synonyme de « très probable ». La définition est donc circulaire. On peut aisément dissimuler ce fait en omettant les mots « quasi-totalité ». C'est ce qu'a fait le physicien dans sa définition, laquelle est donc inacceptable.

(2) Quand faut-il appeler « longue » une série d'expériences ? Si l'on ne nous donne pas de critère de « longueur », nous ne pouvons savoir ni quand, ni si, nous avons atteint une approximation de la probabilité.

(3) Comment pouvons-nous savoir que l'*approximation* désirée a effectivement été atteinte ?

Bien que je croie ces objections justifiées, j'estime néanmoins que nous pouvons garder la définition du physicien. J'appuierai cette croyance sur les arguments esquissés dans la section précédente. Ces derniers montraient que les hypothèses de probabilité perdent tout contenu informatif lorsqu'on autorise leur application illimitée. Le physicien ne les utiliserait jamais de cette manière. Suivant son exemple, j'interdirai l'application illimitée des hypo-

(1) Citation de Born-Jordan, *Elementare Quantenmechanik* (1930), p. 306, *cf.* également le début de *Quantum Mechanics* de Dirac, 1930, p. 10 de la 1re éd., 1930. L'on trouvera un passage parallèle (légèrement abrégé) à la p. 14 de la 3e édition, 1947. Voyez également Weyl, *Gruppentheorie und Quantenmechanik* (2e édition, 1931, p. 66) traduction anglaise de H.P. Robertson : *The Theory of Groups and Quantum Mechanics* (1931), pp. 74 et suiv.

thèses de probabilité : je propose que nous prenions *la décision méthodologique de ne jamais expliquer des effets physiques, c'est-à-dire des régularités réitérables, comme des accumulations d'accidents* [ou phénomènes fortuits]. Cette décision modifie évidemment le concept de probabilité : elle le restreint (* 2). L'objection (1) n'entame donc pas ma position car je n'affirme nullement que les concepts de probabilité physique et mathématique sont identiques ; au contraire, je le dénie. Mais, une nouvelle objection vient remplacer la première.

(1′) Quand pouvons-nous parler d' « accumulation d'accidents » ? Sans doute dans le cas d'une faible probabilité. Mais quand une probabilité est-elle « faible » ? Nous pouvons supposer que la proposition que je viens de faire exclut l'utilisation de la méthode (examinée dans la section précédente) qui consiste à prendre une probabilité arbitrairement forte à partir d'une faible en modifiant la formulation du problème mathématique. Mais pour exécuter la décision proposée nous devons savoir ce que nous devons considérer comme *faible*.

Dans les pages qui suivent nous montrerons que les règles méthodologiques proposées concordent avec la définition du physicien et que cette dernière permet de répondre aux objections constituées par les questions (1′), (2) et (3).

Je ne considérerai tout d'abord, qu'un cas typique d'application du calcul des probabilités : le cas de certains effets d'ordre macroscopique réitérables qui peuvent être décrits à l'aide de (macro-) lois précises — telle la pression des gaz — et que nous interprétons ou expliquons par une très grande accumulation de micro-processus, telles des collisions moléculaires. Sans grande difficulté ce cas peut se ramener à d'autres cas typiques (telles les variations statistiques ou les statistiques de processus individuels quasi aléatoires) (* 3).

Prenons un macro-effet de ce type, décrit par une loi bien corroborée, qu'il nous faut ramener à des suites aléatoires de micro-événements. Supposons que la loi affirme que dans certaines conditions une grandeur physique a la valeur p. Nous présupposons que l'effet doit être « précis » de manière à ce qu'il ne se produise pas

(* 2) La décision ou règle méthodologique formulée ici restreint le concept de probabilité — tout comme le restreint la décision d'adopter les suites quasi aléatoires de longueur minimale comme modèles mathématiques de suites empiriques ; *cf.* note (* 1) de la section 65.

(* 3) J'ai à présent quelques doutes relativement aux termes « sans grande difficulté » ; en fait, tous les cas, à l'exception de ceux des macro-effets très grands dont il est question dans cette section, nécessitent l'utilisation de méthodes statistiques très subtiles. Voyez également l'appendice * IX, en particulier ma « Troisième Note ».

de variations mesurables, c'est-à-dire des écarts de p supérieurs à cet intervalle, $\pm\,\varphi$ (l'intervalle d'imprécision ; *cf.* section 37), à l'intérieur duquel nos mesures oscilleront, étant donné l'imprécision inhérente à la technique de mesure en cours. Nous proposons à présent l'hypothèse selon laquelle p est une probabilité dans une suite α de micro-événements ; nous supposons en outre que n micro-événements concourent à produire l'effet. Nous pouvons alors (*cf.* section 61) calculer pour toute valeur choisie δ, la probabilité $\alpha_n F(\Delta p)$, c'est-à-dire la probabilité que la valeur mesurée tombe dans l'intervalle Δp. L'on peut désigner par « ε » la probabilité complémentaire. Nous avons donc $\alpha_n F(\overline{\Delta p}) = \varepsilon$. Selon le théorème de Bernoulli, ε tend vers zéro pour autant que n croisse indéfiniment.

Nous présupposons que ε est si « petit » que nous pouvons le négliger. [La question (1') relative à la signification de « petit », dans cette présupposition, sera bientôt réglée.] Le Δp doit être évidemment interprété comme l'intervalle dans lequel les mesures approchent de la valeur p. Nous voyons ainsi que les trois quantités, ε, n et Δp correspondent aux trois questions (1'), (2) et (3). On peut choisir Δp ou δ arbitrairement, ce qui réduit le caractère arbitraire de notre choix de ε et de n. Puisque nous avons pour tâche de déduire le macro-effet précis p ($\pm\,\varphi$), nous ne présupposerons pas que δ est plus grand que φ. En ce qui concerne l'effet réitérable p, la déduction sera satisfaisante si nous pouvons l'effectuer pour certaine valeur $\delta \leqslant \varphi$. Ici φ nous est donné, puisqu'il est déterminé par la technique de mesure). Choisissons à présent δ de manière à ce qu'il soit (approximativement) égal à φ. Nous avons alors ramené la question (3) aux deux autres questions (1') et (2).

En choisissant δ (c'est-à-dire Δp), nous avons établi une relation entre n et ε, puisqu'à tout n correspond à présent une seule valeur de ε. La question (2), c'est-à-dire celle de savoir quand n est suffisamment long, a donc été ramenée à la question (1') de savoir quand ε est petit (et inversement).

Mais ceci signifie que pour répondre à la fois *aux trois questions*, il suffirait de pouvoir décider *quelle valeur particulière de* ε doit être négligée comme « dérisoirement petite ». Or notre règle méthodologique revient à la décision de négliger de *petites* valeurs de ε ; mais nous ne sommes guère disposés à nous engager à jamais pour une valeur déterminée de ε.

Si nous posons notre question à un physicien, c'est-à-dire si nous lui demandons ce qu'il est prêt à négliger : 0.001, ou 0.000001 ... ? il répondra vraisemblablement que ε ne l'intéresse pas le moins du monde, qu'il n'a pas choisi ε mais n et qu'il a choisi n de manière à rendre la corrélation entre n et Δp largement *indépen-*

dante de tous changements de la valeur ε que nous pourrions choisir.

La réponse du physicien se justifie, à cause des particularités mathématiques de la distribution de Bernoulli : pour tout *n* il est possible de déterminer la dépendance fonctionnelle qu'il y a entre ε et Δ*p* (* 4). Une analyse de cette fonction montre que pour *tout* (« grand ») *n*, il existe une valeur caractéristique de Δ*p* telle que Δ*p* est hautement indifférent aux variations de ε lorsqu'il est proche de cette valeur. Cette indifférence s'accroît en même temps que *n*. Si nous prenons un nombre *n* d'un ordre de grandeur plausible dans le cas de très grands phénomènes d'ordre massif, Δ*p* est tellement indifférent aux variations de ε, lorsqu'il est proche de cette valeur caractéristique, qu'il ne change guère même si l'ordre de grandeur de ε change. Or le physicien attachera peu d'importance à une détermination plus précise des limites de Δ*p*. Et dans le cas des phénomènes d'ordre massif typiques, auxquels se limite cette recherche, nous pouvons, rappelons-nous, considérer que Δ*p* correspond à l'intervalle de précision $\pm \varphi$, lequel dépend de notre technique de mesure et celle-ci n'a pas de limites précises mais seulement des « limites de condensation », comme je les ai appelées dans la section 37. Nous dirons donc que *n* est grand lorsque, proche de sa valeur caractéristique, qu'il nous est possible de déterminer, Δ*p* demeure au moins indifférent, en sorte que même des changements dans l'ordre de grandeur de ε ne peuvent modifier sa valeur au-delà des limites de condensation de $\pm \varphi$. (Si $n \to \infty$, Δ*p* devient tout à fait indifférent). Mais s'il en est ainsi, il n'est plus nécessaire que nous nous préoccupions de déterminer ε avec précision : *la décision de négliger un petit ε suffit*, même si nous n'avons pas établi avec exactitude ce qu'il faut considérer comme « petit ». Cela revient à décider d'utiliser les valeurs caractéristiques de Δ*p* mentionnées plus haut, lesquelles sont indifférentes aux variations de ε.

(* 4) Je crois à présent que les remarques qui suivent dans ce paragraphe (et certaines des discussions de la fin de cette section) sont clarifiées et dépassées par les considérations de l'appendice * IX ; Voyez en particulier les points 8 et suivants de ma Troisième Note. A l'aide des méthodes qui y sont utilisées, l'on peut montrer que presque tous les échantillons statistiques possibles de grande dimension *n* infirmeront une hypothèse de probabilité donnée, c'est-à-dire qu'ils lui donneront un degré négatif élevé de corroboration ; et nous pouvons décider d'interpréter ceci comme une réfutation ou une falsification. Parmi les autres échantillons, la plupart viendront à l'appui de l'hypothèse, c'est-à-dire qu'ils lui donneront un degré *positif* élevé de corroboration. Proportionnellement, peu d'échantillons de grande dimension *n* donneront à une hypothèse de probabilité un degré de corroboration indéfini (positif ou négatif). Nous pouvons donc escompter pouvoir réfuter une hypothèse de probabilité, dans le sens indiqué ici ; et nous pouvons l'escompter avec plus de confiance encore peut-être que dans le cas d'une autre hypothèse. La règle ou décision méthodologique conformément à laquelle nous considérons (pour un grand *n*) un degré de corroboration négatif comme une falsification est évidemment un cas spécifique de la règle ou décision méthodologique examinée dans la section précédente et selon laquelle nous négligeons certaines improbabilités extrêmes.

La règle selon laquelle il faut négliger les improbabilités extrêmes (règle qui ne devient suffisamment explicite qu'à la lumière de celle qui a été énoncée ci-dessus) concorde avec l'exigence d'*objectivité scientifique*. En effet, il est évident que notre règle suscite une objection. Celle-ci consiste à dire que, même faible, l'improbabilité la plus grande reste toujours une probabilité, et qu'en conséquence même les processus les plus improbables — c'est-à-dire ceux que nous proposons de négliger — se dérouleront un jour. Mais l'on peut éliminer cette objection en rappelant que la notion d'*effet physique réitérable* est étroitement liée à celle d'objectivité (*cf.* section 8). Je ne dénie pas qu'il soit possible que des événements improbables se produisent. Je ne prétends pas, par exemple, que des molécules évoluant dans un petit volume de gaz ne peuvent pas toutes se retirer spontanément, pendant une courte période de temps, dans une partie du volume ou que dans un plus grand volume de gaz des variations de pression spontanées ne se produiront jamais. Ce que j'affirme, c'est que des événements de ce genre ne seraient pas des effets physiques parce que, en raison de leur extrême improbabilité, *ils ne sont pas réitérables à volonté*. Même si un physicien parvenait à observer un tel processus, il serait tout à fait incapable de le reproduire et ne serait donc jamais en mesure de se prononcer sur ce qui s'est réellement produit dans ce cas et de savoir s'il n'est pas possible qu'il ait fait une erreur d'observation. Par contre, si nous voyons que nous pouvons reproduire des écarts par rapport à un macro-effet déduit d'une évaluation probabiliste de la manière indiquée, nous devons reconnaître que cette dernière se trouve *falsifiée*.

Des considérations de ce genre peuvent nous aider à comprendre des déclarations comme celle-ci, où Eddington distingue deux sortes de lois physiques : « certaines choses n'arrivent jamais dans le monde physique parce qu'elles sont *impossibles* ; d'autres parce qu'elles sont trop *improbables*. Les lois qui proscrivent les premières sont des lois primaires ; celles qui proscrivent les secondes sont des lois secondaires » (2). Bien qu'elle ne soit pas inaccessible à la critique (je préférerais m'abstenir de prononcer des affirmations non contrôlables relativement à la question de savoir si des choses extrêmement improbables se produisent ou non), cette formulation concorde bien avec la façon dont le physicien applique la théorie de la probabilité.

D'autres cas, auxquels la théorie de la probabilité peut s'appliquer, telles les variations statistiques ou les statistiques des événements individuels quasi aléatoires peuvent être ramenés au

_____

(2) Eddington, *The Nature of the Physical World* (C.U.P., 1928, p. 75).

cas que nous venons d'examiner, à savoir celui de l'effet d'ordre macroscopique susceptible de faire l'objet de mesures précises. Par variations statistiques, j'entends des phénomènes tel le mouvement brownien. L'intervalle de précision de la mesure ($\pm$ ϛ) est ici plus petit que l'intervalle Δp caractéristique du nombre n de micro-événements concourant à produire l'effet ; des écarts mesurables par rapport à p doivent donc être considérés comme hautement probables. Le fait que des écarts de ce type se rencontrent pourra être soumis à des tests, puisque la variation elle-même devient un effet susceptible d'être reproduit ; et mes premiers arguments s'appliquent à cet effet : conformément à mes conditions méthodologiques, des variations excédant un certain ordre de grandeur (un intervalle Δp déterminé) ne doivent pas pouvoir être reproduites, non plus que de longues suites de variations orientées dans un seul et même sens, etc. Des arguments correspondants seraient valables pour les statistiques d'événements individuels quasi aléatoires.

Je puis à présent résumer mes arguments relatifs au problème de la décidabilité.

Notre question était la suivante : comment les hypothèses de probabilité, qui, nous l'avons vu, ne sont pas falsifiables, peuventelles jouer le rôle de lois naturelles dans la science empirique ? Voici notre réponse : dans la mesure où ils ne sont pas falsifiables, les énoncés de probabilité sont métaphysiques et dépourvus d'importance empirique ; et dans la mesure où ils sont utilisés comme des énoncés empiriques, ils sont utilisés comme des énoncés falsifiables.

Mais cette réponse suscite une autre question : *Comment est-il possible* que les énoncés de probabilité — qui ne sont pas falsifiables — puissent être *utilisés* comme des énoncés falsifiables ? (Le fait qu'ils puissent l'être ne fait pas de doute : le physicien sait fort bien quand il y a lieu de considérer une hypothèse de probabilité comme falsifiée.) Comme nous pouvons le voir, cette question a deux aspects. D'une part, nous devons faire en sorte que la possibilité d'utiliser les énoncés de probabilité de cette manière soit rendue compréhensible par leur forme logique. D'autre part, nous devons analyser les règles gouvernant leur utilisation comme énoncés falsifiables.

Conformément à la section 66, des énoncés de base acceptés peuvent concorder plus ou moins bien avec une certaine évaluation de probabilité proposée ; ils peuvent représenter plus ou moins bien un segment typique d'une suite affectée de probabilité. Ceci nous donne l'occasion d'appliquer une sorte de *règle métho-*

dologique ; une règle qui, par exemple, pourrait requérir que l'accord entre des énoncés de base et l'évaluation de probabilité atteigne un certain minimum. Ainsi la règle pourrait-elle tracer une ligne de démarcation arbitraire et décréter que seuls les segments raisonnablement représentatifs (ou constituant de raisonnablement « bons échantillons ») sont « permis », tandis que les segments non typiques ou non représentatifs sont « défendus ».

Une analyse plus serrée de cette suggestion nous a montré que la ligne séparant ce qui est permis de ce qui est défendu n'est pas nécessairement aussi arbitraire qu'on pourrait le penser à première vue. Et elle nous a montré en particulier qu'il ne faut pas nécessairement la tracer « en étant tolérants ». Il est en effet possible de concevoir la règle de telle manière que la ligne de démarcation entre ce qui est permis et ce qui est défendu soit déterminée, tout juste comme dans le cas d'autres lois, par la précision accessible dans nos mesures.

La règle méthodologique que nous proposons conformément à notre critère de démarcation, ne proscrit pas l'occurrence de segments non typiques non plus que l'occurrence répétée d'écarts (typiques, naturellement, de suites affectées de probabilité). Ce qu'elle proscrit, c'est l'occurrence, susceptible d'être prévue et reproduite, d'écarts systématiques, tels ceux qui se produisent dans une direction particulière, ou encore l'occurrence de segments qui sont non typiques d'une manière bien déterminée. Elle ne requiert donc pas un simple accord approximatif mais le meilleur possible *pour tout ce qui peut être reproduit et soumis à des tests* ; en bref, pour tous les *effets réitérables*.

69. — LOI ET HASARD.

L'on entend parfois dire que les mouvements des planètes obéissent à des lois strictes alors que la chute d'un dé est aléatoire, ou soumise à des aléas ou au hasard (« *chance* »). A mon avis, la différence réside dans le fait que jusqu'ici nous avons été en mesure de prévoir avec succès le mouvement des planètes mais non les résultats individuels de coups de dés.

Pour prévoir, il est besoin de lois et de conditions initiales ; si l'on ne dispose pas de lois ou si l'on ne peut constater de conditions initiales, il ne s'agit plus de prévisions scientifiques. Lorsque nous lançons des dés, ce qui nous manque, c'est manifestement une connaissance suffisante des conditions initiales. Si nous disposions de mesures suffisamment précises des conditions initiales, il serait possible de faire des prévisions dans ce cas également ; mais les règles du jeu de dés correct (agiter le cornet à dés) sont choisies de manière à nous empêcher de mesurer les conditions initiales. J'appellerai « conditions du système » les règles du jeu et les autres règles déterminant les conditions dans lesquelles les divers éléments d'une suite aléatoire doivent prendre leur place. Elles consistent en exigences du type de celles qui veulent que les dés soient « véritables » (faits d'un matériau homogène), qu'ils soient bien agités, etc.

Il est d'autres cas dans lesquels les prévisions peuvent se faire sans succès. Il se peut qu'il n'ait pas été possible jusqu'ici de formuler des lois appropriées ; il se peut que toutes les tentatives en vue de trouver une loi aient échoué et que toutes les prévisions aient été falsifiées. Dans de tels cas, nous pouvons désespérer de trouver un jour une loi satisfaisante. (Mais il n'est pas vraisemblable que nous y renoncions, à moins que le problème ne nous intéresse pas beaucoup, ce qui peut être le cas si, par exemple, nous nous contentons de prévisions de fréquences.) En aucun cas, pourtant, nous ne pouvons dire de manière définitive qu'il n'y a pas de lois dans un domaine particulier. (C'est là une conséquence de l'impossibilité de procéder à une vérification.) Ceci signifie que ma conception rend *subjectif* le concept de hasard (* 1).

Je parle de « hasard » lorsque notre connaissance est insuffisante pour faire une prévision ; comme dans le cas de coups de dés, où nous parlons de « chance » parce que nous ignorons les conditions initiales. (Il est concevable qu'un physicien muni de bons instruments puisse prévoir un coup que d'autres personnes ne pourraient prévoir.)

Concurremment à cette conception subjective, l'on a parfois défendu une conception objective. Dans la mesure où celle-ci utilise l'idée métaphysique selon laquelle les événements sont, ou ne sont pas, déterminés en eux-mêmes, je ne l'examinerai pas davantage ici (*cf.* sections 71 et 78). Si nous sommes heureux dans nos prévisions, nous pouvons parler de « lois » ; sinon, nous ne pouvons rien savoir relativement à l'existence ou à la non-existence de lois ou d'irrégularités (* 2).

(* 1) Ceci ne signifie pas que j'aie fait ici la moindre concession à une interprétation subjectiviste de la *probabilité*, du *désordre* ou du *hasard* (*randomness*).
(* 2) J'ai écarté, dans ce paragraphe, (à cause de son caractère métaphysique) une théorie métaphysique que je suis à présent, (dans mon *Postscript*), soucieux de recommander parce qu'elle me paraît ouvrir de nouvelles éclaircies, suggérer la résolution de difficultés sérieuses et peut-être, être vraie. En écrivant cet ouvrage j'étais conscient de soutenir des croyances métaphysiques et j'ai même souligné la valeur des idées métaphysiques pour la science, mais j'ignorais que l'on pouvait présenter des arguments rationnels en faveur de doctrines métaphysiques et qu'en dépit de leur caractère irréfutable ces dernières pouvaient faire l'objet d'un examen critique. Voyez en particulier la dernière section de mon *Postscript*.

Peut-être vaut-il mieux considérer que cette idée métaphysique consiste dans la conception suivante. Nous rencontrons le « hasard » en un sens objectif, peut-on dire, lorsque nos évaluations de probabilité sont corroborées ; tout juste comme nous rencontrons des régularités causales lorsque les prévisions que nous déduisons des lois sont corroborées.

La définition implicite des phénomènes aléatoires que comporte cette conception ne peut être tout à fait inutile mais il faut fortement souligner que le concept ainsi défini ne s'oppose pas à celui de loi : c'est ainsi que j'ai qualifié de quasi aléatoires les suites affectées de probabilité. En général, une suite de résultats expérimentaux sera quasi aléatoire si les conditions de construction qui définissent la suite diffèrent des conditions initiales ; lorsque les expériences individuelles, réalisées dans des conditions de construction identiques, se dérouleront à partir de conditions initiales différentes donnant ainsi des résultats différents. J'ignore s'il existe des suites quasi aléatoires dont les éléments ne peuvent en aucune façon être prédits. A partir du fait qu'une suite est quasi aléatoire, nous ne pouvons même pas inférer que nous ne pouvons pas prévoir ses éléments, ou qu'ils sont « dus au hasard » au sens subjectif d'un défaut de connaissance et nous pouvons encore moins en inférer le fait « objectif » qu'il n'y a pas de lois (* 3).

Non seulement il est possible d'inférer à partir du caractère quasi aléatoire de la suite quoi que ce soit relativement à la conformité ou non-conformité à la loi des *événements individuels*, mais encore il n'est pas possible d'inférer à partir de la corroboration d'évaluations de probabilité, que la *suite elle-même* est tout à fait irrégulière. Nous savons en effet qu'il existe des suites quasi aléatoires construites conformément à une règle mathématique (*cf.* appendice IV). Le fait qu'une suite a une distribution bernoullienne ne constitue pas un symptôme d'absence de loi et moins encore s'identifie-t-il à l'absence de loi « par définition » (1). Nous ne devons voir dans le succès des prévisions probabilistes,

(* 3) J'aurais, je crois, été plus clair si j'avais présenté mon argument comme suit. Nous ne pouvons jamais répéter une expérience avec précision — tout ce que nous pouvons faire c'est de maintenir *certaines* conditions constantes dans certaines limites. Cela ne constitue donc pas un argument en faveur du caractère objectif des phénomènes fortuits, ou aléatoires, ou de l'absence de lois si certains aspects de nos résultats se répètent alors que d'autres varient irrégulièrement ; et en particulier si les conditions de l'expérience sont établies de manière à faire varier les conditions (comme dans le cas d'un jeu de pile ou face où nous devons faire tournoyer la pièce). Je suis, jusqu'ici, toujours d'accord avec ce que j'ai dit. Mais il peut y avoir d'*autres* arguments en faveur du caractère objectif du hasard ; et l'un d'eux, que nous devons à Alfred Landé (« la lame de Landé ») vient fort à propos dans ce contexte. Je l'examine tout au long de mon *Postscript,* sections * 90 et suiv.

(1) Comme le dit Schlick dans *Die Kausalität in der gegenwärtigen Physik, Naturwissenschaften* 19, 1931, p. 157.

rien de plus qu'un symptôme de l'absence de lois *simples* dans la structure de la *suite* (*cf.* sections 43 et 58), par opposition aux événements qui constituent cette dernière. L'hypothèse d'un affranchissement à l'égard des effets consécutifs, qui équivaut à l'hypothèse selon laquelle l'on ne peut découvrir de telles lois simples — est corroborée, mais c'est tout.

70. — La possibilité de déduire des macro-lois a partir de micro-lois.

Il est une doctrine qui est presque devenue un préjugé, bien qu'elle ait fait récemment l'objet d'une critique sévère ; il s'agit de la doctrine selon laquelle *tous* les événements observables doivent être expliqués comme des macro-événements, c'est-à-dire comme des moyennes, des accumulations ou des sommes de micro-événements. (Cette doctrine ressemble un peu à certaines formes de matérialisme.) Comme d'autres doctrines de ce genre, celle-ci semble être l'hypostase métaphysique d'une règle méthodologique tout à fait incontestable. Je songe à la règle selon laquelle nous devrions toujours voir si nous pouvons simplifier, généraliser, ou unifier nos théories en utilisant des hypothèses explicatives du type mentionné (c'est-à-dire des hypothèses expliquant des effets observables comme des sommes ou des intégrations de micro-événements). Ce serait une erreur de penser, en estimant le succès de tentatives de ce genre, que des hypothèses *non statistiques* relatives aux micro-événements et à leur lois d'interaction pourraient un jour suffire à expliquer les macro-événements. Car des *évaluations* hypothétiques de *fréquence* nous seraient en outre nécessaires, puisque des conclusions statistiques ne peuvent dériver que de prémisses statistiques. Ces évaluations de fréquence sont toujours des hypothèses indépendantes qui peuvent parfois nous venir effectivement à l'esprit alors que nous sommes engagés dans l'étude de lois relatives à des micro-événements mais qui ne peuvent jamais dériver de ces lois. Les évaluations de fréquence constituent une classe particulière d'hypothèses : il s'agit d'interdictions qui concernent, en quelque sorte, des régularités dans le grand nombre (1). Von Mises a énoncé ceci très clairement : « Pas même le plus petit théorème de la théorie cinétique des gaz ne dérive de la seule phy-

(1) A. March dit bien (*Die Grundlagen der Quantenmechanik*, 1931, p. 250) que les particules d'un gaz ne peuvent se comporter «... comme elles le veulent ; chacune doit avoir un comportement qui soit en harmonie avec celui des autres. On peut considérer comme l'un des principes les plus fondamentaux de la théorie quantique l'affirmation que le tout est plus que la simple somme des parties ».

sique classique : il y a toujours, en outre, une hypothèse d'espèce statistique (2). »

Les évaluations statistiques — ou énoncés de fréquence — ne peuvent jamais être simplement déduites de lois de type « déterministe » car, pour déduire une prévision quelconque à partir de ces lois, des conditions initiales sont requises. A leur place, des hypothèses relatives à la *distribution* statistique de conditions initiales — c'est-à-dire des hypothèses statistiques spécifiques — entrent dans toute déduction qui donne des lois statistiques à partir de micro-hypothèses de caractère déterministe ou « précis » (* 1).

Il est frappant que les hypothèses de fréquence de la physique théorique sont dans une large mesure des *hypothèses de chances égales* mais ceci n'implique d'aucune façon qu'elles sont « évidentes en soi » ou valides *a priori*. Comme on peut le voir, elles sont loin de l'être si l'on considère les larges différences existant entre les statistiques classiques, celles de Bose-Einstein, et celles de Fermi-Dirac. Celles-ci nous montrent comment des hypothèses particulières peuvent être combinées avec une hypothèse de chances égales, pour donner dans chaque cas des définitions différentes des suites de référence et des propriétés primaires à propos desquelles l'hypothèse de distribution égale a été énoncée.

L'exemple suivant illustrera peut-être le fait que des hypothèses relatives à des fréquences sont indispensables même quand nous pouvons être enclins à nous en passer.

Imaginez une chute d'eau. Nous pouvons y discerner une espèce singulière de régularité : le volume des courants constituant la chute varie et de temps en temps une éclaboussure est rejetée du flot principal ; pourtant dans toutes ces variations apparaît une certaine régularité qui suggère nettement un effet statistique. Si l'on ne tient pas compte des problèmes non résolus de l'hydrodynamique (relatifs à la formation de tourbillons, etc...), nous pou-

(2) Von Mises, *Über kausale und statistische gesetzmässigkeiten in der Physik*, *Erkenntnis* I, 1930, p. 207 (*cf. Naturwissenschaften* 18, 1930).

(* 1) La thèse de von Mises que je reprends ici a été contestée par divers physiciens, parmi lesquels P. Jordan (voyez *Anschauliche Quantentheorie*, 1936, p. 282, où Jordan utilise comme argument à l'encontre de ma thèse le fait que certaines formes de l'hypothèse ergodique ont été prouvées récemment). Cependant, exposée sous la forme : « *des conclusions probabilistes requièrent des prémisses probabilistes,* » — par exemple, des prémisses de la théorie des mesures dans lesquelles entrent certaines présuppositions d'équiprobabilité — ma thèse me semble soutenue plus qu'infirmée par les exemples de Jordan. Albert Einstein critiqua également cette thèse dans le dernier paragraphe d'une lettre intéressante qui est reprise ici dans l'appendice * XII. Je crois qu'en ce temps Einstein avait à l'esprit une interprétation subjective de la probabilité et un principe d'indifférence (qui, ne semble pas être, dans la théorie subjective, une hypothèse relative à des équiprobabilités). Beaucoup plus tard, Einstein adopta du moins à titre d'essai une interprétation fréquentielle (de la théorie quantique).

vons en principe prédire le parcours d'un volume d'eau quelconque
— disons d'un groupe de molécules — avec n'importe quel degré
de précision désiré, si des conditions initiales suffisamment précises nous sont données. Nous pouvons donc supposer qu'il serait
possible de prédire pour toute molécule, bien en amont de la chute,
à quel point elle en passera le bord, quand elle en atteindra le fond,
etc. L'on peut, en principe, calculer de cette manière le parcours
d'un nombre quelconque de particules ; et, si l'on nous donne
des conditions initiales suffisantes nous devrions, en principe, être
en mesure de déduire n'importe quelle variation statistique individuelle de la chute d'eau. Mais nous n'obtiendrions ainsi que telle
ou telle variation *individuelle*, non pas les régularités statistiques
récurrentes que nous avons décrites et encore moins la distribution
statistique comme telle. Pour expliquer ces dernières, des évaluations statistiques nous sont nécessaires ou tout au moins la présupposition que certaines conditions initiales se reproduiront à plusieurs reprises pour un grand nombre de groupes de particules
différents. (Ce qui équivaut à un énoncé universel.) Nous obtenons
un résultat statistique si, et seulement si, nous faisons des hypothèses statistiques spécifiques du type des hypothèses relatives à
la distribution des fréquences de conditions initiales récurrentes,
par exemple.

71. — ÉNONCÉS DE PROBABILITÉ FORMELLEMENT SINGULIERS.

J'appelle énoncé de probabilité « formellement singulier » un
énoncé qui attribue une probabilité à une occurrence singulière,
ou à un élément singulier d'une classe d'occurrences déterminée
(*1) ; par exemple, « la probabilité que le prochain coup réalisé
avec ce dé donne cinq est $\frac{1}{6}$ » ou « la probabilité que n'importe
quel coup individuel (réalisé avec ce dé) donne cinq est $\frac{1}{6}$ ». Du
point de vue de la théorie fréquentielle, des énoncés de ce type
ne sont pas formulés de manière tout à fait correcte puisque des
probabilités ne peuvent être attribuées à des occurrences singulières : elles ne peuvent l'être qu'à des suites infinies d'occurrences
ou d'événements. Il est cependant facile d'interpréter ces énoncés
comme corrects en définissant de manière appropriée des proba-

(*1) Dans le texte allemand le terme « formalistisch » était censé rendre
l'idée d'un énoncé singulier dans sa forme (ou « formellement singulier ») bien
que pourvu d'une signification définie, en fait, par des énoncés statistiques.

bilités formellement singulières à l'aide du concept de probabilité objective ou de fréquence relative. J'utilise le symbole « $_\alpha P_k(\beta)$ » pour désigner la probabilité formellement singulière qu'une occurrence k ait la propriété β, en qualité de membre d'une suite α ; en langage symbolique : (1) « $k \, \varepsilon \, \alpha$ » ; je définis alors la probabilité formellement singulière comme suit :

$$_\alpha P_k(\beta) = \,_\alpha F(\beta) \quad (k \, \varepsilon \, \alpha) \qquad \text{(Définition)}$$

Ceci peut s'exprimer en langage non symbolique de la manière suivante : la probabilité formellement singulière que l'événement k ait la propriété β — étant donné que k est un élément de la suite α — est, par définition, égale à la probabilité de la propriété β dans la suite α servant de référence.

Cette définition simple, presque évidente, se révèle étonnamment utile. Elle peut même nous aider à clarifier certains problèmes compliqués de la théorie quantique (cf. sections 75 à 76).

Comme la définition le montre, un énoncé de probabilité formellement singulier serait incomplet s'il ne posait explicitement une classe de référence. Cependant, même s'il n'est pas souvent fait mention explicite de α, nous savons habituellement à quoi correspond cette dernière. Ainsi, le premier exemple donné plus haut ne spécifie aucune suite α de référence, il est néanmoins bien évident qu'il se rapporte à toutes les séquences de coups effectués avec des dés non pipés.

Dans de nombreux cas, il peut y avoir plusieurs suites de référence différentes pour un événement k. Dans ces cas, il n'est que trop évident que l'on peut formuler différents énoncés de probabilité formellement singuliers relatifs au même événement. Ainsi la probabilité qu'un individu k meure dans une période de temps donnée présuppose des valeurs très différentes selon que nous le considérons comme membre de son groupe d'âge ou de son groupe professionnel, etc. Il n'est pas possible d'établir une règle générale qui nous dise laquelle des classes de référence possibles doit être choisie. (La classe de référence la plus exiguë sera souvent la plus appropriée à condition d'être suffisamment fournie pour que l'évaluation de probabilité soit fondée sur une extrapolation statistique raisonnable et soit corroborée par une quantité suffisante de cas. Bon nombre de prétendus paradoxes de la probabilité disparaissent dès que nous comprenons que différentes probabilités peuvent être attribuées à un seul et même événement, ou à une seule et même occurrence, en tant qu'élément de différentes

(1) Le signe « ... ε ... » qu'on appelle la copule, signifie « ... est un élément de la classe (ou de la suite)... ».

classes de référence. Par exemple, l'on dit parfois que la probabilité $_\alpha P_k(\beta)$ d'un événement est différente *avant qu'il ne se produise* de la probabilité de cet événement après qu'il se soit produit :

avant, elle peut être égale à $\dfrac{1}{6}$ alors qu'après, elle ne peut être

égale qu'à 1 ou 0. Cette conception est, naturellement, tout à fait
erronée. $_\alpha P_k(\beta)$ est toujours la même, avant et après. Rien n'a
changé, sinon que, sur la base de l'information $k \ \varepsilon \ \beta$ (ou $k \ \varepsilon \ \bar\beta$)
— information que peut nous fournir l'observation de l'occur-
rence de l'événement — nous pouvons choisir une nouvelle classe
de référence, à savoir β (ou $\bar\beta$), et nous demander alors quelle est
la valeur de $_\beta P_k(\beta)$. La valeur de cette probabilité est naturellement 1 ; tout juste comme $_{\bar\beta}P_k(\beta) = 0$. Des énoncés nous informant du résultat effectif d'occurrences singulières — énoncés qui
ne sont pas relatifs à une fréquence mais se présentent plutôt
sous la forme « $k \ \varepsilon \ \varphi$ » — ne peuvent modifier la probabilité de ces
occurrences ; ils peuvent, néanmoins, nous suggérer le choix
d'une autre classe de référence.

Le concept d'énoncé de probabilité formellement singulier nous
fournit une sorte de pont nous reliant à la théorie *subjective* et donc
également, comme on le verra dans la prochaine section, à la théorie
du domaine (*range*). En effet, nous pourrions accepter d'interpréter (à la suite de Keynes) une probabilité formellement singulière
comme un « degré de croyance rationnelle » à condition d'accepter
que nos « croyances rationnelles » soient guidées par un *énoncé de
fréquence* objectif, qui constitue alors l'information dont dépendent
nos croyances. En d'autres termes, il peut se faire que nous ne
sachions rien à propos d'un événement sinon qu'il fait partie d'une
classe de référence pour laquelle certaine évaluation de probabilité a subi avec succès l'épreuve des tests. Cette information ne
nous permet pas de prédire quelle sera la propriété de l'événement
en question mais elle nous permet d'exprimer tout ce que nous
savons à son propos au moyen d'un énoncé de probabilité formellement singulier qui apparaît comme une prévision indéterminée
relative à l'*événement particulier en question* (* 2).

(* 2) Je pense à présent que la question des rapports des diverses interprétations de la théorie de la probabilité peut être résolue de manière beaucoup plus
simple : il suffit de donner un système formel d'axiomes ou de postulats et de
prouver que les diverses interprétations le satisfont. Je considère donc comme
dépassées la plupart des considérations présentées dans le restant de ce chapitre
(sections 71 et 72). Voyez l'appendice * IV et les chapitres * II, * III et * V
de mon *Postscript*. Pourtant je suis toujours d'accord avec l'essentiel de ce que
j'ai écrit, pour autant que mes « *classes de référence* » soient déterminées par les
conditions définissant une expérience, de manière à ce que les « fréquences »
puissent être considérées comme le résultat de tendances (« *propensities* »).

Je ne m'oppose donc pas à l'interprétation subjective des énoncés de probabilité relatifs à des événements singuliers, c'est-à-dire à ce qu'on les interprète comme des prévisions indéterminées, des aveux, si l'on peut dire, de la déficience de notre connaissance concernant l'événement particulier en question (sur lequel un énoncé de fréquence ne nous renseigne en effet en rien). C'est-à-dire que je ne m'y oppose pas, aussi longtemps que nous reconnaissons nettement que *les énoncés de fréq*'*ence objectifs sont fondamentaux* puisque eux seuls peuvent être soumis à des tests empiriques. Je refuse, pourtant, que l'on interprète ces énoncés de probabilité formellement singuliers — ces prévisions indéterminées — comme des énoncés relatifs à un *état de choses objectif* autre que l'état de choses objectif statistique. Je songe à la conception selon laquelle

un énoncé relatif à la probabilité $\frac{1}{6}$ d'un jeu de dé ne constitue

pas seulement l'aveu que nous ne savons rien de déterminé (théorie subjective) mais constitue plutôt une affirmation relative au prochain coup — affirmation selon laquelle le résultat de ce dernier est objectivement déterminé et indéterminé, c'est-à-dire quelque chose qui est encore en balance (* 3). Je considère que tous ces essais d'interprétation objective (que Jeans, entre autres, analyse longuement) procèdent d'une erreur. Quelque 'indéterministes que soient les airs qu'elles puissent se donner, ces interprétations impliquent toutes l'idée métaphysique que non seulement nous pouvons déduire des prévisions et les soumettre à des tests mais qu'en outre, la nature est plus ou moins « déterminée » (ou « indéterminée ») de telle sorte que le succès (ou l'échec) de nos prévisions doit être expliqué non par les lois dont elles sont déduites mais plutôt par le fait que la nature est réellement constituée (ou non) conformément à ces lois (* 4).

72. — LA THÉORIE DU DOMAINE (*range*).

Dans la section 34, j'ai dit que l'on pouvait qualifier de logiquement plus *improbable* qu'un autre un énoncé falsifiable à un

(* 3) Je ne contredis pas la conception selon laquelle un événement peut être en balance et je crois même que la meilleure interprétation de la théorie de la probabilité est celle qui en fait une théorie des *tendances qu'ont les événements* à se dérouler dans un sens ou dans un autre. (Voyez mon *Postscript.*) Mais je m'opposerai toujours à la conception selon laquelle la théorie de la probabilité *doit* recevoir cette interprétation. C'est-à-dire que je considère cette dernière comme une conjecture relative à la structure du monde.

(* 4) Cette présentation un peu dépréciatrice convient très bien aux idées personnelles que je soumets à présent à la critique dans l' « Épilogue Métaphysique » de mon *Postscript* sous le nom de « l'interprétation tendancielle de la probabilité (« *propensity interpretation* »).

degré plus élevé que cet autre, et de logiquement plus *probable*
l'énoncé le moins falsifiable. L'énoncé logiquement le moins probable implique (1) nécessairement celui qui est logiquement le plus
probable. Entre ce concept de *probabilité logique* et celui de *probabilité numérique* objective ou formellement singulière, il y a des
affinités. Certains philosophes de la probabilité (Bolzano, von
Kries, Waismann) ont essayé de fonder le calcul des probabilités
sur le concept de domaine logique et donc sur un concept qui
coïncide (*cf.* section 37) avec celui de probabilité logique ; ils ont
en outre également essayé de dégager les affinités existant entre
probabilité logique et probabilité numérique.

Waismann (2) a proposé de mesurer le degré de corrélation des
domaines logiques de divers énoncés (leur rapports, en quelque
sorte) au moyen de leurs fréquences relatives correspondantes
et donc de considérer que ces fréquences déterminent un *système
de mesure des domaines*. Je pense qu'il est possible de construire
une théorie de la probabilité sur cette base. Nous pouvons en effet
dire que ce projet revient à mettre en corrélation des fréquences
relatives avec certaines « prévisions indéterminées », comme nous
l'avons fait dans la section précédente lorsque nous avons défini
les énoncés de probabilité formellement singuliers.

Il faut cependant dire que cette méthode de définition de la
probabilité n'est utilisable que lorsqu'une théorie fréquentielle
a déjà été construite. Sinon l'on se demanderait comment les
fréquences utilisées pour définir le système de mesure ont elles-
mêmes été définies. Or, si nous disposons déjà d'une théorie
fréquentielle, l'introduction de la théorie du domaine devient
réellement superflue. Pourtant, malgré cette objection, j'accorde
une signification au fait que la proposition de Waismann soit
praticable. Il est satisfaisant de découvrir qu'une théorie plus
compréhensive peut combler le fossé, à première vue infranchis-
sable, qui sépare les divers essais visant à résoudre le problème et,
en particulier, les interprétations subjectives et les interprétations
objectives. Cependant la proposition de Waissmann requiert une
légère modification. Son concept de rapport de domaines (*cf.* note 2
de la section 48) non seulement présuppose que des domaines peuvent être comparés à l'aide de leurs relations de classe à sous-classe
(ou à l'aide de leurs relations d'implication) mais il présuppose
également de manière plus générale, que même des domaines ne
se recouvrant que partiellement peuvent être rendus comparables.
Pourtant, cette dernière présupposition, qui entraîne des diffi-

(1) Habituellement (cf. section 35).
(2) Waismann, *Logische Analyse des Wahrscheinlichkeitsbegriffes* (*Erkenntnis* I,
1930, p. 128 et suiv.).

cultés considérables, est superflue. Il est possible de prouver que dans les cas en question (tel les cas de hasard) la comparaison des sous-classes et celle des fréquences doivent donner des résultats analogues. Ceci justifie la méthode consistant à mettre des fréquences en corrélation avec des domaines en vue de mesurer ces derniers. Nous rendons ainsi comparables les énoncés en question (alors qu'ils ne sont pas comparables par la méthode utilisant leurs relations de classes à sous-classes). Je vais indiquer sommairement comment la procédure décrite pourrait être justifiée.

Si les deux classes de propriétés γ et β sont dans la relation de classe à sous-classe, on a γ ⊂ β
Dès lors :

$$(k) \quad [Fsb \ (k \ \varepsilon \ \gamma) \geqslant Fsb \ (k \ \varepsilon \ \beta) \qquad (cf. \text{ section } 33)$$

de telle sorte que la probabilité logique ou le domaine de l'énoncé $(k \ \varepsilon \ \gamma)$ doit être plus petite que, ou égale à, celle — ou celui — de l'énoncé $(k \ \varepsilon \ \beta)$. Elle ne lui sera égale que s'il y a une classe de référence α (qui peut être la classe universelle) pour laquelle la règle suivante — qui a, peut-on dire, la forme d'une « loi de la nature » — est valable :

$$(x) \ \{ \ [x \ \varepsilon \ (\alpha.\beta)] \ \to \ (x \ \varepsilon \ \gamma) \ \}.$$

Si cette « loi de la nature » n'est pas valable, de telle manière que nous pouvons à cet égard adopter l'hypothèse qu'il s'agit de hasard, il y a inégalité. Mais dans ce cas, pour autant qu' α soit dénombrable et puisse convenir comme classe de référence, nous obtenons

$$\alpha F(\gamma) < \alpha F(\beta).$$

Ceci signifie que dans des cas de phénomènes aléatoires, une comparaison des domaines doit donner les mêmes résultats qu'une comparaison des fréquences relatives. En conséquence, si nous sommes devant une suite aléatoire nous pouvons mettre les fréquences relatives en corrélation avec les domaines afin de rendre ces derniers mesurables. Or c'est précisément ce que nous avons fait, bien que de manière indirecte, dans la section 71, lorsque nous avons défini l'énoncé de probabilité formellement singulier. En effet, à partir des hypothèses faites, nous aurions pu inférer immédiatement que

$$\alpha P_k(\gamma) < \alpha P_k(\beta).$$

Nous sommes donc revenus à notre point de départ, à savoir au problème de l'interprétation de la probabilité. Et nous voyons à présent que le conflit, qui paraissait irréductible, entre les théories objectives et les théories subjectives peut être complètement dissipé si l'on utilise la définition, à vrai dire indiscutable, de la probabilité formellement singulière.

CHAPITRE IX

OBSERVATIONS RELATIVES
A LA THÉORIE QUANTIQUE

Notre analyse du problème de la probabilité nous a pourvu d'instruments que nous pouvons à présent mettre à l'épreuve en les utilisant pour l'un des problèmes topiques de la science moderne. J'essaierai donc d'analyser et de clarifier avec leur aide certains des points les plus obscurs de la théorie quantique moderne.

Cet essai à vrai dire audacieux visant à aborder, par des méthodes philosophiques ou logiques, l'un des problèmes centraux de la physique ne peut manquer de susciter la méfiance du physicien. Je reconnais que son scepticisme est de bon aloi et que ses soupçons sont fondés ; j'ai pourtant quelque espoir de pouvoir en triompher. En attendant, il est utile de se rappeler que dans chaque branche de la science peuvent surgir des questions, logiques pour une grande part. C'est un fait que les physiciens de la théorie quantique ont participé avec ardeur à des discussions épistémologiques et ceci peut suggérer qu'ils sentent bien eux-mêmes que la solution de certains des problèmes non encore résolus de la théorie quantique doit être recherchée dans le *no man's land* qui s'étend entre la logique et la physique.

Au préalable, je commencerai par exposer les principales conclusions qui résulteront de mon analyse

(1) Il y a, dans la théorie quantique, certaines formules mathématiques qu'Heinsenberg a interprétées dans les termes de son principe d'incertitude, c'est-à-dire comme des énoncés relatifs aux domaines d'incertitude dus aux limites de précision accessible dans nos mesures. Comme j'essaierai de le montrer, il faut interpréter ces formules comme des énoncés de probabilité formellement singuliers (*cf.* section 71), ce qui signifie qu'elles doivent elles aussi être interprétées en termes statistiques. Les formules en question interprétées de la sorte affirment alors qu'*il y a certaines relations entre certains domaines de « dispersion », de « variance », ou de « répartition » statistiques*. (Nous les appellerons ici « relations de répartition statistique ».)

(2) Des mesures d'un degré de précision supérieur à celui qu'autorise le principe d'incertitude ne sont pas incompatibles avec le système de formules de la théorie quantique ni avec son interprétation statistique. C'est ainsi que la théorie quantique ne serait pas nécessairement réfutée si des mesures d'un degré de précision de ce type devenaient un jour possibles.

(3) L'existence — affirmée par Heisenberg — de limites de précision accessible ne serait donc pas une conséquence logique déductible des formules de la théorie. Elle en serait plutôt une hypothèse distincte ou additionnelle.

(4) De plus, cette hypothèse additionnelle d'Heisenberg est en véritable *contradiction*, comme j'essaierai de le montrer, avec les formules de la théorie quantique si celles-ci reçoivent une interprétation statistique. En effet, non seulement des mesures plus précises sont compatibles avec la théorie mais il est même possible de décrire des expériences imaginaires qui en montrent la possibilité. A mon avis, c'est cette contradiction qui engendre toutes les difficultés qui assaillent l'admirable édifice de la physique quantique moderne : Thirring a pu dire de la théorie quantique qu'elle « est, de leur propre aveu, restée un mystère impénétrable pour ses créateurs » (1).

Peut-être pourrait-on décrire ce qui suit comme une recherche sur les fondements de la théorie quantique (2). J'éviterai, en la menant, tous les arguments mathématiques et, à une exception près, toutes les formules mathématiques. Ceci me sera possible car je ne mettrai pas en question l'exactitude du système de formules mathématiques de la théorie quantique. Je ne me préoccuperai que des conséquences logiques de l'interprétation physique qu'en a donnée Born.

D'autre part, en ce qui concerne la controverse relative à la « causalité », je proposerai que l'on s'écarte de la métaphysique indéterministe si populaire aujourd'hui. Ce qui la distingue de la métaphysique déterministe qui a connu la vogue jusqu'il y a peu de temps, c'est moins un accroissement de lucidité qu'un accroissement de stérilité.

(1) H. Thirring, *Die Wandlung des Begriffssystems der Physik* (essai paru dans *Krise und Neuaufbau in den exacten Wissenschaften, Fünf Wiener Vorträge* de Mark, Thirring, Hahn, Nobeling, Menger ; Verlag Deuticke, Wien und Leipzig, 1933, p. 30).
(2) Dans ce qui suit, je me borne à débattre de l'interprétation de la physique quantique ; j'omets les problèmes concernant les champs d'ondes. (La théorie de l'émission et de l'absorption de Dirac ; la « seconde quantification » des équations de champ de Maxwell-Dirac). Je signale cette restriction parce qu'il y a ici des problèmes — telle l'interprétation de l'équivalence entre un champ d'ondes quantifié et un gaz corpusculaire — auxquels mes arguments ne s'appliquent (s'ils le font) que s'ils y sont très soigneusement adaptés.

A des fins de clarté, ma critique est souvent sévère. Il convient donc de dire ici que je considère la réalisation des créateurs de la théorie quantique moderne comme l'une des plus grandes dans toute l'histoire de la science (* 1).

73. – LE PROGRAMME D'HEISENBERG ET LES RELATIONS D'INCERTITUDE.

Lorsqu'il tenta de fournir à la théorie atomique une base nouvelle, Heisenberg avait un programme épistémologique (1) : débarrasser la théorie des « inobservables », c'est-à-dire des grandeurs inaccessibles à l'expérience ; la débarrasser, pourrait-on dire, de ses éléments métaphysiques. Ce genre de grandeurs inobservables se rencontrait dans la théorie de Bohr, laquelle précéda celle d'Heisenberg lui-même : rien qui puisse être observé expérimentalement ne correspondait aux orbites des électrons non plus qu'aux fréquences de leurs révolutions (en effet, les fréquences émises qui pouvaient être observées en tant que lignes spectrales ne pouvaient être identifiées aux fréquences *des révolutions* des électrons). Heisenberg espéra qu'en éliminant ces grandeurs inobservables il parviendrait à débarrasser la théorie de Bohr des difficultés qu'elle suscitait.

Cette situation présente une certaine analogie avec celle qu'aborda Einstein lorsqu'il essaya de réinterpréter l'hypothèse de contraction de Lorentz-Fitzgerald. Cette dernière tentait d'expliquer le résultat négatif des expériences de Michelson et Morley en utilisant des grandeurs inobservables tels les mouvements relatifs à l'éther immobile de Lorentz, c'est-à-dire des grandeurs inaccessibles à des tests expérimentaux. Dans ce cas comme dans celui de la rhéorie de Bohr, les théories à réviser expliquaient certains processus naturels observables mais l'une et l'autre présupposaient malheureusement qu'il existait des événements physiques et des grandeurs physiquement déterminées que la nature réussissait à nous cacher en les rendant à jamais inaccessibles à des tests expérimentaux.

Einstein montra comment l'on pouvait éliminer les événements non observables que comportait la théorie de Lorentz. On pourrait

(* 1) Je n'ai pas changé d'avis sur ce point ni sur les points principaux de ma critique. Mais j'ai modifié mon interprétation de la théorie quantique en même temps que mon interprétation de la théorie de la probabilité. On trouvera mes conceptions actuelles dans mon *Postscript.* J'y plaide en faveur de l'*indéterminisme,* indépendamment de la théorie quantique. Pourtant, la section 77 exceptée (celle-ci est fondée sur une erreur), je continue à considérer que le présent chapitre — la section 76 surtout — est important.

(1) W. Heisenberg, *Zeitschrift für Physik* 33, 1925, p. 879 ; pour ce qui suit, je me réfère surtout à l'ouvrage d'Heisenberg, *Die physikalischen Prinzipien der Quantentheorie* (1930). Traduction anglaise de C. Eckart et F. G. Hoyt : *The Physical Principles of the Quantum Theory,* Chicago, 1930.

être tenté de dire la même chose de la théorie d'Heisenberg ou, du moins, de son contenu mathématique. Pourtant, il semble qu'elle soit encore susceptible d'amélioration. Même si l'on considère l'interprétation qu'Heisenberg lui-même donne de sa théorie, il ne semble pas que son programme ait été complètement réalisé. La nature parvient encore à nous cacher, avec la plus grande habileté, certaines des grandeurs associées à la théorie.

Cet état de choses est lié au *principe d'incertitude*, comme on l'appelle, énoncé par Heisenberg. On pourrait l'expliquer comme suit : toute mesure physique implique un échange d'énergie entre l'objet mesuré et l'appareil mesurant (lequel peut être l'observateur lui-même). Un rayon lumineux, par exemple, peut être dirigé sur l'objet et l'appareil de mesure peut absorber partiellement la lumière répandue reflétée par l'objet. Un tel échange d'énergie altérera l'état de ce dernier qui sera, après la mesure, différent. La mesure donne donc, en quelque sorte, la connaissance d'un état qui a précisément été détruit par le processus de mesure lui-même. Cette interférence du processus de mesure et de l'objet mesuré peut être négligée dans le cas d'objets macroscopiques mais non dans celui d'objets atomiques. Ceux-ci peuvent, en effet, être fortement modifiés, par une irradiation lumineuse par exemple. Il est donc impossible d'inférer du résultat de sa mesure l'état exact qu'aura un objet atomique, immédiatement *après* avoir été mesuré. *La mesure ne peut donc servir de base à des prévisions.* Sans doute est-il toujours possible de constater, à l'aide de nouvelles mesures, l'état de l'objet après la mesure précédente mais par là le système se trouve de nouveau en interférence avec la mesure d'une manière impossible à calculer. Sans doute est-il possible d'agencer nos mesures de façon à ce que certaines caractéristiques de l'état à mesurer — le moment de la particule, par exemple — ne soient pas modifiées. Mais ceci ne peut se faire qu'au prix d'une interférence extrêmement importante avec certaines autres grandeurs caractéristiques de l'état à mesurer (en l'occurrence, la position de la particule). Si deux grandeurs sont ainsi en corrélation, le théorème selon lequel elles ne peuvent être mesurées ensemble avec précision, bien qu'elles puissent l'être chacune séparément, leur est applicable. C'est ainsi que si nous accroissons la précision de l'une des deux mesures, disons celle du moment px, réduisant par là le domaine ou intervalle d'erreur Δpx, nous sommes contraints de diminuer la précision de la position correspondante x, c'est-à-dire d'augmenter l'intervalle Δx. Ainsi la plus grande précision accessible se trouve-t-elle limitée, selon Heisenberg, par la relation d'incertitude (2),

(2) Pour la déduction de cette formule, *cf.* la note 2 de la section 75.

$$\Delta x . \ \Delta p_x \ > \ \frac{h}{4\pi}.$$

On peut établir des relations semblables pour les autres coordonnées. La formule nous dit que le produit des deux domaines d'erreur est au moins de l'ordre de grandeur de h, h étant le quantum d'action de Planck. Il résulte de cette formule qu'une mesure tout à fait précise de l'une des deux grandeurs ne pourra être réalisée qu'au prix d'une indétermination complète de l'autre.

Conformément aux relations d'incertitude d'Heisenberg, toute mesure de la position interfère avec la mesure de la composante correspondante du moment. Il est donc en principe impossible de prédire le *parcours d'une particule*. « Dans la nouvelle mécanique le concept de « parcours » n'a absolument aucune signification définie ... (3). »

Mais c'est ici que surgit la première difficulté. Les relations d'incertitude ne s'appliquent qu'aux grandeurs (caractéristiques des états physiques) que revêt la particule après avoir été mesurée. *Jusqu'à l'instant de la mesure*, on peut se rendre compte de la position et du moment d'un électron, avec une précision illimitée. Ceci résulte du fait qu'il est — après tout — possible d'exécuter plusieurs opérations de mesure successives. Dès lors, en combinant les résultats (a) des deux mesures de la position, (b) de la mesure de la position précédée de celle du moment et (c) de la mesure de la position suivie de celle du moment, il serait possible, à l'aide des données obtenues, de calculer avec précision les coordonnées position et moment pour toute la période de temps s'étalant *entre* les deux mesures. (Pour commencer nous pouvons ne tenir compte que de cette période (4).) Mais ces calculs précis ne peuvent, selon Heisenberg, servir à la prévision ; il est donc impossible de les soumettre à des tests. La raison en est qu'ils sont valides pour le parcours réalisé entre les deux expériences au seul cas où la seconde suit immédiatement la première, c'est-à-dire où aucune interférence ne s'est produite entretemps. Tout test qui pourrait être agencé en vue de contrôler la course parcourue entre les deux expériences la modifiera nécessairement au point de rendre nos calculs précis invalides. Heisenberg dit à propos de ces derniers : « ... l'attribution d'une réalité physique quelconque aux calculs de l'histoire passée de l'électron est pure affaire de goût (5). » Il

(3) March, *Die grundlagen der Quantenmechanik* (1931), p. 55.
(4) Je montrerai en détail dans la section 77 et dans l'appendice VI que dans certaines circonstances, le cas (b) nous permettra également de calculer le passé de l'électron antérieur à la première mesure. (La prochaine citation d'Heisenberg semble faire allusion à ce fait.) * Je considère à présent cette note, de même que la section 77, comme une erreur.
(5) Heisenberg, *Die Physikalischen Prinzipien der Quantentheorie* (1930), p. 15. (La traduction anglaise, p. 20, le dit très bien : « is a matter of personal belief ».)

est évident qu'il veut dire par là que ces incontrôlables calculs de parcours sont dépourvus de toute signification aux yeux du physicien. Schlick commente comme suit ce passage de Heisenberg : « Je voudrais m'être exprimé encore plus vigoureusement, en parfait accord avec les conceptions fondamentales de Bohr et Heisenberg eux-mêmes, que je crois être incontestables. Si un énoncé relatif à la position d'un électron dans des dimensions atomiques ne peut être vérifié, nous ne pouvons lui attribuer aucun sens ; il s'avère impossible de parler du « parcours » d'une particule entre deux points où elle a été observée ». (6) [On trouve chez March (7), Weyl (8) et d'autres, des remarques semblables.]

Pourtant comme nous venons de l'apprendre, *il est possible de calculer* un parcours ainsi « dépourvu de sens », ou métaphysique, dans les termes du nouveau formalisme. Et ceci prouve qu'Heisenberg n'a pu réaliser son programme. Cet état de choses ne permet en effet que deux interprétations. La première consiste à dire que la particule a une position et un moment précis (et donc également un parcours précis) mais qu'il nous est impossible de les mesurer simultanément. S'il en est ainsi, la nature reste encline à cacher à nos yeux certaines grandeurs physiques ; non pas la position, et pas davantage le moment, de la particule, mais la combinaison de ces deux grandeurs, la « *position-avec-le-moment* » c'est-à-dire le « parcours ». Cette interprétation fait du principe d'incertitude une limitation de notre connaissance ; elle est donc *subjective*. L'autre interprétation possible, laquelle est *objective*, affirme qu'il est inadmissible, incorrect, ou métaphysique, d'attribuer à la particule quelque chose comme « une position-avec-un-moment », ou un « parcours », déterminé avec précision : elle n'*a* tout simplement pas de « parcours », mais seulement une position précise associée à un moment imprécis ou un moment précis associé à une position imprécise. Mais si nous acceptons cette interprétation, le formalisme de la théorie est encore grevé d'éléments métaphysiques. En effet, l'on peut comme nous l'avons vu, calculer avec précision le « parcours » ou la « position-avec-le-moment » de la particule, précisément pour les périodes de temps durant lesquelles il est en principe impossible de soumettre la particule à des tests d'observation.

(6) Schlick, *Die Kausalität in der Gegenwartigen Physik*, *Die Naturwissenschaften*, 19, 1931, p. 159.
(7) March, *op. cit.*, *passim* (*e.g.* pp. 1 et p. 57).
(8) Weyl, *Gruppentheorie und Quantenmechanik* (2e édition, 1931), p. 68 (*cf.* la dernière citation à la fin de la section 75 : «... la signification de ces concepts... »).
* Le paragraphe auquel il est fait référence semble avoir été omis dans la traduction anglaise, *The Theory of Group and Quantum Mechanics*, 1931.

Il est éclairant de remarquer la manière dont les défenseurs de la relation d'incertitude hésitent entre une approche subjective et une approche objective. Schlick, par exemple, écrit, tout de suite après avoir, comme nous l'avons vu, soutenu la conception objective : « Au sujet des événements naturels eux-mêmes il est impossible d'affirmer, en un discours pourvu de sens, l' « imprécision » ou l' « inexactitude ». Ce n'est *qu'*à nos propres pensées que nous pouvons attribuer des défauts de ce genre (surtout si nous ne savons pas quels énoncés... sont vrais). » Cette remarque est manifestement dirigée *contre* cette même interprétation objective d'après laquelle ce n'est pas notre connaissance mais bien le moment de la particule qui « se brouille » ou « s'estompe », en quelque sorte lorsque la position de la particule est mesurée avec précision (* 1). Beaucoup d'autres auteurs hésitent de la même façon. Mais, que l'on décide en faveur de la conception objective ou en faveur de la conception subjective, il n'en reste pas moins qu'Heisenberg n'a pas réalisé son programme et n'a pas réussi dans la tâche qu'il s'était lui-même imposée, à savoir celle d'expulser tous les éléments métaphysiques de la théorie atomique. On n'y gagne donc rien du tout à essayer avec lui d'associer les deux interprétations opposées par une remarque comme celle-ci : « ... une physique « objective » en ce sens, c'est-à-dire, une nette division du monde en objets et en sujets a vraiment cessé d'être possible (9). » Heisenberg n'a pas, jusqu'ici, réalisé la tâche qu'il s'était imposée : il n'a pas encore purgé la théorie quantique de ses éléments métaphysiques.

74. — BREF EXPOSÉ DE L'INTERPRÉTATION STATISTIQUE DE LA THÉORIE QUANTIQUE.

Dans sa déduction des relations d'incertitude, Heisenberg suit Bohr en utilisant l'idée que l'on peut tout aussi bien représenter les processus atomiques par « l'image quantique d'une particule » que par « l'image quantique d'une onde ».

Cette idée est liée au fait que la théorie quantique moderne a suivi deux voies différentes. Heisenberg partit de la théorie classique qui voyait en l'électron une particule et réinterpréta cette

---

(* 1) Nous devons à Schrödinger l'expression « s'estompe » (gets « smeared »). Le problème de l'existence ou de la non-existence objective d'un « parcours » — celui de savoir si le parcours « s'estompe » ou s'il est simplement incomplètement connu — est, à mon avis, fondamental. Son importance a été accrue par l'expérience d'Einstein, Podolski et Rosen. Celle-ci fait l'objet de notre examen dans les appendices * XI et * XII.
(9) Heisenberg, *Physikalische Prinzipien*, p. 49.

théorie de manière à l'adapter à la théorie quantique, alors que Schrödinger partit de la théorie (tout aussi « classique ») ondulatoire de de Broglie : il coordonna à chaque électron un « paquet d'ondes », c'est-à-dire un groupe d'oscillations qui, par interférence, se renforcent mutuellement à l'intérieur d'une petite région et s'arrêtent mutuellement en dehors d'elle. Schrödinger montra dans la suite que sa mécanique ondulatoire conduisait à des résultats mathématiquement équivalents à ceux de la mécanique corpusculaire d'Heisenberg.

Le paradoxe que constituait l'équivalence de deux images aussi différentes que celle d'une onde et celle d'une particule fut dissipé par l'interprétation statistique que Bohr donna des deux théories. Il montra que la théorie ondulatoire pouvait elle aussi être considérée comme une théorie corpusculaire ; en effet, il est possible d'interpréter l'équation de Schrödinger de telle manière qu'elle nous donne la *probabilité de trouver la particule* dans une quelconque région donnée de l'espace. (La probabilité es tdéterminée par le carré de l'amplitude de l'onde ; elle est grande à l'intérieur du paquet d'ondes où les ondes se renforcent mutuellement et devient nulle à l'extérieur.)

Divers aspects de la situation problématique qui se présentait suggérèrent une interprétation *statistique* de la théorie quantique. La tâche la plus importante à réaliser — à savoir la déduction des spectres atomiques — devait être considérée comme une tâche statistique depuis l'hypothèse einsteinienne des photons (ou quanta de lumière). En effet, cette hypothèse interprétait les effets lumineux observés comme des phénomènes de nombre ; comme des phénomènes dus à l'incidence de nombreux photons. « Les méthodes expérimentales de la physique atomiques sont désormais..., comme l'indique l'expérience, concernées par les seules questions statistiques. La mécanique quantique, qui fournit la théorie systématique des régularités observées, correspond à tous égards à l'état actuel de la physique expérimentale car elle se limite, dès l'abord, à des questions statistiques et à des réponses statistiques » (1).

C'est seulement lorsqu'on l'applique à des problèmes de physique atomique que la théorie quantique donne des résultats différant de ceux de la mécanique classique. Appliquées à des processus macroscopiques ses formules donnent, à très peu de choses près, les résultats de la mécanique classique. « Selon la théorie quantique, les lois de la mécanique classique sont valides si on les considère comme des énoncés relatifs aux relations exis-

(1) Born, Jordan, *Elementare Quantenmechanik* (1930), pp. 322 et suiv.

tant entre des moyennes statistiques » nous dit March (2). En
d'autres termes, l'on peut déduire les formules classique en tant
que macro-lois. L'on essaie, dans certains exposés, d'*expliquer*
l'interprétation statistique de la théorie quantique par le fait que
la précision accessible dans la mesure de grandeurs physiques est
limitée par les relations d'incertitude d'Heisenberg. L'on prétend
qu'*à cause de cette incertitude* des mesures propre à toutes les expériences atomiques, « ... le résultat ne sera en général pas déterminé,
c'est-à-dire que, répétée plusieurs fois dans des conditions identiques, l'expérience pourra donner plusieurs résultats différents.
Si l'on répète l'expérience un grand nombre de fois, l'on verra
que chaque résultat particulier sera obtenu dans une fraction déterminée du nombre total de cas, de sorte que l'on peut dire qu'il
y a une probabilité déterminée de l'obtenir chaque fois que l'on
réalise l'expérience » (Dirac) (3). March, lui-aussi, écrit à propos
de la relation d'incertitude : « Entre le présent et le futur il n'y a
..... que des relations de probabilité ; il devient donc évident que
la nouvelle mécanique doit avoir le caractère d'une théorie statistique (4). »

Je ne pense pas que cette analyse des relations existant entre les
formules d'incertitude et l'interprétation statistique de la théorie
quantique soit acceptable. Il me semble que le rapport logique
qui existe entre elles est exactement inverse. Nous pouvons en
effet, déduire les formules d'incertitude de l'équation ondulatoire
de Schrödinger (qui doit être interprétée statistiquement), mais
l'on ne peut déduire cette dernière des formules d'incertitude.
Si nous voulons prendre en juste considération ces relations de
déductibilité, nous devrons revoir l'interprétation des formules
d'incertitude.

75. — Réinterprétation statistique des formules d'incerti-
TUDE.

Depuis Heisenberg, l'on accepte comme un fait établi que toutes
les mesures simultanées de la position et du moment qui auraient

(2) March, *Die Grundlagen der Quantenmechanik* (1931), p. 170.
(3) Dirac, *Quantum Mechanics* (1930), p. 10. * (de la 1ere édition). On trouve
à la page 14 de la 3e édition un passage parallèle, un rien plus emphatique. « ...en
général le résultat ne sera pas déterminé, c'est-à-dire que si l'on répète plusieurs
fois l'expérience dans des conditions identiques, l'on peut obtenir plusieurs résultats différents. C'est pourtant une loi de la nature qui veut que si l'expérience
est répétée un grand nombre de fois, chaque résultat particulier sera obtenu dans
une fraction déterminée du nombre total de cas de sorte que l'on peut dire qu'il
y a une *probabilité* déterminée de l'obtenir. »
(4) March, *Die Grundlagen der Quantenmechanik*, p. 3.

une précision supérieure à celle qu'autorisent les relations d'incertitude contrediraient la théorie quantique. Cette « interdiction » de mesures exactes peut être logiquement déduite, croit-on, de la théorie quantique ou de la mécanique ondulatoire. Conformément à cette conception, il faudrait considérer la théorie comme falsifiée si l'on pouvait réaliser des expériences ayant pour résultats des mesures d'une « précision interdite » (1).

Je crois que cette conception est fausse. Sans doute, est-il vrai que les formules d'Heisenberg ($\Delta x \Delta p_x \geqslant \dfrac{h}{4\pi}$ etc.) constituent des conclusions logiques de la théorie (2) mais ce qui ne se déduit pas de la théorie, c'est *l'interprétation* de ces formules comme des règles limitant la précision accessible dans la mesure, au sens où l'entend Heisenberg. Il s'ensuit que des mesures plus précises qu'il n'est permis selon Heisenberg ne peuvent être en contradiction logique avec la théorie quantique ou la mécanique ondulatoire. Aussi ferai-je une nette distinction entre les *formules*, que j'appellerai, pour être bref, les « formules d'Heisenberg » et leur *interprétation* — due également à Heisenberg — comme des relations d'incertitude, c'est-à-dire des énoncés imposant des *limites à la précision accessible dans la mesure*.

Lorsqu'on procède à la déduction mathématique des formules d'Heisenberg, l'on doit utiliser l'équation ondulatoire ou une hypothèse équivalente, c'est-à-dire une hypothèse susceptible de recevoir une *interprétation statistique* (comme nous l'avons vu dans la section précédente). Mais si l'on adopte cette interprétation, la description d'une particule individuelle comme un paquet d'ondes n'est manifestement rien d'autre qu'un *énoncé de probabilité formellement singulier* (*cf.* section 71). L'amplitude de l'onde détermine, comme nous l'avons vu, la probabilité de trouver la particule à un certain endroit ; or c'est précisément cette espèce d'énoncé de probabilité — l'espèce qui fait référence à une particule (ou à

(1) Je m'abstiens ici de critiquer la conception très répandue et assez naïve selon laquelle les arguments d'Heisenberg fournissent une preuve décisive de l'impossibilité de mesures de ce type ; *cf.* par exemple, Jeans, *The New Background of Science*, 1933, p. 233, 2ᵉ édition, 1934, p. 237. « *Science has found no way out of this dilemma. On the contrary, it has proved that there is no way out* ». (La science n'a pas trouvé de moyen pour sortir de ce dilemme. Au contraire, elle a prouvé qu'il n'y avait pas moyen d'en sortir.) Il est évidemment clair qu'on ne pourra jamais fournir aucune preuve de ce genre et qu'au mieux, ce qui pourrait arriver c'est que le principe d'incertitude soit déductible des hypothèses des mécaniques quantique et ondulatoire et puisse être réfuté avec elles. Dans une question comme celle-ci, des assertions spécieuses — telle celle de Jeans — peuvent facilement nous induire en erreur.

(2) Weyl, nous donne une déduction logique rigoureuse : *Gruppentheorie und Quantenmechanik*, 2ᵉ édition 1931, pp. 68 et 345 ; traduction anglaise, pp. 77, 393 et suiv.

un événement) individuelle — que nous avons qualifiée de « formellement singulière ». Si l'on accepte l'interprétation statistique de la théorie quantique, l'on se voit contraint d'interpréter ces énoncés qui, — telles les formules d'Heisenberg — peuvent être déduits des énoncés de probabilité formellement singuliers de la théorie, comme étant eux aussi des énoncés de probabilité ; nous les considérerons, en outre, comme formellement singuliers s'ils sont relatifs à une particule individuelle. Eux aussi doivent donc, être interprétés en dernier ressort comme des *affirmations statistiques*.

A l'opposé de l'interprétation subjective — « Nous en savons d'autant moins à propos du moment d'une particule que nous mesurons sa position avec plus de précision » — je propose que nous acceptions l'interprétation objective et statistique des relations d'incertitude comme interprétation fondamentale. Nous pouvons l'exprimer à peu près comme suit. Étant donné un agrégat de particules et ayant sélectionné (au sens d'une séparation physique) celles qui, à un certain instant et avec une certain degré de précision donné, ont une certaine position x, nous constaterons que leurs moments p_x présentent une répartition aléatoire ; et le domaine de répartition Δp_x sera de ce fait d'autant plus grand que nous aurons rendu plus petit Δx, à savoir le domaine d'imprécision accordé aux positions. Et vice versa : si nous sélectionnons ou séparons ces particules dont les moments p_x tombent tous dans un domaine prescrit Δp_x, nous constaterons que leurs positions se répartissent au hasard, à l'intérieur d'un domaine Δx qui sera d'autant plus grand que sera rendu plus petit Δp_x, le domaine de répartition ou d'imprécision accordé aux moments. Et enfin : si nous essayons de sélectionner les particules qui ont à la fois les propriétés Δx et Δp_x, nous ne pourrons réaliser physiquement une telle sélection — c'est-à-dire séparer physiquement les particules — que si les deux domaines sont rendus suffisamment grands pour satisfaire l'équation $\Delta x . \Delta p_x \geqslant \dfrac{h}{4\,\pi}$. Selon cette interprétation objective, les formule d'Heinsenberg nous disent qu'il y a certaines relations entre certains domaines de répartition. En me référant à cette interprétation, je parlerai de *« relations de répartition statistique »* (* 1).

Dans notre interprétation statistique, je n'ai fait jusqu'ici aucune mention de *mesure* ; je n'ai fait référence qu'à une *selection physique* (3). Il convient à présent d'éclaircir la relation existant entre ces deux concepts.

Je parle de sélection physique ou de séparation physique lorsque par exemple, nous cachons par un écran toutes les particules d'un faisceau à l'exception de celles qui passent par une ouverture étroite Δx, c'est-à-dire par un domaine Δx accordé à leur position. Je dirai des particules faisant partie du rayon ainsi isolé qu'elles ont été sélectionnées physiquement ou techniquement, en fonction de leur propriété Δx. Je réserve l'appellation de « sélection physique » à ce seul processus ou à son résultat — par opposition à une sélection purement « mentale » ou « imaginée » telle que nous en opérons lorsque nous parlons de la classe des particules qui sont passées ou passeront, par le domaine Δp. C'est-à-dire lorsque nous parlons d'une classe faisant partie d'une classe plus vaste de particules dont elle n'a pas été physiquement exclue.

Or, toute sélection physique peut naturellement être considérée comme une *mesure* et peut réellement être utilisée comme telle (4). Si l'on sélectionne un rai de particules par exemple, en cachant, ou en excluant, toutes les particules qui ne passent pas par certain domaine délimitant une position (« *place-selection* ») et si l'on mesure ensuite le moment de l'une de ces particules, l'on peut considérer la sélection en fonction de la position comme une mesure de position puisqu'elle nous renseigne sur le fait que la particule est passée par une certaine position (bien que nous ne puissions parfois pas savoir, ou ne puissions savoir que par une autre mesure, *quand* cela s'est produit). D'autre part, nous ne devons pas considérer toute mesure comme une sélection physique. Imaginons, par exemple, un rayon monochromatique d'électrons se déplaçant vers x. En utilisant un compteur Geiger, nous pouvons enregistrer les électrons qui arrivent à une certaine place. A l'aide des intervalles de temps qui séparent les impacts sur le compteur, nous pouvons également mesurer les intervalles spatiaux, c'est-à-dire que nous pouvons mesurer la position des électrons se déplaçant vers x, jusqu'au moment de l'impact. Mais en prenant ces mesures, nous n'effectuons pas une sélection physique des particules en fonction de leurs positions en direction de x. (Et en effet, ces

(3) Weyl, entre autres, parle lui aussi de « sélections » ; voyez *Gruppentheorie und Quantenmechanik*, p. 67 et suiv., traduction anglaise p. 76 et suiv. ; mais contrairement à ce que je propose, il n'oppose pas mesure et sélection.
(4) Conformément à l'usage linguistique accepté par les physiciens, j'entends par « mesure » non seulement les opérations directes visant à mesurer mais aussi les mesures obtenues indirectement par des calculs. (Ce sont pratiquement les seules mesures que l'on rencontre en physique.)

mesures donneront en général une distribution aléatoire des positions en direction de x.)

Dans leur application physique, nos relations de répartition statistique, reviennent donc à ceci : si l'on essaie, par quelque moyen physique, d'obtenir un *agrégat de particules aussi homogène que possible*, l'on rencontre une limite définie dans ces relations de répartition. Ainsi, nous pouvons obtenir au moyen d'une sélection physique un rayon monochromatique plan, un rayon d'électrons ayant le même moment, par exemple. Mais si nous essayons de rendre cet agrégat d'électrons encore plus homogène — peut-être en en cachant une partie — de manière à obtenir des électrons qui non seulement ont le même moment mais sont en outre passés par une fente étroite déterminant un domaine de position Δx, nous échouerons nécessairement. Nous échouerons parce que toute sélection opérée en fonction de la position des particules constitue une interférence avec le système, interférence qui aura pour résultat d'accroître la répartition des vitesses composantes p_x, de telle sorte que la répartition croîtra (conformément à la loi exprimée par la formule d'Heisenberg) avec le rétrécissement de la fente. Et inversement : si l'on nous donne un rayon constitué d'électrons sélectionnés en fonction de leur position par un passage dans une fente et si nous essayons de le rendre « parallèle » (ou « plan ») et monochromatique, nous annulerons nécessairement la sélection relative à la position puisque nous ne pourrons éviter d'élargir le rayon. (Idéalement — par exemple si les composantes p_x des particules en viennent toutes à égaler o — la largeur devrait devenir infinie.) Si l'homogénéité d'une sélection a été accrue autant que possible (c'est-à-dire autant que le permettent les formules d'Heisenberg, de manière à rendre valide le signe d'égalité de ces formules), l'on peut qualifier cette sélection de *cas pur* (5).

En utilisant cette terminologie, nous pouvons formuler les relations de répartition statistique de la manière suivante : il n'y a pas d'agrégat de particules qui soit plus homogène qu'un cas pur (* 2).

(5) Nous devons l'expression à Weyl (*Zeitschrift für Physik* 46, 1927, p. 1) et J. von Neumann (Göttinger Nachrichten, 1927, p. 245). Si, à la suite de Weyl (*Gruppentheorie und Quantenmechanik*, p. 70 ; traduction anglaise, p. 79 ; cf. aussi Born-Jordan, *Elementare Quantenmechanik*, p. 315), nous caractérisons le cas pur comme un cas « ... qu'il est impossible de produire en combinant deux collections statistiques qui en diffèrent » les cas purs répondant à cette description ne sont pas nécessairement des sélections purement relatives au moment, ou à la position. L'on pourrait en produire par exemple, en effectuant une sélection en fonction de la position avec un certain degré choisi de précision et en fonction du moment avec la plus grande précision encore accessible.
(* 2) Dans le même sens que la note (* 1), ceci devrait, naturellement, être

Jusqu'à présent on n'a pas suffisamment tenu compte du fait qu'à la déduction mathématique des formules d'Heisenberg effectuée à partir des équations fondamentales de la théorie quantique doit correspondre, avec précision, une déduction de l'*interprétation* des formules d'Heisenberg à partir de *l'interprétation* de ces équations fondamentales. March, par exemple, a donné de la situation une description exactement inverse (comme cela a été signalé dans la section précédente) : comme il la présente, l'interprétation statistique de la théorie quantique paraît être une conséquence des limites imposées par Heisenberg à la précision accessible. Weyl, d'autre part, nous donne une déduction rigoureuse des formules d'Heisenberg à partir de l'équation ondulatoire, équation qu'il interprète en termes statistiques. Pourtant, il interprète les formules d'Heisenberg — qu'il vient de déduire à partir d'une prémisse interprétée en termes statistiques — comme des limitations à la précision accessible. Mais il n'en fait pas moins remarquer que cette interprétation des formules s'oppose à certains égards à l'interprétation statistique de Born. En effet, selon Weyl, l'interprétation de Born doit faire l'objet d'une «correction», à la lumière des relations d'incertitude. « Ce n'est pas que la position et le moment d'une particule soient simplement soumis à des lois statistiques, alors que dans chaque cas individuel ils sont déterminés avec précision. C'est plutôt que la véritable signification de ces concepts de position et de moment dépend des mesures requises pour les constater ; or une mesure précise de la position nous prive de la possibilité de nous rendre compte du moment » (6).

Le conflit perçu par Weyl, entre l'interprétation statistique que donne Born de la théorie quantique et les limites imposées par Heisenberg à la précision accessible, existe réellement. Mais il est plus grave que ne le pense Weyl. Non seulement il est impossible de déduire les restrictions imposées à la précision accessible à partir de l'équation ondulatoire interprétée en termes statistiques mais encore le fait (dont la démonstration m'incombe encore) que ni les expériences possibles, ni les résultats expérimentaux réels ne s'accordent avec l'interprétation d'Heisenberg, peut être considéré comme un argument décisif, comme une sorte d'*experimentum crucis*, en faveur de l'interprétation statistique de la théorie quantique.

reformulé : « Il n'y a pas d'arrangement expérimental capable de produire un agrégat ou une séquence d'expériences donnant des résultants plus homogènes qu'un cas pur. »

(6) Weyl, *Gruppentheorie und Quantenmechanik*, p. 78. * Le paragraphe cité ici me semble avoir été omis dans la traduction anglaise.

76. — Un essai visant a l'élimination des éléments métaphysiques en inversant le programme d'Heisenberg. Applications.

Si nous admettons au départ que les formules propres à la théorie quantique sont des hypothèses de probabilité et donc des énoncés statistiques, il nous est difficile de voir comment nous pourrions déduire d'une théorie statistique de cette espèce des interdictions relatives à des événements singuliers (à l'exception peut-être des cas de probabilités égales à un ou à zéro). La croyance selon laquelle des mesures individuelles peuvent être en contradiction avec les formules de la physique quantique me semble logiquement insoutenable ; tout aussi insoutenable que la croyance selon laquelle on pourrait un jour découvrir une contradiction entre un énoncé de probabilité formellement singulier $_\alpha P_k(\beta) = p$ (soit « la probabilité que le coup k soit un cinq égale $\frac{1}{6}$ ») et l'un des deux énoncés suivants : $k \, \varepsilon \, \beta$ (« Le coup donne en fait un cinq ») ou $k \, \varepsilon \, \overline{\beta}$ (« le coup ne donne en fait pas un cinq »).

Ces simples considérations nous fournissent les moyens de réfuter n'importe quelles prétendues preuves destinées à montrer que des mesures précises de la position et du moment seraient en contradiction avec la théorie quantique ; ou destinées, peut-être, à montrer que la simple hypothèse d'après laquelle de telles mesures sont physiquement possibles doit conduire à des contradictions à l'intérieur de la théorie. En effet, toute preuve de ce type doit appliquer des considérations de la théorie quantique à des particules *individuelles* ; ce qui signifie qu'elle doit utiliser des énoncés de probabilité formellement singuliers et, de plus, qu'il doit être possible de traduire cette preuve — mot pour mot, en quelque sorte — dans le langage de la statistique. Si nous le faisons, nous découvrons qu'il n'y a pas de contradiction entre les mesures individuelles dont on présume la précision et la théorie quantique dans son interprétation statistique. Il n'y a contradiction qu'apparente entre ces mesures précises et certains énoncés de probabilité formellement singuliers de la théorie. (Nous examinerons dans l'appendice V un exemple de ce type de preuve.)

Mais, alors qu'il est faux de dire que la théorie quantique *interdit* les mesures précises, il est correct de dire qu'à partir de formules propres à la théorie quantique — interprétées en termes statistiques — *l'on ne peut déduire aucune prévision singulière précise.* (Je ne compte parmi les formules propres à la théorie quantique ni la loi de la conservation de l'énergie, ni celle de la conservation du moment.)

S'il en est ainsi c'est que, compte tenu des relations de répartition, nous ne pourrons en particulier pas parvenir à produire des conditions initiales précises, en manipulant expérimentalement le système, c'est-à-dire au moyen de sélections physiques, comme nous les avons appelées. Or il est vrai que la technique habituelle de l'expérimentateur consiste à *produire* ou *construire* des conditions initiales ; et ceci nous permet de déduire de nos relations de répartition statistique le théorème — valide seulement pour cette technique expérimentale « constructive » — selon lequel nous ne pouvons obtenir à partir de la théorie quantique, aucune prévision singulière mais seulement des prédictions relatives à des fréquences (1).

Ce théorème résume mon attitude envers toutes ces expériences imaginaires que Heisenberg analyse (suivant ici Bohr pour une grande part) dans le but de prouver qu'il est impossible d'effectuer des mesures atteignant une précision interdite par son principe d'incertitude. Il s'agit en tout cas de la même chose : la répartition statistique rend impossible de *prévoir* quel sera le parcours d'une particule après la mesure.

Notre interprétation du principe d'incertitude pourrait bien sembler ne pas nous faire gagner grand-chose. En effet (comme j'ai essayé de le montrer), Heisenberg lui-même ne fait en somme *qu'affirmer* que nos *prévisions* sont soumises à ce principe. Et, comme à ce sujet je suis jusqu'à un certain point d'accord avec lui, on pourrait penser que la querelle ne porte que sur des mots et non sur quelque question essentielle. Mais ceci ne rendrait guère justice à mon argumentation. Je pense vraiment que la conception d'Heisenberg et la mienne sont diamétralement opposées. Ceci apparaîtra en détail dans la prochaine section. En attendant, je vais essayer de résoudre les difficultés-types inhérentes à l'interprétation d'Heisenberg ; je vais également essayer d'éclaircir la manière dont surgissent ces difficultés et les raisons pour lesquelles elles le font.

Nous devons commencer par prendre en considération la difficulté qui, comme nous l'avons vu, entraîne l'échec du programme d'Heinsenberg. Il s'agit de l'apparition dans le formalisme d'énoncés précis relatifs à la position et au moment ; ou, en d'autres termes, de calculs exacts d'un parcours (*cf.* section 73) dont Heisenberg est contraint de mettre en doute la réalité physique, tandis que

---

(1) L'expression « technique de construction expérimentale » est utilisée par Weyl, *Gruppentheorie und Quantenmechanik*, p. 67 ; traduction anglaise, p. 76.

d'autres, tel Schlick, la dénient complètement. Or les expériences
en question, (*a*), (*b*) et (*c*) — voyez la section 73 — peuvent toutes
être interprétées en termes statistiques. Par exemple, la combinaison (*c*), c'est-à-dire une mesure de position suivie d'une mesure
de moment, peut être réalisée par une expérience comme celle-ci :
nous choisissons un rayon en fonction d'une position à l'aide
d'un diaphragme pourvu d'une fente étroite (mesure de position) ;
nous mesurons alors le moment des particules passées par la fente
et se déplaçant dans une direction déterminée. (Cette seconde mesure produira naturellement une nouvelle répartition des positions.)
Ensemble les deux expériences détermineront alors avec précision
le parcours de toutes les particules faisant partie de la seconde
sélection, dans la mesure où ce parcours a lieu entre les deux
mesures : on peut calculer avec précision la position et le moment
entre les deux mesures.

Or ces mesures et calculs, qui correspondent précisément aux
éléments considérés comme superflus dans l'interprétation d'Heisenberg, ne le sont aucunement dans le cadre de mon interprétation. Sans doute ne servent-ils pas de conditions initiales ou
de bases pour la déduction de prévisions mais ils sont néanmoins
indispensables : *ils sont requis pour soumettre à des tests nos prévisions, lesquelles sont des prévisions statistiques.* En effet, ce que nos
relations de répartition statistique disent, c'est que les moments
doivent présenter une répartition lorsque les positions sont déterminées avec plus d'exactitude, et inversement. C'est là une prévision qui ne pourrait être soumise à des tests, ou falsifiée, si nous
n'étions en mesure de mesurer et de calculer, à l'aide d'expériences
de l'espèce décrite, les diverses répartitions de moments qui se
produisent immédiatement après une sélection quelconque effectuée en fonction de la position (* 1).

(* 1) Je considère ce paragraphe (de même que la première phrase du prochain paragraphe) comme l'un des plus importants de cette discussion et comme
l'un de ceux avec lequel je puis encore être tout à fait d'accord. Puisqu'il ne
cesse d'y avoir des malentendus, je vais expliquer la question de manière plus
complète. Les *relations de répartition* nous disent que, si nous faisons en sorte
que soit pratiquée une sélection rigoureuse de la position (par une fente dans
un écran, par exemple), les moments subiront de ce fait une répartition.
(Plutôt que « indéterminés », les moments individuels deviennent « imprévi-
sibles », en un sens qui nous permet de prévoir qu'ils subiront une répartition.)
C'est là une prévision que nous devons soumettre à des tests en *mesurant les
moments individuels* de manière à déterminer leur distribution statistique. Ces
mesures des moments individuels (qui provoqueront une nouvelle répartition —
mais ceci est hors de propos) donneront dans chaque cas des résultats aussi précis
que nous le voulons et, en tout cas, beaucoup plus précis que Δp, c'est-à-dire la
largeur moyenne du domaine de répartition. Or ces mesures des divers
moments individuels nous permettent de calculer leurs valeurs à l'endroit où
la position fut sélectionnée, et mesurée, par la fente. Et ce « calcul de l'histoire
passée » de la particule (*cf.* note 3 de la section 73) est essentiel ; à défaut de
lui, nous ne pourrions pas affirmer avoir mesuré les moments immédiatement
après la sélection des positions et nous ne pourrions pas affirmer avoir contrôlé

La théorie interprétée en termes statistiques n'exclut donc pas la possibilité de mesures individuelles précises ; au contraire, elle ne pourrait être soumise à des tests et serait donc métaphysique si ces dernières étaient impossibles. C'est ainsi que le programme d'Heisenberg — l'élimination des éléments métaphysiques — se trouve ici réalisé, mais par une méthode exactement opposée à la sienne. En effet, alors qu'il tentait d'exclure des grandeurs considérées comme inadmissibles (sans y parvenir tout à fait), je renverse la tentative, si l'on peut dire, en montrant que le formalisme qui contient ces grandeurs est correct pour la simple raison que *ces grandeurs ne sont pas métaphysiques*. Une fois que nous avons renoncé au dogme inhérent à la restriction qu'impose Heinsenberg à la précision accessible, il n'y a plus de raison de mettre en doute la signification physique de ces grandeurs. Les relations de répartition sont des prévisions de fréquences relatives à des parcours ; il faut donc que ces parcours puissent être mesurés — tout comme des coups de dé, donnant cinq, par exemple, doivent pouvoir être constatés empiriquement — si nous devons être en mesure de soumettre à des tests nos précisions de fréquences relatives à ces parcours ou à ces coups de dés.

Le fait qu'Heinsenberg rejette le concept de parcours et qu'il parle de « grandeurs non observables », manifeste clairement l'influence d'idées philosophiques et surtout positivistes. Soumis à la même influence, March écrit : « On peut dire, sans crainte de malentendu, que pour le physicien un corps n'a de réalité qu'au moment où il l'observe. Bien sûr personne n'est assez insensé pour dire qu'un corps cesse d'exister dès le moment où nous lui tournons le dos ; mais il cesse, à ce moment, d'être un objet d'examen pour le physicien, parce qu'il n'y a aucune possibilité de dire quoi que ce soit à son propos, qui soit fondé sur l'expérience (2). »

En d'autres termes, l'hypothèse selon laquelle un corps suit tel ou tel parcours n'est *pas vérifiable* pendant que ce corps n'est pas observé. Ceci est bien sûr évident mais inintéressant. Ce qui est important, c'est que cette hypothèse et d'autres semblables sont *falsifiables* : nous fondant sur l'hypothèse qu'il suit un certain parcours, nous pouvons prévoir que le corps pourra être observé à telle ou telle place ; et c'est là une prévision qui peut être réfutée.

---

les relations de répartition — ce que nous faisons en fait lors de toute expérience qui révèle un accroissement de répartition conséquemment à une diminution de la largeur d'une fente. Aussi n'est-ce que la précision de la *prévision* qui se « trouble » ou « s'estompe » ; jamais la précision d'une *mesure*.

(2) March, *Die Grundlagen der Quantenmechanik*, p. 1. * La position de Reichenbach est similaire ; elle fait l'objet d'une critique dans mon *Postscript*, section * 13.

Nous verrons dans la prochaine section que la théorie quantique n'exclut *pas* ce genre de procédure. Mais, en fait, ce que nous avons dit ici suffit amplement (* 2) car cela élimine toutes les difficultés liées à la prétendue « absence de signification » du concept de parcours. Nous comprendrons à quel point ceci nous aide à clarifier la situation, si nous nous rappelons les conclusions drastiques qui ont été tirées du soi-disant insuccès du concept de parcours. Schlick les formule ainsi : « La manière la plus concise de décrire la situation en question consiste peut-être à dire (comme le font les chercheurs les plus éminents dans le domaine des problèmes de la théorie quantique) que les concepts spatio-temporels ordinaires ne sont valides que dans la sphère des dimensions macroscopiques observables et qu'ils ne peuvent être appliqués à des dimensions atomiques (3). » Schlick fait probablement ici allusion à Bohr, qui écrit : « On peut donc présupposer que là où le problème général de la théorie quantique est en jeu, il ne s'agit pas d'une simple modification des théories mécaniques et électrodynamiques, d'une modification que l'on pourrait décrire à l'aide des concepts physiques ordinaires, mais bien de la réelle insuffisance des images spatio-temporelles que nous avons toujours utilisées jusqu'ici dans la description des phénomènes naturels (4). » Heisenberg adopta cette idée de Bohr — l'abandon des descriptions spatio-temporelles — comme base de son programme de recherche. Le succès qu'il obtint parut montrer qu'il s'agissait d'un abandon fécond. Mais en fait, il ne réalisa jamais son programme. Il semble que le fréquent et inévitable — si clandestin — usage de concepts spatio-temporels puisse à présent être justifié à la lumière de notre analyse. En effet celle-ci a montré que les relations de répartition statistique, étaient des énoncés relatifs à la répartition d'une position *associée à un moment*, et par conséquent des énoncés relatifs à des parcours.

A présent que nous avons montré que les relations d'incertitude sont des énoncés de probabilité formellement singuliers, nous pouvons aussi démêler le tissu embrouillé de leurs interprétations objective et subjective. Nous avons appris [section 71] que tout

(* 2) La première partie de cette phrase (de « Mais en fait » à « amplement ») n'était pas dans le texte original. Je l'ai introduite parce que je ne crois plus à l'argument de « la section suivante » (77) auquel il est fait référence dans la phrase précédente et parce que ce qui suit est en fait tout à fait indépendant de la section suivante : cela se base sur l'argument qui vient d'être donné et selon lequel il est nécessaire de calculer le parcours passé de l'électron pour que puissent être soumises à des tests les prévisions statistiques de la théorie ; ces calculs sont donc loin d'être « dépourvus de signification ».
(3) Schlick, *Die Kausalität in der gegenwärtigen Physik, Die Naturwissenschaften* 19, (1931), p. 159.
(4) Bohr, *Die Naturwissenschaften* 14, (1926), p. 1.

énoncé de probabilité formellement singulier peut aussi être interprété de manière subjective comme une prédiction indéterminée, un énoncé relatif à l'incertitude de notre connaissance. Nous avons également vu les présuppositions qui entraînent l'échec de l'essai, justifié et nécessaire, visant à interpréter un énoncé de cette espèce en un sens objectif. Cet essai est voué à l'échec si l'on essaie de substituer à l'interprétation statistique objective une interprétation singulière objective, en attribuant l'incertitude directement à l'événement individuel (* 3). Pourtant, si l'on interprète les formules d'Heisenberg dans un sens tout à fait subjectif, le statut de la physique comme science objective se trouve mis en péril ; en effet, pour être cohérent, on devrait alors également interpréter les ondes de probabilité de Schrödinger en un sens subjectif. Jeans (5) tire cette conclusion et déclare : « Bref, l'image de la particule nous dit que notre connaissance d'un électron est indéterminée ; l'image de l'onde nous dit que l'électron lui-même est indéterminé indépendamment de la question de savoir si l'on réalise ou non des expériences sur lui. Pourtant le contenu du principe d'incertitude doit être exactement le même dans les deux cas. Il n'y a qu'une façon de le rendre tel : nous devons admettre que l'image de l'onde ne nous fournit pas une représentation de la nature objective mais seulement une représentation de notre connaissance de la nature... » Les ondes de Schrödinger sont donc pour Jeans *des ondes de probabilité subjective*, des ondes de notre connaissance. Et c'est ainsi que toute la théorie subjectiviste de la probabilité envahit le royaume de la physique. Les arguments que j'ai rejetés — l'utilisation du théorème de Bernoulli comme un « pont » reliant l'ignorance à la connaissance statistique, et arguments semblables — deviennent inévitables. Jeans formule comme suit l'attitude subjectiviste de la physique moderne : Heisenberg s'attaqua à l'énigme de l'univers physique en laissant, pour insoluble, l'élément le plus énigmatique — la nature de l'univers objectif — et en se concentrant sur le problème mineur de la coordination de nos observations de l'univers. Il n'est donc pas surprenant que l'image de l'onde qui finit par émerger se trouve n'être relative qu'à la connaissance que nous acquérons de l'univers par l'intermédiaire de nos observations.

(* 3) Ceci constitue l'un des points sur lesquels j'ai depuis changé d'avis. *Cf.* mon *Postscript*, chapitre * V. Mais mon principal argument en faveur d'une interprétation objective n'en est pas modifié. Je pense à présent que la théorie de Schrödinger peut et devrait être interprétée comme étant non seulement objective et singulière mais encore probabiliste.

(5) Jeans, *The New Background of Science* (1933, p. 236 ; 2ᵉ éd. 1934, p. 240). Dans le texte de Jeans, un nouveau paragraphe commence par la seconde phrase, c'est-à-dire par les mots « Yet the content ». Pour la citation qui suit, à la fin de ce paragraphe, voyez *op. cit.*, p. 237 (2ᵉ éd., p. 241).

Ces conclusions paraîtront sans doute tout à fait acceptables aux positivistes. Elles ne modifient cependant pas mes propres idées sur l'objectivité. Les énoncés statistiques de la théorie quantique doivent pouvoir être soumis à des tests intersubjectifs, tout comme n'importe quels autres énoncés de la physique. Et ma simple analyse préserve non seulement la possibilité de descriptions spatio-temporelles mais aussi le caractère objectif de la physique.

Il est intéressant de voir qu'il existe une contrepartie à cette interprétation subjective des ondes de Schrödinger : une interprétation non statistique et donc directement objective (c'est-à-dire donnée en termes individuels). Schrödinger lui-même, dans ses célèbres *Collected Papers on Wave Mechanics*, a proposé une interprétation de ce type de son équation ondulatoire (qui est comme nous l'avons vu, un énoncé de probabilité formellement singulier). Il tenta d'identifier directement la particule du paquet d'ondes lui-même. Mais sa tentative suscita immédiatement ce type de difficultés tellement caractéristique de ce genre d'interprétation : je songe à l'attribution de l'incertitude aux objets physiques eux-mêmes (objectivation des incertitudes). Schrödinger fut contraint de présupposer que la charge de l'électron se « brouillait » ou « s'estompait » dans l'espace ; présupposition qui s'avéra incompatible avec la structure atomique de l'électricité (6). L'interprétation statistique de Born résolut le problème mais la liaison logique entre les interprétations statistiques et non statistiques resta obscure. C'est ainsi que le caractère spécifique d'autres énoncés de probabilité formellement singuliers — telles les relations d'incertitude — resta ignoré et put continuer à miner la base physique de la théorie.

Je puis peut-être conclure en appliquant ce qui a été dit dans cette section à une expérience imaginaire proposée par Einstein (7) et considérée par Jeans (8) comme « l'une des parties les plus difficiles de la nouvelle théorie quantique » ; je pense pourtant que notre interprétation la rend parfaitement claire sinon banale (* 4).

(6) *Cf.*, par exemple, Weyl, *Gruppentheorie und Quantenmechanik*, p. 193 ; traduction anglaise, pp. 216 et suiv.

(7) *Cf.* Heisenberg, *Physikalische Prinzipien*, p. 29 (Traduction anglaise de C. Eckart et F. C. Hoyt : *The Physical Principles of Quantum Theory*, Chicago, 1930, p. 39).

(8) Jeans, *The New Background of Science* (1933, p. 242 ; 2ᵉ édition, p. 246).

(* 4) Le problème exposé à la suite de ceci est désormais devenu célèbre sous le nom de « Problème de la *réduction* (discontinue) *du paquet d'ondes* ». Certains physiciens éminents m'ont dit en 1934 être en accord avec ma solution banale ; pourtant, le problème continue, après plus de vingt ans, à jouer un rôle étonnant dans les discussions de la théorie quantique. Je l'ai de nouveau examiné en détail dans les sections * 100 et * 115 du *Postscript*.

Imaginez un miroir semi-translucide, c'est-à-dire un miroir qui réfléchit une partie de la lumière et en laisse passer une autre partie. L'énoncé de probabilité formellement singulier disant qu'un photon donné (ou quantum de lumière) passe à travers le miroir, $_\alpha P_k(\beta)$, peut être considéré comme égal à la probabilité qu'il sera réfléchi ; nous avons donc

$$_\alpha P_k(\beta) = {}_\alpha P_k(\overline{\beta}) = \frac{1}{2}$$

Cette évaluation de probabilité est, comme nous le savons, définie par des probabilités statistiques objectives, c'est-à-dire qu'elle est équivalente à l'hypothèse selon laquelle la moitié d'une classe α donnée de quanta de lumière passera à travers le miroir tandis que l'autre moitié sera réfléchie par lui. Supposons à présent qu'un photon k tombe sur le miroir ; et supposons ensuite que l'on constate expérimentalement que ce photon a été réfléchi : les probabilités semblent alors changer soudainement, en quelque sorte, et de façon discontinue. C'est comme si elles avaient été égales à 1 avant l'expérience et qu'après, dès lors que le fait de la réflexion est connu, elles aient soudain passé à 0 et à 1, respectivement. Il est clair que cet exemple est en fait le même que celui qui avait été donné dans la section 71 (* 5). Et cela ne nous aide guère à clarifier la situation de décrire cette expérience en reprenant les termes d'Heisenberg (9) : « Par l'expérience c'est-à-dire la mesure par laquelle nous découvrons le photon réfléchi, une sorte d'action physique (une réduction des paquets d'ondes) s'exerce à partir de l'endroit où l'on trouve la moitié d'ondes réfléchie, dans un autre endroit — aussi éloigné que nous le voulons — où se trouve précisément l'autre moitié du paquet » ; Heinsenberg ajoute à cette description : « cette action physique se propage à une vitesse supérieure à celle de la lumière. » Ceci ne nous aide pas puisque nos probabilités originales $_\alpha P_k(\beta)$ et $_\alpha P_k(\overline{\beta})$ restent égales à $\frac{1}{2}$. On n'a fait que choisir une nouvelle classe de référence — β ou $\overline{\beta}$, à la place de α — choix fortement suggéré par le résultat de l'expé-

(* 5) C'est-à-dire que les probabilités ne « changent » que dans la mesure ou α est remplacé par $\overline{\beta}$. Ainsi, $_\alpha P(\beta)$ garde la valeur $\frac{1}{2}$; mais $_{\overline{\beta}} P(\beta)$, égale, évidemment, 0 et $_{\overline{\beta}} P(\overline{\beta})$ égale 1.

(9) Heisenberg, *Physikalischen Prinzipien*, p. 29 (Traduction anglaise *The Physical Principles of the Quantum Theory*, Chicago, 1930, p. 39). Von Laue, d'autre part, dans *Korpuscular und Wellentheorie, Handbuch d. Radiologie* 6 (2e éd., p. 79 du tirage à part) dit fort justement : « Mais peut-être est-il tout à fait erroné de mettre une onde en corrélation avec une seule particule. Si nous présupposons que l'onde correspond, en principe, à un agrégat de corps égaux mais indépendants les uns des autres, la conclusion paradoxale se dissipe. » * Einstein adopta une interprétation similaire dans l'un de ses derniers articles, *cf.* note (* 1) de la section suivante.

rience, c'est-à-dire l'information $k \; \varepsilon \; \beta$ ou $k \; \varepsilon \; \bar{\beta}$, respectivement. Dire des conséquences logiques de ce choix (ou peut-être, des conséquences logiques de cette information) qu'elles « se propagent à une vitesse supérieure à celle de la lumière » nous aide à peu près autant que de dire que deux fois deux font quatre à une vitesse supérieure à celle de la lumière. Une remarque ultérieure d'Heisenberg nous disant que cette sorte de propagation d'une action physique ne peut être utilisée pour transmettre des signaux, n'améliore guère la situation, bien qu'elle soit exacte.

Le destin de cette expérience imaginaire nous rappelle la nécessité urgente de distinguer et de définir les concepts de probabilité statistique et de probabilité formellement singulière. Il nous montre également que nous ne pouvons aborder le problème d'interprétation auquel la théorie quantique donne naissance que par la voie d'une analyse logique de l'interprétation des énoncés de probabilité.

77. — EXPÉRIENCES DÉCISIVES (**).

J'ai désormais réalisé les deux premières parties du programme que j'avais exposé dans ses grandes lignes dans l'introduction précédant la section 73. J'ai montré (1) que les formules d'Heisenberg sont susceptibles de recevoir une interprétation statistique et qu'en conséquence (2) l'interprétation selon laquelle elles seraient des limites à la précision accessible ne se déduit pas logiquement de la théorie quantique ; il ne suffit donc pas, pour contredire cette dernière, d'atteindre dans nos mesures un degré de précision supérieur à celui que devraient autoriser ces formules (* 1).

« C'est fort bien jusqu'ici » pourrait répliquer quelqu'un. « Je ne dénierai pas qu'il puisse être possible de considérer la mécanique quantique de cette manière ; toutefois il ne me semble pas que le véritable noyau physique de la théorie d'Heisenberg — l'impossibilité de faire des prévisions individuelles avec exactitude — ait été ne fût-ce qu'effleuré par vos arguments ».

(**) L'expérience imaginaire décrite dans cette section est fondée sur une erreur. (*Cf.* également les notes *3 et *4.) Les premiers à la remarquer furent Von Weizsäcker (dans « *Die Naturwissenschaften* », 22, 1934, p. 897), Heisenberg, (qui m'en fit part dans une lettre) et Einstein (*cf.* la lettre reproduite dans l'appendice *XII). Aussi ai-je renoncé à cette expérience et ne la considère plus comme « décisive ». Cependant, cela n'a pas de répercussion sur mon argumentation et nous pouvons même substituer à mon expérience, non valide, la fameuse expérience imaginaire décrite par Einstein, Podolski et Rosen dans *Physical Review*, 47, pp. 777-80. Il me semble que la réponse de Niels Bohr à cette expérience n'est pas satisfaisante : *cf.* l'appendice *XII et mon article *Quantum Mechanics Without « The Observer »* dans *Quantum Theory and Reality*, ed. par Mario Bunge, 1967, pp. 7-44.
(* 1) Le point (3) de mon programme se trouve, en fait, également réalisé.

Pressé d'élaborer sa thèse au moyen d'un exemple physique, mon contradicteur pourrait procéder comme suit : « Imaginez un faisceau d'électrons, dans un tube cathodique par exemple. Supposez que la direction de ce faisceau soit la direction-x. Nous pouvons réaliser diverses sélections physiques à partir de ce faisceau. Par exemple, nous pouvons sélectionner ou séparer un groupe d'électrons en fonction de la position de ces électrons dans la direction-x (c'est-à-dire en fonction de leurs coordonnées-x à un certain moment) ; ceci pourrait peut-être se faire au moyen d'un obturateur ouvert pendant un temps très court. Nous obtiendrions ainsi un groupe d'électrons dont l'extension dans la direction-x serait très petite. Conformément aux relations de répartition, les moments des divers électrons de ce groupe seraient très différents dans la direction-x (et donc leurs énergies également). Comme vous l'avez bien établi, nous pouvons soumettre ces énoncés relatifs à la répartition à des tests. Nous pouvons le faire en mesurant les moments ou les énergies des électrons individuels ; et comme nous connaissons leur position, nous obtiendrons à la fois la position et le moment. L'on pourrait, par exemple, effectuer une mesure de cette espèce en faisant entrer les électrons en collision avec une plaque dont ils exciteraient les atomes : nous trouverions alors, entre autres choses, certains atomes excités dont l'excitation requérerait une énergie supérieure à l'énergie moyenne de ces électrons. J'admets donc que vous aviez tout à fait raison de souligner que de telles mesures sont possibles et pourvues de signification. Mais — et c'est ici qu'intervient mon objection — en effectuant n'importe quelle mesure de ce type, nous perturbons nécessairement le système que nous sommes en train d'examiner, à savoir les électrons individuels ou, si nous en mesurons beaucoup (comme dans notre exemple), tout le faisceau d'électrons. Sans doute la théorie ne serait-elle pas logiquement contredite si nous pouvions connaître les moments des divers électrons du groupe avant de perturber ce dernier (aussi longtemps, bien sûr, que ceci ne nous permettrait pas d'utiliser notre connaissance de manière à effectuer une sélection interdite) mais il n'est possible d'obtenir des électrons individuels aucune connaissance de ce type sans les perturber. En conclusion, il reste vrai que des prévisions particulières précises sont impossibles. »

Je répondrais d'abord à cette objection qu'il ne serait pas surprenant qu'elle soit exacte. Il est après tout évident que d'une théorie statistique, on ne peut jamais déduire de prévisions singulières exactes mais seulement des prévisions individuelles « indéterminées » (c'est-à-dire formellement singulières). Mais ce que j'affirme, à ce point de la discussion, c'est que, bien que la théorie ne fournisse aucune prévision de ce genre, elle *n'exclut pas* non plus la possibilité de l'une ou l'autre. L'on ne pourrait parler de l'impossibilité des prévisions singulières que si l'on pouvait affirmer que perturber le système où entrer en interférence avec lui doit empêcher toute espèce de mesure permettant de déduire des prévisions.

« Mais c'est exactement ce que j'affirme » dira mon contradicteur. « J'affirme, précisément, qu'il est impossible d'effectuer aucune mesure de ce type. Vous prétendez qu'il est possible de mesurer l'énergie de l'un de ces électrons en mouvement sans le faire s'écarter de son parcours et sortir du groupe d'électrons. C'est *cela* que je prétends insoutenable. Car à supposer que je possède quelque appareil me permettant d'effectuer ces mesures, je devrais être capable, grâce à cet appareil ou un autre semblable, de *produire* des agrégats d'électrons qui tous (*a*) seraient limités quant à leur position et (*b*) auraient le même moment. Vous considérez également, bien sûr, que l'existence de tels agrégats contredirait la théorie quantique puisque nos « relations de répartition » comme vous les appelez, l'interdisent. Vous pourriez donc seulement riposter qu'il est possible de concevoir un appareil qui nous permettrait d'effectuer des mesures mais point, de sélections. J'admets que cette réponse est logiquement admissible mais en tant que physicien je puis seulement dire que mes instincts se révoltent contre l'idée que nous pourrions mesurer les moments d'électrons tout en étant incapables d'éliminer tous ceux dont le moment excède (ou tombe en deçà de) un certain chiffre donné, par exemple. »

Je commencerai par répondre que tout ceci a un air tout à fait convaincant. Mais il n'a pas été donné (et il ne peut être donné, comme nous le verrons bientôt) de *preuve* rigoureuse de la thèse selon laquelle, si une mesure permettant la prévision est possible, la sélection ou séparation physique correspondante doit être également possible. Aucun de ces arguments ne prouve que des prévisions individuelles précises contrediraient la théorie quantique. Ils ont tous recours à une *hypothèse* additionnelle. En effet, l'énoncé (correspondant à la conception d'Heisenberg), selon lequel des prévisions individuelles précises sont impossibles, est en fait équivalent à l'hypothèse selon laquelle *les mesures permettant la déduction de prévisions et les sélections physiques sont inséparablement liées*. C'est à ce nouveau système théorique — produit de la conjonction de la théorie quantique et de cette hypothèse auxiliaire, ou « *hypothèse de liaison* » — que s'oppose en fait ma conception (1).

_____

(1) L'hypothèse auxiliaire examinée ici peut naturellement apparaître sous une forme différente. La raison pour laquelle j'ai choisi, pour l'analyse critique et la

Et voilà réalisé le point (3) de mon programme. Mais le point (4) doit encore être établi, c'est-à-dire que nous devons encore montrer que le système qui combine la théorie quantique interprétée en termes statistiques (y compris, présupposons-nous, les lois de la conservation du moment et de l'énergie) avec l' « hypothèse de liaison » est contradictoire en soi. Il y a, à mon avis, une présomption profondément ancrée dans les esprits qui lie invariablement les mesures permettant la prévision aux sélections physiques. La prédominance de cette présomption peut expliquer pourquoi les arguments simples établissant le contraire n'ont jamais porté.

Je désire faire remarquer que les considérations, d'ordre physique principalement, qui vont être présentées maintenant ne font pas partie des hypothèses ou prémisses de mon analyse logique des relations d'incertitude, bien qu'elles puissent être considérées comme le fruit de cette analyse. En fait, l'analyse effectuée jusqu'ici est *tout à fait indépendante* de ce qui suit et en particulier de l'expérience physique imaginaire décrite ci-dessous (*2), laquelle est destinée à établir la possibilité de prévoir avec la précision désirée le parcours de particules individuelles.

Pour introduire cette expérience imaginaire, je commencerai par examiner quelques expériences plus simples. Celles-ci visent à montrer que nous pouvons sans difficulté prévoir des parcours avec toute la précision désirée et que nous pouvons même soumettre nos prévisions à des tests. A ce stade de la discussion, je ne prendrai en considération que des prévisions relatives non à des particules individuelles déterminées mais à (la totalité) des particules se trouvant dans une petite région déterminée de l'espace-temps (Δx, Δy, Δz, Δt). Dans chaque cas, il n'y a qu'une certaine *probabilité* que des particules soient présentes dans cette région.

Nous imaginons, comme nous l'avons déjà fait, un faisceau (soit un faisceau d'électrons, soit un faisceau lumineux) de particules se déplaçant dans la direction-x. Mais cette fois, nous supposons que ce faisceau est monochromatique, de sorte que toutes les particules suivent des parcours parallèles dans la direction-x, avec le même moment connu. Les composantes du moment dans les autres directions seront donc également connues, c'est-à-dire que nous saurons qu'elles sont égales à zéro. A présent, au lieu de déterminer la position d'un groupe de particules dans la direction-x

au moyen d'une sélection *physique* — c'est-à-dire, au lieu d'isoler le groupe de particules du reste du faisceau par des moyens techniques (comme nous l'avons fait plus haut) — nous nous contenterons simplement de différencier ce groupe du reste du faisceau en concentrant notre attention sur lui. Nous pouvons, par exemple, centrer notre attention sur toutes les particules qui ont (avec une précision donnée) à un moment donné la coordonnée spatiale x et qui ne se répartissent pas au-delà d'un domaine Δx arbitrairement petit. Nous savons donc avec précision où sera ce groupe de particules à chaque instant futur. (Il est clair que la simple existence d'un tel groupe de particules ne contredit pas la théorie quantique ; seule le ferait son existence séparée, c'est-à-dire la possibilité de le sélectionner physiquement.) Nous pouvons réaliser la même espèce de sélection imaginaire en fonction des autres coordonnées spatiales. Le faisceau monochromatique sélectionné serait nécessairement très large dans les directions y et z (infiniment large dans le cas d'un faisceau monochromatique idéal) puisque dans ces directions le moment est, par hypothèse, sélectionné avec précision : il est égal à o ; aussi les positions dans ces directions doivent-elles être fort dispersées. Nous pouvons néanmoins concentrer notre attention sur un rayon partiel très étroit. De nouveau, nous connaîtrons non seulement la position mais aussi le moment de chaque particule de ce rayon. Nous serons donc en mesure de prévoir pour chaque particule de ce rayon étroit (que nous avons, en quelque sorte, sélectionné en imagination) à quel endroit et à quel moment il entrera en collision avec une plaque photographique placée sur son parcours et nous pourrons évidemment, soumettre cette prévision à des tests empiriques (comme dans le cas de la première expérience).

Il est possible de réaliser, à partir d'autres types d'agrégats, des sélections imaginaires analogues à celle qui vient d'être réalisée à partir d'un « cas pur » de type particulier. Nous pouvons par exemple, prendre un faisceau monochromatique à partir duquel l'on a réalisé une sélection physique au moyen d'une fente très étroite (prenant ainsi comme point de départ physique une sélection physique correspondant à la sélection purement imaginaire de l'exemple précédent). Nous ne savons pour aucune particule la direction qu'elle prendra après être passée par la fente ; mais si nous considérons une direction déterminée, nous pouvons calculer avec précision la composante-moment de toutes les particules qui ont pris cette direction particulière. Les particules qui après être passées par la fente empruntent une direction déterminée constituent donc à leur tour une sélection imaginaire. Nous sommes en mesure de prévoir leur position et leur moment ou, plus brièvement, leur parcours ; et ici encore, nous pouvons soumettre nos prédictions à des tests en plaçant une plaque photographique sur leur parcours.

La situation est en principe la même (même si les tests empiriques sont un peu plus difficiles) dans le cas du premier exemple que nous avons considéré, à savoir celui où nous sélectionnions des particules en fonction de leur position dans la direction de leur déplacement. Si nous réalisons une sélection physique correspondant à ce cas, des particules différentes se déplaceront à des vitesses différentes en raison de la répartition des moments. Au fur et à mesure qu'il avancera, le groupe de particules se répartira donc sur un domaine de plus en plus grand dans la direction-x. (Le paquet deviendra de plus en plus large.) Nous pouvons donc calculer la vitesse d'un groupe partiel de ces particules (sélectionnées en imagination) qui, à un moment donné, occupera une position donnée dans la direction-x : le moment sera d'autant plus grand que le groupe partiel sélectionné sera plus loin dans sa course (et inversement). On pourrait réaliser le test empirique de la prévision ainsi formulée en remplaçant la plaque photographique par une bande cinématographique. Comme nous pourrions savoir pour chaque point sur la bande le temps de son exposition à l'impact des électrons, nous pourrions aussi *prévoir* pour chacun de ces points à quelle vitesse les impacts devraient se produire. Nous pourrions soumettre ces prévisions *à des tests*, par exemple en introduisant un écran devant la bande cinématographique ou peut-être devant un compteur Geiger (un écran dans le cas de rayons lumineux ; dans le cas d'électrons, un champ électrique perpendiculaire à la direction du rayon) et en réalisant ensuite une sélection en fonction de la direction, ne laissant de passage qu'aux particules ayant un moment minimal donné. Nous pourrions alors voir si ces particules arrivent réellement au moment prévu.

La précision des mesures que comportent ces tests ne se trouve pas limitée par les relations d'incertitude. Comme nous l'avons vu, ces dernières sont censées s'appliquer principalement aux mesures utilisées pour la déduction de prévisions et non pour contrôler celles-ci.

C'est dire qu'elles sont censées s'appliquer à des « *mesures permettant la prévision* » (« *predictive measures* ») et non à des « *mesures ne permettant pas la prévision* ». Dans les sections 73 et 76, j'ai examiné trois cas de ce type de mesures « ne permettant pas la prévision » : (*a*) une mesure de deux positions, (*b*) une mesure de position précédée d'une mesure de moment ou (*c*) suivie d'une mesure de moment. La mesure examinée ci-dessus et réalisée au moyen d'un écran placé devant la plaque sensible d'un compteur Geiger exemplifie (*b*), c'est donc une sélection effectuée en fonction du moment, suivie d'une mesure de position. C'est vraisemblablement ce cas précis qui, selon Heinsenberg (*cf.* section 73) permet de « calculer le passé de l'électron ». En effet, tandis que dans les cas (*a*) et (*c*), seuls sont possibles des calculs du temps écoulé *entre* les deux mesures, il est possible dans le cas (*b*) de calculer le parcours de l'électron *avant* la première mesure, pourvu que cette mesure soit une sélection effectuée en fonction d'un moment donné ; en effet, une sélection de ce type ne modifie pas la position de la particule (* 3). Heisenberg, comme nous le savons, met en question la « réalité physique » de cette mesure parce qu'elle ne nous permet de calculer le moment de la particule que lorsque celle-ci parvient à une position mesurée avec précision et à un instant mesuré avec précision : la mesure semble manquer d'un contenu permettant la prévision car l'on ne peut en déduire de conclusion qui puisse être soumise à des tests. Pourtant, je fonderai mon expérience imaginaire — destinée à établir la possibilité de prévoir avec précision la position et le moment d'une particule déterminée — sur ce dispositif particulier de mesure qui paraît à première vue exclure la prévision.

Comme je suis sur le point de déduire ces conséquences importantes de l'hypothèse selon laquelle des mesures précises de ce type, « ne permettant pas la prévision », sont possibles, il semble approprié d'examiner si cette hypothèse est acceptable. Je le fais dans l'appendice VI.

En proposant l'expérience imaginaire qui suit ici, je mets directement en question la méthode d'argumentation utilisée par Bohr et Heisenberg pour justifier l'interprétation des formules d'Heisenberg comme des limites à la précision accessible. En effet, ils ont essayé de justifier cette interprétation en montrant qu'on ne peut inventer d'expérience imaginaire qui fournisse des mesures permettant des prévisions plus précises. Mais il est clair que cette façon d'argumenter ne peut exclure la possibilité qu'une expérience imaginaire puisse être un jour conçue qui nous montrerait (en utilisant des lois et des effets physiques connus) que de

---

(* 3) Cet énoncé (que j'ai essayé de fonder sur mes remarques de l'appendice VI et dont Einstein fit une critique fondée. *Cf.* appendice XII) est faux et mon expérience imaginaire tombe avec lui. Le point principal est que les mesures qui ne permettent pas la prévision ne déterminent le parcours d'une particule qu'*entre* deux mesures : une mesure de moment suivie d'une mesure de position (ou inversement), par exemple ; selon la théorie quantique, il n'est pas possible de prédire ce parcours pour une période plus reculée, c'est-à-dire avant la première de ces mesures. Le dernier paragraphe de l'appendice VI est donc inexact et nous ne pouvons pas savoir si la particule arrivant au point *x* (voyez plus loin) venait de *P* ou de quelque autre point. Voyez également la note (**) de la section 77.

telles mesures sont après tout possibles. On a considéré comme établi que toute expérience de ce type contredirait le formalisme de la théorie quantique et il semble que cette idée ait déterminé la direction donnée à la recherche d'expériences de cette espèce. Mon analyse — qui réalise les points (1) et (2) de mon programme — a cependant éclairci la manière de concevoir une expérience imaginaire qui montrerait, en *plein accord* avec la théorie quantique, que les mesures peuvent atteindre ce degré de précision.

Pour réaliser cette expérience je ferai, comme précédemment, usage d'une « sélection imaginaire » mais je choisirai un dispositif permettant de constater si une particule caractérisée par la sélection existe réellement.

Mon expérience constitue, d'une certaine façon, une sorte d'idéalisation des expériences de Compton-Simon et Bothe-Geiger (2). Puisque nous souhaitons obtenir des prévisions relatives à des cas individuels, nous ne pouvons pas utiliser des hypothèses statistiques seulement. Nous devrons utiliser les lois non statistiques de la conservation de l'énergie et du moment. Nous pouvons exploiter le fait que ces lois nous permettent de calculer ce qui se produit lorsque les particules se rencontrent, pourvu que nous soient données deux des quatre grandeurs décrivant la collision (c'est-à-dire des moments a_1 et b_1 avant, et, a_2 et b_2 après, la collision) et une composante (3) d'une troisième de ces grandeurs. [La méthode de calcul est bien connue comme faisant partie de la théorie de l'effet-Compton (4).]

Imaginons le dispositif expérimental suivant (voyez la figure 2). Nous faisons se croiser deux faisceaux de particules (dont l'un peut au mieux être un rayon lumineux et l'un au mieux un rayon qui ne soit pas électriquement neutre) (5) ; l'un et l'autre sont des « cas purs » en ce sens que le faisceau A est monochromatique, c'est-à-dire qu'il résulte d'une sélection effectuée en fonction du moment a_1, tandis que le faisceau B passe par une fente étroite Sl et se trouve ainsi soumis à une sélection physique en fonction de la position. L'on peut supposer que les particules ont le moment (absolu) b_1. Certaines des particules de ces deux faisceaux se ren-

(2) Compton et Simon, *Physical Review* 25, 1924, p. 439 ; Bothe und Geiger, *Zeitschrift für Physik* 32, 1925, p. 639 ; *cf.* également Compton, *X-Rays and Electrons* (New-York), 1927; *Ergebnisse der exakten Naturwissenschaft* 5, 1926, pp. 267 et suiv. Haas, *Atomtheorie* (1929), pp. 229 et suiv.
(3) Le terme « composante » doit être entendu ici au sens le plus large (soit comme la direction, soit comme la grandeur absolue).
(4) *Cf.* Haas, *op. cit.*
(5) Je songe à un rayon lumineux et à toute espèce de rayon corpusculaire (négaton, positon ou neutron) ; en principe l'on pourrait pourtant utiliser deux rayons corpusculaires dont l'*un* au moins serait un rayon de neutrons. (Soit dit en passant, les mots « négatron » et « positron » qui deviennent aujourd'hui d'un usage courant, me semblent être des monstres linguistiques ; après tout, nous ne disons ni « positrif » ni « protron »).

contreront. Nous *imaginons* à présent deux rayons partiels étroits
[A] et [B] qui se coupent à l'endroit P. Le moment de [A] est
connu ; c'est a_1. L'on peut calculer le moment du rayon partiel [B]
dès que nous avons déterminé sa direction ; soit b_1. Nous choisissons ensuite une direction PX. Prenant en considération les
particules du rayon partiel [A] qui après la collision se déplacent
dans la direction PX, nous pouvons calculer leur moment a_2 de
même que b_2, c'est-à-dire leur moment après la rencontre des
particules avec lesquelles elles sont entrées en collision. A chaque
particule de [A] qui a dévié au point P avec le moment a_2, dans
la direction X, doit correspondre une seconde particule, faisant
partie de [B], ayant dévié au point P, avec le moment b_2, dans la
direction calculable PY. Nous plaçons alors un dispositif en X —
par exemple un compteur Geiger ou une bande cinématographique
— qui enregistre les impacts des particules arrivant de P dans la
région X, que nous limitons à volonté.

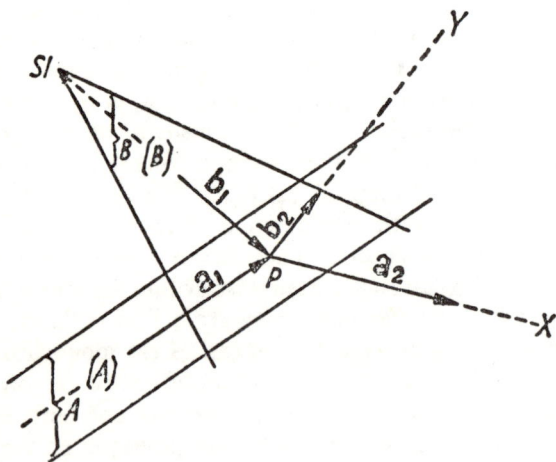

Figure 2

Nous pouvons alors dire que chaque fois que nous constatons
qu'une particule se trouve ainsi enregistrée nous apprenons en même
temps qu'une seconde particule doit être en train de se mouvoir
de P vers Y avec le moment b_2. Cet enregistrement nous apprend
également où cette particule se trouvait à n'importe quel instant
donné ; en effet, à partir du temps de l'impact de la première
particule au point X et à partir de sa vitesse connue nous pouvons
calculer l'instant de sa collision au point P. En utilisant un autre
compteur Geiger (ou la bande cinématographique) en Y, nous

pouvons contrôler nos prévisions relatives à la seconde particule (* 4).

La précision de ces prédictions, aussi bien que celle des mesures effectuées pour les contrôler, *n'est en principe soumise à aucune des limitations dues au principe d'incertitude*, qu'il s'agisse de la coordonnée position ou de la composante du moment dans la direction PY. Mon expérience imaginaire ramène en effet la question de la précision accessible dans les prévisions relatives à une particule-B déviée en P, à la question de la précision accessible dans les mesures effectuées en X. Ces dernières semblaient, à première vue, être des mesures du temps, de la position et du moment de la première particule correspondante [A], qui ne permettaient pas de prévisions. Le moment de cette particule [A] dans la direction PX aussi bien que l'instant de son impact en X, c'est-à-dire de sa position dans la direction PS, peuvent être mesurés avec le degré de précision que nous voulons (*cf.* l'appendice VI) et si nous effectuons une sélection en fonction du moment en introduisant par exemple un champ électrique ou un filtre devant le compteur Geiger, avant de mesurer la position. Mais il en résulte (comme nous le verrons mieux dans l'appendice VII) que nous pouvons faire des prévisions de n'importe quel degré de précision relativement à la particule-B se déplaçant dans la direction PY.

Cette expérience imaginaire nous permet de voir non seulement que des prévisions précises relatives à des cas individuels sont possibles mais encore à quelles conditions elles le sont ou mieux à quelles conditions elles sont compatibles avec la théorie quantique. Elles ne sont possibles que si nous pouvons avoir connaissance de l'état de la particule sans être en mesure de créer cet état à volonté. Nous en avons donc réellement connaissance après l'événement, en quelque sorte, puisque à ce moment la particule a déjà acquis son état de mouvement. Nous pouvons cepen-

(* 4) Einstein, Podolski et Rosen utilisent un argument *plus faible* mais *valide* : supposons que l'interprétation de Heisenberg soit correcte et que nous ne puissions donc mesurer à volonté que la position *ou* le moment de la première particule en X. Dans ce cas, si nous *mesurons* la position de la première particule, nous pouvons calculer la position de la seconde et si nous mesurons le moment de la première particule, nous pouvons *calculer* le moment de la seconde. Mais, puisque nous pouvons choisir — de mesurer la position ou le moment — à tout instant, même après qu'ait eu lieu la collision des deux particules, il n'est pas raisonnable de supposer que la seconde particule ait été d'une certaine manière perturbée ou modifiée par le changement apporté par notre choix dans le dispositif expérimental. En conséquence, nous pouvons calculer, avec toute la précision que nous voulons, *soit* la position, *soit* le moment de la seconde particule *sans la modifier* ; nous pouvons exprimer ce fait en disant que la seconde particule « *a* » à la fois une position précise et un moment précis : (Einstein exprimait ceci en disant que la position comme le moment sont « réels » ; ce qui le fit traiter de « réactionnaire »). Voyez également les appendices * XI et * XII.

dant encore utiliser cette connaissance pour en déduire des prévisions susceptibles d'être contrôlées. (Par exemple, si la particule-B est un photon, nous pourrions être en mesure de calculer l'instant de son arrivée sur Sirius.) Les impacts des particules arrivant en X se succéderont à des intervalles de temps irréguliers ; ceci signifie que les particules du rayon partiel $[B]$ relativement auquel nous faisons des prévisions se succéderont également à des intervalles de temps irréguliers. Il serait contradictoire avec la théorie quantique que nous puissions modifier cet état de choses en rendant, par exemple, ces intervalles de temps égaux. Nous sommes donc en mesure de viser et de prédéterminer la force du projectile, si l'on peut ainsi s'exprimer ; nous pouvons aussi (et ceci *avant* que le projectile ne touche la cible Y) calculer l'instant précis où le coup fut tiré en P. Nous ne pouvons cependant pas choisir librement le moment de tirer, nous devons attendre que le coup parte. Nous ne pouvons pas davantage empêcher que soient tirés en direction de notre cible des coups non contrôlés (provenant des environs de P).

Il est clair que notre expérience et l'interprétation d'Heisenberg sont compatibles. Or, puisque l'on peut déduire de l'interprétation statistique de la théorie quantique (en y ajoutant les lois de l'énergie et du moment) la possibilité de réaliser cette expérience, il apparaît que l'interprétation d'Heisenberg, qui la contredit, doit également contredire l'interprétation statistique de la théorie quantique. Étant donné les expériences de Compton-Simon et Bothe-Geiger, il semblerait possible de réaliser notre expérience. Celle-ci peut être considérée comme une sorte d'*experimentum crucis* permettant de décider entre la conception d'Heisenberg et une interprétation statistique cohérente de la théorie quantique.

78. — Métaphysique indéterministe.

La tâche du savant est de rechercher des lois qui lui permettront la déduction de prévisions. Cette tâche peut se diviser en deux parties. D'une part, il doit essayer de découvrir des lois qui le mettront en mesure de déduire des prévisions relatives à des cas individuels (des lois « causales » ou « déterministes », ou «énoncés de précision»). D'autre part, il doit essayer d'avancer des hypothèses relatives à des fréquences, c'est-à-dire des lois énonçant des probabilités, afin de déduire des prévisions relatives à des fréquences. Il n'y a rien dans ces deux tâches qui les rendent incompatibles. Il est évidemment faux que chaque fois que nous formulons des énoncés de précision nous ne pouvons faire d'hypothèses relatives à des fréquences ; en effet, certains énoncés de précision sont, comme nous l'avons vu, des macro-lois qui peuvent être déduites d'hypothèses de fréquences. Il n'est pas vrai non plus que chaque fois que des énoncés de fréquences sont bien confirmés dans un domaine particulier, nous sommes en droit de conclure qu'*aucun énoncé de précision ne peut être formulé* pour ce domaine. La situation semble suffisamment claire. Pourtant, l'on a tiré à plusieurs reprises la seconde des deux conclusions que nous venons précisément de rejeter. Il est extrêmement fréquent de rencontrer des gens qui croient que les phénomènes aléatoires excluent la régularité. J'ai fait un examen critique de cette croyance dans la section 69.

L'on ne surmontera pas facilement le dualisme des macro-et des micro-lois — je veux parler du fait que nous utilisons les unes et les autres — si l'on en juge par l'état du développement scientifique. Pourtant ce qui pourrait être logiquement possible, c'est de ramener — en les interprétant comme des macro-lois — tous les énoncés de précision connus à des énoncés relatifs à des fréquences. L'inverse n'est pas possible. Des énoncés relatifs à des fréquences ne peuvent jamais être déduits d'énoncés de précision, comme nous l'avons vu dans la section 70. Ils requièrent leurs propres présuppositions, et celles-ci doivent être spécifiquement statistiques. Ce n'est qu'à partir d'évaluations de probabilités que peuvent être calculées des probabilités (* 1).

Telle est la situation logique. Elle n'implique ni une conception déterministe ni une conception indéterministe. Et même s'il devenait un jour possible d'utiliser en physique les seuls énoncés de fréquences, nous ne serions pas encore en droit d'en tirer des conclusions indéterministes ; ce qui veut dire que nous ne serions pas encore en droit d'affirmer qu' « il n'y a pas de lois précises dans la nature, pas de lois dont l'on puisse déduire des prévisions relatives au cours de processus singuliers ou élémentaires. Dans sa quête des lois, y compris des lois de cette espèce, rien n'arrêtera jamais le savant. Et quelque puisse être le succès obtenu à l'aide d'évaluations de probabilités, nous ne devons pas en conclure qu'il est vain de rechercher des lois précises.

Ces réflexions ne sont d'aucune manière la conclusion de l'expérience imaginaire décrite dans la section 77 ; bien au contraire. Supposons que les relations d'incertitude ne soient pas réfutées par cette expérience (pour n'importe quelle raison — parce que l'expérience cruciale décrite dans l'appendice VI déciderait à

(* 1) Einstein s'oppose à cette conception à la fin de la lettre qui est reprise dans l'appendice * XII de cet ouvrage. Mais je persiste à croire qu'elle est exacte.

l'encontre de la théorie quantique, par exemple) : même alors elles ne pourraient être soumises à des tests qu'en tant qu'énoncés relatifs à des fréquences et ne pourraient être corroborées qu'en tant qu'énoncés de fréquences. Nous ne serions donc d'aucune façon en droit de tirer des conclusions indéterministes à partir du fait qu'elles sont bien corroborées (* 2).

Le monde est-il oui ou non régi par des lois strictes ? Je considère que cette question est de nature métaphysique. Les lois que nous trouvons sont toujours des hypothèses ; ceci signifie qu'elles peuvent toujours être dépassées et qu'il est possible qu'elles soient déduites d'évaluations de probabilités. Pourtant, dénier la causalité reviendrait à essayer de persuader le théoricien de renoncer à sa recherche. Or l'on vient de montrer qu'une tentative de ce type ne peut reposer sur rien qui ressemble à un argument. Ce qu'on appelle « principe causal » ou « loi causale », de quelque manière qu'on puisse le formuler, a un caractère très différent de celui d'une loi naturelle ; et je ne puis être d'accord avec Schlick lorsqu'il dit que « l'on peut éprouver par des tests la vérité de la loi causale, *exactement dans le même sens* que n'importe quelle autre loi naturelle » (1).

La croyance en la causalité est métaphysique (* 3). Elle n'est rien d'autre qu'un cas typique d'hypostase métaphysique d'une règle méthodologique bien justifiée : la décision du savant de ne jamais arrêter de poursuivre sa recherche des lois. La croyance métaphysique en la causalité semble donc plus fertile dans ses diverses manifestations que n'importe quelle métaphysique indéterministe du genre invoqué par Heisenberg. Nous pouvons, en

(* 2) Je continue à croire que cette analyse est fondamentalement correcte : à partir du succès de prévisions de fréquences relatives à un jeu de pile ou face nous ne pouvons pas conclure que les cas de pile ou face individuels sont indéterminés. Mais nous pouvons, par exemple, argumenter en faveur d'une conception métaphysique indéterministe en faisant ressortir les difficultés et des contradictions que cette conception pourrait être en mesure de résorber.

(1) Schlick, *Die Kausalität in der gegenwärtigen Physik, Die Naturwissenschaften* 19, 1931, p. 155, écrit ceci : (je cite l'entièreté du passage ; *cf.* également mes notes 7 et 8 de la section 4). « Nos essais en vue de trouver un énoncé susceptible d'être soumis à des tests qui soit équivalent au principe de causalité ont échoué ; nos essais en vue d'en formuler un n'ont conduit qu'à des pseudo-énoncés. Pourtant, ce résultat ne nous surprend pas, en définitive, car nous avons déjà remarqué que la vérité de la loi causale peut être contrôlée *dans le même sens* que n'importe quelle autre loi naturelle ; or nous avons également montré que ces lois naturelles elles-mêmes, lorsqu'elles sont soigneusement analysées, ne semblent pas avoir le caractère d'énoncés vrais ou faux, mais se trouvent n'être que des règles de (trans-) formation d'énoncés de ce type. » Schlick avait déjà soutenu précédemment que le principe causal devrait être mis sur le même plan que les lois naturelles. Mais comme en ce temps il considérait les lois naturelles comme des énoncés authentiques, il considérait également « le principe causal… comme une hypothèse susceptible d'être soumise à des tests empiriques ». *Cf. Allgemeine Erkenntnislehre* (2ᵉ édition 1925), p. 374.

(* 3) Comparez aux idées exprimées ici et dans le reste de cette section, le chapitre * IV du *Postscript.*

effet, constater l'effet paralysant que les commentaires de ce dernier ont eu sur la recherche. L'on négligera facilement certains rapports assez évidents si l'on répète continuellement que la recherche de tous rapports de ce genre est « dépourvue de signification ».

Les formules d'Heisenberg — comme les énoncés similaires qui ne peuvent être corroborés que par leurs conséquences statistiques — ne conduisent pas nécessairement à des conclusions indéterministes. Mais en soi, ceci ne prouve pas qu'il ne peut y avoir un autre énoncé empirique qui justifie ces conclusions ou des conclusions semblables : par exemple, la conclusion selon laquelle la règle méthodologique mentionnée — la décision de ne jamais abandonner la recherche de lois — ne peut pas être observée, peut-être parce qu'il est futile, dépourvu de signification, ou « impossible » (*cf.* note 2, section 12) de rechercher des lois et des prévisions relatives à des cas individuels. Mais il ne pourrait y avoir d'énoncé empirique ayant des conséquences méthodologiques qui nous contraindraient à abandonner la recherche de lois. C'est qu'un énoncé supposé exempt d'éléments métaphysiques ne peut avoir de conclusions indéterministes que si ces dernières sont falsifiables (* 4). Or l'on ne peut montrer qu'elles sont fausses qu'à condition de réussir à formuler des lois et à en déduire des prévisions corroborées. En conséquence, si nous acceptons que ces conclusions indéterministes sont des *hypothèses empiriques,* nous devrons essayer sérieusement de les soumettre à des tests, c'est-à-dire de les falsifier. Et ceci signifie que nous devrons *rechercher* des lois et des prévisions. Nous ne pouvons donc suivre l'exhortation d'abandonner cette recherche sans désavouer le caractère empirique de ces hypothèses. Ceci prouve qu'il serait contradictoire en soi de penser qu'il pourrait exister quelque hypothèse empirique susceptible de nous contraindre à abandonner notre recherche de lois.

Je n'ai pas l'intention de montrer ici en détail comment tous ces essais visant à démontrer l'indéterminisme manifestent un mode de pensée qui ne peut qu'être décrit comme déterministe, au sens métaphysique du terme. [Heisenberg, par exemple, essaie d'expliquer de manière causale pourquoi les explications causales sont impossibles (* 5).] Je puis tout juste rappeler au lecteur les tentatives effectuées en vue de démontrer que les relations d'incertitude

(* 4) Bien que valide *comme réplique à un positiviste,* ceci est faux en soi ; un énoncé falsifiable peut, en effet, avoir toutes sortes de conséquences logiquement faibles, y compris des conséquences non falsifiables (*cf.* le quatrième paragraphe de la section 66).

(* 5) Son argument consiste, en bref, à dire que la causalité ne peut jouer, en raison de notre interférence avec l'objet observé, c'est-à-dire en raison d'une certaine interaction causale.

ferment certaines avenues de la recherche possible comme le fait le principe de la constance de la vitesse de la lumière : l'on a interprété l'analogie entre les deux constantes c et h, la vitesse de la lumière et la constante de Planck, en disant que l'une et l'autre établissaient une limite de principe aux possibilités de la recherche. On écarta les questions que souleva l'essai d'aller voir au-delà de ces barrières, par la méthode bien connue qui consiste à éliminer en tant que « pseudo » les problèmes désagréables. A mon avis, il y a en effet une analogie entre les deux constantes c et h : elle nous assure, entre autres, que la constante h ne constitue pas plus une barrière à la recherche que ne le fait la constante c. Le principe de la constance de la vitesse de la lumière (et de l'impossibilité de dépasser cette vitesse) ne nous défend pas de rechercher des vitesses supérieures à celle de la lumière ; il affirme seulement que nous n'en trouverons pas, c'est-à-dire que nous serons incapables de produire des signaux se déplaçant plus vite que la lumière. De la même façon, l'on ne devrait pas interpréter les formules d'Heinsenberg comme nous proscrivant la recherche de cas « superpurs » ; elles affirment seulement que nous n'en trouverons pas et, en particulier, que nous ne pouvons pas en produire. Les lois proscrivant les vitesses supérieures à celle de la lumière et les cas « super-purs », défient le chercheur, comme le font d'autres énoncés empiriques, de trouver le défendu. En effet, il n'est possible de contrôler les énoncés empiriques qu'en essayant de les falsifier.

D'un point de vue historique, l'émergence de la métaphysique indéterministe est assez compréhensible. Pendant longtemps les physiciens ont cru en une métaphysique déterministe. Et, parce que la situation logique était incomplètement comprise, l'échec des divers essais visant à déduire les spectres lumineux — qui sont des effets statistiques — d'un modèle mécanique de l'atome ne put manquer d'engendrer une crise du déterminisme. Aujourd'hui, nous voyons clairement que cet échec était inévitable puisqu'il est impossible de déduire des lois statistiques à partir d'un modèle non statistique (mécanique) de l'atome. Mais à ce moment-là (aux environs de 1924, du temps de la théorie de Bohr, Kramers et Slater), il pouvait seulement sembler que des probabilités prenaient la place de lois strictes dans le mécanisme de chaque atome individuel. L'édifice déterministe fut détruit principalement parce qu'on exprima des énoncés de probabilité sous la forme d'énoncés formellement singuliers. Sur les ruines du déterminisme, s'éleva l'indéterminisme, soutenu par le principe d'incertitude d'Heisenberg. Mais il naquit, comme nous le voyons à présent, de la même mésintelligence de la signification des énoncés de probabilité formellement singuliers.

La leçon de tout ceci nous incite à essayer de découvrir des lois strictes — des interdits — que puisse ruiner l'expérience. Cependant, nous devrions nous abstenir de dispenser des interdits fixant des limites aux possibilités de la recherche (* 6).

(* 6) Plus récemment, (après trente années), j'ai reformulé mon point de vue sur ces arguments dans mon article *Quantum Mechanics Without « The Observer »*. dans *Quantum Theory and Reality*, éd. M. Bunge, 1967, pp. 7-44.

CHAPITRE X

LA CORROBORATION OU :
COMMENT UNE THÉORIE
RÉSISTE A L'ÉPREUVE DES TESTS

Les théories ne sont pas vérifiables mais elles peuvent être « corroborées ».

L'on a souvent tenté de décrire les théories comme n'étant ni *vraies*, ni *fausses*, mais plutôt comme plus ou moins *probables*. La logique inductive, plus particulièrement, s'est développée comme une logique susceptible d'attribuer aux énoncés non seulement les deux valeurs « vérité » et « fausseté » mais encore des degrés de probabilité ; nous appellerons ce type de logique, « *logique de la probabilité* ». Selon ses défenseurs, l'induction devrait déterminer le degré de probabilité d'un énoncé et un principe d'induction devrait, soit nous *garantir* que l'énoncé résultant de l'induction est « probablement valide », soit nous *assurer que cela est probable*, car le principe d'induction pourrait n'être lui-même que « probablement valide ».

Pourtant, à mon avis, le problème de la probabilité repose dans son entièreté sur une idée fausse. Au lieu de débattre de la « probabilité » d'une hypothèse nous devrions essayer d'évaluer les tests, les épreuves, qu'elle a passés, c'est-à-dire que nous devrions essayer d'évaluer jusqu'à quel point elle a pu prouver son aptitude à survivre en résistant aux tests. Bref, nous devrions essayer d'estimer jusqu'à quel point elle a été « corroborée » (*1).

79. — A PROPOS DE LA PRÉTENDUE VÉRIFICATION DES HYPOTHÈSES.

(* 1) J'ai introduit les termes *corroboration* (« Bewährung ») et particulièrement *degré de corroboration* (« *Grad der Bewährung* », « *Bewährungsgrad* ») dans mon ouvrage parce que je souhaitais disposer d'un terme *neutre* pour exprimer le degré auquel une hypothèse a résisté à des tests sévères et a ainsi « fait ses preuves ». Par « neutre », j'entends un terme ne préjugeant pas de la question de savoir si, en résistant à des tests, l'hypothèse devient « plus probable » au sens du calcul des probabilités. Autrement dit, j'ai introduit l'expression « degré de corroboration » dans le dessein principal de pouvoir discuter la question de savoir si « degré de corroboration » pouvait ou non être identifié à « probabilité » (soit au sens d'une fréquence, soit au sens de Keynes, par exemple).

Carnap a traduit mon expression « degré de corroboration » (« *Grad der Bewährung* »), que je fus le premier à introduire dans les discussions du Cercle de Vienne, par « degré de confirmation » (Voyez son article *Testability and Meaning*) dans *Philosophy of Science* 3, 1936, p. 427 surtout. C'est ainsi que l'expression « degré de confirmation » fut bientôt largement acceptée. Je n'aimais pas cette expression à cause de certaines des associations qu'elle provoque (« affirmer », « établir fermement », « mettre au-delà de tout doute », « prouver », « vérifier », « confirmer »,

On a souvent méconnu le fait que les théories ne sont pas vérifiables. On dit souvent d'une théorie qu'elle a été vérifiée lorsqu'ont été vérifiées certaines des prévisions déduites de cette théorie. Sans doute peut-on admettre que la vérification n'est pas tout à fait irréprochable d'un point de vue logique ou qu'un énoncé ne peut jamais être démontré de façon définitive par la démonstration de certaines correspondances, mais l'on est enclin à considérer que de telles objections sont dues à des scrupules assez inutiles. Il est tout à fait vrai, dit-on, et même trivial de dire que nous ne pouvons pas savoir avec certitude si le soleil se lèvera demain. Mais l'on peut ne pas tenir compte de cette incertitude : le fait que les théories peuvent être non seulement améliorées mais encore *falsifiées par de nouvelles expériences* constitue pour le savant une possibilité sérieuse qui peut, à tout moment, se réaliser. Pourtant jamais encore on n'a dû considérer qu'une théorie était falsifiée à cause de la défaillance soudaine d'une loi bien confirmée. Jamais il n'arrive que de vieilles expériences donnent de nouveaux résultats. Il arrive seulement que de nouvelles expériences décident à l'encontre d'une ancienne théorie. L'ancienne théorie, même évincée, conserve souvent sa validité comme une sorte de cas limite de la nouvelle théorie ; elle est encore applicable, du moins à un haut degré d'approximation, aux cas où elle l'était avec succès auparavant. Bref, des régularités que l'on peut contrôler directement par l'expérience ne changent pas. Sans doute est-il concevable, ou logiquement possible, qu'elles puissent changer mais cette possibilité est méconnue par la science empirique, dont elle ne modifie pas la méthode. Au contraire, la méthode scientifique présuppose *l'immutabilité des processus naturels* ou « le principe de l'uniformité de la nature ».

Cet argument n'est pas dépourvu de valeur mais il ne rencontre pas ma thèse. Il exprime la croyance métaphysique en l'existence de régularités dans notre monde (croyance que je partage et à défaut de laquelle l'on peut difficilement concevoir une action pratique) (* 1). Pourtant, la question qui se pose à nous — celle

correspondent plus exactement à « *erhärten* » ou à « *bestätigen* » *qu'à* « *bewähren* »). J'ai donc proposé, dans une lettre à Carnap (écrite, je pense, vers 1939) d'utiliser le terme « corroboration » (ce terme m'avait été suggéré par le professeur H. N. Parton). Mais comme Carnap déclinait ma proposition, je me conformai à son usage, en pensant que les mots n'avaient pas d'importance. C'est la raison pour laquelle, j'utilisai moi-même, pendant un temps, le terme « confirmation » dans un certain nombre de mes publications.
Je me rendis pourtant compte que c'était une erreur : les associations que suscite le mot « confirmation » avaient malheureusement de l'importance et elles se firent sentir : « degré de confirmation » fut bientôt utilisé — par Carnap lui-même comme un synonyme (ou « explicans ») de « probabilité ». J'ai donc à présent abandonné ce terme en faveur de « degré de corroboration ». Voyez également l'appendice * IX et la section * 29 de mon *Postscript*.
(* 1) *Cf.* appendice * X et la section * 15 de mon *Postscript*.

qui, dans le présent contexte, donne une signification au caractère non vérifiable des théories — est d'un ordre tout à fait différent. Conformément à l'attitude que j'adopte envers les autres questions métaphysiques, je m'abstiendrai de présenter des arguments en faveur ou à l'encontre de la croyance en l'existence de régularités dans notre monde. Mais je vais essayer de montrer que *l'impossibilité pour les théories d'être vérifiées est méthodologiquement importante.* C'est sur ce plan que je rencontre l'argument qui vient d'être avancé.

Je ne retiendrai donc pour mon propos que l'un des points de cet argument : le recours au « principe de l'uniformité de la nature », comme on l'appelle. Ce principe me semble exprimer d'une manière très superficielle une règle méthodologique importante que l'on aurait avantage à dégager du caractère non vérifiable des théories (* 2).

Supposons que le soleil ne se lève pas demain (et que nous continuions néanmoins à poursuivre nos intérêts scientifiques). Si pareille chose arrivait, la science devrait essayer de *l'expliquer* c'est-à-dire d'en rendre compte par des lois. Les théories en vigueur devraient probablement être révisées de fond en comble. Mais les théories révisées devraient *rendre compte* non seulement de la nouvelle situation mais *encore de nos expériences antérieures.* Du point de vue méthodologique, l'on voit que le principe de l'uniformité de la nature se trouve ici remplacé par le postulat de *l'invariance des lois naturelles* relativement à l'espace et au temps. Je pense donc que ce serait une erreur de prétendre que les régularités naturelles ne changent pas (ce serait là une sorte d'énoncé en faveur duquel ou contre lequel l'on ne pourrait présenter d'argument). Nous devrions plutôt dire qu'il fait partie de notre *définition* des lois naturelles de postuler leur invariance eu égard à l'espace et au temps comme de postuler qu'elles ne doivent pas comporter d'exceptions. Aussi la possibilité de falsifier une loi corroborée n'est-elle, d'un point de vue méthodologique, aucunement dépourvue de signification. Elle nous aide à découvrir ce que nous exigeons et attendons des lois naturelles. Et le « principe d'uniformité de la nature » peut, quant à lui, être considéré comme une interprétation métaphysique d'une règle méthodologique de même que son proche parent, la « loi de causalité ».

L'un des essais en vue de remplacer des énoncés métaphysiques de cette espèce par des principes de méthode mène au « principe

---

(* 2) Je songe à la règle selon laquelle tout nouveau système d'hypothèses devrait justifier ou expliquer les régularités anciennement corroborées. Voyez également la section * 3 (3ᵉ paragraphe) du *Postscript.*

d'induction », lequel est censé gouverner la méthode inductive et, par là, celle de la vérification des théories. Mais cet essai échoue car le principe d'induction est lui-même de caractère métaphysique. Comme je l'ai fait remarquer dans la section 1, soutenir que le principe d'induction est empirique conduit à une régression à l'infini. Ce principe ne pourrait donc être introduit que comme une proposition primitive (ou un postulat, ou un axiome). Ceci n'aurait peut-être pas tellement d'importance si le principe d'induction ne devait en tout cas être traité comme un *énoncé non falsifiable*. En effet, si ce principe — qui est supposé valider l'inférence des théories — était lui-même falsifiable, il serait falsifié avec la première théorie falsifiée car cette théorie serait en ce cas une conclusion atteinte à l'aide du principe d'induction. Ce principe serait naturellement falsifié, en tant que prémisse, par le *modus tollens* chaque fois que serait falsifiée une théorie qui en dériverait (* 3). Mais ceci signifie qu'un principe d'induction falsifiable serait falsifié à chaque nouveau progrès réalisé par la science. Il serait donc nécessaire d'introduire un principe d'induction dont on postulerait qu'il n'est pas falsifiable. Mais ceci reviendrait à la notion erronée d'un énoncé synthétique valide *a priori* c'est-à-dire d'un énoncé relatif à la réalité et ne pouvant être réfuté.

C'est ainsi que, si nous essayons de changer notre croyance métaphysique en l'uniformité de la nature et en la vérifiabilité des hypothèses, en une théorie de la connaissance fondée sur une logique inductive, il ne nous reste qu'à choisir entre une régression à l'infini et l'*a priorisme*.

80. — LA PROBABILITÉ D'UNE HYPOTHÈSE ET LA PROBABILITÉ D'ÉVÉNEMENTS : CRITIQUE DE LA LOGIQUE DE LA PROBABILITÉ.

En admettant même que les théories ne sont jamais définitivement vérifiées, ne pouvons-nous réussir à les rendre plus ou moins certaines, plus ou moins probables ?

Après tout, il serait bien possible que la question de la *probabilité d'une hypothèse* puisse être réduite à celle de la *probabilité d'événements*, par exemple, et puisse donc faire l'objet d'un traitement mathématique et logique (* 1).

(* 3) Les prémisses dont dérive la théorie devraient (selon la vue inductiviste examinée ici) consister en un principe d'induction *et* en énoncés d'observation. Mais l'on suppose ici tacitement que ces derniers sont constants et réitérables de telle sorte qu'ils ne peuvent être rendus responsables de l'échec de la théorie.

(* 1) La présente section (80) contient en majeure partie une critique de la tentative (faite par Reichenbach) d'interpréter *la probabilité des hypothèses* en termes pris à la *théorie fréquentielle de la probabilité d'événements*. La section 83

Comme la logique inductive en général, la théorie qui attribue des degrés de probabilité aux hypothèses semble provenir d'une confusion de questions psychologiques avec des questions logiques. Sans doute nos sentiments subjectifs de conviction sont-ils d'intensités différentes et le degré de confiance avec lequel nous attendons la réalisation d'une prédiction et la corroboration subséquente d'une hypothèse est-il susceptible de dépendre, entre autres choses, de la manière dont cette hypothèse a jusqu'alors résisté à des tests, de la manière dont elle a été corroborée dans le passé. Mais il est assez bien reconnu par les défenseurs de la logique de la probabilité (* 2) eux-mêmes que ces questions psychologiques ne ressortissent pas à l'épistémologie ou à la méthodologie. Ils prétendent cependant qu'il est possible d'attribuer des degrés de probabilité aux *hypothèses elles-mêmes* et qu'il est, de plus, possible de ramener ce concept à celui de probabilité d'événements.

En général, la probabilité d'une hypothèse est tout simplement considérée comme un cas particulier du problème général de la *probabilité d'un énoncé*, lequel est à son tour considéré comme n'étant rien d'autre que le problème de la *probabilité d'un événement*, exprimé dans une terminologie particulière. C'est ainsi que nous lisons, chez Reichenbach, par exemple : « le fait que nous attribuons une probabilité à des énoncés ou à des événements n'est qu'une question de terminologie. Nous avons jusqu'ici considéré l'attribution de 1/6 à l'apparition d'une certaine face d'un dé comme un cas de probabilité d'événements mais nous pourrions tout aussi bien dire que c'est à l'énoncé « la face présentant le 1 va sortir » qu'a été assignée la probabilité de 1/6 (1). »

On comprendra mieux cette identification de la probabilité d'événements à la probabilité d'énoncés si nous rappelons ce qui a été dit à la section 23. Le concept d' « événement » y était défini comme une classe d'énoncés singuliers ; il doit donc être possible de parler de la *probabilité d'énoncés* au lieu de la probabilité d'événements. Nous pouvons donc considérer ceci comme un simple changement de terminologie : les séquences servant de référence sont interprétées comme des séquences d'énoncés. Si nous imaginons une « alternative » ou plutôt ses éléments, comme représentés par des énoncés, nous pouvons décrire l'apparition de face par l'énoncé « *k* est face » et celle de pile par la négation de cet énoncé. Nous obtenons ainsi une séquence d'énoncés de la forme

comporte une critique de la manière dont Keynes aborde la question. * Remarquez que Reichenbach est soucieux de ramener *la possibilité d'un énoncé ou d'une hypothèse* (ce que Carnap appela, plusieurs années plus tard, « probabilité 1») à une fréquence (« probabilité 2 »).

(* 2) Je fais allusion à l'école de Reichenbach plutôt qu'à celle de Keynes.
(1) Reichenbach, *Erkenntnis* I, 1930, p. 171 et suiv.

p_j, p_k, $\bar{p}_l$, p_m, $\bar{p}_n$..., dans laquelle un énoncé p_i est parfois caractérisé comme « vrai » et parfois (en plaçant un trait au-dessus de son nom) comme « faux ». On peut donc interpréter la probabilité au sein d'une alternative comme la « *fréquence de vérité* » (2), [*fréquence*] *relative d'énoncés dans une séquence d'énoncés* (plutôt que comme la fréquence relative d'une propriété).

Nous pouvons à loisir appeler le concept de probabilité ainsi transformé, « probabilité d'énoncés » ou « probabilité de propositions » et nous pouvons montrer qu'il y a un rapport très étroit entre ce concept et celui de « vérité ». En effet, si la séquence d'énoncés devient de plus en plus courte jusqu'à ne plus contenir qu'un élément, c'est-à-dire *un unique énoncé*, la probabilité, ou fréquence de vérité, de la séquence ne peut prendre que l'une des deux valeurs 1 ou 0, selon que cet unique énoncé est vrai ou faux. La vérité ou la fausseté d'un énoncé peuvent donc être considérées comme des cas limites de probabilité et, inversement, on peut considérer la probabilité comme une généralisation du concept de vérité dans la mesure où elle inclut ce dernier comme un cas limite.

Enfin, il est possible de définir des opérations effectuées sur des fréquences de vérité de telle façon que les opérations de vérité habituelles de la logique classique deviennent des cas limites de ces opérations. Et l'on peut donner au calcul de ces opérations le nom de « *logique de la probabilité* » (3).

Mais pouvons-nous vraiment identifier la *probabilité d'hypothèses* à la probabilité d'énoncés définie de cette manière et donc, indirectement, à la probabilité d'événements ? Je crois que cette identification résulte d'une confusion. Puisque la probabilité d'une hypothèse est manifestement un cas de probabilité d'énoncés elle doit, pense-t-on, se ranger sous le genre « probabilité d'énoncés » *au sens qui vient d'être défini*. Mais cette conclusion se révèle injustifiée et la terminologie utilisée est donc tout à fait inappropriée. Peut-être vaudrait-il mieux, en définitive, ne jamais utiliser l'expression « probabilité d'énoncés » si nous avons à l'esprit la probabilité d'événements (* 2).

(2) Selon Keynes, *A treatise on Probability* (1921), p. 101 et suiv., l'expression « fréquence de vérité » (*truth frequency*) est due à Whitehead ; *cf.* la note suivante.

(3) J'esquisse ici la construction de la logique de la probabilité développée par Reichenbach (*Wahrscheinlichkeitslogik, Sitzungsberichte der Preussichen Akademie der Wissenschaften*, Physik-mathem. Klasse 29, 1932, p. 476 et suiv.) qui suit E. L. Post (*American Journal of Mathematics* 43, 1921, p. 184) et, en même temps, la théorie fréquentielle de von Mises. La forme de la théorie fréquentielle de Whitehead, prise en considération par Keynes, *op. cit.*, p. 101 et suiv. est la même.

(* 2) Je pense encore (*a*) que la « probabilité des hypothèses », comme on l'appelle, ne peut être interprétée comme une fréquence de vérité ; (*b*) qu'il vaut mieux donner à une probabilité définie par une fréquence relative — qu'il s'agisse d'une fréquence de vérité ou de la fréquence d'un événement — le nom de « pro-

Quoi qu'il en soit, je prétends que les questions que suscite le concept de *probabilité d'hypothèses* ne sont même pas effleurées par les réflexions issues de la logique de la probabilité. Je prétends que si l'on dit d'une hypothèse qu'elle n'est pas vraie mais « probable », cet énoncé ne peut en *aucun* cas être traduit en un énoncé concernant la probabilité d'événements.

En effet, si on essaie de ramener la notion de probabilité d'hypothèses à celle de fréquence de vérité en utilisant le concept de séquence d'énoncés, on se trouve immédiatement devant la question suivante : *à quelle séquence d'énoncés* peut-on se référer pour attribuer à une hypothèse un degré de probabilité ? Reichenbach va jusqu'à identifier une « assertion de la science naturelle » — il signifie par là une hypothèse scientifique — à une séquence d'énoncés pouvant servir de référence. Il dit ceci : «... les assertions de la science naturelle, qui ne sont jamais des énoncés singuliers, sont en fait des séquences d'énoncés auxquelles nous devons, à proprement parler, attribuer non pas le degré de probabilité 1 mais une valeur inférieure de probabilité. La logique de la probabilité est, en conséquence, la seule à nous fournir la forme logique susceptible de représenter avec exactitude le concept de connaissance propre à la science naturelle » (4). Essayons à présent d'accepter la suggestion selon laquelle les hypothèses elles-mêmes sont des séquences d'énoncés. Une façon d'interpréter ceci serait de prendre comme éléments d'une telle séquence les divers énoncés singuliers qui peuvent être en contradiction avec l'hypothèse ou concorder avec elle. La probabilité de cette hypothèse serait dès lors déterminée par la fréquence de vérité de ceux parmi ces énoncés qui concordent avec elle. Mais cette évaluation donnerait à l'hypothèse une probabilité de ½ si elle était, en moyenne, réfutée par un énoncé singulier sur deux de cette séquence. Afin d'éviter cette conclusion fatale, nous pourrions essayer de recourir à deux nouveaux expédients (* 3). L'un d'eux consisterait à attribuer à l'hypothèse une certaine probabilité — pas très précise peut-être — sur la base d'une évaluation du rapport de tous les tests passés par elle à tous les tests auxquels elle n'a pas encore été soumise. Mais cette voie non plus ne mène nulle part car cette évaluation peut être faite avec précision et le résultat est toujours zéro de probabilité.

babilité d'événement » ; (*c*) que la « probabilité d'une hypothèse » comme on l'appelle (au sens de la possibilité qu'elle a d'être acceptée) *n'est pas* un cas particulier de la « probabilité d'énoncés ». De plus, je considérerais à présent la « probabilité d'énoncés » comme une interprétation (à savoir l'interprétation logique) parmi plusieurs autres possibles du calcul formel des probabilités plutôt que comme une fréquence de vérité. (*Cf.* appendice * II, * IV et * IX et mon *Postscript.*)

(4) Reichenbach, *Wahrscheinlichkeitslogik* (*op. cit.*, p. 488), p. 15 de la réimpression.

(* 3) Nous supposons ici que nous sommes désormais décidés à attribuer la

Nous pourrions, enfin, essayer de fonder notre évaluation sur le rapport des tests qui ont eu un résultat favorable à ceux qui ont eu un résultat indifférent, c'est-à-dire qui n'ont pas donné lieu à une décision tranchée. (De cette façon on pourrait en effet obtenir une sorte de mesure du sentiment subjectif de confiance avec lequel l'expérimentateur considère ses résultats.) Mais ce dernier expédient ne sera pas davantage efficace, même si nous méconnaissons le fait qu'avec cette sorte d'évaluation nous sommes bien loin du concept de fréquence de vérité et de celui de probabilité d'événements. (Ces concepts ont pour fondement le rapport des énoncés vrais aux énoncés faux et nous ne devons évidemment pas assimiler un énoncé indifférent à un énoncé objectivement faux.) Cette dernière tentative échoue elle aussi car la définition suggérée ferait de la probabilité d'une hypothèse quelque chose de désespérément subjectif, dépendant de l'entraînement et de l'adresse de l'expérimentateur plutôt que de résultats susceptibles d'être reproduits et soumis à des tests avec objectivité.

Mais je pense qu'il est tout à fait impossible d'accepter l'idée qu'une hypothèse puisse être considérée comme une séquence d'énoncés. Ce serait possible si les énoncés universels avaient la forme suivante : « Pour toute valeur de k, il est vrai qu'à l'endroit k, une certaine chose se produit ». Si les énoncés universels avaient cette forme, nous pourrions considérer les énoncés de base (ceux qui sont en contradiction ou concordent avec l'énoncé universel) comme des éléments d'une séquence d'énoncés, à savoir la séquence à considérer pour évaluer l'énoncé universel. Mais, comme nous l'avons vu (cf. les sections 15 et 28), les énoncés universels n'ont pas cette forme ; des énoncés de base ne peuvent jamais dériver d'énoncés universels seulement (* 4). Ces derniers ne peuvent donc être considérés comme des séquences d'énoncés de base. Pourtant, si nous essayons de prendre en considération la séquence des négations d'énoncés de base qui *peuvent*, elles, découler d'énoncés universels, l'évaluation de *toute* hypothèse cohérente donnera la même probabilité, à savoir : 1. En effet, nous devrions alors consi-

probabilité zéro à l'hypothèse chaque fois qu'il y a une falsification expresse. Notre discussion se limite donc à présent aux cas pour lesquels une falsification formelle n'a pas été obtenue.

(* 4). Comme je l'ai expliqué plus haut dans la section 28, les énoncés singuliers qui *peuvent* être déduits d'une théorie — les « énoncés illustratifs » — n'ont pas le caractère d'énoncés de base ou d'énoncés d'observation. Si nous sommes néanmoins décidés d'envisager la séquence de ces énoncés et de fonder notre valeur de probabilité sur la fréquence de vérité au sein de cette séquence, cette probabilité sera toujours égale à 1, aussi fréquentes que puissent être les falsifications de la théorie. En effet, comme on l'a montré dans la note (* 1) de la section 28, presque toute théorie est « vérifiée » dans presque tous les cas (*i.e.* à presque tous les endroits k). La discussion qui suit ici dans le texte comporte un

dérer le rapport des négations des énoncés de base *non falsifiés* qui peuvent découler de l'hypothèse (ou d'autres énoncés qui peuvent en découler) à celles des énoncés *falsifiés*. Ceci signifie qu'au lieu de considérer une fréquence de vérité, nous devrions considérer la valeur complémentaire d'une fréquence de fausseté. Cependant, cette valeur serait toujours égale à 1 car la classe des énoncés pouvant découler d'une hypothèse est infinie, de même que celle des négations des énoncés de base également susceptibles d'en découler. Il ne peut, d'autre part, y avoir au plus qu'un nombre fini d'énoncés de base falsificateurs acceptés. Aussi n'obtenons-nous pas de résultat acceptable, même si nous ne tenons pas compte du fait que les énoncés universels ne sont jamais des conséquences d'énoncés et même si nous essayons de les interpréter comme quelque chose de ce genre et de les mettre en corrélation avec des séquences d'énoncés singuliers complètement décidables.

Nous devons encore examiner une autre possibilité, tout à fait différente, d'expliquer la notion de probabilité d'une hypothèse en termes de séquences d'énoncés. On se rappellera que nous avons dit qu'une occurrence singulière donnée était « probable » (au sens d'un « énoncé de probabilité formellement singulier ») si elle était *un élément d'une séquence d'hypothèses* ayant une fréquence de vérité déterminée. Mais cet essai échoue lui aussi, même si l'on ne tient aucun compte de la difficulté de déterminer la séquence de référence (on peut la choisir de maintes façons ; *cf.* la section 71). Nous ne pouvons, en effet, parler d'une fréquence de vérité dans une séquence d'hypothèses pour la simple raison que nous ne pouvons jamais savoir d'une hypothèse si elle est vraie. Si nous *pouvions* le savoir nous n'aurions nul besoin du concept de probabilité d'une hypothèse. Nous pourrions dès lors essayer, comme plus haut, de prendre comme point de départ le complément de la fréquence de fausseté dans une séquence d'hypothèses. Mais si nous définissons la probabilité d'une hypothèse à l'aide du rapport des hypothèses non falsifiées de la séquence aux hypothèses falsifiées, par exemple, la probabilité de *toute* hypothèse dans *toute* séquence de référence *infinie*, sera, comme précédemment, égale à 1. Et à supposer même qu'on choisisse une séquence de référence *finie*, la situation ne sera pas plus favorable. Admettons, en effet, que, conformément à ce procédé, nous puissions attribuer aux éléments d'une séquence (*finie*) d'hypothèses un degré de probabilité situé entre 0 et 1, disons la valeur 3/4 (on peut le faire

---

argument fort semblable, fondé lui aussi sur les « énoncés illustratifs » (c'est-à-dire les négations des énoncés de base) ; cet argument est destiné à prouver que la probabilité d'une hypothèse serait toujours égale à 1 si elle était basée sur ces négations d'énoncés de base.

si l'on est informé que telle ou telle hypothèse de la séquence a été falsifiée). Dans la mesure où ces hypothèses *falsifiées* sont des éléments de la séquence, nous devrions, *à cause précisément de cette information*, leur attribuer non pas la valeur 0, mais la valeur 3/4. Et, en général, la probabilité d'une hypothèse décroîtrait d'$1/n$ conséquemment à l'information qu'elle est fausse, n étant le nombre d'hypothèses de la séquence de référence. Tout ceci va bel et bien à l'encontre du projet d'exprimer en termes de « *probabilité d'hypothèses* » le degré de certitude que nous devons attribuer à une hypothèse, compte tenu de l'évidence empirique qui la soutient ou la contredit.

Ceci me semble épuiser les possibilités de fonder le concept de probabilité d'une hypothèse sur celui de fréquence d'énoncés vrais (ou d'énoncés faux) et par là, sur la théorie fréquentielle de la probabilité d'événements (* 5).

(* 5) On pourrait résumer comme suit ces essais visant à donner un sens à l'assertion un peu mitigée de Reichenbach, selon laquelle la probabilité d'une hypothèse doit être mesurée par une fréquence de vérité. (Pour un résumé similaire assorti d'une critique, voyez l'avant-dernier paragraphe de l'appendice * I).

Nous pouvons, en gros, tenter de définir la probabilité d'une théorie de deux manières. L'une d'elles consiste à compter le nombre d'énoncés appartenant à la théorie, susceptibles d'être soumis à des tests expérimentaux et à déterminer la fréquence relative de ceux qui se révèlent vrais ; l'on peut alors prendre cette fréquence relative comme mesure de la probabilité de la théorie. Nous pouvons dire qu'il s'agit là d'une *probabilité de la première espèce*. Nous pouvons en second lieu considérer la théorie comme un élément d'une classe d'entités idéologiques — les théories proposées, par exemple, par d'autres savants — et nous pouvons alors déterminer les fréquences relatives à l'intérieur de cette classe. Nous pouvons dire qu'il s'agit là d'une *probabilité de la seconde espèce*.

J'ai de plus essayé de montrer dans mon texte que chacune de ces deux possibilités de conférer un sens à la notion de fréquence de vérité utilisée par Reichenbach mène à des résultats qui ne peuvent en aucun cas être acceptés par des partisans de la théorie inductive de la probabilité.

Reichenbach a riposté à ma critique, moins en défendant ses conceptions qu'en attaquant les miennes. Dans l'article qu'il y a consacré (*Erkenntnis* 5, 1935, pp. 267-284), il dit que « les résultats de cet ouvrage sont tout à fait insoutenables » et il explique cela par un défaut de ma méthode : je n'ai pas réussi à « imaginer toutes les conséquences » de mon système conceptuel.

La section IV de son article (p. 274 et suiv.) est consacrée à notre problème : la probabilité des hypothèses. Elle commence ainsi : « L'on peut ajouter à ce propos, certaines remarques relatives à la probabilité des théories, remarques qui devraient compléter mes communications sur le sujet, toutes trop brèves jusqu'ici, et dissiper une certaine obscurité qui enveloppe encore la question ». Suit alors un passage qui constitue le second paragraphe de la présente note ; celui-ci commence par les mots « en gros » (les seuls que j'aie ajouté au texte de Reichenbach).

Reichenbach ne dit rien du fait que son essai de dissiper « l'obscurité qui enveloppe encore la question » n'est qu'un résumé, sommaire sans doute, de certaines pages de l'ouvrage même qu'il dénigre. Pourtant, en dépit de son silence, je sens que je puis considérer comme un grand compliment qu'un écrivain aussi expérimenté dans le domaine de la probabilité (à l'époque où il écrivait sa réponse à mon ouvrage il avait à son actif deux livres et une douzaine d'articles sur le sujet) accepte les résultats de mes tentatives pour « imaginer les conséquences » de ses « communications sur le sujet, toutes trop brèves ». Ce succès de mes tentatives fut, je crois, dû à un principe de « méthode » : celui selon lequel nous devrions toujours essayer de clarifier et de renforcer autant que possible la position de notre adversaire avant de la critiquer, si nous voulons que notre critique ait quelque valeur.

Je pense que nous devons considérer l'essai visant à identifier la probabilité d'une hypothèse à la probabilité d'événements comme un échec total. Cette conclusion est tout à fait indépendante de la question de savoir si nous acceptons l'affirmation (de Reichenbach) selon laquelle *toutes les hypothèses de physique* ne seraient « en réalité » ou « à la suite d'un examen plus attentif » rien d'autre que des énoncés de probabilité (concernant certaines fréquences moyennes à l'intérieur de séquences d'observations présentant toujours des écarts par rapport à une valeur moyenne) ou si nous sommes enclins à distinguer deux *types* différents de lois naturelles : les lois « déterministes » ou « de précision » d'une part, et les « lois de probabilité » ou « hypothèses de fréquence » d'autre part. L'un et l'autre de ces types sont en effet représentés par des propositions hypothétiques qui ne peuvent jamais devenir à leur tour « probables ». Elles peuvent seulement être corroborées, au sens où elles peuvent « faire leurs preuves » au feu : au feu de nos tests.

Comment expliquer le fait que les partisans de la logique probabiliste aient abouti à la conception opposée ? Où réside l'erreur commise par Jeans lorsqu'il écrit : « ... nous ne pouvons rien connaître... *avec certitude* » (je suis pleinement d'accord avec ceci), puis : « Nous ne pouvons au mieux que traiter de *probabilités*. [Et] les prédictions de la nouvelle théorie quantique concordent tellement bien avec les observations qu'il y a d'*énormes* chances que le schéma présente certaines correspondances avec la réalité. Nous pouvons dire qu'il est *presque certain* qu'il soit quantitativement vrai ? » (5).

Sans doute l'erreur la plus commune consiste-t-elle à croire que d'hypothétiques évaluations de fréquences, c'est-à-dire des hypothèses relatives à des probabilités, peuvent à leur tour n'être que probables ; ou, en d'autres termes, à attribuer à des *hypothèses de probabilité* un certain degré de prétendue *probabilité d'hypothèses*. Il nous est peut-être possible de produire un argument en faveur de cette conclusion erronée si nous nous rappelons que dans la mesure où il est question de leur forme logique (et sans référence à notre exigence méthodologique de falsifiabilité), les hypothèses relatives à des probabilités ne sont ni vérifiables, ni falsifiables. (*Cf.* les sections 65 à 68.) Elles ne sont pas vérifiables parce qu'elles sont des énoncés universels et elles ne sont pas falsifiables au sens strict parce qu'aucun énoncé de base ne peut jamais être en contradiction logique avec elles. Comme le soutient Reichenbach, l'on ne peut donc *d'aucune façon décider de leur vérité ou de leur*

---

(5). Jeans *The New Background of Science* (1934), p. 58. [Seuls les mots « *for certain* » (avec certitude) sont mis en italique par Jeans.]

fausseté (6). Mais elles peuvent, comme j'ai essayé de le montrer, *être plus ou moins bien «confirmées»*, ce qui veut dire qu'elles peuvent concorder plus ou moins bien avec des énoncés de base acceptés. Et c'est ici, peut-il sembler, que la logique de la probabilité fait son entrée. La symétrie qu'accepte la logique inductiviste classique, entre la vérifiabilité et la falsifiabilité suggère la croyance qu'il doit être possible de mettre en corrélation avec ces énoncés de probabilités « indécidables », une échelle de degrés de validité, quelque chose comme « des degrés continus de probabilité dont les limites supérieures et inférieures, hors d'atteinte, sont la vérité et la fausseté» (7), pour citer une fois de plus Reichenbach. Pourtant à mon avis dans la mesure même où ils ne peuvent faire l'objet d'aucune décision, les énoncés de base sont des énoncés métaphysiques à moins que nous ne décidions de les rendre falsifiables par l'adoption d'une règle méthodologique. Aussi la conséquence naturelle de leur non-falsifiabilité n'est-elle pas qu'ils peuvent être plus ou moins bien corroborés mais qu'*ils ne peuvent pas du tout être corroborés par l'expérience.* S'il en était autrement, tenant compte du fait qu'ils n'interdisent rien et sont donc compatibles avec tout énoncé de base, l'on pourrait dire que tout énoncé de base arbitrairement choisi (de n'importe quel degré de composition) les corrobore, pourvu qu'il décrive l'occurrence d'un cas approprié.

Je crois que la physique n'utilise des énoncés probabilistes que de la manière que j'ai longuement envisagée à propos de la théorie de la probabilité ; je crois plus particulièrement, qu'elle utilise des hypothèses de probabilité tout juste comme d'autres hypothèses, à savoir comme des énoncés falsifiables. Mais je refuserais de prendre part à toute discussion portant sur la manière dont les physiciens procèdent « en fait », car ceci doit rester pour une grande part matière à interprétation.

Nous avons ici un très bel exemple de l'opposition qu'il y a entre ma conception et ce que j'ai appelé, dans la section 10, la conception « naturaliste ». L'on peut voir, en premier lieu, que ma conception possède une cohérence interne, et ensuite, qu'elle est exempte des difficultés qui assaillent d'autres conceptions. Sans doute est-il impossible de prouver qu'elle est correcte et une controverse avec les partisans d'une autre logique de la science peut-elle aussi bien être futile. Tout ce qu'on peut voir c'est que la manière

---

(6) Reichenbach, *Erkenntnis* I, 1930, p. 169, (*cf.* également la riposte de Reichenbach à ma note, dans *Erkenntnis* 3, 1933, p. 426 et suiv.). On trouve très fréquemment des idées semblables relativement à la probabilité ou à la certitude de la connaissance inductive (*cf.* par exemple, Russell, *Our Knowledge of the External World*, 1926, p. 225 et suiv. et *The Analysis of Matter*, 1927, pp. 141 et 398 [tr. franç. Ph. Devaux, Paris, Payot]). N. d. T.
(7) Reichenbach, *Erkenntnis* I, 1930, p. 186 (*cf.* note 4 de la section 1).

dont j'aborde ce problème particulier résulte de la conception de la science que j'ai défendue (* 6).

81. — LOGIQUE INDUCTIVE ET LOGIQUE DE LA PROBABILITÉ.

L'on ne peut ramener la probabilité d'hypothèses à la probabilité d'événements. Telle est la conclusion qui se dégage de l'examen réalisé dans les sections précédentes. Mais une approche différente ne pourrait-elle nous fournir une définition satisfaisante de la notion de *probabilité d'hypothèses* ?

Je ne crois pas qu'il soit possible de construire un concept de probabilité des hypothèses que l'on puisse interpréter comme l'expression d'un « degré de validité » de l'hypothèse, quelque chose d'analogue aux concepts de « vérité » et de « fausseté » (et qui soit en outre en relation suffisamment étroite avec le concept de « probabilité objective », c'est-à-dire avec une fréquence relative, pour justifier l'usage du mot « probabilité » (1). Néanmoins, je vais à présent admettre, aux fins de l'argumentation, la *présupposition* selon laquelle l'on aurait effectivement réussi à construire un tel concept ; l'on peut alors poser la question de savoir comment ceci affecterait le problème de l'induction.

Supposons qu'une hypothèse, la théorie de Schrödinger par exemple, soit reconnue « probable » en un sens déterminé de ce terme : « probable à tel ou tel degré numérique » ou simplement « probable » sans spécification de degré. Nous pouvons appeler l'énoncé qui décrit la théorie de Schrödinger comme probable, l'*évaluation* de cette théorie (*appraisal*).

Une évaluation doit naturellement être un énoncé synthétique, une assertion relative à la « réalité », comme le serait l'énoncé

(* 6) Les deux derniers paragraphes furent suscités par l'approche « naturaliste » qu'adoptèrent parfois Reichenbach, Neurath et d'autres ; *cf.* la section 10, plus haut.

(1) (Ajouté alors que l'ouvrage était sous presse.) Il est possible de concevoir que pour évaluer les degrés de corroboration, l'on puisse trouver un système formel présentant certaines analogies formelles limitées avec le calcul des probabilités (par ex. avec le théorème de Bayes) mais qui n'ait rien en commun avec la théorie fréquentielle. Je suis reconnaissant au Dr J. Hosiasson de m'avoir suggéré cette possibilité. Je suis pourtant convaincu qu'il est tout à fait impossible d'espérer résoudre *le problème de l'induction* par de telles méthodes. * Voyez également la note 3 de la section * 57 de mon *Postscript* . * Depuis 1938, j'ai défendu l'opinion selon laquelle « pour justifier l'utilisation du mot probabilité », comme le dit mon texte, nous devrions montrer que les axiomes du calcul formel de probabilités sont satisfaits. (*Cf.* les appendices * II à * V et surtout la section * 28 de mon *Postscript*.) A l'inclusion, évidemment du théorème de Bayes. Quant aux analogies formelles entre le théorème de Bayes sur la *probabilité* et certains théorèmes sur le *degré de corroboration*, voyez l'appendice * IX, point 9 (VII) de la première note et les points (12) et (13) de la section * 32 de mon *Postscript*.

« la théorie de Schrödinger est vraie » ou « la théorie de Schrödinger est fausse ». Tous les énoncés de ce genre disent manifestement quelque chose quant à l'exactitude de la théorie et ne sont donc certes pas tautologiques (* 1). Ils disent qu'elle est exacte ou inexacte, ou qu'elle a un certain degré d'exactitude. Une évaluation de la théorie de Schrödinger doit, en outre, être un énoncé synthétique *non vérifiable*, tout comme la théorie elle-même. Car la « probabilité » d'une théorie — c'est-à-dire la probabilité que la théorie demeure acceptable — ne peut être déduite d'énoncés de base *de manière irrévocable*. Nous sommes donc contraints de nous demander : comment l'évaluation peut-elle être justifiée ? Comment peut-on la soumettre à des tests ? (C'est ainsi que resurgit le problème de l'induction ; voyez la section 1.)

Quant à l'évaluation (*appraisal*) elle-même, l'on peut dire qu'elle est « vraie » ou dire aussi qu'elle est « probable ». Si l'on considère qu'elle est « vraie », elle doit être un énoncé *synthétique vrai* qui n'a point reçu de vérification empirique. C'est-à-dire un énoncé synthétique vrai *a priori*. Si l'on considère qu'elle est « probable », une *nouvelle* évaluation s'impose : une évaluation de l'évaluation, pour ainsi dire, et donc une évaluation de niveau supérieur. Mais ceci signifie que nous sommes repris dans une régression à l'infini. Le recours à la probabilité de l'hypothèse ne peut améliorer la situation précaire de la logique inductive.

(* 1) L'énoncé de probabilité « $p\ (S,\ e) = r$ » — en langage non symbolique : « la théorie de Schrödinger a la probabilité r, étant donné l'évidence e [c'est-à-dire l'ensemble de faits constituant la preuve actuelle de la théorie de S] — est un énoncé de probabilité relative ou conditionnelle qui peut certainement être tautologique (il suffit que les valeurs de e et de r soient choisies de façon à se convenir mutuellement : si e consiste seulement en rapports d'observation, r sera égal à o dans un univers suffisamment grand). Mais « l'évaluation » au sens où nous l'entendons devrait avoir une forme différente (voyez la section 84, plus bas, et surtout le texte auquel la note * 2 se rapporte) ; la forme suivante, par exemple : $p_k\ (S) = r$, où l'indice k représente la date d'aujourd'hui, en langage non symbolique : « La théorie de Schrödinger a *aujourd'hui* (en fonction de toute l'évidence positive à laquelle on accède actuellement) une probabilité r. » Pour obtenir cette évaluation, $p_k\ (S) = r$, à partir (I) de l'énoncé tautologique de probabilité relative, $p\ (S,e) = r$, et (II) de l'énoncé « e constitue toute l'évidence aujourd'hui accessible », nous devons appliquer un *principe d'inférence* (appelé « règle d'absolution » dans mon *Postscript*, section * 43 et * 51). Ce principe d'inférence ressemble fort au *modus ponens* et il peut donc sembler qu'on devrait le considérer comme analytique. Mais si nous le considérons comme analytique, cela revient à décider de considérer p_k comme défini par (I) et (II) ou, en tout cas, comme ne signifiant rien de *plus* que la conjonction de (I) et de (II). Or en ce cas p_k ne peut être considéré comme ayant aucune portée pratique. Il ne peut *certes* pas être interprété comme une mesure pratique de l'acceptabilité de la théorie. Ceci apparaît davantage si l'on considère que dans un univers suffisamment vaste, $p_k\ (t,\ e) \approx$ o pour *toute* théorie universelle t, pourvu que e consiste seulement en énoncés singuliers (*cf.* les appendice * VII et * VIII). Mais, il est certain que dans la pratique nous acceptons certains énoncés et en rejetons d'autres.

Si, d'autre part, nous interprétons p_k comme un *degré d'adéquation ou de recevabilité*, alors le principe d'inférence mentionné — la règle d'absolution » (*rule of absolution*) qui devient, selon cette interprétation, un exemple typique de « principe d'induction » — est tout simplement *faux* et donc évidemment non analytique.

La plupart des partisans de la logique inductive soutiennent l'opinion que l'on parvient à l'évaluation au moyen d'un « principe d'induction » qui attribue des probabilités aux hypothèses induites. Mais si nous attribuons également une probabilité à ce principe d'induction, l'on reste dans la régression à l'infini. Si d'autre part on lui attribue la « vérité », il nous reste à choisir entre une régression à l'infini et l'*a priorisme*. « Une fois pour toutes », dit Heymans, « la théorie de la probabilité se montre incapable d'expliquer l'argumentation inductive car c'est précisément le même problème que dissimulent l'une et l'autre (l'application empirique de la théorie de la probabilité). Dans les deux cas, la conclusion dépasse les prémisses » (2). Aussi ne sert-il à rien de remplacer le terme « vrai » par le terme « probable » et le terme « faux » par le terme « improbable ». Seule une prise en considération de l'*asymétrie existant entre vérification et falsification* — celle-ci résulte de la relation logique qu'il y a entre les théories et les énoncés de base — permet d'éviter les pièges que tend le problème de l'induction.

Les défenseurs de la logique inductive essaieront peut-être de parer ma critique en affirmant qu'elle provient d'un esprit « assujetti à la structure de la logique classique » et incapable, par conséquent, de suivre les méthodes de raisonnement utilisées par la logique de la probabilité. Je reconnais en toute liberté mon incapacité à suivre ces méthodes de raisonnement.

82. — LA THÉORIE POSITIVE DE LA CORROBORATION OU LA MANIÈRE DONT UNE HYPOTHÈSE PEUT « FAIRE SES PREUVES ».

Mais les objections que je viens de soulever contre la théorie inductiviste de la probabilité, ne peuvent-elles pas être retournées contre ma propre conception ? Il pourrait sembler que si : en effet, ces objections portent sur la notion d'*évaluation* (*appraisal*). Or il est clair que je dois moi aussi utiliser cette notion. Je parle de la corroboration d'une théorie et la corroboration ne peut s'expliquer qu'en termes d'évaluation. (A cet égard il n'y a pas de différence

---

(2) Heymans, *Gesetze und Elemente des wissenschaftlichen Denkens* (1890-1894), p. 290 et suiv., * 3ᵉ éd. 1915, p. 272. L'argument de Heymans se trouve déjà dans le pamphlet anonyme de Hume : *An Abstract of a Book lately published entitled A treatise of Human Nature*, 1740.
Je doute fort qu'Heymans ignorât ce pamphlet qui fut exhumé, et attribué à Hume, par J. M. Keynes et P. Sraffra et publié par eux en 1938. J'ignorais que mes arguments à l'encontre de la théorie probabiliste de l'induction se trouvaient déjà chez Hume et chez Heymans lorsque je les présentai en 1931, dans un ouvrage plus ancien resté non publié qui fut lu par plusieurs membres du cercle de Vienne. Le fait que Hume avait devancé Heymans me fut signalé par J. O. Wisdom ; *cf.* ses *Foundations of Inference in Natural Science*, 1952, p. 218. Le passage de Hume est cité plus bas dans l'appendice * VII, dans le texte qui renvoie à la note 6.

entre corroboration et probabilité.) Je soutiens en outre que l'on ne peut dire que des hypothèses sont des énoncés « vrais » : elles sont de « provisoires conjectures » (ou quelque chose de ce genre) et cette conception ne peut elle aussi être exprimée qu'au moyen d'une évaluation de ces hypothèses.

Je puis répondre facilement à la seconde partie de cette objection. L'évaluation des hypothèses dont je suis en effet contraint de faire usage et qui les décrit comme de « provisoires conjectures » (ou quelque chose de ce genre) a le statut d'une *tautologie*. Elle ne suscite aucune difficulté du type de celles qu'engendre la logique inductive. Cette description ne fait en effet que paraphraser ou interpréter l'affirmation (équivalente par définition) selon laquelle des énoncés universels au sens strict ne peuvent être déduits d'énoncés singuliers.

La situation est la même pour ce qui est de la première partie de l'objection. Celle-ci a trait à des évaluations établissant qu'une théorie est corroborée. Il ne s'agit pas là d'une hypothèse : cette évaluation peut être déduite de la conjonction de la théorie donnée et des énoncés de base acceptés. Elle établit le fait que ces énoncés de base ne sont pas en contradiction avec la théorie, et elle le fait en tenant compte comme il se doit du degré de testabilité de celle-ci et de la sévérité des tests auxquels elle a été soumise jusqu'à une période de temps déterminée.

Nous disons d'une théorie qu'elle est « corroborée » aussi longtemps qu'elle passe ces tests avec succès. L'évaluation qui affirme la corroboration (l'évaluation corroborante) établit certaines relations fondamentales, à savoir celle de compatibilité et d'incompatibilité. Nous interprétons l'incompatibilité comme une falsification de la théorie. Mais la seule compatibilité ne doit pas nous autoriser à attribuer à la théorie un degré positif de corroboration : le simple fait qu'une théorie n'a pas encore été falsifiée ne peut évidemment être considéré comme suffisant. En effet, rien n'est plus facile que de construire un nombre quelconque de systèmes théoriques compatibles avec n'importe quel système donné d'énoncés de base acceptés. (Cette remarque s'applique également à tous les systèmes « métaphysiques ».)

L'on pourrait peut-être suggérer d'accorder à une théorie un certain degré positif de corroboration si elle est compatible avec le système d'énoncés de base acceptés et si une partie de ce système peut, en outre, en être déduite. Ou bien, si l'on considère que des énoncés de base ne peuvent découler d'un système purement théorique (bien que leurs négations puissent le faire), l'on pourrait suggérer l'adoption de la règle suivante : l'on doit accorder un degré positif de corroboration à une théorie si elle est compatible avec les énoncés de base acceptés et si, en outre, une sous-classe non vide de ces énoncés de base peut être déduite de la conjonction de la théorie et des autres énoncés de base acceptés (* 1).

Je n'ai pas d'objection sérieuse à présenter à l'encontre de cette dernière formulation, sinon qu'elle me paraît insuffisante pour caractériser de manière appropriée le degré positif de corroboration d'une théorie. Nous souhaitons en effet pouvoir parler d'une corroboration plus ou moins bonne des théories. Or le *degré de corroboration* d'une théorie ne peut certes pas être établi par un simple dénombrement des cas corroborant la théorie, c'est-à-dire des énoncés de base qui peuvent être déduits de la manière indiquée. Il peut en effet arriver qu'une théorie se trouve moins bien corroborée qu'une autre, bien que de très nombreux énoncés de base aient été déduits avec son aide et quelques-uns seulement à l'aide de cette autre. Nous pouvons, pour prendre un exemple, comparer l'hypothèse « Tous les corbeaux sont noirs » avec l'hypothèse (mentionnée dans la section 37) : « La charge d'un électron a la valeur déterminée par Millikan. » Bien que nous ayons rencontré beaucoup plus d'énoncés de base corroborant une hypothèse de la première espèce, nous estimerons néanmoins que l'hypothèse de Millikan est la mieux corroborée des deux.

Ceci montre que le degré de corroboration se trouve moins déterminé par le nombre de cas corroborant l'hypothèse en question que par la *sévérité des divers tests* auxquels elle peut être, et a été, soumise. Mais la sévérité des tests dépend à son tour du *degré* de leur possibilité d'être soumis à des tests et donc de la simplicité de l'hypothèse : l'hypothèse falsifiable à un plus haut degré, ou

(* 1) La définition de l'expression « positivement corroborée », que je donne ici à titre provisoire (mais que j'abandonne dans le paragraphe suivant parce qu'elle ne fait pas explicitement référence aux résultats de tests sérieux, c'est-à-dire de tentatives de réfutations) est intéressante à deux titres au moins. Tout d'abord, elle est, intimement liée à mon critère de démarcation et particulièrement à la formulation de ce dernier à laquelle se rapporte la note * 1 de la section 21. En fait, les deux concordent, sauf que la présente définition indique une restriction aux énoncés de base *acceptés*. Si nous omettons cette restriction, la présente définition devient donc mon critère de démarcation.

En second lieu, si au lieu d'omettre cette restriction nous restreignons davantage la classe des énoncés de base déduits qui sont acceptés, en exigeant qu'ils soient acceptés (en tant que résultats de tentatives sincères en vue de réfuter la théorie), notre définition devient une définition appropriée de l'expression « positivement corroborée », bien qu'évidemment pas de l'expression « degré de corroboration ». L'argument qui appuie cette exigence est implicite dans le texte qui suit. Les énoncés de base ainsi acceptés peuvent en outre être décrits comme des « énoncés corroborant » la théorie.

Il convient de noter que les « énoncés illustratifs » (c'est-à-dire les négations des énoncés de base ; voyez la section 28) ne peuvent être décrits de manière appropriée comme des énoncés corroborant ou confirmant la théorie dont ils constituent des cas : nous savons, en effet, que toute loi universelle se trouve illustrée presqu'en tout lieu, comme l'indique la note * 1 de la section 28 (Voyez également la note * 4 de la section 80, et le texte).

l'hypothèse la plus simple, est aussi celle qui peut avoir un degré de corroboration plus élevé (1). Naturellement, le degré de corroboration effectivement atteint ne dépend pas *seulement* du degré de falsifiabilité : un énoncé peut être hautement falsifiable et n'être cependant que faiblement corroboré, ou effectivement falsifié. Il peut en outre, sans être falsifié, être évincé par une théorie mieux susceptible d'être soumise à des tests dont lui-même (ou une théorie suffisamment voisine) peut être déduit. (Dans ce cas aussi son degré de corroboration se trouve abaissé.)

Les degrés de corroboration de deux énoncés ne peuvent pas toujours être comparés, pas plus que les degrés de falsifiabilité : nous ne pouvons pas définir un degré de corroboration qui puisse faire l'objet d'un calcul numérique mais ne pouvons parler que d'une manière générale de degrés positifs de corroboration, de degrés négatifs de corroboration, etc. (* 2). Pourtant nous pouvons établir diverses règles. Par exemple, celle de cesser d'accorder un degré positif de corroboration à une théorie qui a été falsifiée par un test expérimental intersubjectif fondé sur une hypothèse falsifiante (*cf.* les sections 8 et 22). (Dans certains cas, nous pouvons cependant accorder un degré positif de corroboration à une autre théorie, même si elle suit une ligne de pensée analogue. La théorie einsteinienne des photons dans sa relation à la théorie corpusculaire de la lumière de Newton en constitue un exemple.) En général, nous considérons qu'une falsification pouvant faire l'objet d'un contrôle intersubjectif est décisive (pourvu que le contrôle ait été correctement effectué) : c'est ainsi que se manifeste l'asymétrie entre la vérification et la falsification des théories. Chacun de ces points méthodologiques contribue à sa manière particulière au développement de la science comme un processus d'approximations successives. Une évaluation ultérieure relative à la corroboration d'une hypothèse — c'est-à-dire une évaluation faite après que de nouveaux énoncés de base aient été ajoutés aux énoncés déjà accep-

(1) Ceci constitue un autre point sur lequel ma conception concorde avec celle de Weyl ; *cf.* la note 7 de la section 42. * Cet accord résulte de la conjonction de la conception de Jeffreys, Wrinch et Weyl (*cf.* la note 7 de la section 42), selon laquelle la rareté des paramètres d'une fonction peut être utilisée comme une mesure de sa simplicité, et de ma conception (*cf.* la section 38 et suiv.), selon laquelle cette rareté des paramètres peut être utilisée comme une mesure de leur possibilité d'être soumis à des tests, ou d'improbabilité, conception que rejettent ces auteurs. (Voyez également les notes * 1 et * 2 de la section 43.)

(* 2) Dans la mesure où il s'agit d'application pratique à des théories existantes, ceci me semble encore correct mais je pense à présent qu'il est possible de définir l'expression « degré de corroboration » de telle façon que nous puissions *comparer* des degrés de corroboration (par exemple, celui des théories de la gravitation de Newton et d'Einstein). De plus, cette définition nous permet même d'attribuer des degrés numériques de corroboration à des hypothèses statistiques et peut-être même à d'autres énoncés *pourvu que* nous puissions leur attribuer des degrés de probabilité logique (absolue et relative). Voyez également l'appendice * IX.

tés — peut remplacer un degré de corroboration positif par un négatif mais le contraire ne peut se faire. Et, bien que je croie que dans l'histoire de la science, c'est toujours la théorie et non l'expérience, toujours l'idée et non l'observation, qui ouvre la voie à une connaissance nouvelle, je crois également que c'est toujours l'expérience qui nous préserve de suivre une piste sans issue, qui nous aide à sortir de l'ornière et nous met au défi de découvrir une voie nouvelle.

C'est ainsi que le degré de falsifiabilité ou de simplicité d'une théorie entre dans l'évaluation de sa corroboration. On peut considérer cette évaluation comme l'une des relations logiques existant entre la théorie et les énoncés de base acceptés : il s'agit d'une évaluation qui tient compte de la sévérité des tests auxquels la théorie a été soumise.

83. — DEGRÉS DE CORROBORATION, POSSIBILITÉ D'ÊTRE SOUMIS A DES TESTS, ET PROBABILITÉ LOGIQUE (* 1).

Pour évaluer le degré de corroboration d'une théorie, nous tenons compte de son degré de falsifiabilité. Une théorie peut d'autant mieux être corroborée qu'elle peut mieux être soumise à des tests. D'autre part, la possibilité d'être soumise à des tests est la réciproque du concept de *probabilité logique*, de telle sorte que nous pouvons également dire qu'une évaluation de la corroboration tient compte de la probabilité logique de l'énoncé en question. Or, comme on l'a montré dans la section 72, celle-ci est à son tour en relation avec le concept de probabilité objective — de probabilité d'événements. Aussi, par le biais de la probabilité logique, le concept de corroboration se trouve-t-il en relation, ne fût-ce qu'indirecte et lâche, avec celui de probabilité d'événements. L'on pourrait penser qu'il y a peut-être ici quelque rapport à la doctrine de la probabilité des hypothèses qui a fait, plus haut, l'objet de notre critique.

Lorsque nous essayons d'évaluer le degré de corroboration d'une théorie, nous pouvons raisonner un peu de la manière suivante : son degré de corroboration s'élèvera avec le nombre de cas la corroborant. Nous accordons habituellement ici aux premiers cas corroborant la théorie une importance beaucoup plus grande

(* 1) Si l'on accepte la terminologie que j'ai expliquée pour la première fois dans une note parue dans *Mind*, 1938, le mot « absolue » devrait être ajouté ici (comme dans les sections 34 et suiv.) à l'expression « probabilité logique » (par opposition à la probabilité logique « relative » ou « conditionnelle »). *Cf.* les appendices * II, * IV et * IX.

qu'aux derniers : une fois qu'une théorie est bien corroborée, des cas supplémentaires n'élèvent que de très peu son degré de corroboration. Pourtant cette règle s'applique mal lorsque ces nouveaux cas sont très différents des premiers, c'est-à-dire lorsqu'ils corroborent la théorie dans un *nouveau champ d'application.* Ils peuvent alors élever le degré de corroboration de façon très considérable. Le degré de corroboration d'une théorie ayant un niveau d'universabilité supérieur est donc susceptible d'être plus élevé que celui d'une théorie ayant un niveau d'universabilité (et donc de falsifiabilité) inférieur. De même, des théories plus précises sont susceptibles d'être mieux corroborées que de moins précises. L'une des raisons pour laquelle nous n'accordons pas aux prophéties typiques des chiromanciennes et des devins un degré positif de corroboration est que leurs prédictions sont tellement prudentes et imprécises que la probabilité logique qu'elles soient exactes est extrêmement forte. Et si l'on nous dit que des prophéties de cette espèce, plus précises et donc mieux probables, se sont réalisées, ce n'est, en règle générale, pas tellement leur succès que nous sommes enclins à mettre en doute mais leur prétendue improbabilité logique : puisque nous tendons à croire que de telles prophéties ne peuvent être corroborées, nous tendons également, en de tels cas, à tirer argument de leur faible possibilité d'être corroborées pour dénoncer leur faible possibilité d'être soumises à des tests.

Si nous comparons les conceptions que je viens d'exposer à celles qu'implique la logique (inductive) de la probabilité, nous arrivons à un résultat vraiment remarquable. Selon ma conception, le degré auquel une théorie peut être corroborée et le degré de corroboration d'une théorie ayant effectivement passé des tests sérieux sont en quelque sorte (* 2) l'un et l'autre en raison inverse de la probabilité logique de la théorie car ils s'élèvent tous deux avec le degré auquel elle peut être soumise à des tests et avec son degré de simplicité. Or la *conception qu'implique la logique de la probabilité est exactement l'opposée de celle-ci.* Ses défenseurs prétendent que la probabilité d'une hypothèse croît en *proportion*

(* 2) J'ai écrit dans le texte « en quelque sorte » parce que je ne croyais pas réellement aux probabilités logiques numériques (absolues). J'ai hésité en conséquence, entre la conception selon laquelle le degré auquel une hypothèse peut être corroborée est *complémentaire* de sa probabilité logique (absolue) et la conception selon laquelle il lui est inversément proportionnel ; j'ai hésité, en d'autres termes, entre une définition de C (*g*), c'est-à-dire du *degré* auquel l'hypothèse peut être corroborée, par C (*g*) = 1 *P* (*g*) qui rendrait le *degré auquel une hypothèse peut être corroborée égal à son contenu* et une définition de C(*g*)par 1/P(*g*), où P (*g*) est la probabilité logique absolue de *g*. En fait, l'on peut adopter des définitions menant à l'une et à l'autre de ces conséquences et les deux voies semblent satisfaisantes sur des bases intuitives ; ceci explique peut-être mon hésitation. Il y a de solides raisons de choisir la première méthode ou alors l'application d'une échelle logarithmique à la seconde méthode. Voyez l'appendice * IX.

directe de sa probabilité logique bien qu'il ne fasse point de doute que par leur expression «probabilité d'une hypothèse», ils entendent quelque chose de fort semblable à ce que j'essaie de désigner par « degré de corroboration » (* 3).

Parmi ceux qui présentent des arguments de ce type, Keynes utilise l'expression « probabilité *a priori* » pour signifier la même chose que ce que j'ai appelé « probabilité logique ». (Voyez la note 1 de la section 34.) Il fait à propos d'une « généralisation » *g* (c'est-à-dire d'une hypothèse) ayant comme « condition », ou proposition antécédente, ou protase, φ, et comme « conclusion », conséquente, ou apodose, *f*, la remarque suivante (1), qui est parfaitement exacte : « La probabilité *a priori* (* 4) que nous attribuons à la généralisation *g* sera d'autant plus grande que sera plus grande la compréhension de la condition φ et moins grande celle de la conclusion *b*. Cette probabilité croîtra avec tout accroissement en φ et diminuera avec tout accroissement en *f*. » Comme je l'ai dit, ceci est parfaitement exact, même si Keynes ne fait pas de distinction précise (* 5)

(* 3) Les dernières lignes de ce paragraphe, à partir surtout de la phrase en italique (elle ne l'était pas dans le texte original), contiennent le point crucial de ma critique de la théorie de l'induction. Il peut être résumé comme suit :
Nous désirons des hypothèses *simples* ayant un grand *contenu* empirique et un degré de *falsifiabilité* élevé. Ce sont là les hypothèses susceptibles d'avoir aussi un *degré de corroboration* élevé car ce dernier dépend principalement de la sévérité des tests et donc de la possibilité qu'a l'hypothèse d'être soumise à des tests. Or nous savons que cette possibilité est équivalente à une forte *improbabilité* logique (absolue) ou à une faible *probabilité* logique (absolue).
Mais si l'on peut comparer deux hypothèses, h_1 et h_2, en fonction de leur contenu et donc de leur probabilité logique (absolue), l'on peut dire ceci : soit la probabilité logique (absolue) de h_1 plus faible que celle de h_2 ; quelle que soit la preuve *e*, la probabilité logique (relative) de h_1, étant donné *e*, ne pourra jamais dépasser celle de h_2, étant donné *e*. *L'hypothèse susceptible d'être mieux soumise à des tests et mieux corroborée ne peut donc jamais obtenir une probabilité plus forte, sur la base de la preuve donnée, que l'hypothèse moins susceptible d'être soumise à des tests.* Or ceci entraîne que *le degré de corroboration ne peut être équivalent à la probabilité.*
C'est là le point crucial. Mais les dernières remarques dans le texte ne font, qu'en tirer la conclusion : si vous tenez à une forte probabilité, vous devez dire très peu de choses ou mieux encore — ne rien dire du tout : les tautologies auront toujours la plus forte probabilité.
(1) Keynes, *A Treatise on Probability* (1921), pp. 224 et suiv. La condition φ et la conclusion *f* de Keynes correspondent (*cf.* note 6 de la section 14) à notre fonction propositionnelle conditionnelle φ et à notre fonction propositionnelle conséquente *f* ; *cf.* également la section 36. Il conviendrait de noter que Keynes considère que la condition, ou la conclusion, est *plus compréhensive* si c'est *son contenu* et non son extension, qui est le plus grand. (Je fais allusion à la relation inversement proportionnelle qu'il y a entre la compréhension et l'extension d'un terme.)
(* 4) Keynes suit obstinément quelques autres éminents logiciens de Cambridge, lorsqu'il utilise les termes « *a priori* » et « *a posteriori* » : on ne peut que dire *à propos de rien* (en français dans le texte) à moins que ce ne soit à propos de « *à propos* » (en français dans le texte).
(* 5) Keynes admet en fait la distinction entre la probabilité *a priori* (ou « probabilité logique absolue » comme je l'appelle à présent) de la généralisation *g* et sa probabilité relativement à un fragment de preuve *h* ; mon énoncé dans le texte requiert donc une correction (Il fait cette distinction en supposant — à juste titre, encore que ce soit peut-être seulement implicite — voyez la p. 125 du *Treatise* — que si φ = φ1 φ2 et *f* = *f*1 *f*2, dès lors les probabilités *a priori* des diverses *g* sont $g(\varphi, f_1) \geqslant g(\varphi, f) \geqslant g(\varphi_1, f)$. Et il *prouve* de manière correcte que les probabilités (*a posteriori*) de ces hypothèses *g* (relativement à un fragment quel-

entre ce qu'il appelle la « probabilité d'une généralisation » — qui
correspond à ce que j'appelle ici la « probabilité d'une hypothèse »
— et sa « probabilité *a priori* ». Ainsi, faisant contraste avec ce que
j'appelle *degré de corroboration*, la *probabilité d'une hypothèse*, chez
Keynes, s'accroît avec sa *probabilité logique a priori*. Pourtant
Keynes veut dire par « probabilité » ce que je veux dire par « corroboration ». Le fait que sa « probabilité » s'élève avec le nombre de
cas qui corroborent l'hypothèse et aussi (ce qui est le plus important) avec l'accroissement de leur diversité, le prouve. Pourtant
Keynes ne tient pas compte du fait que des théories dont les cas
venant les corroborer appartiennent à des champs d'application
très différents, auront habituellement un degré d'universalité proportionnel à cette diversité. Il s'ensuit que les deux conditions
qu'il met à l'obtention d'une forte probabilité — l'universalité
la moins grande possible et la diversité la plus grande possible des
cas corroborant la théorie — seront, en principe, incompatibles.

Si on l'exprime dans ma terminologie, la théorie de Keynes
implique que la corroboration (ou la probabilité de l'hypothèse)
décroît avec ses possibilités d'être soumise à des tests. C'est sa
confiance en la logique inductive qui l'amène à cette conception (* 6).
C'est en effet la tendance de la logique inductive de rendre les
hypothèses aussi *sûres* que possible. Ses défenseurs n'attribuent
de signification scientifique aux diverses hypothèses que dans la
mesure où l'expérience peut les justifier ; ils considèrent qu'une
théorie n'a de valeur pour la science qu'à cause de la grande *proximité logique* de la théorie et des énoncés empiriques (*cf.* la note 2
de la section 48 et le texte). Mais tout ce que ceci signifie, c'est
que le *contenu* de la théorie doit aller le *moins possible* au-delà de
ce qui est établi par l'expérience (* 7). Cette conception est étroitement liée à une tendance à dénier la valeur des prévisions. « La
vertu singulière de la prévision », écrit Keynes (2), « ... est tout à
fait imaginaire. Le nombre de cas examinés et les analogies que
ces derniers présentent entre eux sont les points essentiels ; quant
à la question de savoir si une hypothèse déterminée se trouve pro-

conque donné de preuve) changent dans les mêmes rapports que leurs probabilités
a priori. Il prouve donc que ses probabilités sont dans les mêmes rapports que
les probabilités logiques (absolues) alors que mon point central était, et reste,
que le degré auquel des hypothèses peuvent être corroborées et leur degré de
corroboration effective sont inversement proportionnels à leur probabilité
logique.

(* 6) Voyez mon *Postscript*, chapitre * II. Dans ma théorie de la corroboration, laquelle s'oppose directement aux théories probabilistes de Keynes, Jeffreys
et Carnap, la corroboration ne *décroît* pas avec les possibilités d'être soumis à
des tests mais tend au contraire à croître avec elles.

(* 7) On peut également exprimer ceci par la règle inacceptable : « Choisissez toujours l'hypothèse qui est le plus *ad hoc* ! »

(2) Keynes, *op. cit.*, p. 305.

posée avant ou après leur prise en considération, elle est tout à fait hors de propos ». Au sujet des hypothèses qui ont été « avancées *a priori* », c'est-à-dire avant de trouver un appui suffisant sur des bases inductives, Keynes écrit : « ... s'il s'agit d'une simple conjecture, la chance qu'elle peut avoir de précéder un certain nombre ou la totalité des cas qui la vérifient n'ajoute absolument rien à sa valeur. » Certes, cette conception de la prévision est cohérente. Pourtant, l'on peut s'étonner et se demander pourquoi nous devrions jamais faire des généralisations. Quelle raison plausible peut-il y avoir de construire toutes ces théories et ces hypothèses ? Le point de vue de la logique inductive rend ces activités totalement incompréhensibles. Si c'est à la connaissance accessible la plus sûre que nous accordons le plus de valeur et si les prévisions comme telles ne contribuent en rien à la corroboration, pourquoi ne pouvons-nous donc pas nous contenter de nos énoncés de base (* 8) ?

Une autre conception, à savoir celle de Kaila (3), suscite des questions fort semblables. Alors que je crois personnellement que ce sont les théories simples et celles qui font peu usage d'hypothèses auxiliaires (*cf.* la section 46) qui sont susceptibles d'être bien corroborées — à cause précisément de leur improbabilité logique — Kaila interprète la situation de la manière exactement inverse, pour des raisons semblables à celles de Keynes. Il remarque, lui aussi, que nous avons l'habitude d'attribuer une forte probabilité (une forte « probabilité d'hypothèses », dans notre terminologie) à des théories *simples* et surtout à celles qui requièrent peu d'hypothèses auxiliaires. Mais les raisons qu'il en donne sont l'inverse des miennes. Il n'attribue pas, comme je le fais, une forte probabilité à ces théories parce qu'elles peuvent être soumises à des tests rigoureux ou parce qu'elles sont logiquement improbables, c'est-à-dire parce qu'elles ont a priori, en quelque sorte, *beaucoup d'occasions d'entrer en conflit avec des énoncés de base.* Il attribue, au contraire, cette forte probabilité à des théories simples ayant peu d'hypothèses auxiliaires, parce qu'il croit qu'un sys-

---

(* 8) Carnap, dans ses *Logical Foundations of Probability* (1950) croit à la valeur *pratique* des prévisions ; néanmoins, il tire en partie la conclusion ici mentionnée, à savoir que nous pourrions nous contenter de nos énoncés de base. Il dit, en effet, que les théories (il parle de « lois ») ne sont pas « indispensables » à la science, pas même pour faire des prévisions : nous pouvons toujours nous débrouiller avec des énoncés singuliers. « Néanmoins », écrit-il (p. 575), « il est naturellement commode d'établir des lois universelles dans les ouvrages de physique, de biologie, de psychologie, etc. » Mais il s'agit non pas d'une question de commodité mais de curiosité scientifique. *Certains savants désirent expliquer le monde* : leur but est de trouver des théories explicatives satisfaisantes, susceptibles d'être soumises à des tests sérieux, c'est-à-dire des théories simples, et de les tester effectivement. (Voyez également l'appendice * X et la section * 15 de mon *Postscript.*)

(3) Kaila, *Die Principien der Wahrscheinlichkeitslogik* (*Annales Universitatis Aboensis*, Turku, 1926), p. 140.

tème qui a *peu* d'hypothèses aura, *a priori*, *moins* d'occasions d'entrer en conflit avec la réalité qu'un système pourvu de nombreuses hypothèses. Ici encore, on se demande pourquoi nous devrions bien nous tracasser à construire ces théories aventureuses. Si nous nous soustrayons au conflit avec la réalité, pourquoi le susciter en faisant des assertions ? Si notre objectif est la sécurité, notre itinéraire le plus sûr serait d'adopter un système *sans* hypothèses.

La règle que j'ai moi-même introduite et selon laquelle les hypothèses auxiliaires doivent être utilisées le plus parcimonieusement possible (le « principe de parcimonie dans l'utilisation des hypothèses »), n'a rien de commun avec des considérations comme celles-là. La simple compression du nombre de nos énoncés ne m'intéresse pas : c'est leur *simplicité au sens d'une grande faculté d'être soumis à des tests*, qui m'intéresse. C'est cet intérêt qui me conduit, d'une part, à la règle de parcimonie dans l'utilisation des hypothèses et, d'autre part, à la nécessaire compression du nombre de nos axiomes, de nos hypothèses les plus fondamentales. Ce dernier point provient, en effet, de la nécessité de choisir des énoncés d'un niveau d'universalité élevé et, si possible, de déduire (et donc d'expliquer) un système composé d'un grand nombre d'axiomes à partir d'un système constitué d'axiomes moins nombreux et d'un niveau d'universalité supérieur.

84. — REMARQUES RELATIVES A L'USAGE DES CONCEPTS DE VÉRITÉ ET DE CORROBORATION.

Dans la logique de la science esquissée ici, il est possible d'éviter l'utilisation des concepts « vrai » et « faux » (* 1). Des considérations logiques concernant les relations de déductibilité peuvent prendre leur place. Aussi n'est-il pas requis que nous disions : « La prédiction *p* est vraie pourvu que la théorie *t* et l'énoncé de

(* 1) Peu de temps après avoir écrit ceci, j'eus la bonne fortune de rencontrer Alfred Tarski qui m'expliqua les idées fondamentales de sa théorie de la vérité. Il est bien dommage que cette théorie — l'une des plus grandes découvertes faites dans le domaine de la logique depuis les *Principia Mathematica* — soit encore souvent mal comprise et dénaturée. On ne peut trop insister sur le fait que l'idée de vérité de Tarski (pour la définition de laquelle Tarski a donné une méthode) eu égard à des langages formalisés est la même que celle qu'Aristote et la plupart des gens, (à l'exception des pragmatistes) avaient à l'esprit : c'est l'idée que la *vérité est une correspondance avec les faits* (ou avec la réalité). Mais que pouvons-nous bien signifier en disant d'un énoncé qu'il correspond aux faits (ou à la réalité) ? Une fois que nous avons compris qu'il ne peut s'agir d'une correspondance consistant en une similitude de structures, la tâche d'expliquer cette correspondance semble vouée à l'échec et nous pouvons en conséquence, commencer à nous méfier du concept de vérité et préférer ne pas l'utiliser. Tarski a résolu ce problème, apparemment sans issue (eu égard à des langages formalisés), en réduisant l'intraitable notion de correspondance à une notion plus simple (celle de « satisfaction » ou d' « accomplissement ») (*fulfilment*).

base *b* soient vrais. » Nous pouvons dire, au lieu de cela, que l'énoncé *p* dérive de la conjonction (non contradictoire) de *t* et de *b*. On peut décrire la falsification d'une théorie de façon similaire. Il n'est pas nécessaire de dire que la théorie est « fausse » ; nous pouvons dire qu'elle est en contradiction avec un certain ensemble d'énoncés de base acceptés. Il n'est pas davantage nécessaire de dire d'énoncés de base qu'ils sont « vrais » ou « faux ». En effet, nous pouvons interpréter leur acceptation comme résultant d'une décision conventionnelle, et les énoncés acceptés comme des résultats de cette décision.

Ceci ne signifie certes pas qu'il nous est interdit d'utiliser les concepts « vrai » et « faux » ou que leur utilisation crée quelque difficulté particulière. Le fait même que nous puissions les éviter montre qu'ils ne peuvent engendrer aucun nouveau problème fondamental. L'usage des concepts « vrai » et « faux » est tout à fait analogue à celui de concepts tels « *tautologie* », « *contradiction* », « *conjonction* », « *implication* » et d'autres du même genre. Il s'agit de concepts non empiriques, de concepts logiques (1). Ils décrivent ou évaluent un énoncé sans tenir compte d'aucun changement dans le monde empirique. Alors que nous tenons comme établi que les propriétés des objets physiques (des objets « génidentiques » au sens de Lewin) changent au fur et à mesure que le temps passe, nous décidons d'utiliser ces prédicats logiques de façon à ce que les propriétés logiques des énoncés deviennent intemporelles : si un énoncé est une tautologie, il en est une, une fois pour toutes. Conformément à l'usage commun nous attachons la même intemporalité aux concepts « vrai » et « faux ». Il n'est pas habituel de

Grâce à l'enseignement de Tarski, je n'hésite plus à parler de « vérité » et de « fausseté ». Et, comme les conceptions de tout autre (à moins qu'il ne soit pragmatiste), mes conceptions sont naturellement apparues, comme cohérentes avec la théorie tarskienne de la vérité absolue. Ainsi, bien que mes conceptions sur la logique formelle et sa philosophie eussent été bouleversées par la théorie de Tarski, mes conceptions sur la science et sa philosophie n'en furent pas modifiées.

La critique qui est couramment faite de la théorie de Tarski me semble tout à fait à côté de la question. Sa définition, prétend-on, est artificielle et compliquée ; mais puisqu'il définit la vérité eu égard à des langages formalisés, elle doit être fondée sur la définition d'une formule bien formée d'un tel langage et possède exactement le même degré d'« artifice » ou de « complexité » que cette définition. On dit aussi que seuls des propositions ou des énoncés et non des phrases peuvent être vrais ou faux. Peut-être le mot « phrase » ne fut-il pas une bonne traduction du terme original de Tarski. (Je préfère, pour ma part, parler d'« énoncé ». Voyez, par exemple, ma « Note on Tarski's Définition of Truth », *Mind* 64, 1955, p. 388, note 1). Mais Tarski lui-même établit tout à fait clairement qu'on ne peut dire d'une formule non interprétée (ou d'une suite de symboles) qu'elle est vraie ou fausse et que ces termes ne s'appliquent qu'à des formules interprétées : à des « *phrases pourvues de sens* » (comme le dit la traduction). Des améliorations dans la terminologie seront toujours bienvenues mais c'est tout simplement de l'obscurantisme de critiquer une théorie pour des raisons de terminologie.

(1) (Ajouté en 1934, lorsque l'ouvrage était sous presse.) Carnap dirait probablement « des concepts syntaxiques ». (*Cf.* sa *Logical Syntax of Language.*)

dire d'un énoncé qu'il était parfaitement vrai hier mais qu'il est devenu faux aujourd'hui. Si hier nous estimions vrai un énoncé que nous estimons faux aujourd'hui, nous supposons implicitement aujourd'hui que *nous nous étions trompés hier*, que l'énoncé était faux hier soir — intemporellement faux ⌐ mais que, par erreur nous l'avions pris pour « vrai ».

La différence qu'il y a entre vérité et corroboration apparaît ici très clairement. Lorsque nous estimons qu'un énoncé est corroboré ou qu'il ne l'est pas, il s'agit aussi d'une évaluation logique et donc également d'une évaluation intemporelle : nous tenons en effet qu'il existe une relation logique déterminée entre un système théorique et un certain système d'énoncés de base acceptés. Mais nous ne pouvons jamais dire tout simplement d'un énoncé qu'il est, comme tel, ou en soi, « corroboré » (de la façon dont nous pouvons dire qu'il est « vrai »). Nous pouvons seulement dire qu'il est corroboré *relativement à un certain système d'énoncés de base*, un système accepté jusqu'à un moment déterminé du temps. « La corroboration qu'une théorie a acquis jusqu'à hier » n'est *logiquement pas identique* à « la corroboration qu'une théorie a acquis jusqu'à ce jour ». Nous devons donc ajouter une espèce d'indice à chaque évaluation de corroboration — un indice caractérisant le système d'énoncés debase auquel se rapporte la corroboration (par exemple, la date où il a été accepté) (* 2).

La corroboration n'est donc pas une « valeur de vérité », c'est-à-dire qu'elle ne peut aller de pair avec les concepts « vrai » et « faux » (lesquels sont exempts d'addenda temporels) ; en effet, pour un seul et même énoncé, il peut y avoir n'importe quel nombre de valeurs de corroboration différentes et toutes peuvent être « exactes » ou « vraies » en même temps. Car il s'agit de valeurs qui peuvent découler logiquement de la théorie et des divers ensembles d'énoncés de base acceptés à divers moments.

Les remarques précédentes peuvent également nous aider à élucider l'opposition existant entre mes conceptions et celles des pragmatistes, lesquels proposent de *définir le terme « vérité » en termes de succès d'une théorie — et donc de son utilité, de sa confirmation ou de sa corroboration*. S'il est seulement dans leur intention d'affirmer que l'appréciation logique du succès d'une théorie peut ne pas être davantage qu'une évaluation de sa corroboration, je puis être d'accord avec eux. Mais je pense qu'il serait loin d'être « utile » d'identifier le concept de corroboration à celui de vérité (* 3).

(* 2) *Cf.* note (* 1) de la section 81.
(* 3) Si nous devions donc définir « vrai » par « utile », « réussi », « confirmé », ou « corroboré », nous n'aurions qu'à introduire un nouveau concept « absolu » et « intemporel » pour jouer le rôle du concept de vérité.

L'usage ordinaire évite lui aussi cette identification. On pourrait en effet dire d'une théorie qu'elle n'est jusqu'à présent guère corroborée ou qu'elle ne l'est pas encore, mais nous ne devrions normalement pas dire d'une théorie qu'elle n'est jusqu'à présent guère vraie ou qu'elle est encore fausse.

85. — LA VOIE DE LA SCIENCE.

On peut discerner dans l'évolution de la physique comme un mouvement général allant de théories d'un niveau d'universalité inférieur à des théories d'un niveau d'universalité supérieur. On appelle habituellement cette direction, la direction « inductive ». Et on pourrait penser pouvoir utiliser le fait que la physique progresse dans cette direction « inductive » comme un argument en faveur de la méthode inductive.

Pourtant, un progrès dans la direction inductive ne consiste pas nécessairement en une suite d'inférences inductives. En effet nous avons montré qu'on peut expliquer ce phénomène tout à fait différemment, à savoir en termes de degrés auxquels une théorie peut être soumise à des tests et corroborée. C'est qu'une théorie bien corroborée ne peut être évincée que par une théorie d'un niveau d'universalité supérieur, c'est-à-dire par une théorie qui est susceptible d'être soumise à plus de tests et qui *contient*, en outre, l'ancienne théorie bien corroborée ou, du moins, une théorie qui s'en rapproche fort. Il est, en conséquence, peut-être préférable de décrire cette tendance — cette progression vers des théories d'un niveau d'universalité supérieur — comme « quasi inductive ».

Le processus quasi-inductif devrait être envisagé de la manière suivante. Des théories d'un certain niveau d'universalité sont avancées et soumises à des tests selon une procédure déductive ; des théories d'un niveau d'universalité supérieur sont alors, à leur tour, avancées et soumises à des tests à l'aide des théories des niveaux d'universalité précédents, et ainsi de suite. Les méthodes utilisées pour les tests sont invariablement fondées sur des inférences déductives passant du niveau supérieur au niveau inférieur (* 1) ; d'autre part, les niveaux d'universalité supérieurs succèdent, chronologiquement, aux inférieurs.

On peut se poser la question suivante : « Pourquoi ne pas imaginer tout de suite des théories du niveau d'universalité le plus

(* 1) Les « inférences déductives faites à partir du niveau supérieur pour aboutir au niveau inférieur », sont naturellement, des *explications* (au sens indiqué dans la section 12) ; les hypothèses de niveau supérieur sont donc *explicatives* par rapport à celles de niveau inférieur.

élevé ? Pourquoi attendre cette évolution quasi inductive ? N'est-ce peut-être pas parce que celle-ci comporte, tout compte fait, un élément inductif ? » Je ne le pense pas. Sans cesse des suggestions, des conjectures, des théories de tous les niveaux possibles d'universalité sont avancées. Les théories qui ont en quelque sorte un niveau d'universalité trop élevé (c'est-à-dire par trop éloigné du niveau atteint par la science contemporaine susceptible d'être soumise à des tests) peuvent engendrer un « système métaphysique ». En ce cas, même si l'on pouvait déduire (ou seulement déduire partiellement comme dans le cas du système de Spinoza) de ce système certains énoncés faisant partie du système scientifique en vigueur, il n'y aurait pas, parmi eux, de *nouvel* énoncé susceptible d'être soumis à des tests ; ce qui signifie que l'on ne pourrait imaginer aucune expérience cruciale en vue de soumettre le système en question à des tests (* 2). D'autre part, si l'on peut imaginer une expérience cruciale à cette fin, le système contient comme première approximation une théorie bien corroborée en même temps qu'un élément nouveau et susceptible d'être soumis à des tests. Le système n'est alors, naturellement, pas « métaphysique ». Il peut, donc, être considéré comme un nouveau progrès dans l'évolution quasi inductive de la science. Ceci explique pourquoi il n'y a pour ainsi dire que les théories visant à rencontrer la situation problématique du jour qui aient un lien avec la science du moment ; la situation problématique du jour, c'est-à-dire les difficultés, contradictions et falsifications courantes à ce moment-là. En proposant une solution à ces difficultés, ces théories peuvent indiquer la voie d'une expérience cruciale.

Pour avoir une image ou un modèle de cette évolution quasi inductive de la science, on pourrait se représenter les diverses idées et hypothèses comme des particules en suspension dans un fluide. La science susceptible d'être soumise à des tests constitue les précipités de ces particules au fond du vase : ils se déposent en couches (d'universalité). Le dépôt s'épaissit avec le nombre de ces couches, chaque couche nouvelle correspondant à une théorie de niveau d'universalité plus élevé que celui de celles qu'elle recouvre. Il résulte de ce processus que des notions qui flottaient dans de hautes régions métaphysiques peuvent être atteintes par la science en croissance, entrer ainsi en contact avec elle et se précipiter. L'atomisme en est un exemple de même que la notion d'un

(* 2) Il conviendrait de noter que j'entends par expérience cruciale une expérience imaginée pour réfuter (si possible) une théorie et plus particulièrement, pour permettre de décider entre deux théories rivales en réfutant l'une d'elles au moins sans, bien sûr, prouver l'autre (Voyez également la note 1 de la section 22 et l'appendice * IX).

unique « principe » physique ou élément ultime (dont proviennent les autres), la théorie du mouvement terrestre (dont Bacon dénonça le caractère fictif), l'ancienne théorie corpusculaire de la lumière, la théorie du fluide électrique (reprise comme l'hypothèse selon laquelle la conduction des métaux est due à un gaz électronique). Tous ces concepts et notions peuvent avoir servi, même dans leurs formes primitives, à mettre de l'ordre dans l'image que l'homme se fait du monde et peuvent même, dans certains cas, avoir constitué des prédictions heureuses. Pourtant, une notion de ce genre n'acquiert de statut scientifique que lorsqu'elle est présentée sous une forme qui permet de la falsifier, c'est-à-dire lorsqu'il est devenu possible de décider entre elle et une théorie rivale, par un recours à l'expérience.

Ma recherche a suivi dans leurs grandes lignes les diverses conséquences des décisions et conventions — en particulier du critère de démarcation — adoptées au début de ce livre. Jetant un regard en arrière, nous pouvons à présent essayer d'avoir un dernier aperçu global de l'image de la science et de la découverte scientifique qui a émergé au cours de ces pages. (Je n'ai pas à l'esprit une image de la science envisagée comme phénomène biologique, comme instrument d'adaptation ou comme méthode indirecte de production : je songe à ses aspects épistémologiques.)

La science n'est pas un système d'énoncés certains ou bien établis, non plus qu'un système progressant régulièrement vers un état final. Notre science n'est pas une connaissance (*épistêmê*) : elle ne peut jamais prétendre avoir atteint la vérité ni même l'un de ses substituts, telle la probabilité.

Pourtant, la science a plus qu'une valeur au titre de simple survie biologique. Elle est plus qu'un instrument utile. Bien qu'elle ne puisse atteindre ni la vérité, ni la probabilité, son effort pour atteindre la connaissance, sa quête de la vérité, sont encore les motifs les plus puissants de découverte scientifique.

Nous ne savons pas, nous ne pouvons que conjecturer. Et des croyances non scientifiques, métaphysiques (bien que biologiquement explicables) en des lois, des régularités que nous pouvons découvrir, mettre en évidence, guident nos conjectures. Comme Bacon, nous pourrions décrire ainsi la science de notre temps : « la méthode de raisonnement que les hommes d'aujourd'hui ont l'habitude d'appliquer à la nature » — consistant dans un ensemble d' « anticipations, téméraires et prématurées », et de « préjugés » (1).

Mais ces conjectures ou « anticipations », ces merveilles d'imagination et d'audace, sont contrôlées avec soin et rigueur, par

(1) Bacon, *Novum Organum*, I, 26.

des tests systématiques. Une fois avancée, aucune de nos « anticipations » n'est soutenue de manière dogmatique. Notre méthode de recherche n'est pas de les défendre, en vue de prouver combien nous avions raison, mais d'essayer, au contraire, de les ruiner. Utilisant toutes les armes de notre panoplie logique, mathématique et technique, nous essayons de prouver que nos anticipations étaient fausses, afin de mettre à leur place de nouvelles anticipations injustifiées et injustifiables, de nouveaux « préjugés téméraires et prématurés », comme Bacon les appelait par dérision (* 1).

Il est possible d'interpréter les voies de la science de manière plus prosaïque. On pourrait dire que le progrès ne peut « ... se réaliser que de deux manières : en recueillant de nouvelles expériences perceptives et en améliorant l'arrangement de celles que nous avons déjà à notre disposition » (2). Pourtant cette description du progrès scientifique n'est sans doute pas vraiment inexacte mais semble passer à côté de la question. Elle rappelle trop l'induction de Bacon : elle suggère trop son industrieuse cueillette des « innombrables raisins, mûrs et de saison » (3) dont il attendait que jaillisse le vin de la science, son mythe d'une méthode scientifique qui part de l'observation et de l'expérience pour arriver à des théories. (Cette méthode légendaire inspire encore, soit dit en passant, certaines des sciences les plus récentes qui tentent de la pratiquer à cause de la croyance courante selon laquelle c'est là la méthode de la physique expérimentale.)

Le progrès de la science n'est pas dû à l'accumulation progressive de nos expériences. Il n'est pas dû non plus à une utilisation

(* 1) Le terme « anticipation » (« *anticipatio* ») signifie chez Bacon presque la même chose que le terme « hypothèse » (tel que je l'utilise). La conception de Bacon était que, pour être préparé à l'intuition de la véritable *essence* ou *nature* d'une chose, l'esprit devait être méticuleusement purifié de tous ses préjugés, anticipations et idoles. La source de toute erreur est, en effet, l'impureté de nos esprits : la Nature, elle, ne ment pas. La principale fonction de l'induction éliminatrice est (comme chez Aristote) de prendre part à la purification de l'esprit. (Voyez également mon *Open Society*, chap. 24, note 59 du chapitre 10, note 33 du chapitre 11 ; la théorie aristotélicienne de l'induction s'y trouve brièvement exposée). Purifier l'esprit de ses préjugés est conçu comme une sorte de rituel prescrit au savant, analogue à la purification mystique de l'âme préparant à la vision de Dieu (*cf.* la section *4 de mon *Postscript*).

(2) P. Frank, *Das Kausalgesetz und seine Grenzen* (1932). * La conception selon laquelle le progrès de la science serait dû à l'accumulation d'expériences perceptives est encore courante (*cf.* ma seconde Préface, 1958). Ma critique de cette conception va de pair avec mon rejet de la doctrine selon laquelle la science, ou la connaissance, *doit nécessairement* progresser puisque nos expériences *doivent nécessairement* s'accumuler. Je crois personnellement que le progrès de la science dépend de la libre compétition des esprits, et donc de la liberté et qu'il doit prendre fin si la liberté est anéantie (bien qu'il puisse peut-être se poursuivre dans certains domaines, particulièrement dans celui de la technologie). Cette conception est exposée de manière plus complète dans mon ouvrage *Poverty of Historicism* (section 32), tr. franç. de Hervé Rousseau, *Misère de l'historicisme*, Plon, 1953. J'y démontre également (dans la Préface) que la croissance de notre connaissance ne peut faire l'objet d'une prévision scientifique et qu'en conséquence, le cours futur de l'histoire est lui aussi imprévisible.

(3) Bacon, *Novum Organum* I, 123.

toujours améliorée de nos sens. Des expériences sensorielles non interprétées ne peuvent secréter de la science, quel que soit le zèle avec lequel nous les recueillons et les trions. Des idées audacieuses, des anticipations injustifiées et des spéculations constituent notre seul moyen d'interpréter la nature, notre seul outil, notre seul instrument pour la saisir. Nous devons nous risquer à les utiliser pour remporter le prix. Ceux parmi nous qui refusent d'exposer leurs idées au risque de la réfutation ne prennent pas part au jeu scientifique.

Les tests expérimentaux, prudents et rigoureux, auxquels nous soumettons nos idées sont eux-mêmes inspirés par des idées : l'expérience est une action concertée dont chaque étape est guidée par la théorie. Nous ne tombons pas fortuitement sur des expériences pas plus que nous ne les laissons venir à nous comme un fleuve. Nous devons, au contraire, être actifs : nous devons « faire » nos expériences. C'est toujours nous qui formulons les questions à poser à la nature ; c'est nous qui sans relâche essayons de poser ces questions de manière à obtenir un « oui » ou un « non » ferme. (Car la nature ne donne de réponse que si on l'en presse.) Enfin, c'est nous encore qui donnons la réponse ; c'est nous qui décidons, après un examen minutieux, de la réponse à donner à la question posée à la nature — après avoir longuement et patiemment essayé d'obtenir d'elle un « non » sans équivoque. « Une fois pour toutes », dit Weyl (4), avec lequel je suis pleinement d'accord, « je désire manifester mon admiration sans bornes pour l'œuvre de l'expérimentateur qui se bat pour arracher *des faits susceptibles d'être interprétés* à une nature inflexible si habile à accueillir nos théories d'un *Non* décisif ou d'un inaudible *Oui* ».

Le vieil idéal scientifique de l'*épistêmê*, l'idéal d'une connaissance absolument certaine et démontrable s'est révélé être une idole. L'exigence d'objectivité scientifique rend inévitable que tout énoncé scientifique reste nécessairement et *à jamais donné à titre d'essai*. En effet un énoncé peut être corroboré mais toute corroboration est relative à d'autres énoncés qui sont eux aussi proposés à titre d'essai. Ce n'est que dans nos expériences subjectives de conviction, dans notre confiance personnelle, que nous pouvons être « absolument certains » (5).

Avec l'idole de la certitude (qui inclut celle de la certitude imparfaite ou probabilité) tombe l'une des défenses de l'obscurantisme, lequel met un obstacle sur la voie du progrès scientifique. Car

(4) Weyl, *Gruppentheorie und Quantenmechanik, cit.*, p. 2.
(5) *Cf.* par exemple la note 3 de la section 30. Cette dernière remarque est naturellement de caractère plus psychologique qu'épistémologique ; *cf.* les sections 7 et 8.

l'hommage rendu à cette idole non seulement réprime l'audace de nos questions, mais en outre compromet la rigueur et l'honnêteté de nos tests. La conception erronée de la science se révèle dans la soif d'exactitude. Car ce qui fait l'homme de science, ce n'est pas la *possession* de connaissances, d'irréfutables vérités, mais la *quête* obstinée et audacieusement critique de la vérité.

Notre attitude doit-elle, dès lors, être de résignation ? Devons-nous dire que la science ne peut remplir que sa tâche biologique, qu'elle ne peut, au mieux, faire ses preuves que dans des applications pratiques susceptibles de la corroborer ? Ses problèmes intellectuels sont-ils insolubles ? Je ne le pense pas. La science ne poursuit jamais l'objectif illusoire de rendre ses réponses définitives ou même probables. Elle s'achemine plutôt vers le but infini encore qu'accessible de toujours découvrir des problèmes nouveaux, plus profonds et plus généraux, et de soumettre ses réponses, toujours provisoires, à des tests toujours renouvelés et toujours affinés.

APPENDICES

APPENDICE I

DÉFINITION DE LA DIMENSION D'UNE THÉORIE. (*Cf.* les sections 38 et 39.)

Il convient de ne considérer la définition qui suit qu'à titre provisoire (* 1). Elle constitue un essai visant à donner de la dimension d'une théorie une définition qui corresponde à la dimension que l'on trouve pour un ensemble de courbes lorsque le champ d'application de la théorie est représenté par un graphique. Une difficulté surgit du fait qu'il ne convient pas de présupposer une métrique ni même une topologie préalablement définie pour le champ ; en particulier, il ne convient pas de présupposer que des relations de voisinage ont été définies. Et j'admets que la définition proposée cerne plus qu'elle ne surmonte, cette difficulté. La possibilité de la cerner est liée au fait qu'une théorie jette toujours l'interdit sur ce que nous avons appelé des *événements « homotypiques »* (c'est-à-dire une classe d'occurrences qui ne diffèrent entre elles qu'en fonction de leurs coordonnées spatio-temporelles ; *cf.* les sections 23 et 31). C'est pour cette raison que les coordonnées spatio-temporelles apparaîtront en général dans le schéma générateur du champ d'application et par conséquent, que le champ des énoncés relativement atomiques présentera généralement un ordre topologique et même un ordre métrique.

Voici la définition proposée : on dit qu'une théorie *t* est « de dimension *d* relativement au champ d'application *F* » si et seulement si *t* et *F* sont dans la relation suivante : il y a un nombre *d* tel que (*a*) la théorie n'est incompatible avec aucun *d*-tuple du champ et (*b*) tout *d*-tuple donné divise, conjointement avec la théorie, tous les autres énoncés relativement atomiques en deux sous-classes

(* 1) Voici une définition simplifiée et un peu plus générale. Soient *A* et *X* deux ensembles d'énoncés. (Intuitivement *A* est un ensemble de lois universelles, *X* un ensemble — habituellement infini — d'énoncés-tests singuliers). Nous disons alors que *X* est un champ (homogène) d'application relativement à *A* (symboliquement : $X = F_A$) si, et seulement si, pour tout énoncé *a* faisant partie de *A*, il existe un nombre naturel *d* (*a*) = *n* satisfaisant les deux conditions suivantes : (I) toute conjonction *cn* de *n* différents énoncés de *X* est compatible avec *a* ; (II) pour toute conjonction *cn* de ce type il existe deux énoncés *x* et *y* faisant partie de *X* tels, que *x.cn* est incompatible avec *a* et *y.cn* peut être déduit de *a.cn* mais ni de *a* ni de *c*.

On appelle *d* (*a*) la dimension de *a*, ou le degré de composition de *a*, relativement à $X = F_A$; et $1/d(a)$ peut être pris comme mesure de la simplicité de *a*. Le problème reçoit un développement supplémentaire dans l'appendice * VIII.

infinies A et B, exclusivement, telles que (α) tout énoncé de la classe A forme, conjointement avec le d-tuple donné, un « $d + 1$-tuple falsificateur » c'est-à-dire un falsificateur virtuel de la théorie et (β) la classe B équivaut à une ou plus, mais toujours à un nombre fini, de sous-classes infinies $[B_i]$, telles que la conjonction de n'importe quel nombre d'énoncés appartenant à l'une quelconque de ces sous-classes $[B_i]$ est compatible avec la conjonction du d-tuple donné et de la théorie.

Cette définition vise à exclure la possibilité d'une théorie ayant deux champs d'application de telle sorte que les énoncés relativement atomiques de l'un des champs résulteraient de la conjonction d'énoncés relativement atomiques de l'autre (l'on doit empêcher ceci si l'on veut que le champ d'application puisse s'identifier à celui de sa représentation graphique ; *cf.* section 39). Je puis ajouter que cette définition résout d'une manière que l'on pourrait appeler « déductiviste » le problème des énoncés atomiques (*cf.* note 2 de la section 38) puisque c'est la théorie elle-même qui détermine les énoncés singuliers qui sont relativement atomiques. En effet, c'est la théorie elle-même qui définit le champ d'application et avec lui les énoncés ayant, en vertu de leur forme logique, un statut égal par rapport à la théorie. Le problème des énoncés atomiques n'est donc pas résolu par la découverte d'énoncés de forme élémentaire à partir desquels les autres énoncés plus complexes seraient construits de manière inductive ou composés par la méthode des fonctions de vérité. Au contraire, les énoncés relativement atomiques — et avec eux les énoncés singuliers — apparaissent comme une sorte de précipitation, ou comme un sédiment (relativement) solide, fournis par les énoncés universels de la théorie.

APPENDICE II

CALCUL GÉNÉRAL DE FRÉQUENCES DANS DES CLASSES FINIES. *(Cf.* sections 52 et 53) (* 1).

Le Théorème Général de Multiplication : Nous désignons par «α» la classe de référence finie et par « β » et « γ » les deux classes de propriétés. Notre premier problème consiste à déterminer la fréquence des éléments qui appartiennent à la fois à β et à γ. La solution est fournie par la formule

$$\alpha F''(\beta \cdot \gamma) = {}_\alpha F''(\beta) \cdot {}_{\alpha \cdot \beta} F''(\gamma) \qquad (1)$$

ou, puisque l'on peut permuter β et γ :

$$\alpha F''(\beta \cdot \gamma) = {}_{\alpha \cdot \gamma} F''(\beta) \cdot {}_\alpha F''(\gamma) \qquad (1')$$

La preuve résulte immédiatement de la définition donnée dans la section 52. La formule (1) donne, par une substitution conforme à cette définition :

$$\frac{N(\alpha \cdot \beta \cdot \gamma)}{N(\alpha)} = \frac{N(\alpha \cdot \beta)}{N(\alpha)} \cdot \frac{N(\alpha \cdot \beta \cdot \gamma)}{N(\alpha \cdot \beta)} \qquad (1,1)$$

qui se trouve être une identité lorsqu'on a annulé « $N(\alpha \cdot \beta)$ ». (Opposez à cette preuve et à la preuve de (2_s), Reichenbach, « Axiomatik der Wahrscheinlichkeitsrechnung », *Mathematische Zeitschrift* 34, p. 593.) Si nous présupposons l'*indépendance* (*cf.* section 53), c'est-à-dire

$$\alpha \cdot \beta F''(\gamma) = {}_\alpha F''(\gamma) \qquad (1^8)$$

la formule (1) donne le *théorème spécial de multiplication*

$$\alpha F''(\beta \cdot \gamma) = {}_\alpha F''(\beta) \cdot {}_\alpha F''(\gamma) \qquad (1_9)$$

Utilisant l'équivalence de (1) et (1'), nous pouvons à présent prouver la symétrie de la relation d'indépendance (*cf.* également la note 4 de la section 53).

Les *théorèmes d'addition* concernent la fréquence des éléments qui font partie soit de β, soit de γ. Si nous désignons la combinaison disjonctive de ces classes par le symbole « β + γ » où le signe

(* 1) J'ai, depuis, développé cet appendice dans le cadre d'un traitement axiomatique de la probabilité. Voyez les appendices * III à * V.

« + », *placé entre des désignations de classes* signifie non pas l'addi-tion arithmétique mais le « *ou* » *non exclusif*, le théorème général d'addition est

$$\alpha F''(\beta + \gamma) = \alpha F''(\beta) + \alpha F''(\gamma) - \alpha F''(\beta.\gamma) \qquad (2)$$

On obtient la preuve de ce théorème à partir de la définition donnée dans la section 52, en utilisant la formule universellement valide du calcul des classes

$$\alpha.(\beta + \gamma) = (\alpha.\beta) + (\alpha.\gamma), \qquad (2,2)$$

et la formule (qui est également universellement valide)

$$N(\beta + \gamma) = N(\beta) + N(\gamma) - N(\beta.\gamma) \qquad (2,1)$$

Si nous présupposons que, dans la classe α, β et γ n'ont pas de membres en commun, condition que peut symboliser la formule

$$N(\alpha.\beta.\gamma) = 0 \qquad (2^s)$$

nous obtenons, à partir de (2) le *théorème spécial d'addition*

$$\alpha F''(\beta + \gamma) = F''(\beta) + \alpha F''(\gamma). \qquad (2_s)$$

Le théorème spécial d'addition est valide pour toutes les pro-priétés qui sont des *propriétés primaires* dans une classe α, puis-que des propriétés primaires s'excluent mutuellement. La somme des fréquences relatives de ces propriétés primaires est naturelle-ment toujours égale à 1.

Les théorèmes de division établissent la fréquence d'une propriété dans une classe *sélectionnée* dans α relativement à la propriété β. On obtient la formule générale en inversant (1).

$$\alpha.\beta F''(\gamma) = \frac{\alpha F''(\beta.\gamma)}{\alpha F''(\beta)} \qquad (3)$$

Si nous transformons le *théorème général de division* (3) à l'aide du théorème spécial de multiplication, nous obtenons

$$\alpha.\beta F''(\gamma) = \alpha F''(\gamma) \qquad (3^s)$$

Nous retrouvons de nouveau, dans cette formule, la condition (1^s) ; nous voyons donc que *l'indépendance peut être décrite comme un cas particulier de sélection.*

Les divers théorèmes qui peuvent être mis en relation avec le nom de Bayes sont tous des cas particuliers du théorème de divi-sion. En présupposant que ($\alpha.\gamma$) est une sous-classe de β ou, en langage symbolique, que

$$\alpha.\gamma \subset \beta \qquad (3^{bs})$$

nous obtenons à partir de (3) la *première* forme (particulière) de la règle de Bayes

$$\alpha.\beta F''(\gamma) = \frac{F''(\gamma)}{_\alpha F''(\beta)}, \tag{3_{bs}}$$

Nous pouvons éviter (3^{bs}) en introduisant, à la place de « β » la somme des classes β_1, β_2... β_n. Par analogie avec notre utilisation du signe « Σ » *entre* désignations de classes, nous utiliserons le signe « $+$ » *devant des désignations de classes* ; nous pouvons dès lors écrire comme suit une seconde forme (universellement valide) du théorème de Bayes :

$$\alpha.\Sigma\beta_i F''(\beta_i) = \frac{_\alpha F''(\beta_i)}{_\alpha F''(\Sigma\beta_j)}, \tag{3_b}$$

Nous pouvons appliquer au numérateur de cette formule, le théorème spécial d'addition (2^s) à condition de présupposer que les β_i n'ont pas de membres en commun dans la classe α. Nous pouvons écrire comme suit cette présupposition :

$$N(\alpha.\beta.\beta_j) = 0 \qquad (i \neq j). \tag{$3/2^s$}$$

Nous obtenons alors la *troisième* forme (particulière) du théorème de Bayes, laquelle est toujours applicable dans le cas des propriétés primaires :

$$\alpha.\Sigma\beta_i F''(\beta_i) = \frac{_\alpha F''(\beta i)}{(\Sigma _\alpha F''(\beta_i)}). \tag{$3/2_s$}$$

L'on peut obtenir la *quatrième* (la plus fondamentale) forme spéciale du théorème de Bayes à partir des deux dernières formules réunies à leurs hypothèses constitutives $3/2s$ et $4bs$:

$$\alpha.\gamma \subset \Sigma\beta_i \tag{4^{bs}}$$

Cette formule est toujours satisfaite si $\gamma \subset \Sigma\beta_i$.

Dans $3/2_s$, substituant « $\beta_i\gamma$ » à « β_i », nous appliquons au premier membre du résultat la formule

$$\alpha.\Sigma\beta_i.\gamma = \alpha.\gamma \tag{$4^{bs}.\ 1$}$$

Au second membre du résultat, nous appliquons $1'$, soit au numérateur, soit au dénominateur. Nous obtenons ainsi

$$\alpha.\gamma F''(\beta_i) = \frac{\alpha.\beta_i F''(\gamma)._\alpha F''(\beta_i)}{\Sigma(\alpha.\beta_i F''(\gamma)._\beta F''(\beta_i))} \tag{4_s}$$

Ainsi, si β_i est un système exclusif de classes de propriétés et que toutes les classes de propriétés (à l'intérieur de α) font partie de β_i, la formule (4_s) donne la fréquence de chacune des propriétés β_i à l'intérieur d'une sélection effectuée en fonction de γ.

APPENDICE III

DÉRIVATION DE LA PREMIÈRE FORME DE LA FORMULE BINOMIALE (pour les suites finies de segments à recouvrement, *cf.* section 56).

Nous pourrons dire que la première formule binomiale (* 1)

$$\alpha_{(n)}F''(m) = {}^nC_m p^m q^{n-m} \tag{1}$$

où $(p = {}_\alpha F''(1)$, $q = {}_\alpha F''(0)$, $m \leqslant n)$, se trouve prouvée si — présupposant qu'α est (au moins) $n - 1$-libre (compte non tenu des erreurs que peut susciter cette expression ; *cf.* section 56) — nous pouvons prouver que

$$\alpha_{(n)}F''(\sigma_m) = p^m q^{n-m} \tag{2}$$

où « σ_m » dénote un n-uple particulier (bien qu'arbitrairement choisi) qui contient m uns. (Le symbole est destiné à indiquer que ce qui est donné c'est l'arrangement complet de ce n-uple, c'est-à-dire pas seulement le nombre des 1 mais aussi leur position dans le n-uple.)

Présupposons que (2) est valide pour tous les n, m, et σ (c'est-à-dire les divers arrangements des uns). Dans ce cas, conformément à un théorème combinatoire bien connu, il y aura ${}^nC_m$ manières différentes de distribuer m uns à n places et, compte tenu du théorème spécial d'addition, nous pourrions donc affirmer (1).

Supposons à présent que (2) est prouvé pour un n quelconque, c'est-à-dire pour *un n* particulier et pour tout m et tout σ compatibles avec cet n. Nous pouvons alors montrer qu'étant donné cette présupposition, le théorème doit également être valide pour $n + 1$, c'est-à-dire que nous allons prouver que

$$\alpha_{(n+1)}F''(\sigma_{m+0}) = p^m q^{n+1-m} \tag{3,0}$$

et que

$$\alpha_{(n+1)}F''(\sigma_{m+1}) = p^{m+1} q^{(n+1)-(m+1)} \tag{3,1}$$

où « σ_{m+0} » ou « σ_{m+1} » représentent respectivement ces suites de longueur $n + 1$ qui résultent de l'addition d'un 0 ou d'un 1 à la fin de σ_m.

(* 1) Remarquez que $\left(\dfrac{n}{m}\right)$ est une autre façon d'écrire le coefficient binomial ${}^nC_m$, c'est-à-dire le nombre de manières dont m choses peuvent être disposées à n places à condition que $m \leqslant n$.

Supposons, pour toute longueur n des n-tuples (ou segments) considérés, qu'α est (au moins) n-1 libre (d'effets de consécution) ; pour un segment de longueur $n + 1$, il faut donc considérer qu'α est au moins libre au degré n. Si « $\acute{\sigma}_m$ » dénote la propriété consistant à être un successeur d'un n-tuple σ_m, nous pouvons affirmer

$$\alpha F''(\acute{\sigma}_m.0) = \alpha F''(\acute{\sigma}_m).\alpha F''(0) = \alpha F''(\acute{\sigma}_m).q \qquad (4,0)$$

$$\alpha F''(\acute{\sigma}_m.1) = \alpha F''(\acute{\sigma}_m).\alpha F''(1) = \alpha F''(\acute{\sigma}_m).p \qquad (4,1)$$

Nous considérons à présent qu'il doit évidemment y avoir tout juste autant de σ_m, c'est-à-dire de successeurs de la suite « σ_m » dans α qu'il y a de suites σ_m, dans $\alpha_{(n)}$ et par là, que

$$\alpha F''(\acute{\sigma}_m) = \alpha_{(n)} F''(\sigma_m) \qquad (5)$$

Ceci nous permet de transformer le côté droit de la formule (4). Pour la même raison, nous avons

$$\alpha F''(\acute{\sigma}_m.0) = \alpha_{(n+1)} F''(\sigma_{m+0}) \qquad (6,0)$$

$$\alpha F''(\acute{\sigma}_m.1) = \alpha_{(n+1)} F''(\sigma_{m+1}). \qquad (6,1)$$

Ce qui nous permet de transformer le côté gauche de (4). C'est-à-dire qu'en effectuant les substitutions autorisées par (5) et (6), nous obtenons

$$\alpha_{(n+1)} F''(\sigma_{m+0}) = \alpha_{(n)} F''(\sigma_m).q \qquad (7,0)$$

$$\alpha_{(n+1)} F''(\sigma_{m+1}) = \alpha_{(n)} F''(\sigma_m).p \qquad (7,1)$$

Nous voyons donc que si nous supposons que (2) est valable pour un certain n (et pour tous les arrangements σ_m qui en relèvent), nous pouvons dériver (3) par induction mathématique. On voit que (2) est effectivement valable pour $n = 2$ et pour tous les σ_m (où $m \leqslant 2$) si l'on présuppose d'abord que $m = 1$ et ensuite que $m = 0$. Nous pouvons ainsi affirmer (3) et, par suite (2) et (1).

APPENDICE IV

Méthode pour construire des modèles de suites aléatoires (*cf.* les sections 58, 64 et 66).

Nous présupposons (comme dans la section 55) que pour tout nombre fini donné, n, l'on peut construire une période génératrice n-libre (d'effets de consécution) présentant une distribution égale. Dans toute période de ce type, tout x-tuple combinatoirement possible (pour $x \leqslant n + 1$) de 1 et de 0 apparaîtra au moins une fois (* 1).

(*a*) Nous construisons une suite modèle « absolument libre » (d'effets de consécution) de la manière qui suit. Nous écrivons une période n-libre pour un nombre n choisi arbitrairement. Cette période aura un nombre fini de termes — soit n_1. Nous écrivons alors une nouvelle période qui est au moins n_1-1 libre. Posons que la nouvelle période a la longueur n_2. Dans cette nouvelle période doit apparaître au moins une suite identique à la période de longueur n_1 donnée précédemment ; nous réarrangeons alors la nouvelle période de manière à ce qu'elle commence par cette suite (ceci est toujours possible, comme le montre l'analyse de la section 55). Et nous considérons que c'est la deuxième période. Nous écrivons alors une nouvelle période, au moins n_2-1 libre, et cherchons dans cette dernière la séquence qui est identique à la *deuxième*

(* 1) Il existe diverses méthodes susceptibles d'être utilisées pour construire une période génératrice d'une suite n-libre à distribution égale. Voici une méthode simple. Posant $x = n + 1$, nous commençons par construire la *table* de tous les 2^x possibles x-tuples de uns et de zéros (ordonnés par une règle lexicographique selon la grandeur, par exemple).

Nous commençons alors notre période en écrivant le dernier de ces x-tuples, consistant en x uns, en le pointant sur notre table. Puis nous procédons selon la règle suivante : toujours ajouter un 0 au début du segment, *si cela est permis* ; dans le cas contraire, ajouter un 1 ; et toujours pointer sur la table le dernier x-tuple produit du début de la période. (« Si cela est permis » signifie ici « si le dernier x-tuple du début de la période ainsi produit n'est pas encore apparu et n'a donc pas encore été pointé sur la liste. ») Procéder de cette manière jusqu'à ce que tous les x-tuples de la liste aient été pointés : il en résulte une suite de longueur $2^x + x - 1$, constituée (*a*) d'une période génératrice de longueur $2^x = 2n + 1$ d'une alternative n-libre à laquelle (*b*) les n premiers éléments de la période suivante ont été ajoutés. On peut dire qu'une suite construite de cette manière est « la plus courte » suite n-libre puisqu'on peut facilement voir qu'il ne peut y avoir de période génératrice d'une suite périodique n-libre qui soit plus courte que $2n + 1$.

Les preuves de la validité de la règle de construction donnée ici furent trouvées par le Dr L. R. B. Elton et par moi-même. Nous comptons publier en collaboration un article à ce sujet.

période (réarrangée) et réarrangeons alors la troisième période de manière à ce qu'elle commence par la deuxième et ainsi de suite. Nous obtenons de cette manière une suite dont la longueur augmente très rapidement et qui commence par la période qui fut écrite la première. Cette période devient, à son tour, la suite du début de la seconde période et ainsi de suite. En indiquant une suite initiale particulière et certaines autres conditions — par exemple, que les tranches ne doivent jamais être plus longues que nécessaire (en sorte qu'elles doivent être *exactement* n_i-1 libres et non simplement *au moins* n_i-1 libres) — cette méthode de construction peut être améliorée de manière à devenir *univoque* et définir une suite déterminée, qui permette de calculer pour chaque terme de la suite s'il s'agit d'un 1 ou d'un 0 (* 2). Nous disposons donc

(* 2) Pour prendre un exemple concret de cette construction — la construction d'une *suite aléatoire de longueur minimale*, comme je propose à présent de l'appeler — nous pouvons partir de la période

$$01 \qquad (0)$$

de longueur $n_0 = 2$. (Nous pourrions dire que cette période est génératrice d'une alternative 0-libre.) Nous devons ensuite construire une période n_0-1-libre, c'est-à-dire 1-libre. La méthode indiquée dans la note * 1, ci-dessus, donne « 1100 » comme période génératrice d'une alternative 1-libre ; il convient à présent de réarranger cette période de manière à commencer par la suite « 01 » appelée ici « (0) ». Nous obtenons alors la suite

$$0110 \qquad (1)$$

où $n_1 = 4$. Nous construisons ensuite la période n_1-1-libre (c'est-à-dire libre-trois) comme l'indique la méthode donnée dans la note * 1 :

$$1111000010011010$$

Nous la réarrangeons de manière à ce qu'elle commence par notre suite initiale (1), ce qui donne

$$0110101111000010 \qquad (2)$$

Puisque $n_2 = 16$ nous devons ensuite construire, selon la méthode donnée dans la note * 1, une période libre-15 (3) de longueur $2^{16} = 65,536$. Ceci fait, nous devons être en mesure de découvrir où notre suite (2) apparaît dans cette longue période. Nous réarrangeons alors (3) de manière à ce qu'elle commence par (2) et passons à la construction de (4), de longueur $2^{65,536}$.

On peut dire qu'une suite ainsi construite est une « suite quasi aléatoire *de longueur minimale* (1) car chaque étape de sa construction consiste à construire pour un certain n, *la plus courte* période n-libre (*cf.* note * 1, plus haut) et (II) parce que la suite est construite de telle façon qu'à n'importe quelle phase de sa construction elle commence toujours par une période n-libre, de longueur minimale. En conséquence, cette méthode garantit que chaque élément initial de longueur

$$m = 2^{2^{2^{\cdot^{\cdot^{\cdot^{2}}}}}}$$

est une période de longueur minimale pour le plus grand n possible (c'est-à-dire pour $n = (\log_2 m) - 1$).

Cette propriété de « brièveté » est très importante ; nous pouvons en effet toujours obtenir des suites n-libres ou absolument libres, à distribution égale commençant par un segment fini de n'*importe quelle* longueur m choisie telle que ce segment fini n'ait pas un caractère aléatoire mais consiste, par exemple, de zéros seulement, ou de uns seulement, ou de n'importe quel autre arrangement intuitivement « régulier » ; ce qui montre que pour des applications, la condition de n-liberté, ou même de liberté absolue est insuffisante et doit être remplacée par quelque chose comme une exigence de n-liberté *se manifestant* dès *le commencement* ; ce que réalise précisément, de la manière la plus radicale possible, une suite aléatoire « de longueur minimale ». Seules les suites de ce type peuvent donc constituer un échantillon idéal de suites aléatoires. En effet, pour ces suites « de longueur minimale », *l'on peut prouver immédiatement la convergence*, contrairement aux exemples donnés en (*b*) et (*c*), ci-dessous. Voyez également l'appendice * VI.

d'une suite (déterminée) construite selon une règle mathématique, ayant des fréquences dont les limites sont les suivantes :

$$_\alpha F'(1) = {}_\alpha F'(0) = 1/2.$$

En utilisant la procédure employée pour démontrer la troisième forme de la formule binomiale (section 60) ou le théorème de Bernoulli (section 61), l'on peut montrer (avec le degré d'approximation que l'on veut) pour toute valeur de fréquence choisie, qu'il existe des suites « absolument libres » — pour peu que nous présupposions ce que nous venons de démontrer, à savoir qu'il existe au moins une suite absolument libre.

(b) L'on peut à présent utiliser une méthode de construction identique pour montrer qu'il existe des suites possédant une fréquence moyenne « absolument libre » (cf. section 64) même si elles n'ont pas de limite de fréquence. Il faut seulement modifier la procédure (a) de manière à ce qu'après avoir allongé la suite d'un certain nombre d'occurrences nous lui ajoutions toujours un « bloc » (ou « iteration ») fini, de 1 par exemple. Nous devons donner à ce « bloc » une longueur telle qu'une certaine fréquence donnée p, différant de ½, soit obtenue. Lorsque nous obtenons cette fréquence, la suite entière à présent couchée sur le papier (elle peut avoir maintenant la longueur m_i) est considérée comme la suite initiale d'une période m_i-1-libre (à distribution égale), et ainsi de suite.

(c) Enfin, il est possible de construire d'une manière analogue un modèle de suite qui ait *plus d'une* fréquence moyenne « absolument libre ». Conformément à (a), il y a des suites qui n'ont pas une distribution égale et qui sont « absolument libres ». Nous n'avons donc qu'à combiner deux suites de ce type, (A) et (B) (ayant les fréquences p et q), de la manière suivante. Nous écrivons une certaine suite initiale de (A), puis examinons (B) jusqu'à ce que nous y trouvions cette suite, et réarrangeons la période de (B) précédant ce point de manière à ce qu'elle commence par la suite en question ; nous utilisons alors toute cette période de (B) réarrangée comme suite initiale. Nous examinons ensuite (A) jusqu'à ce que nous y trouvions cette nouvelle suite couchée sur le papier, réarrangeons (A) et ainsi de suite. Nous obtenons ainsi une suite dans laquelle apparaissent à plusieurs reprises des termes jusqu'auxquels elle est n_i-libre pour la fréquence relative p de la suite (A), mais dans laquelle apparaissent également à plusieurs reprises des termes jusqu'auxquels la suite est n_i-libre pour la fréquence q de (B). Puisque dans ce cas les nombres n_i croissent sans limite, nous obtenons un mode de construction de suites

ayant deux « fréquences moyennes » distinctes, toutes deux « absolument libres ». (Nous avons en effet déterminé (A) et (B) de
manière à ce que leurs limites de fréquences soient distinctes.)

Remarque. L'applicabilité du théorème spécial de multiplication au problème classique des deux dés X et Y jetés à un moment
donné (et aux problèmes annexes) est assurée si nous faisons, par
exemple, l'évaluation hypothétique selon laquelle la « suite combinée » (comme nous pouvons l'appeler) — c'est-à-dire la suite α
dont les coups effectués avec X constituent les termes impairs
et les coups effectués avec Y, les termes pairs — est aléatoire.

APPENDICE V

EXAMEN D'UNE OBJECTION. L'EXPÉRIENCE DES DEUX FENTES (*cf.* section 76) (* 1).

L'expérience imaginaire décrite ci-dessous en (*a*) vise à réfuter ma thèse selon laquelle la possibilité d'effectuer — avec toute la précision désirée — des mesures simultanées (ne permettant pas la prévision) de la position et du moment d'une particule, est compatible avec la théorie quantique.

(*a*) Soit A un atome émettant des rayons lumineux ; la lumière qu'il émet tombe sur un écran E après être passée par deux fentes Fe_1 et Fe_2. Selon Heisenberg, nous pouvons, dans ce cas, mesurer avec précision soit la position de A, soit le moment de la radiation (mais pas les deux à la fois). Si nous mesurons la position avec précision (opération qui « estompe » ou « répartit » le moment), nous pouvons prétendre que la lumière est émise par A en ondes sphériques. Mais si nous mesurons le moment avec précision, par exemple en mesurant les rebondissements dus à l'émission de photons (et en « estompant » ou « répartissant » ainsi la position), nous sommes en mesure de calculer la direction exacte et le moment des photons émis. Dans ce cas, nous devrons considérer la radiation comme corpusculaire (« *needle-radiation* »). Ainsi, aux deux opérations de mesure correspondent deux espèces différentes de radiation, de sorte que nous obtenons deux résultats expérimentaux différents. En effet, si nous mesurons la position avec précision, nous obtenons une frange d'interférence sur l'écran : une source de lumière assimilable à un point — une source dont la position peut être mesurée avec précision *est* assimilable à un point — émet une lumière homogène. Si, d'autre part, nous mesurons le moment avec précision, nous n'obtenons pas de frange d'interférence.

Des éclairs lumineux, ou des scintillements, sans frange d'interférence, apparaissent sur l'écran lorsque les photons sont passés par les fentes conformément au fait que la position est « estompée » ou « répartie » et qu'une source de lumière non assimilable à un

(* 1) Voyez également l'appendice * XI et mon *Postscript*, chapitre * V, section * 110. Je considère à présent que l'expérience des deux fentes doit être traitée différemment mais que l'interprétation proposée dans cet appendice garde certain intérêt. Les remarques faites en (*e*) me semblent encore constituer une critique valide de la tentative visant à expliquer le dualisme de la particule et de l'onde en termes de « complémentarité » — essai qui semble avoir été abandonné, plus récemment, par certains physiciens.

point n'émet pas une lumière homogène. Si nous devions, par hypothèse, pouvoir mesurer avec précision la position et le moment, l'atome émettrait, d'une part, selon la théorie ondulatoire, des ondes sphériques continues qui produiraient des franges d'interférence et, d'autre part, un faisceau corpusculaire non homogène de photons. (Si nous étions en mesure de calculer le parcours de chaque photon, nous n'aurions jamais rien qui ressemble à une « interférence », en raison du fait que des photons ne se détruisent pas mutuellement, pas plus qu'ils n'ont d'autre mode d'interaction.) Soutenir qu'il est possible de mesurer simultanément, avec exactitude, la position *et* le moment nous conduit donc à deux prévisions contradictoires : d'une part, à la prévision selon laquelle des franges d'interférence vont apparaître et d'autre part, à la prévision selon laquelle il n'en apparaîtra pas.

(*b*) Je vais à présent ré-interpréter cette expérience imaginaire en termes statistiques. Je commencerai par essayer de mesurer la position avec précision. Je remplace l'unique atome irradiant par un groupe d'atomes qui émettent une lumière homogène se propageant sous la forme d'ondes sphériques. On obtient ceci en utilisant un second écran pourvu d'une très petite ouverture *A* située entre le groupe d'atomes et le premier écran de manière à occuper exactement l'endroit précédemment occupé par l'unique atome irradiant *A*. Le groupe d'atomes émet une lumière qui, après avoir été soumise à une sélection en fonction d'une position donnée, en passant par l'ouverture *A*, se propage sous la forme d'ondes sphériques continues. Nous remplaçons ainsi l'unique atome, dont la position est déterminée avec exactitude, par un cas statistique de pure sélection effectuée en fonction de la position.

(*c*) De la même façon, nous remplaçons l'atome ayant un moment mesuré avec précision mais une position estompée ou répartie, par une pure sélection effectuée en fonction d'un moment donné ; ou, en d'autres termes, par un faisceau monochromatique de photons se déplaçant suivant des lignes parallèles à partir d'une source de lumière déterminée (non assimilable à un point).

Dans chacun des deux cas, nous obtenons le résultat expérimental qu'il faut : franges d'interférence dans le cas (*b*), pas de franges d'interférence dans le cas (*c*).

(*d*) Comment devons-nous interpréter le troisième cas, qui est censé nous amener à des prévisions contradictoires ? Pour le savoir, nous imaginons que nous avons observé de manière précise le parcours de l'atome *A*, ce qui signifie tant sa position que son moment. Nous devrions alors découvrir que l'atome émet des photons un à un et rebondit à chacune de ces émissions. Chaque rebondissement modifie sa position et le déplacement se fait chaque fois dans une nouvelle direction. Si nous supposons que l'atome irradie de cette manière pendant une certaine période de temps (nous ne soulevons pas la question de savoir s'il absorbe également de l'énergie durant cette période), il prendra un certain nombre de positions différentes durant cette période, parcourant un volume d'espace considérable. Aussi ne sommes-nous pas autorisés à remplacer cet atome par un groupe d'atomes assimilable à un point : nous ne pouvons le remplacer que par un groupe d'atomes répartis dans un volume d'espace considérable. De plus, puisque l'atome irradie dans toutes les directions, nous devons le remplacer par un groupe d'atomes irradiant dans toutes les directions. Nous n'obtenons donc pas un cas pur non plus qu'une radiation homogène. Nous n'obtenons pas davantage de franges d'interférence.

Des objections semblables à celle qui a été prise ici en considération peuvent être réinterprétées en termes statistiques de la manière indiquée dans cet exemple.

(e) A propos de notre analyse de cette expérience imaginaire, j'aimerais préciser que, contrairement à ce que l'on pourrait commencer par supposer, l'argument (a) serait en tout cas tout à fait insuffisant pour élucider le problème de la complémentarité comme on l'appelle (ou problème du dualisme de l'onde et de la particule). Il tente de le faire en montrant que l'atome peut seulement émettre soit des ondes homogènes *soit* des photons non homogènes et qu'il n'y a *donc* pas de contradiction, puisque les deux expériences s'excluent mutuellement. Mais il est tout simplement faux que les deux expériences s'excluent mutuellement car il est évident que nous pouvons combiner une mesure pas trop précise de la position avec une mesure pas trop précise du moment ; et dans ce cas, l'atome n'émet ni des ondes tout à fait homogènes, ni des photons tout à fait hétérogènes. Dans le cadre de mon interprétation statistique personnelle il n'y a manifestement aucune difficulté à traiter des cas intermédiaires de ce type, bien que cette interprétation ne fut jamais destinée à la résolution du problème du dualisme des ondes et des particules. Je suppose qu'une solution vraiment satisfaisante de ce problème pourra difficilement être trouvée dans le cadre de la physique quantique statistique (la théorie corpusculaire d'Heisenberg et Schrödinger telle qu'elle fut interprétée par Born en 1925-26), mais je pense qu'il pourrait peut-être trouver sa solution dans le cadre de la physique quantique des champs d'ondes ou dans celui de la seconde « quantification » (théorie de l'émission et de l'absorption de Dirac et théorie des champs d'ondes de Dirac, Jordan, Pauli, Klein, Mie, Wiener, 1927-1928. *Cf.* note 2 de mon introduction à la section 73).

APPENDICE VI

A PROPOS D'UN PROCÉDÉ DE MESURE NE PERMETTANT PAS LA DÉDUC-
TION DE PRÉVISIONS (*cf.* section 77) (* 1).

Nous supposons qu'un faisceau monochromatique de particules — un faisceau lumineux par exemple — ayant des parcours
parallèles dans la direction-*x*, est soumis à une sélection effectuée
en fonction du moment de ces particules grâce à l'interposition
d'un filtre. (Si le faisceau est constitué d'électrons nous devrons
utiliser, au lieu d'un filtre, un champ électrique perpendiculaire
à la direction du faisceau, afin d'analyser son spectre.) Nous présupposons, avec Heisenberg, que ce procédé ne modifie ni les
moments (ou, plus précisément leurs composantes dans la direc-
tion-*x*) ni, en conséquence, les *vitesses* (ou leurs composantes-*x*)
des particules sélectionnées.

(* 1) Heisenberg — qui parle de *mesurer* ou d'*observer* plutôt que de *sélectionner* présente la situation, sous la forme d'une description d'une expérience
imaginaire, de la manière suivante : Si nous désirons observer la position de l'électron, nous devons utiliser une lumière à haute fréquence qui interagira fortement,
avec lui et, *perturbera* donc son moment. Si nous désirons observer son moment
nous devrons utiliser une lumière à basse fréquence qui ne modifie (pratiquement)
pas ce dernier mais qui ne peut nous servir à déterminer sa position. Il est important que dans cette analyse *l'incertitude du moment soit due à une perturbation,
alors que l'incertitude de la position ne le soit à rien de ce genre.* Elle provient plutôt
de ce que l'on *évite* toute perturbation importante du système. (Voyez l'appendice * XI, point 9.)
Or, mon vieil argument (fondé sur cette observation) est le suivant. Puisqu'une
détermination du moment ne modifie pas celui-ci, du fait qu'elle interagit faiblement avec le système, elle ne doit pas non plus modifier la position, bien qu'elle
ne parvienne pas à la *révéler.* Mais la position inconnue peut être révélée dans
la suite par une seconde mesure ; et puisque la première mesure n'a (pratiquement) pas modifié l'état de l'électron, nous pouvons calculer le passé de ce dernier, non seulement *entre les deux* mesures mais même avant la première mesure.
Je ne vois pas qu'Heisenberg puisse éviter cette conclusion sans modifier
l'essentiel de son argument. (En d'autres termes, je continue à croire que mon
argument et mon expérience de la section 77 peuvent être utilisés pour mettre
en évidence une incohérence contenue dans l'analyse que fait Heisenberg de
l'observation d'un électron.) Mais je pense à présent que j'avais tort de soutenir
que ce qui est valide pour les « observations » ou « mesures » imaginaires d'Heisenberg devrait l'être aussi pour mes « sélections ». Comme Einstein le montre
(voyez l'appendice * XII), cela n'est pas valide pour un filtre agissant sur un
photon. Cela ne l'est pas davantage pour le champ électrique perpendiculaire
à la direction d'un faisceau d'électrons, dont il est fait mention (de même que du
filtre) dans le premier paragraphe du présent appendice. La largeur du faisceau
doit en effet être considérable si les électrons doivent se mouvoir parallèlement
à l'axe des *x* et, en conséquence, leur position avant leur entrée dans le champ ne
peut être calculée avec précision après qu'ils aient été défléchis par le champ.
Ceci infirme l'argument de cet appendice et de l'appendice suivant, ainsi que
celui de la section 77.

Derrière le filtre, nous plaçons un compteur Geiger (ou une bande cinématographique) afin de mesurer le temps d'arrivée des particules ; et ceci nous autorise — puisque les vitesses des particules sont connues — à calculer leurs coordonnées-x pour n'importe quel instant précédant leur temps d'arrivée. Or il est possible d'envisager deux présuppositions. D'une part, si l'on présuppose qu'en mesurant les moments des particules, il ne s'est pas produit d'interférence avec les coordonnées-x des positions de ces particules, l'on peut valablement étendre la mesure de la position et du moment au temps précédant la sélection du moment (réalisée au moyen du filtre). D'autre part, si l'on présuppose qu'une sélection effectuée en fonction du moment interfère avec les coordonnées-x des positions des particules, nous ne pouvons calculer leurs parcours avec précision que pour l'intervalle de temps écoulé *entre* les deux mesures.

Or, présupposer que la position des particules dans la direction de leur course pourrait être perturbée de manière imprévisible par une sélection opérée en fonction d'un moment donné revient à présupposer que la position coordonnée d'une particule serait modifiée de manière incalculable par cette sélection. Mais, puisque la vitesse de la particule n'a pas été modifiée, présupposer ceci doit équivaloir à présupposer que, à cause de cette sélection, la particule doit avoir fait un bond *discontinu* (à une vitesse supérieure à celle de la lumière) vers un point différent de son parcours.

Cependant cette présupposition est incompatible avec la théorie quantique telle qu'elle est admise aujourd'hui. En effet, bien que la théorie autorise des bonds discontinus, elle ne le fait que dans le cas de particules à l'intérieur d'un atome (à l'intérieur du domaine des valeurs-*Eigen* discontinues, mais non dans le cas de particules libres dans le domaine de valeurs-*Eigen* continues).

Il est probablement possible de construire une théorie (en vue d'éviter les conclusions atteintes ci-dessus ou de préserver le principe d'indétermination) qui modifie la théorie quantique de manière à la rendre compatible avec la présupposition selon laquelle la position se trouve répartie par une sélection effectuée en fonction du moment. Mais cette théorie elle-même — que je pourrais appeler « théorie de l'indétermination » — ne pourrait dériver que des conséquences statistiques tirées du principe d'indétermination et ne pourrait donc être corroborée que de manière statistique. Dans cette théorie, le principe d'indétermination ne serait qu'un énoncé de probabilité formellement singulier et pourtant son contenu irait au-delà de ce que j'ai appelé les « relations de répartition statistique ». En effet, comme on le verra plus loin grâce à un exemple, celles-ci sont compatibles avec la présupposition selon laquelle la sélection du moment ne modifie pas la position. *Cette dernière présupposition ne nous autorise donc pas à inférer l'existence d'un « cas super-pur » interdit par les relations de répartition.* Cet énoncé nous montre que la méthode de mesure qui a fait l'objet de mon analyse ne concerne pas les formules d'Heisenberg statistiquement interprétées. L'on peut donc dire qu'elle occupe, dans mon interprétation statistique, la même « place logique », si l'on peut dire que (dans son interprétation) l'énoncé d'Heisenberg qui dénie la « réalité physique » des mesures précises ; en fait, l'on pourrait considérer mon énoncé comme la traduction en langage statistique de celui d'Heisenberg.

Les considérations suivantes montrent que l'énoncé en question est correct. Nous pourrions essayer d'obtenir un « cas super-pur » en renversant l'ordre des étapes dans l'expérience : en commençant, par exemple, par sélectionner une position dans la direction-x (la direction du parcours) à l'aide d'un obturateur rapide et en sélectionnant ensuite le seul moment à l'aide d'un filtre. L'on pourrait penser que ceci est faisable : par suite de la mesure de la position, toutes sortes de moments apparaîtraient en effet parmi lesquels le filtre — sans modifier la position — ne sélectionnerait que ceux qui viendraient à tomber dans un domaine délimité. Mais il serait erroné de considérer les choses ainsi. En effet, si un groupe de particules est sélectionné par un « obturateur instantané », de la manière indiquée, les paquets d'ondes de Schrödinger ne nous donnent que des *probabilités*, à interpréter en termes statistiques, de l'occurrence dans le groupe, des particules ayant le moment donné. Pour tout domaine fini de moment Δp_x cette probabilité tend vers zéro pourvu que nous rendions la longueur du train d'ondes infiniment courte, c'est-à-dire que nous mesurions la position avec une précision arbitraire (en ouvrant l'obturateur instantané pendant un temps arbitrairement bref). De la même manière, la probabilité tend vers zéro pour n'importe quelle période de temps finie durant laquelle l'obturateur instantané est ouvert, c'est-à-dire pour toute valeur du domaine de positions Δx, pourvu que Δp_x tende vers zéro. Il sera d'autant plus improbable que nous trouvions des particules quelconques derrière le filtre que sera plus précise notre sélection de la position et du moment. Mais ceci signifie qu'il faudra un très grand nombre d'expériences pour qu'il y en ait où l'on découvre des particules derrière le filtre ; et ceci sans être en mesure de prévoir les expériences où l'on en trouvera. Nous ne pouvons donc d'aucune façon empêcher ces particules de n'apparaître qu'à des intervalles irréguliers et en conséquence nous ne serons pas capables de produire de cette manière un agrégat de particules plus homogène qu'un cas pur.

Il semble y avoir une expérience cruciale relativement simple permettant de décider entre la « théorie de l'indétermination » (décrite ci-dessus) et la théorie quantique. Selon la première théorie, des photons devraient arriver sur un écran placé derrière un filtre hautement sélectif (ou spectrographe) même après l'extinction de la source de lumière et y rester pendant un certain temps ; de plus cet « après-lumière » produit par le filtre devrait durer d'autant plus longtemps que le filtre serait plus sélectif (* 2).

(* 2) C'est précisément ce qui se passera, selon les remarques d'Einstein reprises ici dans l'appendice * XII. Voir également les critiques de C. F. von Weizsäcker relatives à mon expérience imaginaire, dans *Die Naturwissenchaften* 22, 1934, p. 807.

APPENDICE VII

A PROPOS D'UNE EXPÉRIENCE IMAGINAIRE (*cf.* section 77) (* 1)

Nous pouvons partir de l'hypothèse selon laquelle a_1 et $|b_1|$ sont mesurés, ou sélectionnés, avec un degré de précision arbitraire. Compte tenu du résultat obtenu dans l'appendice VI, nous pouvons supposer que le moment absolu $|a_2|$ de la particule arrivant en X en provenance de P peut être mesuré avec un degré de précision arbitraire. En conséquence, $|b_2|$ peut également être déterminé aussi précisément que nous le voulons (à l'aide du principe de conservation de l'énergie). En outre, la position de Fe et de X, et les moments d'arrivée des particules [A] en X, peuvent être mesurés avec une précision arbitraire. Il ne nous est donc nécessaire d'examiner la situation qu'eu égard aux intervalles d'indétermination Δa_2 et Δb_2, résultant des indéterminations des *directions* correspondantes, et au vecteur, ΔP, lié à l'indétermination de la position de P qui résulte elle aussi de l'indétermination d'une *direction*, à savoir la direction PX. Si le faisceau PX passe par une fente en X, il y aura une indétermination de la direction, φ, résultant de la diffraction à la fente. Nous pouvons rendre cet angle φ aussi petit que nous le voulons si nous rendons $|a_2|$ suffisamment grand ; nous avons en effet :

$$\varphi \cong \frac{h}{r. \, |a_2|} \qquad (1)$$

r représentant la largeur de la fente. Mais il est impossible de diminuer $|\Delta a_2|$ par cette méthode ; il ne diminuerait que si r augmentait, ce qui augmenterait $|\Delta P|$; nous avons en effet :

$$|\Delta a_2| \cong \varphi \, |a_2| \qquad (2)$$

ce qui, compte tenu de (1) nous donne :

$$|\Delta a_2| \cong \frac{h}{r} \qquad (3)$$

qui nous prouve que $|\Delta a_2|$ ne dépend pas de $|a_2|$.

Puisque, en fait, pour tout r choisi, nous pouvons rendre φ aussi petit que nous le désirons en augmentant $|a_2|$, nous pouvons

---

(* 1) En ce qui concerne la critique de certaines des présuppositions soustendant la section 77 et cet appendice, voyez la note * 1 de l'appendice VI.

également diminuer à volonté la composante $\Delta\mathbf{a}_2$ dans la direction PX, que nous désignons par « $(\Delta\mathbf{a}_2)_x$ ». Et nous pouvons le faire sans retentir sur la précision de la mesure de la position de P puisque cette position devient elle aussi plus précise à mesure qu'$|\mathbf{a}_2|$ croît et que r décroît. Or, nous souhaitons prouver qu'il est possible de présenter un argument correspondant pour $(\Delta\mathbf{b}_2)_y$, c'est-à-dire pour la composante-PY de $\Delta\mathbf{b}_2$.

Puisque nous pouvons poser $\Delta\mathbf{a}_1 = 0$ (conformément à notre hypothèse), nous pouvons déduire, à partir de la conservation des moments, que

$$\Delta\mathbf{b}_2 = \Delta\mathbf{b}_1 - \Delta\mathbf{a}_2 \qquad (4)$$

Pour n'importe quels $\mathbf{a}_1$, $|\mathbf{b}_1|$ et $|\mathbf{a}_2|$, donnés, $\Delta\mathbf{b}_1$ dépend directement de φ, ce qui signifie que nous pouvons obtenir un arrangement tel que

$$|\Delta\mathbf{b}_1| \cong |\Delta\mathbf{a}_2| \cong \frac{h}{r} \qquad (5)$$

soit valide, et donc également

$$|\Delta\mathbf{b}_1| - |\Delta\mathbf{a}_2| \cong \frac{h}{r} \qquad (6)$$

Nous obtenons en outre, par analogie avec (2),

$$|\Delta\mathbf{b}_2| \cong \psi.|\mathbf{b}_2|, \qquad (7)$$

où « ψ » désigne l'indétermination de la direction de $\mathbf{b}_2$. Compte tenu de (4) et de (5), nous obtenons donc

$$\psi \cong \frac{|\Delta\mathbf{b}_1 - \Delta\mathbf{a}_2|}{\mathbf{b}_2} \cong \frac{h}{r.|\mathbf{b}_2|} ; \qquad (8)$$

Mais ceci signifie qu'aussi petit que nous rendions r, nous pouvons toujours rendre ψ et avec lui $(\Delta\mathbf{b}_2)_y$ aussi petits que nous le désirons si nous utilisons des valeurs suffisamment élevées pour le moment $|\mathbf{b}_2|$; et, cette fois encore, sans retentir sur la précision de la mesure de la position P.

Ceci prouve qu'il est possible de rendre chacun des deux facteurs du produit $(\Delta\mathbf{P})_y.(\Delta\mathbf{b}_2)_y$ aussi petit que nous le désirons, indépendamment du sort que nous réservons à l'autre. Or, pour réfuter l'assertion de Heisenberg relative aux limites de précision accessible, il eut suffi de prouver que nous pouvons diminuer l'un de ces facteurs autant que nous le désirons sans augmenter, par là, l'autre au-delà de toute limite.

On peut en outre noter qu'un choix approprié de la direction PX nous permet de déterminer la *distance PX* de manière à ce que $\Delta\mathbf{P}$

et $\Delta\mathbf{b}_2$ soient parallèles et donc (pour φ suffisamment petit), perpendiculaires à PY([1]). En conséquence, la précision du moment dans cette direction,et d'autre part la précision de la position (dans la même direction) se révèlent toutes deux *indépendantes de la précision de la mesure de la position* de *P*. (Laquelle dépend surtout de la petitesse de *r*, si nous utilisons des valeurs élevées de $|\mathbf{a}_2|$.) *Elles ne dépendent l'une et l'autre que de la précision des mesures de la position et du moment de la particule arrivant en X dans la direction PX*, ainsi que de la petitesse de ψ. (Ceci correspond au fait que la précision $(\Delta\mathbf{a}_2)_x$ de la particule arrivant en *X* dépend de la petitesse de φ.)

On voit qu'eu égard à la précision des mesures, la situation de la mesure — ne permettant apparemment pas de prévision — de la particule [*A*] arrivant en *X* et celle de la prédiction du parcours de la particule [*B*] quittant *P* sont tout à fait *symétriques*.

---

(1) Le fait qu'il peut être utile de vérifier le degré d'exactitude de la mesure effectuée dans une direction perpendiculaire à Δs me fut signalé par Schiff lors d'une discussion relative à mon expérience imaginaire.

Je désire remercier vivement le Dr K. Schiff pour la collaboration fructueuse qu'il m'apporta pendant la plus grande partie d'une année.

NOUVEAUX APPENDICES

Je me suis rendu compte, à ma surprise, que je pouvais toujours adhérer à presque toutes les conceptions philosophiques exprimées dans cet ouvrage et même à la plupart des conceptions relatives à la probabilité — domaine dans lequel plus que dans d'autres, mes idées ont changé. J'ai pourtant senti que je devais y joindre certains des matériaux nouveaux que j'ai accumulés au cours des ans. Il y en avait une quantité considérable car je n'ai jamais arrêté de me préoccuper des problèmes posés dans cet ouvrage. Il ne m'était donc pas possible d'inclure dans ces nouveaux appendices tous mes résultats importants. Je dois en particulier en mentionner un qui manque ici. Il s'agit de ce que j'appelle l'*interprétation tendancielle de la probabilité* (« *propensity interpretation* »). L'exposé et l'analyse de cette interprétation se sont développés, malgré moi, jusqu'à constituer la majeure partie d'un nouvel ouvrage.

Le titre de ce nouvel ouvrage est *Postscript* : « *After Twenty Years*». — Vingt ans après, il constitue une suite au présent ouvrage ; leurs contenus sont intimement liés, la théorie de la probabilité mise à part. A ce propos, je puis également renvoyer mes lecteurs à deux de mes articles que j'aurais pu inclure dans ces appendices si je n'avais répugné à leur ajouter encore quoi que ce soit. Ce sont : « *Three Views Concerning Human Knowledge* » et « *Philosophy of Science* : *A Personal Report* » (1).

Les deux premiers de mes nouveaux appendices comportent trois courtes notes publiées entre 1933 et 1938 et étroitement liées à cet ouvrage. Elles se lisent, je le crains, difficilement, car elles sont exagérément concises. Je n'ai pas pu les rendre plus lisibles car j'aurais dû pour cela y apporter des modifications qui auraient diminué leur valeur de documents.

Les appendices * II et * V sont quelque peu techniques, trop à mon goût, du moins. Mais ces questions techniques sont nécessaires, me semble-t-il, pour résoudre les problèmes philosophiques suivants : *Le degré de corroboration ou d'acceptabilité d'une théorie est-il*, comme tant de philosophes l'ont pensé, *une probabilité* ? Ou, en d'autres termes, *obéit-il aux règles du calcul des probabilités* ?

(1) Publiés respectivement dans *Contemporary British Philosophy* 3, éd. par H. D. Lewis, 1956, pp. 355-388, et dans *British Philosophy of the Mid-Century*, éd. by C. A. Mace, 1957, pp. 153-191. Ils sont tous les deux inclus dans mes *Conjectures and Refutations* (1963, 1965 ; ch. I et III).

J'avais répondu à cette question dans mon ouvrage et ma réponse était « Non ». Certains philosophes m'ont alors répliqué : « Mais j'entends par probabilité (ou par corroboration, ou par confirmation) quelque chose de différent de ce que vous entendez. » Pour justifier mon rejet de cette riposte évasive (qui menace de réduire la théorie de la connaissance à du pur verbalisme), force me fut d'entrer dans certains détails techniques : il s'agissait de formuler les règles (« axiomes ») du calcul des probabilités et de trouver le rôle joué par chacun d'eux. En effet, pour ne pas préjuger de la question de savoir si le degré de corroboration est oui ou non une interprétation possible du calcul des probabilités, il fallait considérer ce calcul dans son sens le plus large et n'admettre que les règles qui lui sont essentielles. J'ai commencé ces recherches en 1935 et l'appendice * II constitue un exposé concis de certaines de mes premières recherches. Les appendices * IV et * V donnent les grandes lignes de résultats plus récents. Dans tous ces appendices, je soutiens qu'outre les interprétations classiques, logique et fréquentielle de la probabilité, *il existe beaucoup d'interprétations différentes de la notion de probabilité et du calcul mathématique des probabilités*. Ils préparent donc la voie à ce que j'ai appelé ensuite l'*interprétation tendancielle* de la probabilité (2).

Pourtant, je ne devais pas me borner à l'examen des règles du calcul des probabilités : je devais également formuler *des règles pour l'évaluation des tests*, c'est-à-dire pour l'évaluation du degré de corroboration. Je l'ai fait dans une série de trois articles, repris ici dans l'appendice * IX. Les appendices * VII et * VIII constituent une sorte de lien entre mon analyse de la probabilité et mon analyse de la corroboration.

Les autres appendices intéressent, je l'espère, les philosophes aussi bien que les savants ; et en particulier ceux de ces appendices qui sont consacrés au désordre objectif et aux expériences imaginaires. L'appendice * XII est une lettre d'Albert Einstein, publiée ici pour la première fois, avec l'aimable permission de ses exécuteurs littéraires.

---

(2) *Cf.* mon article, « *The Propensity Interpretation of Probability and the Quantum Theory* », in *Observation and Interpretation*, éd. par S. Körner, 1957, pp. 65-70, 88 et suiv. Voyez également les deux articles mentionnés dans la note précédente, surtout les pp. 388 et 188, respectivement.

* Depuis la première édition anglaise de cet ouvrage, j'ai publié deux articles relatifs aux tendances (« *propensities* ») : *The Propensity Interpretation of Probability*, B.J.P.S., 10, 1959, pp. 25-42 et *Quantum Mechanics Without « The Observer »*, cit. (*cf.* en particulier les pp. 28-44).

APPENDICE * I

La première des deux notes reprises ici est une lettre à l'Éditeur de *Erkenntnis*. La seconde est une contribution à un Congrès philosophique qui eut lieu à Prague en 1934. Elle fut publiée dans *Erkenntnis* en 1935 comme partie des Actes du Congrès.

I

La lettre à l'Éditeur fut publiée pour la première fois en 1933, dans *Erkenntnis*, 3 (« *Annalen der Philosophie* », II), n° 4-6, p. 426 et suiv. J'ai coupé certains paragraphes pour faciliter la lecture.

Cette lettre fut suscitée par le fait que mes conceptions étaient, à l'époque, largement débattues par les membres du cercle de Vienne, et même dans la presse (*cf.* note 3). Aucun de mes manuscrits (lus par certains membres du Cercle de Vienne) n'avait pourtant été publié, en partie en raison de leur longueur : mon ouvrage, *Logik der Forschung* dut être réduit à une fraction de sa longueur originale pour être accepté à la publication. L'accent mis dans ma lettre sur la différence existant entre le problème d'un critère de *démarcation* et le pseudo-problème d'un critère de *signification* (et sur l'opposition existant entre mes conceptions et celles de Schlick et de Wittgenstein) est dû au fait que, même en ce temps, le Cercle, se méprenant sur mes conceptions, en débattait comme si je plaidais en faveur du remplacement de la vérifiabilité par la falsifiabilité comme critère de signification, alors qu'en fait je ne me préoccupais pas du problème de la *signification* mais de celui de la démarcation. Comme ma lettre le montre, j'ai essayé de dissiper ce malentendu dès 1933. J'ai également essayé de le faire dans mon ouvrage *Logik der Forschung*, et depuis lors je n'ai jamais cessé de le faire. Mais il semble que mes amis positivistes n'arrivent pas encore à voir vraiment la différence. Ces malentendus m'ont amené à mettre l'accent, dans ma lettre, sur l'opposition existant entre mes conceptions et celles du Cercle de Vienne. Cela amena certains à prétendre indûment que j'avais originellement développé mes conceptions comme une critique adressée à Wittgenstein. En fait, j'avais formulé le problème de la démarcation et du critère de falsifiabilité, ou de possibilité d'être mis à l'épreuve à l'aide de tests, dès l'automne de 1919, c'est-à-dire des années avant que les idées de Wittgenstein ne fussent un sujet de discussion à Vienne (*cf.* mon article « Philosophy of Science : A personal Report », repris à présent dans mes *Conjectures and Refutations*). Ceci explique pourquoi, dès que j'ai entendu parler de la vérifiabilité comme un nouveau critère de *signification* proposé par le Cercle, j'ai opposé celui-ci à mon critère de falsifiabilité : un critère de *démarcation* destiné à distinguer les systèmes d'énoncés scientifiques des systèmes, parfaitement dotés de signification, d'énoncés métaphysiques. (Quant au non-sens dépourvu de signification, je ne prétends pas que mon critère lui soit applicable.)

Voici la lettre de 1933 :

Un critère du caractère empirique des systèmes théoriques.

(1) *Question préliminaire. Le problème humien de l'Induction,* le problème de la validité des lois naturelles, provient d'une contradiction apparente entre le principe d'empirisme (le principe selon lequel seule l' « expérience » peut décider de la vérité ou de la fausseté d'un énoncé factuel) et la découverte faite par Hume de la non-validité des arguments inductifs (ou généralisations).

Schlick (1), influencé par Wittgenstein, croit que cette contradiction pourrait être résolue si l'on admettait que les lois naturelles « ne sont pas des énoncés authentiques », qu'ils sont plutôt « des règles de transformation des énoncés » (* 1), c'est-à-dire une espèce particulière de « pseudo-énoncés ».

Cette tentative en vue de résoudre le problème (la solution me semble de toute façon verbale) partage avec toutes les tentatives plus anciennes, tels l'*apriorisme*, le conventionnalisme, etc. une présupposition non fondée ; à savoir celle selon laquelle l'on doit, en principe, pouvoir décider de la vérité et de la fausseté de tous les énoncés authentiques, lesquels en d'autres termes doivent être vérifiables et falsifiables ; plus précisément, pour tous les énoncés authentiques, une vérification empirique (ultime) et une falsification empirique (ultime) doivent toutes deux être logiquement possibles.

Si l'on abandonne cette présupposition, il devient possible de résoudre d'une manière simple la contradiction qui constitue le

(1) Schlick, *Die Naturwissenschaften*, 19, (1931), n° 7, p. 156.
(* 1) Pour rendre la signification visée par Schlick, il serait peut-être préférable de dire « des règles pour la formation ou la transformation des énoncés ». Le texte allemand dit : « *Anweisungen zur Bildung von Aussagen.* » Manifestement, « *Anweisungen* » peut être ici traduit par « règles » (« *rules* ») ; mais « Bildung » n'avait alors presque encore aucune des connotations techniques qui ont depuis suscité une nette différenciation entre la « formation » et la « transformation » des énoncés.

problème de l'induction. Nous pouvons, de manière tout à fait cohérente, interpréter les lois naturelles ou les théories comme des énoncés authentiques *décidables en partie*, c'est-à-dire des énoncés qui, pour des raisons logiques, ne sont pas vérifiables mais, *de manière asymétrique, falsifiables seulement* : ce sont des énoncés que l'on met à l'épreuve en les soumettant à des tentatives systématiques de falsification.

La solution suggérée ici a l'avantage de préparer également la voie à une solution du second — et du plus fondamental — problème de la théorie de la connaissance (ou de la théorie de la méthode empirique). Voici à quoi je pense :

(2) *Le problème fondamental.* On peut définir ce dernier, à savoir *le problème de la démarcation* (le problème kantien des limites de la connaissance scientifique) comme le problème consistant à découvrir un critère qui nous permette de distinguer entre des assertions (énoncés, systèmes d'énoncés) appartenant aux sciences empiriques et des assertions que l'on peut qualifier de « métaphysiques ».

Selon une solution proposée par Wittgenstein (2), nous devons réaliser cette démarcation à l'aide de la notion de « signification » ou de « sens » : toute proposition pourvue de signification ou de sens doit être une fonction de vérité de propositions « atomiques », c'est-à-dire qu'elle doit pouvoir être entièrement réduite de manière logique à des (ou déduite d') énoncés d'observation singuliers. Si, un soi-disant énoncé se révèle n'être pas ainsi réductible, il est « dépourvu de signification » ou « dépourvu de sens » ou « métaphysique » ou « pseudo-propositionnel ». C'est ainsi que la métaphysique est du *non-sens dépourvu de signification*.

Il peut sembler que les positivistes, en traçant cette ligne de démarcation, ont réussi à ruiner la métaphysique plus totalement que les anti-métaphysiciens antérieurs. Pourtant, la métaphysique n'est pas la seule à être ruinée par ces méthodes : la science naturelle l'est aussi. En effet, les lois naturelles ne sont pas plus réductibles à des énoncés d'observation que ne le sont les discours métaphysiques. (Rappelez-vous le problème de l'induction !) Si le critère de Wittgenstein est appliqué de manière cohérente, il semblerait que les lois naturelles sont des pseudo-propositions dépourvues de signification et, en conséquence, « métaphysiques ». Cette tentative en vue de tracer une ligne de démarcation échoue donc.

On peut éliminer le dogme de la signification ou du sens et les pseudo-problèmes auxquels il a donné naissance si nous adoptons

(2) Wittgenstein, *Tractatus Logico-Philosophicus* (1922).

comme critère de démarcation le *critère de falsifiabilité*, à savoir la possibilité de décider des énoncés d'une manière (au moins) *unilatérale*, asymétrique. Selon ce critère, les énoncés, ou systèmes d'énoncés communiquent une information relative au monde empirique dans la seule mesure où ils sont capables d'entrer en conflit avec l'expérience ou, plus précisément, dans la seule mesure où ils peuvent être *soumis à des tests* systématiques, c'est-à-dire, où ils peuvent être soumis (conformément à une « décision méthodologique ») à des tests qui pourraient avoir pour résultat leur réfutation (3).

Ainsi, en reconnaissant des énoncés unilatéralement décidables, cela nous permet de résoudre non seulement le problème de l'induction (remarquez qu'il n'y a qu'un type d'argument qui procède d'une manière inductive : le *modus tollens* déductif), mais encore le problème plus fondamental de la démarcation, problème qui a engendré presque tous les autres problèmes épistémologiques. En effet, notre critère de falsifiabilité fait une distinction suffisamment précise entre les systèmes théoriques des sciences empiriques et ceux de la métaphysique (et les sytèmes conventionnalistes et tautologiques), sans pour autant prétendre que la métaphysique est dépourvue de signification (elle qui, d'un point de vue historique, peut être considérée comme la source d'où jaillirent les théories des sciences empiriques).

Donnant une variante et une généralisation d'une remarque célèbre d'Einstein (4), on pourrait donc caractériser les sciences empiriques comme suit : *Dans la mesure où un énoncé scientifique nous parle de la réalité, il doit être falsifiable ; dans la mesure où il n'est pas falsifiable, il ne parle pas de la réalité.*

Une analyse logique montrerait que le rôle de la falsifiabilité (unilatérale) comme critère de *science empirique* est formellement analogue à celui de la *cohérence* pour la *science en général*. Un système contradictoire ne parvient pas à distinguer, dans l'ensemble de tous les énoncés possibles, un véritable sous-ensemble, pas plus qu'un système non falsifiable ne parvient à le faire dans l'ensemble de tous les énoncés « empiriques » possibles (de tous les énoncés synthétiques singuliers) (5).

(3) Carnap expose cette procédure des tests dans *Erkenntnis* 3, pp. 223 et suiv., « procédure B ». Voyez également Dubislav, *Die Definition*, 3e éd., p. 100 et suiv. * Addition de 1957 : on verra qu'il ne s'agit pas d'une référence à un texte de Carnap lui-même mais à l'un de mes propres ouvrages auquel Carnap s'est rapporté et auquel il a bien voulu renvoyer dans son article. Carnap a pleinement reconnu que j'étais l'auteur de ce qu'il y nommait la « Procédure B » (« *Verfahren B* »).

(4) Einstein, *Geometrie und Erfahrung*, p. 3 et suiv. * Addition de 1957 : Einstein disait : « Dans la mesure où les énoncés de géométrie parlent de la réalité, ils ne sont pas certains et dans la mesure où ils ne sont pas certains, ils parlent de la réalité. »

(5) Un exposé plus complet sera bientôt publié sous forme de livre (dans

2

La seconde note consiste en certaines remarques que j'ai faites dans la discussion d'un article dont Reichenbach nous fit la lecture lors d'un congrès philosophique qui eut lieu à Prague, en automne 1934 (alors que l'on tirait les premières épeuves de mon ouvrage). Un rapport relatif au congrès fut ensuite publié dans *Erkenntnis* et ma contribution, traduite ici, fut publiée dans *Erkenntnis* 5, 1935, pp. 170 et suiv.

A propos de la prétendue « logique de l'induction » et de la « probabilité des hypothèses ».

Je ne pense pas qu'il soit possible de construire une théorie satisfaisante de ce qu'on appelle traditionnellement — et Reichenbach, par exemple, le fait aussi — l' « induction ». Je crois au contraire que pour des raisons purement logiques toute théorie de ce type — qu'elle utilise la logique classique ou la logique de la probabilité — doit conduire à une régression à l'infini ou employer un principe d'induction *a priori*, un principe synthétique qui ne peut être soumis à des tests empiriques.

Si, avec Reichenbach, nous distinguons entre une « procédure de découverte » et une « procédure de justification » d'une hypothèse, nous devons reconnaître que la première ne peut être reconstruite rationnellement. Cependant l'analyse de la procédure de justification des hypothèses ne nous amène, à mon avis, à rien dont l'on puisse dire que cela fait partie d'une logique inductive. En effet, une théorie de l'induction est superflue. Elle n'a pas de fonction dans une logique de la science.

Les théories scientifiques ne peuvent jamais être « justifiées » ou vérifiées. Mais, en dépit de ce fait, une hypothèse A peut, dans certaines circonstances, être plus féconde qu'une hypothèse B, peut-être parce que B est en contradiction avec certains résultats d'observations et se trouve donc « falsifiée » par eux, alors que A ne l'est pas ; ou peut-être parce que A permet la déduction d'un plus grand nombre de prévisions que B. Le mieux que nous puissions dire relativement à une hypothèse est qu'elle a jusqu'à

Schriften zur wissenschaftclihen Weltauffassung, éd. par Frank et Schlick et publié par Springer à Vienne). * Addition de 1957 : je renvoyais à mon livre, *Logik der Forschung*, alors sous presse. (Il fut publié en 1934, mais — conformément à une coutume du continent — avec la mention « 1935 » ; je l'ai donc moi-même souvent cité avec cette mention.)

présent été capable de prouver sa valeur et qu'elle a été plus féconde
que d'autres bien qu'en principe l'on ne puisse jamais la justifier,
la vérifier, ni même prouver qu'elle est probable. Cette évaluation
de l'hypothèse repose seulement sur les conséquences *déductives*
(des prévisions) que l'on peut en tirer : *il n'est même pas nécessaire
de mentionner le terme « induction ».*

On peut expliquer historiquement l'erreur habituellement commise dans ce domaine : on a considéré la science comme un système
de connaissances, de connaissances aussi certaines qu'il se pouvait.
L' « Induction » était censée garantir la vérité de cette connaissance. Dans la suite, il devint évident qu'une vérité absolument
certaine était inaccessible. On essaya donc d'y substituer au moins
une espèce de certitude ou de vérité atténuée, c'est-à-dire une
« probabilité ».

Mais parler de « probabilité » au lieu de « vérité » ne nous aide
à éviter ni la régression à l'infini, ni l'*apriorisme* (1).

De ce point de vue, on voit qu'il est inutile et trompeur d'utiliser
le concept de probabilité à propos d'hypothèses scientifiques.

Le concept de probabilité est utilisé en physique et dans la
théorie des jeux de hasard d'une manière déterminée qui peut être
définie de façon satisfaisante à l'aide du concept de fréquence relative (*cf.* von Mises) (2). Les tentatives de Reichenbach visant à
étendre ce concept de manière à inclure la «probabilité inductive»
ou «probabilité des hypothèses», comme on l'appelle, sont, à mon
avis, vouées à l'échec. Je n'ai cependant aucune objection à adresser
à la notion de « fréquence de vérité » (3) dans une suite d'énoncés
à laquelle il tente d'avoir recours. La seule interprétation satisfaisante des hypothèses est en effet celle qui en fait des suites d'énoncés (4) ; mais même si on accepte cette interprétation, rien n'est
gagné : on ne fait qu'arriver à des définitions manifestement
insatisfaisantes de la probabilité d'une hypothèse. Par exemple,
on arrive à une définition attribuant la probabilité $\frac{1}{2}$ — au lieu
de o — à une hypothèse qui a été falsifiée un millier de fois ; c'est
en effet ce qu'il faudrait lui attribuer si elle est falsifiée une fois
sur deux. On pourrait peut-être prendre en considération la possibilité d'interpréter l'hypothèse non pas comme une suite d'énoncés

(1) *Cf.* Popper, *Logik der Forschung*, par exemple, pp. 188 et 195 et suiv. *(de
l'édition originale) ; c'est-à-dire les sections 80 et 81.
(2) *Op. cit.*, p. 94 et suiv. * (c'est-à-dire les sections 47 à 51).
(3) Nous devons ce concept à Whitehead.
(4) Reichenbach interprète « les assertions des sciences naturelles » comme
des suites d'énoncés dans sa *Wahrscheinlichkeitslogik, cit.* p. 15.

mais comme un *élément* faisant partie d'une suite d'hypothèses (5) et de lui attribuer une certaine valeur de probabilité *en tant* qu'élément d'une telle suite (mais sur la base d'une « fréquence de fausseté » dans cette suite plutôt que sur celle d'une « fréquence de vérité »). Mais cet essai est lui aussi tout à fait insatisfaisant. Un simple examen nous amène à la conclusion qu'il est impossible d'arriver de cette façon à un concept de probabilité qui satisfasse ne fût-ce que la très modeste exigence selon laquelle une observation falsifiante devrait engendrer une nette diminution de la probabilité de l'hypothèse.

Je pense que nous devrons nous faire à l'idée que nous ne devons pas considérer la science comme un « corps de connaissance » mais comme un système d'hypothèses ; c'est-à-dire comme un système de conjectures ou d'anticipations qui ne peuvent en principe être justifiées mais que nous utilisons aussi longtemps qu'elles résistent à l'épreuve des tests et à propos desquelles nous ne sommes jamais en droit de dire que nous savons qu'elles sont « vraies » ou « plus ou moins certaines » ou même « probables ».

(5) Ceci correspondrait à la conception défendue par Grelling dans la présente discussion ; *cf. Erkenntnis* 5, p. 168 et suiv.

APPENDICE * II

NOTE SUR LA PROBABILITÉ, 1938.

La note qui suit, intitulée : « Un ensemble d'axiomes indépendants pour la théorie de la probabilité » fut publiée pour la première fois dans *Mind*, N.S., 47, 1938, pp. 275 et suiv. Elle est concise mais, malheureusement, mal écrite. C'était ma première publication en anglais et, de plus, les épreuves ne me sont jamais parvenues (j'étais alors en Nouvelle-Zélande).

Le texte introductif de la note, le seul qui soit repris ici, établit clairement — et pour la première fois, je crois — qu'il conviendrait d'élaborer la théorie mathématique de la probabilité comme un *système « formel »* c'est-à-dire comme un système susceptible de recevoir de nombreuses interprétations parmi lesquelles, par exemple : (1) l'interprétation classique, (2) l'interprétation fréquentielle et (3) l'interprétation logique (parfois appelée aujourd'hui interprétation « sémantique »).

L'une des raisons pour lesquelles je désirais développer une théorie formelle qui ne dépendrait d'aucune interprétation particulière était mon espoir de prouver dans la suite que ce que j'appelais dans mon ouvrage « degré de corroboration » (ou de « confirmation » ou d' « acceptabilité ») n'était pas une probabilité : que ses propriétés étaient incompatibles avec le calcul formel des probabilités (*cf.* appendice IX et mon *Postscript*, sections *27 à *32).

Un autre de mes motifs était mon désir de prouver que ce que j'avais appelé dans mon ouvrage « probabilité logique » était l'interprétation logique d'une « probabilité absolue », c'est-à-dire d'une probabilité $p\,(x, y)$, où y est tautologique. Puisqu'une tautologie peut s'écrire non-(x et non-x), ou, dans le symbolisme utilisé dans ma note, $x\bar{x}$, nous pouvons définir la probabilité absolue de x (que nous pouvons écrire « $p\,(x)$ » ou « $pa\,(x)$ ») en termes de probabilité relative, de la manière suivante :

$$p(x) = p(x, \overline{x\bar{x}}), \text{ ou } pa(x) = p(x, \overline{x\bar{x}}) = p(x, \overline{y\bar{y}})$$

Il y a dans ma note une définition analogue.

Quand j'ai écrit cette note, je ne connaissais pas l'ouvrage de Kolmogorov : *Foundations of Probability*, qui fut pourtant d'abord publié en allemand en 1933. Kolmogorov avait des objectifs fort semblables aux miens mais son système est moins « formel » que le mien et donc susceptible de recevoir un nombre plus restreint d'interprétations. Le point principal sur lequel nos deux systèmes diffèrent est le suivant. Kolmogorov interprète les arguments du foncteur de probabilité comme des *ensembles* ; il présuppose donc qu'ils ont des membres (ou des « éléments »). Il n'y a pas de présupposition semblable dans mon système : *dans ma théorie, rien n'est présupposé relativement à ces arguments (que j'appelle « éléments ») sinon que leurs probabilités se comportent de la manière requise par les axiomes.* Quoi qu'il en soit, le système de Kolmogorov peut être considéré comme l'une des interprétations du mien. (Voyez également mes remarques à ce sujet dans l'appendice * IV.)

Le système d'axiomes que je propose concrètement à la fin de ma note est quelque peu confus, et très peu de temps après sa publication, je l'ai remplacé par un système plus simple et plus élégant. Les deux systèmes, l'ancien et le nouveau, ont été formulés en termes de *produit* (ou conjonction) et de *complément* (négation), comme d'ailleurs mes systèmes ultérieurs (* 1). A cette époque, je n'avais pas réussi à déduire la loi de distribution à partir de lois plus simples (telle la loi d'association) et j'ai donc dû la poser en tant qu'axiome. Or, formulée en termes de produit et de complément, la loi de distribution est très confuse. J'ai donc laissé tomber ici la fin de la note, dans l'ancien système d'axiomes. A sa place, je reformulerai ici mon système plus simple (*cf. Brit. Journal Phil. Sc., loc. cit.*) fondé, comme l'ancien, sur la probabilité absolue. Il peut naturellement être déduit du système fondé sur la probabilité relative qui est donné dans l'appendice * IV.

Je donne ici le système dans un ordre correspondant à celui de mon ancienne note.

A1	$p(xy) \geqslant p(yx)$	(Commutation)
A2	$p((xy)z) \geqslant p(x(yz))$	(Association)
A3	$p(xx) \geqslant p(x)$	(Tautologie)

A4 Il y a au moins un x et un y tels que

	$p(x) \neq p(y)$	(Existence)
B1	$p(x) \geqslant p(xy)$	(Monotonie)
B2	$p(x) = p(xy) + p(x\bar{y})$	(Complément)

B3 Pour tout x, il y a un y tel que
$p(y) \geqslant p(x)$, et $p(xy) = p(x)p(y)$ (Multiplication)

(* 1) J'ai publié deux de ceux-ci dans le *British Journal for the Philosophy of Science* 6, 1955, pp. 51-57, 176 et 351 ; et un système encore amélioré dans l'appendice de « Philosophy of science : A Personal Report » in *British Philosophy in Mid-Century*, éd. par A. C. Mace, 1956. On trouvera mon dernier système (lequel, à mon avis, peut difficilement être encore simplifié) dans l'appendice * IV.

Voici à présent mon ancienne *note* de 1938, avec quelques corrections stylistiques peu importantes.

Un ensemble d'axiomes indépendants
pour la théorie de la probabilité.

Du point de vue de l' « axiomatique », on peut décrire la probabilité comme un foncteur (1) à deux termes (c'est-à-dire une fonction numérique de deux arguments qui ne doivent pas nécessairement avoir eux-mêmes des valeurs numériques), dont les arguments sont des *noms* de variables ou de constantes (lesquels peuvent
être interprétés comme des noms de prédicats ou comme des noms
d'énoncés (1) selon l'interprétation choisie). Si nous désirons adopter
pour l'un et l'autre argument les mêmes règles de substitution et
la même interprétation, ce foncteur peut être désigné par

$$\text{« } p(x_1, x_2) \text{ »}$$

que nous pouvons lire : « la probabilité de x_1 compte tenu de x_2. »
    Il est souhaitable de construire un système d'axiomes, S_1, dans
lequel « $p(x_1, x_2)$ » apparaît en tant que variable primitive (indéfinie)
et qui est construit de manière à pouvoir être également bien
interprété pour n'importe quelle interprétation proposée. Les
trois interprétations qui ont fait l'objet du plus de discussions sont :
1) la définition classique (2) de la probabilité comme le rapport
des cas favorables aux cas également possibles, 2) la théorie fréquentielle (3) qui définit la probabilité comme la fréquence relative d'une certaine classe d'occurrences dans une certaine autre
classe, et 3) la théorie logique (4) qui définit la probabilité comme
le degré d'une relation logique entre énoncés (lequel est égal à
1 si x_1 est une conséquence logique de x_2 et égal à 0 si la négation
de x_1 est une conséquence logique de x_2).
    Dans la construction d'un système S_1, ainsi susceptible de rece-
voir n'importe laquelle parmi les interprétations mentionnées (et
certaines autres également), il est opportun d'introduire à l'aide
d'un groupe particulier d'axiomes (voyez ci-dessous, le groupe A)
certaines fonctions indéfinies des arguments ; par exemple, la
conjonction (« x_1 et x_2 » symbolisée ici par « $x_1 x_2$ ») et la négation
(« non-x_1 » symbolisée par « $\bar{x}_1$ »). Nous pouvons alors exprimer de

---

(1) Pour la terminologie, voyez Carnap, *Logical Syntax of Language*, (1937) ;
et Tarski, *Erkenntnis* 5, 175 (1935).
(2) Voyez, par exemple, Levy-Roth, *Elements of Probability*, p. 17 (1936).
(3) Voyez Popper, *Logik der Forschung*, 94-153 (1935).
(4) Voyez Keynes, *A Treatise on Probability*, (1921) ; un système plus satisfaisant a été récemment présenté par Mazurkiewicz, *C. R. Soc. d. Sc. et de L.*,
Varsovie, 25, cl. III (1932) ; *cf.* Tarski, *Erkenntnis*, 5 (1935).

manière symbolique une notion comme « x_1 et non x_1 » à l'aide de
« $x_1\bar{x}_1$ » et sa négation par « $\overline{x_1 x_1}$ ». (Si l'on adopte (3), c'est-à-dire
l'interprétation logique, il faut interpréter « $x_1\ \bar{x}_1$ » comme le nom
de l'énoncé qui est la conjonction de l'énoncé nommé « x_1 » et de
sa négation.)

En supposant que les règles de substitution sont convenable-
ment formulées, nous pouvons prouver pour tout x_1, x_2 et x_3 que :

$$p(x_1,\overline{x_2\bar{x}_2}) = p(x_1,\overline{x_3\bar{x}_3}).$$

La valeur de $p(x_1,\overline{x_2\bar{x}_2})$ dépend donc de la seule variable réelle x_1.
Ceci justifie (5) la définition explicite d'un nouveau foncteur à
un terme « $pa(x_1)$ », que je puis appeler « probabilité *absolue* » :

$$pa(x_1) = p(x_1,\overline{x_2\bar{x}_2}) \qquad \text{Df1}$$

(un exemple d'interprétation de « $pa(x_1)$ » au sens de 3), c'est-à-
dire de l'interprétation logique, nous est donné par le concept de
« probabilité logique » tel que je l'ai utilisé dans une publication
précédente (6).

Mais il est possible de construire tout notre système, en commençant par l'autre bout : au lieu d'introduire « $p(x_1, x_2)$ » comme
concept primitif (foncteur primitif) d'un système d'axiomes S_1 et de
définir « $pa(x_1)$ » explicitement, nous pouvons construire un autre
système d'axiomes S_2 dans lequel « $pa(x_1)$ » apparaît comme variable
primitive (indéfinie) et en arriver alors à définir « $p(x_1, x_2)$ » de
manière explicite, à l'aide de « $pa(x_1)$ » comme suit :

$$p(x_1, x_2) = \frac{pa(x_1 x_2)}{pa(x_2)} \qquad \text{Df2}$$

Les formules adoptées dans S_1 comme axiomes (et la Df$_1$) deviennent
alors des théorèmes dans S_2, c'est-à-dire qu'ils peuvent être déduits
à l'aide du nouveau système d'axiomes S_2.

On peut prouver que les deux méthodes décrites — à savoir,
le choix de S_1 et Df$_1$ ou de S_2 et Df$_2$, respectivement — n'ont pas
les mêmes mérites du point de vue de l'axiomatique formelle. La
seconde méthode est supérieure à la première à certains égards,
dont le plus important est la possibilité de formuler dans S_2 un
axiome d'unicité beaucoup plus fort que l'axiome correspondant
de S_1 (si l'on ne diminue pas la généralité de S_1). Ceci est dû au fait

---

(5) Voyez Carnap, *l.c.*, 24. * Il aurait été plus simple d'écrire la Df 1 (*sans*
« justification ») de la manière suivante : $pa(x_1) = p(x_1, \overline{x_1\bar{x}_1})$.
(6) Voyez Popper, *l.c.*, 71, 151.

que si $pa(x_2) = 0$, la valeur de $p(x_1, x_2)$ devient indéterminée (* 1).

Un système d'axiomes indépendants, S_2, semblable à celui que nous venons de décrire, suit ci-dessous. (Il est facile de construire un système S_1, à l'aide de ce système S_2.) Combiné avec la définition Df_2 il suffit à la déduction de la théorie mathématique de la probabilité. L'on peut diviser les axiomes en deux groupes : le groupe A sera formé des axiomes relatifs aux opérations connectives — conjonction et négation — de l'argument ; c'est, pratiquement, une adaptation du système de postulats de l' « Algèbre de la Logique », comme on l'appelle (7) ; le groupe B fournira les axiomes spécifiques de la mesure de la probabilité.

Les axiomes sont les suivants :

(Suivait ici — avec plusieurs erreurs typographiques — le système d'axiomes compliqué que j'ai remplacé par le système plus simple donné ci-dessus.)

Christchurch, N.Z., 20 novembre 1937.

(* 1) Le système absolu (S_2) n'a d'avantage sur le système relatif (S_1) qu'aussi longtemps que l'on considère la probabilité relative $p(x, y)$ comme indéterminée si $pa(y) = 0$. J'ai, depuis, développé un système (voyez l'appendice * IV) dans lequel les probabilités relatives sont déterminées même dans le cas où $pa(y) = 0$. C'est la raison pour laquelle je considère à présent le système relatif comme supérieur au système absolu. (Je puis également dire que je considère à présent que le terme « axiome d'unicité » est mal choisi. Je suppose que je voulais signifier quelque chose comme le postulat 2 ou l'axiome A2 du système de l'appendice * IV.)

(7) Voyez Huntington, *Trans. Amer. Mathem. Soc.* 5, 292 (1904), et Whitehead-Russell, *Principia Mathematica*, I où les cinq propositions 22.51, 22.52, 22.68, 24.26, 24.1, correspondent aux cinq axiomes du groupe A, tel qu'il est donné ici.

APPENDICE * III

SUR L'USAGE HEURISTIQUE DE LA DÉFINITION CLASSIQUE DE LA PRO-
BABILITÉ, EN PARTICULIER POUR DÉDUIRE LE THÉORÈME GÉNÉRAL DE
MULTIPLICATION.

La définition classique de la probabilité comme le nombre des cas favorables divisé par le nombre des cas également possibles, a une valeur heuristique considérable. Son principal inconvénient est d'être applicable à des dés homogènes ou symétriques, par exemple, mais non à des dés pipés ; ou, en d'autres termes, de ne pas faire place à des *poids inégaux de cas possibles*. Pourtant, dans certains cas particuliers il y a des façons et des moyens de surmonter cette difficulté et c'est dans ces cas-là que la vieille définition a sa valeur heuristique : toute définition satisfaisante devra concorder avec la vieille définition là où la difficulté en question peut être surmontée et donc, *a fortiori*, dans ces cas où la vieille définition se révèle applicable.

(1) La définition classique sera applicable dans tous les cas où nous conjecturons que nous sommes en face de poids égaux, ou de possibilités égales, et donc de probabilités égales.

(2) Elle sera applicable dans tous les cas où nous pouvons transformer notre problème de manière à obtenir des poids, possibilités ou probabilités de valeur égale.

(3) Elle sera applicable, avec de légères modifications, chaque fois que nous pouvons assigner une fonction de poids aux diverses possibilités.

(4) Elle sera applicable, ou aura une valeur heuristique, dans la plupart des cas où une évaluation hypersimplifiée utilisant des possibilités égales, mène à un résultat approchant des probabilités zéro ou un.

(5) Elle aura une grande valeur heuristique dans les cas où l'on peut introduire des poids sous forme de probabilités. Prenez, par exemple, le simple problème suivant : calculer la probabilité d'obtenir un nombre pair en lançant un dé, lorsque les coups donnant le nombre six ne sont *pas comptés, étant considérés comme « nuls »*. La définition classique nous donne, évidemment, $2/5$. Or, nous pouvons supposer que le dé est pipé et que les probabilités (inégales) $p\,(1)$, $p\,(2)$... $p\,(6)$ de ses côtés nous sont données. Dans ce cas, nous pouvons encore calculer la probabilité requise comme égale à :

$$\frac{p(2) + p(4)}{p(1) + p(2) + p(3) + p(4) + p(5)} = \frac{p(2) + p(4)}{1 - p(6)}$$

C'est-à-dire que nous pouvons modifier la définition classique de manière à obtenir la règle simple que voici :

Étant donné les probabilités de tous les cas (mutuellement exclusifs) possibles, la probabilité cherchée est la somme des probabilités de tous les cas (mutuellement exclusifs) favorables divisée par la somme de tous les cas (mutuellement exclusifs) possibles.

Il est évident que nous pouvons également exprimer cette règle pour des cas exclusifs ou non exclusifs, de la manière suivante :

La probabilité cherchée est toujours égale à la probabilité de la disjonction de tous les cas (exclusifs ou non) favorables, divisée par la probabilité de la disjonction de tous les cas (exclusifs ou non) possibles.

(6) Ces règles peuvent être utilisées pour une déduction heuristique de la définition de la probabilité relative et du théorème général de multiplication.

En effet, symbolisons, dans le dernier exemple, « pair » par « a » et « différent de 6 » par « b ». Notre problème consistant à déterminer la probabilité d'obtenir un nombre pair sans tenir compte des coups donnant un six, revient alors, manifestement, à celui de déterminer $p(a, b)$, c'est-à-dire la probabilité de a étant donné b ou la probabilité de trouver un a parmi les b.

Le calcul peut donc s'effectuer comme suit : au lieu d'écrire « $p(2) + p(4)$ », nous pouvons écrire, plus généralement, « $p(ab)$ », c'est-à-dire : la probabilité d'un coup qui donne un nombre pair différent de six. Et, au lieu d'écrire « $p(1) + p(2) + ... + p(5)$ », ou, ce qui revient au même, « $1 - p(6)$ », nous pouvons écrire « $p(b)$ » c'est-à-dire la probabilité d'obtenir un nombre différent de six. Il est manifeste que ces calculs sont extrêmement généraux et, si nous supposons que $p(b) \neq 0$, nous obtenons la formule :

(1) $$p(a, b) = p(ab)/p(b)$$

ou la formule (plus générale parce qu'elle garde une signification même si $p(b) = 0$).

(2) $$p(ab) = p(a, b)\,p(b).$$

Cette formule est le théorème général de multiplication pour la probabilité absolue d'un produit ab.

En substituant « bc » à « b », (2) nous donne :

$$p (abc) = p (a, bc) \, p \; (bc) \; (1)$$

et donc, en appliquant (2) à $p(bc)$:

$$p(abc) = p(a, bc) \, p(b, c) \, p(c)$$

ou, en présupposant $p(c) \neq 0$,

$$p(abc)/p(c) = p(a, bc) \; p(c)$$

Et, compte tenu de (1), ceci équivaut à la formule

(3) $p(ab, c) = p(a, bc) \, p(b, c)$

qui est le théorème général de multiplication pour la probabilité
relative d'un produit *ab*.

(7) La déduction esquissée ici peut être facilement formalisée.
La preuve formalisée devra procéder d'un système d'axiomes et
non d'une définition. Ceci est une conséquence du fait que notre
utilisation heuristique de la définition classique a consisté à introduire des possibilités pondérées — ce qui est pratiquement la
même chose que des probabilités dans ce qui était le *definiens*
classique. Le résultat de cette modification ne peut plus être considéré comme une définition au sens propre ; il doit plutôt s'agir
d'établir des relations entre diverses probabilités et cela revient
donc à construire un système d'axiomes. Si nous désirons formaliser
notre déduction — où se trouvent implicitement utilisées les lois
d'association et d'addition de probabilités, nous devons introduire
dans notre système d'axiomes des règles relatives à ces opérations.
Voyez par exemple, notre système d'axiomes pour probabilités
absolues exposé dans l'appendice * II.

Si nous formalisons notre déduction de (3) nous ne pourrons
donc, au mieux, obtenir cette formule qu'en ajoutant la condition
« pourvu que $p(bc) \neq 0$ », comme le montrera clairement notre
déduction heuristique.

Mais (3) peut être pourvu de signification même sous cette
clause, si nous pouvons construire un système d'axiomes dans
lequel $p(a, b)$ est généralement pourvu de signification, même si
$p(b) = 0$. Il est évident que, dans une théorie de cette espèce, nous
ne pouvons pas déduire (3) de la manière exposée ici mais, au lieu
de cela, nous pouvons adopter cette même formule (3) en tant
qu'axiome et considérer la présente déduction (voyez également
la formule (1) de mon ancien appendice II) comme une justification heuristique de l'introduction de cet axiome. C'est ce qui a
été fait dans le système décrit dans l'appendice suivant (appendice
* IV).

_____

(1) Je ne mets pas « *bc* » entre parenthèses parce que mon intérêt est ici heuristique et non formel et que les deux appendices suivants traitent longuement du
problème de la loi d'association.

APPENDICE * IV

LA THÉORIE FORMELLE DE LA PROBABILITÉ.

Étant donné qu'un énoncé de probabilité tel « $p(a, b) = r$ » peut être interprété de maintes façons ; il m'a paru opportun de construire un système purement « formel », « abstrait », ou « autonome », en ce sens que ses « éléments » (représentés par « a », « b », ...) puissent être interprétés de maintes façons sans que nous soyons tenus à l'une quelconque de ces interprétations. J'ai proposé pour la première fois un système de ce genre dans une note que j'ai publiée dans *Mind* en 1938 (elle est reprise ici dans l'appendice * II). Depuis lors, j'ai construit de nombreux systèmes simplifiés (1).

Il y a trois caractéristiques principales qui distinguent une théorie de ce genre d'autres théories. (I) Elle est formelle, c'est-à-dire qu'elle ne présuppose aucune interprétation particulière, bien qu'elle autorise au moins toutes les interprétations connues. (II) Elle est autonome, c'est-à-dire qu'elle adhère au principe selon lequel des conclusions probabilistes ne peuvent être déduites que de prémisses probabilistes ; en d'autres termes, elle adhère au principe selon lequel le calcul des probabilités est une méthode permettant de transformer certaines probabilités en d'autres probabilités. (III) Elle est symétrique, c'est-à-dire qu'elle est construite de telle manière que chaque fois qu'il y a une probabilité $p(a, b)$ — c'est-à-dire une probabilité de a étant donné b — il y a également une probabilité $p(b, a)$, même lorsque la probabilité de b, $p(b)$, égale zéro ; c'est-à-dire même lorsque $p(b) = p(b, \overline{aa}) = 0$.

---

(1) Dans *Brit. Journ. Phil. of Science* 6, 1955, pp. 53, 57 et suiv., et dans la première note en bas de page de l'Appendice de mon article « Philosophy of Science : A personal Report », paru dans *British Philosophy in Mid-Century*, éd. par C. A. Mace, 1956.

Il conviendrait de noter que les systèmes examinés ici sont « formels », « abstraits » ou « autonomes » au sens où je l'explique mais que pour une formalisation complète nous devrions couler notre système dans un formalisme mathématique (« l'algèbre élémentaire » de Tarski suffirait).

On peut poser la question de savoir s'il pourrait exister une procédure de décision pour un système constitué, par exemple, de l'algèbre élémentaire de Tarski et de notre système de formule A1, B et C+. La réponse est négative. En effet, l'on peut ajouter des formules à notre système qui expriment combien d'éléments a, b... il y a dans S. Nous avons donc dans notre système un théorème :
— il existe dans S un élément a tel que $p(a, \overline{a}) \neq p(\overline{a}, a)$.
Nous pouvons ajouter la formule :
(o) Pour tout élément a dans S, $p(a, \overline{a}) \neq p(\overline{a}, a)$.
Mais si l'on ajoute cette formule à notre système, il peut être prouvé qu'il y a *exactement deux* éléments dans S. Les exemples grâce auxquels nous prouvons, plus loin, la cohérence de nos axiomes montrent cependant qu'il peut y avoir dans S un nombre quelconque d'éléments. Ceci montre que (o), et toutes formules analogues déterminant le nombre d'éléments de S, et les négations de ces formules ne peuvent être déduites. Notre système est donc incomplet.

Mes propres essais dans ce domaine mis à part, il ne semble pas y avoir eu jusqu'ici, c'est étrange à dire, de théorie de ce type. D'autres auteurs — Kolmogorov par exemple — se sont proposé de construire une théorie « abstraite » ou « formelle » mais ils ont toujours présupposé pour leurs constructions une *interprétation* plus ou moins spécifique. Ils ont, par exemple, présupposé que dans une équation comme

$$p(a, b) = r$$

les « éléments » a et b étaient des *énoncés*, ou des systèmes d'énoncés ; ou ils ont présupposé que a et b étaient des ensembles, ou des systèmes d'ensembles ; ou peut-être des propriétés, ou des classes finies d'objet.

Kolmogorov écrit (2) : « En tant que discipline mathématique, la théorie de la probabilité peut et devrait être développée à partir d'axiomes, tout comme la géométrie et l'algèbre » ; et il renvoie à « l'introduction des concepts géométriques de base que l'on trouve dans les *Foundations of Geometry* d'Hilbert » et à des système abstraits analogues.

Et pourtant, il présuppose que dans « $p(a, b)$ » — j'utilise mes propres symboles, non les siens — a et b sont des *ensembles*, excluant entre autres, par là, l'interprétation logique selon laquelle a et b sont des énoncés (ou des « propositions » si vous préférez). Il dit, et il a raison, que « ce que les membres de cet ensemble représentent n'a pas d'importance », mais cette remarque ne suffit pas à établir le caractère formel qu'il voudrait donner à sa théorie car dans certaines interprétations, a et b n'ont *pas de membres*, ni quoi que ce soit qui puisse correspondre à des membres.

Tout ceci est lourd de conséquences pour la construction concrète du système axiomatique lui-même.

Ceux qui interprètent les éléments a et b comme des énoncés ou des propositions présupposent très naturellement que le calcul des propositions est valide pour ces éléments. De même, Kolmogorov présuppose que les opérations d'addition, de multiplication et de complémentation d'ensembles sont valides pour ses éléments, puisqu'il les interprète comme des ensembles.

Plus concrètement, il présuppose toujours (souvent tacitement seulement) que les lois algébriques telles la loi de l'association,

(a) $$(ab)c = a(bc)$$

la loi de la commutation,

(b) $$ab = ba$$

(2) Les citations faites ici sont toutes extraites de la p. 1 de A. Kolmogorov, *Foundation of the Theory of Probability*, 1950 (Première édition allemande : 1933).

ou la loi de l'idempotence,

(c) $$a = aa$$

sont valides pour les éléments du système ; c'est-à-dire pour les arguments de la fonction p (..,..)

Cette présupposition, faite implicitement ou explicitement, il pose un certain nombre d'axiomes ou de postulats pour la probabilité relative,

$$p(a,\ b)$$

c'est-à-dire pour la probabilité de a, étant donné l'information b, ou pour la probabilité absolue,

$$p(a)$$

c'est-à-dire pour la probabilité de a (aucune information n'étant donnée, ou étant donné seulement une information tautologique).

Mais en procédant ainsi, l'on dissimule facilement le fait surprenant et très important que certains des axiomes ou postulats adoptés pour la probabilité relative, $p(a,\ b)$, *garantissent* à eux seuls *que toutes les lois de l'algèbre de Boole sont valides pour les éléments*. Par exemple, une forme de la loi d'association se déduit des deux formules suivantes (*cf.* l'appendice * III),

(d) $$p(ab) = p(a,\ b)p(b)$$

(e) $$p(ab,\ c) = p(a,\ bc)p(b,\ c)$$

dont la première, (d), fournit également une sorte de définition de la probabilité relative en termes de probabilité absolue,

(d')   Si $p(b) \neq 0$, alors $p(a,\ b) = p(ab)/p(b)$,

tandis que la seconde, la formule correspondante pour les probabilités relatives, est bien connue sous le nom de « loi générale de multiplication ».

Ces deux formules, (d) et (e), impliquent sans recours à aucune autre hypothèse (sinon la substitutivité des *probabilités* égales) la forme suivante de la loi d'association :

(f) $$p((ab)c) = p(a(bc)).$$

Mais ce fait intéressant (3) reste inaperçu si l'on introduit (f) en *présupposant* l'identité algébrique (a) — la loi d'association —

---

(3) La déduction se fait de la manière suivante :

(1) $p((ab)c) = p(ab,\ c)p(c)$		d
(2) $p((ab)c) = p(a,\ bc)p(b,\ c)p(c)$		1, e
(3) $p(a(bc)) = p(a,\ bc)p(bc)$		d
(4) $p(a(bc)) = p(a,\ bc)p(b,\ c)p(c)$		3, d
(5) $p((ab)c) = p(a(bc))$		2, 4

avant même de commencer à développer le calcul des probabilités ; car à partir de

(a) $(ab)\ c\ =\ a(bc)$

nous pouvons obtenir (f) par simple substitution dans l'identité

$$p(x)\ =\ p(x)$$

Le fait que (f) peut se déduire de (d) et (e) passe donc inaperçu. Ou, en d'autres termes, l'on ne voit pas que l'hypothèse (a) est tout à fait redondante si nous utilisons un système d'axiomes qui comporte, ou implique, (d) et (e) ; ni non plus qu'en présupposant (a), en plus de (e) et (d), nous nous empêchons de découvrir *quelles sortes de relations impliquent nos axiomes ou postulats*. Or c'était là l'un des principaux objectifs de la méthode axiomatique.

En conséquence, passe également inaperçu le fait que (d) et (e), bien qu'impliquant (f), c'est-à-dire une équation en termes de probabilité *absolue*, n'impliquent pas à eux seuls (g) et (h), qui sont les formules correspondantes en termes de probabilité *relative* :

(g) $p((ab)c,\ d)\ =\ p(a(bc),\ d)$

(h) $p(a,\ (bc)d)\ =\ p(a,\ b(cd)).$

Pour déduire ces formules [voyez l'appendice * V, (41) à (62)] il faut beaucoup plus que (d) et (e) ; fait qui, d'un point de vue axiomatique, est d'un intérêt considérable.

J'ai donné cet exemple afin de montrer que Kolmogorov ne réussit pas à réaliser son programme. Il en est de même de tous les autres systèmes que je connais. Dans mes propres systèmes de postulats pour le calcul des probabilités, tous les théorèmes de l'algèbre de Boole peuvent être déduits ; et l'algèbre de Boole peut, naturellement, être elle-même interprétée de maintes manières : comme une algèbre d'ensemble, ou de prédicats, ou d'énoncés (ou de propositions), etc.

Le problème de la « symétrie » du système constitue un autre point d'une importance considérable. Comme on l'a mentionné plus haut, il est possible de définir la probabilité relative en termes de probabilité absolue à l'aide de (d'), de la manière suivante :

(d')   si $p(b) \neq 0$, alors $p(a,\ b) = p(ab)/p(b).$

Or l'antécédent « Si $p(b) \neq 0$ » est ici inévitable puisque la division par o n'est *pas une opération définie*. Il en résulte que la plupart des formules de probabilité relative ne peuvent être établies, dans les systèmes habituels, que sous une forme conditionnelle, analogue à (d'). Ainsi dans la plupart des systèmes, la formule (g) n'est-elle pas valide et devrait être remplacée par la formule conditionnelle, beaucoup plus faible, (g-) :

(g-)   Si $p(d) \neq$ o, alors $p(ab)c, d) = p(a(bc), d)$

et il faudrait assigner à (h) une condition analogue.

Ce point a échappé à certains auteurs (à Jeffreys et à von Wright, par exemple ; ce dernier utilise des conditions équivalant à $b \neq$ o, mais ceci ne garantit pas $p(b) \neq$ o, d'autant plus que son système contient un « axiome de continuité »). Tels quels, leurs systèmes sont donc incohérents bien qu'ils puissent parfois être amendés. D'autres auteurs ont vu ce point mais conséquemment, leurs systèmes sont très faibles (du moins si on les compare au mien) : il peut y arriver que

$$p(a, \ b) = r$$

soit une formule pourvue de signification et qu'en même temps, et pour les mêmes éléments

$$p(b, \ a) = r$$

soit une formule dépourvue de signification, c'est-à-dire qui n'est pas définie correctement et qui n'est même pas définissable parce que $p(a) =$ o.

Or un système de ce type est non seulement faible, il est encore, à de nombreuses fins intéressantes, inadéquat : il ne peut, par exemple être proprement appliqué à des énoncés dont la probabilité absolue égale zéro, bien que cette application soit très importante : les lois universelles, par exemple, ont zéro de probabilité. (Nous pouvons le tenir ici comme établi : cf. les appendices * VII et * VIII.) Si nous considérons deux théories universelles, s et t, par exemple, telles que s puisse se déduire de t, nous aimerions pouvoir affirmer que

$$p(s, \ t) = 1$$

Mais si $p(t) =$ o, nous ne pouvons pas le faire dans les systèmes courants de probabilité. Pour des raisons semblables, l'expression

$$p(e, \ t)$$

où e est la preuve en faveur de la théorie t, peut ne pas être définie ; or cette expression est très importante. (C'est, chez Fischer, la « vraisemblance » de t, compte tenu de la preuve e ; voyez également l'appendice * IX.)

Nous avons donc besoin d'un calcul de probabilités qui nous permette d'utiliser des arguments de seconde place, ayant zéro de probabilité absolue. C'est, par exemple, indispensable à tout examen sérieux de la théorie de la corroboration ou confirmation.

Voilà pourquoi j'essaie depuis des années de construire un calcul de probabilité relative dans lequel, chaque fois que

$$p(a, b) = r$$

est une formule bien formée, c'est-à-dire vraie ou fausse,

$$p(b, a) = r$$

est également une formule bien formée, même si $p(a) = 0$. On peut attacher à un tel système l'étiquette « symétrique ». Je n'ai publié le premier système de cette espèce qu'en 1955 (4). Ce système symétrique se révéla beaucoup plus simple que je ne m'y attendais. Mais à l'époque j'étais encore préoccupé par les particularités que tout système de ce type doit présenter ; je fais allusion à des faits comme ceux-ci : dans tout système symétrique satisfaisant, des règles comme celles-ci sont valides :

$$p(a, b\overline{b}) = 1$$
$$\text{si } p(\overline{b}, \ b) \neq 0, \text{ alors } p(a, b) = 1$$
$$\text{si } p(a, \overline{a}b) \neq 0, \text{ alors } p(a, b) = 1$$

Ces formules, ou bien ne sont pas valides dans les systèmes courants, ou bien (la deuxième et la troisième) sont satisfaites *par le vide* étant donné qu'elles comportent, en seconde place, des arguments ayant zéro de probabilité absolue. Je croyais donc, à l'époque, que certaines de ces formules devraient apparaître dans mes axiomes. Mais, dans la suite, je me suis rendu compte que toutes ces formules inhabituelles pouvaient être déduites de formules d'apparence tout à fait « normale ». J'ai publié pour la première fois le système simplifié que j'ai obtenu, dans mon article « Philosophy of Science : A Personal Report » (5). C'est ce même système de six axiomes qui est présenté, sous une forme plus complète, dans le présent appendice.

Le système est étonnamment simple et intuitif ; sa puissance, qui surpasse de loin celle de tous les systèmes courants, est simplement due au fait que pour toutes les formules sauf une (l'axiome C), j'omets toute condition du type « Si $p(b) \neq 0$, alors... » (Dans les systèmes courants, ces conditions sont mentionnées ou devraient l'être, en vue d'éviter les incohérences.)

J'ai l'intention d'expliquer, dans le présent appendice, tout d'abord le système d'axiomes avec la démonstration de sa cohérence et de son indépendance ; puis, quelques définitions fondées

(4) Dans le *British Journal for the Philosophy of Science*, 6, 1955, pp. 56 et suiv.
(5) *Cf. British Philosophy in the Mid-Century*, éd. par C. A. Mace, 1956, p. 191. Les six axiomes qui y sont donnés sont les axiomes B1, C, B2, A3, A2 et A1 du présent appendice ; dans cet article, ce sont respectivement B1, B2, B3, C1, D1 et E1.

sur le système et, parmi elles, celle d'un champ borélien de probabilités.

Voici, en premier lieu, le système d'axiomes lui-même.

Quatre concepts non définis apparaissent dans nos postulats : (I) *S*, l'univers du discours, ou le système d'éléments admissibles ; les *éléments* de *S* sont dénotés par des lettres minuscules en italiques « *a* », « *b* », « *c* », etc. ; (II) une fonction numérique binaire de ces éléments désignée par « *p(a, b)* » etc. ; c'est-à-dire la probabilité de *a*, étant donné *b* ; (III) une opération binaire sur ces éléments, désignée par « *ab* », qu'on appelle le *produit* (ou la conjonction) de *a* et de *b* ; (IV) le complément de l'élément *a*, désigné par « *ā* ».

A ces quatre concepts non définis nous pouvons ajouter un cinquième ; on peut le traiter, au choix, comme un concept non défini ou comme un concept défini. Il s'agit de la « probabilité absolue de *a* » que désigne « *p(a)* ».

Chacun des concepts non définis est introduit par un *Postulat*. Si l'on veut avoir une compréhension intuitive de ces postulats, il est utile de se rappeler que $p(a, a) = 1 = p(b, b)$ pour tous les éléments *a* et *b* de *S*, comme on peut naturellement le prouver à l'aide des postulats.

Postulat 1. Le nombre d'éléments de *S* est au plus un nombre infini dénombrable.

Postulat 2. Si *a* et *b* font partie de *S*, alors $p(a, b)$ est un nombre réel, et les axiomes suivants sont valides :

A1   Il y a des éléments *c* et *d* dans *S* tels que $p(a, b) \neq p(c, d)$
(Existence)

A2 $p(a, b) \neq p(a, c) \rightarrow (Ed)\, p(b, d) \neq p(c, d)$
(Substitutivité)

A3 $p(a, a) = p(b, b)$ (Réflexivité)

Postulat 3. Si *a* et *b* sont dans *S*, alors *ab* est dans *S* ; et si en outre, *c* est dans *S* (et donc également *bc*), les axiomes suivants sont valides :

B1 $p(ab, c) \leq p(a, c)$ (Monotonie)

B2 $p(ab, c) = p(a, bc)p(b, c)$ (Multiplication)

Postulat 4. Si *a* est dans *S*, alors *ā* est dans *S* ; et si, en outre, *b* est dans *S*, l'axiome suivant est valide :

C $p(a, b) + p(a, b) = p(b, b)$ sauf si $p(b, b) = p(c, b)$ pout tout *c*
dans *S*   (Complémentation)

Ici s'achève le système « élémentaire » (« élémentaire » par opposition à son extension à des champs boréliens). Nous pouvons comme nous l'avons signalé ajouter ici la *définition de la probabilité absolue* en tant que cinquième postulat, le « Postulat PA » ; nous pouvons tantôt considérer ceci comme une définition explicite tantôt comme un postulat.

Postulat PA. Si a et b sont dans S, et si $p(a, a) = p(b, c)$ pour tout c dans S, alors $p(a) = p(a, b)$

(Définition de la Probabilité Absolue) (6).

L'on prouvera plus loin que le système de postulats et d'axiomes donné ici est *cohérent* et *indépendant* (7).

Ce système de postulats peut être commenté de la manière suivante :

Les six axiomes — A1, A2, A3, B1, B2 et B3 — sont utilisés de manière explicite dans les opérations concrètes de déduction des théorèmes. Les autres postulats (postulats existentiels) peuvent être présupposés, comme ils l'étaient dans l'article dans lequel j'ai publié pour la première fois le système présenté ici (7).

A condition d'introduire une quatrième variable, « d », dans les Postulats 3 et 4, ces six axiomes peuvent être remplacés par un

---

(6) AP est fondé sur le théorème : Si $p(b, c) = 1$, alors $p(a, bc) = p(a, c)$.

(7) Un autre système pourrait être le suivant : les postulats sont les mêmes que dans le texte de même que les axiomes A1 et A2, mais les axiomes A3 et B1 sont remplacés par

A3′ $p(a, a) = 1$
A4′ $p(a, b) \geqslant 0$
B1′   Si $p(ab, c) > p(a, c)$, alors $p(ab, c) > p(b, c)$

L'axiome B2 ne change pas et l'axiome C est remplacé par

C′   Si $p(a, b) \neq 1$, alors $p(c, b) + p(\bar{c}, b) = 1$

Ce système ressemble fort à certains systèmes courants (mis à part l'omission des antécédents dans les axiomes autres que C′, et la forme de l'antécédent de C′, et la forme de l'antécédent de C′) ; et il est remarquable qu'il donne pour les éléments a, b..., comme d'ailleurs le système présenté dans le texte, les théorèmes de l'algèbre de Boole qui sont habituellement présupposés séparément. Cependant, il est d'une force non nécessaire non seulement parce qu'il introduit les nombres 1 et 0 (masquant ainsi le fait que ceux-ci ne doivent pas nécessairement être mentionnés dans les axiomes) mais encore parce que A3, B1 et C suivent immédiatement de A3′, A4′ et C′ tandis que pour les déductions inverses, tous les axiomes du système donné dans le texte à l'exception de A2, sont indispensables. (Pour ces déductions, voyez l'appendice * V.)

Dans le système d'axiomes décrit ici, de même que dans le système donné dans le texte, la conjonction des axiomes A4′ et B1′ peut être remplacée par B1 et inversement. Mes preuves d'indépendance (données plus bas) sont applicables au système, décrit ici.

La dérivation de B1 à partir de A4′ et B1′, en présence des axiomes A3 ou A3′, C ou C′ et B2, se fait comme suit :

(1) $0 \leqslant p(a, b) \leqslant p(a, a)$ A4′ ; C ou C′ ; A3 ou A3′
(2) $p(a, a) \geqslant p((aa)a, a) = p(aa, aa)p(a, a) = p(a, a)^2\,2$, B2 ; A3 ou A3′
(3) $0 \leqslant p(a, b) \leqslant p(a, a) \leqslant 1$ 1,2
(4) $p(ba, c) \leqslant p(a, c)$ B2,3
A présent nous appliquons B1′
(5) $p(ab, c) \leqslant p(a, c)$ 4, B1′

Pour la déduction de A4′ et B1′ à partir de B1, *cf.* appendice * V.

système constitué de quatre axiomes seulement ; A_1, A_2 et les deux suivants :

B^+ Si $p(a, bc)\, p(b, c) \neq p(d, c)$ à condition que $p(a, c) \geqslant p(d, c)$, alors $p(ab, c) \neq p(d, c)$

C^+ Si $p(a, b) + p(\bar{a}, b) \neq p(c, c)$ alors $p(c, c) = p(d, b)$

Dans ce système, B^+ équivaut à la conjonction de B_1 et de B_2 tandis que C^+ équivaut à celle de A_3 et de C (8). Le système de quatre axiomes, qui en résulte, est très concis et partage bon nombre des avantages de systèmes plus longs : produit et complément y apparaissent séparément, de telle sorte que tous les axiomes à l'exception de ceux qui ont l'indice « B », sont indépendants du produit et que le complément n'y apparaît qu'une seule fois. Personnellement, pourtant, je préfère le système constitué de six axiomes (9).

On peut commenter de la manière suivante les divers postulats et axiomes du système.

L'on peut se passer du Postulat 1 (qui ne fait partie que de la théorie élémentaire). Le fait que, pour prouver son indépendance, nous puissions construire un système S non dénombrable, le prouve. (Tous les autres postulats sont satisfaits si nous interprétons S comme l'ensemble de toutes les sommes finies de sous-intervalles à moitié ouverts $[x, y)$ de l'unité d'intervalle $[0, 1)$, où x et y sont des nombres réels et non des nombres rationnels ; nous pouvons alors interpréter $p(a)$ comme la longueur de ces intervalles et $p(a, b)$ comme égal à $p(a, b)/p(a)$ à condition que $p(b) \neq 0$, et comme égal à 1 à condition que $b = 0$; sinon, comme limite de $p(ab)/p(b)$, pour autant que cette limite existe). La fonction

(8) C^+ suit immédiatement de A_3 et C. L'on peut démontrer la réciproque en dérivant A_3 à partir de C de la manière suivante :

(1) $p(c, b) + p(\bar{c}, b) \neq p(b, b) \rightarrow p(b, b) = p(d,b) = p(c, b) = p(\bar{c}, b)$ C^+
(2) $p(a, a) \neq p(b, b) \rightarrow p(a, a) = p(c, b) + p(\bar{c}, b) \neq p(b, b) = p(c, b) = p(, \bar{c}b)$ C^+, 1.
(3) $p(a, a) \neq p(b, b) \rightarrow p(a, a) = 2p(b, b)$ 3
(4) $p(b, b) \neq (p(a, a) \rightarrow p(b, b) = 2p(a, a) = 4p(b, b) = 0 = p(a, a)$ 3
(5) $p(a, a) = p(b, b)$.   4

C^+ peut également être remplacé, par exemple, par la formule un peu plus forte
C^s $p(a, a) = p(b, c) \rightarrow p(a, c) + p(a, c) = p(d, d)$.

B^+ est simplement une manière « organique » d'écrire la formule plus simple mais « inorganique » :
B^s $p(ab, c) = p(a, bc)p(b, c) \leqslant p(a, c)$.

(9) Voici trois raisons pour lesquelles je préfère, entre autres, le système de six axiomes au système de quatre axiomes ; (I) Les axiomes du système le plus long sont un peu moins inhabituels et donc un peu plus intuitifs, surtout sous la forme mentionnée dans la note 6, ci-dessus ; (II) l'introduction d'une variable supplémentaire constitue un prix trop élevé pour une réduction du nombre d'axiomes ; (III) l' « organicité » de B^+ est obtenue par une sorte de truc mécanique, et a donc peu de valeur.

du Postulat 1 consiste seulement à caractériser les systèmes *élémentaires* : on présuppose souvent un postulat de ce genre dans les traitements axiomatiques de l'algèbre booléenne ou de la logique des énoncés ou des propositions ; et nous désirons pouvoir prouver que dans la théorie *élémentaire*, S est une algèbre booléenne (dénombrable).

Dans le Postulat 2, A1 est nécessaire pour établir que *toutes les probabilités ne sont pas égales* (par exemple, égales à 0 ou égales à 1). A2 doit nous permettre de prouver « $p(x, a) = p(x, b)$ » pour tous les éléments a et b dont les probabilités étant donné une condition *quelconque c*, sont égales. On peut prouver ceci *sans* A2 mais seulement à la condition de présupposer $p(a) \neq 0 \neq p(b)$. A2 doit donc nous permettre d'étendre l'équivalence des probabilités de a et de b au second argument même dans les cas où a et b ont *zéro de probabilité absolue*.

On peut remplacer A2 par la formule plus forte :
A2⁺ Si $p(a, a) = p(b, c)$, alors $p(a, b) = p(a, c)$, pour tout c dans S ; ou par
B3 Si $p(ab, c) = p(ba, c)$, alors $p(c, ab) = p(c, ba)$.

Naturellement, on peut aussi remplacer A2 par la formule (plus simple mais beaucoup plus forte) :
B3⁺ $p(a, bc) = p(a, cb)$.

Mais comme B3⁺ est une formule plus forte qu'il ne le faut — en fait, $p(a, bc)(cb)) = p(a, (cb)(bc))$ quoique plus faible, suffirait — c'est un peu trompeur : l'adopter dissimulerait le fait que la loi de commutation peut être prouvée pour le premier argument à l'aide des seuls autres axiomes. A2⁺ est préférable à l'autre formule mentionnée ici dans la mesure où elle évite (comme la formule beaucoup plus faible A2) l'utilisation du produit de a et b.

Nous pouvons cependant nous servir des faits établis ici pour réduire à trois le nombre de nos axiomes, à savoir A1, C⁺ et l'axiome suivant, B, qui est une combinaison de B₃⁺ et B⁺ :
B Si $p(ab, c) \neq p(a, d) p(b, c)$ à condition que $p(a,c) \geqslant p(a, d)$ $p(b, c)$ et $p(a, d) = p(a, bc)$, alors $p(a, bc) \neq p(a, d)$.

Mis à part le fait qu'il est plus fort qu'on ne pourrait le souhaiter, ce système constitué de trois axiomes seulement a tous les avantages du système constitué des quatre axiomes A1, A2, B⁺, et C⁺.

A3 est nécessaire pour prouver que $p(a, a) = 1$, pour tout élément a de S, comme on l'a signalé. Mais l'on peut s'en passer si l'on renforce C : comme le montre l'axiome C⁺, A3 devient redondant si nous remplaçons en C les deux occurrences de « $p(b, b)$ » par « $p(d, d)$ » (ou seulement la seconde occurrence).

Le Postulat 3 requiert l'existence d'un produit d'éléments quelconques a et b dans S. Il caractérise de manière exhaustive toutes les propriétés du produit (telles l'idempotence, la commutation et l'association), grâce à deux axiomes simples dont le premier est intuitivement évident ; le second a fait l'objet d'un examen dans l'appendice * III.

L'axiome B1 est à mon avis celui qui, parmi tous nos axiomes, est le plus évident intuitivement. Il est préférable à A4′, et B1′ (*cf.* la note 6 ci-dessus) qui, pris ensemble peuvent le remplacer. En effet, A4′ peut être pris à tort pour une convention, contrairement à B1 ; et B1′ ne caractérise pas, comme le fait B1, un aspect *métrique* intuitif de la probabilité mais plutôt le produit ab.

Comme le montre la formule B ci-dessus, l'axiome B2 peut être combiné avec B1 et A2$^+$; il y a d'autres combinaisons possibles parmi certaines desquelles le produit n'apparaît qu'une seule fois. Elles sont très compliquées mais elles ont l'avantage de pouvoir être données sous une forme analogue à celle d'une définition. On peut obtenir cette forme à partir de l'axiome BD ci-dessous (qui, comme B, peut remplacer A2, B1, et B2) en introduisant le symbole « (a) » deux fois, une fois au début de la formule et une seconde fois devant « (Eb) » par une double flèche (pour rendre le sens bi-conditionnel). J'utiliserai ici les abréviations explicitées au début de l'appendice * V (* 1).

BD $p(xy, a) = p(z,a) \to (Eb)\,(c)\,(d)\,(Ee)\,(Ef)\,(Eg)\,(p(x, a) \geqslant p(z, a) =$
$= p(x, b)\,p(y, a)\ \&\ p(a, c) \geqslant p(b, c) \leqslant p(y, c)\ \&\ (p(a, e) \geqslant p(c, e)$
$\leqslant p(y, e) \to p(c, d) \leqslant p(b, d))\ \&\ (p(a, f) = p(y, f) \to p(x, a) =$
$= p(x, b) = p(x, y))\ \&\ (p(x, g) \geqslant p(c, g) \leqslant p(y, g) \to p(c,\ a)$
$\leqslant p(z,\ a))).$

Le Postulat 4 requiert l'existence d'un complément $\bar{a}$, pour tout a dans S, et caractérise ce complément par (une forme conditionnelle affaiblie de) ce qui apparaît comme une formule évidente, « $p(a, c) + p(\bar{a}, c) = 1$ », si l'on considère que $1 = p(a, a)$. La condition qui précède cette formule est nécessaire parce que au cas où c est, par exemple, $a\,\bar{a}$ (l' « élément vide » : $a\,\bar{a} = 0$) nous obtenons $p(a, c) = 1 = p(\bar{a}, c)$ de sorte que, dans ce cas limite, la formule apparemment « évidente » n'est plus valide.

Ce postulat, ou axiome C, a le caractère d'une définition de $p(\bar{a}, b)$, en termes de $p(a, b)$ et $p(a, a)$, comme on peut facilement le voir si l'on écrit C de la manière suivante. [Notez que (II) suit de (I).]

(* 1) Une version améliorée, et plus courte, de BD est donnée dans l'addendum de l'appendice * V.

(I) $p(\overline{a}, b) = p(a, a) - p(a, b)$, à condition qu'il y ait un c tel que $p(c, b) \neq p(a, a)$

(II) $p(\overline{a}, b) = p(a, a)$, à condition qu'il n'y ait pas un tel c.

On peut trouver une formule CD, analogue à une version améliorée de *BD* dans l'*Addendum* de l'appendice * V (p. 355).

Le système constitué de A1, BD et CD est, à mon avis, légèrement préférable à A1, B et C$^+$, malgré la complexité de BD.

Enfin, le postulat P, peut être remplacé par la simple définition

(.) $$p(a) \ = \ p(a, \ \overline{\overline{aa}})$$

qui utilise, toutefois, la complémentation et le produit et présuppose, en conséquence, les postulats 3 et 4. La formule (.) sera déduite plus loin, dans l'appendice * 4 (formule 75).

Nous pouvons prouver que notre système d'axiomes est *cohérent* : nous pouvons construire des systèmes d'éléments S (ayant un nombre infini d'éléments ; pour un S fini, la preuve est triviale) et une fonction $p(a, b)$, tels que l'on puisse démontrer que tous les axiomes sont satisfaits. Nous pouvons également prouver l'*indépendance* de notre système d'axiomes. En raison de la faiblesse des axiomes, ces preuves sont extrêmement simples.

Nous obtenons une preuve triviale de cohérence pour un S fini si nous présupposons que $S = \{ 1, 0 \}$; c'est-à-dire que S est constitué de deux éléments, 1 et 0 ; le produit et le complément sont considérés comme équivalents au produit et au complément arithmétiques (relativement à 1). Nous définissons $p(0, 1) = 0$, et dans tous les autres cas, nous posons : $p(a, b) = 1$. Tous les axiomes sont alors satisfaits.

Avant de passer à une interprétation donnant au système un nombre infini d'éléments dénombrables, nous donnerons de S deux autres interprétations finies. Elles satisfont toutes deux non seulement notre système d'axiomes mais aussi, par exemple, l'assertion existentielle suivante, (E).

(E) Il y a dans S des éléments a, b, c, tels que

$$p(a, b) \ = \ 1 \text{ et } p(a, bc) = 0.$$

Ceci serait une assertion analogue :

(E') Il y a un élément dans S tel que

$$p(a) = p(a, \overline{a}) = p(\overline{a}, a) = 0 \neq p(a, a) = 1.$$

Cette assertion (E) n'est pas satisfaite par notre premier exemple et ne peut être satisfaite à ma connaissance dans aucun système de probabilité (sauf, bien sûr, dans certains de mes propres systèmes).

Le premier exemple satisfaisant notre système et (E) est constitué de quatre éléments. $S = \{\,0, 1, 2, 3\,\}$. Ici ab se trouve défini comme le plus petit des deux nombres a et b sauf que $1.2 = 2.1 = 0$. Nous définissons : $\bar{a} = 3 - a$, et $p(a) = p(a, 3) = 0$ chaque fois que $a = 0$ ou 1, et $p(a) = p(a, 3) = 1$ chaque fois que $a = 2$ ou 3 ; $p(a, 0) = 1$; $p(a, 1) = 0$ sauf si $a = 1$ ou $a = 3$, dans lequel cas $p(a, 1) = 1$. Dans les autres cas $p(a, b) = p(ab)/p(b)$. Intuitivement, nous pouvons identifier l'élément 1 à une loi universelle ayant zéro de probabilité absolue, et 2 à sa négation existentielle. En vue de satisfaire (E), nous prendrons $a = 2$, $b = 3$, et $c = 1$.

L'exemple qui vient d'être donné peut être représenté au moyen des deux « matrices » suivantes. (Je crois que cette méthode fut introduite pour la première fois par Huntington en 1904.)

ab	0	1	2	3	$\bar{a}$
0	0	0	0	0	3
1	0	1	0	1	2
2	0	0	2	2	1
3	0	1	2	3	0

$p(a,b)$	0	1	2	3
0	1	0	0	0
1	1	1	0	0
2	1	0	1	1
3	1	1	1	1

Le second exemple constitue une généralisation du premier, montrant que l'idée qui sous-tend le premier exemple peut être appliquée à un nombre d'éléments supérieur à n'importe quel nombre choisi, à condition que ces éléments constituent une algèbre booléenne, ce qui signifie que le nombre d'éléments doit être égal à 2^n. Ici, nous pouvons prendre n comme le nombre des plus petites aires ou classes en lesquelles se divise quelque univers de discours.

Il nous est loisible de faire correspondre à chacune de ces classes une fraction positive, $0 \leqslant r \leqslant 1$, comme étant sa probabilité absolue, en prenant soin que la somme de ces fractions égale 1. A chacune des sommes booléennes nous faisons correspondre la somme arithmétique de leurs probabilités et à chacun des compléments booléens, le complément arithmétique de 1. Nous pouvons assigner à une ou à plusieurs des plus petites aires ou classes exclusives (différentes de 0), la probabilité 0. Si b est une aire ou classe de ce type, nous posons $p(a, b) = 0$ au cas où $ab = 0$; sinon $p(a, b) = 1$. Nous posons également $p(a, 0) = 1$; et dans tous les autres cas, nous posons $p(a, b) = p(a\ b) = p(ab)/p(b)$.

En vue de prouver que notre système est cohérent même dans l'hypothèse où S est constitué d'un nombre infini d'éléments dénombrables, nous pouvons choisir l'interprétation suivante. (Elle est intéressante en raison de son rapport à l'interprétation fréquentielle.) Soit S la classe des fractions rationnelles dans une représentation dyadique, de telle sorte que, si a est un élément de S, nous puissions écrire a comme une séquence, $a = a_1, a_2...$, où a_i est soit 0, soit 1. Nous interprétons ab comme la séquence $ab = a_1, b_1, a_2, b_2, ...$, de telle sorte que $(ab)_i = a_i, b_i$, et $\bar{a}$ comme la séquence $\bar{a} = 1 - a_1, 1 - a_2...$, de telle sorte que $\bar{a}_i = 1 - a_i$. En vue de définir $p(a, b)$, nous introduisons une expression auxiliaire, A_n, que nous définissons comme suit :

$$A_n = \sum_n a_i$$

de telle sorte que nous avons

$$(AB)_n = \sum_n a_i b_i \ ;$$

nous définissons, en outre, une fonction auxiliaire, q :

$$q(a_n, b_n) = 1 \text{ chaque fois que } B_n = 0$$
$$q(a_n, b_n) = (AB_n)/B_n, \text{ chaque fois que } B_n \neq 0.$$

Nous pouvons à présent définir

$$p(a, b) = \lim q(a_n, b_n).$$

Cette limite existe pour tous les éléments a et b de S et on peut facilement prouver qu'elle satisfait tous nos axiomes (*cf.* VI, 8-14).

Voilà pour la *cohérence* de notre système d'axiomes.

En vue de prouver l'*indépendance* de A1, nous pouvons prendre $p(a, b) = 0$ pour tout a et tout b dans S. Tous les axiomes sauf A1 sont alors satisfaits.

En vue de prouver l'indépendance de A2 nous (10) considérons que S est constitué de trois éléments $S = \{0, 1, 2\}$. Nous pouvons facilement prouver que le produit ab est non commutatif ; on peut le définir comme suit : $1.2 = 2$; et dans tous les autres cas,

---

(10) Compte tenu de ce qui a été dit plus haut relativement à A₂, il est clair que le problème consistant à prouver son indépendance équivaut à celui de construire un exemple (une matrice) qui soit non commutatif, associé à une règle numérique relative aux valeurs de p qui assure que la loi de commutation n'est violée que pour le second argument. En même temps, le Dr J. Agassi et moi-même avons découvert la preuve de l'indépendance de A2, décrite ici, qui doit satisfaire ces conditions. (L'exemple ne satisfait le postulat AP que si l'on met, dans AP, une barre au-dessus de la lettre « b » ; mais il satisfait (.) de la page 337. * *Cf.* l'Addendum à la fin de l'appendice * V.

y compris 2.1, *ab* est égal à *min (a, b)*, c'est-à-dire au plus petit de ses deux composants *a* et *b*. Nous définissons également : $\bar{a} = 1$ si et seulement si $a = 0$; sinon $\bar{a} = 0$; et nous définissons p (0, 2) $= 0$; dans tous les autres cas, $p(a, b) = 1$. Il est à présent facile de prouver que pour tout b, $p(1, b) = p(2, b)$ tandis que $p(0, 1) = 1$ et $p(0, 2) = 0$. A_2 n'est donc pas satisfait ; mais tous les autres axiomes le sont.

Nous pouvons illustrer cette interprétation en écrivant comme suit la matrice non commutative :

ab	0	1	2	$\bar{a}$
0	0	0	0	1
1	0	1	2	0
2	0	1	2	0

$p(0, 2) = 0$;
dans tous les autres cas
$p(a, b) = 1$

En vue de prouver l'indépendance d'A3, nous prenons, comme pour notre première preuve de cohérence, $S = \{\,0, 1\,\}$, avec des produits et compléments logiques égaux aux produits et compléments arithmétiques. Nous définissons $p(1, 1) = 1$, et dans tous les autres cas $p(a, b) = 0$. De cette manière $p(1, 1) \neq p(0, 0)$, de sorte qu'A3 n'est pas satisfait. Les autres axiomes le sont.

En vue de prouver l'indépendance de B1, nous prenons $S = \{\,-1, 0, +1\,\}$; nous considérons qu'*ab* est le produit arithmétique de *a* et de *b* ; $\bar{a} = -a$; et $p(a, b) = a.(\,1 - |\,b\,|\,)$. Tous les axiomes sont ainsi satisfaits à l'exception de B1, qui ne l'est pas pour $a = -1$, $b \neq +1$ et $c = 0$. Nous pouvons écrire les matrices :

ab	-1	0	$+1$	$\bar{a}$
-1	$+1$	0	-1	$+1$
0	0	0	0	0
$+1$	-1	0	$+1$	-1

$p(a,b)$	-1	0	$+1$
-1	0	-1	0
0	0	0	0
$+1$	0	$+1$	0

Cet exemple prouve également l'indépendance de A4' (*cf.* note 6, ci-dessus). Un second exemple, prouvant l'indépendance de B1 et de B1', est fondé sur la matrice non commutative :

ab	o	1	2	$\bar{a}$
o	o	1	o	2
1	o	1	1	o
2	o	1	2	o

$$p(o, 2) = o$$
dans tous les autres cas
$$p(a, b) = 1$$

B1 n'est pas satisfait pour $a = o$, $b = 1$, et $c = 2$.

Pour prouver l'indépendance de B2, nous prenons le même S que pour A3 et définissons $p(o, 1) = o$; dans tous les autres cas, $p(a, b) = 2$. B2 n'est pas satisfait parce que $2 = p(1.1, 1) \neq p(1, 1.1)$ $p(1, 1) = 4$, mais tous les autres axiomes sont satisfaits.

Nous pouvons obtenir un autre exemple prouvant l'indépendance de B2 si nous considérons que B2 est nécessaire pour prouver « $p(ba, c) \leqslant p(a, c)$ » ; c'est-à-dire le dual de B1. Ceci suggère que nous pouvons utiliser le second exemple donné par B1 ; il suffit de changer la valeur o de 1.o en 1 et la valeur de 1 de o.1 en o. On peut laisser tout le reste tel quel. B2 n'est pas satisfait pour $a = 1, b = o$, et $c = 2$.

Enfin, pour montrer que C est indépendant, nous reprenons le même S mais nous supposons que $\bar{a} = a$. Or si nous prenons $p(o, 1) = o$ et dans tous les autres cas $p(a, b) = 1$, C n'est pas satisfait parce que $p(\bar{o}, 1) \neq p(1, 1)$. Les autres axiomes sont satisfaits.

Là s'achèvent les preuves de l'indépendance des *axiomes* opérationnels.

En ce qui concerne les parties non opérationnelles des *postulats*, nous avons donné plus haut une preuve de l'indépendance du postulat I (lorsque j'ai commenté ce postulat).

Le postulat 2 exige (dans sa partie non opérationnelle) que chaque fois que a et b font partie de S, $p(a, b)$ soit un nombre réel. Pour prouver l'indépendance de cette condition — à laquelle nous pouvons, pour être bref, nous référer comme au « postulat 2 » — nous devons commencer par prendre en considération une *interprétation booléenne non numérique* de S. A cette fin, nous interprétons S

comme une algèbre booléenne non numérique et tout au plus dénombrable (tel un ensemble d'énoncés, de telle sorte que « *a*», « *b* », etc. sont des *noms d'énoncés* variables). Et nous stipulons que si *x* est un nombre, « $\bar{x}$ » doit désigner la même chose que « $-x$ » ; et que, si *x* est un élément booléen (par exemple, un énoncé), « $\bar{x}$ » doit désigner le complément booléen (la négation) de *x*. De la même façon, nous stipulons que « *xy* » ; « *x + y* » ; « *x = y* » ; « $x \neq y$ » et « $x \leqslant y$ » ont leur signification arithmétique courante si *x* et *y* sont des nombres, et leur signification booléenne bien connue chaque fois que *x* et *y* sont des éléments booléens. (Si *x* et *y* sont des énoncés, « $x \leqslant y$ » devrait être interprété comme signifiant « *x* implique *y* ».) Pour prouver l'indépendance du postulat 2, il nous suffit à présent d'ajouter une stipulation supplémentaire : nous interprétons « *p(a, b)* » comme synonyme de « *a + b* » au sens booléen. Dès lors le postulat 2 cesse d'être valide, tandis que A1, A2, A3 et tous les autres axiomes et postulats deviennent des théorèmes bien connus de l'algèbre de Boole (11).

Les preuves de l'indépendance des parties existentielles des postulats 3 et 4 sont presque triviales. Nous commençons par introduire un système auxiliaire $S' = \{0, 1, 2, 3\}$ et définissons le produit, le complément, et la probabilité absolue par la *matrice* :

ab	0	1	2	3	$\bar{a}$	$p(a)$
0	0	0	0	0	3	0
1	0	1	0	1	2	0
2	0	0	2	2	1	1
3	0	1	2	3	0	1

Nous définissons la probabilité relative par :

$p(a, b) = 0$ chaque fois que $p(a) \neq 1 = p(b)$

$p(a, b) = 1$ dans tous les autres cas

Ce système S' satisfait tous nos axiomes et postulats. En vue

(11) Dans une légère variante de cette interprétation, tous les axiomes sont transformés en tautologies du calcul des propositions, satisfaisant tous les postulats sauf le postulat 2.

de prouver l'indépendance de la partie existentielle du postulat 3, nous considérons à présent que S est limité aux éléments 1 et 2 de S', et laissons tout le reste tel quel. Évidemment, le postulat 3 n'est pas satisfait car le produit des éléments 1 et 2 n'est pas dans S ; toute autre chose reste valide. De la même façon, nous pouvons prouver l'indépendance du postulat 4 en limitant S aux éléments 0 et 1 de S'. (Nous pouvons également choisir 2 et 3, ou toute autre combinaison constituée de trois des quatre éléments de S' à l'exception de la combinaison constituée de 1, 2, et 3.)

La preuve de l'indépendance du postulat PA est encore plus triviale : il nous suffit d'interpréter S et $p(a, b)$ dans le sens de notre première preuve de cohérence et de prendre $p(a) = cons-$ *tante* (une constante comme 0, ou ½, ou 1, ou 2) pour obtenir une interprétation dans laquelle le postulat PA n'est pas valide.

Nous avons ainsi prouvé que chaque assertion particulière de notre système d'axiomes était indépendante. (A ma connaissance, des preuves d'indépendance de systèmes axiomatiques de probabilité n'ont jamais été publiées avant celles-ci. La raison en est, sans doute, que les systèmes connus — pourvu qu'ils soient satisfaisants à d'autres égards — ne sont pas indépendants.)

La redondance des systèmes habituels est due au fait qu'ils postulent tous, implicitement ou explicitement, la validité de certaines ou de la totalité des règles de l'algèbre booléenne pour les éléments de S ; or, comme nous le prouverons à la fin de l'appendice * V, ces règles peuvent toutes être déduites de notre système si nous définissons l'équivalence booléenne « $a = b$ » par la formule

(*) $a = b$ si, et seulement si, $p(a, c) = p(b, c)$ pour tout c dans S.

On peut poser la question de savoir si l'un quelconque de nos axiomes pourrait devenir redondant *si* nous *postulions* que ab est un produit booléen et a un complément booléen ; qu'ils obéissent l'un et l'autre aux lois de l'algèbre booléenne ; et que (*) est valide. Aucun de nos axiomes ne deviendrait redondant. (Au seul cas où nous postulerions, en outre, que peuvent être substitués l'un à l'autre *dans le second argument* de la fonction-p, deux éléments quelconques pour lesquels nous pouvons prouver l'équivalence booléenne, l'*un* de nos axiomes deviendrait redondant, à savoir notre axiome de substitutivité, A2, qui sert précisément le même propos que ce postulat supplémentaire.) Le fait que leur indépendance (sauf, naturellement celle de A2 et de B1) peut être prouvée à l'aide d'exemples satisfaisant l'algèbre booléenne montre que nos axiomes demeurent non redondants.

Tous mes exemples étaient de ce type, à l'exception de ceux que j'ai donnés pour B1 et C1, lesquels étaient plus simples. Voici un exemple d'une algèbre booléenne, qui prouve l'indépendance de B1 (et de A4′) et de C. (o et 1 sont les éléments booléens zéro et universel, et $\bar{a} = 1 - a$; l'exemple est, fondamentalement, le même que le dernier mais les probabilités − 1 et 2 sont assignées aux deux éléments qui ne sont ni vides ni universels.)

ab	−1	0	1	2	$\bar{a}$
−1	−1	0	−1	0	2
0	0	0	0	0	1
1	−1	0	1	2	0
2	0	0	2	2	−1

B1 (et A4′) :

$p(a) = a$; $p(a, \text{o}) = 1$;

dans tous les autres cas :

$p(a, b) = p(a,b)/p(b) = ab/b$.

C : $p(a, b) = \text{o}$ quand $ab = \text{o} \neq b$;

dans tous les autres cas

$p(a, b) = 1$.

B1 est transgressé car $2 = p(1.2, 1) \geqslant p(1, 1) = 1$.

Nous pouvons exprimer le fait que notre système reste indépendant même si nous postulons l'algèbre de Boole *et* (∗), en disant que notre système est « indépendant de manière autonome ». Si nous remplaçons notre axiome B1 par A4′ et B1′ (voyez la note 6 ci-dessus), notre système cesse, en fait d'être tel. L'indépendance autonome me semble être une propriété intéressante (et désirable) des systèmes axiomatiques pour le calcul des probabilités.

Pour conclure, je voudrais définir dans les termes « autonomes », c'est-à-dire probabilistes de notre théorie, un « système admissible » S et un « champ borélien de probabilités » S. La dernière expression est de Kolmogorov ; mais je l'utilise dans un sens un peu plus large que cet auteur. Je voudrais examiner en certains détails la différence qu'il y a entre nos deux manières de traiter le sujet car cela me semble éclairant.

Je commencerai par définir, en termes probabilistes, ce que je veux dire par : a est un super-élément de b (et plus large que, ou égal à, b) ou b est un sous-élément de a (et logiquement plus fort que, ou égal à, a). Voici la définition. (Voyez également la fin de l'appendice * V.)

a est un super-élément de b, ou b est un sous-élément de a — en langage symbolique : $a \geqslant b$ — si, et seulement si, $p(a,x) \geqslant p(b, x)$ pour tout x dans S.

Je définis ensuite ce que j'entends par produit élémentaire a d'une suite infinie, $A = a_1, a_2, ...$, dont tous les membres a_n sont des éléments de S. Soient certains éléments ou peut-être la totalité des éléments de S ordonnés dans une *suite infinie* $A = a_1, a_2$ ..., telle que n'importe quel élément de S peut réapparaître dans la suite. Supposons, par exemple, que S est constitué des deux seuls éléments, o et 1 ; dans ce cas, $A = $ o, 1, o, 1..., et $B = $ o, o, o, ... seront l'une et l'autre des suites infinies d'éléments de S, au sens entendu ici. Mais le cas le plus important est naturellement celui d'une suite infinie A telle que la totalité, ou la quasi-totalité, de ses membres sont des éléments différents de S, qui comptera donc un nombre infini d'éléments.

Un cas particulièrement intéressant est celui d'une *suite infinie décroissante* (ou plutôt non croissante), c'est-à-dire une suite $A = a_1, a_2, ...$, telle que $a_n \geqslant a_n + 1$ pour toute paire de membres de A qui se suivent.

Nous pouvons à présent définir le *produit élémentaire* booléen par opposition à celui de la théorie des ensembles, a, de la suite infinie $A = a_1, a_2, ...$, comme le plus large parmi les éléments de S qui sont des sous-éléments de tout élément a_n appartenant à la suite A ; ou, en langage symbolique :

$a = \pi a_n$, si, et seulement si, a satisfait aux deux conditions suivantes :

(I) $p(a_n, x) \geqslant p(a, x)$ pour tous les éléments a_n de A, et pour tout élément x de S ;

(II) $p(a, x) \geqslant p(b, x)$ pour tous les éléments x de S et pour tout élément b de S qui satisfait à la condition $p(a_n, y) \geqslant p(b, y)$ pour tous les éléments a_n et pour tout élément y de S.

Afin de montrer la différence qu'il y a entre notre produit élémentaire (booléen) a de A et le produit ensembliste (interne) ou conjonction de A, nous confinerons à présent notre examen à des exemples de S satisfaisant nos postulats de 2 à 5, et dont les éléments $x, y, z...$ sont des ensembles tels que xy est leur produit au sens de la théorie des ensembles.

Notre principal exemple, S_1, auquel je renverrai comme à « l'exemple du demi-intervalle manquant » est le suivant.

S_1 est un système constitué de certains sous-intervalles à moitié ouverts de l'intervalle universel $u = $ (o, 1]. S_1 contient, précisément, (a) la suite décroissante A telle que $a_n = $ (o, $\frac{1}{2} + 2^{-n}$) et (b) les produits ensemblistes de n'importe quelle paire de ses éléments et les compléments ensemblistes de n'importe lequel de ses éléments.

S_1 ne contient donc pas le « demi-intervalle » $h = (0, \frac{1}{2}]$, non plus qu'aucun sous-intervalle non vide de h.

Puisque le demi-intervalle manquant $h = (0, \frac{1}{2}]$ est le produit ensembliste de la séquence A, il est évident que S_1 ne contient pas le produit ensembliste de A. Mais S_1 contient le « produit élémentaire » (booléen) de A, tel que nous l'avons défini. En effet, l'intervalle vide satisfait de manière triviale la condition (I) ; et puisque c'est l'intervalle le plus large satisfaisant (I), il satisfait également (II).

Il est, de plus, évident que si nous ajoutons à S_1, par exemple l'un quelconque des intervalles $b_1 = (0, \frac{1}{8}]$, ou $b_2 = (0, \frac{3}{16}]$ etc., le plus grand de ceux-ci sera le produit élémentaire de A au sens (booléen) de notre définition, mais aucun d'eux ne sera le produit ensembliste de A.

On pourrait penser, un moment, qu'en raison de la présence d'un élément vide dans tout S, tout S contient, comme S_1, un produit élémentaire (au sens de notre définition) de tout A dans S ; en effet, s'il ne contient aucun élément plus large satisfaisant (I), l'élément vide fera toujours l'affaire.

Mais il n'en va pas ainsi ; un exemple S_2, le montre : ce système contient, outre les éléments de S_1, les éléments (plus les produits ensemblistes de deux éléments quelconques et le complément ensembliste d'un élément quelconque) de la suite $B = b_1, b_2,$ où $b_n = (0, (2^n - 1)/2^{n+2}]$. On verra aisément que, bien que chaque b_n remplisse la condition (I) pour le produit élémentaire de A, aucun d'eux ne remplit la condition (II) ; de sorte qu'il n'y a en fait dans S_2, *aucun élément* qui soit *le plus large* et qui remplisse la condition (I) pour le produit élémentaire de A.

S_2 ne contient donc ni le produit ensembliste de A, ni un produit élémentaire au sens (booléen) où nous l'entendons. Mais S_1 et tous les systèmes obtenus en ajoutant à S_1 un nombre fini de nouveaux intervalles (plus des produits et des compléments) contiendra un produit élémentaire de A au sens où nous l'entendons mais non au sens de la théorie des ensembles, à moins que nous n'ajoutions à S_1 le demi-intervalle manquant ($h = (0, \frac{1}{2}]$).

Nous rappelant que la vacuité d'un élément a peut être caractérisée dans notre système par $p\,(\bar{a}, a) \neq 0$, nous pouvons à présent définir un « système admissible S » et un « champ de probabilités boréliens S », de la manière suivante.

(I) On dit qu'un système S, satisfaisant nos postulats de 2 à 4, est un *système admissible* si, et seulement si, S satisfait notre ensemble de postulats et, en outre, la *condition déterminante* que voici :

Soit $bA \quad a_1 b, a_2 b, \ldots$ une suite décroissante quelconque d'éléments de S. (Nous disons que dans ce cas $A = a_1, a_2, \ldots$ est décroissante par rapport à b »). Alors, si le produit élémentaire ab de cette suite est dans S, (^{12})

$$\lim p\ (a_n,\ b) = p\ (a,\ b)$$

(II) On dit qu'un système admissible, S, est un *champ de probabilités borélien* si, et seulement si, il y a dans S un produit élémentaire de n'importe quelle suite (absolument ou relativement) décroissante d'éléments de S.

La première de ces deux définitions correspond exactement à l' « axiome de continuité » de Kolmogorov, tandis que (II) joue dans notre système un rôle analogue à la définition de Kolmogorov des champs de probabilité boréliens.

L'on peut à présent montrer que *chaque fois que S est un champ de probabilités borélien au sens de Kolmogorov, il en est également un au sens défini ici, selon lequel la probabilité est une mesure de fonction additive des ensembles dénombrables qui sont les éléments de S.*

Les définitions des systèmes admissibles et des champs boréliens de probabilités sont construites de telle manière que tous les systèmes S satisfaisant nos postulats et ne comptant qu'un nombre fini d'éléments différents sont des systèmes admissibles et des champs boréliens, nos définitions ne sont donc intéressantes qu'eu égard à des systèmes S *contenant un nombre infini d'éléments différents*. De tels systèmes infinis peuvent satisfaire, ou non, l'une ou l'autre de nos conditions déterminantes, ou les deux ; en d'autres termes, pour des systèmes infinis, nos conditions déterminantes sont non redondantes ou indépendantes.

On peut très facilement prouver cette non-redondance pour la définition I, dans la formulation qui nous en est donnée dans la note (12), à l'aide de l'exemple du demi-intervalle manquant, S_1, donné plus haut. Il nous suffit de définir la probabilité $p(x)$

---

(12) J'aurais pu ajouter ici « et si $p\ (ab, ab) \neq 0$, de sorte qu'ab est vide » : ceci aurait encore rapproché ma formulation de celle de Kolmogorov. Mais cette condition n'est pas nécessaire. Je voudrais signaler ici combien m'a encouragé la lecture du très intéressant article de A. Renyi « On a New Axiomatic Theory of Probability », *Acta Mathematica Acad. Scient. Hungaricae* 6, 1955, pp. 286-335. Bien que je me fus rendu compte depuis des années qu'il fallait relativiser le système de Kolmogorov et que j'ai en plusieurs occasions signalé certains des avantages mathématiques d'un système relativisé, c'est seulement en lisant cet article que j'ai compris à quel point cette relativisation pouvait être féconde. Les systèmes relatifs que j'ai publiés depuis 1955 sont plus généraux encore que le système de Renyi qui, comme celui de Kolmogorov, est ensembliste ; et non-symétrique, et l'on peut voir aisément que ce surcroît de généralisation peut amener des simplifications considérables dans le traitement mathématique du système.

comme égale à $l(x)$, c'est-à-dire à la longueur de l'intervalle x. Notre première définition, (I), cesse alors de convenir puisque lim $p(a_n) = \frac{1}{2}$ tandis que pour le produit élémentaire (dans S) de A, $p(a) = 0$. Quant à la définition (II) elle ne peut convenir pour notre exemple S_2 (qui satisfait par le vide la première définition).

Alors que le premier de ces exemples établit l'indépendance ou, plus exactement, la non-redondance de notre première définition — en transgressant celle-ci — il n'établit pas l'indépendance de l' « axiome de continuité » de Kolmogorov, lequel se trouve manifestement satisfait par notre exemple. En effet, le demi-intervalle manquant, $h = (0, \frac{1}{2}]$, qu'il soit ou non dans S, est le seul produit ensembliste de A, de sorte que pour le théoricien des ensembles $a = h$ est vrai, que a soit ou non dans S. Or, avec $a = h$, nous avons lim $p(a_n) = p(a)$. L'axiome de Kolmogorov est donc satisfait (même si nous omettons la condition $p(\bar{a}, a) \neq 0$; cf. note 12).

Il faudrait mentionner, à ce propos, que Kolmogorov ne parvient pas dans son ouvrage, à fournir une preuve d'indépendance de son « axiome de continuité » bien qu'il revendique l'indépendance pour ce dernier. Mais il est possible de reconstruire notre preuve d'indépendance de manière à ce qu'elle devienne applicable à l'axiome de Kolmogorov et à son approche ensembliste. Ceci peut se faire en prenant, à la place de S_1, un système d'intervalles S_3, tout à fait semblable à S_1 mais fondé sur une suite $C = c_1, c_2, \ldots$ définie par $C_n = (0, 2^{-n}]$ et non sur la suite $A = a_1$, $a_2, \ldots$ avec $a_n = (0, \frac{1}{2} + 2^{-n}]$. Nous pouvons alors prouver l'indépendance de l'axiome de Kolmogorov en définissant les probabilités des éléments de la séquence S de la manière suivante :

$$p(c_n) = l(c_n) + \tfrac{1}{2} = p(a_n)$$

$l(c_n)$ représente ici la longueur de l'intervalle c_n. Cette définition est nettement contre-intuitive : par exemple, elle assigne au deux intervalles $(0, \frac{1}{2}]$ et $(0,1]$, la probabilité un et donc à l'intervalle $(\frac{1}{2}, 1)$ la probabilité zéro ; et le fait qu'elle transgresse l'axiome de Kolmogorov (établissant par là son indépendance) est intimement lié à ce caractère contre-intuitif. En effet, elle transgresse l'axiome parce que lim $p(c_n) = \frac{1}{2}$, alors même que $p(c) = 0$. En raison de son caractère contre-intuitif, la *cohérence* de cet exemple est loin d'être évidente en soi ; aussi est-il nécessaire de prouver sa cohérence en vue d'établir la validité de cette preuve d'indépendance de l'axiome de Kolmogorov.

Or nous pouvons aisément fournir cette preuve, si nous tenons compte de la preuve d'indépendance que nous avons fournie plus haut pour notre première définition à l'aide de l'exemple S_1. En effet, les probabilités $p\,(a_n)$ et $p\,(c_n)$ des deux exemples S_1 et S_3 coïncident. Et puisqu'en mettant les deux suites A et C, en corrélation, nous pouvons établir une correspondance bi-univoque entre les éléments de S_1 et de S_3, la cohérence de S_1 prouve celle de S_3.

Il va de soi que *n'importe quel* exemple prouvant l'indépendance de l'axiome de Kolmogorov doit être également contre-intuitif, de sorte que sa cohérence devra toujours être prouvée par une méthode semblable à la nôtre. En d'autres termes, pour prouver l'indépendance de l'axiome de Kolmogorov, il faudra utiliser un exemple basé essentiellement sur une définition (booléenne) du produit semblable à la nôtre et non sur la définition ensembliste.

Bien que tout champ borélien de probabilités au sens de Kolmogorov en soit également un au sens où nous l'entendons nous, l'inverse n'est pas vrai. Nous pouvons en effet construire un système S_4 exactement pareil à S_1, dans lequel $h = (a, \frac{1}{2}]$ manque toujours et qui contient à sa place l'intervalle *ouvert* $g = (a, \frac{1}{2})$, avec $p\,(g) = \frac{1}{2}$. Nous définissons, assez arbitrairement, $\bar{g} = u - g = (\frac{1}{2}, 1]$, et $u = (g + \bar{g}) = u\bar{u}$ (et non le point $\frac{1}{2}$). L'on voit aisément que S_4 est un champ borélien au sens où nous l'entendons, avec g comme produit élémentaire de A. Or S_4 n'est pas un champ borélien au sens de Kolmogorov puisqu'il ne contient pas le produit ensembliste de A : notre définition permet une *interprétation en termes de système d'ensembles* différant du système d'ensembles borélien et dans lequel le produit et le complément ne sont pas exactement le produit et le complément ensemblistes. Notre définition est donc plus large que celle de Kolmogorov.

Les preuves d'indépendance que nous avons fournies pour les définitions (I) et (II) me semblent jeter quelque lumière sur les fonctions de ces dernières. La fonction de (I) consiste à exclure des systèmes comme S_1, afin de garantir l'adéquation, au sens de la théorie des mesures, du produit (ou de la limite) d'une suite décroissante : la limite des mesures doit être égale à la mesure de la limite. La fonction de (II) consiste à exclure des systèmes comme S_2, avec des suites croissant indéfiniment. Elle consiste à garantir que toute suite décroissante a un produit dans S et toute suite croissante, une somme.

Appendice * V

Dérivations dans la théorie formelle de la probabilité.

Je me propose de donner dans cet appendice les déductions les plus importantes pouvant être effectuées à partir du système de postulats qui a été exposé dans l'appendice * IV. Je montrerai comment obtenir les lois des limites inférieures et supérieures, de l'idempotence, de la commutation, de l'association, et de la distribution, ainsi qu'une définition plus simple de la probabilité absolue. J'indiquerai également la manière de déduire l'algèbre booléenne dans le système. Le sujet sera traité de manière plus complète ailleurs.

Comme abréviation pour « si...alors... », j'utiliserai une flèche «...→...»; une double flèche « ...←→... », pour « ...si et seulement si... »; « & » pour « et » ; « (Ea)... » pour « il y a un a en S tel que... » ; et « (a)... » pour « pour tous les a en S,... ».

Je commence par énoncer une fois de plus le postulat 2 et les six axiomes opérationnels auxquels j'aurai recours dans les démonstrations. (Les autres postulats seront utilisés implicitement ; le postulat 2 lui-même ne sera mentionné qu'une seule fois, à l'appui de (5).) A la lecture des axiomes A3 et C, il conviendrait de se rappeler que je démontrerai bientôt — voyez la formule 25 — que $p\,(a,a) = 1$.

Postulat 2. Si a et b sont dans S, alors $p(a, b)$ est un nombre réel.

A1	$(Ec)(Ed)\, p(a, b) \neq p(c, d),$
A2	$p(a, b) \neq p(a, c) \rightarrow (Ed)p(b, d) \neq p(c, d)$
A3	$p(a, a) = p(b, b).$
B1	$p(ab, c) \leqslant p(a, c),$
B2	$p(ab, c) = p(a, bc)p(b, c).$
C	$p(a, a) \neq p(b, a) \rightarrow p(a, a) = p(c, a) + p(\bar{c}, a).$

Je procède alors aux déductions :

(1) $p(a, a) = p(b, b) = k$ Abréviation fondée sur A3
(2) $p((aa)a, a) \leqslant p\,(aa, a) \leqslant p(a, a) = k$ B1, 1
(3) $p((aa)a, a) = p\,(aa, aa)p(a, a) = k^2$ B2, 1
(4) $k^2 \leqslant k$ 2, 3

(5) $0 \leqslant k \leqslant 1$	4 (et Postulat 2)
(6) $k \neq p(a, b) \rightarrow k = k + p(\overline{b}, b)$	C, 1
(7) $k \neq p(a, b) \rightarrow p(\overline{b}, b) = 0$	6
(8) $p(a\overline{b}, b) = p(a, \overline{b}b)p(\overline{b}, b)$	B2
(9) $k \neq p(a, b) \rightarrow 0 = p(a\overline{b}, b) \leqslant p(a, b)$	7, 8, B1
(10) $k \neq p(a, b) \rightarrow 0 \leqslant p(a, b)$	9
(11) $0 > p(a, b) \rightarrow k = p(a, b)$	10
(12) $k = p(a, b) \rightarrow 0 \leqslant p(a, b)$	2
(13) $0 > p(a, b) \rightarrow 0 \leqslant p(a, b)$	11, 15
(14) $0 \leqslant p(a, b)$	13 (ou 10, 12)
(15) $0 \leqslant p(\bar{a}, b)$	14
(16) $k \neq p(a, b) \rightarrow k \geqslant p(a, b)$	C, 1, 15
(17) $p(a, b) \leqslant k \leqslant 1$	16, 5
(18) $0 \leqslant p(a, b) \leqslant k \leqslant 1$	14, 17
(19) $k = p(aa, aa) \leqslant p(a, aa) \leqslant k$	1, B1, 17
(20) $k = p(a(aa), a(aa)) \leqslant p(a, a(aa)) \leqslant k$	1, B1, 17
(21) $k = p(aa, aa) = p(a, a(aa))p(a, aa) = k^2$	1, B2, 19, 20
(22) $k = k^2$	21
(23) $(Ea)(Eb) \, p(a, b) \neq 0 \rightarrow k = 1$	18, 22
(24) $(Ea)(Eb) \, p(a, b) \neq 0$	A1
(25) $p(a, a) = k = 1$	1, 23, 24
(26) $(Eb)(Ea) \, p(b, a) \neq k$	A1, 1
(27) $(Ea) \, p(\bar{a}, a) = 0$	7, 26

Nous avons à présent établi toutes les lois des limites inférieures et supérieures : (14) et (17), résumés en (18), prouvent que les probabilités ont pour limites 0 et 1 ; (25) et (27) prouvent que ces limites sont effectivement atteintes. Nous en venons à présent à la déduction des diverses lois habituellement empruntées soit à l'algèbre de Boole, soit au calcul des propositions. Nous commençons par dériver la loi de l'idempotence.

(28) $1 = p(ab, ab) \leqslant p(a, ab) = 1$	25, B1, 17
(29) $p(aa, b) = p(a, ab)p(a, b)$	B2
(30) $p(aa, b) = p(a, b)$	28, 29

C'est la loi de l'idempotence parfois appelée aussi « loi de la tautologie ». Nous en venons à présent à la loi de la commutation.

(31) $p(a, bc) \leqslant 1$ 17

(32) $p(ab, c) \leqslant p(b, c)$ B2, 31, 14

C'est la seconde loi de monotonie, analogue à B1.

(33) $p(a(bc), a(bc)) = 1$ 25

(34) $p(bc, a(bc)) = 1$ 33, 32, 17

(35) $p(b, a(bc)) = 1$ 34, B1, 17

(36) $p(ba, bc) = p(a, bc)$ 35, B2

(37) $p((ba)b, c) = p(ab, c)$ 36, B2

(38) $p(ba, c) \geqslant p(ab, c)$ 37, B1

(39) $p(ab, c) \geqslant p(ba, c)$ 38 (subst.)

(40) $p(ab, c) = p(ba, c)$ 38, 39

Il s'agit de la loi de la commutation pour le premier argument. (Pour l'étendre au second argument, nous devrons utiliser A2.) Nous l'avons déduite de (25), en utilisant simplement les deux lois de monotonie (B1 et 32) et B2. Nous en arrivons à présent à la loi de l'association :

(41) $p(ab, d((ab)c)) = 1$ 35 (subst.)

(42) $p(a, d((ab)c)) = 1 = p(b, d((ab)c))$ 41, B1, 17, 32

(43) $p(a, (bc)((ab)c)) = 1$ 42 (subst.)

(44) $p(a(bc), (ab)c) = p(bc, (ab)c)$ 43, B2

(45) $p(bc, (ab)c) = p(b, c((ab)c))p(c, (ab)c)$ B2

(46) $p(b, c((ab)c)) = 1$ 42 (subst.)

(47) $p(c, (ab)c) = 1$ 25, 32, 17

(48) $p(a(bc), (ab)c) = 1$ 44 à 47

C'est là une forme préliminaire de la loi de l'association ; (62) s'en déduit en raison de A2+ (et B2), mais j'évite d'utiliser A2 ou A2+ lorsque c'est possible.

(49) $p(a(b(cd)), d) = p(cd\ b(ad))p(b, ad)pa, d)$ 40, B2

(50) $p(a(bc), d) = p(c, b(ad))p(b, ad)p(a, d)$ 40, B2

(51) $p(a(bc), d) \geqslant p(a(b(cd)), d)$ 49, 50 B1

Ceci constitue une sorte de généralisation faible de la première loi de monotonie, B1

(52) $p(a(b(cd)), (ab)(cd)) = 1$ 48 (subst.)

(53) $p((a(b(cd))(ab), cd) = p(ab, cd)$ 52, B2

(54) $p(a(b(cd)), cd) \geqslant p(ab, cd)$ 53, B1

(55) $p((a(b(cd)))c, d) \geqslant p((ab)c, d)$ 54, B2

(56) $p(a(b(cd)), d) \geqslant p((ab)c, d)$ 55, B1

(57) $p(a(bc), d) \geqslant p((ab)c, d)$ 51, 56

Qui est une moitié de la loi de l'association

(58) $p((bc)a, d) \geqslant p((ab)c, d)$ 57, 40

(59) $p((ab)c, d) \leqslant p(b(ca), d)$ 58 (subst.), 40

(60) $p((bc)a, d) \leqslant p(b(ca), d)$ 58, 59

(61) $p((ab)c, d) \leqslant p(a(bc), d)$ 60, (subst.)

Voici la seconde moitié de la loi de l'association :

(62) $p((ab)c, d) = p(a(bc), d)$ 67, 61

Il s'agit de la forme complète de la loi de l'association, pour le premier argument (voyez également la formule (g) au début de l'appendice * IV). On peut obtenir la loi pour le second argument en appliquant A2. (Appliquer deux fois B2 de chaque côté de (62) ne nous donne qu'une forme conditionnelle avec ' $p(bc, d) \not= 0 \rightarrow$ ' comme antécédent.)

J'en arrive à présent à une généralisation de C, l'axiome de complémentarité. A partir de maintenant je serai un peu plus concis dans mes déductions.

(63) $p(\bar{b}, b) \not= 0 \longleftrightarrow (c)p(c, b) = 1$ 7, 25

(64) $p(a, b) + p(\bar{a}, b) = 1 + p(\bar{b}, b)$ C, 25, 63

C'est là une forme inconditionnelle du principe de complémentarité, C, que je vais à présent généraliser.

Puisque (64) est inconditionnel et que « a » n'apparaît pas du côté droit de l'équation, nous pouvons substituer « c » à « a » et affirmer

(65) $p(a, b) + p(\bar{a}, b) = p(c, b) + p(\bar{c}, b)$ 74

(66) $p(a, bd) + p(\bar{a}, bd) = p(c, bd) + p(\bar{c}, bd)$ 65

En multipliant par $p(b, d)$ nous obtenons :

(67) $p(ab, d) + p(\bar{a}b, d) = p(cb, d) + p(\bar{c}b, d)$ B2, 66

Qui est une généralisation de (65). Par substitution, nous obtenons :

(68) $p(ab, c) + p(\bar{a}b, c) = p(cb, c) + p(\bar{c}b, c)$.   67

Compte tenu de

(69) $p(\bar{c}b, c) = p(\bar{c}, c)$,   7, B1, 25, 63

nous pouvons également écrire (68) de manière plus concise et, par analogie avec (64),

(70) $\quad p(ab, c) + p(\bar{a}b, c) = p(b, c) + p(\bar{c}, c)$ $\qquad$ 68, 69 (1)

qui est la généralisation de la forme inconditionnelle de C et de la formule (64).

(71) $\quad p(aa, b) + p(\bar{a}a, b) = p(a, b) + p(\bar{b}, b)$ $\qquad$ 70

(72) $\quad p(\bar{a}a, b) = p(a\bar{a}, b) = p(\bar{b}, b)$ $\qquad$ 40, 71, 30

(73) $\quad p(\bar{a}a, b) + p(\bar{a}a, b) = p(a\bar{a}, b) + p(\overline{a\bar{a}}, b) = 1 + p(\bar{b}, b)$ $\quad$ 64

(74) $\quad p(\overline{\bar{a}a}, b) = 1 = p(\overline{a,\bar{a}}\,b)$ $\qquad$ 72, 73

Ceci établit le fait que les éléments $a\bar{a}$ satisfont la condition du postulat AP. Nous obtenons donc

(75) $\quad p(a) = p(a, \overline{a\bar{a}}) = p(a, \overline{\bar{a}a}) = p(a, \overline{b\bar{b}}) = p(a, \overline{\bar{b}b})$; $\quad$ 25, 74, AP

c'est-à-dire une définition plus utilisable de la probabilité absolue.

Nous déduisons ensuite la loi générale de l'addition.

(76) $\quad p(a\bar{b}, c) = p(a, c) - p(ab, c) + p(\bar{c}, c)$ $\qquad$ 70, 40

(77) $\quad p(\bar{a}b, c) = p(\bar{a}, c) - p(\bar{a}b, c) + p(\dot{c}, c)$ $\qquad$ 76

(78) $\quad p(\bar{a}\bar{b}, c) = 1 - p(a, c) - p(b, c) + p(ab, c) + p(\bar{c}, c)$ $\quad$ 77, 76, 64, 40

(79) $\quad p(\bar{a\dot{b}}, c) = p(a, c) + p(b, c) - p(ab, c)$ $\qquad$ 78, 64

Il s'agit s'une forme de la loi générale de l'addition, comme on le verra facilement si l'on se rappelle que « $\overline{\bar{a}\bar{b}}$ » signifie dans notre système la même chose que « $a + b$ » au sens booléen de l'expression.

---

(1) Pour déduire (70), la formule suivante nous est également nécessaire :
$$p(cb, c) = p(b, c),$$
On peut l'appeler « (29′) ». Sa déduction, en présence de (40) et (32) est analogue aux étapes (28) et (29) :

(28′) $\qquad p(ab, ab) = 1 = p(b, ab)$ $\qquad$ 25, 32, 17

(29′) $\qquad p(ba, b) = p(b, ab)p(a, b) = p(a, b).$ $\qquad$ B2, 28′

Nous pouvons ajouter à ceci la loi de l'idempotence pour le second argument

(30′) $\qquad p(ab, b) = p(a, bb) = p(a, b).$ $\qquad$ B2, 25, 29′, 40

De plus, par substitution, (28) nous donne

(31′) $\qquad p(a, a\bar{a}) = 1$ $\qquad$ 28

et, de la même façon

(32′) $\qquad p(\bar{a}, a\bar{a}) = 1$ $\qquad$ 28

Qui donne, en vertu de C

(33′) $\qquad p(a, \bar{b}b) = 1$ $\qquad$ 31′, 32′, C

Nous avons donc

(34′) $\qquad (Eb)(a)\ p(a, b) = 1$ $\qquad$ 33′

(35′) $\qquad (Ea)\ p(\bar{a}, a) = 1$ $\qquad$ 34′

Voyez également (27). Les formules (31′) à (35′) *ne font pas partie des théorèmes des systèmes habituels.*

Il vaut la peine de mentionner que (79) a la forme habituelle : cette formule est inconditionnelle *et* exempte de l'inhabituel « $+ p(\bar{c},c)'$ » ; (79) peut en outre être généralisée :

(80) $p(\overline{\overline{bc}}, ad) = p(b, ad) + p(c, ad) - p(bc, ad)$ 79

(81) $p(a\,\overline{\overline{bc}}, d) = p(ab, d) + p(ac, d) - p(a(bc), d)$ 80. B2, 40

Ceci est une généralisation de (79).

Nous en arrivons à la généralisation de la loi de distribution. On peut y arriver à partir de (79), (81), et d'un lemme simple, (84), que je propose d'appeler « lemme de distribution », et qui est une généralisation de (30) :

(82) $p(a(bc), d) = p(a, (bc)d)p(bc, d) = p((aa)(bc), d)$ B2, 30

(83) $p(((aa)b)c, d) = p(a(ab), cd)p(c, d) = p(((ab)a)c\,d)$,   B2, 62, 40

(84) $p(a(bc), d) = p((ab)(ac), d)$ 82, 83, 62

qui est le « lemme de distribution ».

(85) $p(\overline{\overline{ab\,ac}}, d) = p(ab, d) + p(ac, d) - p((ab)(ac), d)$ 79 (subst).

Nous pouvons appliquer à cette formule et à (81) le « lemme de distribution », ce qui nous donne :

(86) $p(a\,\overline{\overline{bc}}, d) = p(ab\,\overline{\overline{ac}}, d)$ 81, 85, 84

Il s'agit d'une forme de la première loi de distribution. On peut l'appliquer au côté gauche de la formule suivante

(87) $p(\overline{\overline{b}}\,ba, c) = p(\overline{\overline{b}}\,b, ac)p(a, c) = p(a, c)$ B2, 74)

Nous obtenons alors

(88) $p(\overline{\overline{ab}}\,ab, c) = p(a, c)$.   86, 87, 40

On peut noter que

(89) $p(\overline{\overline{a}}b, c) = p(ab, c)$ 68 (subst.)

(90) $p(a, c) = p(b, c) \rightarrow p(\bar{a}, c) = p(\bar{b}, c)$ 64

(91) $p(\overline{a\,b}\,\bar{c}, d) = p(\overline{a}\,\bar{b}\,\bar{c}, d)$ B 62, 89, 40

(92) $p(\overline{\overline{a\,b}}\,\bar{c}, d) = p(\overline{\overline{a}}\,\overline{\overline{b}}\,\bar{c}, d)$ 90, 91

Il s'agit de la loi de l'association pour la somme booléenne. En substituant dans (40) les compléments de *a* et *b*, nous obtenons

(93) $p(\overline{\overline{a}\,b}, c) = p(\overline{\overline{b}\,a}, c)$ 40, 90

Il s'agit de la loi de la commutation pour la somme booléenne. Nous obtenons de la même manière

(94) $p(\bar{a}, \bar{a}, b) = p(a, b)$ 30, 89, 90

Il s'agit de la loi de l'idempotence pour la somme booléenne ;
(87) nous donne :

(95) $p(a, b) = p(a, b\bar{c}\bar{c})$,   87, 40 A2

(96) $p(a, b)p(b) = p(ab)$ 95, B2, 75

Que nous pouvons également écrire

(97) $p(b) \neq 0 \rightarrow p(a, b) = p(ab)p/(b)$ 96

Cette formule prouve que notre concept généralisé de probabilité
relative coïncide, pour $p(b) \neq 0$, avec le concept habituel, et que
notre calcul constitue une généralisation du concept habituel. Il
s'agit d'une véritable généralisation : les exemples, donnés dans
l'appendice * IV, qui précède, le montrent en prouvant la cohérence de notre système avec la formule (E) suivante :

(E) $(Ea)(Eb)(Ec)(pa, b) = 1$ et $p(a, bc) = 0$

formule non valide dans bon nombre d'interprétations finies de
notre S mais valide dans ses interprétations infinies courantes.

A présent, en vue de prouver que, dans toute interprétation
cohérente, S doit être une algèbre booléenne, nous faisons remarquer que

(98) $((x)p(a, x) = p(b, x)) \rightarrow p(ay, z) = p(by, z)$ B2

(99) $((x)p(a, x) = p(b, x)) \rightarrow p(y, az) = ((y, bz)$ 98, A2

Il est intéressant de noter que (99) requiert A2 : il ne dérive pas
de 98, 40, et B2, puisqu'il est possible que $p(a, z = p(b, z) = 0$.
(Ce sera le cas si, par exemple, $\bar{a} = z \neq x\bar{x}$.)

(100) $((x)(p(a, x) = p(b, x) \& p(c, x) = p(d, x))) \rightarrow p(ac, y) =$
          $p(bd, y)$ 99, B2

On peut facilement montrer à l'aide de (90), de (100), et de A2
que chaque fois que la condition

(*) $p(a, x) = p(b, x)$ pour tout x de S

est satisfaite, on peut substituer n'importe quel nom de l'élément a
à certaines ou à toutes les occurrences de l'élément b dans toute
formule bien formée du calcul sans changer sa valeur de vérité; ou,
en d'autres termes, la condition (*) garantit *l'équivalence substi-
tutionnelle* de a et de b.

Compte tenu de ce résultat, nous définissons à présent l'équivalence booléenne de deux éléments de la manière suivante :

(D1) $a = b \longleftrightarrow (x)p(a, x) = p(b, x)$.

Cette définition nous donne immédiatement les formules :

(A) $a = a$

(B) $a = b \rightarrow b = a$

(C) $(a = b \,\&\, b = c) \rightarrow a = c$

(D) $a = b \rightarrow a$ peut remplacer b à certaines ou à toutes les places de n'importe quelle formule sans modifier sa valeur de vérité.

A2, 90, 100

Nous pouvons encore introduire une seconde définition

(D2) $a = b + c \longleftrightarrow a = \overline{\overline{b}\,\overline{c}}$

Ce qui nous donne :

(i)   Si a et b sont dans S, alors $a + b$ est dans S

Postulat 3, D2, D1, 90, 100)

(ii)   Si a est dans S alors $\bar{a}$ est dans S (Postulat 4)

(iii) $a + b = b + a$ D2 93

(iv) $(a + b) + c = a + (b + c)$ 92, D2

(v) $a + a = a$ 94, D2

(vi) $ab + a\bar{b} = a$ 88, D2

(vii) $(Ea)(Eb)\ a \neq b$ 27, 74, 90, D1

Mais le système de (A) à (D2) et de (i) à (vi) est un système d'axiomes bien connu pour l'algèbre booléenne ; nous le devons à Huntington (2) ; et l'on sait que toutes les formules de l'algèbre booléenne peuvent en être déduites.

S est donc une algèbre booléenne. Et puisque une algèbre booléenne peut être interprétée comme une logique de la déduction, nous pouvons affirmer que *dans son interprétation logique, le calcul des probabilités est une véritable généralisation de la logique déductive,*

Nous pouvons, plus particulièrement, interpréter

$$a \geqslant b$$

que l'on peut définir par « $ab = b$ » de manière à ce qu'il signifie, dans une interprétation logique, « a suit de b » (ou b implique a »).

On peut facilement prouver que

(+) $a \geqslant b \rightarrow p(a, b) = 1$

(2) *Cf.* E. V. Huntington, *Transactions Am. Math. Soc.* 35, 1933, p. 274-304. Le système (i) à (vi) constitue le « quatrième ensemble » de Huntington et est exposé à la page 280. A la même page on peut trouver (A), (D) et (D2). La formule (v) est redondante, comme Huntington l'a montré à la page 557 et suiv. du même ouvrage ; (vii) est également présupposé par l'auteur.

Il s'agit d'une formule importante (3), adoptée par de nombreux auteurs mais néanmoins non valide dans les systèmes courants, pour peu qu'ils soient cohérents. En effet, pour la rendre valide, nous devons faire intervenir (4)

$$p(a, a\bar{a}) + p(\bar{a}, a\bar{a}) = 2,$$

alors même que nous avons

$$p(a + \bar{a}, a\bar{a}) = 1.$$

Cela revient à dire que des formules comme $p(a + \bar{a}, b) = p(a, b) + p(\bar{a}, b)$ ne doivent pas être adoptées inconditionnellement dans le système. (Cf. notre axiome C ; voyez également la note 1, plus haut.)

La réciproque de (+), à savoir :

$$p(a, b) = 1 \rightarrow a \geqslant b$$

ne doit naturellement *pas* être démontrable, comme le montrent nos deuxième et troisième exemples prouvant la cohérence du système. (Cf. également la formule (E) que l'on trouve dans cet appendice et dans les précédents.) Mais il y a d'autres équivalences valides dans notre système, telles

(+) $a \geqslant b \longleftrightarrow p(a, \bar{a}b) \neq 0$

(+) $a \geqslant b \longleftrightarrow p(a, \bar{a}b) = 1$

Aucune de celles-ci n'est valide dans les systèmes habituels dans lesquels $p(a, b)$ est indéfini, sauf si $p(b) \neq 0$. Il semble, en conséquence, tout à fait évident que les systèmes courants de la théorie de la probabilité sont indûment décrits comme des généralisations de la logique : ils sont formellement inappropriés à ce propos, puisqu'ils n'impliquent même pas l'algèbre booléenne.

En raison de son caractère formel, nous pouvons interpréter notre système, par exemple comme une logique propositionnelle à plusieurs valeurs (à autant de valeurs que nous voulons,

---

(3) Adoptée, par exemple par Jeffreys, *Theory of Probability*, §. 1.2 « Convention 3 ». Or, s'il l'adopte, son théorème 4 devient immédiatement contradictoire, puisqu'il le fait sans présupposer de condition analogue à notre « $p(b) \neq 0$ ». A cet égard, Jeffreys améliora la formulation du Théorème 2 dans sa seconde édition, de 1948 ; mais, comme le montre le théorème 4 (et beaucoup d'autres), son système reste incohérent (bien qu'il ait reconnu, dans la seconde édition, p. 35, que deux propositions contradictoires impliquent n'importe quelle proposition ; *cf.* note * 2 de la section 23, et ma réponse à Jeffreys dans *Mind* 52, 1943, p. 47 et suiv.).

(4) Voyez les formules 31 et suiv. dans la note (1), plus haut.

discrètes, denses ou continues), ou comme un système de logique modale. Il y a en fait de nombreuses manières de le faire ; par exemple, nous pouvons définir « a implique nécessairement b par ' $p(b, a\bar{b}) \neq 0$ ', comme on vient de l'indiquer, ou « a est logiquement nécessaire » par ' $p(a, \bar{a}) = 1$ '. Le problème de savoir si un énoncé nécessaire est nécessairement nécessaire trouve lui aussi une place naturelle dans la théorie de la probabilité : il est intimement lié à la relation existant entre énoncés de probabilité primaire et énoncés de probabilité secondaire, laquelle joue un rôle important dans la théorie de la probabilité (comme le montre, dans l'appendice * ix le point *13 de la Troisième Note). En résumé si nous écrivons ' x ' pour « x est nécessaire (au sens de démontrable) « et « h » pour ' $p(a, \bar{a}) = 1$ ', nous pouvons prouver que

$$\vdash a \longleftrightarrow \vdash h,$$

et découvrons donc que

$$\vdash a \to \vdash {} ' p(h, \bar{h}) = 1 \text{ '},$$

Formule qui peut être censée signifier que $\vdash a$ implique que a est nécessairement nécessaire ; et, puisque ceci signifie quelque chose comme

$$\vdash a \to \vdash {} ' p(' p(a, \bar{a}) = 1 \text{ '}, \overline{{} ' p(a, \bar{a}) = 1 \text{ '}}) = 1 \text{ '},$$

nous obtenons des énoncés de probabilité (secondaire) relatifs à des énoncés de probabilité (primaire).

Mais il y a naturellement d'autres manières possibles d'interpréter la relation entre un énoncé de probabilité primaire et un énoncé de probabilité secondaire. (Selon certaines interprétations, il ne nous serait pas permis de les traiter comme appartenant au même niveau linguistique, ou même comme appartenant au même langage.)

Addendum, 1964.

Depuis la rédaction de cette note, j'ai trouvé que le système suivant, composé des trois axiomes A, BD et CD était équivalent aux axiomes des pp. 337-338 et 355.

A $\quad$ (Ea) (Eb)$p(a, a) \neq p(a, b)$

BD $\quad$ $((d)p(ab, d) = p(c, d) \longleftrightarrow (e) (f) (p(a, b) \leq p(c, b) \,\&\, p(a, e) \geq$
$\geq p(c, e) \leq p (b, c) \,\&\, ((p(b, e) \leq p(f, e) \,\&\, p(b, f) \geq p(f, f) \leq$
$\leq p(e, f) \to p(a, f)p(b, e) = p(c, e)))$

CD $\quad$ $p(\bar{a}, b) = p(b, b) - p(a, b) \to (Ec)p(b, b) \neq p(c, b)$

J'ai également trouvé un exemple qui ne satisfait pas A2 mais satisfait tous les autres axiomes *et* le postulat PA (*cf.* note 10, de l'Appendice *IV). Il est possible de modifier l'exemple des pages 348-49
(en posant $p(2) = \frac{1}{2}$, $p\,(a, b) = 1$ chaque fois que $p(b) = 0$, $p\,(a, b)$
$= p(ab)/p/b$) chaque fois que $p(b) = 0$, de manière à obtenir une
algèbre booléenne qui prouve l'indépendance de C. *Cf.* également
mes *Conjectures and Refutations cit*, pp. 388 et suiv., la seconde
édition allemande (1966) de ma *Logik der Forschung* et « Synthese »
15 (1963), pp. 167-186.

APPENDICE * VI

A PROPOS DU DÉSORDRE OBJECTIF OU DU HASARD.

Il est essentiel à une théorie objective de la probabilité et à ses applications à des concepts tel celui d'entropie (ou désordre moléculaire) de fournir une caractérisation objective du *désordre ou hasard, comme type d'ordre.*

Je voudrais indiquer dans cet appendice certains des problèmes généraux que cette caractérisation peut nous aider à résoudre et la manière dont nous pouvons les aborder.

(1) La distribution des vitesses des molécules d'un gaz en équilibre est censée se faire (ou peut s'en faut) *au hasard*. De même, la distribution des nébuleuses dans l'univers paraît aléatoire, avec une densité d'occurrence constante sur l'ensemble. L'occurrence de la pluie le dimanche est aléatoire : en fin de compte, chaque jour de la semaine reçoit une quantité égale de pluie et le fait qu'il ait plu mercredi (ou n'importe quel autre jour) ne peut nous servir à prévoir qu'il pleuvra ou ne pleuvra pas dimanche.

(2) Nous avons à notre disposition certains *tests* statistiques de hasard.

(3) Nous pouvons décrire le hasard comme une « absence de régularité » ; mais, comme nous le verrons, ce n'est pas là une description utile. Car il n'y a pas de tests relatifs à la présence ou à l'absence de régularité en général ; il n'y a que des tests relatifs à la présence ou à l'absence d'une régularité *spécifique* donnée ou proposée. Nos tests de hasard n'excluent jamais la présence de toute forme de régularité : il peut y avoir des tests mettant au jour l'existence ou l'absence d'une corrélation significative entre la pluie et le dimanche, en éprouvant la validité de certaine formule donnée pour prévoir qu'il pleuvra le dimanche, comme par exemple, « au moins une fois en trois semaines » ; mais bien que nos *tests* nous permettent de rejeter cette formule, ils ne nous permettent pas de déterminer s'il en existe ou non une meilleure.

(4) Dans ces circonstances, il semble tentant de dire que le hasard ou désordre n'est pas un type d'ordre et qu'il doit être interprété comme un *défaut de notre connaissance* relative à l'ordre prévalant, si quelque ordre prévaut. Je pense que nous devrions résister à cette tentation et que nous pouvons développer une théorie

qui nous autorise réellement à construire des types idéaux de
désordre (et naturellement aussi des types idéaux d'ordre et des
types de tous degrés entre ces extrêmes).

(5) Le problème le plus simple dans ce domaine et celui que je
crois avoir résolu, consiste à construire un *type idéal de désordre
unidimensionnel*, une suite idéalement désordonnée. Toute théorie
fréquentielle de la probabilité opérant avec des suites infinies suscite immédiatement le problème consistant à construire une suite
de cette espèce. Nous pouvons le montrer de la manière suivante.

(6) Selon von Mises, une séquence de « 0 » et de « 1 » également
distribués est aléatoire si elle n'autorise aucun *système de jeu*, c'est-
à-dire aucun système qui nous permettrait de sélectionner au préalable une suite subordonnée dans laquelle la distribution serait
inégale. Mais évidemment, von Mises admet qu'un système de
jeu quelconque peut fonctionner « accidentellement » pendant un
certain temps ; il est seulement postulé qu'il cessera de fonctionner à la longue, ou, plus exactement, pour un nombre infini d'essais.

Un collectif de von Mises peut donc être extrêmement régulier
dans son segment initial : pourvu que les collectifs finissent par devenir irréguliers, la règle de von Mises est incapable d'exclure des
collectifs qui commencent de manière très régulière comme, par
exemple, par

OO II OO II OO II ....

et ainsi de suite, pendant les cinq cents premiers millions de places.

(7) Il est clair que nous ne pouvons pas soumettre *cette* espèce
de hasard différé à des tests empiriques ; et il est clair que chaque
fois que nous soumettons le caractère aléatoire d'une suite à des
tests nous songeons à un type de hasard différent, à savoir celui
d'une suite qui *dès le début* se comporte d'une manière « raisonnablement aléatoire ».

Mais cette expression « dès le début » suscite un problème spécifique. La suite 010110 est-elle aléatoire ? Il est clair qu'elle est
trop courte pour que nous puissions en décider. Or si nous disons
qu'il est nécessaire d'avoir une *longue séquence* pour répondre à
une question de ce type, il semble que nous nions ce que nous avons
dit précédemment, que nous rétractons l'expression « dès le début ».

(8) La solution de cette difficulté consiste à construire une *suite
idéalement aléatoire*, une suite qui, pour chaque segment initial,
qu'il soit court ou long, soit aussi aléatoire que la longueur du segment le permet ; ou, en d'autres termes, une suite, dont le degré *n*
de hasard (c'est-à-dire sa *n*-liberté relativement à des effets consécutifs) croît avec la longueur de la suite aussi rapidement que les
lois mathématiques le permettent.

La manière de construire une suite de cette espèce a été expliquée dans l'appendice IV de cet ouvrage. (Voyez en particulier la note * 1 de l'appendice IV, qui renvoie à un article encore inédit du Dr. L.R.B. Elton et de moi-même).

(9) Nous pouvons appeler l'ensemble infini de toutes les suites conformes à cette description *le type idéal d'alternatives aléatoires* à distribution égale.

(10) Bien que l'on ne postule rien de plus que le caractère « sérieusement aléatoire » de ces suites — en ce sens que les segments initiaux finis doivent pouvoir passer tous les tests de hasard — *l'on peut facilement prouver qu'elles possèdent des limites de fréquence*, au sens habituellement requis par les théories fréquentielles. Ceci résout d'une manière simple l'un des problèmes centraux de mon chapitre sur la probabilité — à savoir celui de l'élimination de l'axiome de hasard en réduisant le comportement aléatoire dans des segments finis.

(11) L'on peut très facilement étendre la construction dans les deux directions du cas unidimensionnel en mettant le premier, second..., des éléments impairs dénombrés, en corrélation avec la première, seconde..., place de la direction positive et le premier, second..., des éléments pairs dénombrés avec la première, seconde..., place de la direction négative ; et en utilisant ainsi des méthodes bien connues, nous pouvons étendre notre construction aux éléments d'un espace à n-dimensions.

(12) Alors que d'autres partisans de théories fréquentielles — en particulier von Mises, Copeland, Wald et Church — s'attachèrent surtout à donner une définition des suites aléatoires de la manière la plus sévère, en excluant « tous » les systèmes de jeu au sens le plus large possible du mot « tous » (c'est-à-dire au sens le plus large qui soit compatible avec une preuve que des suites aléatoires ainsi définies existent), mon objectif fut tout différent. J'ai voulu, dès le début, répondre à l'objection selon laquelle le hasard est compatible avec *n'importe quel segment initial fini* ; et j'ai voulu décrire les suites qu'engendrent les *suites quasi aléatoires finies*, par un passage à l'infini. J'espérais obtenir ainsi deux choses : rester proche de ce type de suite qui passerait les tests statistiques de hasard et *démontrer* le théorème de convergence. Ces deux objectifs ont été réalisés, comme je l'indique ici, au point (8), grâce à la construction proposée dans mon ancien appendice IV. Mais j'ai entre-temps découvert que l'approche recourant à la théorie des mesures est préférable à l'interprétation fréquentielle (voyez mon *Postscript*, chapitre * III), pour des raisons mathématiques et philosophiques. (Le point décisif est lié à l'interprétation tendancielle

de la probabilité, qui fait l'objet d'un examen complet dans mon *Postscript.*) Je ne pense donc plus qu'il soit très important d'éliminer l'axiome de convergence de la théorie fréquentielle. Encore peut-on le faire : nous pouvons construire la théorie fréquentielle à l'aide du type idéal de suites aléatoires construites dans l'appendice IV ; et nous pouvons dire qu'une séquence empirique est aléatoire dans la mesure où des tests nous montrent sa similitude statistique avec une suite idéale. Les suites admises par von Mises, Copeland, Wald, et Church ne sont pas nécessairement de cette espèce, comme on l'a dit plus haut. Mais en fait, toute suite rejetée en se fondant sur des tests statistiques, pour n'être pas aléatoire peut dans la suite être admise comme aléatoire au sens où ces auteurs l'entendent.

Addendum, 1967.

(13) Aujourd'hui, un certain nombre d'années après avoir résolu mes anciens problèmes d'une manière qui m'aurait satisfaite en 1934, je ne crois plus en l'importance du fait que l'on peut construire une théorie fréquentielle qui soit exempte de toutes les anciennes difficultés. Cependant je continue à croire qu'il est important de pouvoir montrer que le hasard ou le désordre est susceptible d'être décrit comme un type d'ordre et que l'on peut construire des modèles objectifs de suites aléatoires.

(14) Il est significatif que les *suites idéalement aléatoires,* telles que je les ai décrites ici en 8-10, satisfont le système formel des appendices * IV et * V, de même que celui de l'appendice plus ancien, * II. En effet, supposons que S soit un ensemble quelconque de suites aléatoires de o et de 1, telles que $a = a_1, a_2 \ldots$; $b = b_1$, $b_2, \ldots$ et que, pour $a \neq b$, a et b soient indépendants (et en conséquence ab aléatoire). Supposons que S contienne les deux suites consistant exclusivement en o et en 1. Posons

$$p(a,b) = \lim \left((\Sigma a_n b_n)/\Sigma b_n\right),$$
$$p(ab,\ c) = \lim \left((\Sigma a_n b_n c_n)/\Sigma c_n\right),$$
$$p(\bar{a},b) = \lim \left((\Sigma (1-a_n)b_n)/\Sigma b_n\right),$$
$$p(a) = \lim \left((\Sigma a_n)/n\right) ;$$

alors, tous les postulats et tous les axiomes des appendices * IV et * V (à l'exception du postulat I ; *cf.* p. 355) sont satisfaits.

APPENDICE * VII

PROBABILITÉ ZÉRO ET MICROSTRUCTURE DE PROBABILITÉ ET DE CONTENU.

Dans le corps de l'ouvrage, j'ai fait une nette distinction entre la notion de *probabilité* d'une hypothèse et celle de *degré de corroboration*. Je prétends que si nous disons d'une hypothèse qu'elle est bien corroborée, nous disons tout simplement qu'elle a été soumise à un examen sévère (elle doit donc être une hypothèse ayant un degré de falsifiabilité élevé) et qu'elle a passé avec succès les tests les plus rigoureux que nous avons pu imaginer jusqu'ici. J'affirme, en outre, que le *degré de corroboration ne peut pas être une probabilité* parce qu'il ne peut satisfaire aux lois du calcul des probabilités. En effet, les lois du calcul des probabilités requièrent que, de deux hypothèses, celle qui est logiquement plus forte, ou qui a un contenu informatif plus vaste, ou qui est plus falsifiable, et donc celle qui est susceptible d'être *mieux corroborée*, soit toujours la *moins probable* — compte tenu de quelque preuve donnée — (voyez en particulier les sections 82 et 83).

Aussi un degré de corroboration supérieur ira-t-il en général de pair avec un degré de probabilité inférieur ; ce qui prouve non seulement que nous devons distinguer avec précision probabilité (au sens du calcul des probabilités) et degré de corroboration ou de confirmation, mais encore que *la théorie probabiliste de l'induction, ou l'idée d'une probabilité inductive, ne peut être soutenue.*

L'examen critique de certaines idées de Reichenbach, Keynes et Kaila, illustre dans le corps de l'ouvrage, cette impossibilité d'une probabilité inductive. L'une des conclusions de cet examen est que *dans un univers infini* (il peut être infini eu égard au nombre de choses discernables ou au nombre de régions spatio-temporelles qu'il comporte), *la probabilité de toute loi universelle (non tautologique) sera zéro.*

Nous avions également conclu de cet examen que nous ne devions pas accepter sans la critiquer l'idée que les savants cherchent toujours à atteindre dans leurs théories un degré de probabilité élevé. Ils doivent choisir entre une probabilité élevée et un vaste contenu informatif car *pour des raisons logiques ils ne peuvent avoir les deux en même temps* ; et, jusqu'ici, ils ont toujours choisi le vaste contenu informatif de préférence à la probabilité élevée (à condition que la théorie ait bien résisté à l'épreuve des tests).

Par « probabilité », j'entends ici soit la probabilité logique *abso-lue* de la loi universelle, soit sa probabilité *relativement à une cer-taine preuve*, c'est-à-dire relativement à un énoncé singulier ou à une conjonction finie d'énoncés singuliers. Ainsi, si *a* est notre loi, et *b* une preuve empirique quelconque, j'affirme que

$$(1) \qquad p(a) = 0$$

et que

$$(2) \qquad p(a, b) = 0$$

Nous allons examiner ces formules dans le présent appendice.

Les deux formules, (1) et (2) sont équivalentes. En effet, comme le faisaient remarquer Jeffreys et Wrinch, si la probabilité *a priori* (la probabilité logique absolue) d'un énoncé *a* est zéro, sa proba-bilité relativement à n'importe quelle évidence finie *b* doit égale-ment être zéro, puisque nous pouvons supposer que pour toute preuve finie *b*, nous avons $p(b) \neq 0$. En effet, $p(a)$ implique logi-quement $p(ab) = 0$, et puisque $p(a, b) = p(ab)/p(b)$, nous obte-nons (2) à partir de (1). D'autre part, nous pouvons obtenir (1), à partir de (2) ; en effet, si (2) est valide pour toute preuve *b*, aussi faible ou « quasi tautologique » soit-elle, nous pouvons admettre qu'elle est également valide pour la preuve zéro, c'est-à-dire pour la tautologie $t = \overline{b\overline{b}}$; et l'on peut définir $p(a)$ comme égale à $p(a, t)$.

Il y a de nombreux arguments en faveur de (1) et de (2). En pre-mier lieu, nous pouvons considérer la définition classique de la probabilité comme le nombre des possibilités *favorables* divisé par celui de toutes les possibilités (égales). Nous pouvons alors déduire (2), par exemple, si nous identifions les possibilités favorables à la preuve favorable. Il est clair que, dans ce cas, $p(a, b) = 0$; en effet, la preuve favorable ne peut être que finie tandis qu'il est évident que dans un univers infini les possibilités sont infinies. (Rien ne dépend ici de l'« infinité », car tout univers suffisamment vaste donnera le même ésultat, avec toute la précision souhaitée et nous savons que notre univers est extrêmement grand compa-rativement à la quantité de preuves disponible.)

Telle quelle cette considération est peut-être un peu vague mais nous pouvons lui donner beaucoup plus de poids si nous essayons de déduire (1), au lieu de (2), de la définition classique. A cette fin, nous pouvons interpréter l'énoncé universel *a* comme impliquant un produit infini d'énoncés singuliers, dotés d'une probabilité nécessairement inférieure à l'unité. Dans le cas le plus simple, nous pouvons interpréter *a* comme étant lui-même ce produit infini ; c'est-à-dire que nous pouvons poser $a =$ « tout ce qui a la propriété A » ; ou, en langage symbolique, « $(x)\ A\ x$ », que l'on peut lire « pour toute valeur de x choisie, x a la propriété « A » (1). Dans ce cas, l'on peut interpréter a comme le produit infini $a = a_1a_2a_3\dots$ où $a_i = Ak_i$ et où k_i est le nom de la ième constante individuelle de notre univers du discours.

Nous pouvons à présent introduire le nom « a^n » pour présenter le produit des n premiers énoncés singuliers $a_1a_2\dots a_n$, de manière à pouvoir écrire :

$$a = \lim_{n \to \infty} a^n$$

et, (voyez page 352),

$$(3) \qquad p\ (a) = \lim_{n \to \infty} p\ (a^n)$$

Il est évident que nous pouvons interpréter a^n comme l'affirmation selon laquelle, dans la suite finie d'éléments k_1, k_2, $\dots k_n$, tous les éléments ont la propriété A. Ceci facilite l'application de la définition classique à l'évaluation de $p\ (a^n)$. Il n'y a qu'*une possibilité favorable* à l'affirmation a^n : il s'agit de la possibilité que tous les n individus k_i, sans exception, aient la propriété A et point la propriété non-A. Mais il y a en tout 2^n possibilités, puisque nous devons présupposer qu'il est possible à tout individu k_i d'avoir soit la propriété A, soit la propriété non-A.

Sans doute, la théorie classique donne-t-elle

$$(4c) \qquad p(a^n) = \tfrac{1}{2}n$$

Mais (3) et (4^c) nous donnent immédiatement (1).

L'argument « classique » qui nous amène à la formule (4^c) n'est pas tout à fait approprié, bien qu'il soit, à mon avis, intrinsèquement correct.

---

(1) « x » est ici une variable individuelle couvrant l'univers (infini) du discours. Nous pouvons choisir, par exemple, $a =$ « Tous les cygnes sont blancs » = « pour toute valeur de x choisie, x a la propriété « A » où « A » est défini par « *blanc* ou non-cygne ». Nous pouvons également exprimer ceci un peu différemment en présupposant que x varie sur les régions spatio-temporelles de l'univers et que « A » est défini par « non habité par un cygne non blanc ». Même des lois de forme plus complexe, ayant par exemple, la forme « $(x)\ (y)\ (xRy \to xSy)$ », peuvent s'écrire « $(x)Ax$ » puisque nous pouvons définir A par

$$Ax \longleftrightarrow (y)\ (xRy \to xSy).$$

Nous pouvons peut-être en arriver à la conclusion que les lois naturelles ont une autre forme que celle décrite ici (*cf.* appendice * X) : qu'elles sont logiquement plus fortes que nous ne le présupposons ; et que si nous devons les couler dans une forme comme « $(x)\ Ax$ », le prédicat A devient intrinsèquement non observationnel (*cf.* notes * 1 et *2 de la « Troisième Note » reprise dans l'appendice * IX) quoique évidemment falsifiable par voie déductive. Mais dans ce cas, nos considérations restent valides *a fortiori*.

L'inexactitude réside tout simplement dans la présupposition selon laquelle A et non-A sont également probables. En effet, l'on peut dire, à juste titre, je crois, que puisque a est censé décrire une loi de la nature, les divers a_i sont des énoncés illustratifs et sont donc plus probables que leurs négations, lesquelles sont des falsificateurs (cf. note *1 de la section 28). Toutefois cette objection concerne une partie inessentielle de l'argumentation. Car quelle que soit la probabilité — mise à part l'unité — que nous attribuions à A, le produit infini a aura toujours une probabilité zéro (si nous présupposons l'indépendance ; celle-ci sera examinée dans la suite). En fait, nous nous heurtons ici à un cas particulièrement banal de la *loi probabiliste du un-ou-zéro* (que nous pouvons aussi appeler, en faisant allusion à la neuro-physiologie, « le principe du tout-ou-rien »). Dans ce cas, nous pouvons le formuler ainsi : Si a est le produit infini de $a_1, a_2 \ldots$ où $p(a_i) = p(a_j)$ et où a_i est indépendant de tous les autres éléments, la formule suivante est valide :

$$(4)\ p(a) = \lim_{n \to \infty} p(a^n) = 0 \text{ sauf si } p(a) = p(a^n) = 1$$

Mais il est clair que nous ne pouvons pas accepter $p(a) = 1$ (ceci est inacceptable non seulement de mon point de vue mais encore de celui de mes adversaires inductivistes qui ne peuvent évidemment pas accepter la conséquence selon laquelle la probabilité d'une loi universelle ne peut jamais être accrue par l'expérience). En effet, l'énoncé « Tous les cygnes sont noirs » devrait avoir la probabilité 1, de même que « tous les cygnes sont blancs » et ce serait la même chose pour toutes les autres couleurs, de sorte que « il existe un cygne noir » et « il existe un cygne blanc », etc. auraient tous une probabilité zéro malgré la faiblesse logique qu'on leur reconnaît intuitivement. En d'autres termes, dire que $p(a) = 1$ reviendrait à affirmer sur des bases purement logiques que l'univers est vide.

(4) établit donc (1).

Bien que je croie que cette argumentation (y compris la présupposition d'indépendance qui sera examinée plus loin) est incontestable, il y a un certain nombre d'arguments beaucoup plus faibles qui ne présupposent pas l'indépendance et qui mènent pourtant à la formule (1). Nous pouvons, par exemple, raisonner comme suit.

Nous avons présu'pposé dans notre déduction que tout k_i a la possibilité logique d'avoir la propriété A ou la propriété non-A :

ceci mène essentiellement à (4). Mais on pourrait peut-être également présupposer que nous devons considérer comme possibilités fondamentales non pas les propriétés possibles de chaque individu dans l'univers de n individus mais les proportions possibles dans lesquelles les propriétés A et non-A peuvent se rencontrer dans un échantillon d'individus. Dans un échantillon de n individus, les proportions possibles dans lesquelles A peut se rencontrer sont : 0, $1/n$, ... n/n. Si nous considérons comme possibilités fondamentales les occurrences de l'une quelconque de ces proportions et les traitons donc comme équi-probables (« distribution de Laplace » (2)), nous devrons remplacer (4) par

(5) $p(a^n) = 1/n$; de sorte que $\lim p\,(a^n) = 0$.

Bien que du point de vue d'une déduction de (1), la formule (5) soit beaucoup plus faible que (4^c), elle nous permet pourtant de déduire (1) — et elle nous permet de le faire sans identifier les cas observés aux cas favorables ni présupposer que le nombre de cas observés est fini.

Un argument très semblable menant à (1) pourrait être le suivant : nous pouvons prendre en considération le fait que toute loi universelle a implique logiquement (et est donc au plus tout aussi probable que) une hypothèse statistique h de la forme «$p\,(x,y) = 1$» et que la probabilité absolue de h peut être calculée à l'aide de la distribution de Laplace, ce qui donne $p(h) = 0$. (*Cf.* l'appendice * IX, la *Troisième Note*, en particulier * 13.) Or, puisque a implique h, ceci nous donne $p\,(a) = 0$, c'est-à-dire la formule (1).

Cette démonstration me paraît être la plus simple et la plut convaincante : elle permet de soutenir (4) *et* (5), en présupposans que (4) s'applique à a et (5) à h.

Jusqu'ici nos considérations étaient fondées sur la définition classique de la probabilité. Mais nous arrivons au même résultat si nous adoptons au lieu de celle-ci l'interprétation logique du calcul formel des probabilités. Dans ce cas, le problème devient un problème de dépendance ou d'indépendance des énoncés.

Si ici encore nous considérons a comme le produit logique des énoncés singuliers a_1, a_2, ..., la seule présupposition raisonnable semble être qu'en l'absence de toute information (non tautologique), nous devons considérer tous ces énoncés singuliers comme

(2) Il s'agit de l'hypothèse qui sous-tend la déduction de la fameuse « règle de succession » de Laplace ; c'est la raison pour laquelle je l'appelle «distribution de Laplace ». Cette hypothèse convient si notre problème est un problème de *simple échantillonnage* ; elle semble inappropriée si nous avons affaire (comme c'était le cas de Laplace) à une succession d'événements individuels. Voyez également l'appendice * IX, points 7 et suiv. de ma « Troisième Note » ; et la note 10 de l'appendice * VIII.

mutuellement *indépendants,* de sorte que a peut être suivi de a_j ou de sa négation $\bar{a}_j$, avec les probabilités

$$p(a_j,\ a_i) = p(a_j)$$
$$p(\bar{a}_j,\ a_i) = p(\bar{a}_j) = 1 - p(a_j)$$

Toute autre présupposition reviendrait à postuler *ad hoc* une sorte d'effet consécutif ou, en d'autres termes à postuler qu'il y a quelque chose comme une liaison causale entre a_j et a_i. Or ceci serait manifestement une présupposition non logique, synthétique, qui devrait être formulée comme une hypothèse et ne pourrait donc faire partie d'une théorie purement logique de la probabilité.

Nous pouvons exposer le même point de manière un peu différente, comme suit : en présence d'une certaine hypothèse, h par exemple, nous pouvons naturellement avoir

(6) $p(a_j,\ a_i\ h) > p\ (a_j,\ h)$

En effet, h peut nous informer de l'existence d'une sorte d'effet consécutif. En conséquence, noux aurions donc alors,

(7) $p(a_i a_j,\ h) > p(a_i,\ h)\ p\ (a_j,\ h)$,

puisque (7) est équivalent à (6). Mais en l'absence de h, ou si h est tautologique, ou, en d'autres termes, si nous avons affaire à des probabilités logiques absolues, nous devons remplacer (7) par

(8) $p(a_i a_j) = p(a_i)p(a_j)$

ce qui signifie que a_i et a_j sont *indépendants* et est équivalent à

(9) $p(a_j, a_i) = (p a_j)$.

Mais la présupposition d'indépendance mutuelle mène, avec $p(a_i) < 1$, à $p(a) = 0$, comme précédemment ; c'est-à-dire à (1).

(8), à savoir la présupposition d'indépendance mutuelle des énoncés singuliers a_i, mène donc à (1) et c'est pour cette raison surtout que certains auteurs ont, directement ou indirectement, rejeté (8). L'argument invoqué a été, invariablement, que (8) devait être faux parce que, s'il était vrai, *l'expérience ne pourrait rien nous apprendre* : la connaissance empirique serait impossible. Mais cet argument n'est pas correct : l'expérience peut nous apprendre quelque chose quand bien même $p\ (a) = p\ (a,b) = 0$; ainsi $C\ (a,b)$ — c'est-à-dire le degré de corroboration donné à a par les tests b — peut quant à lui croître avec de nouveaux tests. (*Cf.* appendice * IX.) Cet argument « transcendantal » manque donc d'atteindre son but ; il n'atteint en tout cas pas ma théorie (3).

(3) Nous pouvons appeler « argument transcendantal » (par allusion à Kant) un argument faisant appel au fait que nous avons une connaissance ou que nous pouvons apprendre à partir de l'expérience et qui en conclut que la connaissance ou l'apprentissage à partir de l'expérience doit être possible et, en outre, que toute théorie impliquant l'impossibilité de la connaissance ou de l'apprentissage

Mais considérons à présent la conception selon laquelle la formule (8) est fausse ou, en d'autres termes, la conception selon laquelle

$$p(a_i a_j) > p(a_i) p(a_j)$$

est valide, de même que, par suite,

$$p(a_j, a_i) > p(a_j),$$

et

$$(^+) \qquad\qquad p(a_n, a_1\, a_2 \ldots a_{n-1}) > p(a_n)$$

Selon cette conception, une fois que nous avons découvert qu'un certain k_i possède la propriété A, la probabilité qu'un autre élément k_j possède la même propriété, est accrue ; et elle l'est plus encore si nous avons trouvé la propriété dans un certain nombre de cas. Ou, pour utiliser la terminologie de Hume, la formule $(^+)$ affirme « *que les cas* » (par exemple, k_n) « *dont nous n'avons eu aucune expérience, ressemblent probablement à ceux dont nous avons eu expérience.* »

La citation, mis à part le mot « probablement », est extraite de la critique humienne de l'induction (4). Et la critique de Hume s'applique parfaitement à $(^+)$ ou à sa formulation non symbolique (en italique). En effet, argumente Hume, « *même après avoir observé fréquemment la conjonction constante* de certains objets, nous n'avons pas de raison d'inférer quoi que ce soit relativement à quelque objet ne faisant pas partie de ceux dont nous avons eu expérience » (5). Si quelqu'un suggérait que c'est notre expérience qui nous autorise à tirer certaines conclusions relatives à des objets non observés à partir d'informations relatives à des objets observés, alors, dit Hume, « je reposerais ma question : *pourquoi, à partir de cette expérience, tirons-nous des conclusions qui sortent du cadre de ces cas antérieurs, dont nous avons eu expérience* ». En d'autres termes, Hume

à partir de l'expérience, doit être fausse. Je crois qu'un argument transcendantal peut effectivement être valide s'il est utilisé à des fins critiques — à l'encontre d'une théorie impliquant l'impossibilité de connaître, ou d'apprendre, à partir de l'expérience. Mais il faut l'utiliser avec beaucoup de prudence. Il existe une connaissance empirique *en un certain sens* du mot « connaissance ». Mais dans d'autres sens — par exemple, dans le sens d'une connaissance *certaine* ou *démontrable* — il n'y a rien de tel. Et nous ne devons pas accepter comme telle la présupposition selon laquelle nous aurions une connaissance « probable » c'est-à-dire probable au sens du calcul des probabilités. Je prétends, en effet, que nous n'avons pas une connaissance probable en ce sens. Car je crois que ce que nous pouvons appeler « connaissance empirique », la « connaissance scientifique » y compris, consiste en conjectures et que la plupart de ces conjectures ne sont pas probables (ou ont une probabilité zéro) bien qu'elles puissent être très bien corroborées. Voyez également mon *Postscript*, sections * 28 et * 32.

(4) *Treatise of Human Nature*, 1739-40, livre I, III⁰ partie, section VI (les italiques sont de Hume). Voyez également mon *Postscript*, note I de la section * 2 et note 2 de la section * 50.

(5) *Loc. cit.*, section XII (la mise en italique est de Hume). La citation suivante est extraite de *loc. cit.*, section VI.

fait remarquer que nous sommes entraînés dans une régression à l'infini si nous recourons à l'expérience en vue de justifier une conclusion quelconque relative à des cas non observés — *même s'il s'agit d'une conclusion simplement probable*, comme il l'ajoute dans son *Abstract*. En effet, nous pouvons lire dans cet ouvrage : « Il est évident qu'Adam, avec toute sa science, n'aurait jamais été capable de *démontrer* que le cours de la nature devait rester uniformément le même. J'irai plus loin et j'affirme qu'à l'aide d'arguments probables, il ne pouvait même pas prouver que le futur devait être conforme au passé. Tous les arguments probables reposent sur la présupposition qu'il y a une conformité entre le futur et le passé et ne peuvent donc jamais prouver « cette conformité (6). » Aussi, la formule (+) ne peut-elle être justifiée par l'expérience ; d'autre part, pour être logiquement valide, elle devrait avoir le caractère d'une tautologie, elle devrait être valide dans tout univers logiquement possible. Or ce n'est manifestement pas le cas.

Si elle est vraie, la formule (+) devrait donc avoir le caractère logique d'un *principe* d'induction *synthétique a priori* et non celui d'une assertion analytique ou logique. Mais, même en tant que principe d'induction, elle n'est pas tout à fait suffisante. En effet, (+) peut être vraie et $p(a) = o$ n'en être pas moins valide. (Nous trouvons donc chez Carnap (7) un exemple de théorie admettant (+) — qui, nous l'avons vu, doit être synthétique — comme valide *a priori* et admettant en même temps $p(a) = o$.

Un principe d'induction probabiliste efficace devrait être encore plus fort que (+). Il devrait nous permettre, au moins, de conclure que pour une certaine preuve singulière appropriée, *b*, nous pouvons obtenir $p(a,b) > \frac{1}{2}$, ou, en d'autres termes, que nous pouvons rendre *a* plus probable que sa négation si nous accumulons des preuves qui lui sont favorables. Or ceci n'est possible que si la formule (1) est fausse, c'est-à-dire, si nous avons $p(a) > o$.

Nous pouvons obtenir une réfutation plus directe de (+) et une preuve de (2) à partir d'une démonstration que nous donne Jeffreys

---

(6) *Cf. An Abstract of a Book Lately Published Entitled A Treatise of Human Nature*, 1740, éd. par J. M. Keynes et P. Sraffa, 1938, p. 15 ; *cf.* note 2 de la section 81. (Les italiques sont de Hume.)

(7) L'expérience de Carnap, selon laquelle son « lambda » (qui, comme je l'ai montré, est la réciproque d'une mesure de dépendance) doit être fini, implique notre formule (+) ; cf. *The Continuum of Inductive Methods*, 1952. Néanmoins, Carnap accepte $p(a) = o$, formule qui, selon Jeffreys impliquerait l'impossibilité d'apprendre à partir de l'expérience. Et pourtant, Carnap fonde son exigence (« lambda » doit être fini et donc (+) valide) exactement sur le même argument transcendantal que celui auquel recourt Jeffreys : sans lui, nous ne pourrions pas apprendre à partir de l'expérience. Voyez son ouvrage *Logical Foundations of Probability*, 1950, p. 565 et ma contribution au volume de la *Library of Living Philosophers* dédié à Carnap éd. par P. A. Schilpp, en particulier la note 87. Cette contribution se trouve dans mes *Conjectures and Refutations*.

dans sa *Theory of Probability*, § 1.6 (8). L'auteur examine une formule qu'il désigne du numéro (3) et qui dans notre symbolisme revient à affirmer que, à condition que $p(b_i,a) = 1$ pour tout i. $\leqslant n$, de telle sorte que $p(ab^n) = p(a)$, la formule suivante doit être valide :

(10) $p(a, b^n) = p(a)/p(b^n) = p(a)/p(b_1)p(b_2, b^1)\ldots p(b_n, b^{n-1}$

Considérant cette formule, Jeffreys nous dit (je continue à utiliser mon propre symbolisme) : « Ainsi, avec un nombre suffisant de vérifications, aurons-nous l'un de ces trois cas : (1) La probabilité de *a*, calculée sur la base de l'information disponible, est supérieure à 1 ; (2) elle est toujours 0 ; (3) $p(b_n, b^{n-1})$ tendra vers 1. » Il ajoute à ceci que le cas (1) est impossible (trivialement impossible) de sorte que seuls (2) et (3) demeurent possibles. Or je prétends que l'on peut facilement réfuter la présupposition selon laquelle le cas (3) est universellement valide pour quelque obscure raison logique (or il devrait être universellement valide et même *a priori*, s'il devait être utilisé dans l'induction). En effet, la seule condition requise pour déduire (10), outre $0 < p(b_i) < 1$, est qu'*il existe* un certain énoncé *a* tel que $p(b^n,a) = 1$. Or cette condition peut *toujours* être remplie, pour toute suite d'énoncés b_i. En effet, supposons que les b_i soient les comptes rendus de lancements d'une pièce de monnaie ; il est toujours possible de construire une loi universelle *a* qui implique les comptes rendus de tous les *n*-1 lancements observés et qui nous permette de prévoir tous les lancements ultérieurs (quoique probablement d'une manière incorrecte) (9). L'énoncé requis, *a*, se trouve donc toujours et il y a également toujours une autre loi, *a'*, qui nous donne les mêmes *n*-1 premiers résultats mais prévoit pour le $n^{ième}$ lancement le résultat contraire. Il serait donc paradoxal d'accepter le cas (3) de Jeffreys, puisque pour un *n* suffisamment grand nous aurions toujours $p(b_n, b^{n-1})$ proche de 1 et (à partir d'une autre loi, a') $p(\bar{b}_n, b^{n-1})$, proche de 1. En conséquence, l'argumentation de Jeffreys, qui est mathématiquement inéluctable, peut être utilisée

(8) Je traduis le symbolisme de Jeffreys dans mon propre symbolisme, en négligeant son *H* puisque rien dans l'argumentation ne nous empêche de le considérer comme tautologique, ou du moins inapplicable ; de toute façon, il est facile de reconstituer mon argumentation sans négliger l'*H* de Jeffreys.

(9) Remarquez que rien dans les conditions dans lesquelles (10) est déduit ne requiert que les b_i soient de la forme « *B* (k_i) », avec un prédicat commun « *B* », et rien ne nous empêche donc de présupposer que b_i = « k_i est *face* » et bj = « k_i est pile ». Néanmoins, nous pouvons construire un prédicat « *B* » tel que tout b_i ait la forme « *B* (k_i) » : nous pouvons définir *B* par « ayant la propriété pile, ou face, respectivement, si et seulement si l'élément correspondant de la suite déterminée par la loi mathématique, *a*, est o, ou 1, respectivement ». (L'on peut noter qu'un prédicat comme celui-ci ne peut être défini qu'eu égard à un univers d'individus *ordonnés* ou pouvant l'être ; mais c'est évidemment le seul cas qui nous importe si nous songeons à des applications du calcul aux problèmes scientifiques. (*Cf.* ma Préface, 1958, et la note 2 de la section * 49 de mon *Postscript*.)

pour prouver son cas (2), qui se trouve coïncider avec ma propre formule (2), telle qu'elle est donnée au début de cet appendice (10).

Nous pouvons résumer comme suit notre critique de la formule (+). Certains croient que, pour des raisons logiques, la probabilité que la prochaine chose que nous rencontrerons soit rouge, augmente avec le nombre de choses rouges vues dans le passé. Mais il s'agit là d'une croyance magique ; une croyance en la magie du langage humain. En effet « rouge » n'est qu'un prédicat et il y aura toujours des prédicats A et B qui s'appliquent ensemble à toutes les choses observées jusqu'ici mais qui conduisent à des prédictions probabilistes incompatibles eu égard à la chose suivante. Ces prédicats peuvent ne pas se rencontrer dans les langages habituels mais ils peuvent toujours être construits. (De manière assez étrange, la croyance magique que nous critiquons ici se rencontre parmi ceux qui construisent des modèles de langages artificiels et non parmi ceux qui analysent le langage courant.) En critiquant ainsi la formule (+) je défends, naturellement, le principe de *l'indépendance* (logique absolue) des divers a_n relativement à toute combinaison $a_i a_j \ldots$; c'est-à-dire que ma critique équivaut à une défense de (4) et de (1).

Il y a d'autres preuves de la validité de (1). L'une d'elles, que nous devons fondamentalement à une idée de Jeffreys et de Wrinch (11) fera l'objet d'un examen plus approfondi dans l'appendice * VIII. On peut exprimer son idée principale (avec quelques légères modifications) de la manière suivante.

Soit e un *explicandum* ou, plus précisément, un ensemble de données ou de faits singuliers que nous désirons expliquer à l'aide d'une loi universelle. Il y aura, en général, un nombre infini d'explications possibles — et un nombre infini d'explications (mutuellement *exclusives* eu égard aux données e) telles que la somme de leurs probabilités (étant donné e) ne puisse excéder l'unité. Or ceci signifie que la somme de leur quasi-totalité doit être zéro, à moins que nous ne puissions ordonner les lois possibles en une suite infinie, de manière à pouvoir attribuer à chacune d'elles une probabilité positive, de telle façon que leur somme converge et n'excède pas l'unité. Et cela signifie, en outre, qu'il faut attribuer aux lois qui apparaissent plus tôt dans la suite une probabilité plus grande qu'à celles qui y apparaissent plus tard. Nous devrions donc nous assurer que se trouve satisfaite l'importante *condition de cohérence* que voici :

(10) Jeffreys, quant à lui, tire la conclusion opposée : il adopte comme valide la possibilité représentée par le cas (3).
(11) *Philos. Magazine* 42, 1921, pp. 369 et suiv.

En ordonnant des lois, nous ne devons jamais placer une loi avant une autre s'il est possible de prouver que la probabilité de cette dernière est plus grande que celle de la première.

Jeffreys et Wrinch eurent certaines raisons intuitives de croire que l'on pouvait trouver une méthode de distribution des lois satisfaisant cette condition de cohérence : ils proposèrent de distribuer les théories explicatives selon un ordre de simplicité décroissante («postulat de simplicité») ou de complexité croissante, en mesurant la complexité au nombre des paramètres variables de la loi. Mais l'on peut prouver (et nous le ferons dans l'appendice * VIII) que cette méthode, ou toute autre méthode possible, transgresse la condition de cohérence.

Nous obtenons ainsi $p(a, e) = 0$ pour toutes les hypothèses explicatives, quelles que puissent être les données e ; c'est-à-dire que nous obtenons (2) et par là, indirectement, (1).

Un aspect intéressant de cette dernière preuve réside dans le fait qu'elle est valide même dans l'univers fini à condition que nos hypothèses explicatives soient formulées dans un langage mathématique qui permette une infinité d'hypothèses (mutuellement exclusives). Par exemple, nous pouvons construire l'univers suivant (12). Quelqu'un dispose sur un très vaste échiquier de petits disques ou des pièces d'un jeu de dames selon la règle que voici : il y a une fonction mathématiquement définie, ou une courbe, connue de lui mais non de nous, et les pièces ne sont placées que dans les carrés qui se trouvent sur la courbe; dans les limites déterminées par cette règle, elles peuvent être placées au hasard. Notre tâche consiste à observer le placement des disques et à trouver une « théorie explicative », c'est-à-dire si possible la courbe mathématique inconnue ou une courbe très proche de celle-ci. Il est évident qu'il y aura une infinité de solutions possibles qui seront mathématiquement incompatibles, bien que certaines d'entre elles ne puissent être distinguées eu égard aux disques disposés sur l'échiquier. Naturellement, certaines de ces théories peuvent être « réfutées » par des disques placés sur l'échiquier après que la théorie ait été énoncée. Bien que l'on puisse ici choisir un « univers » — celui des positions possibles — fini, il y aura néanmoins une infinité de théories explicatives mathématiquement incompatibles. Je suis, évidemment, conscient du fait que des instrumentalistes ou des opérationalistes pourraient dire que les différences entre deux théories quelconques déterminant les mêmes carrés seraient « dépourvues de signification ». Mais mis à part le fait que *cet exemple ne fait pas partie de mon argumentation* — de sorte que je n'ai pas réellement besoin de répondre à cette objection — il con-

(12) J'utilise un exemple semblable dans l'appendice * VIII, texte correspondant à la note 2.

viendrait de noter ceci : il sera possible, dans de nombreux cas, de donner une « signification » à ces différences « dépourvues de signification » en rendant notre réseau suffisamment fin, c'est-à-dire en subdivisant nos carrés.

L'on trouvera dans l'appendice * VIII la discussion détaillée du fait que ma condition de cohérence ne peut être satisfaite. Je laisserai à présent le problème de la validité des formules (1) et (2) afin d'en arriver à l'examen d'un problème formel que suscite le fait que la validité de ces formules implique que toutes les théories universelles, quel que soit leur contenu, ont une probabilité zéro.

Il n'y a pas de doute que le contenu ou la force logique de deux théories universelles peuvent être très différents. Prenez les deux lois $a_1 = $ « Toutes les planètes se meuvent sur des orbites circulaires » et $a_2 = $ « Toutes les planètes se meuvent sur des orbites elliptiques. » Comme tous les cercles sont des ellipses (avec une excentricité zéro), a_1 implique a_2 sans que l'inverse soit vrai. Le contenu de a_1 est de beaucoup plus grand que celui de a_2. (Il y a, naturellement, d'autres théories que a_1 et logiquement plus fortes qu'elle ; par exemple : « Toutes les planètes se meuvent sur des cercles concentriques autour du soleil. »)

Le fait que le contenu de a_1 est plus grand que celui de a_2 est de la plus haute importance pour tous nos problèmes. Par exemple, il y a des *tests* de a_1 — c'est-à-dire des tentatives visant à réfuter a_1 par la découverte d'un certain écart par rapport à la circularité — qui ne sont pas des tests de a_2 ; mais il ne pourrait y avoir de test authentique de a_2 qui ne serait, en même temps, un test de a_1. Ainsi a_1 est-il susceptible d'être soumis plus rigoureusement à des tests ; cette hypothèse a un degré plus élevé de falsifiabilité ; et si elle résiste à des tests plus rigoureux, elle atteindra un degré de corroboration plus élevé que celui qu'a_2 peut atteindre.

Il peut y avoir de semblables relations entre deux théories, a_1 et a_2 même si a_1 n'implique pas logiquement a_2 mais est une théorie dont a_2 est une très bonne approximation. (Ainsi, a_1 peut être la dynamique de Newton et a_2 les lois de Kepler, qui ne dérivent pas étroitement de la théorie de Newton, mais en « dérivent » seulement « avec une bonne approximation » ; voyez également la section * 15 de mon *Postscript*). Ici également, la théorie de Newton est plus falsifiable, parce que son contenu est plus grand (13).

<hr />

(13) Quoi que C. G. Hempel puisse vouloir dire par « preuve confirmante » d'une théorie, il est évident qu'il ne peut signifier par là le résultat de tests corroborant la théorie. En effet, dans ses article sur le sujet (*Journal of Symbolic Logic* 8, 1943, pp. 122 et suiv., et surtout *Mind* 54, 1964, pp. 1 et suiv. et 97 et suiv. ; 55, 1946, pp. 79 et suiv.), il pose (*Mind* 54, pp. 102 et suiv.) parmi ses conditions d'adéquation, la condition suivante (8.3) : si *e* est une preuve confirmante de

Or notre démonstration de (1) prouve que ces différences de contenu et de falsifiabilité ne peuvent être directement exprimées en termes de probabilité logique absolue des théories a_1 et a_2, puisque $p(a_1) = p(a_2) = 0$. Et si nous définissons une mesure de contenu, $C(a)$, par $C(a) = 1 - p(a)$, comme cela a été suggéré dans le corps de l'ouvrage, nous obtenons, de nouveau, $C(a_1) = C(a_2)$, de sorte que ces mesures laissent inexprimées les différences de contenu qui nous intéressent. [La différence entre un énoncé contradictoire en soi $a\bar{a}$ et une théorie universelle a demeure également inexprimée puisque $p(a\bar{a}) = p(a) = 0$ et $C(a\bar{a}) = C(a) = 1$. (14).]

---

plusieurs hypothèses, h_1 et h_2 par exemple, alors h_1 et h_2 doivent former un ensemble d'énoncés cohérent.

Mais les cas les plus typiques et les plus intéressants vont à l'encontre de ceci. Supposons qu'h_1 et h_2 soient les théories einsteinienne et newtonienne de la gravitation. Elles mènent à des résultats incompatibles pour des champs gravitationnels forts et des corps se mouvant rapidement, et elles se contredisent donc naturellement. Et cependant, toute la preuve connue à l'appui de la théorie de Newton étaye également celle d'Einstein et corrobore l'une et l'autre. La situation est fort semblable en ce qui concerne les théories de Newton et de Kepler ou celles de Newton et de Galilée. (De la même manière, toute tentative infructueuse en vue de trouver un cygne rouge ou jaune corrobore en même temps les deux théories suivantes qui se contredisent mutuellement en présence de l'énoncé : « Il existe quelque cygne » ; (I) « Tous les cygnes sont blancs » et (II) « Tous les cygnes sont noirs. »)

De manière tout à fait générale, supposons que nous ayons une hypothèse, h, corroborée par le résultat e de tests rigoureux et h_1 et h_2, qui sont deux théories incompatibles et qui entraînent chacune h (h_1 peut être ah, et h_2 $\bar{a}h$). Dans ce cas, tout test de h est un test de h_1 et de h_2 puisque toute réfutation effective de h réfuterait h_1 et h_2, et si e est le compte rendu de tentatives infructueuses visant à réfuter h, e corrobora h_1 et h_2. Mais nous chercherons évidemment, des tests cruciaux permettant de départager h_1 et h_2. Le cas des « vérifications » et des « exemplifications » (« instantiations ») est, naturellement, différent. Mais cela n'a à voir avec des tests.

Cette critique mise à part, il conviendrait de noter que l'identité ne peut pas être exprimée dans le modèle de langage de Hempel. Voyez en particulier sa p. 143 (5ᵉ ligne à partir de la fin) et ma seconde Préface, 1958. Pour une *définition* simple (sémantique) de *l'exemplification*, voyez la dernière note en bas de page de mon article paru dans *Mind*, 64, 1955, p. 391.

(14) *Dans aucune théorie de la probabilité, l'on ne peut éviter* le fait qu'un énoncé contradictoire en soi peut avoir la même probabilité qu'un énoncé synthétique cohérent, à partir du moment où l'on applique la théorie à un univers de discours infini : il s'agit là d'une simple conséquence de la loi de multiplication selon laquelle $p(a_1 a_2 \ldots a_n)$ doit tendre vers zéro pourvu que tous les a_i soient mutuellement indépendants. Aussi la probabilité de lancer « pile » n fois successives est, selon *toutes* les théories de la probabilité, $1/2\ n$, et devient zéro si le nombre de lancements devient infini.

Voici un problème de probabilité du même type. Mettez dans une urne n boules marquées des chiffres 1 à n, et mélangez-les. Quelle est la probabilité de tirer une boule marquée d'un nombre premier ? La solution bien connue de ce problème, tend comme celle du précédent vers zéro quand n tend vers l'infini ; ce qui signifie que la probabilité de tirer une boule marquée d'un nombre divisible devient 1, pour $n \to \infty$, même s'il y a dans l'urne un nombre infini de boules ayant un nombre indivisible. Ce résultat doit être le même dans *n'importe quelle* théorie adéquate de la probabilité. L'on ne doit donc pas considérer une théorie particulière, telle la théorie fréquentielle, et la critiquer en disant qu'elle est « au moins légèrement paradoxale » *parce qu'elle donne ce résultat* : celui-ci est parfaitement correct. (L'on trouve chez Kneale, *Probability and Induction*, 1949, p. 156, une critique de ce genre.) En ce qui concerne notre dernier « problème de la théorie de la probabilité », la critique de Jeffreys adressée à ceux qui parlent de la « distribution de probabilité des nombres premiers » me semble également dépourvue de fondement. (*Cf. Theory of Probability*, 2ᵉ éd., p. 38, note en bas de page.)

Tout ceci ne signifie pas que nous ne pouvons pas exprimer la différence de contenu de a_1 et de a_2 en termes de probabilité, du moins dans certains cas. Par exemple, le fait que a_1 implique a_2 de manière non réciproque devrait nous donner

$$p(a_1,a_2) = 0 \; ; \; p(a_2,a_1) = 1$$

quand bien même nous devrions avoir en même temps

$$p(a_1) = p(a_2) = 0$$

Nous devrions donc avoir

$$p(a_1,a_2) < p(a_2,a_1)$$

qui serait une indication du fait que le contenu de a_1 est plus grand

L'on peut exprimer le fait qu'il y a ainsi des différences de contenus et de probabilités logiques absolues qui ne peuvent pas être directement exprimées par les mesures correspondantes, en disant qu'il y a une « microstructure » de contenu et de probabilité logique qui peut nous permettre de distinguer des contenus et des probabilités logiques de différentes grandeurs même dans des cas où les mesures $C(a)$ et $p(a)$ sont trop grossières, et insensibles aux différences, c'est-à-dire dans les cas où elles donnent des résultats égaux. Pour exprimer cette microstructure, nous pouvons utiliser les symboles « ≻ » (est plus élevé) et « ≺ » (est moins élevé ») au lieu des symboles habituels « > » et « < ». Nous pouvons utiliser « ≽ » : est plus élevé ou également élevé et « ≼ »). L'on peut expliquer l'utilisation de ces symboles par les règles suivantes :

(1) « $C(a) ≻ C(b)$ » ainsi que son équivalent « $p(a) ≺ p(b)$ » peuvent être utilisés pour signifier que le contenu de a est plus grand que celui de b — tout au moins au sens de la micro-structure de contenu. Nous présupposerons donc que $C(a) ≻ C(b)$ implique nécessairement $C(a) ≽ C(b)$ et que ceci implique nécessairement à son tour $C(a) ⩾ C(b)$, c'est-à-dire la fausseté de $C(a) < C(b)$. Aucune des implications inverses n'est valide.

(2) $C(a) ≽ C(b)$ et $C(a) ≼ C(b)$ impliquent nécessairement ensemble $C(a) = C(b)$ mais $C(a) = C(b)$ est incompatible avec $C(a) ≻ C(b)$ ou avec $C(a) ≺ C(b)$ et, naturellement également avec $C(a) ≽ C(b)$ et avec $C(a) ≼ C(b)$.

(3) $C(a) > C(b)$ implique nécessairement toujours $C(a) ≻ C(b)$.

(4) Il y aura des règles correspondantes pour $p(a) ≻ p(b)$, etc.

Le problème se pose à présent de déterminer les cas dans lesquels nous pouvons dire que $C(a) ≻ C(b)$ est valide même si nous avons $C(a) = C(b)$. Pour un certain nombre de cas, c'est assez clair ; par exemple lorsque a implique nécessairement et unilatéralement b. De manière plus générale, je suggère la règle suivante :

Si pour tous les univers *finis* suffisamment grands (c'est-à-dire pour tous les univers qui ont plus que N-membres, pour un certain N suffisamment grand), nous avons $C(a) > C(b)$ et donc, conformément à la règle (3), $C(a) \succ C(b)$, nous gardons $C(a) \succ C(b)$ pour un univers infini même si, pour un univers infini, nous avons $C(a) = C(b)$. Cette règle me semble couvrir la plupart des cas intéressants mais peut-être pas tous (15).

Le problème posé par $a_1 = $ « Toutes les planètes se meuvent sur des orbites circulaires » et $a_2 = $ « Toutes les planètes se meuvent sur des orbites elliptiques » se trouve manifestement couvert par notre règle et c'est même aussi le cas pour la comparaison de a_1 et $a_3 = $ « Toutes les planètes se meuvent sur des ellipses ayant une excentricité différente de zéro » ; en effet, $p(a_3) > p(a_1)$ sera valide dans tous les univers finis (d'observations possibles, par exemple), suffisamment grands au simple sens qu'il y a plus de possibilités compatibles avec a_3 qu'avec a_1.

La microstructure de contenu et de probabilité que nous avons examinée dans ces pages ne concerne pas seulement les limites, o et 1, de l'intervalle de probabilité, mais elle concerne en principe toutes les probabilités comprises entre o et 1. En effet, soit a_1 et a_2 des lois universelles avec $p(a_2) = $ o et $p(a_1) \prec p(a_2)$, comme précédemment : supposons que b ne soit nécessairement impliqué ni par a_1 ni par a_2 ni par leurs négations ; et supposons que o $< p(b) = r < 1$. Nous avons alors

$$p(a_1 \vee b) = p(a_2 \vee b) = r$$

et en même temps

$$p(a_1 \vee b) \prec p(a_2 \vee b).$$

De la même façon, nous avons

$$p(\bar{a}_1 b) = p(\bar{a}_2 b) = r$$

et en même temps

$$p(\bar{a}_1 b) \succ p(\bar{a}_2 b)$$

puisque $p(\bar{a}_1) \succ p(\bar{a}_2)$, quoique naturellement $p(\bar{a}_1) = p(\bar{a}_2) = 1$. Nous pouvons donc avoir pour tout b tel que $p(b) = r$, un c_1 tel que $p(c_1) = p(b)$ et $p(c_1) \prec p(b)$ et aussi un c_2 tel que $p(c_2) = p(b)$ et $p(c_2) \succ p(b)$.

La situation envisagée ici est importante pour le traitement de la notion de *simplicité* ou *de dimension d'une théorie*. Ce problème sera examiné dans l'appendice suivant.

(15) Des problèmes apparentés à celui-ci font l'objet d'un examen très détaillé dans l'article extrêmement stimulant de John Kemeny, *A Logical Measure Function, Journal of Symb. Logic* 18, 1953, pp. 289 et suiv.

Le modèle de langage de Kemeny est le deuxième des trois auxquels je fais allusion dans ma seconde Préface. C'est, à mon avis, de loin le plus intéressant des trois. Cependant comme l'auteur le montre à la p. 294, son langage est construit de telle manière que des théorèmes infinitistes — comme le principe selon lequel tout nombre a un successeur — ne doivent pas y être démontrables. Ce langage ne peut donc comporter le système courant de l'arithmétique.

Appendice * VIII

Contenu, simplicité et dimension.

Comme je l'ai signalé dans le corps de cet ouvrage (1), je ne crois pas que l'on entrave la marche du langage scientifique en empêchant le savant d'user librement, chaque fois que c'est commode, de nouvelles notions, de nouveaux prédicats, concepts « occultes », ou quoi que ce soit d'autre. C'est pour cette raison que je ne puis soutenir les diverses tentatives récentes visant à introduire dans la philosophie de la science la méthode de calculs artificiels ou « systèmes de langage », systèmes censés être des modèles d'un « langage de la science » simplifié. Je crois que ces tentatives non seulement ont été inutiles jusqu'à présent mais encore ont contribué à répandre l'obscurité et la confusion que l'on trouve généralement dans la philosophie de la science.

Nous avons brièvement expliqué, dans la section 38 et dans l'appendice I, que, si nous avions à notre disposition des énoncés (absolument) atomiques — ou, ce qui revient au même des *prédicats* (absolument) *atomiques* — nous pourrions utiliser, comme mesure du *contenu* d'une théorie, l'inverse du nombre minimal d'*énoncés atomiques* requis pour réfuter cette théorie. En effet, puisque le degré de contenu d'une théorie est le même que son degré de falsifiabilité (*testability*) ou de réfutabilité, la théorie susceptible d'être réfutée par un nombre moindre d'énoncés atomiques sera également la plus facilement réfutable ou falsifiable, et donc celle qui aura le plus grand contenu. (De manière plus concise, plus petit est le nombre d'énoncés atomiques requis pour constituer un falsificateur virtuel, plus grand est le contenu de la théorie.)

Mais je ne désire pas utiliser des énoncés atomiques fictifs non plus qu'un système de langage artificiel qui mettrait à notre disposition des énoncés atomiques. Car il me semble tout à fait manifeste que la science ne nous fournit pas de prédicats atomiques « naturels ». Il semble qu'à certains logiciens d'écoles plus anciennes, les prédicats « homme » et « mortel » soient apparus comme des

---

(1) Voyez la section 38, en particulier le texte suivant la note 2 et mon appendice I ; voyez également ma seconde Préface, 1958.

exemples de quelque chose d'analogue à des prédicats atomiques. Carnap utilise « bleu » ou « chaud » comme exemples, sans doute parce que « homme » et « mortel » sont des notions extrêmement complexes qui (peuvent penser certains) peuvent être définies en termes de notions plus simples comme « bleu » ou « chaud ». Pourtant, il est caractéristique des discussions scientifiques que ces prédicats, pas plus qu'aucun autre, n'y sont traités comme (absolument) atomiques. Selon le problème dont il s'agit, non seulement « homme » et « mortel » mais encore « bleu » ou « chaud » peuvent être traités comme des prédicats extrêmement complexes : « bleu », par exemple, peut être traité comme la couleur du ciel, dont l'explication requiert la théorie atomique. Le terme phénoménal « bleu », lui-même peut dans certains contextes être traité comme un terme définissable comme une propriété d'images visuelles mise en correspondance avec certains stimuli physiologiques. C'est le propre de la discussion scientifique de procéder librement ; s'il réussissait, l'essai visant à lui retirer sa liberté en l'enchaînant sur le lit de Procuste d'un système de langage préétabli, constituerait la fin de la science.

C'est pour ces raisons que j'ai refusé, *a priori*, l'idée d'utiliser des énoncés atomiques pour mesurer le degré de *contenu* ou de *simplicité* d'une théorie ; et j'ai suggéré que nous pourrions utiliser, au lieu de cela, la notion d'énoncés *relativement atomiques*, jointe à celle de *champ d'énoncés* relativement atomiques, eu égard à une théorie ou à un ensemble de théories à la mise à l'épreuve desquelles ils participent ; champ qui pourrait être interprété comme un *champ d'application* de la théorie ou de l'ensemble de théories.

Si, comme dans l'appendice précédent, nous prenons de nouveau comme exemple les deux théories a_1 = « Toutes les planètes se meuvent sur des orbites circulaires » et a_2 = « Toutes les planètes se meuvent sur des orbites elliptiques » nous pouvons considérer que notre champ sera constitué de tous les énoncés de la forme « Au temps x, la planète y occupait la position z », qui seront nos énoncés relativement atomiques. Et à supposer que nous sachions déjà que la trajectoire de la planète est une courbe plane, nous pouvons prendre un papier millimétré qui représente le champ sur lequel nous rapporterons les diverses positions en inscrivant chaque fois le temps et le nom de la planète en question de manière à ce que chaque inscription représente l'un des énoncés relativement atomiques. (Nous pouvons évidemment rendre la représentation tri-dimensionnelle, en indiquant la position avec une épingle dont la longueur représente le temps, mesuré à partir de certain moment que l'on suppose égal à zéro ; et l'on peut colorer de manière différente les têtes des épingles pour signifier les noms des diverses planètes.)

J'ai expliqué, en particulier dans les sections 40 à 46 et dans mon ancien appendice I, la manière d'utiliser, pour mesurer la complexité d'une théorie, le nombre minimal d'énoncés relativement atomiques requis pour réfuter cette théorie. Et j'ai montré que la *simplicité formelle* d'une théorie pouvait se mesurer au *petit nombre de ses paramètres*, dans la mesure où ce petit nombre ne résultait pas d'une réduction « formelle » mais bien « matérielle » du nombre des paramètres. (*Cf.* en particulier les sections 40, 44, 45 et l'appendice I.)

Or comparer ainsi la simplicité de théories, ou leur contenu, reviendra manifestement à comparer la « microstructure » de leurs contenus, au sens indiqué dans la section précédente, puisque les probabilités absolues de ces théories seront toutes égales (à savoir égales à zéro). Et je voudrais commencer par prouver que le nombre de paramètres d'une théorie (eu égard à un champ d'application) peut effectivement être interprété comme la mesure de la microstructure de son contenu.

Je dois prouver, à cette fin, que, pour un univers fini suffisamment vaste, une théorie ayant un nombre supérieur de paramètres sera toujours plus probable (au sens classique du terme) qu'une théorie en ayant un nombre moindre.

L'on peut prouver ceci de la manière suivante. Si nous considérons un champ continu d'application géométrique, notre univers d'événements possibles — dont chacun se trouve décrit par un énoncé relativement atomique possible — est évidemment infini. Comme les sections 38 et suivantes le montrent, nous pouvons dès lors comparer deux théories sous le rapport de la *dimension*, et non du *nombre*, des possibilités qu'elles permettent, c'est-à-dire des possibilités qui leur sont favorables. La dimension de ces possibilités se trouve être égale au nombre de paramètres. Nous remplaçons ici l'univers infini d'énoncés relativement atomiques par un univers *fini* (quoique très vaste) d'énoncés (relativement atomiques) conforme à l'exemple de l'échiquier introduit dans l'appendice précédent (2). C'est-à-dire que nous supposons que chaque énoncé relativement atomique indiquant la position d'une planète correspond à un petit *carré* ayant ε de côté, et non à un point du plan, et que les positions possibles ne se recouvrent pas (3). Modifiant

---

(2) *Cf.* appendice * VII, texte renvoyant à la note 12.
(3) Nous supposons que les positions possibles ne se recouvrent pas en vue de simplifier l'exposé. Nous pourrions tout aussi bien supposer que deux carrés voisins quelconques se recouvrent sur un quart de leur surface ; ou bien, nous pourrions remplacer les carrés par des cercles se recouvrant (de manière à couvrir toute la surface). Nous serions, dans ce dernier cas, un peu plus proche d'une interprétation des « positions » en termes de résultats jamais tout à fait précis de *mesures* possibles des positions.

quelque peu l'exemple de l'appendice précédent, nous remplaçons alors les diverses *courbes* qui constituent les représentations géométriques habituelles de nos théories par des « quasi-courbes » (de largeur plus ou moins égale à ε), c'est-à-dire par des ensembles ou séries, de carrés. Par suite, le nombre des théories possibles devient un nombre fini.

Considérons à présent la représentation d'une théorie ayant d paramètres ; dans le cas d'un champ d'application continu cette théorie était représentée par un continuum d-dimensionnel dont chaque point (d-tuple) représentait une courbe. Nous voyons que nous pouvons continuer à utiliser une représentation semblable, avec la seule différence que notre continuum d-dimensionnel sera remplacé par un arrangement d-dimensionnel de « cubes » d-dimensionnels ayant ε de côté. Chacun de ces petits cubes représente une « quasi-courbe » et donc l'une des possibilités favorables à la théorie, tandis que l'arrangement d-dimensionnel représentera l'ensemble de toutes les « quasi-courbes » compatibles avec, ou favorables à la théorie.

Et à présent nous pouvons dire que la théorie qui a moins de paramètres — c'est-à-dire l'*ensemble* de quasi-courbes représenté par un arrangement de moindre dimension — aura non seulement une moindre dimension mais encore contiendra un nombre inférieur de « cubes » c'est-à-dire de possibilités favorables.

Nous sommes donc justifiés d'appliquer les résultats de la section précédente : si a_1 a moins de paramètres que a_2, nous pouvons affirmer que dans un univers suffisamment vaste mais fini, nous aurons

$$p(a_1) < p(a_2)$$

et donc

(*) $$p(a_1) \prec p(a_2)$$

Or la formule (*) reste valide lorsque nous supposons que ε tend vers zéro, ce qui revient, à la limite, à remplacer l'univers fini par un univers infini. Nous obtenons donc le *théorème* suivant :

(1) Si le nombre de paramètres de a_1 est plus petit que le nombre de paramètres de a_2, l'hypothèse

$$p(a_1) > p(a_2)$$

contredit les lois du calcul des probabilités.

Si nous écrivons « $d_F(a)$ », ou, plus simplement, « $d(a)$ », pour représenter la dimension de la théorie a (eu égard au champ d'application F), nous pouvons formuler notre théorème comme suit :

(1)   Si $d(a_1) < d(a_2)$, alors $p(a_1) \prec p(a_2)$;

il s'ensuit que « $p(a_1) > p(a_2)$ » est incompatible avec « $d(a_1) < d(a_2)$ ».

Ce théorème (implicite dans ce qu'il a été dit dans le corps de l'ouvrage) concorde avec les considérations suivantes ; une théorie a requiert un minimum de $d(a) + 1$ énoncés relativement atomiques pour être réfutée. Ses « falsificateurs les plus faibles », comme nous pouvons les appeler, sont constitués d'une conjonction de $d(a) + 1$ énoncés relativement atomiques. Cela signifie que si $n \leqslant d(a)$, *aucune* conjonction de n énoncés relativement atomiques n'est logiquement assez forte pour qu'on puisse en déduire $\bar{a}$, c'est-à-dire la négation de a. En conséquence, la force ou le contenu de $\bar{a}$ peut être mesuré par $d(a) + 1$, puisque a sera plus fort que toute conjonction de $d(a)$ énoncés relativement atomiques mais certes pas plus que certaines conjonctions de $d(1) + 1$ énoncés de ce type. Or, la règle de probabilité

$$p(\bar{a}) = 1 - p(a)$$

nous dit que la probabilité d'une théorie a décroît au fur et à mesure que croît la probabilité de sa négation $\bar{a}$, et inversement ; elle nous dit également que les contenus de a et de $\bar{a}$ sont dans ce même rapport. Ceci nous montre, de nouveau, que $d(a_1) < d(a_2)$ signifie que le contenu de a_1 est plus grand que celui de a_2, de telle façon que $d(a_1) < d(a_2)$ implique nécessairement $p(a_1) \prec p(a_2)$ et est donc *incompatible* avec $p(a_1) > p(a_2)$. Or ce résultat n'est rien d'autre que le théorème (1) qui a été déduit plus haut.

Notre théorème a été déduit eu égard à des univers finis, et il est, en fait, tout à fait indépendant du passage à des univers infinis. Il est donc indépendant des formules (1) et (2) de l'appendice précédent, à savoir du fait que dans un univers infini, nous avons, pour toute loi universelle, a, et toute preuve finie e,

(2) $p(a) = p(a, e) = 0$

Nous pouvons en conséquence légitimement utiliser (1) pour une autre déduction de (2) ; et ceci peut effectivement se faire, si nous utilisons une idée de Dorothy Wrinch et Harold Jeffreys.

Comme je l'ai brièvement signalé dans l'appendice précédent (4), Wrinch et Jeffreys ont remarqué que si nous avons une infinité de théories explicatives mutuellement incompatibles ou exclusives, la somme des probabilités de ces théories ne peut excéder l'unité ; presque toutes ces probabilités doivent donc être égales à zéro, à moins que nous ne puissions ordonner les théories en une suite et

_____

(4) *Cf.* appendice * VII texte correspondant à la note 11.

attribuer à chacune d'elles, comme probabilité, une valeur prise dans une suite convergente de fractions dont la somme n'excède pas 1. Par exemple, nous pouvons attribuer la valeur 1/2 à la première théorie, $1/2^2$ à la deuxième, et en général, $1/2^n$ à la $n^{\text{ième}}$. Mais nous pouvons également attribuer à chacune des 25 premières théories la valeur 1/50, c'est-à-dire 1/(2.25) ; à chacune des 100 suivantes, disons la valeur 1/400, c'est-à-dire 1/(2^2.100) et ainsi de suite.

Quelle que soit la manière dont nous puissions ordonner les théories et leur attribuer nos probabilités, il y a toujours une valeur de probabilité *plus grande* que les autres (soit $P_{1/2}$ dans notre premier exemple ou 1/50) ; cette valeur P sera attribuée à un maximum de n théories (n étant un nombre fini et n. $P < 1$). Chacune de ces théories auxquelles la probablité maximale a été attribuée, a une *dimension*. Soit D la plus grande dimension qui se trouve parmi ces n théories et soit a_1 l'une d'elles, avec $d(a_1) = D$. Il est, dans ce cas, évident qu'aucune des théories ayant une dimension supérieure à D ne se trouvera parmi nos n théories de probabilité maximale. Soit a_2 une théorie ayant une dimension supérieure à D, de telle façon que $d(a_2) > D = d(a_1)$. L'attribution adoptée nous donne alors :

(—) $\qquad d(a_1) < d(a_2)$; et $p(a_1) > p(a_2)$.

Ce résultat prouve que notre théorème (1) est transgressé. Or nous ne pouvons éviter une attribution de ce type si nous voulons éviter l'attribution d'une même probabilité, à savoir zéro, à toutes les théories.

Wrinch et Jeffreys parvinrent, pour leur part, à un résultat très différent. Ils pensèrent que la possibilité d'une connaissance empirique supposait la possibilité d'augmenter la probabilité d'une loi en accumulant les preuves en sa faveur. Ils en conclurent que (2) devait être une formule fausse et en outre, qu'il devait exister une méthode légitime permettant d'attribuer des probabilités différentes de zéro à une suite infinie de théories explicatives. Wrinch et Jeffreys tirèrent donc de l'argument « transcendantal » [comme je l'ai appelé dans l'appendice précédent (5)] des conclusions très positives. Pensant, comme ils le faisaient, qu'un accroissement de probabilité signifie un accroissement de connaissance (de sorte qu'une possibilité élevée devient un objectif scientifique), ces auteurs ne tinrent pas compte de la *possibilité que nous avons de pouvoir apprendre à partir de l'expérience de plus en plus de choses relatives à des lois universelles sans jamais accroître leur probabilité*; de pouvoir soumettre à des tests et corroborer de mieux en mieux

(5) *Cf.* note 3 de l'appendice * VII.

certaines de ces théories et d'accroître ainsi leur *degré de corroboration* sans modifier leur *probabilité*, dont la valeur reste zéro.

Jeffreys et Wrinch n'ont jamais décrit la suite de théories en question ni l'attribution de valeurs de probabilité de manière suffisamment claire. Leur idée principale — le « postulat de simplicité » (6) — était que les théories devaient être ordonnées de telle manière que leur complexité ou le nombre de leurs paramètres croisse tandis que décroît la valeur des probabilités qu'on leur attribue ; soit dit en passant, ceci signifierait que *deux* théories *quelconques* de la séquence violeraient notre théorème (1). Mais, comme Jeffreys lui-même l'a fait remarquer, il n'est pas possible d'ordonner nos théories de cette manière. En effet, plusieurs théories peuvent avoir *le même nombre* de paramètres. Jeffreys lui-même donne comme exemples $y = a\,x$ et $y = a\,x^2$; et il nous dit à leur propos que « des lois faisant intervenir le même nombre de paramètres peuvent être considérées comme ayant la même probabilité *a priori* » (7). Mais le nombre de ces lois est infini, car les exemples de Jeffreys peuvent être poursuivis à l'infini : $y = a\,x^3$, $y = a\,x^4$, ... $y = a\,x^n$, et ainsi de suite, avec $n \to \infty$. Aussi pour chaque nombre de paramètres se représenterait le même problème que pour toute la suite.

En outre, Jeffreys lui-même reconnaît dans le même § 3.0 (8) qu'une loi a_1, par exemple, peut être obtenue à partir d'une loi a_2 ayant un paramètre de plus, si l'on admet que ce paramètre est égal à 0 ; et que dans ce cas, $p(a_1) \leqslant p(a_2)$, puisque a_1 est un *cas particulier* de a_2, et que a_1 a donc moins de possibilités (9). Ainsi, dans ce cas particulier, il reconnaît qu'une théorie ayant moins de paramètres sera moins probable qu'une théorie qui en a davantage, ce qui concorde avec notre théorème (1). Mais il ne reconnaît ce fait que dans ce cas particulier et il ne fait pas le moindre commentaire relativement au fait qu'une contradiction peut surgir entre son postulat de simplicité et ce cas. Somme toute, il n'essaie nulle part de prouver que le postulat de simplicité est cohérent avec son système d'axiomes ; or, eu égard au cas particulier que nous venons de mentionner, il aurait dû être évident qu'une preuve de cohérence était expressément requise.

(6) Dans sa *Theory of Probability, cit.*, 3.0, Jeffreys dit du « postulat de simplicité » qu'il « n'est pas... un postulat isolé mais une application directe de la règle 5 ». Mais tout ce que cette règle 5 comporte, par voie de référence à la règle 4 (les deux règles sont formulées dans le § 1.1), c'est une forme très vague du principe « transcendantal ». Cette règle n'affecte donc d'aucune manière notre argumentation.

(7) *Theory of Probability*, § 3.0 (1ère édition, p. 95 ; 2ième édition, p. 100).
(8) *Op. cit.*, 1ère édition, p. 96 ; 2ième édition, p. 101.
(9) Jeffreys, *loc. cit.*, fait remarquer que « la moitié de la probabilité primaire [de a_2] est concentrée en $a_{m+1} = 0$ », ce qui semble signifier que $p(a_1) = p(a_2)/2$; mais cette règle peut mener à une contradiction si le nombre des paramètres de a_2 est supérieur à 2.

Nos considérations personnelles montrent qu'une preuve de cohérence ne peut être donnée et que le « postulat de simplicité» doit être en contradiction avec tout système d'axiomes approprié au calcul des probabilités ; en effet, il viole nécessairement notre théorème (1).

Dans la conclusion de cet appendice, je voudrais essayer d'expliquer en quelque sorte comment il est possible que Wrinch et Jeffreys aient considéré leur « postulat de simplicité » comme inoffensif, comme non susceptible de créer des difficultés.

Il faudrait se rappeler qu'ils furent les premiers à identifier la simplicité et le petit nombre de paramètres. (Personnellement, je ne les identifie pas uniment : je fais une distinction entre une réduction formelle et une réduction matérielle du nombre de paramètres — *cf.* sections 40, 44, 45 — et la simplicité telle qu'on la conçoit intuitivement devient donc quelque chose comme la simplicité formelle ; mais à part cela, ma théorie de la simplicité concorde avec celle de Wrinch et Jeffreys sur ce point. Ils ont également vu clairement que la simplicité est l'un des trois objectifs que se fixent les savants, que ces derniers préfèrent une théorie plus simple à une théorie plus compliquée et qu'ils commencent donc par mettre à l'essai les théories les plus simples. Sur tous ces points, Wrinch et Jeffreys avaient raison. Ils avaient également raison de croire qu'il y a comparativement peu de théories simples et beaucoup de théories complexes dont les nombres s'accroissent avec le nombre de leurs paramètres.

Ce dernier fait peut les avoir amenés à croire que les théories complexes étaient les moins probables (puisque la probabilité disponible devait en quelque sorte être répartie entre les diverses théories. Et puisqu'ils supposaient également qu'un degré élevé de probabilité était le signe d'un degré élevé de connaissance et était donc l'un des objectifs du savant, ils peuvent avoir pensé qu'il était intuitivement évident que la théorie la plus simple (et donc plus désirable) devait être identifiée avec la théorie la plus probable (et donc la plus désirable) ; sinon, les objectifs du savant seraient devenus incohérents. Le postulat de simplicité apparaissait donc nécessaire sur des bases intuitives et donc, *a fortiori*, cohérent.

Mais une fois que nous nous sommes rendu compte que le savant n'a pas et ne peut avoir pour objectif l'obtention d'un degré élevé de probabilité et que l'impression contraire est due à la confusion de la notion intuitive de probabilité avec une autre notion [le « degré de corroboration », dans cet ouvrage (10)], il nous devient éga-

(10) Le point 8 de ma « Troisième Note » reprise dans l'appendice * IX démontre que si *h* est une hypothèse statistique affirmant que « $p\,(a,\,b) = 1$ » alors, après que l'hypothèse *h* ait passé *n* tests rigoureux, son degré de corrobo-

lement évident que la simplicité, ou le petit nombre de paramètres est lié à, et tend à croître avec, l'improbabilité et non la probabilité. Et il nous deviendra également évident qu'un degré élevé de simplicité est néanmoins lié à un degré élevé de corroboration. En effet, un degré élevé de falsifiabilité ou de corroborabilité équivaut à une improbabilité *a priori*, ou simplicité, élevée.

Le problème de la corroboration sera examiné dans le prochain appendice.

Addendum, 1967.

Si l'on se rappelle ce qui a été dit dans l'ancien appendice I à propos de la *dimension d'une théorie, a, relativement à un champ F*, c'est-à-dire à propos de $d_F(a)$, et ce qui a été dit dans cet appendice à propos des « *falsificateurs les plus faibles* » d'une théorie, nous pouvons introduire une mesure *de la simplicité ou du contenu de a*, relativement à F, $Ct_F(a)$, de la manière suivante :

$$Ct_F(a) = 1/d_F(a) + 1)$$

Il s'agit d'une mesure de la *microstructure du contenu* d'une théorie (relativement à *F*) : en effet, il est possible de l'appliquer là où les probabilités deviennent indiscernables parce que $p(a) = 0$.

Entre parenthèses, il conviendrait de considérer la simplicité comme *relative à un problème donné d'explication*. (Cf. mes *Conjectures and Refutations* 2e éd. (revue) de 1965 (et années suivantes), chap. X note 24 p. 291.)

---

ration sera $n/(n+2) = 1 — (2/(n+2))$. Il y a une ressemblance frappante entre cette formule et la « règle de succession » de Laplace selon laquelle la probabilité que *h* passe sa prochaine épreuve est $(n+1)/(n+2) = 1 — 1/(n+2)$. La ressemblance numérique de ces résultats, jointe à l'absence de distinction entre probabilité et corroboration peut expliquer pourquoi les résultats de Laplace et d'autres résultats semblables furent intuitivement ressentis comme satisfaisants. Je crois que le résultat de Laplace est faux parce que je crois que ses hypothèses (je pense à ce que j'appelle la « distribution laplacienne ») ne s'appliquent pas aux cas qu'il a à l'esprit mais s'appliquent à d'autres cas ; elles nous permettent d'évaluer la probabilité absolue d'un compte rendu statistique. *Cf.* ma « Troisième Note » (appendice * IX).

APPENDICE * IX

LA CORROBORATION, LE POIDS DE LA PREUVE ET LES TESTS STATIS-
TIQUES.

Les trois notes reprises ci-dessous dans le présent appendice
furent originellement publiées dans *The British Journal for the
Philosophy of Science* (1).

Avant même que mon livre ait été publié, j'ai compris que le
problème du degré de corroboration était de ceux qui devraient
être examinés davantage. Par « problème du degré de corroboration » j'entends le problème qui consiste à prouver (I) qu'il existe
une mesure (que nous pouvons appeler degré de corroboration)
de la *sévérité des tests* auxquels une théorie a été soumise et de la
manière dont elle a passé ces tests ou manqué de le faire ; et (II)
que *cette mesure ne peut pas être une probabilité,* ou plus exactement,
qu'elle ne satisfait pas aux lois formelles du calcul des probabilités.

Mon ouvrage contenait une esquisse de la solution de l'un et
l'autre de ces problèmes et en particulier, du second. Mais j'ai compris que je devais aller plus loin. L'on ne pouvait pas se contenter
de montrer l'échec des théories probabilistes existantes — celle
de Keynes et de Jeffreys, par exemple, ou celle de Kaila, ou de
Reichenbach — en prouvant qu'aucune d'elles ne pouvait établir
cela même qui constituait le centre de sa doctrine, à savoir la possibilité qu'une loi universelle ou une théorie, ait une probabilité $>\frac{1}{2}$.
(Elles ne parvenaient même pas à établir qu'une loi universelle
ou une théorie, ne peut jamais avoir une probabilité différente de
zéro.) Ce qu'il fallait, c'était traiter le problème d'une manière
tout à fait générale. Je cherchai donc à construire un calcul formel

des probabilités qui put être interprété en divers sens. J'avais à
l'esprit (I) le sens logique, présenté dans mon ouvrage comme la
probabilité logique (absolue) des énoncés ; (II) le sens de la probabilité logique relative des énoncés ou propositions, telle que l'a
envisagée Keynes ; (III) le sens d'un calcul de fréquences relatives
dans des séquences ; (IV) le sens d'un calcul d'une mesure de
domaines, ou de prédicats, classes, ou ensembles.

(1) *B.J.P.S.* 5, 1954, pp. 143 et suiv. (voyez également les corrections des
pp. 304 et 359 ; 7, 1957, pp. 350 et suiv. et 8, 1958, pp. 294 et suiv.)

Mon objectif ultime était, évidemment, de prouver que *le degré de corroboration n'est pas une probabilité* ; c'est-à-dire qu'*il n'est pas l'une des interprétations possibles du calcul des probabilités*. Cependant je me suis rendu compte que la construction d'un calcul formel des probabilités était non seulement requise à cette fin, mais encore intéressante en soi.

Ceci me conduisit à l'article que j'ai publié dans *Mind*, et qui constitue ici l'appendice * II, et à un autre ouvrage auquel je travaillai durant de nombreuses années et qui visait à la fois à simplifier mes systèmes d'axiomes et à produire un calcul des probabilités dans lequel $p\ (a,\ b)$ — la probabilité de a étant donné b — pourrait avoir des valeurs définies, et non %, même si $p(b)$ était égal à zéro. Le problème se pose, évidemment, parce que la définition

$$p(a,\ b) = p(ab)/p(b)$$

cesse d'être valide si $p(b) = $ o.

Il me fallait trouver une solution à ce problème car je découvris bientôt que, pour définir $C\ (x,\ y)$ — le degré de corroboration donné à la théorie x par la preuve y — je devais utiliser une sorte de réciproque $p\ (y,\ x)$ que Fischer appelle la « *vraisemblance* de x » (à la lumière de la preuve y, ou étant donné la preuve y ; à noter que l'une et l'autre, à savoir ma « corroboration » et la vraisemblance de Fischer, sont censées mesurer l'acceptabilité de l'hypothèse x ; c'est donc x qui est important : y ne représente que la preuve empirique variable ou, comme je préfère le dire, les comptes rendus des *résultats* de tests). Or j'étais convaincu que, si x est une théorie, $p(x) = $ o. Je vis donc que je devais construire un nouveau calcul des probabilités dans lequel la vraisemblance, $p(y,\ x)$ pourrait être un nombre défini, différent de %, même si x était une théorie universelle avec $p(x) = $ o.

Je voudrais à présent expliquer comment se pose le problème de $p\ (y,\ x)$, le problème de la vraisemblance de x.

Si l'on nous demande de donner un critère du fait que la preuve étaie, ou corrobore, ou confirme un énoncé x, la réponse la plus évidente est la suivante : « y *accroît* la probabilité de x. » Nous pouvons exprimer ceci de manière symbolique en écrivant « $Co(x,y)$ » pour « x est étayé, ou corroboré, ou confirmé par y ». Nous pouvons alors formuler notre critère comme suit :

(1) $Co(x,\ y)$ si, et seulement si $p(x,\ y) > p(x)$.

Cependant, cette formulation a un défaut. En effet, si x est une théorie universelle et y une certaine preuve empirique, alors, comme nous l'avons vu dans les deux appendices précédents (2),

(2) Voyez en particulier * VII, formules (1) et (2) et l'appendice * VIII, formule (2).

(2) $$p(x) = 0 = p(x,y)$$

Mais il s'ensuivrait que, pour une théorie x et une preuve y, Co (x, y) est toujours faux ; ou, en d'autres termes, qu'une loi universelle ne peut jamais être étayée ou corroborée, ou confirmée par la preuve empirique.

(Ceci vaut non seulement pour un univers infini mais également pour tout univers très grand, tel le nôtre ; en effet, dans ce cas, $p(x,y)$ et $p(x)$ seront l'une et l'autre incommensurablement petites et donc pratiquement égales.)

Cependant l'on peut surmonter cette difficulté comme suit. Chaque fois que $p(x) \neq 0 \neq p(y)$, nous avons

(3) $\quad p(x,y) > p(x)$ si, et seulement si, $p(y,x) > p(y)$,

de sorte que nous pouvons transformer (1) en

(4) $\quad Co(x,y)$ si, et seulement si, $p(x,y) > p(x)$ ou $p(y,x) > p(y)$.

Or, supposons de nouveau que x est une loi universelle et y une preuve empirique qui, par exemple, se déduit de x. Dans ce cas, c'est-à-dire chaque fois que y suit de x, nous dirons intuitivement que $p(y,x) = 1$. Et puisque y est empirique, et qu'en conséquence $p(y)$ est certainement inférieur à 1, nous voyons que la formule (4) est applicable et que l'assertion $Co(x,y)$ est vraie. C'est-à-dire que l'énoncé x peut être corroboré par y si y dérive de x, à condition que $p(y) < 1$. La formule (4) est donc intuitivement tout à fait satisfaisante mais, pour utiliser (4) en toute liberté, nous devons disposer d'un calcul de probabilités dans lequel $p(x,y)$ est un nombre défini — dans notre cas 1, — et non % même si $p(x) = 0$. En vue de réaliser ceci il fallait généraliser le calcul habituel, comme nous l'avons expliqué plus haut.

Bien que je m'en sois rendu compte au moment où mon article parut dans *Mind* (*cf.* appendice * II), d'autres travaux que j'estimais plus urgents m'empêchèrent d'achever mes recherches dans ce domaine. Ce fut seulement en 1954 que je publiai mes résultats relatifs au degré de corroboration, dans la première des notes reprises ici ; et six mois encore s'écoulèrent avant que je ne publie un système d'axiomes pour un calcul de probabilités relatives (3) (équivalent, bien que moins simple, à celui que l'on peut trouver dans l'appendice * IV) satisfaisant à l'exigence selon laquelle $p(x,y)$ devait être un nombre défini, même si $p(y)$ était égal à zéro. Cet article fournit les préalables techniques nécessaires à une définition satisfaisante de la vraisemblance et du degré de corroboration ou de confirmation.

(3) Voyez *British Journal for Philosophy of Science*, 6, 1955, p. 56-57.

Ma première note intitulée « Degré de confirmation » et publiée en 1954 dans le *B.J.P.S.* contient une réfutation mathématique de toutes les théories de l'induction qui identifient le degré auquel un énoncé est étayé ou corroboré ou confirmé par des tests empiriques avec son degré de probabilité au sens où l'on entend ce terme dans le calcul des probabilités. La réfutation consiste à prouver que si nous identifions degré de corroboration ou de confirmation et probabilité, nous serions contraints d'adopter un certain nombre de conceptions très paradoxales et parmi elles, l'assertion suivante, qui est manifestement contradictoire en soi :

(*) Il y a des cas où x se trouve fortement étayé par z et y et fortement réfuté par z tandis que, en même temps, x se trouve confirmé par z à un moindre degré que y.

Dans le point 6 de ma première note (4), on peut trouver un exemple simple qui montre que l'identification de la corroboration ou de la confirmation à la probabilité entraînerait cette conséquence fatale. En raison de la concision de ce point 6, je puis peut-être le réexpliquer ici.

Considérons, dans une partie, le lancement d'un dé non pipé. Soit l'énoncé « six va apparaître » ; soit y sa négation, c'est-à-dire soit $y = \bar{x}$; et soit z l'information « un nombre pair va apparaître ».

Nous avons les probabilités absolues qui suivent :

$$p(x) = 1/6 \; ; p(y) = 5/6 \; ; p(z) = 1/2$$

Et, en outre les probabilités relatives :

$$p(x,z) = 1/3 \; ; p(y,z) = 2/3$$

Nous voyons que x est étayé par l'information z ; en effet z élève la probabilité de x de $1/6$ à $2/6 = 1/3$. Nous voyons également que y est affaibli par z qui abaisse sa probabilité de la même quantité : de $5/6$ à $4/6 = 2/3$. Néanmoins, nous avons $p(x,z) < p(y,z)$ $p(y, z)$. Cet exemple fait la preuve du théorème suivant :

(5) Il existe des énoncés x, y et z, qui satisfont la formule

$$p(x,z) > p(x) \; \& \; p(y,z) < p(y) \; \& \; p(x,z) < p(y,z).$$

Évidemment, nous pouvons remplacer ici « $p(y,z) < p(y)$ » par « $p(y,z) \leqslant p(y)$ », formule plus faible.

---

(4) Par opposition à l'exemple donné ici dans le texte, l'exemple donné dans les points 5 et 6 de ma première note sont les exemples les plus simples possibles, c'est-à-dire qu'ils utilisent le plus petit nombre possible de propriétés équiprobables exclusives. Ceci est également vrai de l'exemple donné dans la note à laquelle renvoie le point 5. (En ce qui concerne le point 5, il semble y avoir un exemple équivalent, quoique plus compliqué, dans Carnap, *Logical Foundations of Probability*, 1950, § 71 ; j'ai été incapable de le suivre en raison de sa complexité. Quant à mon point 6, je n'ai trouvé là ni ailleurs d'exemple qui y corresponde.)

Ce théorème est, naturellement, loin d'être paradoxal. Et ceci est également vrai de son corollaire (6) que nous obtenons en substituant respectivement à « $p(x, z) > p(x)$ » et à « $p(y, z) \leqslant p(y)$ » les expressions « $Co(x,z)$ » et « $\backsim Co(y, z)$ » — c'est-à-dire « non-$Co (y, z)$ » conformément à la formule (1) donnée ci-dessus :

(6) Il existe des énoncés x, y, et z qui satisfont la formule

$$Co\ (x,z)\ \&\ \backsim Co\ (y,\ z)\ \&\ p(x,\ z) < p(y,\ z).$$

Comme (5), le théorème (6) exprime un fait que nous avons établi à l'aide de notre exemple : x peut être étayé par z et y affaibli par z et cependant, compte tenu de z, x peut être moins probable que y.

Cependant, une incohérence apparaît immédiatement si nous identifions dans la formule (6) degré de confirmation et probabilité. En d'autres termes, la formule

$$(**)\qquad Co\ (x,z)\ \&\ \backsim Co\ (y,z)\ \&\ C\ (x,z) < C\ (y,z)$$

est manifestement contradictoire en soi et ne peut donc être satisfaite par aucun ensemble d'énoncés.

Nous avons ainsi prouvé qu'il est absurde d'identifier le degré de corroboration ou de confirmation à la probabilité (voire à la vraisemblance) pour des raisons à la fois formelles et intuitives : cette identification entraîne l'incohérence.

L'expression « degré de corroboration ou de confirmation » peut être prise ici dans un sens plus large que celui que j'ai habituellement à l'esprit. Alors que je la considère habituellement comme un synonyme de « degré de sévérité des tests qu'une théorie a passé », elle est utilisée ici pour signifier tout simplement « le degré auquel un énoncé x est étayé par un énoncé y ».

Si nous examinons cette démonstration, nous voyons qu'elle ne dépend que de deux présuppositions :

(*a*) la formule (1)

(*b*) la présupposition selon laquelle toute assertion de la forme suivante est *contradictoire en soi* :

$(***)$ x a la propriété P (par exemple, la propriété « chaud ») et y n'a pas la propriété P et y a la propriété P à un degré plus élevé que x (par exemple, y est plus chaud que x).

Tout lecteur attentif de ma première note et en particulier de l'exemple donné au point 6 verra que tout ceci y est manifestement impliqué, sauf peut-être la formulation générale $(***)$ des contradictions (*) et $(**)$. Sans doute est-ce exposé ici dans une forme plus explicite mais le propos de ma note était moins la critique que la définition du degré de corroboration.

La critique contenue dans ma note était dirigée contre *tous* ceux qui explicitement ou implicitement, identifient degré de corroboration ou de confirmation, ou d'acceptabilité, et probabilité ; les philosophes auxquels je pensais étaient surtout Keynes, Jeffreys, Reichenbach, Kaila, Hosiasson et, plus récemment, Carnap.

En ce qui concerne Carnap, j'ai écrit en bas de page une note critique qui, à mon avis, est éloquente. Elle fut motivée par le fait que Carnap, donnant ses critères d'adéquation pour le degré de confirmation, parle de l'accord de « pratiquement toutes les théories modernes relatives au degré de confirmation » sans mentionner ma dissidence, alors qu'il a introduit l'expression anglaise « degree *of confirmation* » comme traduction de mon expression « *Grad der Bewährung* » (*cf.* la note en bas de page qui précède la section 79, ci-dessus). En outre, je désirais faire remarquer que sa division de la probabilité en probabilité$_1$ (= son degré de confirmation) et probabilité$_2$ (= fréquence statistique) était insuffisante ; qu'il y avait au moins deux interprétations du calcul des probabilités, (l'interprétation logique et l'interprétation statistique) et qu'il y avait, *en outre*, mon degré de corroboration *qui n'était pas une probabilité* (comme je viens de le montrer ici et comme je le montrais dans mon article).

Il semble que cette note de dix lignes en bas de page ait plus attiré l'attention que le restant de mon article. Elle provoqua une discussion dans le *J.B.P.S.* (5) où Bar-Hillel déclara que ma critique de ce qu'il appelait « la théorie courante de la confirmation » (à savoir la théorie de Carnap) était purement verbale et que tout ce que j'avais à dire avait déjà été dit par Carnap ; elle suscita également un compte rendu de mon article dans *Journal of Symbolic Logic* (6) ; Kemeny l'y résuma en ces termes : « la thèse principale de cet article consiste à dire que les mesures du degré de confirmation proposées par Carnap, pas plus qu'aucune autre évaluation de la probabilité logique, ne sont aptes à mesurer des degrés de confirmation ».

Ce n'était certes pas ma thèse principale. Mon article constituait une suite à l'un de mes travaux publié quinze ans avant que n'ait été écrit l'ouvrage de Carnap ; et, en ce qui concerne la critique, le point en question — l'identification de la corroboration ou de la confirmation ou de l'acceptabilité avec la probabilité — est loin d'être une thèse originale de Carnap, bien qu'il constitue manifestement la thèse principale de son ouvrage ; en effet, il ne fait là

(5) Voyez *B.J.P.S.* 6, 1955, pp. 155 à 163 ; et 7, 1956, pp. 243 à 256.
(6) Voyez *J.S.L.* 20, 1955, p. 304. Voici une erreur de fait dans le compte rendu de Kemeny : à la ligne 16 en partant du bas de la page, « mesure du soutien donné par *y* à *x* » devrait se lire « mesure du pouvoir explicatif de *x* eu égard à *y* ».

que suivre la tradition de Keynes, Jeffreys, Reichenbach, Kaila, Hosiasson, et d'autres. De plus, Bar-Hillel comme Kemeny suggèrent que dans la mesure où elle s'applique à la théorie de Carnap, cette critique est purement verbale et qu'il n'y a pas de raison que cet auteur doive y renoncer. Je me vois donc contraint de dire à présent de manière tout à fait claire que la théorie de Carnap est incohérente et que son incohérence n'est pas une petite difficulté qui puisse être facilement parée : elle est due à des erreurs commises dans les fondements logiques de la théorie.

En premier lieu, les présuppositions (a) et (b) qui, comme nous l'avons vu, suffisent à prouver que le degré de confirmation ne doit pas être identifié à une probabilité se trouvent de manière explicite dans la théorie de Carnap : l'on peut trouver (a), c'est-à-dire notre formule (1), à la p. 464 (7) de l'ouvrage de Carnap, désignée comme la formule (4) ; l'on peut trouver (b), c'est-à-dire (***), ou l'affirmation que notre formule (**) est contradictoire en soi à la p. 73 de l'ouvrage de Carnap où ce dernier écrit : « Si la propriété Chaud et la relation Plus Chaud étaient désignées par ..., disons « P » et « R », alors « $Pa.\backsim Pb.\ Rba$ » serait contradictoire en soi. Or c'est là notre formule (***). Évidemment, d'une certaine manière, cela n'a rien à voir avec mon argumentation, laquelle prouve l'absurdité de l'identification de C et de p, de savoir si les formules (a) et (b) sont ou ne sont pas explicitement admises dans un ouvrage ; mais il se trouve qu'elles le sont dans l'ouvrage de Carnap.

En outre, la contradiction mise en évidence ici est cruciale pour Carnap : en acceptant (1), ou plus exactement, en définissant, aux pp. 463 et suiv., « x est confirmé par y » à l'aide de « $p\ (x,\ y) > p(x)$ » (dans notre symbolisme), il montre que la signification qu'il donne à « degré de confirmation » (son « explicandum ») est, *en gros*, la même que celle que je lui donne moi-même. Kemeny (*loc. cit.*), se trompe lorsqu'il suggère le contraire. En fait, une «lecture attentive » de mon article   et, ajouterais-je, de l'ouvrage de Carnap — ne montrera *pas* « que Popper et Carnap ont deux *explicanda* différents à l'esprit » mais que avec sa probabilité[1], Carnap avait par inadvertance à l'esprit deux *explicanda* différents et incompatibles : mon C et mon p ; cette lecture montrera également que j'ai à plusieurs reprises fait ressortir les dangers de cette confusion (par exemple dans l'article dont Kemeny a rendu compte). Par conséquent, toute modification de la présupposi-

---

(7) Voyez également la formule (6) à la p. 464. La formule (4) de Carnap à la p. 464, est écrite sous la forme d'une équivalence mais cela ne fait aucune différence. Notez que Carnap écrit « t » pour « tautologie » ; ceci nous permettrait d'écrire $p\ (x,\ t)$ au lieu de $p(x)$.

tion (*a*) serait *ad hoc*. Ce n'est pas ma critique qui est purement verbale mais les tentatives visant à sauver « la théorie courante de la confirmation ».

Pour un complément de détails, je ne puis que renvoyer à la discussion qui se trouve dans les pages du *B.J.P.S.* Je puis avouer que cette discussion aussi bien que le compte rendu de Kemeny dans le *Journal of Symbolic Logic* m'ont un peu déçu. D'un point de vue rationnel, la situation me semble très grave. En cet âge postrationaliste que nous vivons, un nombre d'ouvrages toujours plus grand sont écrits dans des langages symboliques et il est de plus en plus difficile de voir pourquoi : quel est, en définitive, leur propos et pourquoi il devrait être nécessaire, ou avantageux de consentir à être assommé de volumes constitués de banalités présentées sous une forme symbolique. On dirait presque que le symbolisme devient une valeur en soi, qu'il faut vénérer pour sa sublime « exactitude ». Il s'agit là d'une nouvelle expression de la vieille recherche de la certitude, un nouveau rituel symbolique, un nouveau substitut de la religion. Pourtant, la seule valeur possible de ce genre de choses, la seule excuse possible à sa prétention douteuse à l'exactitude, semble être ceci. Une fois qu'une erreur, ou une contradiction, est mise en évidence, il ne peut y avoir d'échappatoire verbale : on peut la prouver et cela suffit. (Frege n'a pas essayé d'utiliser des manœuvres évasives lorsqu'il a eu connaissance de la critique de Russell.) Aussi, s'il faut subir un lot de termes techniques ennuyeux et un formalisme d'une complexité superflue devrait-on au moins pouvoir espérer en compensation que l'auteur soit prêt à admettre une preuve directe d'incohérence, une preuve consistant dans le plus simple des contre-exemples. Il fut décevant de rencontrer, au lieu de cela des échappatoires purement verbales combinées avec la déclaration que la critique présentée était « purement verbale ».

Pourtant, l'on ne doit pas être impatient. Depuis Aristote, l'énigme posée par l'induction a converti de nombreux philosophes à l'irrationalisme : au scepticisme ou au mysticisme. Et quoique la philosophie qui identifie C et p semble avoir survécu à plus d'une tempête depuis Laplace, je continue à croire qu'elle sera un jour abandonnée. Je ne peux vraiment pas me résoudre à croire que les défenseurs de la croyance se satisferont toujours du mysticisme et de l'hégélianisme et continueront à soutenir « $C \quad p$ » comme un axiome allant de soi ou comme l'éblouissant objet d'une intuition inductive. (Je dis « éblouissant » parce qu'il semble que ses défenseurs soient frappés de cécité lorsqu'ils se heurtent à ses contradictions logiques.)

Je puis peut-être dire ici que je considère la doctrine selon laquelle le *degré de corroboration ou d'acceptabilité ne peut pas être une probabilité* comme l'une des découvertes les plus intéressantes de la philosophie de la connaissance. Je puis l'exprimer, de manière très simple, comme ceci. L'on peut résumer par une évaluation le compte rendu de la mise à l'épreuve d'une théorie. Cette évaluation peut prendre la forme de l'attribution à la théorie d'un certain degré de corroboration. Mais elle ne peut jamais prendre la forme de l'attribution à cette théorie d'un degré de probabilité ; en effet, *la probabilité d'un énoncé (étant donné certains énoncés-tests) n'exprime tout simplement pas une évaluation de la sévérité des tests qu'une théorie a passés ni de la manière dont elle les a passés.* La principale raison en est que le *contenu* d'une théorie — qui est la même chose que son *improbabilité* — détermine la *possibilité qu'elle a d'être soumise à des tests* (« testability ») et *d'être corroborée* (« corroborability »).

Je crois que ces deux notions — celle de contenu et celle de *degré de corroboration* — sont les instruments logiques les plus importants exploités dans cet ouvrage (8).

En voilà assez en manière d'introduction. Dans les trois notes qui suivent ici, j'ai gardé le terme « confirmation » même là où je devrais à présent écrire « corroboration ». J'ai également laissé « $P(x)$ » là où à présent j'écris habituellement «$p(x)$ ». D'autre part, j'ai corrigé certaines erreurs typographiques (9) et j'ai ajouté quelques notes, précédées d'un astérisque, de même que deux nouveaux points, * 13 et * 14, à la fin de la Troisième Note.

(8) Pour autant que je sache, la reconnaissance de la signification du *contenu empirique* ou du pouvoir assertorique d'une théorie, la suggestion que ce contenu croît avec la classe des falsificateurs virtuels de la théorie — c'est-à-dire des états de choses qu'elle proscrit ou exclut (voyez sections 23 et 31) et l'idée que le contenu peut être mesuré à l'improbabilité de la théorie, sont autant de conceptions qui ne me sont venues d'aucune autre source que de « tout mon travail personnel ». Je fus donc assez surpris lorsque je lus dans l'*Introduction to Semantics* de Carnap, 1942, p. 151, à propos de sa définition du terme « contenu » : « le pouvoir assertorique d'un énoncé consiste dans le fait qu'il exclut certains états de choses (Wittgenstein) ; plus il exclut, plus il affirme. » J'écrivis à Carnap, en lui demandant des détails et en lui rappelant certains passages correspondants de mon ouvrage. Dans sa réponse il me dit que sa référence à Wittgenstein était due à une défaillance de mémoire et qu'il avait en réalité à l'esprit un passage de mon ouvrage ; il répéta cette correction dans ses *Logical Foundations of Probability*, 1950, p. 406. Je fais mention de ceci parce que, dans un certain nombre d'articles publiés depuis 1942, la notion de contenu — dans le sens d'un contenu empirique ou informatif — a été attribuée, sans référence précise, ou à Carnap, et parfois à Wittgenstein et à moi-même. Or je n'aimerais pas que quelqu'un pense que j'ai, sans l'avouer, emprunté cette notion à Wittgenstein ou à qui que ce soit d'autre : en tant qu'historien des idées, je pense qu'il est très important de renvoyer à ses sources. (Voyez également, dans la section 35, mon analyse de la distinction entre *contenu logique et contenu empirique*, avec des références à Carnap dans les notes 1 et 2.)

(9) J'ai aussi, naturellement, incorporé les corrections mentionnées dans le *B.J.P.S.* 5, pp. 334 et 359.

Degré de Confirmation.

1. L'objet de cette note est de proposer et d'analyser une défi-nition, en termes de probabilités, du *degré auquel un énoncé x est confirmé par un énoncé y*. (Celui-ci peut manifestement être consi-déré comme identique au *degré auquel un énoncé y confirme un énoncé x*.) Je dénoterai ce degré par le symbole « $C(x, y)$ », qu'il faut lire « *le degré de confirmation de x par y* ». Dans des cas particuliers, *x* peut être une hypothèse, *h* ; et *y* peut être une certaine preuve empirique, *e*, favorable ou défavorable à *h*, ou neutre relativement à *h*. Mais $C(x, y)$ sera également applicable à des cas moins typiques.

La définition doit se donner en termes de probabilités. J'utili-serai à la fois $P(x, y)$, à savoir la probabilité (relative) de *x* compte tenu d'*y*, et $P(x)$, à savoir la probabilité (absolue) de *x* (1). Mais l'un de ces deux probabilités devrait suffire.

2. L'on présuppose souvent que le degré de confirmation de *x* par *y* doit être la même chose que la probabilité (relative) de *x* compte tenu d'*y*, c'est-à-dire que $C(x, y) = P(x, y)$. Ma première tâche sera de prouver l'inexactitude de cette conception.

3. Considérez deux énoncés contingents, *x* et *y*. En ce qui con-cerne la confirmation de *x* par *y*, il y aura deux cas extrêmes : le cas où *y* étaye totalement *x*, ou l'établit, lorsque *x* suit de *y* ; et le cas où *y* infirme, réfute, dément *x*, lorsque $\bar{x}$ suit de *y*. Un troisième cas particulièrement important est celui de l'indépendance ou indifférence réciproque, caractérisée par $P(xy) = P(x)P(y)$. Dans ce cas, la valeur de $C(x, y)$ se situera en deçà de la confirmation et au-delà de la réfutation.

Entre ces trois cas particuliers, confirmation, indépendance, et réfutation — il y aura des cas intermédiaires : des cas d'*appui par-tiel* (lorsque *y* implique une partie du contenu de *x*) ; par exemple, si notre énoncé contingent *y* suit de *x* sans que l'inverse soit vrai, il fait lui-même partie du contenu de *x* et implique ainsi une par-tie du contenu de *x*, en étayant *x* ; et des cas d'*infirmation partielle* (lorsque *y* appuie partiellement $\bar{x}$) ; par exemple, si *y* suit de $\bar{x}$.

_____

(1) L'on peut définir « $P(x)$ » en termes de probabilité relative par le *definiens* « $P(x, \overline{z\bar{z}})$ » ou, plus simplement, « $P(x, \overline{x\bar{x}})$ ». (J'utilise partout « *xy* » pour dénoter la conjonction de *x* et *y* et « $\bar{x}$ » pour la négation de *x*.) Puisque nous avons, en général, $P(x, y_{\overline{z\bar{z}}}) = P(xy)$, et $P(x, yz) = P(xy, z)P(y, z)$, nous obtenons $P(x, y) = P(xy)/Py$ qui est une formule commode pour définir la probabilité relative en termes de probabilité absolue. (Voyez mon article paru dans *Mind*, 1938, 47, 275 et suiv. où j'ai identifié la probabilité absolue à ce que j'ai appelé « probabilité logique » dans ma *Logik der Forschung*, Vienne, 1935, en particulier les sections 34 et suivantes et 83, car le terme « probabilité logique » convient mieux à l'inter-prétation logique de $P(x)$ comme de $P(x, y)$, contrairement à leur « interprétation statistique », que l'on peut ignorer ici.)

Nous dirons donc que y appuie ou infirme x, chaque fois que $P(xy)$— ou $P(\bar{x}y)$ — excèdent les valeurs qu'ils devraient avoir s'ils étaient indépendants. (Il est facile de voir que, compte tenu de cette définition, les trois cas — soutien, réfutation, indépendance — sont exhaustifs et exclusifs).

4. Considérez à présent l'hypothèse selon laquelle il y a trois énoncés x_1, x_2, et y, tels que (I) x_1 et x_2 sont chacun indépendants de y (ou infirmés par y) alors que (II) y étaye leur conjonction x_1x_2. Dans ce cas, nous devrions manifestement dire que y confirme x_1x_2 à un degré plus élevé qu'il ne confirme x_1 ou x_2 ; en langage symbolique :

$$(4.1) \qquad C(x_1,y) < C(x_1x_2, y) > C(x_2, y)$$

Or ceci serait incompatible avec l'idée que $C(x,y)$ est une probabilité, c'est-à-dire avec

$$(4.2) \qquad C(x,y) = P(x,y)$$

puisque pour les probabilités nous avons une formule généralement valide :

$$(4.3) \qquad P(x_1, y) \geqslant P(x_1x_2, y) \leqslant P(x_2, y)$$

qui, en présence de (4.1) contredit (4.2). Nous devrions donc abandonner (4.2) mais, compte tenu de $0 \leqslant P(x, y) \leqslant 1$, (4.3) est une conséquence immédiate du principe général de multiplication pour les probabilités. Nous devrions donc écarter ce principe pour les calculs du degré de confirmation. De plus, il semble que nous devrions également abandonner le principe spécial d'addition. En effet, puisque $P(x,y) \geqslant 0$, il résulte de ce principe que

$$(4.4) \qquad P(x_1x_2 \text{ ou } x_1\bar{x}_2, y) \geqslant P(x_1x_2, y).$$

Mais cette formule ne pourrait rester valide pour $C(x, y)$, compte tenu du fait que l'alternative x_1x_2 ou $x_1\bar{x}_2$ est équivalente à x_1, de sorte que nous obtenons, en opérant la substitution dans la partie gauche de (4.1.) :

$$(4.5) \qquad C(x_1x_2 \text{ ou } x_1\bar{x}_2, y) < C(x_1x_2, y).$$

En présence de (4.4), (4.5) contredit (4.2) (2).

(2) Dans ses *Logical Foundations of Probability*, Chicago, 1950, p. 285, Carnap utilise les principes de multiplication et d'addition comme des « *conventions sur l'adéquation* » *relatives au degré de confirmation*. Le seul argument qu'il présente en faveur du caractère adéquat de ces principes est qu'ils « sont généralement admis dans pratiquement toutes les théories modernes de la probabilité, », c'est-à-dire de notre $P(x, y)$ que Carnap identifie à un « degré de confirmation ». Or ce fut moi qui introduisis cette expression « degré de confirmation » (« *Grad der Bewährung* ») dans les sections 82 et suiv. de ma *Logik der Forschung* (un ouvrage auquel Carnap renvoie parfois), afin de montrer que la probabilité logique comme la probabilité statistique *ne convenaient pas* pour servir de degré de confirmation, puisque la possibilité d'être confirmé doit croître avec celle d'être soumis à des tests et donc avec l'improbabilité logique (absolue) et le contenu. (Voyez ci-dessous.)

5. Ces résultats dépendent de la conjecture selon laquelle il existe des énoncés x_1, x_2, et y tels que (1) x_1 et x_2 sont chacun indépendants de y (ou infirmés par y) alors que (11) y étaie x_1x_2. Je vais prouver cette conjecture par un exemple (3).

Prenez des jetons de couleur «a», «b», ... avec quatre propriétés exclusives et également probables : bleu, vert, rouge, et jaune. Soit x_1 l'énoncé « a est bleu ou vert » ; $x_2 =$ « a est bleu ou rouge » ; $y =$ « a est bleu ou jaune ». Toutes nos conditions sont ainsi satisfaites. (Il est évident que y confirme x_1x_2 : y suit de x_1x_2 et en sa présence, la probabilité de $x_1 x_2$ a deux fois la valeur qu'elle a en son absence.)

6. Mais nous pouvons construire un exemple encore plus frappant qui nous prouve l'inexactitude de l'identification de $C(x, y)$ et de $P(x, y)$. Nous choisissons x_1 de manière à ce qu'il soit fortement infirmé par ce même énoncé. Nous devrons donc avoir $C(x_1, y) > C(x, y)$. Mais x_1 et x_2 peuvent être choisis de telle façon que $P(x_1, y) < P(x_2, y)$. Voici l'exemple : prenez $x_1 =$ « a est bleu » ; $x_2 =$ « a n'est pas rouge » ; et $y =$ « a n'est pas jaune ». Dans ce cas, $P(x_1) = 1/4$; $P(x_2) = 3/4$; et $1/3 = P(x_1, y) < P(x_2, y) = 2/3$. Ces chiffres, ainsi que le fait que y suit de x_1 et aussi de $\bar{x}_2$, montrent clairement que y confirme x_1 et infirme x_2 (* 1).

7. Pourquoi a-t-on confondu $C(x, y)$ et $P(x, y)$ de manière si constante ? Comment n'a-t-on pas vu qu'il est absurde de dire qu'une certaine preuve y dont x est complètement indépendant peut néanmoins fortement « confirmer » x ? Et que y peut fortement « confirmer » x, alors même que y infirme x ? Et ceci alors même que y constitue la totalité de la preuve dont on puisse tenir compte. Je ne connais pas la réponse à ces questions mais je puis faire quelques suggestions. En premier lieu, il existe une forte tendance à considérer que tout ce que l'on peut appeler « vraisemblance » ou « probabilité » d'une hypothèse doit être une probabilité au sens du calcul des probabilités. Afin de démêler les divers problèmes impliqués ici, j'ai fait, il y a vingt ans, une distinction entre ce que j'ai alors appelé le « degré de confirmation » et les probabilités logique et statistique. Mais malheureusement, d'autres philosophes utilisèrent bientôt l'expression « degré de confirmation » comme un nouveau terme pour « probabilité » (logique) ; peut-être sous l'influence de la conception erronée

---

(3) L'exemple satisfait (I) pour l'indépendance, non pour l'infirmation. (Pour avoir un exemple pour l'infirmation, ajoutez « ambre » comme cinquième couleur et posez $y =$ « a est ambre ou bleu ou jaune ».)

(* 1) Ce fait — à savoir, $p(y, x_1) = p(y, \bar{x}_2) = 1$ — signifie que la « vraisemblance » de Fischer, de x_1, et donc de x_2, à la lumière de y, est maximale.

Voyez l'introduction au présent appendice : l'argumentation esquissée ici s'y trouve élaborée.

selon laquelle la science, incapable d'atteindre la certitude, doit viser à une sorte d' « *Ersatz* », à savoir la plus haute probabilité accessible.

Voici une autre suggestion. Il semble que l'expression « le degré de confirmation de x par y », soit devenue « le degré auquel y confirme x » ou « *le pouvoir qu'a y d'étayer x* ». Cette forme d'expression aurait dû rendre cependant tout à fait manifeste le fait que dans un cas dans lequel y étaie x_1 et infirme x_2, $C(x_1, y) < C(x_2, y)$ est absurde, alors que $P(x_1, y) < P(x_2, y)$ peut être tout à fait exact et indiquer, dans ce cas, que nous avions au départ $P(x_1) < P(x_2)$. De plus, il semble y avoir une tendance à confondre les mesures d'accroissements et de décroissements avec les mesures *qui* croissent et décroissent (comme le montre l'histoire des concepts de vitesse, d'accélération et de force). Or le pouvoir qu'a y d'étayer x est, comme on le verra, essentiellement une *mesure de l'accroissement ou du décroissement* dû à y dans la probabilité de x. [Voyez également 9 (VII), ci-dessous.]

8. On dira peut-être, en manière de réplique à tout ceci, qu'il est en tout cas légitime de donner à $P(x, y)$ le nom que l'on veut et que l'on peut donc aussi l'appeler « degré de confirmation ». Mais il ne s'agit pas d'une question de terminologie.

Le degré de confirmation donné à une hypothèse x par une preuve empirique y est censé servir à évaluer le degré auquel *x s'appuie sur* l'expérience. Or $P(x, y)$ ne peut servir à cette fin, puisque $P(x_1, y)$ peut être supérieur à $P(x_2, y)$ même si x_1 est infirmé par y, et x_2 confirmé par y et puisque ceci est dû au fait que $P(x, y)$ dépend très étroitement de $P(x)$, c'est-à-dire de la probabilité absolue de x, laquelle n'a rien à voir avec la preuve empirique.

De plus, le degré de confirmation est censé retentir sur la question de savoir si nous devons *accepter*, ou *choisir* une certaine hypothèse x, ne fût-ce qu'à titre d'essai ; l'on suppose qu'un degré de confirmation élevé est le propre d'une « bonne » hypothèse (ou d'une hypothèse « acceptable ») alors qu'une hypothèse infirmée est présumée « mauvaise ». Mais $P(x, y)$ ne peut servir ici. Le principal objectif de la science n'est pas d'atteindre des degrés de probabilités élevés. Elle recherche un contenu hautement informatif, bien étayé par l'expérience. Or une hypothèse peut être très probable pour la simple raison qu'elle ne nous dit rien ou très peu de choses. Un degré de probabilité élevé n'est donc pas un indice de « bonté » ; cela peut n'être qu'un symptôme d'un contenu peu informatif. D'autre part, $C(x, y)$ doit, et peut, être défini de manière à ce que seules les hypothèses ayant un contenu hautement informatif puissent atteindre des degrés de confirmation élevés. La *confirmation* de x (c'est-à-dire le degré maximal de confirmation qu'un énoncé x peut atteindre) devrait s'élever avec $C(x)$, c'est-à-dire avec la mesure du contenu de x, lequel est égal à $P(\bar{x})$, et donc au *degré de falsifiabilité (testability)* de x. Ainsi, tandis que $P(\overline{x\bar{x}}, y) = 1$, $C(\overline{x\bar{x}}, y)$ serait égal à zéro.

9. Une définition de $C(x, y)$ satisfaisant tous ces desiderata et d'autres (signalés dans ma *Logik der Forschung*), et outre ceux-ci, d'autres, plus exigeants, peut être fondée sur $E(x, y)$ c'est-à-dire sur une mesure non additive du *pouvoir explicatif de x eu égard à y*, à laquelle ont été assignés — 1 et + 1 comme limites inférieures et supérieures, respectivement. Voici la définition en question :

(9.1) Soit x un énoncé non contradictoire (4), et $P(y) \neq 0$; alors, nous définissons.

$$E(x, y) = \frac{P(y, x) - P(y)}{P(y, x) + P(y)}$$

$E(x, y)$ peut également être interprété comme une mesure non additive de la dépendance de y relativement à x ou de l'appui donné à y par x (et inversement). Il satisfait les plus importants de nos *desiderata* mais pas tous : par exemple, il viole (VIII, C), ci-dessous, et ne satisfait (III) et (IV) qu'approximativement dans des cas particuliers. Pour remédier à ces défauts, je propose de définir $C(x, y)$ de la manière suivante (* 2).

(9.2) Soit x un énoncé non contradictoire et $P(y) \neq 0$; alors

$$C(x, y) = E(x, y) [1 + P(x) P(x,y)]$$

Cette définition est moins simple que, par exemple $E(x, y)$ $(1 + P(x, y))$, qui satisfait la plupart de nos *desiderata* mais viole (IV), alors que pour $C(x, y)$ le théorème prétend satisfaire tous les *desiderata* suivants :

(I) $C(x, y) \gtreqless 0$ respectivement si et seulement si y confirme x, est indépendant de x, ou infirme x.

(II) $- 1 = C(\bar{y}, y) \leqslant C(x, y) \leqslant C(x, x) \leqslant 1$

(III) $0 \leqslant C(x, x) = C(x) = P(\bar{x}) > 1$

---

(4) L'on peut laisser tomber cette condition si l'on accepte la convention générale selon laquelle $P(x, y) = 1$ chaque fois que y est contradictoire.

(* 2) Voici une autre définition, un peu plus simple, qui satisfait également toutes mes conditions d'adéquation ou *desiderata*. (Je l'ai énoncée pour la première fois dans le *B.J.P.S.* 5, p. 359.)

(9.2*)
$$C(x, y) = \frac{P(y, x) - P(y)}{P(y, x) - P(xy) + P(y)}$$

Et, de la même façon

(10.1*)
$$C(x, y, z) = \frac{P(y, xz) - P(y, z)}{P(y, xz) - P(xy, z) + P(y, z)}$$

Notez que $C(x)$, et donc $C(x, x)$ est une mesure additive du contenu de x, pouvant être définie par $P(x)$, à savoir la probabilité absolue qu'a x d'être faux, ou la vraisemblance *a priori* que x soit *réfuté*. La confirmabilité est donc égale à la *réfutabilité ou falsifiabilité* (*testability*) (5).

(IV) Si y implique nécessairement x, alors $C(x, y) = C(x, x) = C(x)$.

(V) Si y implique nécessairement $\bar{x}$, alors $C(x, y) = C(\bar{y}, y) = -1$.

(VI) Si x a un grand contenu — de telle sorte que $C(x, y)$ est proche de $E(x, y)$ et si y étaie x, (nous pouvons, par exemple, considérer que y est toute la preuve empirique disponible), *alors pour tout y donné*, $C(x, y)$ *croît avec le pouvoir qu'a x d'expliquer y* (c'est-à-dire d'expliquer une partie toujours plus grande du contenu de y) et, par conséquent, avec l'*intérêt scientifique de x*.

(VII) Si $C(x) = C(y) \neq 1$, alors $C(x, u) \gtreqless C(y, w)$ chaque fois que $P(x, u) \gtreqless P(y, w)$ (* 3).

(VIII) Si x implique y, alors : (*a*) $C(x, y) \geqslant 0$; (*b*) pour tout x donné, $C(x, y)$ et $C(y)$ croissent simultanément, et (*c*) pour tout y donné, $C(x, y)$ et $P(x)$ croissent simultanément (6).

(IX) Si x est un énoncé non contradictoire et implique y, alors : (*a*) $C(x, y) \leqslant 0$; (*b*) pour tout x donné, $C(x, y)$ et $P(y)$ croissent simultanément ; et (*c*) pour tout y donné, $C(x, y)$ et $P(x)$ croissent simultanément.

(X) Toutes ces considérations peuvent, sans exception, être rendues relatives si l'on tient compte de quelque information initiale z ; il suffit d'ajouter aux endroits appropriés des expressions comme « en présence de z, présupposant $P(z, \overline{z}\overline{z}) \neq 0$ ». La définition devient alors :

(10.1) $C(x, y, z) = E(x, y\, z)\, (1 + P(x, z)\, P(x, yz))$

ou

(10.2) $E(x, y, z) = \dfrac{P(y, xz) - P(y, z)}{P(y, xz) + P(y, z)}$

(5) Voyez la section 83 de ma *Logik der Forschung* intitulée « Confirmabilité, Testabilité, Probabilité Logique ». (Conformément à la terminologie de la note que j'ai publiée dans *Mind*, *loc. cit.*, il faudrait joindre le terme « absolue » au terme « logique ».

(* 3) La condition « $\neq 1$ » ne se trouve ni dans le texte original ni dans les corrections publiées.

(6) (VII) et (VIII) constituent les seuls *desiderata* importants qui soient satisfaits par $P(x, y)$.

$E(x, y, z)$ représente le pouvoir explicatif de x relativement à y en présence de z (7).

II. Je crois qu'il y a certains *desiderata* intuitifs qui ne peuvent être satisfaits par aucune définition formelle. Par exemple, une théorie est d'autant mieux confirmée que nos tentatives manquées visant à la réfuter ont été plus ingénieuses. Il y a dans ma définition quelque chose de cette idée pour autant qu'elle puisse être formalisée. Mais l'on ne peut formaliser complètement l'idée d'une tentative sincère et ingénieuse (8).

Je considère que la manière particulière dont $C(x, y)$ a été défini ici est sans importance. Ce qui peut avoir de l'importance, ce sont les *desiderata*, et *le fait qu'ils peuvent être satisfaits ensemble.*

Deuxième note relative au degré de confirmation.

I. Le Professeur J. G. Kemeny (1) (se référant à ma définition

(7) Soit x_1, la théorie einsteinienne de la gravitation ; soit x_2 celle de Newton ; y la preuve empirique (interprétée) actuellement disponible, y compris les lois « acceptées » (peu importe qu'aucune, une, ou l'une et l'autre des théories en question soient incluses pourvu que nos conditions pour y soient satisfaites) ; et soit z une partie de y : un choix dans la preuve disponible depuis un an. Puisque nous pouvons présupposer que x_1 explique une plus grande partie de y que ne le fait x_2, nous avons C $(x_1, y, z) \geqslant C$ (x_2, y, z) pour tout z, et C $(x_1, y, z) > C$ (x_2, y, z) pour tout z approprié comportant certaines conditions initiales ayant rapport à la question. Ceci résulte de (VI) — *même si nous devons présupposer* que $P(x_1, y z) = P(x_2, yz) = P(x_1) = P(x_2) = 0$.

(8) Il y a maintes façons de rendre mieux cette idée. Par exemple nous pouvons majorer des expériences cruciales en définissant

$$C_a, t(h) = (C(h, e_b) \prod_{2=1}^{n} C(h, c_i, e_a))^1/(n + 1)$$

où $c_1, c_2...$ représentent la suite des expériences effectuées entre les temps t_b et t_a. Nous avons $t_a < t_1 \leqslant t_i = t_n \leqslant t_b$. e_a et e_b représentent la totalité de la preuve (qui peut inclure des lois) *acceptée* aux temps t_a et t_b. Nous postulons que, $P(c_j, e_b) = 1$ (pour garantir que seules les nouvelles expériences entrent en ligne de compte) $P(c_i, e_a) \neq 1$ *et* $P(c_i, Uc_j) \neq 1$, chaque fois que $j < i$. (« Uc_j » *représente l'universalisation spatio-temporelle de c_j.*)

* Je serais à présent enclin à traiter cette question d'une manière différente. Nous pouvons, très simplement, faire une distinction entre la formule « $C(x, y)$ », (ou « $C(x, y, z)$») et les *applications* de cette formule à ce que nous entendons» intuitivement, par corroboration ou acceptabilité. Il suffit alors de dire que $C(x, y)$ ne doit pas être interprété en termes de degré de corroboration et ne doit pas être appliqué à des problèmes d'acceptabilité, à moins que y ne représente (la totalité) des résultats de tentatives sincères visant à réfuter x. Voyez également le point * 14 de ma « Troisième Note », plus loin.

J'ai mis ici « la totalité » entre parenthèses parce qu'il faut considérer une autre possibilité : nous pouvons limiter nos tests à un champ d'application donné F (cf. l'ancien appendice I et l'appendice * VIII) ; nous pouvons ainsi rendre C relatif et écrire « $C_F(x, y)$ ». L'on peut alors dire, tout simplement, que la corroboration totale d'une théorie est la somme *de ses corroborations* dans ses divers champs (indépendants) d'application.

(1) John G. Kemeny, *Journal of Symbolic Logic*, 1953, 18, p. 297 (Kemeny fait référence à ma *Logik der Forschung*).

du *contenu*), et, indépendamment de lui, le Dr C. L. Hamblin (2), ont suggéré que le contenu de *x*, dénoté par « *C(x)* », devrait être mesuré par — $\log_2 P(x)$ plutôt que par $1 — P(x)$, comme je l'ai suggéré initialement. (J'utilise ici mes propres symboles.) Si l'on adopte cette suggestion, mes *desiderata* (3) relatifs au *degré de confirmation* de *x* par *y*, que dénote *C(x, y)*, doivent être légèrement modifiés : dans (II) et dans (V), nous devons remplacer ± 1 par $\pm \infty$; et (III) devient :

(III) $\quad 0 \leqslant C(x, xy) = C(x, x) = C(x) = - \log_2 P(x) \leqslant + \infty$

Les autres *desiderata* restent inchangés.

Le Dr Hamblin (4) suggère que nous définissions le degré de confirmation par

(1) $\qquad\qquad C(x, y) = \log_2(P(xy)/P(x)P(y))$

ce qui pour des systèmes finis, mais pas nécessairement pour des systèmes infinis, est la même chose que

(2) $\qquad\qquad C(x, y) = \log_2(P(y, x)/P(y))$

formule qui a l'avantage de rester définie même si $P(x) = 0$, comme cela peut être le cas si *x* est une théorie universelle. La formule rendue relative serait

(3) $\qquad\qquad C(x, y, z) = \log_2(P(y, xz)/P(y, z)).$

La définition (I) ne satisfait cependant pas mon desideratum VIII (c), comme le fait remarquer le Dr Hamblin ; et c'est également vrai de (2) et de (3). Les *desiderata* IX (*b*) et (*c*) ne sont pas davantage satisfaits.

Or mon desideratum VIII (*c*) marque, à mon avis, la différence qu'il y a entre une mesure de pouvoir explicatif et une mesure de confirmation. La première peut être symétrique pour *x* et pour *y*, la seconde pas. En effet, supposons que *y* suive de *x* (et étaie *x*) et que *a* ne soit pas confirmé par *y*. Dans ce cas il ne semble pas satisfaisant de dire que *y* confirme toujours *ax* autant que *x*. (Mais il ne semble pas y avoir de raison qu'*ax* et *x* ne puissent avoir le même pouvoir explicatif relativement à *y*, puisque *y* se trouve complètement expliqué par l'un et l'autre.) Aussi vois-je bien qu'il ne conviendrait pas de laisser tomber VIII (*c*).

Je préfère donc considérer (2) et (3) comme des définitions très appropriées du *pouvoir explicatif* — c'est-à-dire de *E(x, y)* et

---

(2) C. L. Hamblin, « *Language and the Theory of Information* » ; il s'agit d'une thèse déposée à l'Université de Londres, en mai 1955 (non publiée) ; voyez p. 62. Le Dr Hamblin a donné cette définition indépendamment de l'article du Professeur Kemeny (auquel il se réfère dans sa thèse).

(3) « Degree of Confirmation » dans *B.J.P.S.*, 1954, 5, pp. 143 et suiv. ; voyez également la p. 334.

(4) C. L. Hamblin, *op. cit.*, p. 83. Le Dr I. J. Good, fait une suggestion similaire dans son compte rendu de mon « Degré de confirmation » ; *cf. Mathematical Review*, 1955, 16, 376.

$E(x, y, z)$ — et non comme des définitions du degré de confirmation. Sur la base du pouvoir explicatif, ce dernier peut être défini, de maintes manières différentes permettant de satisfaire VIII (c). Voici l'une d'entre elles (je pense qu'il est possible d'en trouver de meilleures) :

(4) $$C(x, y) = E(x, y)/(1 + nP(x)P(\bar{x}, y))$$

(5) $$C(x, y, z) = E(x, y, z)/(1 + nP(x, z)P(x, yz))$$

Nous pouvons choisir ici $n \geqslant 1$. Et si nous désirons que VIII (c) ait un effet remarqué, nous pouvons donner une grande valeur à n.

Dans le cas où x est une théorie universelle avec $P(x) = 0$ et y est une preuve empirique, la différence entre E et C disparaît, comme dans mes définitions initiales et comme le requiert le desideratum (VI). Elle disparaît également si x suit de y. Il reste donc au moins certains avantages à utiliser une mesure logarithmique comme l'explique Hamblin : le concept défini par (I) s'en trouve étroitement relié à l'idée fondamentale de la théorie de l'information. Good commente également ce point (voyez la note 4).

Le passage des anciennes définitions aux nouvelles préserve l'ordre. (Ceci vaut également pour le pouvoir explicatif, comme l'impliquent les observations de Hamblin.) Il s'agit donc seulement d'une différence d'ordre métrique.

2. Les définitions du pouvoir explicatif et plus encore celles du degré de confirmation (ou corroboration ou acceptabilité, ou attestation, ou tout autre nom que vous désireriez donner au degré en question) donnent évidemment tout son poids au « *poids de la preuve* » (ou « poids d'un argument » comme l'a appelé Keynes dans son chapitre VI) (* 1). Les nouvelles définitions fondées sur les suggestions de Hamblin rendent ceci manifeste ; ces définitions semblent avoir un avantage considérable si nous sommes intéressés aux problèmes de métrique.

3. Cependant, nous devons nous rendre compte que la métrique de notre C dépendra entièrement de la métrique de P. *Or, il ne peut y avoir de métrique satisfaisante de P ; c'est-à-dire qu'il ne peut y avoir de métrique de la probabilité logique qui soit fondée sur des considérations purement logiques.* Pour prouver ceci, nous n'avons qu'à considérer la probabilité logique de n'importe quelle propriété physique mesurable (variable aléatoire non discrète) telle la longueur, pour prendre l'exemple le plus simple. Nous faisons la présupposition (favorable à nos adversaires) que, pour les valeurs de cette propriété nous sont données des limites supé-

rieure et inférieure déterminées, logiquement nécessaires, *l* et *u*.
Supposons que nous soit donnée une fonction de distribution
pour la probabilité logique de cette propriété ; par exemple, une
fonction d'équidistribution généralisée entre *l* et *u*. Nous pouvons
voir qu'une modification empiriquement désirable de nos théories
nous amène à une correction non linéaire de la *mesure* de notre
propriété physique (fondée par exemple sur le mètre invar de
Paris). La « probabilité logique » doit donc également être corrigée ;
ce qui montre que la métrique en question dépend de notre connaissance empirique et qu'elle ne peut être définie *a priori* en
termes purement logiques. En d'autres termes, la métrique de la
« probabilité logique » d'une propriété mesurable dépendrait de
la métrique de la propriété mesurable elle-même ; et puisque
cette dernière est susceptible d'être corrigée sur la base de théories
empiriques, il ne peut y avoir de mesure purement « logique » de
la probabilité.

L'on peut largement, sinon entièrement, surmonter ces difficultés en utilisant notre « connaissance de base », *z*. Mais à mon
avis, ces difficultés nous donnent la signification de l'approche
topologique du problème de la confirmation et de celui de la probabilité logique (* 2).

Mais, même si nous voulions négliger toutes considérations
d'ordre métrique, nous devrions encore, à mon avis, admettre
le concept de probabilité tel que les systèmes axiomatiques courants
du calcul des probabilités le définissent. Ceux-ci gardent toute
leur signification tout comme la géométrie pure (métrique) garde
sa signification même si nous sommes en mesure de définir un
mètre en termes de géométrie pure (métrique). Ceci est particulièrement important compte tenu de la nécessité d'*identifier
l'indépendance logique à l'indépendance probabiliste* (théorème
spécial de la multiplication). Si nous adoptons un langage comme
celui de Kemeny (qui, par ailleurs, cesse de convenir pour les
propriétés continues) ou un langage comportant des énoncés *relativement atomiques* (de la manière indiquée dans l'appendice I de
Logic of Scientific Discovery), nous devrons postuler l'indépendance
des phrases atomiques ou relativement atomiques (dans la mesure,

---

(* 2) Je vois à présent que j'ai résolu ces difficultés pour autant qu'il s'agisse
d'un système *S* (au sens de l'appendice * IV) dont les éléments sont des *énoncés
de probabilité* ; c'est-à-dire dans la mesure où il s'agit de la métrique logique de la
probabilité des énoncés de probabilité ou, en d'autres termes, de la métrique logique
des *probabilités secondaires*. La méthode de résolution est exposée dans ma *Troisième Note*, points 7 et suiv. ; voyez en particulier le point * 13.
Dans la mesure où il s'agit de propriétés primaires, je crois que les difficultés
décrites dans ce texte ne sont aucunement exagérées. (Naturellement, *z* peut servir
à mettre en évidence ou à reconnaître que dans certains cas nous sommes en
présence d'un ensemble fini de possibilités symétriques ou égales.).

évidemment, où elles ne sont pas « logiquement dépendantes » au sens de Kemeny). *Sur la base d'une théorie probabiliste de l'induction*, il apparaît alors que *nous ne pouvons rien apprendre* si nous identifions l'indépendance logique et l'indépendance probabiliste de la manière décrite ; mais *nous pouvons très bien apprendre* au sens où j'utilise mes fonctions-*C*, c'est-à-dire que nous pouvons corroborer nos théories.

A ce propos, nous pouvons encore mentionner deux points.

4. Le premier point est le suivant. Sur la base de mes systèmes d'axiomes pour la probabilité relative (5), $P(x, y)$ peut être considéré comme défini pour toute valeur de x et de y, y compris celles pour lesquelles $P(y) = 0$. Plus particulièrement, dans l'interprétation logique du système, chaque fois que x suit de y, $P(x, y) = 1$, même si $P(y) = 0$. Il n'y a donc pas lieu de se demander si notre définition est valide pour des langages comportant à la fois des énoncés singuliers et des lois universelles, même si toutes ces dernières ont zéro de probabilité comme c'est le cas, par exemple, si nous utilisons la fonction de mesure, *m*, de Kemeny, en postulant $P(x) = m(x)$. (Dans le cas de nos définitions de *E* et de *C*, il n'est nul besoin de renoncer à attribuer des poids égaux aux « modèles » ; *cf.* Kemeny, *op. cit.*, p. 307. Au contraire le fait d'y renoncer de quelque manière doit être considéré comme une façon de s'écarter de l'interprétation *logique* puisque l'égalité de l'indépendance logique et de l'indépendance probabiliste requise au point 3 ci-dessus s'en trouverait violée.)

5. Le second point est le suivant. Parmi les *desiderata* secondaires, ceux qui suivent ne sont pas satisfaits par toutes les définitions de « *x* est confirmé par *y* » qu'ont proposées d'autres auteurs. L'on pourrait donc mentionner séparément, comme un dixième desideratum (6) :

(X) Si *y* est confirmé ou corroboré ou étayé par *y* de telle sorte que $C(x, y) > 0$; alors (*a*) $\bar{x}$ est toujours infirmé par *y*, c'est-à-dire que $C(\bar{x}, y) < 0$ et (*b*) *x* est toujours infirmé par *y*, c'est-à-dire que $C(x, \bar{y}) < 0$.

Il me semble évident que ce desideratum constitue une condition d'adéquation indispensable et que toute définition proposée qui ne satisfait pas celle-ci, est intuitivement paradoxale.

---

(5) *Cf. B.J.P.S.*, 6, p. 56 et suiv. (voyez également les pp. 176 et 351). L'on peut trouver des versions simplifiées dans *British Philosophy in the Mid-Century* (éd. par C. A. Mace), p. 191 ; et dans ma *Logic of Scientific Discovery*, appendice * IV.

(6) Comparez ceci à la remarque faite dans *B.J.P.S.* 1954, 5, fin du premier paragraphe de la p. 144.

*Troisième note relative au degré de corroboration
ou de confirmation.*

Dans cette note, je voudrais faire certains commentaires relatifs
au problème du *poids de la preuve (weight of evidence)* et aux *tests
statistiques.*

1. La théorie de la corroboration ou « confirmation » que je
propose dans mes deux notes précédentes relatives au « Degré
de confirmation » (1) est en mesure de résoudre facilement le
problème du poids de la preuve, comme on l'appelle.

Peirce fut le premier à soulever ce problème et Keynes à l'examiner en détail ; ce dernier parlait couramment du « poids d'un
argument, ou de la « quantité de preuve ». L'expression « le poids
de la preuve » nous vient de J. M. Keynes et de I. J. Good(2).
La prise en considération du « poids de la preuve » conduit, dans
la théorie subjective de la probabilité, à des paradoxes qui sont,
à mon avis, insolubles dans le cadre de cette théorie.

2. Par théorie subjective de la probabilité, ou interprétation
subjective du calcul des probabilités, j'entends une théorie qui
interprète la probabilité comme une mesure de notre ignorance,
ou de notre connaissance partielle, ou, disons, du degré de rationalité de nos croyances, à la lumière de la preuve dont nous pouvons disposer.

Je puis mentionner, entre parenthèses, que l'expression plus
courante « degré de croyance rationnelle » peut être le symptôme
d'une légère confusion puisque ce que l'on veut dire c'est « degré
de rationalité d'une croyance ». La confusion naît de la manière
suivante. L'on commence par expliquer la probabilité comme une
mesure de la force ou de l'intensité d'une croyance ou conviction
— intensité mesurable à notre empressement à courir nos chances
dans un pari, par exemple. L'on se rend ensuite compte que l'intensité de notre croyance dépend en fait souvent de nos désirs ou de
nos craintes plutôt que d'arguments rationnels. C'est ainsi que,
modifiant légèrement les choses, l'on interprète alors la proba-

(1) *B.J.P.S.,* 1954, 5, 143, 324 et 359 ; et 1957, 7, 350. Voyez également 1955,
6 et 1956, 7, 244, 249. Il conviendrait d'ajouter au premier paragraphe de ma
« Deuxième Note » une référence à un article de Carnap et Y. Bar-Hillel, *Semantic
Information, B.J.P.S.,* 1953, 4, 147 et suiv. De plus la première phrase de la
note 1, p. 351 devrait être corrigée : lisez « *op. cit.,* p. 83 » car il s'agit d'une référence à la thèse du Dr Hamblin. * (Cette dernière correction a été faite dans la
version imprimée du présent ouvrage.)
(2) *Cf.* C. S. Peirce, *Collected Papers* ; 1932, vol. 2, p. 421 (ouvrage publié
pour la première fois en 1878) ; J. M. Keynes, *A Treatise on Probability,* 1921,
pp. 71 à 78 (voyez également 312 et suiv., « la somme de preuve », et l'*index*) ;
I. J. Good, *Probability and the Weight of Evidence,* 1950, pp. 62 et suiv. ; C. I.
Lewis, *An Analysis of Knowledge and Valuation,* 1946, pp. 292 et suiv. ; et R.
Carnap, *Logical Foundations of Probability,* 1950, pp. 454 et suiv.

bilité comme l'intensité ou le degré qui caractérise une croyance *en tant qu'elle est rationnellement justifiable*. Mais à ce moment, il est évident que la référence à l'intensité d'une croyance, ou au degré de cette croyance, devient superflu ; et il conviendrait donc de remplacer « degré de croyance » par « degré de rationalité d'une croyance ». Il ne faut pas s'imaginer que ces remarques signifient que je suis prêt à accepter n'importe quelle forme de l'interprétation subjective ; voyez le point 12, ci-dessous, et le chapitre * II de mon *Postscript : After Twenty Years*.

3. Pour gagner de la place, je vais exposer le problème du poids de la preuve en ne donnant qu'un seul exemple des paradoxes auxquels j'ai fait allusion plus haut. L'on peut l'appeler le « paradoxe de la preuve idéale ».

Soit z une pièce de monnaie et a l'énoncé « le $n^{\text{ième}}$ (non encore observé) lancement de z donnera face ». Dans le cadre de la théorie subjective, l'on peut présupposer que la probabilité absolue (ou *a priori*) de l'énoncé a est égale à $\frac{1}{2}$, c'est-à-dire

$$(1) \qquad\qquad P(a) = \frac{1}{2}$$

Soit, à présent, e une *preuve statistique*, c'est-à-dire un *compte rendu statistique* fondé sur l'observation de milliers ou même de millions de lancements de z. Supposons en outre que cette preuve e est *idéalement favorable* à l'hypothèse selon laquelle z est tout à fait symétrique : il s'agit d'une « bonne » pièce avec une distribution égale. (Notez que e n'est pas ici le compte rendu complet, détaillé, des résultats de chacun de ces lancements (nous pourrions supposer que ce compte rendu a été perdu) : il s'agit seulement d'un *résumé statistique* du rapport complet ; par exemple, e peut être l'énoncé « parmi un million de lancements de z observés, face est apparu dans 500 000 $\pm$ 20 cas ». Le point 8 montrera qu'une preuve e' constituée de 500 000 $\pm$ 20 cas serait encore idéale, si l'on adopte mes fonctions C et E ; en effet, du point de vue de ces fonctions c'est précisément parce qu'elle entraîne nécessairement e' que la preuve e est idéale.) Nous n'avons dès lors en ce qui concerne $P(a, e)$ aucune autre possibilité, sinon d'admettre que

$$(2) \qquad\qquad P(a, e) = \frac{1}{2}$$

Ce qui signifie que la probabilité de lancer face n'est pas modifiée à la lumière de la preuve e ; en effet, nous avons à présent

$$(3) \qquad\qquad P(a) = P(a, e)$$

Mais selon la théorie subjective, la formule (3) signifie que, somme toute, e constitue une information qui n'a (absolument) *pas de rapport* à a.

Or cela est un peu surprenant car cela veut dire, plus explicitement, que ce que l'on appelle notre « *degré de croyance rationnelle* » dans l'hypothèse *a* ne devrait d'aucune manière être modifié par la connaissance des preuves, *e*, que nous accumulons ; cela veut dire que l'absence de toute preuve statistique relative à *z* justifie exactement un « degré de croyance rationnelle » exactement égal à celui que la pesante preuve constituée par des millions d'observations qui, *prima facie* servent d'appui, confirment, ou renforcent notre croyance.

4. Je ne pense pas que ce paradoxe puisse être résolu dans le cadre de la théorie subjective, pour la raison suivante.

Le postulat fondamental de la théorie subjective soutient que les degrés de rationalité des croyances à la lumière de la preuve présentent un *ordre linéaire* : on peut les mesurer, comme des degrés de température sur une échelle unidimensionnelle. Or, de Peirce à Good, tous les essais visant à résoudre le problème du poids de la preuve dans le cadre de la théorie subjective consistent à introduire, outre la probabilité, *une autre mesure* de la rationalité de la croyance à la lumière de la preuve. Peu importe que l'on appelle cette nouvelle mesure « autre dimension de la probabilité » ou « degré de confiance autorisé à la lumière de la preuve » ou « poids de la preuve ». Seule importe l'acceptation implicite qu'il n'est pas possible d'attribuer un ordre linéaire aux degrés de rationalité des croyances à la lumière de la preuve : *la preuve peut modifier la rationalité d'une croyance de plus d'une manière*. Le fait d'accepter cela suffit à renverser le postulat fondamental qui constitue le fondement de la théorie subjective.

La croyance naïve selon laquelle il y a vraiment des espèces d'entités entièrement différentes, « le degré de rationalité de la croyance » d'une part, et « le degré de confiance autorisé » ou de « l'appui conféré à la preuve », d'autre part — n'est pas plus en mesure de sauver la théorie subjective que ne l'est la croyance tout aussi naïve d'après laquelle ces diverses mesures « expliquent » d'érents « *explicanda* » ; en effet, dire qu'il existe ici un « *expli-andum* » le « degré de croyance rationnelle » — susceptible de recevoir une « explication » en termes de probabilité, constitue une prétention qui tient ou tombe avec ce que j'ai appelé postulat fondamental ».

5. Toutes ces difficultés disparaissent dès que nous interprétons nos probabilités de manière objective. (Peu importe, dans le contexte de cet article, que l'interprétation objective soit une interprétation purement statistique ou une interprétation en termes

de tendances (3). Selon l'interprétation objective, nous devons introduire *b*, l'énoncé des conditions de l'expérience (les conditions définissant la suite des expériences dont nous tirons notre exemple) ; par exemple, *b* peut être l'information : « le lancement en question sera un lancement de *z*, rendu aléatoire par le tournoiement de la pièce ». De plus, nous devons introduire l'hypothèse probabiliste *objective*, *h*, à savoir l'hypothèse « $P(a, b) = \frac{1}{2}$ » (4).

6. Si nous considérons à présent la preuve statistique idéalement favorable *e* qui a conduit au « paradoxe de la preuve idéale », il est tout à fait évident que du point de vue de la théorie objective, nous devons la considérer comme une preuve portant sur *h* et non sur *a* : elle est idéalement favorable à *h*, et tout à fait neutre relativement à *a*. En présupposant l'*indépendance* ou le caractère aléatoire des divers lancements, la théorie objective donne tout naturellement $P(a, be) = P(a, b)$, pour *toute* preuve statistique *e* ; *e* n'a donc vraiment pas de rapport à *a*, en présence de *b*.

Puisque *e* est la preuve favorable à *h*, notre problème se transforme naturellement en la question de savoir comment la preuve *e* corrobore *h* (ou « confirme » *h*). La réponse est la suivante : si *e* est une preuve idéalement favorable, alors $E(h, e)$ et $C(h, e)$, à savoir le degré de corroboration de *h*, étant donné *e*, approcheront de 1, si la dimension de l'échantillon sur lequel *e* repose tend vers l'infini (5). La preuve idéale produit donc un comportement idéal correspondant de *E* et de *C*. Il ne surgit, par conséquent, aucun paradoxe et nous pouvons tout naturellement mesurer le *poids de la preuve e eu égard à l'hypothèse h*, soit par $E(h, e)$, soit par $C(h, e)$ ou alors — restant plus proche de l'idée de Keynes — par les valeurs absolues de l'une ou l'autre de ces fonctions.

7. Si, comme dans le cas que nous envisageons, *h* est une hypothèse statistique et *e* le compte rendu des tests statistiques auxquels

(3) Pour l'interprétation de la probabilité en termes de « tendances » (« *propensity interpretation* »). Voyez mes cinq articles (en particulier : « Three Views Concerning Human Knowledge » ; « Philosophy of Science : A Personal Report » et ceux de mon ouvrage *Conjonctures and Refutations, cit.*, auquel les notes des pages 346 et 347 se rapportent).
(4) Notez que l'on peut également interpréter « *b* » non comme un nom d'énoncé mais comme un nom de classe d'événements ; dans ce cas, il convient d'interpréter « *a* » comme un nom de classe d'événements et non comme un nom d'énoncé : mais « *h* » reste en tout cas le nom d'un énoncé.
(5) *E* et *C* sont tous deux définis dans ma première note. Il suffit ici de rappeler que $E(h, e) = P(e, h) - P(e))/(Pe, h) + P(e))$ et que *C* approche de *E* dans la plupart des cas importants. Dans *B.J.P.S.*, 1954, 5, 324, j'ai suggéré que nous définissions
$$C(x, y, z) = (P(y, xz) - P(y, z))/P(y, xz) - P(xy, z) + P(y, z)).$$
Ceci nous donne $C(x, y)$ si l'on présuppose que *z* (la « connaissance de base ») est tautologique ou (si l'on préfère) est inexistante.

elle est soumise, alors $C(h, e)$ est une mesure du degré auquel ces tests corroborent h, tout comme le cas d'une hypothèse non statistique.

Il convient cependant de mentionner que, contrairement au cas d'une hypothèse non statistique, si h est une hypothèse statistique, il pourrait parfois être très facile d'estimer les valeurs numériques de $E(h, e)$ et même de $C(h, e)$ (6). (Au point 8, nous indiquerons brièvement comment l'on pourrait effectuer de tels calculs dans des cas simples, y compris, naturellement, le cas de $h = $ « $p(a, b) = 1$ ».)

L'expression

$$(4) \qquad\qquad P(e, h) = P(e)$$

est d'une importance cruciale pour les fonctions $E(h, e)$ et $C(h, e)$; en effet, ces fonctions ne sont que deux manières différentes de « normaliser » l'expression (4) ; elles croissent et décroissent donc de pair avec (4). Ceci signifie que pour trouver un *bon* énoncé-test e — un énoncé qui, s'il est vrai, doit être hautement favorable à h — nous devons élaborer un compte rendu statistique e qui (I) rende $P(e, h)$ — c'est-à-dire la « vraisemblance » de h étant donné e, dont parle Fischer — grand, c'est-à-dire presque égal à 1 et qui (II) rende $P(e)$ petit, c'est-à-dire presque égal à 0. Une fois construit un énoncé-test, e, de cette espèce, nous devons le soumettre lui-même à des tests empiriques. (C'est-à-dire que nous devons *essayer* de trouver la preuve qui réfute e.)

Supposons à présent que h soit l'énoncé

$$(5) \qquad\qquad p(a, b) = r$$

tandis que e est l'énoncé : « Dans un échantillon de dimension n satisfaisant la condition b (ou pris au hasard dans la population b), a est satisfait dans n $(r \pm \delta)$ des cas » (* 1). Nous pouvons dès lors poser, en particulier pour de petites valeurs de δ,

$$(6) \qquad\qquad P(e) \approx 2\,\delta \ (* 2)$$

(6) Il est très probable que dans des cas numériquement calculables, les fonctions logarithmiques proposées par Hamblin et Good (voyez ma « Deuxième Note ») représenteront des améliorations par rapport aux fonctions que j'ai primitivement proposées. De plus, il conviendrait de noter que d'un point de vue numérique (mais non du point de vue théorique qui est à la base de nos *desiderata*) mes fonctions (E et C) et le « degré d'appui d'ordre factuel » de Kemeny et Oppenheim donneront dans la plupart des cas des résultats similaires.

(* 1) L'on présuppose ici que si la dimension de l'échantillon est n, la fréquence dans cet échantillon peut, au mieux, être déterminée avec une imprécision de $\pm 1/2n$; de sorte que pour n fini, nous avons $\delta \geqslant 1/2n$. (Pour de grands échantillons, ceci, donne simplement $\delta > 0$.)

(* 2) La formule (6) résulte directement du fait que le contenu informatif d'un énoncé croît avec sa précision, de sorte que sa probabilité logique absolue croît avec son degré d'imprécision. Voyez les sections 34 à 37. (Nous devons ajouter à ceci le fait que dans le cas d'un échantillon statistique, le degré d'imprécision et la probabilité ont les mêmes minima et maxima 0 et 1.)

Nous pouvons même poser $P(e) = 2\,\delta$; en effet, ceci voudrait dire que nous attribuons des probabilités égales — et donc les probabilités $1\,(n + 1)$ — à chacune des $n + 1$ proportions possibles, $0/n$, $1/n$, $2/n$, ... n/n, dans lesquelles une propriété a peut se rencontrer dans un échantillon de dimension n. Il s'ensuit que nous devrions attribuer la probabilité, $P(e) = (2d + 1)/(n + 1)$, à un compte rendu statistique e nous informant que $m \pm d$ membres d'une population de dimension n ont la propriété a ; aussi, en posant $\delta = (d + \tfrac{1}{2})/(n + 1)$, obtenons-nous $P(e) = 2\,\delta$. (L'équidistribution décrite ici est celle que Laplace présuppose dans la déduction de sa règle de succession. Elle permet d'évaluer la probabilité *absolue*, $P(e)$, si e est *un compte rendu statistique relatif à un échantillon*. Mais elle ne permet pas d'évaluer la probabilité relative $P(e, h)$ du même compte rendu, étant donné une hypothèse h selon laquelle l'échantillon est le produit de n répétitions d'une expérience dont les résultats possibles ont chacun une certaine probabilité. Car dans ce cas, il convient d'adopter une distribution combinatoire — c'est-à-dire bernoullienne — et non laplacienne.) La formule (6) nous montre que, si nous désirons rendre $P(e)$ petit, nous devons rendre δ petit.

D'autre part, $P(e, h)$ — la vraisemblance de h — sera proche de 1, si δ est relativement grand (d'une manière générale si $\delta \approx \tfrac{1}{2}$) ou, si — dans le cas où δ est petit, la dimension-n, de l'échantillon, est un grand nombre. Nous voyons donc que $P(e, h)$ — $P(e)$ et donc nos fonctions E et C, ne peuvent être un grand nombre que si δ est petit et n grand ; ou, en d'autres termes, si e est un compte rendu statistique *assurant une bonne conformité dans un grand échantillon*.

L'énoncé-test e sera donc d'autant meilleur que sera plus grande sa précision (celle-ci sera l'inverse de $2\,\delta$) et que seront donc également plus grands sa falsifiabilité ou son contenu, et la dimension n de l'échantillon, c'est-à-dire le matériel statistique requis pour mettre e à l'épreuve. L'énoncé-test e ainsi construit peut alors être confronté aux résultats des observations effectives.

Nous voyons que l'accumulation de preuves statistiques augmentera E et C, s'il s'agit de preuves favorables. L'on peut donc considérer que E et C sont des mesures du poids de la preuve en faveur de h ; ou que leurs valeurs absolues mesurent le poids de la preuve relativement à h.

8. Puisqu'il est possible de déterminer la valeur numérique de $P(e, h)$ à l'aide du théorème binomial (ou de l'intégrale de Laplace), et puisque, en particulier pour un petit δ, nous pouvons, grâce à la formule (6), poser $P(e)$ égal à $2\,\delta$, il est possible de calculer la valeur numérique de $P(e, h)$ — $P(e)$ de même que celle de E.

De plus, pour tout n donné, nous pouvons calculer une valeur $\delta = P(e)/2$ pour laquelle $P(e, h) - P(e)$ deviendrait un maximum. (Pour le même n, nous avons $\delta = 0.00135$, et $E(h, e) = 0.9946$.)

Pour une loi universelle h telle que $h =$ « $P(a, b) = 1$ » — qui a passé n tests sévères, lesquels ont *tous* donné le résultat a, nous obtenons, en premier lieu, $C(h, e) = E(h, e)$, compte tenu de $P(h) = 0$; puis, en évaluant $P(e)$ à l'aide de la distribution laplacienne et de $d = 0$, nous obtenons $C(h, e) = n/n + 2 = 1 - (2/n + 2)$. Il convient pourtant de se rappeler que des théories scientifiques non statistiques ont en principe une forme tout à fait différente de celle de l'énoncé h décrite ici ; de plus, si nous les coulons de force dans cette forme, tout cas a et donc la « preuve » e, deviendraient intrinsèquement non observationnels (* 3).

9. Il ressort de tout ceci que la mise à l'épreuve d'une hypothèse statistique est déductive comme l'est celle de toutes les autres hypothèses : l'on commence par construire un énoncé-test de manière à ce qu'il suive (ou suive presque) de l'hypothèse tout en ayant un degré de contenu ou de falsifiabilité élevé ; et on le confronte ensuite avec l'expérience.

Il est intéressant de noter que si e était choisi de manière à constituer un rapport complet de nos observations — par exemple, le compte rendu complet d'une longue suite de lancements, face, face, pile etc., suite composée de mille éléments — e serait inutile, comme preuve d'une hypothèse statistique ; en effet, *toute* suite réelle de longueur n a la même probabilité que toute autre suite (étant donné h). Nous aurions donc la même valeur pour $P(e, h)$, et donc pour E et C — à savoir $E = C = 0$ — dans le cas où e comporterait *seulement* des faces, comme dans le cas où il comporterait exactement une moitié de piles et une moitié de faces. Ceci

_____

(* 3) L'on pourrait cependant parler du degré de corroboration d'une théorie *eu égard à un champ d'application*, au sens indiqué dans les appendices I et * VIII, et l'on pourrait dès lors utiliser la méthode de calcul décrite ici. Mais comme elle ignore la microstructure de contenu et de probabilité, cette méthode est très sommaire dans la mesure où il s'agit de théories non statistiques. Aussi, pouvons-nous dans ces cas compter sur la méthode comparative exposée dans la note 7 de la « Première Note » ci-dessus. Il faudrait mettre l'accent sur le fait qu'en formulant une théorie sous la forme « $(x)\ Ax$ », nous sommes en général contraints de faire de A un prédicat très complexe et non observationnel. (Voyez également l'appendice * VII et en particulier la note I.)

Je crois qu'il y a quelque intérêt à mentionner ici que la méthode développée dans le texte nous permet d'obtenir des *résultats numériques* — à savoir des degrés numériques de corroboration — dans tous les cas envisagés par Laplace ou par les logiciens modernes qui introduisent des systèmes de langage artificiel dans le vain espoir d'obtenir ainsi une métrique *a priori* pour la probabilité de leurs prédicats, pensant que ceci est nécessaire pour l'obtention de résultats numériques. Cependant, j'obtiens des degrés numériques de corroboration dans de nombreux cas très éloignés de ces systèmes de langage puisque les prédicats mesurables n'engendrent aucun nouveau problème pour notre méthode. (Et c'est un grand avantage de ne devoir introduire de métrique pour la probabilité logique d'aucun des « prédicats » concernés ; voyez ma critique dans le point 3 de la « Deuxième Note ». *Cf.* également ma seconde préface, 1958.)

prouve que nous ne pouvons pas utiliser, comme preuve en faveur ou à l'encontre de *h*, la *totalité* de notre connaissance empirique ; nous devons en extraire ces énoncés *statistiques* qui peuvent être comparés avec des énoncés qui soit dérivent de *h*, soit ont au moins une probabilité élevée, étant donné *h*. C'est ainsi que si *e* est constitué par l'entièreté des résultats d'une longue suite de lancements, il ne peut, *sous cette forme*, aucunement servir d'énoncé-test pour une hypothèse statistique. Mais un énoncé logiquement plus faible relatif à la *fréquence moyenne* des faces, et extrait de ce même *e*, pourrait le faire. En effet, une hypothèse probabiliste ne peut expliquer que des découvertes *interprétées en termes statistiques* et, ne peut donc être contrôlée et corroborée que par des résumés statistiques et non, disons par la « totalité de la preuve disponible », si celle-ci consiste en un compte rendu complet de l'observation ; pas même dans le cas où ses diverses interprétations statistiques peuvent être utilisées comme d'excellents et pondéreux énoncés-tests (* 4).

Notre analyse montre donc que les méthodes statistiques sont intrinsèquement hypothético-déductives et qu'elles procèdent par élimination des hypothèses inappropriées, comme c'est le cas pour toutes les autres méthodes scientifiques.

10. Si δ est très petit, et donc également *P(e)* — ce qui n'est possible que pour de grands échantillons — nous avons, en raison de (6),

7) $$P(e, h) \approx P(e, h) - P(e)$$

Dans ce cas, et dans celui-ci seulement, il sera donc possible d'accepter la fonction de vraisemblance de Fischer comme une

(* 4) Ce point présente un intérêt considérable relativement au problème de la valeur numérique des probabilités absolues requises pour la détermination de $C(x, y)$, à savoir le problème examiné au point 3 de la « Deuxième Note », de même que dans la présente note. (Voyez en particulier * 1.) Si nous devions déterminer la probabilité absolue de la « totalité de la preuve disponible » constituée de la conjonction d'un grand nombre de rapports d'observation, nous devrions connaître la probabilité absolue (ou « ampleur ») de chacun de ces rapports afin de former leur produit, admettant par hypothèse (hypothèse examinée dans l'appendice * VII ci-dessus) l'indépendance absolue de ces rapports. Mais pour déterminer la probabilité absolue d'un résumé statistique nous ne devons rien présupposer relativement à la probabilité absolue des rapports d'observation ou à leur indépendance. Car il est évident, même si l'on n'adopte pas une distribution laplacienne, que (6) doit être une formule valide pour de petites valeurs de δ, pour la simple raison que le *contenu* de *e* doit toujours être une mesure de sa précision (*cf.* section 36) et que la probabilité absolue doit donc être mesurée à l'*ampleur* de *e*, laquelle est 2 δ. La distribution laplacienne peut dès lors être admise en tant qu'elle est tout simplement la présupposition d'équiprobabilité la plus simple nous donnant (6). L'on peut mentionner dans ce contexte que la distribution laplacienne se fonde, peut-on dire, sur un *univers d'échantillons* et non sur un univers de choses ou d'événements. L'univers des échantillons choisis dépend, naturellement, de l'hypothèse qui doit être soumise à des tests. C'est à l'intérieur de chaque univers d'échantillons qu'une hypothèse d'équiprobabilité conduit à une distribution laplacienne (ou « rectangulaire »).

mesure adéquate du degré de corroboration. Et inversement, nous pouvons interpréter notre mesure du degré de corroboration comme *une généralisation de la fonction de vraisemblance de Fischer* ; une généralisation qui couvre des cas, tel celui de δ relativement grand, pour lesquels la fonction de vraisemblance de Fischer deviendrait manifestement inadéquate. En effet, la vraisemblance de h à la lumière de la preuve statistique e ne devrait assurément pas atteindre une valeur proche de son maximum, tout simplement (ou en partie) parce que la preuve statistique disponible e manque de précision.

Il n'est pas satisfaisant, pour ne pas dire paradoxal, que la preuve statistique e, fondée sur un million de lancements et $\delta = 0,00\ 135$, puisse donner pour résultat la même vraisemblance (d'un point de vue numérique) — à savoir $P(e, h) = 0,9930$ — que la preuve statistique e fondée sur une centaine de lancements seulement et sur $\delta = 0,135$ (* 5). (Mais il est tout à fait satisfaisant de découvrir que $E(h, e) = 0,9946$ tandis que $E(h, e') = 0,7606$.)

11. Il convient d'observer que la probabilité logique absolue d'une loi universelle h — à savoir $P(h)$ — sera en général zéro dans un univers infini. Aussi $P(e, h)$ — à savoir la vraisemblance de h — sera-t-elle indéfinie dans la plupart des systèmes de probabilité puisque dans la plupart des systèmes $P(e, h)$ est défini comme $P(eh)/P(h) = \%$. Nous avons donc besoin d'un calcul formel des probabilités qui donne des valeurs définies pour $P(e, h)$ même si $P(h) = 0$ et qui donne toujours et de manière univoque $P(e, h) = 1$ chaque fois que e suit (ou « suit presque ») de h. J'ai publié, il y a un certain temps, un système répondant à ces exigences (7).

12. Notre $E(h, e)$ peut être adéquatement interprété comme une mesure du pouvoir explicatif de h, eu égard à e, même si e n'est pas un compte rendu de tentatives authentiques et sincères visant à réfuter h. Mais notre $C(h, e)$ ne peut être adéquatement interprété comme un degré de corroboration de h — ou de la rationalité de notre croyance en h, à la lumière des tests — que si les comptes

---

(* 5) La « vraisemblance » de Fischer se révèle, dans de nombreux cas, intuitivement insatisfaisante. Soit x : « le prochain lancement de ce dé donnera un six ». Alors, la vraisemblance de x à la lumière de la preuve y sera 1 et aura donc sa valeur maximale si y signifie, par exemple, « le lancement suivant donne un nombre pair » ou « le lancement suivant est un nombre > 4 » ou même « le lancement suivant est un nombre différent de deux ». (Les valeurs de $C(x, y)$ sont semble-t-il, satisfaisantes : elles sont respectivement, $3/8$; $4/7$; et $1/10$.)

(7) *B.J.P.S.*, 1955, 6 ; voyez en particulier pp. 56 et suiv. L'on peut trouver dans mes articles *Philosophy of Science* : *A Personal Report* (p. 191) et *The Propensity interpretation*, etc., auxquels il est renvoyé dans la note3, une forme simplifiée de ce système d'axiomes. (Dans le dernier article, p. 67, note 3, il faudrait remplacer la dernière occurrence de « $<$ » par « $\neq$ » et dans (B) et (C) il conviendrait d'aller à la ligne après les secondes flèches.) * *Cf.* mes nouveaux appendices * IV et * V.

rendus que constituent *e* sont ceux des résultats de tentatives visant à vérifier cet énoncé.

Comme la phrase précédente le laisse entendre, je suggère que c'est une erreur de penser que la probabilité peut être interprétée comme une mesure de la rationalité de nos croyances (le paradoxe de la preuve parfaite exclut cette interprétation) mais que le degré de corroboration peut, quant à lui, être interprété de cette manière (8). Quant au calcul des probabilités, il permet un très grand nombre d'interprétations différentes (9). Bien que le « degré de croyance rationnelle » n'en soit pas une, il existe une *interprétation logique* qui considère la probabilité comme une généralisation de la déductibilité. Mais cette probabilité a peu à voir avec les évaluations hypothétiques de nos chances. En effet, les énoncés de probabilité dans lesquels nous exprimons ces évaluations sont toujours des estimations hypothétiques des *probabilités objectives* inhérentes à la situation particulière, aux conditions objectives de la situation : au dispositif expérimental, par exemple. Ces évaluations hypothétiques (qui *ne peuvent être déduites* de quoi que ce soit d'autre mais sont de libres conjectures, encore qu'elles puissent être suggérées par des considérations de symétrie ou par du matériel statistique) peuvent dans bien des cas être soumises à des tests statistiques. Elles ne sont jamais des évaluations de notre ignorance : le point de vue opposé résulte d'une conception (peut-être inconsciemment) déterministe du monde, comme l'a vu si clairement Poincaré (10).

De ce point de vue, un « joueur rationnel » essaie toujours d'évaluer les *chances objectives*. Les chances qu'il est prêt à courir ne représentent pas une mesure de son « degré de croyance » mais sont, plutôt, l'objet de sa croyance. Il croit que ces chances existent objectivement : il croit en une hypothèse probabiliste *h*. Si nous voulions mesurer opérationnellement le degré de sa croyance (en ces chances ou en quoi que ce soit d'autre), nous devrions déterminer, par exemple, la part de sa facture qu'il est prêt à risquer en pariant à un contre un que sa croyance — l'évaluation qu'il fait de ses chances — est correcte, pour autant que ceci puisse être constaté.

Quant au degré de corroboration, il n'est rien d'autre qu'une mesure du degré auquel une hypothèse *h* a été soumise à des tests et du degré auquel elle les a passés. Il ne convient donc pas de

(8) *Cf. B.J.P.S.*, 1955, 6, 55 (le titre de la section).
(9) *Cf.* ma note dans *Mind*, 1938, 47, 275 et suiv.
(10) *Cf.* H. Poincaré, *Science and Method*, 1914, IV, I. (Ce chapitre fut publié pour la première fois dans *la Revue du Mois*, 1907, 3, p. 257-276, et dans *The Monist*, 1912, 22, pp. 31-52.)

l'interpréter comme un degré de la rationalité de notre croyance en la *vérité* de *h* ; en effet, nous savons que $C(h, e) = 0$ chaque fois que *h* est logiquement vrai. Il s'agit plutôt d'une mesure de la rationalité qu'il y a à accepter, à titre d'essai, une conjecture problématique, en sachant que c'est une conjecture mais une conjecture qui a été l'objet d'examens minutieux.

* 13. Les douze points précédents constituent la « Troisième Note » telle qu'elle a été publiée dans le *B.J.P.S.* L'on peut y ajouter deux remarques afin d'expliciter davantage certaines des considérations plus formelles qui sont implicites dans cette note.

Le premier problème auquel je songe est, une fois encore, celui de la *métrique* de la probabilité logique (*cf.* la seconde note, point 3), et de sa relation avec la distinction entre ce que j'appellerai énoncés de probabilité primaire et énoncés de probabilité secondaire. Ma thèse est qu'au niveau secondaire, la distribution de Laplace et celle de Bernoulli nous fournissent une *métrique*.

Nous pouvons travailler avec un système $S_1 = \{ a, b, c, a_1, b_1, c_1,... \}$ d'éléments (au sens du système de postulats qui se trouve dans l'appendice * IV). Ces éléments donneront naissance à des énoncés de probabilité de la forme « $p(a, b) = r$ ». Nous pouvons les appeler « énoncés de probabilité primaire ». Ces énoncés de probabilité primaire peuvent alors être considérés comme les éléments d'un système d'éléments secondaire, $S_2 = \{ e, f, g, h,... \}$; de telle sorte que « *e* », « *f* », etc. sont alors des noms d'énoncés de la forme « $p(a, b) = r$ ».

Or, le théorème de Bernoulli nous dit, en résumé, ceci : soit *h* « $p(a, b) = r$ » ; alors si *h* est vrai, il est extrêmement probable que dans une longue suite de répétitions des conditions *b*, la fréquence de l'occurrence de *a* sera égale à *r*, ou en sera très proche. Supposons que « $\delta_r(a)_n$ » désigne l'énoncé selon lequel *a* apparaîtra dans une longue suite de *n*-répétitions avec une fréquence $r \pm \delta$. Le théorème de Bernoulli nous dit que la probabilité de $\delta_r(a)_n$ se rapprochera de l'unité si *n* croît, étant donné *h*, c'est-à-dire, étant donné que $p(a, b) = r$. (Il dit également que cette probabilité sera proche de zéro, étant donné que $p(a, b) = s$, chaque fois que *s* tombe en dehors de $r \pm \delta$; et ceci est important pour la réfutation des hypothèses probabilistes.)

Or ceci signifie que nous pouvons écrire le théorème de Bernoulli sous la forme d'un énoncé (secondaire) de probabilité *relative* se rapportant aux éléments *g* et *h* de S_2 ; c'est-à-dire que nous pouvons l'écrire sous la forme

$$\lim_{n \to \infty} p(g, h) = 1$$

où $g = \delta_r(a)_n$ et où h est l'information selon laquelle $p(a, b) = r$; ce qui revient à dire que h est un énoncé de probabilité primaire et que g est un énoncé primaire de *fréquence relative*.

Ces considérations prouvent que nous devons accepter dans S_2, des *énoncés de fréquences* tel que g, c'est-à-dire $\delta_r(a)_n$ et des hypothèses probabilistes ou évaluations probabilistes hypothétiques, telle que h. Aussi semble-t-il approprié dans l'intérêt de l'homogénéité de S_2 d'identifier *tous* les énoncés de probabilité qui constituent les éléments de S_2 à des *énoncés de fréquence*, ou, en d'autres termes, d'adopter pour les énoncés de probabilité primaire e, f, g, h,... qui constituent les éléments de S_2, une sorte d'*interprétation fréquentielle de la probabilité*. En même temps, nous pouvons adopter l'*interprétation logique de la probabilité* pour les énoncés de probabilité de la forme

$$P(g, h) = r$$

c'est-à-dire pour les énoncés de probabilité *secondaire* qui constituent des assertions relatives au degré de probabilité des énoncés de probabilité primaire, g et h.

Bien que nous ne puissions pas avoir une métrique logique (ou absolue) des énoncés de probabilité primaire, c'est-à-dire bien que nous ne puissions avoir aucune idée de la valeur de $p(a)$ ou de $p(b)$, nous pouvons avoir une métrique logique ou absolue des énoncés de probabilité secondaire : celle-ci nous est fournie par la distribution laplacienne selon laquelle $P(g)$, la probabilité absolue de g, c'est-à-dire de $\delta_r(a)_n$, égale 2, que g soit observé empiriquement ou qu'il s'agisse d'une hypothèse ; ainsi l'hypothèse typique de probabilité, h, obtient-elle $p(h) = 0$, parce que h a la forme « $p(a, b) = r$ », quand $\delta = 0$. Puisque les méthodes de Bernoulli nous permettent de calculer la valeur de la probabilité relative $P(g, h)$, au moyen d'une analyse purement mathématique, nous pouvons considérer que les probabilités relatives $P(g, h)$ sont déterminées de manière analogue sur des bases purement logiques. Il semble donc tout à fait approprié d'adopter, au niveau secondaire, l'interprétation logique du calcul formel des probabilités.

En résumé, nous pouvons considérer les méthodes de Bernoulli et de Laplace comme des méthodes visant à établir une métrique purement logique des probabilités au niveau secondaire, indépendamment de la question de savoir s'il existe ou non une métrique logique des probabilités au niveau primaire. La méthode de Bernoulli détermine ainsi la métrique logique des probabilités relatives (la vraisemblance secondaire des hypothèses primaires, en ordre principal) et celle de Laplace, la métrique logique des probabilités absolues (des comptes rendus statistiques relatifs à des échantillons, en ordre principal).

Sans aucun doute, leurs efforts visèrent, dans une large mesure, à établir une théorie probabiliste de l'induction ; ils furent certainement enclins à identifier C et p. Il va sans dire que je crois qu'ils commirent là une erreur : les théories statistiques sont, comme toutes les autres théories, hypothético-déductives. Et les hypothèses statistiques sont, comme toutes les autres hypothèses, soumises à des tentatives visant à les falsifier, à des tentatives visant à réduire leur vraisemblance secondaire à zéro, ou presque à zéro. Leur « degré de corroboration », C, n'a d'intérêt que s'il résulte de tentatives de ce type ; en effet, rien n'est plus facile, si nous le voulons, que de sélectionner la preuve statistique de manière à ce qu'elle soit *favorable* à une hypothèse statistique.

* 14. L'on pourrait se demander, au terme de cette analyse, si je n'ai pas, par mégarde, modifié ma croyance. En effet, il peut sembler que rien ne nous empêche d'appeler $C(h, e)$ « la probabilité inductive de h, étant donné e » ou — si l'on a l'impression que ceci est inexact en raison du fait que C n'obéit pas aux lois du calcul des probabilités — « le degré de rationalité de notre croyance en h, étant donné e ». Un critique inductiviste bienveillant pourrait même me féliciter d'avoir résolu, avec ma fonction C, le vieux problème de l'induction *en un sens positif* : d'avoir finalement établi, avec ma fonction C, la validité du raisonnement inductif.

Voici ce que je riposterais : je ne m'oppose pas à ce qu'on appelle $C(h, e)$ du nom que l'on veut, qu'il convienne ou non. Je suis tout à fait indifférent à la terminologie aussi longtemps qu'elle ne nous induit pas en erreur. Je ne m'oppose pas davantage — aussi longtemps que cela ne nous induit pas en erreur — à ce que l'on étende (par mégarde ou autrement) la signification du terme « induction ». Mais je dois insister sur le fait que $C(h, e)$ ne peut être interprété comme un degré de corroboration que si e constitue *un compte rendu des tests les plus sévères que nous avons été en mesure d'élaborer*. C'est ce point qui différencie l'attitude de l'inductiviste, ou du vérificationiste, et la mienne. L'inductiviste ou vérificationiste souhaite que son hypothèse soit *affirmée*. Il espère la rendre plus « *ferme* » grâce à sa preuve e et recherche la « *fermeté* », la « *confirmation* ». Il peut, au mieux, se rendre compte que nous ne devons pas nous laisser guider par des préjugés dans notre sélection de e, que nous ne devons pas ignorer les cas non favorables et que e doit comprendre les comptes rendus de la *totalité* de notre connaissance empirique, qu'elle soit favorable ou non. (Notez que l'exigence inductiviste selon laquelle e doit comprendre la *totalité* de notre connaissance empirique ne peut être représentée dans aucun formalisme. Il s'agit là d'une condition non formelle, une condition d'adéquation, qui doit être remplie si nous voulons interpréter $p(h, e)$ comme un degré de notre connaissance imparfaite de h.)

Contrairement aux inductivistes, je prétends que $C(h, e)$ ne doit être interprété comme le degré de corroboration de h par e que si e est le compte rendu des résultats de *nos efforts sincères pour éliminer h*. La condition de sincérité ne peut faire l'objet d'une formalisation pas plus que la condition inductiviste selon laquelle e doit représenter la totalité de notre connaissance empirique. Cependant, si *e n'est pas* un compte rendu de nos tentatives sincères en vue d'éliminer h, nous serons tout simplement dans l'erreur en pensant que nous pouvons interpréter $C(h, e)$ comme un degré de corroboration ou quelque chose d'analogue.

Mon critique bienveillant pourrait répliquer qu'il ne peut toujours voir de raison à ce que ma fonction C ne puisse être considérée comme une solution positive au problème classique de l'induction. En effet, ma réponse, pourrait-il dire, serait parfaitement acceptable pour un inductiviste classique, si l'on considère qu'elle consiste tout simplement à exposer la « méthode de l'induction par élimination » comme on l'appelle — méthode inductive qui fut bien connue de Bacon, Whewell et Mill et que n'ont pas encore oubliée certains théoriciens probabilistes de l'induction eux-mêmes (encore qu'il se puisse que mon critique admette que ces derniers n'ont pas été en mesure de l'incorporer effectivement à leurs théories).

Ma réaction devant cette riposte serait de déplorer de ne jamais parvenir à expliquer ma thèse principale avec suffisamment de clarté. En effet, l'élimination préconisée par tous ces inductivistes avait pour seul dessein d'*établir aussi fermement que possible la théorie survivante* qui, pensent-ils, doit être la théorie *vraie* (ou peut-être seulement une théorie *hautement probable*, dans la mesure où nous pouvons ne pas avoir tout à fait réussi à éliminer toute autre théorie).

Contrairement à ce point de vue, je ne pense pas que par voie d'élimination nous puissions jamais réduire sérieusement le nombre des théories rivales, puisque ce nombre demeure toujours infini. Ce que nous faisons — ou devrions faire — c'est nous tenir à la plus improbable des théories survivantes, qui est celle qui peut être soumise aux tests les plus rigoureux. Nous « acceptons » provisoirement cette théorie mais seulement en ce sens que nous la choisissons parce qu'elle est digne d'être soumise à une critique ultérieure et aux tests les plus sévères que nous puissions imaginer.

En termes positifs, nous pouvons peut-être ajouter que la théorie survivante est la meilleure — et la mieux éprouvée — de celles que nous connaissons.

APPENDICE * X

Universaux, dispositions et nécessité naturelle ou physique

(1) La doctrine fondamentale qui sous-tend toutes les théories de l'induction est *la doctrine du primat des répétitions*. Retenant l'attitude de Hume, nous pouvons distinguer deux variantes de cette doctrine. Nous pouvons appeler la première, que Hume critiqua, la doctrine du primat logique des répétitions. Selon celle-ci, la répétition de certaines situations fournit une sorte de *justification* à l'acceptation d'une loi universelle. (La notion de répétition est, en règle générale, liée à celle de probabilité.) La seconde (que Hume soutint) peut être appelée la doctrine du primat temporel (et psychologique) des répétitions. Selon cette seconde doctrine, bien qu'incapables de fournir aucune sorte de *justification* aux lois universelles et aux attentes et croyances qu'elles entraînent, les répétitions amènent et suscitent positivement en nous ces attentes et croyances, aussi peu « justifiées » ou « rationnelles » soient-elles.

Les deux variantes de cette doctrine du primat des répétitions — la doctrine, plus forte, de leur primat logique et celle, plus faible, de leur primat temporel (ou causal, ou psychologique) — sont insoutenables. On peut le prouver à l'aide de deux arguments totalement différents.

Mon premier argument à l'encontre du primat des répétitions est le suivant. Toutes les répétitions dont nous faisons l'expérience, sont des *répétitions approximatives* ; et, en disant qu'une répétition est approximative, j'entends que la répétition B d'un événement A n'est pas identique à A, ou indiscernable de A, mais seulement *plus ou moins semblable* à A. Or, si la répétition se trouve ainsi fondée sur une simple similitude, elle doit partager l'une des principales caractéristiques de la similitude, à savoir la relativité.

Deux choses semblables le sont toujours *à certains égards*. L'on peut illustrer ce point par un simple diagramme.

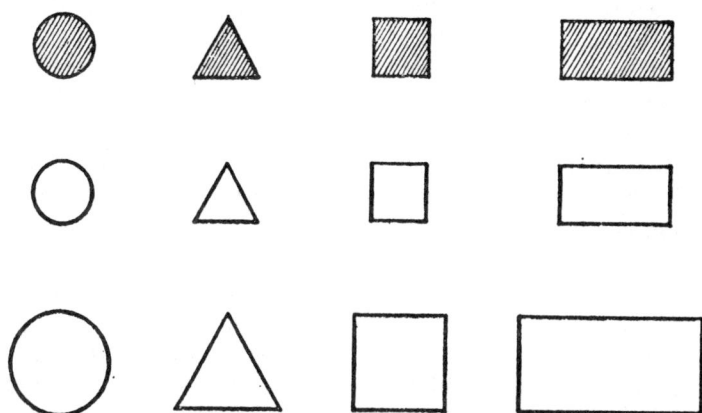

Si nous considérons ce diagramme, nous voyons que certaines des figures qu'il représente sont semblables en ce qu'elles sont ombrées (hachurées) ou non, d'autres sont semblables quant à leur forme et d'autres encore quant à leur surface. L'on pourrait prolonger la table comme ceci

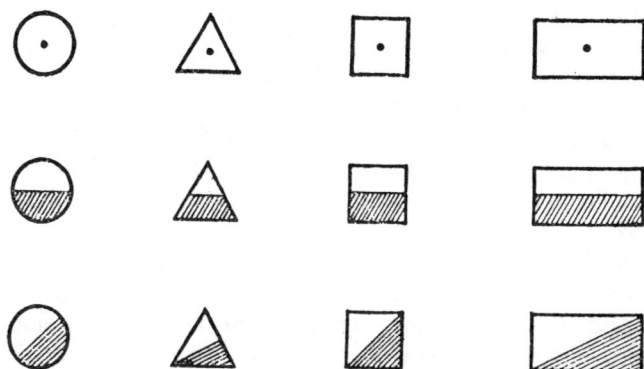

L'on peut voir aisément que les espèces possibles de similitude ne sont pas en nombre fini.

Ces diagrammes montrent que des choses peuvent être semblables à *différents égards* et que deux choses quelconques qui sont semblables d'un certain point de vue peuvent être dissemblables d'un autre point de vue. D'une manière générale, la similitude, et avec elle la répétition, présupposent toujours l'adoption d'un *point de vue* : certaines similitudes ou répétitions nous frapperont si nous sommes intéressés à un problème, d'autres le feront si nous sommes intéressés à un autre problème. Mais si la similitude et la répétition présupposent l'adoption d'un point de vue, ou un intérêt, ou une attente, il est logiquement nécessaire que des points de vue, des intérêts, ou des attentes soient logiquement aussi bien que temporellement (ou causalement ou psychologiquement) antérieurs, à la répétition. Or cette conclusion ruine les doctrines des primats, tant logiques que temporels, des répétitions (1).

L'on peut ajouter que pour n'importe quel groupe ou ensemble fini de choses, aussi diversifié qu'on puisse le choisir, il nous est toujours possible, avec un peu d'ingéniosité, de trouver des points de vue tels que toutes les choses faisant partie de cet ensemble soient semblables (ou partiellement égales) si on les considère de l'un de ces points de vue ; ce qui signifie que n'importe quoi peut être considéré comme une répétition de n'importe quoi, pour autant et si faiblement que nous adoptions le point de vue approprié. Ceci nous prouve à quel point il est naïf de considérer la répétition comme quelque chose d'ultime, ou de donné. L'argument invoqué ici est intimement lié au fait (mentionné dans l'appendice * VII, note 9 ; *cf.* la propriété *B*) que nous pouvons trouver, pour *n'importe quelle* séquence finie de 0 et de 1, une règle ou « loi » mathématique qui nous permette de construire une suite infinie commençant par la séquence finie donnée.

J'en viens à présent au second argument que j'oppose au primat des répétitions. Le voici. Il y a des lois et des théories qui présentent un caractère tout à fait différent de celui d'une loi de l'espèce « Tous les cygnes sont blancs », bien que l'on puisse les formuler d'une manière similaire. Prenez l'ancienne théorie atomique. Sans doute (prenant l'une de ses formes les plus simples) peut-on l'exprimer par l'énoncé « Tous les corps matériels sont composés de corpuscules ». Il est cependant clair que la forme universelle indiquée par « tous » est relativement sans importance dans le cas de cette loi. Voici ce que je veux dire. Le problème consistant à prouver qu'un seul corps physique — un morceau de fer, par exemple — est composé d'atomes ou de « corpuscules », est au moins aussi difficile que celui consistant à prouver que *tous* les cygnes sont blancs. Dans un cas, comme dans l'autre, nos assertions trancendent toute expérience. Il en va de même de presque toutes les théories scientifiques. Nous ne pouvons pas prouver directement, ne fût-ce

(1) L'on peut trouver certaines illustrations de cet argument — dans la mesure où il est dirigé contre la doctrine du primat temporel des répétitions (c'est-à-dire contre Hume) — dans les sections IV et V de mon article : « *Philosophy of Science : A personal Report* », paru dans *British Philosophy in the Mid-Century*, éd. par C. A. Mace, 1957, et repris à présent, sous un autre titre, comme chapitre I de mes *Conjectures and Refutations*, London, Kegan Paul, 1969 (pp. 33-65).

que d'*un* seul corps physique, qu'il se meut en ligne droite en l'absence de forces, ni qu'il attire, et est attiré par, un autre corps physique, conformément à la loi du carré inverse de la distance. Toutes ces théories décrivent ce que nous pouvons appeler des *propriétés structurelles du monde* ; qui toutes transcendent toute expérience possible. La difficulté qu'elles présentent ne consiste pas tellement à établir l'universalité de la loi à partir d'expériences répétées que d'établir qu'elle est valide, ne fût-ce que pour un seul cas.

De nombreux inductivistes ont perçu cette difficulté. La plupart de ceux qui l'ont perçue ont tenté, comme Berkeley, de faire une distinction précise entre de pures généralisations d'observations et des théories plus « abstraites » ou « occultes », telles la théorie corpusculaire ou la théorie de Newton ; et ils tentèrent, en règle générale, de résoudre le problème en disant, comme le fait Berkeley, que les théories abstraites ne sont pas d'authentiques assertions relatives au monde, qu'elles ne sont *que des instruments*, des instruments servant à prévoir des phénomènes observables. J'ai donné à cette conception le nom d' « instrumentalisme » et j'en ai fait ailleurs (2) une critique assez détaillée. Ici, je dirai seulement que je rejette l'instrumentalisme et je n'en donnerai qu'une raison : il ne résout pas le problème des propriétés « abstraites », ou « occultes », ou « structurelles ». En effet, les propriétés de ce type n'apparaissent pas seulement dans les théories « abstraites » auxquelles Berkeley et ses successeurs songeaient. Elles sont mentionnées tout le temps, par tout le monde et dans le discours ordinaire. Presque chacun de nos énoncés transcende l'expérience. Il n'y a pas de ligne de démarcation précise entre un « langage empirique » et un « langage théorique » ; *nous sommes constamment en train de faire des théories* même lorsque nous formulons l'énoncé singulier le plus banal. Et nous en arrivons ici au problème essentiel que j'ai l'intention d'examiner dans cet appendice.

(2) Sans doute, si nous disons « Tous les cygnes sont blancs », la blancheur que nous attribuons à un sujet est-elle une propriété observable ; et dans cette mesure l'on peut dire qu'un énoncé singulier comme « Ce cygne-ci est blanc » est fondé sur l'observation. Pourtant, il transcende l'expérience — non pas à cause du mot « blanc », mais à cause du mot « cygne ». Car en donnant à quelque chose le nom de « cygne », nous lui attribuons des pro-

(2) *Cf.* mes articles « A note on Berkeley as precursor of Mach », *B.J.P.S.* 4, 1953, et « Three Views Concerning Human Knowledge » dans *Contemporary British Philosophy* III, éd. par H. D. Lewis, 1956. Ces deux articles se retrouvent dans *Conjectures and Refutations, cit.* Voyez également les sections * 11 à * 15 de mon *Postscript*.

priétés qui débordent la simple observation presque autant que
lorsque nous affirmons que cette chose est composée de « corpuscules ».

Ainsi, non seulement les théories explicatives les plus abstraites
mais même les énoncés singuliers les plus ordinaires, transcen-
dent-ils l'expérience. Car les énoncés singuliers ordinaires eux-
mêmes sont toujours des *interprétations des « faits » à la lumière
de théories*. (Et cela est également vrai des « faits » en question. Ils
contiennent des termes *universels* et ces derniers impliquent toujours un comportement *conforme à des lois (law-like)*.)

J'ai brièvement expliqué, à la fin de la section 25, comment il
se fait que l'usage de termes universels comme « verre » ou « eau »,
dans un énoncé comme « Voici un verre d'eau », transcende nécessairement l'expérience. Cela est dû au fait que des mots comme
« verre » ou « eau » sont utilisés pour caractériser le *comportement
conforme à des lois* qu'ont certaines choses ; on peut exprimer ceci
en les appelant « termes dispositionnels ». Mais, puisque toute loi
transcende l'expérience — ce qui est simplement une autre façon
de dire qu'aucune loi n'est vérifiable — tout prédicat exprimant
un comportement légal transcende également l'expérience. C'est
la raison pour laquelle l'énoncé « ce récipient contient de l'eau »
est une hypothèse susceptible d'être soumise à des tests mais qui,
en tant qu'elle transcende l'expérience, n'est pas vérifiable (3).
Aussi est-il impossible de « constituer » (comme Carnap tenta
de le faire) un terme universel authentique, c'est-à-dire, d'en donner
une définition en termes de pure expérience ou de pure observation, ou de le « réduire » à des termes de pure expérience ou de
pure observation : puisque *tous les termes universels sont dispositionnels*, ils ne peuvent être réduits à de l'expérience. Nous devons
les introduire en tant que termes indéfinis, à l'exception de ceux
que nous pouvons définir en termes d'autres universels non
empiriques (tel « eau » si nous choisissons de définir ce terme
comme « un composé de deux atomes d'hydrogène et d'un atome
d'oxygène »).

(3) L'on oublie souvent que *tous* les termes universels sont dispositionnels ; cela est dû au fait que des termes universels peuvent
être dispositionnels à divers degrés. Ainsi « soluble » ou « cassable »

(3) Puisqu'il s'agit d'un énoncé singulier, il est moins incorrect de parler ici
de symétrie entre non-vérifiabilité et non-falsifiabilité que dans le cas d'énoncés
universels ; en effet, pour le falsifier, nous devons admettre comme vrai un autre
énoncé singulier, qui ne peut davantage être vérifié. Mais ici, persiste une certaine asymétrie. Car de manière tout à fait générale, lorsque nous admettons la
vérité ou la fausseté d'un certain énoncé-test, nous pouvons établir la fausseté de
l'énoncé soumis à des tests mais non sa vérité. La raison en est que cette dernière
suppose un nombre infini d'énoncés-tests. Voyez également la section 29 de
cet ouvrage et la section * 22 de mon *Postscript*.

le sont-ils manifestement à un degré plus élevé que « dissous » ou
« cassé ». Mais on ne se rend pas toujours compte que même « dissous » et « cassé » sont des termes dispositionnels. Un chimiste
ne dirait pas que du sucre ou du sel se sont « dissous » dans de
l'eau s'il n'escomptait pas pouvoir récupérer le sucre ou le sel,
en faisant évaporer l'eau. « Dissous » dénote donc un état dispositionnel. Quant à « cassé », il n'est besoin que de considérer la
manière dont nous procédons *lorsque nous nous demandons* si une
chose est, ou non, cassée — quelque chose que nous avons laissé
tomber, peut-être, ou, par exemple, l'un de nos os : nous testons
le comportement de la chose en question, en essayant de voir si
elle ne manifeste pas une mobilité anormale. « Cassé », de même
que « dissous » décrivent donc des dispositions à se comporter
d'une manière régulière ou légale. De la même façon, nous disons
d'une surface qu'elle est rouge, ou blanche, si elle a la faculté de
refléter la lumière rouge, ou la lumière blanche et, en conséquence,
la faculté d'apparaître au jour rouge, ou blanche. En général le
caractère dispositionnel d'une propriété universelle quelconque
nous deviendra évident si nous considérons les tests qu'il nous
faudrait entreprendre si nous doutions de la présence de la propriété en question dans un cas particulier.

Aussi est-ce une erreur d'essayer de distinguer entre prédicats
dispositionnels et prédicats non dispositionnels, tout juste comme
c'en est une d'essayer de distinguer entre termes (ou langages)
théoriques et termes (ou langages) non théoriques, ou empiriques,
ou observationnels, ou factuels, ou ordinaires. Il s'agit peut-être
d'un processus de ce genre-ci : l'on est enclin à considérer comme
factuel, ou « ordinaire », ce que l'on a appris avant d'atteindre un
certain âge critique et à considérer comme théorique ou peut-être
comme purement « instrumental » ce que l'on a appris ultérieurement. (L'âge critique en question me semble dépendre du type
psychologique.)

(4) Les lois universelles transcendent l'expérience, ne fût-ce
que parce qu'elles sont universelles et transcendent donc n'importe
quel nombre fini de leurs illustrations observables. Quant aux
énoncés singuliers, ils transcendent l'expérience parce que les
termes universels qui y figurent normalement impliquent des
dispositions à se comporter conformément à des lois, de telle
sorte qu'ils supposent des lois universelles (d'un ordre d'universalité en principe inférieur). Les lois universelles transcendent
donc l'expérience de deux manières au moins : en raison de leur
universalité et en raison des termes universels ou dispositionnels
qu'elles contiennent. Et elles transcendent l'expérience à un degré

d'autant plus élevé que les termes dispositionnels qui s'y rencontrent sont dispositionnels à un degré plus élevé, ou sont plus abstraits. Il y a des couches de degré d'universalité et donc de transcendance de plus en plus élevés. (Dans la section * 15 du *Postscript*, j'essaie d'expliquer en quel sens il y a également des couches de ce qu'on peut appeler « profondeur ».)

C'est naturellement à cause de cette transcendance que les lois ou théories scientifiques ne sont pas vérifiables et que la *possibilité d'être soumises à des tests* ou *d'être réfutées* est la seule chose qui les distingue, en général, de théories métaphysiques.

Si l'on nous pose la question de savoir pourquoi nous utilisons ces lois universelles transcendantes au lieu de rester plus proches de « l'expérience », nous pouvons donner deux sortes de réponses.

(a) C'est parce que ces lois nous sont nécessaires : parce qu'il n'existe pas d' « expérience pure », mais seulement des expériences interprétées à la lumière d'attentes ou de théories, lesquelles sont « transcendantes ».

(b) C'est parce qu'un théoricien est un homme qui *souhaite expliquer* des expériences et que l'explication implique l'usage d'hypothèses explicatives qui (pour pouvoir être soumises à des tests indépendants ; voyez la section * 15 du *Postscript*) doivent transcender ce que nous espérons expliquer.

La raison invoquée en (a) est une raison pragmatique, ou instrumentaliste et, bien que je croie qu'elle soit véritable, je ne pense pas qu'on puisse la comparer en importance avec la raison donnée en (b) ; en effet, même si l'on devait réaliser un programme visant à l'élimination des théories explicatives à des fins pratiques (de prévision, par exemple), l'objectif du théoricien ne s'en trouverait pas modifié (4).

(5) A maints endroits de cet ouvrage, j'ai affirmé que les théories transcendent l'expérience au sens indiqué ici. En même temps,

(4) Carnap, *Logical Foundations of Probability*, p. 574 et suiv., affirme qu'il est possible de faire de la science sans utiliser de théories. Cependant, il n'y a aucune raison de croire que l'analyse de Carnap, correcte pour son langage modèle, le soit aussi pour « le langage de la science » ; voyez ma *Préface*, 1958. Dans deux articles très intéressants, Craig a critiqué certains programmes de réduction. (Voyez *Journal of Symb. Logic* 18, 1953, pp. 30 et suiv. et *Philosophical Review* 65, 1956, pp. 38 et suiv.)

Aux excellents commentaires critiques qu'il fait lui-même sur sa méthode d'élimination des notions « auxiliaires » (ou « transcendantes »), on pourrait ajouter les suivants. (I) Il parvient essentiellement à éliminer les théories explicatives, en promouvant au rang d'axiomes un nombre infini de théorèmes (ou en remplaçant la définition de « théorie » par celle d' « axiome » qui lui est coextensive dans la mesure où il s'agit de son sous-langage « purifié »). (II) Dans la construction effective du système purifié, il est naturellement *guidé par notre connaissance des théories* à éliminer. (III) Le système purifié n'est plus un système explicatif et n'est plus susceptible d'être soumis à des tests au sens où des systèmes explicatifs peuvent l'être, leur falsifiabilité (*testability*) étant intrinsèquement liée à leur *contenu* informatif et à leur *profondeur*. (On pourrait dire que les axiomes du système purifié ont zéro de profondeur au sens indiqué dans la section * 15 de mon *Postscript*.)

j'ai décrit les théories comme étant des énoncés universels au sens strict. William Kneale a avancé une critique extrêmement pénétrante de la conception selon laquelle les théories, ou lois de la nature, peuvent être adéquatement exprimées par un énoncé universel de l'espèce « Toutes les planètes se meuvent sur des orbites elliptiques ». J'ai trouvé la critique de Kneale difficile à comprendre. Même à présent, je ne suis pas tout à fait sûr d'y avoir réussi mais j'espère qu'il en est ainsi (5).

Je crois que le raisonnement de Kneale peut être présenté comme suit. Bien que des énoncés universels soient nécessairement *impliqués* par des énoncés de lois naturelles, ces derniers sont logiquement plus forts que les premiers. Ils ne disent pas seulement que « Toutes les planètes se meuvent sur des orbites elliptiques », ils disent plutôt quelque chose comme « Toutes les planètes se meuvent *nécessairement* sur des orbites elliptiques ». C'est ce que Kneale appelle un « principe d'action nécessaire » (« *principle of necessitation* »). Je ne pense pas qu'il réussisse à rendre tout à fait claire la différence entre un énoncé universel et un « principe d'action nécessaire ». Il parle de « la nécessité d'une formulation plus précise des notions de contingence et de nécessité » (6). Mais un peu plus loin, l'on est surpris de lire : « En fait, le terme « nécessité » est le moins embarrassant de ceux avec lesquels nous avons affaire dans cette partie de la philosophie (7). » Sans doute, entre ces deux passages, Kneale essaie-t-il de nous persuader que : le sens de cette distinction » — entendez la distinction entre contingence et nécessité — peut être aisément compris à partir d'exemples » (8). Mais ses exemples m'ont dérouté. Continuant à présupposer que j'ai réussi dans mes efforts pour comprendre Kneale, je dois dire que sa théorie positive des lois naturelles me semble manifestement inacceptable. Pourtant, sa critique me semble extrêmement précieuse.

(6) Je vais à présent expliquer, à l'aide d'un exemple, ce que je crois être essentiellement la critique que Kneale oppose à la conception selon laquelle il est *logiquement suffisant* et *intuitivement*

---

(5) *Cf.* William Kneale, *Probability and Induction*, 1949. L'une de mes moindres difficultés pour comprendre la critique de Kneale était liée au fait qu'il donne à certains endroits de très bons exposés de certaines de mes conceptions, alors qu'à d'autres endroits, il semble être passé tout à fait à côté de la question. (Voyez, par exemple, la note 17, ci-dessous.)

(6) *Op. cit.*, p. 32.

(7) *Op. cit.*, p. 80.

(8) *Op. cit.*, p. 32. L'une des difficultés réside en ce que Kneale semble parfois accepter la conception de Leibniz (« Une vérité est nécessaire quand sa négation implique une contradiction ; et lorsqu'elle n'est pas nécessaire, on dit qu'elle est contingente. » *Die philosophische Schriften*, ed. par Gerhardt 3, p. 400 ; voyez également 7, p. 390 et suiv.), alors que d'autres fois, il semble utiliser le terme « nécessaire » en un sens plus large.

adéquat de définir des lois de la nature comme des énoncés universels. Prenez un animal dont la race est éteinte, le moa par exemple, un énorme oiseau dont les os abondent dans certains marais de Nouvelle-Zélande. (Je m'y suis moi-même enfoncé, à leur recherche.) Nous décidons d'utiliser le nom « moa » comme un nom universel (plutôt que comme un nom propre ; *cf.* section 14), le nom d'une certaine structure biologique ; mais nous devons admettre qu'il est évidemment tout à fait possible — et même tout à fait croyable — qu'aucun moa n'ait jamais existé, ou n'existera jamais, dans l'univers, en dehors de ceux qui vécurent à une certaine époque en Nouvelle-Zélande ; et nous admettrons que cette conception plausible est correcte.

Supposons à présent que la structure biologique de l'organisme du moa soit d'une espèce telle que, dans des conditions favorables, un moa puisse facilement vivre soixante ans, ou davantage. Supposons en outre que les conditions rencontrées par le moa en Nouvelle-Zélande fussent loin d'être idéales (en raison de la présence d'un certain virus par exemple) et qu'aucun moa n'atteignit jamais l'âge de cinquante ans. Dans ce cas, l'énoncé universel au sens strict « Tous les moas meurent avant d'atteindre l'âge de cinquante ans » sera vrai ; car, selon notre hypothèse, il n'y a, n'y eut, et n'y aura jamais dans l'univers un moa ayant plus de cinquante ans. D'autre part, cet énoncé universel ne sera pas une loi de la nature ; en effet, selon notre hypothèse, il serait *possible* à un moa de vivre plus longtemps, et le fait qu'aucun moa ne l'ait fait n'est dû qu'à des conditions *accidentelles ou contingentes*, telle la présence de certain virus.

L'exemple montre qu'il peut y avoir des énoncés universels au sens strict, vrais, qui ont un caractère accidentel et non le caractère de véritables lois universelles de la nature. En conséquence, il est logiquement insuffisant et intuitivement inadéquat de caractériser les lois de la nature comme des énoncés universels au sens strict.

(7) L'exemple peut également nous indiquer en quel sens l'on peut, comme le suggère Kneale, décrire les lois naturelles comme des « principes de nécessité » ou comme « des principes d'impossibilité ». En effet, selon notre hypothèse — hypothèse parfaitement raisonnable — il serait *possible*, dans des *conditions favorables*, qu'un moa atteigne un âge plus avancé que celui atteint effectivement par aucun moa. Mais, s'il y avait une loi naturelle limitant à cinquante ans l'âge de tout organisme pareil à celui du moa, il *ne serait possible* à aucun moa de vivre davantage. Les lois naturelles assignent donc certaines limites à ce qui est possible.

Je pense que tout ceci est intuitivement acceptable ; en fait, lorsque j'ai dit, à plusieurs endroits de cet ouvrage, que des lois naturelles *interdisent* à certains événements de se produire, ou qu'elles ont le caractère d'*interdictions*, j'ai exprimé la même idée intuitive. Et je pense qu'il est tout à fait possible et peut-être même utile de parler de « nécessité naturelle » ou de « nécessité physique », pour décrire ce caractère qu'ont les lois naturelles et leurs conséquences logiques.

(8) Mais je pense que c'est une erreur de sous-estimer les différences qu'il y a entre cette nécessité naturelle ou physique et d'autres sortes de nécessité, la nécessité logique, par exemple. Nous pouvons, en général, qualifier de logiquement nécessaire ce qui serait vrai dans n'importe quel monde concevable. Cependant, bien que l'on puisse concevoir que la loi newtonienne du carré inverse soit une véritable loi de la nature dans un certain monde, et soit dans cette mesure naturellement nécessaire à l'intérieur de ce monde, l'*on peut* parfaitement *concevoir* un monde dans lequel elle ne soit pas valide.

Kneale a fait la critique de ce genre d'argument en faisant remarquer qu'on peut concevoir que l'hypothèse de Goldbach (selon laquelle tout nombre pair supérieur à deux est la somme de deux nombres premiers) est vraie, ou qu'elle est fausse, quand bien même elle peut être démontrable (ou réfutable) et en ce sens mathématiquement ou logiquement nécessaire (ou impossible) ; et il démontre qu' « il ne faut pas considérer comme une réfutation de la nécessité en mathématique le fait que l'on puisse concevoir la contradictoire » (9). Mais s'il en est ainsi, pourquoi, demande-t-il « cela devrait-il constituer... une réfutation dans les sciences naturelles ? » (10). Je pense à présent que cet argument met beaucoup trop l'accent sur le terme « concevable » ; de plus, il utilise un sens de ce terme différent du sens supposé : à partir du moment où nous avons une démonstration du théorème de Goldbach, nous pouvons dire que cette démonstration établit précisément qu'un nombre pair (supérieur à deux) qui n'est pas la somme de deux nombres premiers est inconcevable, en ce sens que le concevoir nous mènerait à des résultats incohérents ; et entre autres à l'assertion : $0 = 1$, laquelle est « inconcevable ». En un autre sens, l'on peut très bien concevoir que $0 = 1$, l'on peut même utiliser cette égalité, tout comme n'importe quel autre énoncé mathématiquement faux, à titre d'hypothèse dans une démonstration par l'absurde. En effet, l'on peut établir ainsi une démonstration par l'absurde : « Imaginez qu'*a* soit vrai. Nous devrions alors admettre

(9) *Op. cit.*, p. 80.
(10) *Ibid.*

que b est vrai. Mais nous savons que b est absurde. Il est donc *inconcevable* qu'*a* soit vrai. » Bien que cet usage des termes « concevable » et « inconcevable » soit un peu imprécis et ambigu, il est évident que ce serait une erreur de dire que cette façon de raisonner doit être non valide puisque la vérité de *a* ne peut pas être inconcevable, attendu que nous avions précisément commencé par la concevoir.

Aussi le terme « inconcevable » n'est-il tout simplement, en logique et en mathématique, qu'un autre terme pour « conduisant à une contradiction évidente ». Est *logiquement* possible ou « concevable » tout ce qui ne nous conduit pas à une contradiction évidente, et logiquement impossible ou « inconcevable » tout ce qui nous y conduit. Lorsque Kneale dit que la contradictoire d'un théorème peut être « concevable », il utilise le terme en un autre sens ; et dans un sens très correct également.

(9) Une hypothèse est donc logiquement possible si elle n'est pas contradictoire en soi ; elle est physiquement possible si elle n'est pas en contradiction avec les lois de la nature. Les deux significations du terme « possible » ont suffisamment d'acceptions en commun pour justifier notre emploi d'un seul terme ; mais passer outre et laisser tomber leur différence ne peut qu'engendrer la confusion.

Si on les compare à des tautologies logiques, les lois de la nature ont un caractère contingent accidentel. Leibniz le reconnaît clairement, lui qui professe (*cf. Philos. Schriften*, Gerhardt, 7, p. 390) que le monde est l'œuvre de Dieu, dans un sens quelque peu semblable à celui dans lequel un sonnet, un rondeau, une sonate, ou une fugue sont l'œuvre d'un artiste. L'artiste peut choisir librement une certaine *forme*, limitant volontairement sa liberté par ce choix : il impose à sa création certains principes d'impossibilité, à son rythme, par exemple, et, dans une mesure moindre, à ses termes, qui, comparativement au rythme peuvent paraître contingents, accidentels. Mais ceci ne signifie pas que son choix d'une forme ou d'un rythme n'est pas, lui aussi, contingent : il aurait pu choisir une autre forme ou un autre rythme.

Il en va de même des lois naturelles. Elles réduisent le choix (logiquement) possible des faits singuliers. Elles sont donc les principes d'impossibilité, relatifs à ces faits singuliers ; et les faits singuliers paraissent extrêmement contingents comparativement aux lois naturelles. Mais les lois naturelles, bien que nécessaires comparativement aux faits singuliers, sont contingentes comparativement aux tautologies logiques. Car il peut y avoir des *mondes structurellement différents*, des mondes régis par des lois naturelles différentes.

La nécessité ou l'impossibilité naturelle est donc semblable à la nécessité ou l'impossibilité musicale. Elle est comme l'impossibilité d'un rythme à quatre temps dans un menuet classique, ou comme l'impossibilité de terminer le morceau sur une septième diminuée ou sur quelque autre dissonance. Elle impose des principes *structurels* au monde. Mais elle laisse encore une grande part de liberté aux faits singuliers les plus contingents : les conditions initiales.

Si nous comparons la situation dans laquelle on se trouve dans le domaine de la musique avec celle de notre exemple du moa, nous pouvons dire : il n'y a pas de loi musicale interdisant d'écrire un menuet en *sol* bémol mineur, mais il est néanmoins tout à fait possible qu'aucun menuet n'ait jamais été, ou sera jamais, écrit dans cette tonalité inhabituelle. Nous pouvons donc dire que les lois musicalement nécessaires peuvent être distinguées d'énoncés universels vrais relatifs aux faits historiques de la composition musicale.

(10) La conception opposée — selon laquelle les lois naturelles ne sont en aucun sens contingentes — semble être celle que Kneale défend, si je le comprends bien. Quant à moi, elle me semble tout aussi erronée que celle qu'il critique justement : la conception selon laquelle les lois naturelles ne sont rien d'autre que des énoncés universels vrais.

La conception de Kneale selon laquelle les lois de la nature sont nécessaires au sens où les tautologies logiques le sont peut, peut-être, être exprimée dans les termes religieux suivants : Dieu peut avoir eu la possibilité de choisir entre créer ou ne pas créer un monde physique, mais une fois que son choix fut fait, il ne fut plus libre de choisir la forme, ou la structure du monde ; en effet, puisque cette structure — les régularités de la nature, décrites par les lois de la nature — est nécessairement ce qu'elle est. Il ne pouvait choisir librement que les conditions initiales.

Il me semble que Descartes a soutenu une conception très semblable à celle-ci. Selon lui, toutes les lois de la nature suivent nécessairement de l'unique principe analytique (la définition de l'essence d'un corps) selon lequel « être un corps » signifie la même chose qu' « être étendu » ; ce qui, estime-t-on, implique que deux corps *différents* ne peuvent occuper la même étendue ou le même espace. (En fait, ce principe est semblable à l'exemple type de Kneale : « Rien de rouge n'est également vert (11). » Pourtant, c'est en allant au-delà de ces « truismes » (comme Kneale les appelle, soulignant par là leur similitude avec les tautologies logiques) (12) que, depuis

---

(11) *Cf*. Kneale, *op. cit.*, p. 32 ; voyez également la p. 89 par exemple.
(12) *Op. cit.*, p. 33.

Newton, la théorie physique a atteint une profondeur de vues qui dépasse manifestement celle de l'approche cartésienne.

Il me semble que la doctrine selon laquelle les lois de la nature ne sont *en aucun sens contingentes* constitue une forme particulièrement rigoureuse d'une conception que j'ai exposée et critiquée ailleurs sous l'appellation d' « essentialisme » (13). Elle implique en effet la doctrine admettant l'existence d'*explications ultimes* ; c'est-à-dire de l'existence de théories explicatives qui, elles, ne requièrent aucune explication ultérieure pas plus qu'elles ne sont en mesure d'en recevoir. Or, si nous réussissions à réduire toutes les lois de la nature aux véritables « principes de nécessité » à des truismes, tel celui nous disant que deux choses étendues par essence ne peuvent occuper la même étendue, ou que rien de rouge n'est également vert — toute explication ultérieure deviendrait aussi inutile qu'impossible.

Je ne vois pas de raison de croire que la doctrine admettant l'existence d'explications ultimes est vraie et je vois beaucoup de raisons de croire qu'elle est fausse. Plus nous en apprenons relativement aux théories et aux lois de la nature, moins elles nous rappellent les truismes cartésiens explicatifs en soi ou les définitions essentialistes. Ce ne sont pas des truismes que la science révèle. C'est plutôt partie de sa grandeur et de sa beauté que nous puissions apprendre, grâce à nos recherches critiques, que le monde est extrêmement différent de ce que nous avions imaginé avant que notre imagination ne soit stimulée par la réfutation de nos théories précédentes. Il ne semble pas y avoir de raison de penser que ce processus ait un terme (14).

Nos considérations relatives au contenu et à la probabilité logique (absolue) fournissent à tout ceci un appui très ferme. Si les lois de la nature ne sont pas simplement des énoncés universels au sens strict, elles doivent avoir une *force logique supérieure* à celle des énoncés universels correspondants, puisque ces derniers doivent pouvoir en être déduits. Or la *nécessité logique* de *a* peut, comme nous l'avons vu (à la fin de l'appendice * V) être définie par le *definiens*

$$p(a) = p(a, \bar{a}) = 1.$$

D'autre part, pour les énoncés universels *a*, nous avons (*cf.* le même appendice et les appendices * VII et * VIII) :

$$p(a) = p(a, \bar{a}) = 0 ;$$

(13) *Cf.* mes ouvrages *Poverty of Historicism*, section 10 [*Misère de l'historicisme*, tr. fr., Paris, Plon. N. d. T.] ; *The open Society*, chapitre 3, section VI ; chapitre II ; « *Three Views Concerning Human Knowledge* » (*Contemporary British Philosophy* 3) et mon *Postscript*, les sections * 15 et * 31, par exemple.
(14) *Cf.* mon *Postscript*, section * 15 en particulier.

et la même formule doit être valide pour tout énoncé de forme logique supérieure. Une loi de la nature est donc, en raison de l'ampleur de son contenu, aussi éloignée d'un énoncé logiquement nécessaire que peut l'être un énoncé cohérent et elle est bien plus proche, dans sa teneur logique, d'un énoncé universel « purement accidentel » que d'un truisme logique.

(11) Il résulte de cette analyse que je suis prêt à accepter la critique de Kneale dans la mesure où je suis prêt à accepter la conception selon laquelle il existe une catégorie d'énoncés, à savoir les lois de la nature, qui sont logiquement plus forts que les énoncés universels correspondants. Cette doctrine est, à mon avis, incompatible avec toute théorie de l'induction. Cependant, pour ma propre méthodologie, cela ne fait que peu ou pas de différence. Au contraire, il est tout à fait évident que si l'on propose ou présuppose un principe déclarant l'impossibilité de certains événements, il faudrait mettre ce principe à l'épreuve en essayant de montrer que ces événements sont possibles, c'est-à-dire en essayant de les susciter. Or, je défends précisément cette méthode qui consiste à soumettre nos théories et nos principes à des tests.

Le point de vue adopté ici ne requiert donc aucune modification méthodologique de ma théorie. La modification se fait exclusivement à un niveau ontologique, métaphysique. On peut la décrire en disant que si nous conjecturons qu'*a* est une loi naturelle, nous conjecturons qu'*a* exprime une *propriété structurelle de notre monde* ; une propriété qui empêche l'occurrence de certains événements singuliers logiquement possibles, ou états de choses d'une certaine espèce, comme l'expliquent les sections 21 à 23 de cet ouvrage, de même que les sections 79, 83 et 85.

(12) Comme Tarski l'a montré, il est possible d'expliquer la nécessité logique en termes d'universalité : on peut dire qu'un énoncé est logiquement nécessaire si, et seulement si, on peut le déduire (par exemple par particularisation) d'une fonction propositionnelle « *universellement valide* » ; c'est-à-dire d'une fonction propositionnelle *satisfaite par tout modèle* (15). (Ceci signifie : vraie dans tous les mondes possibles.)

Je pense que nous pouvons expliquer par la même méthode ce que nous entendons par *nécessité naturelle* ; nous pouvons en effet adopter la définition suivante :

On peut dire qu'un énoncé est naturellement ou physiquement nécessaire, si et seulement si, on peut le déduire d'une fonction propositionnelle satisfaite dans tous les mondes qui ne diffèrent de notre monde, s'ils en diffèrent, qu'eu égard à des conditions initiales.

(15) *Cf.* mon article « Note on Tarski's definition of Truth », *Mind* 64, 1955, p. 391, en particulier.

Bien sûr, nous ne pouvons jamais *savoir* si une loi supposée est une loi authentique ou si elle ressemble seulement à une loi mais dépend en fait de certaines conditions initiales particulières régissant notre région de l'univers (*cf.* section 79). Nous ne pouvons donc jamais découvrir qu'un énoncé non logique donné est en fait naturellement nécessaire : la conjecture qu'il l'est reste à jamais une conjecture (pas seulement parce que nous ne pouvons pas examiner l'entièreté de notre monde en vue de nous assurer qu'il n'existe pas de contre-exemple, mais pour la raison encore plus déterminante que nous ne pouvons pas examiner tous les mondes qui diffèrent du nôtre eu égard à des conditions initiales). Mais, bien que la définition proposée exclue la possibilité d'obtenir un *critère positif* de nécessité naturelle, nous pouvons en pratique appliquer d'une manière négative notre définition d'une loi naturelle : en trouvant les conditions initiales dans lesquelles la loi supposée se révèle non valide, nous pouvons prouver qu'elle n'était pas nécessaire, c'est-à-dire qu'elle n'était pas une loi de la nature. La définition proposée s'adapte donc vraiment très bien à notre méthodologie.

Évidemment, la définition proposée ferait de toutes les lois de la nature, et de toutes leurs conséquences logiques des lois *naturellement ou physiquement nécessaires* (16).

L'on verra tout de suite que la définition proposée concorde parfaitement avec les résultats auxquels nous étions parvenus en examinant l'exemple du moa (*cf.* les points 6 et 7 ci-dessus) : c'était précisément parce que nous pensions que les moas vivraient plus longtemps dans des conditions différentes — plus favorables — que nous avions l'impression qu'un énoncé universel vrai relatif à leur âge maximal réel avait un caractère accidentel.

(13) Introduisons à présent le symbole « N » pour désigner le nom donné à la classe des énoncés nécessairement vrais, au sens d'une nécessité naturelle ou physique ; c'est-à-dire vrais, quelles que puissent être les conditions initiales.

A l'aide de « N », nous pouvons définir « $a \overrightarrow{N} b$ » (ou, en langage non symbolique, « si a, alors nécessairement b ») par la définition assez évidente :

(D) $a \overrightarrow{N} b$ est vrai si, et seulement si, $(a \rightarrow b) \, \varepsilon \, N$.

En langage non symbolique : « Si a, alors nécessairement b » est valide, si « si a alors b » est nécessairement vrai. Ici « $a \rightarrow b$ » est,

---

(16) Entre parenthèses, les énoncés logiquement nécessaires (pour la simple raison qu'ils suivent de tout énoncé) seraient également physiquement nécessaires mais ceci n'a évidemment pas d'importance.

évidemment, le nom d'une conditionnelle ordinaire ayant a pour antécédent et b pour conséquent. Si nous voulions définir l'implication logique ou « implication stricte », nous utiliserions également (D) mais nous devrions interpréter « N » comme « logiquement nécessaire » et non comme « naturellement ou physiquement nécessaire ».

Compte tenu de la définition (D), nous pouvons dire que « $a \xrightarrow{N} b$ » est le nom d'un énoncé ayant les propriétés suivantes :

(A) $a \xrightarrow{N} b$ n'est pas toujours vrai si a est faux, contrairement à $a \rightarrow b$.

(B) $a \xrightarrow{N} b$ n'est pas toujours vrai si b est vrai, contrairement à $a \rightarrow b$.

(A') $a \xrightarrow{N} b$ est toujours vrai si a est impossible ou nécessairement faux, ou si sa négation $\bar{a}$ est nécessairement vraie par nécessité physique ou logique. (*Cf.* les trois dernières pages de cet appendice et la note 26.)

(B') $a \xrightarrow{N} b$ est toujours vrai si b est nécessairement vrai (par nécessité physique ou logique).

Ici a et b peuvent être soit des énoncés, soit des fonctions propositionnelles.

On peut donner à $a \xrightarrow{N} b$ le nom de « conditionnelle nécessaire » ou de « conditionnelle ayant valeur de loi ». Il s'agit, à mon avis, de ce que certains auteurs ont appelé des « conditionnelles subjonctives ou des « conditionnelles contrefactuelles ». (Il semble, cependant, que d'autres auteurs — Kneale, par exemple — ont entendu autre chose par « conditionnelle contrefactuelle » : pour eux ce nom impliquait que a était, en fait, faux (17).) Je ne pense pas qu'il faille recommander cet usage.

Si nous réfléchissons un peu, nous découvrirons que la classe N des énoncés naturellement nécessaires comprend non seulement la classe de tous les énoncés qui, à l'instar des véritables lois universelles de la nature, peuvent être intuitivement décrits comme inaltérés par la modification des conditions initiales, mais également ceux qui dérivent de véritables lois de la nature, ou de véritables

(17) Dans mon article « Note on Natural Laws and so called Contrary-to-Fact Conditionals » (*Mind* 58, N.S. 1949, pp. 62-66), j'ai utilisé le terme conditionnelle subjonctive pour ce que j'appelle ici « conditionnelle nécessaire » ou « ayant valeur de loi » ; or j'ai expliqué à plusieurs reprises que ces conditionnelles subjonctives doivent pouvoir être déduites de lois naturelles. Il est donc difficile de comprendre comment Kneale (*Analysis* 10, 1950, p. 122) a pu m'attribuer, même à titre d'hypothèse, la conception selon laquelle une conditionnelle subjonctive, ou « contrefactuelle », avait la forme « $\smallsmile\varphi(a).(\varphi(a) \supset \psi(a))$ ». Je me demande si Kneale s'est rendu compte que cette formule n'était qu'une manière compliquée de dire « $\smallsmile\varphi(a)$ » ; en effet, qui songerait jamais à affirmer que « $\smallsmile\varphi(a)$ » peut être déduit de la loi « $(x)(\varphi(x) \supset \psi(x))$ » ?

théories structurelles relatives au monde. Nous trouverons parmi ceux-ci des énoncés décrivant un ensemble défini de conditions initiales. Par exemple, des énoncés de la forme : « Si de l'hydrogène et de l'oxygène sont mélangés dans ce récipient à température ambiante ordinaire et à une pression de 1000 g par cm²... alors... » Si l'on peut déduire des énoncés conditionnels de cette espèce à partir de lois de la nature vraies, leur vérité sera également invariante relativement à toutes les modifications des conditions initiales : ou bien les conditions initiales décrites dans l'antécédent seront satisfaites, cas dans lequel le conséquent sera vrai (et toute la conditionnelle le sera donc), ou bien les conditions initiales décrites dans l'antécédent ne seront pas satisfaites et seront donc factuellement inexactes (« *contrefactuelles* ») et dans ce cas, la conditionnelle sera vraie en tant que satisfaite par le vide. C'est ainsi que la satisfaction par le vide, qui a fait l'objet de tant de discussions, joue son rôle spécifique pour nous garantir que les énoncés qui peuvent être déduits de lois naturellement nécessaires sont également « naturellement nécessaires » au sens de notre définition. En fait, nous aurions pu définir N tout simplement comme la classe des lois naturelles et de leurs conséquences logiques. Mais il y a peut-être un léger avantage à le définir à l'aide de la notion de conditions initiales (d'une classe d'énoncés singuliers simultanés). Si nous définissons N comme, par exemple, la classe des énoncés qui sont vrais dans tous les mondes ne différant du nôtre qu'eu égard à des conditions initiales, nous évitons l'usage d'énoncés subjonctifs (ou contre-factuels), tel « ce qui resterait vrai même si les conditions initiales étaient (dans notre monde) différentes de celles qui règnent réellement ».

Néanmoins, la phrase « tous les mondes qui ne diffèrent (s'ils en diffèrent) de notre monde qu'eu égard aux conditions initiales » contient assurément, de manière implicite, la notion de loi de la nature. Ce que nous voulons dire, c'est : « tous les mondes qui ont la même structure — ou les mêmes lois naturelles — que notre monde. » Dans la mesure où notre *definiens* contient implicitement la notion de loi naturelle, on peut dire que (D) est circulaire. Mais toutes les définitions doivent être circulaires *en ce sens*, tout juste comme le sont toutes les déductions par opposition aux démonstrations (18) ; par exemple, tous les syllogismes, sont circulaires : la conclusion doit être contenue dans les prémisses. Notre définition n'est cependant pas circulaire en un sens plus technique. Son *definiens* utilise une notion intuitive parfaitement claire : celle de modification des conditions initiales de notre

(18) *Cf.* à ce propos mon article *New Foundations for Logic*, *Mind* 56, 1947, p. 193-194.

monde ; par exemple, les distances des planètes, leurs masses, et la masse du soleil. Selon l'interprétation qu'il fournit, la construction d'une sorte de « modèle » de notre monde (un modèle ou un « exemplaire » qui n'a pas besoin d'être fidèle aux conditions initiales) résulte de ces modifications et il utilise alors le moyen bien connu consistant à appeler « nécessaires » les énoncés qui sont vrais dans (l'univers de) *tous* ces modèles (c'est-à-dire pour toutes les conditions initiales *logiquement possibles*).

(14) La manière dont je traite ici ce problème diffère, sur le plan de l'intuition, d'une version publiée précédemment (19). Je pense qu'il s'agit d'une amélioration considérable et je reconnais avec joie la devoir, dans une mesure considérable, à la critique de Kneale. Pourtant, d'un point de vue plus technique (qu'intuitif) les changements sont minces. En effet, dans cet article, j'utilise (*a*) la notion de loi naturelle et (*b*), la notion de conditionnelle *dérivant* de lois naturelles, or (*a*) et *b*) ont ensemble la même extension que *N*, comme nous l'avons vu. (*c*) Je suggère que les « conditionnelles subjonctives » sont celles qui dérivent de (*a*), c'est-à-dire qu'elles sont précisément celles de la classe (*b*). Et (*d*) je suggère (dans le dernier paragraphe) que nous pouvons introduire l'hypothèse selon laquelle toutes les conditions initiales logiquement possibles (et donc tous les événements et processus compatibles avec les lois) sont quelque part, à quelque moment, réalisées dans le monde ; ce qui est une manière un peu maladroite de dire plus ou moins ce que je dis à présent à l'aide de la notion de tous les mondes qui ne diffèrent (s'ils le font) de notre monde qu'eu égard aux conditions initiales (20).

Je pourrais en fait formuler ma position de 1949 à l'aide de l'énoncé suivant. Bien que notre monde puisse ne pas comprendre tous les mondes logiquement possibles, puisque des mondes d'une autre structure — ayant des lois différentes — peuvent être logiquement possibles, il comprend tous les mondes physiquement possibles, en ce sens que toutes les conditions initiales physiquement possibles y sont réalisées quelque part, à quelque moment.

(19) *Cf. A Note on Natural Laws and So-Called Contrary-to Fact Conditionals Mind* 58, N.S., 1949, pp. 62-66. Voyez également mon ouvrage *Poverty of Historicism*, 1957 (1 ^{re} éd. 1945) note au bas de la page 123.
(20) Je qualifie mon ancienne formulation de « maladroite » parce qu'elle équivaut à introduire l'hypothèse selon laquelle des moas ont un jour vécu, ou vivront un jour quelque part, dans des conditions idéales ; ce qui me semble un peu tiré par les cheveux. Je préfère à présent remplacer cette hypothèse par une autre, selon laquelle parmi les « modèles » de notre monde — qui ne sont pas censés être réels mais sont, par définition, des constructions logiques — il y en aura au moins un dans lequel les moas vivent dans des conditions idéales. Et ceci me semble non seulement admissible mais même évident. Mises à part les modifications de terminologie, ceci me semble être le seul changement de ma position comparativement à l'article que j'ai publié dans *Mind* en 1949. Mais je pense que c'est un changement important.

Voici ma conception actuelle : il n'est que trop évident qu'il est possible — dans les deux sens de « possible » — que cette hypothèse métaphysique soit vraie mais nous sommes bien plus à l'aise sans elle.

Pourtant, une fois adoptée cette hypothèse métaphysique, mes conceptions ancienne et présente deviennent équivalentes (à l'exception de différences purement terminologiques) pour autant qu'il s'agisse du *statut des lois*. Mon ancienne conception est donc, plus « métaphysique » (ou moins « positiviste ») que ma conception actuelle, bien qu'elle n'utilise pas le *mot* « nécessaire » pour qualifier le statut des lois.

(15) Pour un étudiant des méthodes qui n'admet pas la doctrine de l'induction et adhère à la théorie de la falsification, il n'y a pas beaucoup de différence entre la conception selon laquelle les lois universelles ne sont que des énoncés universels au sens strict et la conception selon laquelle elles sont « nécessaires » : dans l'un et l'autre cas, nous ne pouvons que mettre notre hypothèse à l'épreuve en essayant de la réfuter.

Pour l'inductiviste, il y a là une différence cruciale : il devrait, quant à lui, rejeter la notion de lois « nécessaires » puisque celles-ci étant logiquement plus fortes, doivent être moins accessibles à l'induction que de simples énoncés universels. Cependant, les inductivistes ne raisonnent pas toujours effectivement de cette façon. Au contraire, certains semblent penser qu'un énoncé affirmant que les lois naturelles sont nécessaires peut d'une certaine façon être utilisé pour justifier l'induction, peut-être bien un peu à la manière d'un « principe d'uniformité de la nature ».

Mais il est évident qu'aucun principe de cette espèce ne pourrait jamais justifier l'induction. Aucun ne pourrait rendre des conclusions inductives valides ou même probables.

Évidemment, il est tout à fait vrai que l'on pourrait recourir à un énoncé comme « il existe des lois de la nature » si nous souhaitions justifier notre quête de lois naturelles (21). Mais, dans le contexte de cette remarque, « justifier » a un sens très différent de celui qu'il a dans le contexte de la question de savoir si nous pouvons justifier l'induction. Dans ce dernier cas, nous désirons donner un fondement à certains énoncés, à savoir les généralisations induites. Dans le premier cas, nous désirons seulement justifier

(21) *Cf*. Wittgenstein, *Tractatus*, 6.36 : « S'il y avait une loi de causalité, elle pourrait s'énoncer : « Il y a des lois naturelles. » Mais il est manifeste que cela ne peut pas se dire ; cela se découvre. » A mon avis, ce qui se découvre c'est qu'il est clair que cela *peut* être dit : cela *a* été dit par Wittgenstein, par exemple. Ce que l'on ne peut manifestement pas faire, c'est *vérifier* l'énoncé disant qu'il y a des lois naturelles, (ni même le falsifier). Mais le fait qu'un énoncé n'est pas vérifiable (ou même qu'il n'est pas falsifiable) ne signifie pas qu'il est dépourvu de signification, ou qu'il est incompréhensible, ou qu' « il ne peut manifestement pas se dire », comme le croyait Wittgenstein.

une activité : la recherche de lois. De plus, bien que cette activité puisse être, en un certain sens, justifiée par la connaissance que de vraies lois existent — qu'il y a des régularités structurelles dans le monde — elle serait tout autant justifiée sans cette connaissance ; l'espoir d'une nourriture éventuelle justifie certainement sa recherche, en particulier si nous mourons de faim et même si cet espoir est loin d'être une connaissance. Nous pouvons donc dire que sans doute nous serions davantage justifiés de rechercher des lois si nous savions qu'il en existe de véritables, mais qu'à défaut même de cette connaissance, notre recherche trouve sa justification dans notre curiosité et dans le simple espoir de pouvoir réussir à en découvrir.

D'autre part, la distinction entre lois « nécessaires » et énoncés universels au sens strict ne me semble pas concerner le problème en question : qu'elles soient ou non nécessaires, savoir que des lois existent ajouterait quelque chose à la « justification » de notre recherche, sans être pour autant indispensable à cette sorte de « justification ».

(16) Je crois cependant que l'idée selon laquelle il existe des lois naturelles nécessaires — au sens de la nécessité physique ou naturelle dont il a été question au point (12) — est une idée métaphysique ou ontologique importante qui a une signification intuitive profonde, liée à nos efforts en vue de comprendre le monde. Et bien qu'il soit impossible de fonder cette idée métaphysique sur des bases empiriques (car elle n'est pas falsifiable) ou sur d'autres bases, je crois qu'elle est exacte, comme je l'ai indiqué dans les sections 79 et 83 à 85. Cependant, j'essaie à présent d'aller au-delà de ce que j'ai dit dans ces sections, en faisant ressortir le statut ontologique particulier des lois naturelles (à propos, par exemple, de leur « nécessité » ou de leur « caractère structurel »), et en soulignant le fait que le caractère métaphysique ou l'irréfutabilité de l'affirmation selon laquelle il existe les lois naturelles ne doivent pas nécessairement nous empêcher d'examiner cette affirmation rationnellement, c'est-à-dire avec un esprit critique. (Voyez mon *Postscript*, en particulier les sections * 6, * 7, * 15 et * 120.)

Contrairement à Kneale, je considère néanmoins que le terme « nécessaire » n'est qu'un mot, une étiquette utile qui nous permet de distinguer *l'universalité des lois* de l'universalité « accidentelle ». Naturellement, toute autre étiquette conviendrait aussi bien, car il y a ici peu de rapport avec la nécessité logique. Je suis bien d'accord avec l'esprit de la paraphrase de Hume que l'on trouve chez Wittgenstein : « Il n'est pas nécessaire qu'une chose se produise parce qu'une autre s'est produite. Il n'est de nécessité que logique (22). » $a \rightarrow b$ n'a de rapport à la nécessité logique que d'une manière : le lien nécessaire entre a et b n'est à trouver ni dans a ni dans b mais dans le fait que la conditionnelle ordinaire correspondante (ou « implication matérielle », $a \rightarrow b$ sans « N ») dérive d'une loi de la nature *avec une nécessité logique*, c'est-à-dire est nécessaire en raison d'une loi naturelle (23). Quant à une loi naturelle, l'on peut dire qu'elle est nécessaire parce qu'on peut la déduire de, ou l'expliquer par, une loi d'un niveau d'universalité encore plus élevé ou d'une « profondeur » encore plus grande. (Voyez mon *Postscript*, section * 15.) On pourrait supposer que c'est cette dépendance logiquement nécessaire par rapport à des énoncés vrais de niveau d'universalité supérieur, dont on conjecture l'existence, qui suggéra en premier lieu la notion de « liaison nécessaire » entre cause et effet (24).

(17) Pour autant que je puisse les comprendre, les discussions actuelles relatives aux « conditionnelles subjonctives » ou « conditionnelles contraires-au-fait » ou encore « conditionnelles contrefactuelles » semblent nées, principalement, de la situation problématique qu'engendrèrent les difficultés inhérentes à l'inductivisme, au positivisme, à l'opérationalisme, ou au phénoménisme.

Le phénoméniste, par exemple, souhaite traduire des énoncés relatifs à des objets physiques en des énoncés relatifs à des observations. Par exemple : « Il y a un pot de fleurs sur l'appui de fenêtre » devrait, selon lui, pouvoir être traduit en quelque chose comme : « Si quelqu'un se trouvant à un endroit approprié regarde dans la direction appropriée, il verra ce qu'il a appris à appeler un pot de fleurs. » L'objection la plus simple (mais nullement la plus importante) à cette traduction consiste à faire remarquer ceci : alors que le second énoncé est vrai (de manière triviale) lorsque personne ne regarde vers l'appui de fenêtre, il serait absurde de dire que chaque fois que personne ne regarde vers l'appui de fenêtre, il doit y avoir un pot de fleur sur cette dernière. Le phénoméniste est tenté de répliquer à ceci que l'argument dépend de la manière dont la « table-de-vérité » définit la conditionnelle (ou l' « implication matérielle »), et que nous devons nous rendre compte qu'une interprétation différente de la conditionnelle se trouve requise, à savoir une interprétation *modale* qui tienne compte du fait que ce que nous voulons dire est quelque chose comme « Si quelqu'un

---

(22) *Cf. Tractatus*, 6.36, 37.
(23) J'ai fait remarquer ceci dans *Aristotelian Society Supplementary Volume 22*, 1948, pp. 141 à 154, section 3 ; voyez en particulier la page 148. Dans cet article j'ai esquissé rapidement un programme que j'ai depuis réalisé en grande partie.
(24) *Cf.* mon article, cité dans la note précédente.

regarde, ou si quelqu'un regardait, alors il verra, ou verrait, un pot de fleur (25). »

On pourrait penser que notre expression $a \vec{N} b$ pourrait fournir la conditionnelle modale désirée et, en un sens, elle le fait. Elle le fait même aussi bien que l'on peut s'y attendre. Notre objection primitive subsiste néanmoins car nous savons que si a est nécessaire — c'est-à-dire si $a \varepsilon N$, alors $a \vec{N} b$ est valide pour tout b. Ceci signifie que, si pour une raison ou une autre, l'endroit où se trouve (ou ne se trouve pas) un pot de fleur est tel qu'il est physiquement *impossible* à quiconque de porter sur lui ses regards, la proposition « Si quelqu'un regarde ou regardait vers cet endroit, il verra ou verrait un pot de fleurs » sera vraie pour la simple raison que personne ne *peut* porter vers lui ses regards. Mais ceci signifie que la traduction modale phénoméniste de « A l'endroit x il y a un pot de fleurs » sera vraie pour tous les endroits x que, pour une certaine raison physique ou pour une autre, personne ne *peut* regarder. (Par exemple, « il y a un pot de fleurs » — ou ce que vous voulez — au centre du soleil.) Or ceci est absurde.

Pour cette raison, et pour beaucoup d'autres, je ne pense pas qu'il y ait la moindre chance de sauver le phénoménisme grâce à cette méthode.

Quant à la doctrine de l'opérationalisme, selon laquelle il faudrait définir les termes scientifiques, comme la longueur ou la propriété d'être soluble, dans les termes du processus expérimental approprié — on peut montrer très facilement que toutes les prétendues définitions opérationnelles seront circulaires. Je vais le montrer rapidement pour le cas du terme « soluble » (26).

Les expériences par lesquelles nous examinons si une substance comme le sucre est *soluble dans l'eau* impliquent des tests telle la récupération, par exemple, par évaporation de l'eau ; *cf.* point 3, ci-dessus, à partir de la solution du sucre dissous. Il est évidemment nécessaire d'identifier la substance récupérée, c'est-à-dire de découvrir si elle a les mêmes propriétés que le sucre. Or parmi ces propriétés, se trouve la *solubilité dans l'eau*. Pour définir « x

(25) Ce fut R. B. Braithwaite qui répliqua d'une manière semblable à celle-ci à l'objection que j'opposai à la satisfaction par le vide, après qu'il eut lu un article sur le phénoménisme à un séminaire du Prof. Susan Stebbing, au printemps de 1936. C'était la première fois que j'entendais parler, dans un contexte comme celui-là, de ce qu'on appelle aujourd'hui une « conditionnelle subjonctive ». Pour une critique des « programmes de réduction » phénoménistes, voyez la note 4 et le texte, ci-dessus.
(26) L'argument se trouve dans un article par lequel j'ai contribué en janvier 1955 au volume de la *Library of Living Philosophers* consacré à Carnap, éd. par P. A. Schilpp.
Quant à la circularité de la définition opérationnelle du terme « longueur », les faits suivants le prouvent : (*a*) la définition opérationnelle de *longueur* implique des rectifications de *température*, et (*b*) la définition opérationnelle (courante) de *température* implique des mesures de *longueur*.

est soluble dans l'eau » à l'aide du test opérationnel type, nous devrions au moins dire quelque chose comme ceci :

« *x* est *soluble dans l'eau* si, et seulement si, (*a*) quand *x* est mis dans de l'eau, il disparaît (nécessairement) et (*b*) lorsqu'après évaporation de l'eau, une substance est (nécessairement) récupérée qui, de nouveau, est *soluble dans l'eau* .»

La principale raison de la circularité de cette espèce de définition est très simple : les expériences ne sont jamais concluantes ; elles doivent, à leur tour être soumises à des tests expérimentaux ultérieurs.

Les opérationalistes semblent avoir cru qu'une fois résolu le problème des conditionnelles subjonctives (de manière à pouvoir éviter la satisfaction par le vide de la conditionnelle servant de définition), il n'y aurait plus d'obstacle sur la voie des définitions opérationnelles des termes dispositionnels. Il semble que le grand intérêt manifesté à l'égard du problème des conditionnelles subjonctives (ou contre-factuelles), comme on les appelle, s'explique surtout par cette croyance. Mais je pense avoir montré que même si nous avons résolu le problème de l'analyse logique des conditionnelles subjonctives [ou « ayant valeur de lois » (« *nomic* »)], nous ne pouvons espérer définir opérationnellement les termes dispositionnels, ou termes universels. En effet les termes universels, ou dispositionnels, transcendent l'expérience, comme cela a été expliqué aux points (1) et (2) de cet appendice et dans la section 25 de l'ouvrage.

Addendum, 1968.

Depuis la première publication de cet appendice, en 1959, W. Kneale a répondu de manière fort intéressante, *B.J.P.S.*, 12 (1961), pp. 99 et suiv. et G. C. Nerlich et W. A. Suchting ont fourni une critique, *B.J.P.S.*, 18 (1967), pp. 233 et suiv., à laquelle j'ai répondu dans *B.J.P.S.*, 18 (1967), p. 316 et suiv. Cependant, je ne crois pas que ma réponse fut très bonne. En effet, c'est seulement après avoir reconsidéré les critiques de Kneale que je me suis rendu compte de ce qui était à la base de notre controverse.

Je crois à présent que notre controverse était fondée sur le fait que la majeure partie des philosophes considèrent que les définitions sont importantes et n'ont jamais pris au sérieux mes déclarations selon lesquelles je ne les considère pas comme importantes. Je ne crois pas que les définitions puissent rendre définie la signification de nos paroles et je ne crois pas davantage qu'il vaille la peine de se soucier du problème de savoir si un terme peut ou non être défini (encore que, parfois, le fait qu'un terme puisse être défini à l'aide de termes *d'une certaine espèce* puisse revêtir un certain intérêt, toutefois limité) ; en effet, nous avons en tout cas besoin de termes primitifs non définis.

Je pourrais peut-être résumer ma position en disant que si les théories et les problèmes liés à leur vérité sont extrêmement importants, les discours et les problèmes liés à leur signification ne le sont pas. (*Cf. Conjectures and Refutations*, 3ᵉ éd., 1968, point 9 de la page 28.) Aussi ne suis-je vraiment pas très intéressé par la définition ou par la possibilité de définir l'expression « nécessité naturelle » bien que je me sois intéressé au fait (parce que je crois que c'est un fait) que la notion n'est pas dépourvue de signification.

Moins que jamais je ne suis intéressé à établir le fait (si c'est un fait, ce dont je doute) qu'un terme modal peut être défini à l'aide de termes non modaux. Si j'ai donné l'impression de vouloir prouver cela, il est certain que j'ai donné une fausse impression.

APPENDICE * XI

DU BON ET DU MAUVAIS USAGE DES EXPÉRIENCES IMAGINAIRES, EN PARTICULIER DANS LA THÉORIE QUANTIQUE.

Les critiques introduites dans les dernières parties de cet appendice ont un caractère logique. Mon propos n'est pas de réfuter des arguments dont certains, à ma connaissance, peuvent avoir été écartés depuis longtemps par leurs auteurs. J'essaierai, plutôt, de montrer que certaines *méthodes d'argumentation* sont inadmissibles ; il s'agit de méthodes qui, durant de nombreuses années, furent utilisées sans être mises en question, dans les discussions relatives à l'interprétation de la théorie quantique. L'objet principal de ma critique est l'*usage apologétique* des expériences imaginaires et non quelque théorie particulière à la défense de laquelle ces expériences ont été proposées (1). Je ne voudrais surtout pas donner l'impression que je mets en doute la fécondité des expériences imaginaires comme telles.

(1) L'une des expériences imaginaires les plus importantes dans l'histoire de la philosophie naturelle, et l'un des arguments les plus simples et des plus ingénieux dans l'histoire de la pensée rationnelle relative à notre univers, se trouve dans la critique que fit Galilée de la théorie aristotélicienne du mouvement (2). Cet argument infirme l'hypothèse d'Aristote selon laquelle la vitesse naturelle d'un corps plus lourd est supérieure à celle d'un corps plus léger. « Étant donné deux corps en mouvement ayant des vitesses naturelles inégales », argumente le porte-parole de Galilée, il est évident que si nous les mettons ensemble — le plus lent et le plus rapide — ce dernier sera partiellement retardé par le plus lent, lequel sera partiellement accéléré par le plus rapide. Ainsi, « si une grosse pierre se déplace à une vitesse de 2,5 m et une plus petite à une vitesse de 1,25 m, par exemple, alors, après qu'on les ait mises ensemble le système composé se déplacera à une vitesse inférieure à 2,5 m. Or les deux pierres mises ensemble forment

___

(1) Plus particulièrement, je ne désire pas critiquer ici la théorie quantique non plus que l'une quelconque de ses interprétations.
(2) Galilée lui-même dit fièrement de son argument (il met la phrase dans la bouche de Simplicio) : « En vérité, la marche de ton argument fut excellente. » Cf. *Dialogues Concerning Two New Sciences*, 1638, 1 er jour, p. 109 (p. 66, vol. XIII, 1855, des *Opere Complete* ; p. 64 et 62 de l'édition anglaise de Crew et Salvio, 1914). [Voir également : B. Russell — *La méthode scientifique en philosophie*, tr. fr. Paris, Payot, 1971 (pp. 197 et suiv.) (N. d. T.)]

une pierre plus grosse que la première, laquelle se déplaçait à une vitesse de 2,5 m. *Le corps composé (bien que plus gros que la première pierre seule), se déplacera donc plus lentement que la première pierre seule* ce qui contredit ton hypothèse » (3). Et puisque c'était sur cette hypothèse aristotélicienne qu'était fondé l'argument, celui-ci se trouve réfuté : on a prouvé qu'il était absurde.

Je considère l'expérience imaginaire de Galilée comme un modèle parfait du meilleur usage qui puisse être fait des expériences imaginaires. Il s'agit de leur *usage critique*. Je ne veux pourtant pas suggérer qu'il n'y a pas d'autre manière d'en user. Il y a, en particulier, un usage *heuristique*, et celui-ci est très précieux. Mais il y a également des usages de moindre valeur.

La base heuristique de l'atomisme constitue un vieil exemple de ce que j'appelle l'usage heuristique des expériences imaginaires. Nous imaginons que nous prenons une pièce d'or, ou de quelque autre matière, et la coupons en parties de plus en plus petites jusqu'à ce que nous arrivions à des parties tellement petites qu'elles ne peuvent plus être « subdivisées » : c'est là une expérience imaginaire que l'on utilise pour expliquer « l'indivisibilité des atomes ». Les expériences imaginaires heuristiques ont pris une importance particulière en thermodynamique (le cycle de Carnot) et elles sont devenues ces derniers temps de mode, en raison de leur utilisation dans la théorie de la relativité et dans la théorie quantique. L'un des meilleurs exemples de ce genre est l'expérience einsteinienne de l'ascenseur accéléré ; elle illustre l'équivalence locale de l'accélération et de la gravité et suggère que des rayons lumineux dans un champ gravitationnel peuvent effectuer des parcours curvilignes. Il s'agit là d'un usage important et légitime.

Le principal propos de cet appendice est de prévenir contre ce qu'on peut appeler l'*usage apologétique des expériences imaginaires*. Je pense que cet usage remonte à l'examen du comportement des règles et des chronomètres du point de vue de la relativité spéciale. Au début, ces expériences furent utilisées à titres d'exemples et de descriptions, usage parfaitement légitime. Mais dans la suite, et dans les discussions relatives à la théorie quantique, elles furent parfois également utilisées comme des arguments tant critiques que défensifs ou apologétiques. (Dans cette évolution, le microscope imaginaire d'Heisenberg, qui permettait d'observer des électrons, joua un rôle important ; voyez les points 9 et 10 ci-dessous.)

Or l'usage d'expériences imaginaires dans une argumentation critique est, sans aucun doute, légitime : il revient à essayer de prouver que l'auteur d'une théorie a méconnu certaines possi-

(3) *Op. cit.*, p. 107 (1638) ; p. 65 (1855) ; p. 63 (1914).

bilités. Il doit évidemment, être également légitime de répondre à des objections de ce genre en montrant, par exemple, que l'expérience imaginaire proposée est en principe impossible et qu'ici, aucune possibilité n'a été méconnue (4). Une expérience imaginaire conçue dans un esprit critique — en vue de critiquer une théorie en montrant que certaines possibilités ont échappé à son auteur — est habituellement permise, mais il faut prendre de grandes précautions pour la riposte : dans la reconstruction de l'expérience controversée, entreprise pour défendre la théorie, il est, plus particulièrement, important de *n'introduire aucune idéalisation* ni hypothèses particulières à moins qu'elles ne soient favorables à un adversaire ou qu'un adversaire quelconque utilisant l'expérience imaginaire en question puisse les accepter.

(2) De manière plus générale, je pense que l'usage critique des expériences imaginaires n'est légitime que si les conceptions de l'adversaire dans l'argumentation sont établies clairement et si l'on adopte le principe selon lequel *les idéalisations doivent être des concessions faites à l'adversaire ou doivent, tout au moins, être acceptables pour lui.* Par exemple, dans le cas du cycle de Carnot, toutes les idéalisations introduites accroissent l'efficience de la machine de telle sorte que l'adversaire de la théorie — selon lequel une machine thermique peut produire un travail mécanique sans abaissement de température — doit reconnaître qu'il s'agit de concessions. Il est évident que les idéalisations ne sont plus permises à des fins d'argumentation critique lorsque ce principe est violé.

(3) On peut, par exemple, appliquer ce principe à la discussion suscitée par l'expérience imaginaire d'Einstein, Podolski et Rosen. (Einstein reproduit brièvement leur argumentation dans une lettre, reproduite dans l'appendice * XII de cet ouvrage, et cette discussion trouve un supplément de commentaires dans mon *Postscript*, section * 109.) Einstein, Podolski et Rosen essaient, dans leur critique, d'utiliser des idéalisations acceptables pour Bohr ; et dans sa riposte, Bohr n'en conteste pas la légitimité. Ils introduisent (*cf.* section * 109 et appendice * XII) deux particules, A et B qui sont en interaction de telle manière qu'en mesurant la position (ou le moment) de B, la théorie nous permet de calculer la position (ou le moment) de A qui s'est entre-temps fort éloignée et ne peut plus être perturbée par la mesure effectuée sur A. Le moment (ou la position) de A ne peut donc se trouver réparti ou « estompé» («*smeared* ») — pour utiliser un terme de Schrödinger —

---

(4) Par exemple, Einstein (dans la lettre qu'il m'adressa et qui est reproduite dans l'appendice * XII ; voyez note * 3 de la section 77) a montré que mon expérience de la section 77 était en principe impossible.

comme le prétend Heisenberg (5). Bohr, dans sa riposte, fait intervenir l'idée que l'on ne peut mesurer une position qu'à l'aide de « certains instruments *fermement fixés au support qui détermine le cadre de référence spatial* » tandis que la mesure du moment serait réalisée à l'aide d'un « diaphragme » *mobile* dont « le moment est mesuré tant avant qu'après le passage de la particule » (6). Bohr utilise l'argument selon lequel en choisissant l'un de ces deux systèmes de référence « nous ... nous coupons de toute... possibilité » d'utiliser l'autre, pour examiner le même système physique. Il suggère, si je le comprends bien, que bien que la particule *A* n'interfère pas avec ce système, ses coordonnées peuvent se trouver perturbées par la perturbation du *cadre de référence.*

(4) La riposte de Bohr me semble inacceptable pour trois raisons différentes au moins.

En premier lieu, antérieurement à l'expérience imaginaire proposée par Einstein, Podolski et Rosen, la raison invoquée pour la perturbation de la position ou du moment d'un système était qu'en le mesurant, nous étions intervenu dans le système. Il me semble que Bohr a, subrepticement, laissé tomber cet argument : la raison qu'il invoque (plus ou moins clairement) est l'interférence avec notre cadre de référence, ou avec le système de coordonnées, mais non avec le système physique. Il s'agit d'une modification trop importante pour qu'on puisse la passer sous silence. Il aurait fallu reconnaître de manière explicite que la position antérieure avait été réfutée par l'expérience imaginaire et montrer pourquoi ceci ne ruinait pas le principe sur lequel elle était fondée.

Nous ne devons pas oublier, à ce propos, ce que l'expérience imaginaire d'Einstein, Podolski et Rosen devait montrer. Elle visait simplement à réfuter certaines *interprétations* des formules *d'indétermination* et certes pas à réfuter ces formules. En un sens, Bohr reconnaissait, dans sa riposte, quoique non explicitement, que l'expérience imaginaire atteignait son but puisqu'il essayait seulement de défendre les relations d'indétermination comme telles : il renonçait à la conception selon laquelle la mesure interférait avec le système *A*, lequel était supposé être modifié. De plus, l'on pour-

(5) Heisenberg songeait, évidemment, à la perturbation d'une seule particule : celle que l'on mesure. Einstein, Podolski et Rosen montrent qu'il faut l'étendre à une autre particule : celle avec laquelle la particule mesurée a été en interaction à un certain moment, il y a des années peut-être. Mais s'il en est ainsi, comment pouvons-nous éviter qu'une seule observation ne perturbe toute chose, c'est-à-dire le monde entier ? La réponse consiste sans doute à dire, que par suite de la « réduction du paquet d'ondes », l'observation détruit l'ancienne *représentation* du système, en même temps qu'elle en crée une nouvelle. Il n'y a donc pas d'interférence avec le monde, mais seulement avec notre manière de le représenter. La riposte de Bohr, qui suit dans le texte, illustre, comme on le verra, cette situation.
(6) Bohr, *Physical Review* 48, 1935, pp. 696-792. Les citations sont extraites des pp. 700 et 699. (Les italiques sont de moi).

rait pousser un peu plus loin l'argumentation d'Einstein, Podolski et Rosen en supposant que nous mesurons la position de A (par hasard) au même instant que le moment de B. Nous obtenons alors, *pour cet instant-là* les positions et les moments de A et de B. (Sans doute le moment de A et la position de B auront-ils été tout à fait modifiés ou estompés par ces mesures.) Mais ceci suffit à établir le point qu'Einstein, Podolski et Rosen souhaitaient faire ressortir : il est incorrect d'interpréter les formules d'indétermination comme si elles affirmaient que le système ne peut avoir au même instant une position précise et un moment précis, même si nous devons admettre qu'il ne nous est pas possible de *prévoir* les deux en même temps. (Pour une interprétation tenant compte de tout ceci, voyez mon *Postscript*.)

En second lieu, l'argument de Bohr selon lequel nous « nous sommes coupés » de l'autre cadre de référence semble être *ad hoc*. Car il est manifestement possible de mesurer le moment par spectroscopie (soit directement, soit en utilisant l'effet Doppler) et le spectroscope sera fermement fixé au même système que le premier « instrument ». (Le fait que le spectroscope absorbe la particule B n'a pas de rapport à l'argument relatif au destin de A.) Un dispositif ayant un système de référence mobile est donc inacceptable comme constituant essentiel de l'expérience.

En troisième lieu, Bohr n'explique pas ici comment mesurer le moment de B à l'aide de ce diaphragme mobile. Dans l'un de ses derniers articles, il décrit une méthode pour le faire mais cette méthode me semble ne pouvoir davantage être autorisée (7). En effet, cette méthode décrite par Bohr consiste à mesurer (deux fois) la *position* d'un « diaphragme pourvu d'une fente..., suspendu par de légers ressorts à un solide fléau » (8) ; et puisque la mesure du moment effectuée à l'aide d'un dispositif de cette espèce dépend des mesures de la position, cette méthode ne rend pas valide l'argument opposé par Bohr à Einstein, Podolski et Rosen, pas plus qu'elle n'atteint son objectif autrement.

En effet, de cette manière, nous ne pouvons pas obtenir le moment « avec précision avant tout aussi bien qu'après le passage » de B (9) : la première de ces mesures du moment interférera avec le moment du diaphragme (puisqu'elle utilise une mesure de *position*) ; elle sera donc seulement rétrospective et ne sera d'aucun usage pour calculer le moment du diaphragme à l'instant qui précède immédiatement l'entrée en interaction avec B.

(7) Voyez Bohr, in *Albert Einstein : Philosopher-scientist*, éd. par P. A. Schilpp, 1949 ; voyez surtout le diagramme de la page 220.
(8) *Op. cit.*, p. 219.
(9) Bohr, *Physical Review* 48, 1935, p. 699.

En conséquence, il ne semble pas que Bohr ait adhéré, dans sa riposte, au principe selon lequel seules sont permises les idéalisations ou présuppositions particulières favorables à l'adversaire (sans parler du fait qu'il est bien loin d'avoir clarifié ce qu'il désirait contester).

(5) Ceci montre qu'il y a un grave danger, lié aux expériences de ce genre, de pousser l'analyse aussi loin qu'elle sert vos propres propos, mais pas plus loin ; danger que l'on peut éviter si l'on adhère rigoureusement aux principes exposés ci-dessus.

Il existe trois cas similaires auxquels je désire me référer parce que je les trouve instructifs.

(6) Pour répondre à une expérience imaginée par Einstein à des fins critiques et fondée sur la formule fameuse $E = mc^2$, Bohr eut recours à des arguments tirés de la théorie einsteinienne de la gravitation (c'est-à-dire de la relativité générale) (10). Or cette formule, $E = mc^2$ peut être déduite de la relativité spéciale et même d'arguments non relativistes. En tout cas, présupposer que $E = mc^2$, ne revient certainement pas à présupposer la validité de la théorie einsteinienne de la gravitation. En conséquence, si, comme le suggère Bohr, nous devons présupposer certaines formules caractéristiques de la théorie einsteinienne de la gravitation pour sauver la cohérence de la théorie quantique (en présence de $E = mc^2$), ceci revient à dire, étrangement, que la théorie quantique contredit la théorie newtonienne de la gravitation et, plus étrangement encore, que la validité de la théorie einsteinienne de la gravitation (ou du moins les formules caractéristiques utilisées, qui font partie de la théorie du champ gravitationnel) peut être déduite de la théorie quantique. Je ne pense pas que, même ceux qui sont préparés à accepter ce résultat, s'en réjouiront.

Il s'agit donc ici encore d'une expérience imaginaire faisant appel à des hypothèses extravagantes dans un propos apologétique.

(7) La riposte de David Bohm à l'expérience imaginaire d'Einstein, Podolski et Rosen me semble également très peu satisfaisante (11). Il croit devoir prouver que la particule A d'Einstein, qui s'est fort éloignée de B et de l'appareil de mesure, n'en subit pas moins une répartition de position (ou du moment) lorsque le moment (ou la position) de B est mesuré. Pour le prouver, il essaie de montrer que, malgré son éloignement, A interfère toujours

(10) Bohr, dans *Albert Einstein : Philosopher-Scientist*, éd. par P. A. Schilpp ; le cas est examiné aux pp. 225-228. Le Dr J. Agassi a attiré mon attention sur la non validité de l'argument.

(11) Voyez D. Bohm, *Phys. Rev.* 85, 1951, p. 166 et suiv., 180 et suiv. ; voyez en particulier pp. 186 et suiv. (Je comprends que Bohm ne soutienne plus certaines des conceptions exposées dans les articles que je critique ici. Mais il me semble que mon argument est encore, du moins en partie, applicable à ses dernières théories.)

avec B et avec l'appareil, d'une manière imprévisible. Il essaie de montrer ainsi que sa théorie concorde avec l'interprétation donnée par Heisenberg aux relations d'indétermination. Mais il n'y réussit pas. Ceci devient manifeste si nous observons que les idées d'Einstein, Podolski et Rosen nous permettent, si nous étendons quelque peu leur expérience, de déterminer simultanément les positions *et* les moments de A aussi bien que de B, même si le résultat de cette détermination ne doit permettre de *prévoir* que la position de l'une des particules et le moment de l'autre. En effet, comme le point (4) ci-dessus l'explique, nous pouvons mesurer la position de B et quelqu'un d'éloigné peut mesurer le moment de A, par hasard au même instant ou en tout cas avant qu'un effet perturbateur quelconque de notre mesure de B puisse atteindre A. Or rien de plus n'est requis pour montrer que la tentative de Bohm visant à sauver l'idée d'Heisenberg selon laquelle nous interférons avec A est hors de propos.

Bohm répond implicitement à cette objection en disant que l'effet perturbateur se produit à une vitesse supérieure à celle de la lumière, ou peut-être même instantanément (*cf.* le commentaire de la p. 76 relatif à la vitesse supérieure à celle de la lumière chez Heisenberg), hypothèse appuyée par l'hypothèse complémentaire selon laquelle cet effet ne peut être utilisé pour transmettre des signaux. Mais que se passe-t-il si les deux mesures sont effectuées simultanément ? La particule que vous êtes censé observer dans votre microscope d'Heisenberg commence-t-elle à danser sous vos yeux ? Et, si elle le fait, ceci n'est-il pas un signal ? (Cet effet d'estompage particulier, tout comme la « réduction du paquet d'ondes » ne fait pas partie du formalisme de Bohm, mais de l'interprétation de ce formalisme.)

(8) Un exemple similaire nous est donné dans une réplique de Bohm à une autre expérience critique imaginaire proposée par Einstein (lequel reproduisait par là la critique adressée par Pauli à la théorie de l'onde-pilote de de Broglie) (12).

Einstein propose de considérer une « particule » macroscopique (qui peut être quelque chose de gros, comme par exemple une boule de billard) ayant un mouvement de va-et-vient, à une certaine vitesse constante, entre deux parois parallèles qui la renvoient en faisant ressort. Einstein montre que ce système peut être représenté dans la théorie de Schrödinger par une onde stationnaire ; il montre en outre que la théorie de l'onde-pilote de de Broglie, ou l' « interprétation causale de la théorie quantique » de Bohm,

─────────

(12) Voyez A. Einstein, *Scientific Papers presented to Max Born*, 1953, pp. 33 et suiv. ; voyez en particulier la p. 39.

comme on l'appelle, conduit à un résultat paradoxal (signalé pour la première fois par Pauli) : la vitesse de la particule (de la boule de billard) devient égale à zéro ; en d'autres termes, notre hypothèse initiale selon laquelle la particule se déplace à une certaine vitesse choisie arbitrairement mène, dans cette théorie, pour toute vitesse choisie, à la conclusion que la vitesse est zéro et que la particule n'est donc pas en mouvement.

Bohm accepte cette conclusion et répond de la manière suivante : « L'exemple pris en considération par Einstein », écrit-il, « est celui d'une particule qui *se déplace librement* entre des parois parfaitement réfléchissantes et lisses » (13). (Il n'est pas nécessaire que nous entrions davantage dans les détails du dispositif.) « Or, dans l'interprétation causale de la théorie quantique » — c'est-à-dire dans l'interprétation de Bohm — « ... la particule est *au repos*», écrit Bohm, qui poursuit en disant que, si nous voulons *observer* la particule nous « déclencherons » un processus qui mettra la particule en mouvement (14). Mais cet argument relatif à l'observation ne nous intéresse plus, quel que soit son mérite. Ce qui nous intéresse, c'est que l'interprétation de Bohm immobilise la particule en mouvement libre : son argument équivaut à dire qu'elle ne peut se mouvoir entre ces deux murs, aussi longtemps qu'elle n'est pas observée. En effet, l'hypothèse selon laquelle elle *se déplace* ainsi amène Bohm à conclure qu'elle est au repos jusqu'à ce qu'une observation la mette en mouvement. Bohm signale cet effet paralysant mais s'abstient tout simplement de le commenter. En revanche, il en arrive à dire que, bien que la *particule* ne se meuve pas, nos *observations* nous la montreront en mouvement (mais ceci n'était pas le point en question) ; et plus loin, il construit une expérience imaginaire toute différente qui décrit comment notre observation — le signal radar ou le photon utilisé pour observer la vitesse de la particule — pourrait déclencher le mouvement désiré. Mais, en premier lieu, ceci n'était pas davantage notre problème. Et, en second lieu, Bohm n'explique pas comment le photon déclencheur pourrait nous montrer la particule se mouvant de toute sa vitesse propre, pourquoi il ne s'agirait pas d'un état d'accélération tendant vers la vitesse qui lui est propre. En effet, ceci semble requérir que la particule (qui peut être aussi rapide et aussi lourde que nous le désirons) acquiert et manifeste sa propre et pleine vitesse durant le temps extrêmement court de son interaction avec le photon déclencheur. Toutes ces présuppositions sont *ad hoc* et bien peu d'adversaires de Bohm les accepteront.

(13) D. Bohm, dans le même ouvrage, p. 13 ; les italiques sont de moi.
(14) *Op. cit.*, p. 14 ; voyez également la seconde note au bas de cette p. 14.

Mais nous pouvons développer l'expérience imaginaire d'Eins-
ein en utilisant deux particules (ou boules de billard) dont l'une
va et vient entre la paroi gauche et le centre de la boîte, alors que
l'autre se déplace entre la paroi droite et le centre de la boîte ; au
centre, les particules entrent en collision l'une avec l'autre et rebon-
dissent. Cet exemple nous ramène aux ondes stationnaires et donc
à la disparition de la vitesse ; et la critique de Pauli et d'Einstein
demeure inchangée. Quant à l'effet déclencheur de Bohm, il en
devient encore plus précaire. En effet, supposons que nous obser-
vions la particule de gauche en la bombardant d'un photon déclencheur venant de gauche. Ceci va (selon Bohm) détruire l'équilibre
des forces qui maintient la particule au repos et la particule va
se mettre en mouvement, probablement de gauche à droite. Mais,
bien que nous n'ayons mis en mouvement que la particule de gauche,
celle de droite se mettra en mouvement, au même moment, dans
la direction opposée. C'est demander beaucoup à un physicien
d'admettre la possibilité de tous ces processus — tous présupposés
ad hoc pour éviter les conséquences de l'argument de Pauli et d'Einstein.

Je pense qu'Einstein aurait pu répondre à Bohm de la manière
suivante.

Dans le cas en question, notre système physique était une grosse
boule macroscopique. Il n'a pas été donné de raison justifiant
l'inapplicabilité à ce cas de la conception classique courante de la
mesure. Et cette conception se conforme, d'ailleurs, à l'expérience
autant que l'on peut le désirer.

Mais la mesure mise à part, est-il sérieux d'affirmer qu'une boule
animée d'un mouvement de va-et-vient (ou deux boules animées
de ce mouvement dans un dispositif symétrique) *ne peut* tout simplement *pas* exister lorsqu'elle n'est pas observée ? Ou, ce qui
revient au même, que l'hypothèse selon laquelle elle se meut, ou
oscille, tandis qu'elle n'est pas observée doit amener à la conclusion
qu'elle ne le fait pas ? Et, qu'arrive-t-il si, une fois que notre
observation a mis la boule en mouvement, elle cesse d'interférer
avec elle de manière asymétrique, de sorte que le système retombe
à l'état stationnaire. La particule s'arrête-t-elle alors aussi brus-
quement qu'elle est partie ? Et son énergie se transforme-t-elle
en rayonnement ? Ou le processus est-il irréversible ?

A supposer même que l'on puisse répondre d'une certaine manière à toutes ces questions, elles illustrent, je crois, la signification de la critique de Pauli et d'Einstein et celle de l'usage cri-
itque des expériences imaginaires, en particulier celle d'Einstein,
Podolski et Rosen. Et je pense qu'elles illustrent également le
danger d'un usage apologétique des expériences imaginaires.

(9) Jusqu'ici, j'ai examiné le problème de *couples de particules*, introduit dans la discussion par Einstein, Podolski et Rosen. Je me tourne à présent vers certaines expériences imaginaires plus anciennes faisant intervenir des particules individuelles, tel le fameux *microscope imaginaire* d'Heinsenberg permettant d' « observer » des électrons et de « mesurer » soit leurs positions, soit leurs moments. Peu d'expériences imaginaires ont exercé sur la réflexion relative à la physique autant d'influence que celle-ci.

A l'aide de cette expérience imaginaire, Heisenberg tenta d'établir différents points. Je puis en mentionner trois : (a) l'*interprétation* de ses formules d'indétermination comme établissant l'existence d'obstacles insurmontables à la précision de nos mesures ; (b) la *perturbation* de l'objet mesuré par le processus de mesure, qu'il s'agisse de la mesure de la position ou de celle du moment ; et (c) l'*impossibilité de contrôler par des tests le « parcours» spatio-temporel* de la particule. Je crois que les *arguments* d'Heisenberg tendant à établir ces points sont tous manifestement dépourvus de validité, quelle que puisse être la valeur des trois points en eux-mêmes. La raison en est qu'Heisenberg *ne parvient pas à établir que les mesures de la position et du moment sont symétriques*, à savoir symétriques relativement à la perturbation subie par l'objet mesuré du fait du processus de mesure. En effet, à l'aide de son expérience, Heisenberg *montre* que pour mesurer la *position* de l'électron, nous devons utiliser de la lumière à haute fréquence, c'est-à-dire des photons de haute énergie ce qui signifie que nous transmettons à l'électron un moment inconnu et le *perturbons* donc, en lui donnant une sérieuse chiquenaude, si l'on peut dire. Mais Heisenberg *ne montre pas* que la situation est analogue si nous voulons mesurer le *moment* de l'électron et non sa position. Car, dans ce cas, dit Heisenberg, nous devons l'observer avec une lumière à basse fréquence, à fréquence si basse que nous pouvons supposer que *nous ne perturbons pas le moment de l'électron par notre observation.* En conséquence, notre observation (tout en nous révélant le moment) ne parviendra pas à révéler la position de l'électron, laquelle restera donc indéterminée.

Considérons à présent ce dernier argument. On ne nous dit pas ici que nous avons *perturbé* (ou « estompé ») la position de l'électron. En effet, Heisenberg dit seulement que nous avons *failli à la découvrir*. En fait, son argument implique que nous n'avons aucunement perturbé le système (ou alors si légèrement seulement que nous pouvons négliger la perturbation) : nous avons utilisé des photons d'un niveau d'énergie tellement bas qu'il n'y eut tout simplement pas assez d'énergie disponible pour perturber l'électron. *Les deux cas sont donc loin d'être analogues ou symétriques,* selon l'argument d'Heisenberg. Ce fait est cependant masqué par les propos habituels (propos positivistes, opérationalistes ou instrumentalistes) relatifs aux « *résultats de mesure* » : étant entendu que l'incertitude est symétrique aussi bien pour la position que pour le moment. Pourtant, dans les innombrables commentaires de l'expérience, à commencer par le commentaire personnel d'Heisenberg, on présuppose toujours que l'argument de ce dernier établit la *symétrie des perturbations*. (Dans le formalisme, la symétrie entre position et moment est évidemment complète mais ceci ne signifie pas que l'expérience imaginaire d'Heisenberg le justifie.) C'est ainsi que l'on présuppose — tout à fait à tort — que *l'on perturbe la position de l'électron* si l'on mesure son moment avec le microscope d'Heisenberg et que cet effet d' « estompage », a été établi par le commentaire qu'Heisenberg a fait de son expérience imaginaire.

L'expérience imaginaire que j'ai personnellement proposée dans la section 77 était en grande partie fondée sur l'asymétrie que je viens de signaler (*cf.* note * 1 de l'appendice VI). Cependant mon expérience n'est pas valide précisément parce que l'asymétrie invalide toute l'analyse de la mesure proposée par Heisenberg : seules des mesures résultant d'une *sélection physique* (comme je l'appelle) peuvent être utilisées pour illustrer les *formules* d'Heisenberg, et une sélection physique, comme je l'ai très justement signalé dans cet ouvrage, doit toujours satisfaire les « relations de répartition ». (La sélection physique *perturbe* le système.)

Si les « mesures » d'Heisenberg étaient possibles nous pourrions même enregistrer le moment d'un électron entre deux mesures de position sans le perturber, ce qui nous permettrait — contrairement à ce qu'établit le point (*c*) ci-dessus — de contrôler une partie de son « parcours » spatio-temporel, calculable à partir de ces deux mesures de position.

Si l'inexactitude de l'argument d'Heisenberg est restée aussi longtemps inaperçue c'est parce que les *formules* d'indétermination dérivent manifestement du formalisme de la théorie quantique (de l'équation d'onde) et que la symétrie entre la position (q) et le moment (p) est également implicite dans ce formalisme ; ceci peut expliquer pourquoi de nombreux physiciens ont négligé d'examiner l'expérience imaginaire d'Heisenberg avec le soin requis : je suppose qu'ils ne l'ont pas prise au sérieux mais l'ont considérée comme une simple illustration d'une formule qu'il était possible de déduire. Je prétends qu'il s'agit d'une mauvaise illustration, précisément parce qu'elle ne parvient pas à rendre compte de la symétrie qu'il y a entre la position et le moment. Et, si c'est une mauvaise illustration, elle ne convient absolument pas comme base d'interprétation de ces formules — pour ne rien dire de la théorie quantique dans son ensemble.

(10) L'immense influence de l'expérience imaginaire d'Heisenberg est due, j'en suis convaincu, au fait que ce dernier est parvenu à communiquer par son truchement une nouvelle image métaphysique du monde physique. (Satisfaisant ainsi une obsession étrangement ambivalente de notre époque post-rationaliste, à savoir son souci de tuer le Père — à savoir la métaphysique — tout en lui laissant, sous une autre forme, son caractère sacré et incontestable. Pour certains physiciens quantistes, on dirait parfois presque que le père est Einstein.) L'image métaphysique du monde qu'Heisenberg communique d'une certaine façon en expliquant son expérience sans jamais l'introduire réellement dans cette explication, est la suivante. La *chose en soi* est inconnaissable : nous ne connaissons que ses apparences qu'il faut appréhender (ainsi que Kant l'a signalé) comme provenant de la chose en soi et de notre appareil de perception. Les apparences résultent donc d'une sorte d'interaction entre les choses en soi et nous-mêmes. C'est la raison pour laquelle une chose peut nous apparaître sous différentes formes, selon nos différentes manières de la percevoir — de l'observer et d'entrer en interaction avec elle. Nous essayons d'attraper, si l'on peut dire, la chose en soi, mais sans jamais y parvenir : nous ne trouvons dans nos pièges que des apparences. Nous pouvons tendre un *piège à particule* classique ou un *piège à onde* classique (« classique » parce que nous les construisons et les dressons comme un piège à souris classique) et en déclenchant le ressort du piège, et en entrant ainsi en interaction avec lui, la chose est amenée à revêtir l'apparence d'une particule ou d'une onde. Il y a une symétrie entre ces deux apparences, ou entre ces deux manières de prendre la chose au piège. En outre, en posant le piège, nous devons non seulement fournir à la chose un stimulus qui l'amène à revêtir l'une de ses deux apparences physiques classiques, mais nous devons encore amorcer le piège avec de l'énergie, l'énergie requise pour une réalisation ou une matérialisation physique classique de l'inconnaissable chose en soi. C'est ainsi que nous respectons les lois de la conservation.

C'est là l'image métaphysique qu'Heisenberg nous communique, ainsi que Bohr peut-être.

Or je suis loin de désapprouver une métaphysique de ce type (bien que je ne sois pas très attiré par ce mélange de positivisme et de transcendantalisme). Je ne désapprouve pas davantage le fait qu'elle nous soit communiquée par des métaphores. Mais ce que je désapprouve, c'est la diffusion presque inconsciente de cette image métaphysique, souvent combinée avec des proclamations anti-métaphysiques. J'estime en effet qu'on ne devait pas la laisser envahir les esprits sans la signaler et donc sans la soumettre à la critique.

Il est, à mon avis, intéressant qu'une bonne partie de l'œuvre de David Bohm semble inspirée par la même métaphysique. On pourrait même décrire cette œuvre comme une courageuse tentative visant à construire une théorie physique qui clarifie et explicite cette métaphysique. Ceci est admirable. Pourtant, je me demande si cette idée métaphysique particulière est suffisamment bonne et si elle le mérite réellement, puisque (comme nous l'avons vu) elle ne peut être soutenue par l'expérience imaginaire d'Heisenberg, qui constitue la source intuitive de tout cela.

Il me semble y avoir un lien assez évident entre le « principe de complémentarité » de Bohr et cette conception métaphysique d'une réalité inconnaissable — conception qui suggère la « renonciation » (pour utiliser l'un des termes favoris de Bohr) à nos désirs de connaître, et la restriction de nos études physiques aux apparences et à leurs relations mutuelles. Mais je n'examinerai pas ici ce lien évident. Je me limiterai plutôt à l'examen de certains arguments favorables à la complémentarité, fondés sur d'autres expériences imaginaires.

(11) A propos de ce « principe de complémentarité » (qui fait l'objet d'un examen plus complet dans mon *Postscript* ; *cf.* également mon article « Three Views Concerning Human Knowledge », *Contemporary British Philosophy*, III, éd. par H. D. Lewis, 1956), Bohr a analysé un grand nombre d'expériences imaginaires subtiles à des fins également apologétiques. Comme les formulations du principe de complémentarité fournies par Bohr sont imprécises et difficiles à commenter, j'aurai recours à un ouvrage bien connu et à maints égards excellents : *Anschauliche Quantentheorie*, de P. Jordan (ouvrage dans lequel, soit dit en passant, ma *Logik der Forschung* fait l'objet d'une brève analyse) (15).

Jordan formule (partiellement) la teneur du principe de complémentarité d'une manière qui le relie très étroitement au problème du *dualisme entre particules et ondes*. Voici ses termes : « Une expérience qui susciterait, en même temps, les propriétés ondulatoires et les propriétés corpusculaires de la lumière, serait non seulement en contradiction avec les théories classiques (nous avons l'habitude des contradictions de ce genre) mais encore absurde en un sens logique et mathématique » (16).

(15) Jordan, *Anschauliche Quantentheorie*, 1936, p. 282.
(16) *Op. cit.*, p. 115.

Jordan illustre ce principe à l'aide de la fameuse expérience des deux fentes. (Voyez mon ancien appendice V.) « Supposons, écrit-il, qu'il y ait une source lumineuse de laquelle une lumière monochromatique tombe sur un écran noir pourvu de deux fentes parallèles proches l'une de l'autre. Et supposons *d'une part*, que les fentes et la distance qui les sépare soient suffisamment petites (comparativement à la longueur de l'onde lumineuse) pour que l'on obtienne des franges d'interférence sur une plaque photographique qui enregistre la lumière passant par les deux fentes ; et *d'autre part*, que certain dispositif expérimental puisse nous permettre de découvrir par laquelle des deux fentes est passé un photon individuel » (17).

Jordan affirme « que ces deux hypothèses comportent une contradiction » (18). Je ne contesterai pas ceci. Pourtant, la contradiction en question ne serait pas une absurdité logique ou mathématique (comme Jordan le suggère dans l'une des citations précédentes) : la réunion des deux hypothèses contredirait simplement le formalisme de la théorie quantique. Mais c'est un autre point que je veux contester. Jordan utilise cette expérience pour illustrer sa formulation du principe de complémentarité. Or l'on peut montrer que l'expérience même à l'aide de laquelle il illustre ce principe, le réfute.

Considérons, en effet, la description faite par Jordan de l'expérience des deux fentes, en négligeant, de prime abord, sa dernière hypothèse (à savoir celle qu'introduisent les termes « *d'autre part* »). Nous obtenons ici des franges d'interférence sur la plaque photographique. Il s'agit donc d'une expérience qui « suscite les propriétés ondulatoires de la lumière ».

Supposons à présent que l'intensité de la lumière soit tellement basse que les photons nous donnent sur la plaque des taches distinctes ; ou, en d'autres termes, qu'elle soit tellement basse que les franges puissent se révéler à l'analyse comme dues à une distribution de densité des taches de photons individuels. Nous avons dès lors ici « une expérience qui suscite, *en même temps*, les propriétés ondulatoires et les propriétés corpusculaires de la lumière » ou, du moins certaines d'entre elles. C'est-à-dire qu'elle fait précisément ce qui, selon Jordan, doit être « absurde en un sens logique et mathématique ».

Sans doute, si nous étions en outre en mesure de découvrir par laquelle des fentes un photon déterminé est passé, pourrions-nous déterminer son parcours ; nous pourrions alors dire que cette

(17) *Op. cit.*, p. 115 et suiv. (La mise en italique est de Jordan.)
(18) *Op. cit.*, p. 116

expérience (probablement impossible) susciterait plus manifestement encore les propriétés corpusculaires du photon. Je concède
tout ceci mais c'est tout à fait hors de propos. En effet, ce que le
principe de Jordan affirme, ce n'est pas que *certaines* expériences
qui pourraient sembler à première vue possibles se révèlent impossibles — ce qui est une banalité — mais bien qu'il n'y a *aucune*
expérience qui « suscite, *en même temps*, les propriétés ondulatoires
et les propriétés corpusculaires de la lumière ». Or, comme nous
l'avons montré, cette assertion est tout simplement fausse : *presque*
toutes les expériences caractéristiques de la mécanique quantique
la réfutent.

Mais qu'est-ce que Jordan voulait alors affirmer ? Peut-être
qu'il n'y a pas d'expérience susceptible de susciter *toutes* les propriétés ondulatoires et *toutes* les propriétés corpusculaires de la
lumière ? Cela ne peut manifestement avoir été son intention
puisqu'il est déjà impossible d'imaginer une expérience susceptible de susciter la totalité des seules propriétés ondulatoires et la
même chose est vraie pour la totalité des seules propriétés corpusculaires.

Ce qui est le plus gênant dans cette argumentation de Jordan est
son caractère arbitraire. A partir de ce qui a été dit, il est évident
qu'il doit y avoir certaines propriétés ondulatoires et certaines
propriétés corpusculaires qu'aucune expérience ne peut combiner.
Jordan commence par généraliser ce fait et le formuler en tant que
principe (nous l'avons réfuté, du moins dans la formulation qu'il en
donne). Il l'illustre ensuite par une expérience imaginaire dont il
montre l'impossibilité. Pourtant, comme nous l'avons vu, cette
partie de l'expérience dont chacun admet la possibilité réfute en
fait le principe, du moins dans la formulation de Jordan.

Mais, considérons d'un peu plus près l'autre partie de l'expérience imaginaire, celle qu'introduisent les termes « d'autre part ».
Si nous prenons des dispositions pour déterminer la fente par
laquelle la particule est passée, nous faisons disparaître les franges
d'interférence, nous dit-on. Soit. Mais faisons-nous également
disparaître les propriétés ondulatoires ? Prenons le dispositif
le plus simple : nous obturons l'une des fentes. Il reste encore
quantité de signes du caractère ondulatoire de la lumière (même
avec une seule fente, nous obtenons une distribution de densité
analogue à celle d'une onde). Mais à présent nos adversaires admet-
tent que les propriétés corpusculaires se révèlent très complètement,
puisque nous pouvons tracer le parcours de la particule.

(12) D'un point de vue rationnel, tous ces arguments sont
inadmissibles. Je ne doute pas qu'il y ait une idée intuitive intéressante derrière le principe de complémentarité de Bohr. Mais

ni lui, ni aucun autre membre de son école n'ont été capables de
l'expliquer, même à ces critiques qui, comme Einstein, ont assi-
dûment tenté de la comprendre pendant des années (19).

Mon impression est qu'il s'agit peut-être de l'idée métaphysique exposée ci-dessus au point (10). Je puis me tromper mais
quoi qu'il en soit, je sens que Bohr nous doit une explication plus
satisfaisante (20).

(19) *Cf. Albert Einstein* : *Philosopher-Scientist,* éd. par A. Schilpp, 1949, p. 674.
(20) Note ajoutée en 1967 : L'on trouvera un examen ultérieur de ces problèmes dans mon article *Quantum Mechanics Without « The Observer »,* *op. cit.*

APPENDICE * XII

L'EXPÉRIENCE D'EINSTEIN, PODOLSKI ET ROSEN.

Une lettre d'Albert Einstein, 1935.

La lettre d'Albert Einstein donnée ici en traduction règle de manière concise et définitive le sort de l'expérience imaginaire que je propose dans la section 77 de cet ouvrage (elle se rapporte également à une version légèrement différente exposée dans un article non publié) ; elle décrit ensuite avec une clarté et une concision remarquables l'expérience imaginaire d'Einstein, Podolski et Rosen (décrite également au point 3 de mon appendice * XI).

Entre ces deux points, on trouvera quelques remarques générales relatives à la relation de la théorie et de l'expérience et à l'influence des idées positivistes sur l'interprétation de la théorie quantique.

Les deux derniers paragraphes de la lettre traitent également d'un problème que j'ai pris en considération dans mon ouvrage (et dans mon *Postscript*) ; il s'agit du problème des probabilités subjectives et de celui de la déduction de conclusions statistiques à partir d'une ignorance. Sur ce point, je persiste dans mon désaccord avec Einstein : je crois que nous tirons ces conclusions probabilistes à partir d'hypothèses relatives à une distribution égale (il s'agit souvent d'hypothèses très naturelles et qui pour cette raison ne sont pas toujours faites consciemment) et donc à partir de prémisses probabilistes.

Les exécuteurs littéraires d'Einstein ont demandé qu'au cas où une traduction de la lettre serait publiée, le texte original le soit également. Ceci m'a suggéré l'idée de reproduire la lettre manuscrite d'Einstein.

Old Lyme, 11. IX. 35.

Cher M. Popper,

J'ai examiné votre article et je suis en grande partie (*weitgehend*) d'accord avec vous *. Pourtant je ne crois pas qu'il soit possible

---

* Point principal : la fonction 'Ψ' caractérise plutôt un agrégat statistique de systèmes qu'un système individuel. Ceci résulte également des considérations exposées plus bas. Cette manière de voir enlève son caractère nécessaire en particulier à la distinction entre cas « purs » et cas « non purs ».

de concevoir un « cas super-pur » qui nous permettrait de prévoir la position *et* le moment (couleur) d'un photon avec une précision « inadmissible ». Je prétends que les moyens que vous proposez (un écran avec un obturateur ouvert durant très peu de temps et un ensemble sélectif de filtres de verre) sont en principe inefficaces car je crois fermement qu'un filtre de cette espèce agirait de telle façon qu'il « modifierait » la position, tout juste comme le fait une grille spectroscopique.

Mon argument est le suivant. Prenez un bref signal lumineux (ayant une position précise). Afin de voir plus facilement les effets d'un filtre absorbant, je présuppose que le signal est analysé en un grand nombre de successions d'ondes quasi monochromatiques W_n. Posons que l'ensemble (de filtres) absorbant absorbe toutes les couleurs W_n sauf une W_1. Ce groupe d'ondes aura une extension spatiale considérable (« modifiant » (*smearing*) sa position) puisqu'il est quasi monochromatique ; et ceci signifie que le filtre « modifiera » nécessairement la position.

Je n'aime vraiment pas la tendance « positiviste » aujourd'hui à la mode qui consiste à s'accrocher à ce qui est observable. Je considère comme dépourvu d'importance le fait que dans le domaine des grandeurs atomiques, l'on ne puisse faire de prévisions aussi précises que l'on veut et je pense (comme vous, d'ailleurs) qu'une théorie ne peut être le produit de résultats d'observations mais peut seulement être celui d'une invention.

Je n'ai pas ici d'exemplaires de l'article que j'ai écrit en collaboration avec M. Rosen et M. Podolski, mais je peux vous dire brièvement de quoi il s'agit.

L'on peut se poser la question de savoir si, du point de vue de la théorie quantique d'aujourd'hui, le caractère statistique de nos découvertes expérimentales *n'est rien d'autre que le résultat d'une interférence avec un système extérieur, qui comprend sa mesure,* alors qu'en eux-mêmes les systèmes — décrits par une fonction ψ — se comportent d'une manière déterministe. Heisenberg flirte (*liebäugelt*) avec cette interprétation sans l'adopter de manière cohérente. Mais l'on peut également poser la question de cette manière : faudrait-il considérer la fonction ψ — dont les variations sous la dépendance du temps sont, selon l'équation de Schrödinger, déterministes — comme une description *complète* de la réalité physique et, en conséquence, considérer l'interférence (insuffisamment connue) avec le système extérieur comme seule responsable du fait que nos prévisions ont un caractère purement statistique ?

La réponse que nous obtenons est qu'il ne convient pas de considérer la fonction ψ comme une description complète de l'état physique d'un système.

Nous prenons en considération un système complexe constitué des systèmes partiels A et B, lesquels sont en interaction durant un court moment seulement.

Nous présupposons que nous connaissons la fonction ψ du système complexe *avant* que l'interaction — la collision de deux particules indépendantes, par exemple — ait eu lieu. L'équation de Schrödinger nous donnera alors la fonction ψ du système complexe, *après* l'interaction.

Supposons qu'alors (après l'interaction) une mesure optimale (*vollständige*) soit effectuée sur le système partiel A. L'on peut cependant le faire de diverses manières selon les variables que l'on désire mesurer avec précision : par exemple, le moment *ou* la coordonnée-position. La mécanique quantique nous donnera alors la fonction ψ pour le système partiel B, et cela nous donnera *les diverses fonctions-ψ qui diffèrent selon l'espèce de mesure que nous avons choisi d'effectuer sur A.*

Or il n'est pas raisonnable de supposer que l'état physique de B puisse dépendre de certaine mesure effectuée sur le système A, à ce moment séparé de B et qui n'est donc plus en interaction avec lui ; et ceci signifie que deux fonctions ψ différentes appartiennent à un seul et même état physique de B. Puisqu'une description *complète* d'un état physique doit nécessairement être une description *univoque* (mis à part des éléments superficiels tels les unités, le choix des coordonnées etc.), il n'est donc pas possible de considérer la fonction ψ comme la description *complète* de l'état du système.

Un partisan orthodoxe de la théorie quantique dira, bien sûr, qu'il n'existe pas de description complète et qu'il ne peut y avoir que description statistique d'un *agrégat* de systèmes et non description d'*un* système *individuel*. Mais, en premier lieu, il devrait le *dire* clairement ; et en second lieu, je ne crois pas que nous devrons nous satisfaire à jamais d'une description de la nature aussi vague et aussi peu consistante.

Il conviendrait de remarquer que certaines des prévisions précises que je puis obtenir pour le système B (selon la manière, choisie librement, dont l'on mesure A) peuvent être les unes aux autres dans le même rapport que les mesures du moment et de la position. L'on peut donc difficilement éviter la conclusion que le système B a effectivement un moment déterminé et une coordonnée-position déterminée. En effet, si, ayant choisi librement de faire ainsi (c'est-à-dire sans provoquer d'interférence), je suis en mesure de prévoir quelque chose, cette chose doit réellement exister.

Une [méthode de] description qui, comme celle qui est actuellement utilisée, est statistique en principe, ne peut être, à mon avis, qu'une étape provisoire.

Je voudrais vous répéter * que je ne crois pas que soit exacte votre thèse selon laquelle il est impossible de déduire des conclusions statistiques à partir d'une théorie déterministe. Qu'il vous suffise de songer à la mécanique statistique classique (la théorie des gaz ou celle du mouvement brownien). Par exemple : un point matériel se meut à une vitesse constante dans une région (*Kreisbahn*) fermée ; je puis calculer la probabilité de la trouver à un moment donné dans une partie donnée de la surface. Voici l'essentiel : je ne connais pas son état initial, ou je ne le connais pas avec précision !

Cordialement vôtre,

A. Einstein.

* Ceci est une allusion à une lettre précédente. K. R. Popper.

INDEX

TABLE DES MATIÈRES

APPENDICES

NOUVEAUX APPENDICES

*Achevé d'imprimer en novembre 1990
sur presse CAMERON
dans les ateliers de la S.E.P.C.
à Saint-Amand-Montrond (Cher)*

ISBN 2-228-88010-8
Dépôt légal : novembre 1990. N° d'impression : 2601.

Imprimé en France